国家社会科学基金"宗教学"项目(11BZJ036)资助

泉州师范学院中国史重点学科"协同创新"项目资助

泉州通淮关岳庙董事会"宗教学"项目资助

泉州多元文化和谐共处探微

QUANZHOU DUOYUAN WENHUA HEXIE GONGCHU TANWEI

林振礼 吴鸿丽 主编

厦门大学出版社
国家一级出版社
全国百佳图书出版单位

图书在版编目(CIP)数据

泉州多元文化和谐共处探微/林振礼,吴鸿丽主编.—厦门:厦门大学出版社,2017.8
ISBN 978-7-5615-6506-3

Ⅰ.①泉…　Ⅱ.①林…　②吴…　Ⅲ.①地方文化-多元文化-研究-泉州
Ⅳ.①G127.573

中国版本图书馆 CIP 数据核字(2017)第 112029 号

出 版 人	蒋东明
责任编辑	薛鹏志
封面设计	蒋卓群
技术编辑	朱　楷

出版发行　*厦门大学出版社*

社　　址	厦门市软件园二期望海路 39 号
邮政编码	361008
总 编 办	0592-2182177　0592-2181406(传真)
营销中心	0592-2184458　0592-2181365
网　　址	http://www.xmupress.com
邮　　箱	xmup@xmupress.com
印　　刷	泉州刺桐印务有限公司

开本　720mm×1000mm　1/16
印张　29
插页　2
字数　480 千字
印数　1～1 500 册
版次　2017 年 8 月第 1 版
印次　2017 年 8 月第 1 次印刷
定价　89.00 元

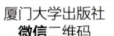
厦门大学出版社
微信二维码

厦门大学出版社
微博二维码

本书如有印装质量问题请直接寄承印厂调换

泉州多元文化和谐共处探微
编委会

顾问单位：泉州市民族与宗教事务局

主　　任：吴金炎

委　　员（课题组成员暨撰稿人，排名不分先后，以承担章节为序）：

吴幼雄	林振礼	李静蓉	洪峻峰	郭志超
李玉昆	何隽彦	吴　玫	李国宏	黄海德
陈名实	陈彦军	丁玲玲	粘良图	林国平
陈桂炳	连心豪	吴鸿丽	范正义	何振良
吴力群	黄　坚	郭阿娥		

主　　编：林振礼　吴鸿丽

序

2017年2月,泉州正式报送联合国教科文组织——"古泉州(刺桐)史迹",申报2018年世界文化遗产。泉州再次成为中国走向世界的一张响亮名片。"古泉州(刺桐)史迹"将有望成为我国第53项世界遗产,这标志着泉州海上丝绸之路申遗之路正式迈出具有实质性意义的一大步。林振礼、吴鸿丽主编《泉州多元文化和谐共处探微》一书,在这一特殊时间出版,可谓恰逢盛时。

"古泉州(刺桐)史迹"系列遗产(16处),是泉州在宋元时期(960—1368)以"刺桐"为雅称,于海上丝绸之路进入繁盛阶段的历史背景下,产生并遗留至今的与海洋商贸、海洋文化相关的诸多史迹和遗址。

古代,泉州盛产刺桐花树,被唐代诗人誉为"猗猗小艳夹通衢,晴日熏风笑越姝"。因此,泉州别称刺桐城。13世纪时,波斯人最早译称泉州为刺桐城(Zayton),它恰好与地中海沿岸地区盛产油橄榄(Zaytun)的波斯语同音,所以才引起14世纪摩洛哥大游历家伊本·巴都他的误解,误以"刺桐"为波斯语,而发出"此地并无橄榄……然有此名,诚不知何故也"的疑问。人们可曾知道,泉州唐代盛产的刺桐花树,竟然也是通过"海上丝绸之路"引进的,自唐初就被人们认为可以"兆年丰",而被作为"祥瑞"的外来物种广泛种植。可见,"刺桐"别称得名也源自海上丝绸之路。这样,泉州海上丝绸之路历史十分悠久,文化积淀十分丰厚,它构成泉州多元一体文化的重要组成部分。

中世纪时,西亚和欧洲长期陷入宗教冲突和战争,而在东亚的中国泉州,世界各种宗教却可以和平相处,泉州发展成为与埃及亚力山大港齐名的世界大贸易港。这似乎是一种奇特的文化现象,生活在21世纪的泉州人,往往还以此为荣耀呢。但是,人们是否了解什么原因造就世界多元宗教文化在泉州历史上长期和平共存、共荣呢?《泉州多元文化和谐共处探微》一书,就是为解答这一难题而作的。

本书从缙绅、官府和社会民众两个层面,剖析历史上泉州多元一体文化的形成原因和过程。本书以无可辩驳的史实,从哲学思维的高度,用多维视角探寻，统揽纷繁复杂的资料，层层剖析，分类归纳，圆满地回答了中古泉州存在的以儒家文化为主体，汇聚了多国家、多地区、多民族、多宗教的文化，即多元一体文化的事实和形成的原因及其过程的难题。

从官府、缙绅层面看，本书揭示外来宗教文化与儒家文化有最大的共同处，那就是都"敬天、奉天、法天"，都"凡有功于民则祀之"，都"笃志好善，引导善类，敬天事上，益效忠诚"，"于世风大有裨也"。这便是"万殊一本"的哲学理念，即以"一本"的儒家思想，兼容、海涵"万殊"的世界多元宗教文化。

从社会民众层面看，一千多年来，以儒家思想为主导，以儒、道、释文化为基础的中国传统文化，无微而不至，无远而弗届地渗透到中国社会各个角落。佛教最早融入中国社会，深深植根民心，随着泉州海外贸易的发展，世界各门宗教（有伊斯兰教、基督教、印度教、摩尼教）纷纷传入，各门外来宗教为了在泉州取得立足点，也调整了自己，以本教的主神称"佛"，而为泉州社会民众所接受。所以，这是以儒家文化为主体的世界多元宗教文化，以"佛"为媒介和谐共处的一种特殊多元一体文化现象。

此外，泉州还有一种特有文化现象，那就是各种民间信仰的忠义、佑民神明，也都被民众称为"佛"而尊奉，"佛"的祀祭节日被称为"佛生日"。而官府和缙绅，也以这些"神明"有功于民为由，而加以倡导、申报；朝廷则"赐额"、"赐号"以提高其地位。如此，则政权、神权和民意高度结合，使社会和谐。且泉州的非物质文化遗产，如南音、南戏、武术、歌伎、工艺，以及民俗，都以"佛生日"为载体，而被完整地保存下来。

本书揭示中国传统文化在泉州表现的广纳百川，它提供世界多民族和多元宗教文化"各美其美"的场地，又提供"美人之美"的平台。它是世界多元一体文化和谐共处的典范，它的哲学思想基础是儒家"万殊一本"、"万道归一"的理念。这便是泉州多元一体文化和谐共处的思想源泉。

泉州多元一体文化是中国传统文化的一个组成部分，它犹如一株参天大树，散开来，千枝万叶，万紫千红；合起来，则是一株，万殊一本。从深远想，实妙意无穷；就浅处看，乃通俗易晓。

在《泉州多元文化和谐共处探微》一书付梓前夕，应主编盛情邀约，为本书主旨与内容作简要介绍，是为序。

吴幼雄
2017 年 3 月 6 日

目　录

第一章　绪　论 …………………………………… 林振礼　李静蓉/1

第二章　厦门大学国学院的泉州访古与《泉州宗教石刻》……………… 26
　　第一节　厦门大学国学院的泉州访古与研究 …………… 洪峻峰/26
　　第二节　《泉州宗教石刻》：宋元时期多元文化交融的
　　　　　　历史见证 ……………………………………… 林振礼/37
　　第三节　《泉州宗教石刻》的面世历程与创新 …………… 郭志超/43
　　第四节　吴文良先生：泉州海外交通史研究的
　　　　　　开拓者 ……………………………… 李玉昆　何隽彦/55

第三章　泉州多元宗教和谐共处探微（上）………………………… 62
　　第一节　泉南佛国与海上丝绸之路 ………………………… 吴幼雄/62
　　第二节　泉州多元宗教文化的和谐共处 ………… 吴幼雄　吴　玫/71
　　第三节　从清源山碑铭看泉州多元宗教文化和谐共处 …… 李玉昆/80
　　第四节　泉州寺庙奉祀神祇与多元宗教文化 ……………… 李玉昆/90

第四章　泉州多元宗教和谐共处探微（下）………………………… 99
　　第一节　《重修丰山寺叙》的"和"文化观解读 ……………… 李国宏/99
　　第二节　苏廷玉与《重建泉州元妙观记》………………… 黄海德/105
　　第三节　婆罗门教的传入和泉州的印度教寺 ……………… 吴幼雄/118
　　第四节　泉州锡兰王裔和遗址发现记 ……………………… 吴幼雄/127

第五章　泉州多元宗教和谐之本：宋明儒教 … 138

第一节　朱熹与闽南多元宗教 … 林振礼/138

第二节　泉州府学、石笋之变迁及中外"文化接触" … 林振礼/153

第三节　从郑成功"释辅儒宗"政策看儒佛和谐 … 陈名实/162

第四节　泉州关帝信仰的理学文化意蕴 … 林振礼/169

第五节　重建之根：儒教视域里的萧太傅信仰研究 … 陈彦军/178

第六章　从泉州伊斯兰教看多元宗教和谐共处 … 194

第一节　泉州伊斯兰教文化遗存及其现代价值 … 吴幼雄/194

第二节　泉州丁氏回族宗教信仰的多元兼容 … 丁玲玲/207

第三节　白奇回族历史文化的若干问题 … 郭志超/216

第四节　泉州清净寺重修《募缘疏》和《碑记》的儒道文化渗透 … 吴幼雄/226

第五节　元末泉州亦思巴奚战乱的实质 … 吴幼雄/230

第七章　从泉州基督教看多元宗教和谐共处 … 240

第一节　泉州景教石刻艺术的佛教元素 … 李静蓉　林振礼/240

第二节　元代泉州基督教天使雕饰的多元文化选择 … 李静蓉/251

第三节　泉州基督教石刻有翼形象的比较研究与文化来源 … 李静蓉/260

第四节　元代泉州基督教丧葬艺术的多元融合 … 李静蓉/268

第八章　从泉州摩尼教看多元宗教和谐共处 … 278

第一节　泉州晋江草庵罕见的摩尼教遗存 … 粘良图/278

第二节　从草庵签诗看摩尼教与民间信仰的结合 … 粘良图/290

第三节　闽南晋江与闽东霞浦两地明教史迹比较 … 粘良图/303

第四节　关于泉州明教几个问题的考释 … 吴幼雄/314

第九章　从泉州民间信仰看多元宗教和谐共处（上） … 322

第一节　"闽南"小考 … 林国平/322

第二节　关于民间信仰概念的思考 … 陈桂炳/331

第三节　闽南民间信仰与社会和谐 … 陈桂炳/339

第四节　韩元吉《东岳庙碑》与泉州民间信仰 …………… 连心豪/349
　　第五节　从泉州天后宫看民间宗教的和谐发展 …………… 陈名实/355

第十章　从泉州民间信仰看多元宗教和谐共处（下） ………………… 365
　　第一节　祷雨：协调人与自然和官民关系的
　　　　　　祭祀活动 …………………………………… 李玉昆　何隽彦/365
　　第二节　民间关帝信仰与社会需求的
　　　　　　随机调节 …………………………………… 吴幼雄　吴　玫/374
　　第三节　从通远王崇拜看泉州神缘与商缘的和谐互动 …… 吴鸿丽/384
　　第四节　泉州三座临水夫人宫庙的现状调查 ……… 范正义　何振良/391

第十一章　泉州宗教文化生态及其文化走向 ………………………………… 400
　　第一节　泉州宗教生态的多样性 …………………………… 吴力群/400
　　第二节　从闽南民间雕刻看多元宗教文化的影响 ………… 黄　坚/412
　　第三节　关帝信仰与闽南文化的融合 ……………………… 吴鸿丽/425
　　第四节　泉郡富美宫与泉台王爷信仰交流 ………………… 丁玲玲/432
　　第五节　闽台关帝文化交流的发展趋势 …………… 范正义　郭阿娥/441

后　　记 …………………………………………………… 林振礼　吴鸿丽/453

第一章 绪　论

林振礼　李静蓉
（泉州师范学院；泉州海外交通史博物馆）

世界上有两座典型的宗教城，一座是耶路撒冷——伊斯兰教、基督教和犹太教的发源地，由于战乱频繁，十八次被夷为平地，又十八次复建。另一座是泉州，它没有像耶路撒冷那样意为"和平之城"，却赢得了和平。1991年，联合国教科文组织海上丝绸之路考察团来泉州考察（在中国8天，其中广州2天，泉州6天）。考察团总领队杜迪安博士说："我们看到泉州是一个不同信仰、不同民族相遇、文化交流和平共处的城市。"[1]因此，联合国教科文组织决定把全球第一个世界多元文化展示中心设在泉州。2013年6月18日，在泉州海外交通史博物馆举行《走近泉州》首发式，该书作者恩勒特站在全球文明视野的高度，分析了世界各地不同宗教的冲突，对闽南泉州多元宗教和谐共处这一独特现象赞叹不已。泉州被誉为"世界宗教博物馆"，在海外交通鼎盛的宋元时期，就有多种外来宗教聚集在这里。著名人类学家费孝通考察泉州时指出，泉州历史上有个"中外文化接触"问题，必须深入研究。换言之，费老所倡导研究的就是"多元文化接触"，亦即"多种宗教并存"问题，这是泉州历史文化的特质。由于西方历史上于11世纪末爆发了十字军东征——一场旷日持久的典型宗教战争。这种在几乎相同的时间跨度内发生于不同的空间地理位置的历史现象：血火冲突之杀戮与多种宗教同生共存的巨大差异，对于我们研究在不同社会历史背景下，多种宗教文化的互动关系，具有特殊的意义。然而，这需要大量的宏观分析与微观论证。泉州多元宗教和谐共处，为世界的和平发展提供了思想资源与借鉴。保存于泉州的多元宗教石刻及史迹，回应并批驳了"文明冲突论"的宗教归因，为全球化背景下人类文化发展提供了"泉州经验"。

本书的形成，缘起于2011年7月正式启动的国家社科基金"闽南泉州多元宗教和谐共处探源"(11BZJ036)项目。5年多来,课题组全体成员竭尽全力,在潜心撰写论文的同时,于2012年11月举办"泉州多元宗教和谐共处学术研讨会",2013年11月举办"近百年泉州宗教学回顾暨纪念吴文良诞辰110周年"学术研讨会,并将两次研讨会所遴选论文结集刊印。以下是泉州宗教学术史回顾与全书之提纲挈领。

一、泉州宗教学研究回顾

泉州是福建东南沿海的著名港口,是中国第一批公布的24个历史文化名城之一。在古代海上丝绸之路的历史上,泉州一直扮演着世界文化交流重要枢纽的角色。经由海路与陆路传播的各种文化在这里汇聚,并留下了丰富的文化遗存,尤其是宗教文化,堪称泉州多元文化中最为精彩的部分,泉州也因此被誉为"世界宗教博物馆"。各种外来的宗教如伊斯兰教、基督教、天主教、印度教、摩尼教、犹太教等在这里与中国的儒、释、道以及泉州的本土信仰相遇,和睦共处,至今仍星罗棋布在泉州各个角落的各种宗教遗存与宗教寺庙就是最好的见证。

正是泉州这种奇特的文化现象,吸引了海内外历史学家、考古学家、宗教学家、人类学家、民俗学家、艺术学家等接踵而至的研究,也推动了"泉州学"研究的发展。"泉州之所以能成为一个历史文化名城,宗教史迹的丰富是重要的因素。佛教、印度教、伊斯兰教、摩尼教以至于基督教、道教的有形无形的遗存,都是泉州历史文化辉煌表现的一部分,也正是提供'泉州学'研究最重要的资料来源。"[2]真正意义上的泉州宗教学研究可以追溯到20世纪20年代,历时近百年,在各个领域都取得了颇为丰硕的成果。

(一)考古调查与研究

早在20世纪20年代初,泉州宗教就受到国际学界的关注,尤其是摩尼教。1923年,法国汉学家伯希和(Paul Pelliot)根据陈垣引录的《闽书》"华表山"的资料,在《通报》上发表《福建摩尼教遗迹》,考证华表山的地理位置应在泉州南部20公里处。伯氏提供的信息,实际上昭示了草庵遗存下来的可能性,从而把其推入考古、文博专家的视野。[3]真正开始对泉州宗教遗迹进行系统考察的应该是厦门大学国学研究院。厦门大学国学研究院成立于1926年,聘任了沈兼士、林语堂、鲁迅、顾颉刚、张星烺和陈万里等一批著名学者。他们主张用科学方法研究国学,认为不能局限于古籍研究,提出在古籍研究之外进行考古实物和实地考察活动。在这样的背景下,邻近厦门而文物古迹盛多的历史文化名城泉州,便成为厦门大学国学院学者访古考察的首选地点。以顾颉刚、陈万里、张星烺为代表的厦大国学院学者对泉州的考察以及研究成果,可以视作"泉州学"研究的起点。他们的考察内容涉及蒲寿庚、留从效、郑成功和施琅等泉州历史文化名人,清净寺、先贤墓、郑和行香碑等泉州文化古迹,以及天主教、基督教、佛教、伊斯兰教、道教、摩尼教、印度教、犹太教、景教、圣方济各会、耶稣会、密宗等宗教和教派在泉州的传播等;研究成果有法国学者戴密微(Paul Demiéville)、德国学者艾克(Gustav Ecke)合著的《刺桐双塔》,张星烺的《中世纪之泉州》、《泉州访古记》,陈万里的《闽南游记》,顾颉刚的《泉州的土地神》、《天后》,艾克的《福建闽南的两座方形石塔》、《刺桐的花岗岩石碑断片》等。[4]

厦门大学国学研究院存续时间不长,但产生的影响相当深远,当年的考察以及研究所涉及的对象至今仍是泉州学研究的热点。继他们之后,厦门大学的韩振华、庄为玑等学者也发表了许多关于泉州宗教方面的研究文章。[5]

(二)碑刻收集与研究

如果说厦门大学国学研究院开创了泉州宗教研究的先河,那么吴文良先生则当之无愧是泉州宗教研究的奠基人。当张星烺等人对泉州访古调查之时,吴文良尚在厦门大学读书,深受老师们的感染和影响,自1928年至1969年40多年的岁月里不遗余力地献身于泉州宗教石刻的搜集整理和宗教研究,并取得重大成果。尤其是1957年《泉州宗教石刻》的出版,是"极为重要的文献","是有关外国人遗物最有系统、最全面的集成",是世界了解泉州的桥梁,[6]奠定了吴文良作为泉州海外交通史研究开拓者的重要地位。从此,吴文良作为考古学家和文物收藏家为国际学术界所知悉,他的专著是研究宗教文化的重要参考工具,他对泉州文化的热爱程度和研究精神至今无人能企及。吴文良在泉州宗教研究领域创造了许多"第一":他第一个收集宗教墓碑;他第一个提出宋元时代泉州有两座清净寺的观点;他第一个提出元代泉州有婆罗门教寺院和祭坛的看法;他首次论证泉州存在番坊等。[7]他的学术贡献如此之大,如果没有他的收集成果,后人的研究就无以为继,许多历史真相无以为据,如泉州作为世界大港的地位、泉州作为世界文化交流的中心、泉州是中世纪基督教的传播中心之一等历史迷雾,正是有赖于吴文良对宗教石刻的收集才有实物证据,而不是仅停留在只言片语的材料而受人质疑。限于当时条件,吴文良的一些观点也许还不够成熟,但筚路蓝缕之功不可没,抛砖引玉之鉴启迪后学。

泉州师院吴幼雄教授以继承其父遗业为己任,历经40多年的刻苦努力,对《泉州宗教石刻》进行大规模的增订,2005年由科学出版社出版发行。增订本汇集了泉州发现的古代宗教建筑和坟墓的石刻遗物,内容包括伊斯兰教、基督教、印度教、摩尼教、佛教、道教以及其他石刻,实物图版比原著增加三倍多,文字增加四倍多,增加了许多碑刻的文字释读和考证。[8]增订本为研究海上丝绸之路历史上中国与世界的交往、宗教信仰的传播与交流等提供了丰富而珍贵的第一手资料,为泉州及其海外交通史的研究,为申报世界文化遗产"古泉州(刺桐)史迹"奠定了坚实可靠的基础。[9]值得一提的是,《泉州宗教石刻》从收集、整理到出版,再到增订,与林惠祥、夏鼐、郑振铎、陈梦家、黄展岳等前辈诸贤的关心与指导分不开,泉州宗教学研究所取得的成就有他们不可磨灭的贡献。

(三)理论建设与研究

20世纪80年代以后,泉州学研究热起来了,泉州宗教研究热起来了,可是泉州学术界许多人却感到迷茫。尽管泉州学研究已经取得不少的成就,可是泉州学在"概念上一直是模糊的,在实践上是混乱的,在研究方法上是陈旧的,在学术视野上也是比较狭窄的"[10]。在1999年海峡两岸"泉州学"学术研讨会上,祖籍泉州的台湾人类学家李亦园先生作了《"泉州学"的新视野》[11]专题演讲,精辟地阐述了"泉州学"的性质、特点、研究内容和方法等,明确指出"泉州学"是"一种以泉州地区的历史文化、人文活动、生态环境为研究对象的科际综合学问","泉州学"的基本精神是"辨明泉州文化的特色",其中泉州学与方志学的关系、大小传统的关系等开拓了泉州学研究学人的眼界,也明确了泉州学研究的方向。可以说,李亦园先生建立了"泉州学"研究的理论框架。泉州宗教学研究是泉州学研究的重要组成部分,李亦园的泉州学理论指导当然也适用于泉州宗教学的研究。他在《"泉州学"的新视野》中对泉州宗教的研究作了具体指引,指出宗教遗存是"泉州学"研究最重要的资料来源,并强调研究泉州民间信仰的重要性,"民间信仰的现象表面上看来是一种宗教的问题,但是深层次去理解,它又牵涉到最根本的宇宙观、人际关系、做人处事的基本态度,因为在表现地方文化特性上最为深刻、常常能引发一套宗教与文化理论的论述,何况民间信仰也与现实的经济发展有其微妙的复杂关系"。之后,李亦园多次参加泉州的大型学术研讨会,他的报告《试论"海上丝绸之路:泉州史迹"申报"世界文化遗产"之内在意涵》《从"海滨邹鲁"到"海滨中原"——闽南文化的再出发》《全球化、人类学与中国文化》等都对"泉州学"研究的理论作了补充和完善,也是泉州宗教学研究理论阐述的进一步发展。他从全球的视野出发,指出泉州宗教文化"兼容并纳,各美其美"、"百教并存,万神归宗"等特点对世界和平、人类和睦相处有借鉴意义。他将世界各宗教分为"断裂的人神关系"与"连续的人神关系"两大类,以此探讨宗教信仰的包容与排斥。[12]

李亦园先生关于泉州学研究的某些观点受到了他的挚友费孝通先生的影响。费孝通是中国社会学和人类学的奠基人之一,他没有直接指导过泉州学的研究,但他的"多元一体"、"中外文化接触"等观点却对李亦园的泉州学理论构建产生影响,也为泉州学者思考宗教问题提供新的视角。费孝通的"多元一体"的理论虽然是立足中国文化思想得到的灵感,却对研究世界文化交流有指导意义。"多元一体"包含了各美其美和美人之美,指出人类的不同民族不同文化应该互相容忍、互相沟通、互相尊重、互相欣赏,才能达至大同,这就允许文化的多样性,多元文化共存,人类的世界才能永续发展。"中外文化接触"的提出其实是"多元一体"理论的延伸,他认为文化接触要得到一个积极性的结果,必须要在平等的基础上进行,平等相处,互相理解,取长补短,最后走向互相融合。[13]泉州曾是不同民族不同信仰交会的中心,存在着中外文化接触和多元共存的现象,因此费先生的理论观点对泉州学研究有极其重要的指导作用。

(四)研究现状

泉州宗教是一个庞大而复杂的体系,与中国其他地区相比,泉州宗教不仅有儒、释、道信仰,而且在一定程度上保留并融入了不少闽越先民的信仰;与其他沿海城市相比,又是世界各大宗教汇聚的地方。泉州本土也产生了许多特有的神灵崇拜,各种各样的信仰在这里相遇、碰撞、融合,又产生了新的现象。从数量来说,泉州寺庙及供奉的神明之多也是十分罕见的,仅民间信仰宫庙有6000多座,主祀的神明不少于500种。[14]从双向传播的角度看,泉州宗教一方面具有很强的包容性,可以同时容纳东西方各种宗教文化,另一方面泉州宗教具有很强的适应性和传播能力,这与泉州海外交通的发展分不开,泉州宗教伴随着商人以及华侨华人的足迹传播到世界其他地方。

泉州宗教内容十分丰富,涉及的领域也异常广泛,研究泉州宗教必然要涉及考古、民族、民俗、艺术、建筑、音乐、戏曲、语言等方面,这二三十年来,不同学科的专家学者从不同的角度考察和研究泉州宗教,取得了丰硕的成果。

多元宗教方面的综合研究,主要有吴幼雄的《泉州宗教文化》(鹭江出版社,1993年)、《闽南多元宗教文化和谐共处探源——以泉州为例兼谈闽南文化生态保护》(《泉州师范学院学报》2011年第1期)。吴幼雄通过多年的观察与研究探讨泉州多元共存的原因,认为世界各宗教和民间信仰能够在泉州共存共荣的原因主要是宗教与民间信仰借"佛"立足和发展,又通过"佛生日"的民俗祭祀仪式产生广泛影响。然而,归根到底是中国优秀传统文化——儒家思想的博大、精深、兼容与并蓄。[15]吴幼雄的观点其实是费孝通"多元一体"理论的具体体现,费先生提出"多元一体"局面的形成有个从分散多元结合成一体的过程,这过程必须有一个起凝聚作用的核心。[16]吴幼雄认为,泉州宗教多元一体局面的主导因素就是中国的儒家传统。兼容并蓄是中国儒家传统的精髓,这个特性使儒家能够凝聚、吸纳不同的文化,允许多样性。林振礼则进一步申论,宋明新儒学的"理一分殊"说,是吸纳不同的文化,兼容多样性的理论基石(本书第五章)。

按宗教类别独立研究的专著主要有王寒枫、曾秀川合编的《泉州开元寺奇观》(福建人民出版社,1986年),郑国栋、林胜利、陈垂成等编的《泉州道教》(鹭江出版社,1993年),粘良图的《晋江草庵研究》(厦门大学出版社,2008年),范正义的《众神喧哗中的十字架:基督教与福建民间信仰共处关系研究》(社会科学文献出版社,2015年),泉州历史研究会、泉州海外交通史博物馆编的《泉州伊斯兰教论文选》(福建人民出版社,1983年),泉州伊斯兰史迹保护委员会编的《泉州伊斯兰教史迹》(福建人民出版社,1985年),日本学者中野美代子的《三藏法师》(研究泉州东西塔雕刻人物及佛传故事,集英社,1986年)等。论文方面主要有庄为玑的《泉州摩尼教初探》(《世界宗教研究》1983年第3期),李玉昆的《福建晋江草庵摩尼教遗址探索》(《世界宗教研究》1986年第3期)、《20世纪福建摩尼教的新发现及其研究》(《福建宗教》1994年第1期),瑞典学者翁拙瑞(Peter Bryder)的《我对晋江摩尼教草庵的考察》(《海交史研究》1985年第1期),英国学者刘南强(Samuel Lieu)的《华南沿海的景教徒和摩尼教徒》(林悟殊译,《海交史研究》1978年第2

期),黄世春的《福建晋江发现"明教会"黑釉碗》(《海交史研究》1985年第1期),林悟殊的《福建发现的波斯摩尼教遗物》(《台湾故宫文物月刊》1994年第12期)、《泉州摩尼教渊源考》(《华夏文明与西方世界》,香港博士苑出版社,2003年)、《元代泉州摩尼教偶像崇拜探源》(《海交史研究》2003年第1期)、《泉州"摩尼教墓碑石"为景教墓碑石辨》(《文物》1988年第8期),林振礼的《朱熹与摩尼教新探》(《泉州师范学院学报》2004年第1期),德国学者廉亚明(Ralph Kauz)的《中国东南摩尼教的踪迹》(《海交史研究》2000年第2期),夏鼐的《两种文字合璧的泉州也里可温(景教)碑》(《考古》1981年第1期),吴幼雄的《福建泉州发现的也里可温(景教)碑》(《考古》1988年第1期),以及杨钦章和牛汝极关于泉州基督教研究的系列论文。[17]另外,美国学者Risha K. Lee的博士学位论文《社区建构:印度与中国的泰米尔商人寺庙(Constructing Communiy: Tamil Merchant Temples in India and China, 850—1281)》(Columbia University,2012)中的中国部分主要以泉州的印度商人为研究对象,并试图根据泉州出土的印度教石刻复原泉州印度教寺庙的建筑。

  泉州民间信仰早就引起海内外学者的关注,李亦园也多次强调民间信仰研究的重要性。这方面的主要专著成果有李玉昆的《泉州民间信仰》(大众文艺出版社,2009年),陈桂炳的《泉州民间信仰》(九州出版社,2012年)和《闽南民间信仰与社会和谐——以闽南及台湾地区为研究视野》(方志出版社,2010年),连心豪、郑志明的《闽南民间信仰》(福建人民出版社,2008年),林国平、彭文宇的《福建民间信仰》(福建人民出版社,2001年)和《闽台民间信仰源流》(福建人民出版社,2005年),段凌平的《闽南与台湾神明庙宇源流》(九州出版社,2012年),李天锡的《华侨华人民间信仰研究》(中国文联出版社,2001年),郑镛的《闽南民间诸神探寻》(河南人民出版社,2009年),谢重光的《闽粤台民间信仰论丛》(海洋出版社,2012年),等等。以个别神灵为研究对象的主要有黄炳元《泉州天后宫》(泉州闽台关系史博物馆、泉州天后宫修缮基金董事会,1990年),谢长寿编的《温陵白耇庙》(泉州市温陵白耇庙理事会,1998年),李玉昆的《妈祖史迹研究》(中国文联出版社,2009年),范正义的《保生大帝信仰与闽台社会》(福建人民出版社,2006年),吴幼雄、李少园主编的《通淮关岳庙志》(收录了许多关岳信仰的研究文章,中国社会科学出版社,2008年),泉州市区民间信仰研究会编的《关岳文化与民间信仰研究》(厦门大学出版社,2008年)等专著。另外美国、日本以及中国台湾、香港地区部分学者的研究也涉及了泉州民间信仰,如美国学者休·克拉克(Hugh R.Clark)对泉州文化情有独钟,他的研究主要涉及宋元以前的闽越信仰、明清泉州民间的造神运动等。[18]

艺术、图像方面的考察,主要有王寒枫的《泉州东西塔》(福建人民出版社,1992年)、杨湘贤的《泉州东西塔雕刻》(文化艺术出版社,2007年)。英国学者约翰·福斯特的《刺桐城墙的十字架》(杨钦章译,《海交史研究》1989年第2期),他的这篇文章掀起了国际学术界研究泉州基督教的热潮,"刺桐十字架"也因此用于概称泉州出土的宋元时期基督教石刻。英国学者刘南强(Samuel Lieu)组织的澳大利亚研究团体于2001—2004年以及2004—2009年两次对泉州的基督教和摩尼教遗存展开调研,主要成果集中在《从巴尔米拉到刺桐:碑铭与图像(From Palmyra to Zayton: Epigraphy and Iconography)》(edited by Iain Gardner, Samuel Lieu and Ken Parry, Brepols,2005)。关于印度教艺术的研究,主要有庄为玑的《泉州印度教史迹及其宗教艺术》(《世界宗教研究》1982年第2期)、杨钦章的《泉州印度教雕刻渊源考》(《世界宗教研究》1983年第2期),陈履生的《元代泉州的印度教雕刻艺术》(《美术史论》1986年第4期),英国学者约翰·盖伊(John Gay)的《纳格伯蒂纳姆和泉州已消失的寺庙》(丁毓玲译,《海交史研究》1995年第2期),美国学者余得恩(David Yu)的《泉州印度教石刻艺术的比较研究》(王丽明译,《海交史研究》2007年第1期)。

碑铭文字考释方面,主要有陈达生的《泉州伊斯兰教石刻》(宁夏人民出版社、福建人民出版社,1984年),该书提供了200多方伊斯兰教碑刻的照片或拓片照,对碑上的阿拉伯文、波斯文进行了全文翻译,对碑刻的一些问题也作了初步的考证,对于研究伊斯兰教的传入及其在泉州的遗迹,外国穆斯林在泉州的生活、从事的职业及其对社会、经济和海外交通贸易兴衰所起的重要作用都是珍贵的材料。牛汝极是突厥语专家,他对泉州基督教石刻上的叙利亚文和突厥语等进行了释读与转译,主要成果集中在专著《十字莲花——中国元代叙利亚文景教碑铭文献研究》(上海古籍出版社,2008年)。

泉州宗教研究的人类学考察主要有王铭铭的《逝去的繁荣——一座老城的历史人类学考察》(浙江人民出版社,1999年)。这本书虽然不是纯粹的宗教研究,但考察的对象是泉州仪式,而仪式又与宗教密切相关。泉州仪式除了与全国传统节庆对应的节日外,大多属于家庭的祖先崇拜和地方神崇拜,有些实际上与明清的"铺境佛"信仰和宗族制度有密切关系,因此该书可视作泉州宗教人类学的研究论著。该书对从3世纪大量北方汉人进入闽南地区起到1949年中华人民共和国成立1600多年的泉州城市进行分析,试图从仪式中的历史、文化与权力之间的互动中反思历史,以求历史理解真正趋于历史的本质。

泉州宗教学研究作为地方学研究的一个分支,取得如此丰硕的成果在全国是比较罕见的。而且这种研究热还在持续,新的研究成果层出不穷、比肩继踵,新的研究力量不断涌现,许多高校的博士生、硕士生以泉州宗教为研究对象,并取得不菲的成就。[19]

二、课题研究的思路、方法及其意义

(一)课题研究的必要性

这二三十年来,泉州宗教研究虽然取得显著的成就,但仍面临着许多解释困境。宗教是随时代发展而变化的,新的现象不断涌现,人们对宗教的认识也在变化,这都需要一代又一代的学者不停地探索,加强研究。

从宏观方面考量,宗教具有长期性、传播性。宗教信仰属精神范畴,并不会随着个体生命的消逝而消亡,甚至一种文明消失了,它的宗教信仰还在另一种文明持续。"因'长期性'认识宗教存在的'必然性',我们看到它的复杂性,并承认它是一种文化,一种社会的道德体系,这就涉及宗教的合理合法性。我们对待宗教,应该与其他的道德体系、文化传统等同视之。"[20]另外,宗教几乎与科学进步同步发展。过去人们对马克思主义的宗教理论理解得不够全面和深入,认为宗教是基于认识根源和社会根源的意识形态,随着科学的发展,只要解决了两大根源,宗教就会消亡。事实上,科学越发达,宗教也越发达。因为伴随科学技术的发展,人类能够探索的领域也越广,面对的未知领域也越多,未知常常困惑、困扰着人们,而且科学技术的发展也带来了许多负面影响,如生态危机、能源危机、核威慑等使人类处于危险甚至毁灭的境地,人们在很多情况下还是无法掌握自己的命运,这些都迫使人们从宗教上寻找出路,寻求解释。泉州宗教的发展规律也是这样,它并没有随着时代的进步而消减。从闽越先民的图腾崇拜、山川日月崇拜以及各种动植物崇拜,到儒释道文化的传播,以及伴随海上丝绸之路传入的各种外来宗教,还有各种本土新创造的神灵崇拜,泉州宗教在不断发展变化,但没有消失,而是长期存在,只不过有的消失在历史烟尘里,有的融入了其他信仰,有的信仰再产生。因此,我们应该看到泉州宗教存在的长期性,并意识到长期研究的重要性与必要性。

从微观层面考察,泉州宗教的地域性与特殊性也在随时代发展而发生改变。其一,新的考古文物的出土为泉州宗教的研究提供强有力的材料,这也是传统实证研究的重要内容。20世纪,随着泉州旧城改造,大量的宗教文物被发现,近几年也陆续有宗教文物出土,如2001年德济门遗址的发掘,100多件宋元时期的各种宗教石刻重见天日,是泉州宗教多元性的重要体现,为多元宗教以及中外文化交流的研究提供重要的第一手资料。又如2002年泉州池店附近新发现的一件叙利亚文景教徒墓碑,这件墓碑的文字、图案、形制可以与之前出土的景教碑互相印证,并共同证明了泉州景教徒群体的规模以及活动范围。其二,新发现的现象与新现象的出现。前者指的是已经在民间存在很久却很迟或尚未进入研究视野的,后者指的是新传入的或新出现的尚未在民间一定范围普及也尚未进入研究视野的。如崇武的解放军庙是全国罕见的,它是新中国成立后出现的信仰,但直到很迟才进入研究者的视野。作为一种本土的信仰资源,作为一种不断造神的民间信仰运动,它究竟是如何自发产生,并得到认可,变成一种社会现象,这都是我们研究的新对象。再如泉州池店兴济亭的印度教女神被当成观音崇拜不知有多久,但这种奇异的现象很迟才得到关注。随着泉州经济的发展,泉州企业与中东的联系十分密切,那么这些来自中东的穆斯林与泉州的穆斯林之间的联系如何以及他们在泉州的活动对泉州社会的影响等都值得关注。此外,泉州有不少企业与印度有合作关系,一些泉州商人皈依印度教,在家中设立印度教神像,但这种现象尚未进入研究者的范围。其三,传统宗教仪式的复归。泉州地方政府出于保护传统文化的意识,以及吸引游客的目的,近几年在天后宫、文庙、九日山举行盛大的仿古祭典活动,这些仿古祭典仪式如何运行,对宗教信仰的影响及其社会价值等都值得探讨。

(二)新理论新方法的运用

宗教随着时代的变迁而变迁,一方面由于条件限制,过去就存在的某些宗教现象已经无法用传统的研究方法解释,另一方面新的现象也迫切需要用新的理论与方法进行研究。泉州宗教学也面临着这样的问题,因此,我们的泉州宗教研究也应该借鉴新的理论与方法,甚至创建自己的理论模式。宗教学是一门独立的学科,但涉及内容十分广泛,如文化、民俗、哲学、道德伦理、艺术建筑、戏曲音乐、旅游经济等，因此形成了很多交叉学科，如宗教文化学、宗教哲学、宗教社会学、宗教心理学、宗教人类学等。这些学科的理论及方法都可以用来指导泉州宗教学的研究。

另外值得一提的是，近几年国际学术界正在逐渐兴起的一种理论模式，即所谓的"南海模式"。这种模式借鉴了法国年鉴学派费尔南·布罗代尔(Fernand Braudel)的"地中海模式"，他运用环地中海的考古材料与文献材料，将环地中海视为一个整体，对地中海的地理、生态、经济、政治、科技、文化在内的人类全部活动的历史为研究对象，把视野扩展到整个地中海以至全世界。他对宗教文化的考察就是在这样一个大的地理空间展开的，在这个空间里，不同文明交会，不同文化交流，各种宗教元素互相借用、移植等。许多学者在考察亚洲南海时，发现这个区域的经济、政治、文化等交流与地中海类似，尤其是在这个区域也有大量的考古发现，这些考古发现进一步证明这个区域的联系。于是一些学者试图借鉴"地中海模式"建构"亚洲的地中海"[21]或"南海模式"。2015年7月在宁波举办的"行舟致远：扬帆海上丝绸之路"国际学术研讨会，姜波在《南海模式与南海考古综述》中对"地中海模式"进行分析，认为环南海堪称一个地理单元与文化整体，用海洋贸易的视野来观察这一地域的物质文化遗存，用"文化层"的概念来剖析环南海的文化社会结构，从而提出类似"地中海模式"的"南海模式"。[22]这个"南海模式"与泉州学研究有密切关系，因为泉州正是这个模式中的关键一环，在这个区域的考古发现如"南海1号"沉船等都与泉州存在某种程度的联系，在这个区域的宗教文化交流十分频繁，泉州是重要的交汇点。因此关注与运用"南海模式"对我们的宗教研究大有裨益。

泉州宗教学的地域特点而形成的特殊性，要求我们应该要有自己的理论创建，因为大部分的宗教学及其分支学科的理论与方法都是借鉴西方的，未必契合我们的研究对象。如何构建自己的理论或模式？美国社会学家默顿(Robert King Merton)提出"中层理论"。在他看来，中层理论既非日常研究中广泛涉及的微观但必要的工作假设，也不是尽一切系统化努力而发展出来的用以解释所能观察到的社会行为、社会组织和社会变迁的一致性的统一理论。[23]简而言之，这个"中层理论"就是将一般性理论与地方性知识相结合，我们可以用来启发泉州宗教学的理论建设。

(三)课题研究的意义

进入 21 世纪,人类期待的一个更加和平美好的世纪并没有出现,反而因文明冲突、宗教冲突等引起的各种战争威胁、血腥恐怖扑面而来。不同文明如何互益,不同宗教如何共处等不仅是学术问题,也是现实问题。"没有宗教的和平则没有世界的和平,宗教的和平则需要通过宗教的对话、交流来实现。"[24]于是多元共存、宗教对话、跨文化交流成为这个时代的重要议题,人们试图从不同方面寻求新的理念、新的思想和方法,以求提供解决问题的路径。中国学者在这方面也作了许多贡献。中国社会科学院世界宗教研究所卓新平教授强调,"宗教在世界许多民族中都是其文化核心和价值根本,是其民族的精神支撑和精神家园","我们研究世界宗教,是促进世界向更好的方向发展,而弘扬世界宗教中的优秀文化内涵则能够营造宗教对话、宗教理解的良好氛围,从而有助于化解矛盾、减少冲突、制止战争,争取人类和平的实现"。[25]浙江大学王志成教授则提出了解决多元宗教并存问题的可能性,就是"把宗教视为基于语言运行的艺术创造,人们可以自由穿梭于不同宗教之间,可以自由地喜欢并接受它们",这样一来,"世界因此更加宽容和自由,不同传统、文化和宗教之间更加和平"。[26]

自古及今,泉州一直是多元文化共存的社会,这种多元共存的现象带给人们的启示,不仅在于它证明泉州文化的开放与包容,更重要的是它启迪着今天的人们以尊重和理解的方式对待不同的文明和不同的信仰。今天,我们正在进行的"闽南泉州多元宗教和谐共处探源"课题,汇集了一批优秀的学者对泉州宗教展开进一步的研究,我们不可能在有限的时间内通过一个课题研究就解决所有问题,我们只是希望通过这样的研究能够为泉州的文化建设贡献一点力量,为中国和谐与世界和平奉献一点智慧。

三、基本框架与主要观点

我们将本课题的研究成果按照研究对象与内容的相关性分为十一章,以下主要阐述各章节的主要观点。

第二章"厦门大学国学院的泉州访古与《泉州宗教石刻》"。对泉州宗教遗迹进行系统地考察始于 1926 年成立的厦门大学国学研究院。以顾颉刚、陈万里、张星烺为代表的厦门大学国学院学者对泉州的访古考察活动影响了当时在厦门大学读书的吴文良等人。

吴文良、吴幼雄父子相继持续研究泉州宗教八九十年,本章多篇文章对吴氏父子两代人编著的《泉州宗教石刻》一书的价值与地位及影响进行重新审视和评估。该书是研究古代泉州中外交通史、宗教史、华侨史、民族史、艺术史和中亚、西亚古文字的极其珍贵的第一手资料。

第三、四章作为综合研究的"泉州多元宗教和谐共处探微"。这是全书之重点。"泉南佛国与海上丝绸之路"一节,通过泉州何以成为海上丝绸之路起点和泉南佛国的回顾,从政治经济上为泉州多元宗教和谐共处寻找原因。唐朝与西突厥战争,阿拉伯与波斯战争,陆上丝绸之路受阻,海上丝绸之路兴起,州治于唐开元六年(718年)迁今泉州城。唐天宝间(742—755年)包何诗:"云山百越路,市井十洲人。执玉来朝远,还珠入贡频。"政治上,唐代政府尊重"蕃客"而"常加存问"。五代闽王实行保境息民政策,对外"多发蛮舶,以资公用"。宋代经济重心南移,国家财政更加依赖于海外贸易,政治上更为怀柔开放。元初在泉州设置市舶提举司,海外贸易进入全盛时期,与90多个国家有贸易关系。通过海上丝绸之路进入泉州的多种外来宗教文化,得到元政府的尊重,它们与原来泉州的儒、道、释文化友好相处,互相渗透,相互吸收,进一步丰富了宋朝以来形成的"泉南佛国"文化。元代对伊斯兰教、景教(基督教)、婆罗门教(印度教)、摩尼教等外来宗教之神皆称"佛"。"泉南佛国"的"佛"字,既包括早已汉化了的佛教文化,也包括诸外来宗教文化。宋元时代,泉州繁荣的海外贸易,外来宗教文化的传入,与儒、道、释文化融合,形成泉州特有的"泉南佛国"文化,后者又反过来促进了泉州海外贸易的发展。

以往的研究,其搜集、整理、考论,已有大量成果。然而,多元宗教何以能在闽南泉州这片土地上和谐共处,有论者说:"宋元时期与亚力山大港齐名的泉州刺桐港,是世界五大通商港口之一。各种宗教文化随着世界各地商人进入泉州。景教、天主教、伊斯兰教、摩尼教、婆罗门教等先后在这里落户,与道教、佛教、儒教和平相处。对于宗教史上这种罕见的奇观,一般都认为这是基于闽南文化开放的思想,宽广的胸怀,包容的态度,兼收并蓄的精神。如果再深究其原因,则应该归结于当局者的开放政策,泉州人的重商情结,以及泉州人的泛神崇拜。"[27]本章作者则认为,闽南泉州多元宗教和谐共处的原因,除了宋元时期当局者在政治和经济上的开放政策,文化上归因于"泉州人的泛神崇拜"(其言"泉州已有那么多神灵,再多几尊亦何妨"),这还是没有说到问题的本质。文化上的归因则必须深入研究外来宗教与中华传统文化的关系,尤其是与宋明理学的关系究竟如何呢?本课题研究指出:"是什么原因造就世界多种宗教文化在泉州历史上长期和平共存、共荣呢?这可能很少人去探究此深层次的问题了。这就是说,知其然者多,知其所以然者少。其实,我们只要静下心来,细心考察世界各门宗教和民间信仰在泉州的传播史实,就能发现它们共存、共荣的历史原因。这便是泉州多元宗教文化,特别是宗教与民间信仰借'佛'立足和发展,又通过'佛生日'的民俗祭祀仪式,使泉州众多非物质文化遗产得以保存至今。此非泉州人有什么奇特,亦非泉州人有什么与众不同。说穿了它是中国优秀传统文化——儒家思想的博大、精深、兼容与并蓄。"[28]我们在本书的第五章,将儒家思想置于宗教,即"宋明以降之儒教"的框构内,考察宋明以降之儒教与外来多元宗教的关系,并进一步加以申述论证。

泉州四大名山之首清源山上纯阳洞奉祀道教裴真人,元代佛教僧侣、伊斯兰教徒、朝廷命官等多次协力重修。入元以后,伊斯兰教中国化日益明显,普遍接受汉文化,姓氏、语言开始汉化,以中国儒学作为教育内容,用儒家学说来诠释伊斯兰教教义。泉州有的伊斯兰教信仰者与佛教信仰者联姻,和睦相处。宋代著名理学家真德秀曾两知泉州,其为清源山紫泽洞撰《蔡真人诰碑》,认为宋朝统治者对能时雨旸,弭灾沴,有功于百姓的老氏、浮屠氏及山川祠庙之灵,即儒释道和民间信仰的神祇,赐名号、秩祀典,是"志在斯民,而在自为,此其所以跨绝前代也"。借用其他神灵的力量来调整与人民的关系,以巩固其统治。清源山龟山寺,民间信仰与儒家祖先崇拜共祀。由此可见,儒教在多元宗教和谐相处过程中占居主导地位。

寺庙是佛教、道教等宗教信徒供奉神灵和聚居修行的宗教建筑,各宗教信徒供奉本教信奉的神祇。在泉州,有的寺庙除供奉本教神祇外,还供奉其他宗教神祇,如佛教寺院奉祀佛、菩萨、天王、罗汉等,也奉祀玄天上帝、关帝、文昌帝君、广泽尊王、保生大帝、通远王等,还建有报德祠、节孝祠、朱子祠、名宦祠等。道教的元妙观奉祀道教神祇,也奉祀萧太傅、天上圣母、广泽尊王等。泉州寺庙奉祀神祇多元化,从一个侧面反映泉州多种宗教和谐共处。研究表明,泉州多种宗教和谐共处的思想基础是儒家的"和"文化观,这从乾隆十三年(1748年)林维新撰《重修丰山寺叙》碑文可以窥见。林维新以一介寒儒,对"和"文化观进行理学式阐释:去"私"与"忌"。《重修丰山寺叙》不仅是马甲双髻山儒道释三教合一文化现象的精辟诠释,也是关于泉州多元宗教和谐共处的重要文献。

关于婆罗门教与印度教的研究。泉州地方有膜拜狗将军的，而且亦有尖口石狗公雕像，类似是早期又一婆罗门教在泉州地方的遗物与遗绪。同时证实元代在泉州的"番佛寺"，就是一座印度教的"婆罗浮屠塔"式的建筑物，即是一座奉祀婆罗门神的寺庙。泉州寻觅锡兰王裔是与郑和下西洋伟大壮举紧密联系一起的。泉州除了灵山圣墓还保存着永乐十五年（1417 年）的郑和行香碑，调查还发现，跟随郑和下西洋的泉州人还有泉州永宁卫指挥干八帖木儿、泉州卫百户邓回。此外，泉州惠安县东园镇琅山村海边，发现郑和庙（俗称三宝庙）。泉州后渚港对岸的白奇回族镇，也发现郑和堤和其他郑和史迹，等等。追寻泉州锡兰王裔的史迹，证实15 世纪时，泉州还是一个重要海港。明初印度教再度传入泉州，中国与斯里兰卡的友谊源远流长。

第五章"泉州多元宗教和谐之本：宋明儒教"。从经典到田野之儒教研究，即从政教合一之儒教到祠庙社会构成的民间儒教（逻辑上需要将经典传统与民俗传统分开）探寻。从朱熹仕泉知漳、儒教载体府学文庙、郑成功"释辅儒宗"三个层面进行考察。朱熹青年时代任泉州同安县主簿，是经历多元"文化接触"最重要的思想家。"朱熹与闽南多元宗教"一节，对于朱熹仕泉知漳与佛道教、伊斯兰教、摩尼教的关系进行了深入的探索，得出新的结论："朱熹之于闽南多元宗教，可谓'兼容而非宽容'。"不宽容则诚如其后来所言："吾儒万理皆实，释氏万理皆空。"[29] 老子"只是不见实理，故不知礼乐刑政之所出，而欲去之"。[30] "佛老之学，不待深辨而明，只是废三纲五常，这一事已是极大罪名！"[31] 关于外国商贾在泉州"建层楼"（伊斯兰教寺）事件，朱熹赞赏傅自得以"化外人法不当城居"，令其拆迁另建之判决，体现了在接触与输入外来文化之同时，不能失去本来民族之地位与法律尊严的价值理念。朱熹晚年61 岁知漳州之际，摩尼教（明教）活动已严重触犯伦理，危及社会安定，方腊起义以明教相号召之殷鉴未远，作为成熟的政治家，他毫不姑息手软，竭尽全力禁"传习魔教"。兼融则如其仕泉之谒奠呼禄法师墓，其时摩尼教（明教）水波稍息，青年朱熹以开放心态偶涉。其"理一分殊"说对于禅佛哲理的吸取，则如其门人所问："理性命"章何以下"分"字？漳州陈淳记："不是割成片去，只如月映万川相似。"[32] 又因行夫问"理一分殊"而答："所以谓格得多后自能贯通者，只为是一理。释氏云：'一月普现一切水，一切水月一月摄。'这是那释氏也窥得这些道理。"[33] 至于对本土道教思想文化之兼融，则可谓深远而微妙，诸如老庄的辩证思维，以及道教之易图等，均为朱熹理学所改造与吸取[34]。朱熹构建的理学"接伊洛之渊源"，使儒学贯通天人而哲理化,因应对佛道而崛起,又因兼融佛道而使佛道风光不再,成为理学之附庸。

总之,透过朱熹初仕泉州及其晚年知漳与闽南多元宗教的接触互动,晚年在漳州毫不手软地禁止"传习魔教",足见其与多元宗教文化"兼容而不宽容"。透过对儒教载体府学文庙变迁即在北宋大中祥符间迁往育材坊,至朱熹父执刘子羽在柯述迁复的基础上重修学宫(历经125年)之考察,可以窥见宋代士林对于伊斯兰教文化,也是"兼容而不宽容"的。通过郑成功在闽南与台湾实行"释辅儒宗"政策可以窥见,儒教之于百姓,还是未能涵盖全部信仰空间;有如人生短暂,佛释之"三生"说则满足了人们延续生命的心理需求。这也是泉州诸多外来宗教与民间信仰何以借"佛"立足和发展的重要原因。

对于泉州民间信仰(或称民间宗教)这一复杂领域的研究,本章也有新的拓展。有的论者将繁复庞杂的民间信仰视为泛神崇拜,亦是一种阐述。然而,通过细化与疏理则发现,泉州民间信仰遍布城乡各地,以宗法家族为纽带,以宗祠家庙为载体,以慎终追远、三纲五常为价值理念的祖先崇拜;除郡县学宫书院建朱子祠奉祀朱熹外,"山陬海澨,凡浮屠、老子之宫,有丛林胜概瑰玮绝特之处,必建朱祠"。[35] 晋江西资岩朱子祠,建于乾隆十五年(1750年),灵源寺"适文运兴交人盛"建文公祠于寺东。南安诗山城隍庙建祠以崇奉先哲,"以祀朱子"。法石海印寺,"旧为天风海涛楼,因朱子书额",特建朱子祠祀焉。寺庙建朱子祠,儒释道三教和谐共处,寺庙香火兴盛,佛祖愈显应。此外,还有诸多纪念以儒教道德标准为楷模的名宦乡贤祠(朱子学派倡建尤力,朱子仕泉倡建苏颂、赵鼎祠,知漳即建高登祠,明清后学仿效者,不胜枚举),崇祀关羽、岳飞的关岳庙、关帝庙(佛道释三教历经碰撞交融之演变,可以在关岳信仰中找到印记),崇祀济世救民的名医海神等,即凡以"忠、孝"与"仁、义、礼、智、信"为价值追求的公共祠庙,是以宋明理学(儒教)为价值评判的信仰体系,蕴涵着诸多儒教文化元素(同时具有随机调节之功能),可以视之为民间儒教。"重建之根:儒教视域里的萧太傅信仰研究"一节,从公民宗教的角度挖掘民间信仰中的儒教元素,探讨公庙类民间信仰与宋明理学之间的关系,力图论证公庙类民间信仰是宋明儒教的遗存,是重建儒教的重要基础。定性此类民间信仰为儒教,对于构建公民社会、构筑民族凝聚力、提升国家软实力等具有重要意义。

第六章"从泉州伊斯兰教看多元宗教和谐共处"。自12世纪至14世纪的 300 年间,泉州与阿拉伯世界诸多国家有着密切的经济文化交流。泉州陈埭、白奇等伊斯兰教(回族)聚居区为我们研究回汉宗教文化互动和谐,提供了鲜活的田野素材。通过对泉州陈埭丁氏回族宗教信仰的调查表明,随着时代的变迁与社会的发展,有着 2 万多人口的丁氏回族社区的宗教信仰也发生了变化。即由单一的伊斯兰教信仰演变为多种宗教信仰并存,既有信仰伊斯兰教的,也有信仰基督教的,更有信仰佛教、道教和民间宗教的。泉州陈埭丁氏回族社区是一个带有地域特色的多元共存、和谐相容的宗教信仰格局的鲜活样本。此外,还有泉州湾东南畔的惠安白奇回族也是"海路"伊斯兰传入的一支。开基祖郭仲远于明洪武初年由法石迁居白奇,迄今 600 余年。明清时期郭姓穆斯林"家禁用道释教",而到了 20 世纪 30—40 年代,郭姓回民对于去村庙祭祀关帝等汉族神明态度则较为宽容,而道释民间宗教对于伊斯兰教,采取和平共处甚至是从不抨击的态度。郭肇汾撰《适回辩》反映了白奇穆斯林以汉为本,以回为用的文化心理。调查数据发现,与汉民族比较,白奇回族的体质特征倾向于欧亚人种,说明历代都有一定数量的回回通婚。从葬式葬俗看,自明嘉靖、万历后,大部分回民逐步盛行汉式棺木土葬,直到现今。白奇社区"汉化"与"回化"并存的有趣现象,是非常值得关注的。

  元末至正十七年(1357 年)到至正二十六年(1366 年)发生于泉州的史称"亦思巴奚"战乱,史学界先辈历来存有异说。1936 年,张星烺先生《元末泉州波斯戍兵之乱》一文,认为这场战争是"波斯军队驻泉州"[36]发起的;1957 年,吴文良先生则认为这场战争具有"反元起义"[37]性质;1979 年,朱维幹先生撰文得出的结论,则是驻泉州的波斯人"要在沿海一带建立一个亦思法杭王国"[38]。当代学者陈达生先生据海外交通史博物馆新收藏的一方"元郭氏世祖坟墓"墓碑上一行阿拉伯文字的翻译和研究,认为该墓碑的墓主为百奇乡郭氏回族二世祖波斯人郭子洪,经推测得出结论:"亦思巴奚"战乱为伊斯兰教什叶派与逊尼派之教派战争,这场战争以什叶派的胜利"掘逊尼派墓",夷逊尼派的"寺及住宅"而告终[39]。

  对于如此聚讼纷纭的"亦思巴奚"战乱,"元末泉州亦思巴奚战乱的实质"一节,在史乘、方志、金石、谱牒、文物与时人笔记等多重证据的支撑下,创立新见。其考证由表入里,层层推进历史认识,达到剥笋至心之效。经考定,其一,所谓"亦思巴奚"战乱,即由波斯人万户赛甫丁、阿迷里丁等人为首的义兵,加入其中(协助元政府保卫泉州港)的战乱。其二,从至元十九年

(1282年)到至正十七年(1357年)的75年间,查遍元史、省志、地志,未见至元十九年扬州调来戍守泉州的合必军与元末泉州的亦思巴奚战乱有任何牵连。其三,16世纪之前,伊斯兰什叶派和逊尼派在波斯有几个世纪潜伏着分歧,而无明显争斗。因此,宋元时代更不可能在远东的沿海泉州发生长达10年之久的相互厮杀。元末泉州的亦思巴奚战乱,完全是元廷争夺帝位的斗争在地方上的反映。泉州的阿拉伯、波斯穆斯林巨商以及"以货得参省"的番商等,均因协助元朝政府保卫泉州港有功或以舶来货品捐官,而获得义兵万户市舶司、参议中书省事等官职。他们为了自身的利益,卷入元统治者的夺权斗争,从根本上说,赛、阿等人,只是被元廷利用,成为蒙古统治者的工具和牺牲品而已。这既是元末"亦思巴奚"战乱的实质,也是历史事实。如果这场战争是伊斯兰教什叶派与逊尼派之教派战争,那么,本课题之"多元宗教和谐共处"则不能立论。

第七章"从泉州基督教教看多元宗教和谐共处"。20世纪20—30年代以来,在泉州北门、东门等古城墙及其附近地段,不断发现装饰有十字架、天使、莲花、云纹、华盖等图案的古基督教墓碑与墓盖石,图像特殊且形式丰富,糅合多种艺术而成。本章将这些古基督教墓碑与墓盖石的图像作为一种特殊史料,进行了颇有新意的解读。如"泉州景教石刻艺术的佛教元素"、"元代泉州基督教天使雕饰的多元文化选择"、"元代泉州基督教丧葬艺术的多元融合"诸节,主要是从图像分析入手,运用比较研究的方法,一一分析了石刻图像的不同文化来源,各种外来的与本土的、基督教的与非基督教的各种文化元素交织在一起,创造出一种特殊的多元艺术。这在元代的中国是前所未有的,说明泉州基督教石刻不是局部封闭的文化类型,而是融合了中亚、西亚、欧洲以及中国的艺术特点,并汇聚了陆路和海路传播的特征。

糅合多种文化元素而成是泉州景教石刻艺术的特色,对此学者们几乎没有异议,也肯定了中国本土元素对景教的深刻影响,尤其是佛教。每一种外来宗教在中国传播的过程中,往往依附佛教或借用佛教元素获得在中国生存和发展的机会,泉州景教也不例外。但学者们对泉州景教艺术中的佛教元素并没有展开具体的求证与论述,更多的是在行文中略带而过。因此本章在前人研究的基础上,一一解析泉州景教石刻的语言和图像,并与中国其他地方出土的景教石刻比较,论证大量佛教元素的借用是泉州景教艺术的一大特色,表明泉州景教徒不仅与其他地方的景教徒保持着某种联系,如莲花十字架的运用,还创造了许多独树一帜的图像组合,如华盖、璎珞与十字架的组合。在综合考察泉州景教石刻之佛教元素的基础上,进一步论证面对强大的本土文化以及地方文化,泉州景教徒是如何寻求宗教认同,以解决自身生存问题,并最终形成了独有的景教石刻艺术。

第八章"从泉州摩尼教看多元宗教和谐共处"。中国东南摩尼教研究,很难在正史和传统典籍中寻出与此相关的突破性史料。新看法属于推测性的为多,尚缺乏实证。对于一个数度隐藏于民间的宗教,必定留痕于民间文献。粘良图先生通过晋江草庵这一国内罕见的摩尼教遗址及其周围一带的田野调查,发现苏内村境主宫的摩尼教神灵,摩尼教宗教活动至今仍活跃于民间。草庵摩尼教在明代几经打击而日渐衰微,但并未消亡,它只是变成民间信仰中一个别具色彩的支派。粘先生潜心搜集隐藏于民间的谱牒、壁画、雕刻、口碑等资料,从多方面研究国内著名的泉州晋江草庵摩尼教遗存,在更深的层次上探究清代以降摩尼教在泉州晋江草庵一带的流变,为学术界考察摩尼教独特的传播形式及其发展,以及重新审视摩尼教在我国东南消亡的时间问题,提供了极有价值的重要依据。研究表明,在摩尼教本土化的流变中,出现以"行咒驱鬼邪"为突出特征的转型民间宗教。而泉州地区具有兼容开放的文化性格,才能使鲜活的摩尼教遗存保留至今。

设置诗签供人求卜,是草庵摩尼教民间化的一个特征。当善男信女在生活中遇到疑难,需要神明为其指示前程,帮助解决困难的时候,就通过抽签来与神交流,接受神的启示。灵签有各种形式,通常是用一套(少的27首,多的100余首)五言或七言的诗句。求签者先经神前烧香祷告,说明求签的缘故,尔后从签筒里随机抽出一支灵签,再用掷杯笅的方法确定该灵签是否为神的指示。如果确定,就可以根据签上的标号找到相应的签诗,由懂得解释签诗的人为其解读,以定休咎,决疑难。闽南的宫庙一般都拥有自己的一套诗签,晋江草庵寺也流传一套独有特色的诗签。作为一门世界性的宗教,摩尼教有"二宗三际"的教义,所标榜的是拯救灵魂,重建宇宙,让信徒的生命奔向光明王国。不过,自从摩尼教变异为民间信仰,就放弃了高远的理想,忙于俗务了。村民们异口同声地说,摩尼公的最大本领是驱魔赶鬼。草庵附近的村民曾天排做乩童已经有20多年了。这位50多岁的村民,长得干瘦。他介绍说,赶鬼要比手印念咒语。所谓咒语,就是明代刻在草庵石上的那句话:"清净光明,大力智慧,无上至真,摩尼光佛。"曾天排说,咒语要配合手印,需要专业的乩童来做。民间信仰历经数百年后,这些与摩尼教相联系的签诗和咒语不绝如缕,还在流传。摩尼教作为一门具有严密理论体系的宗教已不复存在了,但在草庵一带却演变成为一种民间抽签与乡间捉鬼的方术。

通过对晋江、霞浦新近发现的一批有关明教的文献记录、文物古迹及民间传承的宗教活动和科仪文书互相对照、分析,可以较清晰地看到摩尼教(明教)在福建东南沿海的活动轨迹——自呼禄法师"来入福唐,授侣三山,游方泉郡"之后,西来的摩尼教改名为明教,着意吸收佛教及道教的文化元素,在民间发展甚盛。晋江、霞浦两地都建有明教寺庵,广结徒众,在社会上颇有影响。明代而后,晋江明教几经遭受官府打击,由在草庵公开活动转为隐秘于民间,后有佛教徒进驻草庵,使晋江明教带有更多佛教的色彩。霞浦山海交错,汉畲杂居,官府的管理似较宽松,当地明教徒转身成为替人超度禳灾的法士,保留下明教坛堂及诸多科仪文书,具有更多道教的色彩。两地明教的发展方向虽有不同,却殊途同归,即由外来宗教演变成民间信仰中的一个别具色彩的支派,融汇于中国的民间宗教之中。

第九、十章为"从民间信仰看多元宗教和谐共处"。民间信仰除了第五章如关帝、萧太傅信仰,即以"忠"、"孝"、"仁"、"义"、"礼"、"智"、"信"价值理念为纽带的公共祠庙(关岳庙、名宦乡贤祠等)之外,存在于民间诸多星散的庞杂无序的各种崇拜,这两章力图以多维视角做出阐述。

首先,厘清了古代文献中"闽南"一词与如今的"闽南"及泉州概念的关系,对于理解本课题所涉及的相关地名很有必要。"闽南"一词最早出现在唐代,宋元明清时期的文献中"闽南"一词出现频繁,但所指的区域范围因时、因人而异,大到福建省,中到福建南部,小到泉州、漳州府。林国平教授对古代文献中"闽南"一词的指向进行了梳理,并对相关问题作简要的考释。

本章还通过对与民间信仰的概念问题进行阐释,认为价值中立的"民间信仰"不等同于贬义色彩浓厚的"封建迷信",民间信仰中虽也存在着"一般的迷信",但属于次要部分;民间信仰是一种信仰形态。从严格意义上看,民间信仰不属于宗教,但就广义而言,民间信仰也是一种宗教现象。出于研究工作的现实需要,不妨把民间信仰解释为"准宗教"。这也是本课题把以"忠"、"孝"、"仁"、"义"、"礼"、"智"、"信"价值理念为纽带的公共祠庙(关岳庙、名宦乡贤祠等)视为"田野中之儒教"的学理依据。

韩元吉《东岳庙碑》所记述宋时泉人"利贾而业儒"之俗,"蛮艘獠舶,岁以时莅"之盛,从中透露了宋代泉州海外交通贸易发达及其与民间信仰关系密切等珍贵信息。"民之幸神赐者,不懈益虔","倚千万岁兮神施亡穷"。泉州百姓虔诚祈求东岳大帝及其麾下众神保佑，期望"海无飓风"，海外交通贸易兴旺发达，"蛮宾委路"，"卉衣蒙茸"，大食等东西洋各国商人前来兴贩贸易。可以想象，为鼎建兴修东岳庙捐资出力，到东岳庙祷告还愿的信众中，肯定少不了直接从事海外交通贸易者及其亲属，或是经营相关行业的商人。韩元吉《东岳庙碑》为海外交通贸易促进泉州民间信仰提供了一个鲜明的例证。其实二者的关系是相互作用的，宗教民间信仰也曾促进海外交通贸易的发展。如宋徽宗宣和七年（1125年）三月、高宗建炎元年（1127年）六月、绍兴二年（1132年）四月，先后诏给度牒、师号，供广南、福建、两浙市舶司充博买本钱。[40] 又如连南夫于绍兴三年至六年知泉州期间，"朝廷下福建，造舟以备海道，遣使督促。公曰：舟用新木，难遽办，且湿恶易坏。若以度牒钱买商船二百艘，则省缗钱二十万矣。从之"。[41] 东岳庙乃泉州民间信仰群灵之府，作为泉州历史文化名城"世界宗教博物馆"和海外交通贸易盛况的历史见证，极具重大历史文物价值。同时，从天后宫妈祖信仰，以及协调人与自然和官民关系的祈雨祭祀活动来阐释民间信仰与多元宗教的和谐共处。

第十一章"泉州宗教文化生态及其文化走向"。根据泉州宗教信仰的生存、发展状况以及内外各种关系的复杂性、整体性，从宗教文化生态的角度探索，泉州宗教信仰的结构没有出现单极化或两极化，而是呈现层叠结构，既有各地的地区性神灵，又有整个区域共同的宗教信仰，不仅在时空上全覆盖，而且在功能上全覆盖，同时还兼顾性别平衡。泉州各种宗教信仰之间存在着理相通、语相借、形相似、居相连的关系。总之，泉州宗教信仰在政治、经济、文化等外部因素以及内部各种因素的共同作用下，形成稳定的宗教生态系统，实现宗教生态多样化与生态平衡。这种状态保证泉州多种宗教信仰长期和平共处并共同发展，形成具有区域性特色的生存、发展模式，在中外宗教历史上产生了重要影响。

从社会学的角度看，闽南泉州民间宗教雕刻以及诸多有形无形的闽南文化元素所构成的文化生态，都潜移默化地影响着泉州宗教体系及其文化走向。多元宗教文化在此交汇融合，不可避免地影响着该地区各种民间艺术的走向和风格。从闽南民间雕刻的发展演变，我们看到了多元宗教文化的深刻影响，由此形成该地区民间雕刻形式多样、形态多变的艺术特色。

闽南泉州与台湾两地民间信仰是一脉相承的。自20世纪80代海峡两岸恢复交往以来，泉台两地民间信仰交流日趋频繁，交流的形式日渐多样，交流的对象日趋多元，交流的领域不断拓宽，成为两岸交流的重要组成部分。如关帝信仰的传播无疑是在有共同的文化语境（闽南语）的聚落单元之间扩散的。两岸关帝文化交流呈现三大趋势：从台湾信众到大陆祖庙进香谒祖的单向交流，发展到大陆祖庙赴台交流的双向互动；从宫庙间一对一的往来，发展到关圣帝君弘道协会以及关帝文化节的大型组织与交流形式；从纯宗教范畴的交流，拓展到宗教、政治、经济、文化诸领域的全方位交流。总之，透过海峡两岸在王爷信仰、关帝信仰等方面的交流，试图达到管中窥豹之效。

综上所述，本课题全面考察并基本厘清了近百年泉州宗教学术研究史，站在学界前辈的肩膀上，努力做到具有洞悉世界文明进程的宏观视野。在集萃闽南泉州宗教学研究成果的基础上，对泉州多元宗教和谐共处的历史流变，进行宏观把握与微观考察，其中包括极为艰苦细致的田野作业。通过泉州宗教文化的历史考察，初步揭示多元文化和谐共处的"泉州经验"，希望能为和谐社会之构建提供借鉴。

注释：

[1] 许谋清：《世界两座宗教城》，《星光》2014 年第 3 期，第 18 页；(UNESCO)杜杜·迪安(Doudou Diene)：讲话稿，《中国与海上丝绸之路——联合国教科文组织海上丝绸之路综合考察泉州国际学术讨论会论文集（续集）》，福建人民出版社,1994 年。

[2] 李亦园：《"泉州学"的新视野》，《李亦园与泉州学》，九州出版社,2012 年。

[3] 林悟殊：《晋江摩尼教草庵发现始末考述》，《福建师范大学学报》2010 年第 1 期。

[4] 参见汪毅夫：《厦门大学国学研究院与泉州历史文化研究》，《海交史研究》2002 年第 2 期；洪俊峰：《厦门大学国学院的泉州访古与研究》，《泉州师范学院学报》2006 年第 3 期；陈万里：《闽南游记》，开明书店,1930 年；陈桂炳：《泉州学 80 年》，《泉州师范学院学报》2006 年第 3 期。

[5] 韩振华关于泉州宗教的研究论文主要有《唐宋元时代广州和泉州的伊斯兰古迹》、《宋元时代传入泉州的外国宗教古迹》、《泉州涂门街清真寺与通淮街清净寺》、《泉州伊斯兰教灵山圣墓的创建》、《元时泉州摩尼教的"草庵"》，这些文章都收入他的专著《华侨史及古民族宗教研究》，香港大学亚洲研究中心,2003 年；关于庄为玑研究泉州宗教的调查与研究成果，可参见《古刺桐港》，厦门大学出版社,1989 年。

[6] 有关吴文良的评论文章甚多，主要有弘礼：《吴文良编:〈泉州宗教石刻〉》，《考古通讯》1958 年第 10 期；马丁尼：《"海上丝绸之路"研究与吴文良》，《福建论坛》1991 年第 1 期；廖渊泉：《吴文良先生遗著〈泉州宗教石刻〉的重要贡献》，中国航海学会、泉州人民政府编《泉州港与海上丝绸之路二》，中国社会科学出版社,2003 年；许集美：《纪念为中国海外交

通史填补空白的吴文良先生》,《福建论坛》1991年第1期;郭志超:《〈泉州宗教石刻〉的历程与创新》,《泉州师范学院学报》2012年第3期;李玉昆:《吴文良先生:泉州海外交通史研究的开拓者》,《近百年泉州宗教学回顾暨纪念吴文良先生诞辰110周年学术研讨会论文集》,2013年11月。

[7]马丁尼:《"海上丝绸之路"研究与吴文良》,《福建论坛》1991年第1期;郭志超:《〈泉州宗教石刻〉的历程与创新》,《泉州师范学院学报》2012年第3期。

[8]吴文良原著,吴幼雄增订:《泉州宗教石刻》,科学出版社,2005年。

[9]林振礼:《宋元时期多元文化交融的历史见证——评吴文良原著、吴幼雄增订的〈泉州宗教石刻〉》,《泉州师范学院学报》2007年第3期。

[10]王连茂:《"泉州学"与海交史研究刍议》,中国航海学会、泉州市人民政府编:《泉州港与海上丝绸之路(二)》,中国社会科学出版社,2002年。

[11]李亦园:《"泉州学"的新视野》,泉州泉台民间交流协会、泉州学研究所编:《李亦园与泉州学》,九州出版社,2012年。

[12]详细观点参见泉州泉台民间交流协会、泉州学研究所编:《李亦园与泉州学》,九州出版社,2012年。

[13]详细观点参见费孝通:《中华民族多元一体格局》,中央民族大学出版社,2014年;李亦园:《中国文化与新世纪的社会学、人类学——与费孝通谈话录》,泉州泉台民间交流协会、泉州学研究所编:《李亦园与泉州学》,九州出版社,2012年。

[14]林尚鹏:《泉州朝圣游观光指南》,九州出版社,2013年,第2页。

[15]吴幼雄:《闽南多元宗教文化和谐共处探源——以泉州为例兼谈闽南文化生态保护》,《泉州师范学院学报》2011年第1期。

[16]具体观点参见费孝通:《中华民族多元一体格局》,"代序",中央民族大学出版社,2014年。

[17]杨钦章:《泉州景教石刻初探》,《世界宗教研究》1984年第4期;《试论泉州聂斯脱里派遗物》,《海交史研究》1986年第2期;杨钦章、何高济:《泉州新发现的元代也里可温碑述考》,《世界宗教研究》1987年第1期;《南中国"刺桐十字架"的新发现》,《世界宗教研究》1988年第4期;《元代南中国沿海的景教会和景教徒》,《中国史研究》1992年第3期;杨钦章、何高济:《对泉州天主教方济各会史迹的两点浅考》,《世界宗教研究》1983年第3期;杨钦章:《元代泉州天主教遗迹和遗物》,《中国天主教》1991年第5期;杨钦章、何高济:《元代泉州方济各会遗物考》,《泉州文史》1983年第8期;杨钦章:《"刺桐十字架"的新发现》,《泉州市志通讯》1988年第1—2期合刊。牛汝极:《泉州出土回鹘文也里可温教(景教)墓碑研究》[与法国学者哈密屯(James Hamilton)合作],《学术集林》卷五,上海远东出版社,1995年12月;《从出土碑铭看泉州和扬州的景教来源》,《世界宗教研究》2003年第2期;《泉州叙利亚—回鹘双语景教碑再考释》,《民族语文》1999年第3期;《泉州新发现的叙利亚文回鹘语景教碑铭》,《西域研究》2004年第3期;《福建泉州景教碑铭的发现及其研究》,《海交史研究》2007年第2期;《元代畏兀儿人使用八思巴字述论》(与照那

斯图合作),《西北民族研究》2002年第3期。

[18]克拉克教授撰写的有关泉州的文章主要有:《唐宋时期泉州港对于当地农业转为商业化的影响》,《泉州文史》1986年第9期;《政权空白期间泉州的政权、宗教和经济》,《泉州文史》1989年第10期;《唐宋时期的泉州——城乡关系专例研究》,《海交史研究》1989年第2期;《莆田显惠侯神灵及其对船员的保护》,《海交史研究》2005年第2期;《闽南早期历史研究的现代新趋势——〈刺桐梦华录〉书评》,《海交史研究》2008年第1期等。专著有:《社会、贸易及组织:3世纪至13世纪的闽南》(Community, trade, and networks),剑桥大学出版社,1991年;《在第一个千年北方文化与东南的遭遇》(即将出版)。

[19]与泉州宗教相关的博硕论文主要有:李静蓉:《元代泉州基督教石刻图像研究》,福建师范大学博士学位论文,2013年;王振宇:《伊斯兰教石刻艺术在泉州扩展的总体态势及其表象考略》,四川大学艺术学院硕士学位论文,2007年;陈碧:《民族、宗教与身份认同——福建陈棣丁氏回族的个案研究》,厦门大学硕士学位论文,2007年;何小凤:《泉州寺庙园林研究》,福建农林大学硕士学位论文,2011年;黄忠杰:《关于泉州伊斯兰教石刻艺术若干问题的研究》,福建师范大学硕士学位论文,2007年;郭寅梅:《泉州回族宗教信仰变迁研究》,西北民族大学硕士学位论文2009年;巫大健:《海上丝绸之路时期泉州多元宗教文化共存现象的原因及特征探析》,新疆师范大学硕士学位论文,2013年;冯心斌:《泉州开元寺研究》,河北师范大学硕士学位论文,2011年;于红萍:《回族宗教信仰变迁——以泉州百崎回族自治乡为例》,华侨大学硕士学位论文,2011年;高黎:《宋元时期泉州地区海神信仰的变迁——以通远王、妈祖为例》,华侨大学硕士学位论文,2011年;蔡瑞婷:《元代泉州的民间信仰与社会经济之关系》,厦门大学硕士学位论文,2009年;陈蓉:《广泽尊王信仰研究》,福建师范大学硕士学位论文,2008年;董秀兰:《开元寺甘露戒坛建筑木雕艺术形式研究》,福建师范大学硕士学位论文,2014年;等等。此外还有许多以闽台宗教为研究对象的博硕士学位论文,泉州是重要的考察对象,如王晓云:《天方之经与东溟水土:闽台回族历史与伊斯兰文化》,福建师范大学博士学位论文,2008年;李双幼:《近代闽南基督教会研究》,福建师范大学硕士学位论文,2006年;汪洁:《闽台宫庙壁画研究》,福建师范大学硕士学位论文,2003年;等等。

[20]楼宇烈:《宗教研究方法讲记》,北京大学出版社,2013年,第31页。

[21]具体参见(法)弗朗索瓦·吉普鲁著,龚华燕、龙雪飞等译:《亚洲的地中海:13—21世纪中国、日本、东南亚商埠与贸易圈》,广东省出版社集团、新世纪出版社,2014年。

[22]荣亮、尤泽峰:《"行舟致远:扬帆海上丝绸之路"国际学术研讨会综述》,《海交史研究》2015年第2期。

[23]卓新平主编:《中国宗教学30年(1978—2008)》,中国社会科学出版社,2008年,第28~29页。

[24]卓新平:《研究世界宗教促进人类和平》,《世界宗教研究》2014年第3期。

[25]卓新平:《研究世界宗教 促进人类和平》,《世界宗教研究》2014年第3期。

[26]王志成:《走向第二轴心时代:论跨文化宗教对话的可能性》,《世界宗教研究》2004年第

4期。

[27]林华东:《闽南文化:闽南族群的精神家园》,厦门大学出版社,2013年,第63~65页。

[28]吴幼雄:《闽南多元宗教文化和谐共处探源——以泉州为例兼谈闽南文化生态保护》,《泉州师范学院学报》2011年第1期。

[29]《朱子语类》卷一二四,中华书局,1986年,第2976页。

[30]《朱子语类》卷一二五,中华书局,1986年,第2990页。

[31]《朱子语类》卷一二六,中华书局,1986年,第3014页。

[32]《朱子语类》卷九四,中华书局,1986年,第2409页。

[33]《朱子语类》卷十八,中华书局,1986年,第399页。

[34]林振礼:《朱熹与闽南多元宗教》,《泉州师范学院学报》2012年第5期。

[35]郑振满、丁荷生编纂:《福建宗教碑铭汇编·泉州府分册》,福建人民出版社,2003年。

[36]张星烺:《中西交通史料汇编》第四册,《古代中国与伊兰之交通》,辅仁大学丛书第一种,1936年,第217~226页。

[37]吴文良:《泉州宗教石刻》,科学出版社,1957年,第59页。

[38]朱维幹:《元末蹂躏兴泉的亦思法杭兵乱》,《泉州文史》1979年第1期。

[39]陈达生:《泉州伊斯兰教派与元末亦思巴奚战乱性质试探》,《海交史研究》1982年第4期。

[40]《宋会要辑稿》职官四四之一三,四库全书本。

[41]韩元吉:《南涧甲乙稿》卷十九,《连公墓碑》,四库全书本。

第二章

厦门大学国学院的泉州访古与《泉州宗教石刻》

第一节

厦门大学国学院的泉州访古与研究

洪峻峰

（厦门大学学报编辑部）

20世纪20年代，厦门大学国学研究院学人三次到泉州访古考察，并在泉州海外交通史研究、宗教古迹研究和民俗研究等方面取得了一定的成果，影响深远。他们第一次对泉州的历史文化和民间风俗展开全面调查和系统研究，并把它纳入五四后期兴起的国学研究、民俗研究的视野，使之成为尚在生长中的中国现代学术关注和研究的对象，从而为"泉州学"的创建和发展奠定了科学的基础。而艾锷风和戴密微两位外籍学者的合作研究，则促使刚刚萌生的"泉州学"突破区域和国界的局限，逐渐成为一门国际性学问。

厦门大学国学研究院成立于1926年10月，聘任了沈兼士、林语堂、鲁迅、顾颉刚、张星烺和陈万里等一批著名学者。他们主张用科学方法研究国学，认为不能局限于古籍研究，提出在古籍研究之外进行考古实物研究和民间风俗研究。在国学研究院成立大会上，院主任沈兼士就指出："欲研究古学，非从书籍记载之外，一方再以实物引证不为功。……本院于研究考古学之外，并组织风俗调查会，调查各处民情、生活、习惯，与考古学同时并进。"

院总秘书林语堂也说:"今本院成立,聘请国内学者为研究教授,一方调查闽南各种方言社会以及民间一切风俗习惯,一面发掘各处古物。"[1]邻近厦门而文物古迹盛多的历史文化名城泉州,便成为厦门大学国学院学人访古考察和民俗调查的首选地点。

厦门大学国学研究院学人至少到泉州考察过三次,都留有考察记,并且取得了一定的研究成果。虽然对泉州文化古迹的考察研究并非始于此,但他们第一次对泉州的历史文化和民间风俗展开全面的调查和系统的研究,并把它纳入五四后期兴起的国学研究、民俗研究的视野,使之成为尚在生长中的中国现代学术关注和研究的对象,从而为"泉州学"的创建和发展奠定了科学的基础,意义十分深远。

关于厦门大学国学院学人对泉州的访古调查及研究的专门介绍和探讨,就本人阅读所及,只有汪毅夫先生2002年发表的《厦门大学国学研究院与泉州历史文化研究》一文。[2]该文史料丰富,考证严谨,是探讨这个课题的重要参考文献。本文将从一个不同的角度,着重根据近年来发掘的新资料进行论述,尽量避免内容上的重复。

一、三次泉州访古调查

厦门大学国学研究院学人的第一次泉州访古调查,在1926年10月31日至11月3日,国学院史学研究教授张星烺(1888—1951,字亮丞,江苏泗阳人,著名历史学家、中外交通史专家)、考古学导师陈万里(1892—1969,江苏吴县人,著名考古学家、文物专家)与厦门大学哲学副教授艾锷风(即艾克,Gustave Ecke,1896—1971,德国人,后入美国籍,著名汉学家),三人同行。陈万里说:张星烺是研究中外交通史的专家,"泉州为中世纪中国唯一大商港,在中外交通史上占有极重要的地位,亮丞之去,为其所专门研究的学问搜寻材料。锷风之游泉州,此实第三次,他所依恋不能忘情的是开元寺的古塔。在我,希望一往灵山,探索回教徒古墓。各人都有一种目的"。[3](P1—2)他们实际考察了府学(文庙)、开元寺、回教清净寺、灵山回教先贤冢(伊斯兰圣墓)、基督教奏魁宫等古迹,进行拍摄并摹拓了一些重要石刻碑文,还调查了宋末市舶司提举阿拉伯人蒲寿庚的后代等。

此次泉州访古归来后,张星烺和陈万里于11月5日联名给校长兼国学研究院院长林文庆写了一份报告书,汇报考察情况。据报告书介绍,他们此次泉州访古调查的内容与收获主要有:(1)往灵山查访"通志所载马哈点德所派遣来泉传教三贤四贤之坟墓"(唐武德中,公元 618—626 年间),"同时复发见明永乐十五年郑和遣使西洋忽鲁谟厮等国路经泉州时诣墓行香碑文"。(2)"于城内奏魁铺奏魁宫内发见十字架古石……此古石碑为真福和德理行实记中所未载……在历史上颇有研究之价值。"(3)"城内清净寺中阿拉伯文石刻……大门内有永乐保护该寺上谕石刻,此与发见郑和碑石有密切之关系,实为当时重要史料。同时在南大街天主堂附近通衢发见阿拉伯文残石数处。"(4)"天主堂新院破屋中有留府郡王棺木七具,向未埋葬,尚须待考。"(5)"宋末降元之市舶司提举阿拉伯人蒲寿庚,其后代已改姓吴,尚住南门外。"(6)"郑成功故乡在石井……彼处关于郑成功之传说颇多,并闻隔海白沙有郑成功遗留之铁炮,为英国所制造,有伦敦字样及纪元年号。"(7)"开元寺东西两塔所有雕刻确系宋代作品,于东塔底层见有释迦佛传图雕刻四十幅"。[4]

  关于这一次泉州之行的整个过程,陈万里撰有《泉州第一次游记》,在 1927 年 1 月出版的《厦门大学国学研究院周刊》第 1 期至第 3 期连载(未完);张星烺另有《泉州访古记》,列入《厦门大学国学研究院季刊》创刊号(该期已编好,但最终未能出版)。

  厦门大学国学研究院学人的第二次泉州访古调查,在 1926 年 12 月 15 日至 24 日,国学院史学研究教授顾颉刚(1893—1980,原名诵坤,字铭坚,号颉刚,江苏苏州人,著名历史学家、民俗学家)、考古学导师陈万里与国学院编辑兼陈列部事务员王肇鼎(字孟恕,江苏吴兴人),三人同行。他们一起行动,但对于访古调查的记录则有分工,顾颉刚负责神祇,王肇鼎负责风俗传说,陈万里则负责古迹。陈万里撰有《泉州第二次游记》,对此次考察活动记之甚详。关于考察的收获,陈万里写道:"综计此次调查结果,关于风俗、神祇及传说方面,颉刚孟恕所获成绩甚多。余则于东禅寺畔,发见古墓三区,差堪自慰。蒲寿庚后裔虽难证实,顾较第一次调查时,已有进步。至于宋代石刻造像,在泉州为特多。除万安桥外,均为南渡以后,即西历十二、十三世纪之作品;其年代及建造者,根据确凿,尤可信也。今为列表如次,留备异日作系统研究时之参考……此外城中之古物古迹,均能得一大概。自信此行,尚不辜负。"[5](P51—53) 顾颉刚写了《泉州的土地神(泉州风俗调查记之一)》和《天后》两篇文章,此外还有一些关于神祇的记录(如关于途中所见迎神问卜者的记录,关于瑞枫岭之东岳庙、三王祠和国圣妈等的记录)[5](P34,36),未见整理。王肇鼎撰有《泉州传说》[6](序,Piv),很可能就是这次泉州调查的记录整理,惜未见。

　　厦门大学国学研究院学人的第三次泉州访古调查,在1927年1月16日至19日,陈万里与厦门大学教育科主任孙贵定教授(字蔚深,江苏无锡人,教育学家)及张早因(身份待查),三人同行。与前次考察一样,他们在泉州的行动主要仍由早因的亲戚刘谷苇作导游。此次游览的收获主要是参观私家所藏古物,此外,较重要的事情一是为开元寺东西塔佛传图石刻摄20幅,并托人招拓手全拓之;另一是往市政局交涉搬运大街上阿拉伯文残石至厦大国学院事。二事最终结果如何,不得而知。陈万里撰有《泉州第三次游记》记述此行。陈万里的三篇泉州游记,均收入他所著《闽南游记》,开明书店1930年3月出版。①

　　厦门大学国学研究院的几次泉州访古调查活动,对泉州历史文化研究起了很大的推动作用。第一次泉州访古归来后,张星烺在国学研究院举办的学术讲演中,作了题为"中世纪之泉州"的专题讲演。《泉州宗教石刻》编者、著名泉州文史专家吴文良先生当时尚在厦门大学读书,老师们的泉州访古和张星烺教授的专题讲演给他留下极为深刻的印象。他后来致力于泉州古代宗教石刻的搜集和宗教遗迹的研究并取得重大成果,与当时所受的影响是分不开的。[7] 1928年3月,罗常培在《闽南游记·序》中写道:"最近我接到厦门朋友的信,知道那里渐渐有人到石井去凭吊郑成功的故里,或赴晋江去摹拓开元寺古塔的雕刻,那么,谁是开这种风气的'筚路蓝缕'者,自可不言而喻了。"[6](序,Pv)他认为,陈万里等人的几次泉州访古,从考古学的眼光看自然不能算有伟大贡献,"但是在迫促的时间和险阻的环境里,居然能有如此的成绩,并且使无意中散播的种子逐渐萌芽滋长,也就算难能可贵了"从这些可以看出,厦门大学国学研究院的泉州访古与研究,对"泉州学"这一研究领域确有"筚路蓝缕"的拓荒之功。

二、关于泉州海外交通史的研究

　　张星烺是研究中外交通史的著名专家,当时已出版《〈马可波罗游记〉导

---

　　① 本人所藏陈万里《闽南游记》初版(开明书店1930年版)复印本,系汪毅夫先生惠赠,在此谨表谢忱。汪先生大作《厦门大学国学研究院与泉州历史文化研究》一文,没有论及厦门大学国学研究院的后两次泉州考察和陈万里的后两篇游记,可能他当时尚未找到这本游记。

言》译注本,并编成《中西交通史料汇篇》约120万字。他说:"余在昔研究中西交通史,得知泉州为中古东西文明交换地点,中外货物输出输入之中心地。今得亲往调查,诚大快事也。"[8]他的泉州访古与研究,重点便是泉州海外交通史。

张星烺泉州访古归来后,在11月13日以"中世纪之泉州"为题所作的讲演中,述其平日之研究及泉州实际考察之所得,内容十分丰富。他在演讲一开始便阐述"考古学与史学之关系",认为考古学家搜罗古物、参观古迹,常能对于古史有别开天地之见解。[9]这实际上便是要说明他们的泉州访古考察活动在学术研究方法上的重要意义。后来他把演讲稿整理修订成《中世纪泉州状况》一文,刊于燕京大学历史学会编的《史学年报》第1期(1929年7月出版)。文章内容包括:(1)泉州设置之历史;(2)泉州何时始与外国人通商;(3)宋末元初泉州之大盛;(4)泉州外国人之居留地;(5)外国人记录之泉州;(6)唐宋时外国人在中国享有若干治外法权;(7)外国人与中国人杂婚;(8)外国人之教育;(9)外国人在泉州势力之盛大;(10)西方各种宗教之由泉州输入;(11)外国人之同化于中国。[10]这些纲目与演讲的节目相同,只是缺少"考古学与史学之关系"一节。

《中世纪泉州状况》是泉州海外交通史研究的开山之作,也是早期"泉州学"研究的一篇重要文献。① 但是,这篇文章几成佚文,未见研究者直接引用。在文中,作者对泉州海外交通史的若干重要问题作了考证,提出了自己的见解。

关于泉州何时始与外国人通商及其繁盛的问题,作者指出,据《高僧传》,中国与印度僧人之往来无一经过泉州,《太平广记》与《唐书》记波斯、大食商胡甚详而无道及泉州,可知盛唐之时泉州仍未兴旺。泉州之兴大约始自晚唐,《新唐书·地理志》"泉州"条下特注往琉球等国所需时日,唐末似已成为商港;五代时闽王王审知采取招徕海中蛮夷商贾政策,由是番商大至。宋高宗采取奖励对外贸易政策,广州、泉州之商务大盛;及至南宋之末,泉州

---

① 必须指出的是,经查对,该文之泉州外国人之居留地、外国人在中国享有若干治外法权、外国人与中国人杂婚、外国人之教育等几节,观点与史料均已见诸日本学者桑原骘藏的名著《蒲寿庚考》。桑原骘藏此篇于1915—1918年陆续发表于《史学杂志》(增补后的单行本经陈裕菁译为中文,于1929年由中华书局出版)。张星烺于五四运动前夕在政府国史编纂处任国史纂辑员时,曾赴日本搜集史料,很可能看到桑原骘藏此篇原文,并据以查阅相关资料。

之繁昌超过广州,盖因地介适中,不偏南北故。《宋史》、《元史》海外诸国传,计其距中国远近皆自泉州起始。

在"外国人记录之泉州"部分,作者充分发挥了自己的学术专长,比较详细地介绍了古时八位外国人对泉州的记述。这八位外国人是:阿拉伯人依库达宾特拨(Ibn Khurdadbah),意大利人马可波罗(Mraco Polo),波斯人拉施特(Rashidedin),高僧鄂多力克(Friar Odoric),意大利人安得鲁(Andrew of Perugia),阿拉伯地理学家阿伯尔肥达(Vbulfeda),马黎诺里(Marignolli),摩洛哥人依宾拔都他(Ibn Batuta)。作者认为,外国人最早写到泉州的,似为唐末时的阿拉伯人依库达宾特拨,他在所著 The Book of Routes and Pyovinces 一书中称有"Janfu"者,距"广府"八日程,出产与"广府"同;"Janfu"似即"泉府"之音译。其次是意大利人马可波罗,他记泉州最详,谓泉州为世界最大二商埠之一。安得鲁写泉州为滨海大城,波斯语称为刺桐港(Zayton);阿伯尔肥达明确说"刺桐"即泉州(Shanju);元代时来中国的摩洛哥人依宾拔都他,则称刺桐港为世界最大之商港。

在"西方各种宗教之由泉州输入"部分,作者主要介绍了佛教、基督教、回教和摩尼教在泉州的遗迹及其沿革。关于摩尼教遗迹,他介绍说:"有元时摩尼教(Manichacism)遗址在泉城南门外四十余里之华表山。……尤为全国独一无二之遗迹。至明末万历时,尚存。顾颉刚尝往访终日而不可得。摩尼教在宋元明三朝福建尤盛,所谓明教是也。唐会昌中,汰僧。明教在汰中。有呼禄法师者,来入福唐。授侣三山,游方泉郡,卒葬郡北北山下。"[10] 这里所说的"顾颉刚尝往访终日而不可得",乃是指国学院第二次泉州访古时,顾颉刚、陈万里和王肇鼎三人往华表山探访摩尼教草庵不得之事;对于此事,陈万里在《泉州第二次游记》中有详细的记载。[5](P47—49)

张星烺的《泉州访古记》一文,在记叙国学院学人第一次泉州访古调查整个过程的同时,也援引了大量历史文献资料,对宋元之世泉州的海交盛况及刺桐港的兴衰、宋末元初阿拉伯人蒲寿庚兄弟在泉州的事迹、泉州回教清净寺的沿革、灵山回教二先贤冢的来历、中古时代泉州的基督教派别等问题,进行了详尽的考证辨析。因该文流传较广,①兹不赘述。

三、关于泉州宗教古迹的研究

对泉州宗教古迹,包括伊斯兰教古迹、基督教古迹和佛教古迹的查访研究,是厦门大学国学研究院学人三次泉州访古调查的重要内容。

(一)关于伊斯兰教古迹的查访研究

厦门大学国学研究院学人对泉州伊斯兰教古迹的查访研究,较重要者,一是泉州清净寺始建和修葺年代的考证,二是灵山伊斯兰教先贤墓的考辨。

关于清净寺的始建年代,目前主要有建于北宋和建于南宋两种说法。这两种说法的依据是元代重修时的两个不同碑记,北宋说依据的是镶嵌于门楼北墙甬道上方的阿拉伯文石刻,南宋说依据的则是元代吴鉴撰《清净寺记》。这两篇碑记关于寺的重修年代也有不同记载。张星烺的《泉州访古记》和陈万里的《泉州第一次游记》,均记录了这两篇碑记的内容。张星烺据此推测,该寺可能多次重修[8],至于始建年代,则断定为北宋。[10]他们关于这个问题的研究,最有意义的当是张星烺与艾锷风合作,将阿拉伯石刻碑文译成中文。十余年前,在泉州传教的西班牙神父阿奈资曾将石刻碑文译成法文,艾锷风则自法文译成英文,而张星烺再据英译译成中文,并记录于《泉州访古录》一文中。这篇译文可能是这块有重要历史价值的阿拉伯文石刻的第一个中译本。

张星烺、陈万里第一次泉州访古时到灵山考察了伊斯兰教先贤墓,并抄录了元代修墓时的阿拉伯文石刻题记和多种中文碑记。据《闽书·方域志》"灵山"条云,唐武德年间(618—626),吗哈默德圣人派遣门徒四人来华传教,其中二人传教泉州,卒葬于此山。张星烺在《泉州访古记》中考察了泉州的地理沿革和回教的传播情形,对上述史书的说法提出质疑。他认为,唐武德时泉州还是个未兴盛的小村落,史载唐时中外僧人往来,也无由泉州放洋或登陆者,故当时回教先贤来华传教当不至泉州。他推断,此二墓或为唐末

---

① 早在 1980 年,泉州海外交通史博物馆资料室便将《泉州访古记》一文油印分发。此油印本系中国史地学会编《史学与地学》第 4 期(1928 年 10 月)打字,而我又从中国地学会主办的《地学杂志》1928 年复刊后的第 1 期(该期原定于 9 月出版,后拖延至年底)上发现并复印这篇文章。汪毅夫先生撰有《〈泉州访古记〉的几个史实》一文,收入作者文集《闽台历史社会与民俗文化》,鹭江出版社 2000 年版。

宋初泉州通商兴旺以后之墓。陪同考察的任道远神父认为此古墓或为基督教徒之墓,后为回教徒新占,即二教合葬墓地。[8]陈万里明确表示不同意这种看法,并列举三个理由予以辩驳。[3](P12—13) 对灵山伊斯兰教先贤墓的建造时间目前尚有争论,这种争论直接关系到对伊斯兰教传入泉州的时间和过程的不同认识。

(二)关于基督教古迹的查访研究

关于基督教古迹的查访研究,最重要的是奏魁宫带十字架石刻神像的发现和对它的来历的考索。张星烺、陈万里第一次泉州之游时,在奏魁宫发现后人砌在墙壁上的带十字架石刻小神像,为以前书籍所未载。此无疑是古代基督教遗物,但究竟属于古代基督教的哪一派,张星烺与陪同访古的任道远神父有不同看法。任道远神父认为是聂思托里派(即景教)遗物[8],张星烺不同意这个观点。他在《泉州访古记》中论述了聂思托里和方济各两派传入中国及布教泉州之情形,认为至元世祖时泉州尚无基督教徒,而后德里、马黎诺里等记泉州有方济各派教堂,均不言及聂思托里派。据此,这个带十字架神像应是方济各派遗物。显然,两人的不同看法,缘于对古代基督教在泉州的输入和传播的不同观点。

现在,有关景教与方济各派在泉州的传播情况及其遗物的研究取得重大进展,早已突破张星烺的结论,泉州十字架石刻也大量发现。但是必须看到,泉州古基督教十字架石刻自17世纪中叶被发现三块并在欧洲引起轰动之后,在三个半世纪中一直没有新的发现和记载;1889年湖北崇正书院刊印的《真福和德里传》所写的,仍然是三块。而奏魁宫十字架石刻,虽然任道远神父在1905年已经发现,但并未公之于世,所以,张星烺、陈万里和顾颉刚[11]对这块十字架石刻的记载和考索,是泉州基督教遗迹研究的一个新进展。①

陈万里第一次游泉州时,因陪同之神父恐引起教徒反感,故未对奏魁宫

---

① 艾锷风在《刺桐双塔》之"注解与书目"中称,此十字架石刻1905年由任道远神父发现;参见汪毅夫先生《厦门大学国学研究院与泉州历史文化研究》一文的介绍。另据《刺桐,一个被遗忘的梦》[载2002年3月14日《泉州晚报(海外版)》]称,这方石刻照片被法国学者伯希和公开发表,并在西方引起很大轰动。我尚未看到这方面的具体资料,但可以推测,伯希和的照片很有可能来自陈万里或张星烺;张星烺在《地学杂志》发表《泉州访古记》,便配有此十字架石刻的照片插图。

十字架石刻进行椎拓,仅摄影留念;第二次游泉州时则"往奏魁宫拓十字架古石刻"。[3](P7)[5](P28)他赠给鲁迅的①,应是第二次游泉州时所得之拓本。

(三)关于佛教古迹的查访研究

关于佛教古迹的查访研究,主要集中于开元寺东西塔。

厦大国学院学人第一次泉州访古时,便发现开元寺东西两塔所有雕刻系宋代作品,东塔底层有反映释迦佛事迹的传图雕刻四十幅,为他处所未见。陈万里拟拓这些宋代雕刻释尊佛传图,作为与大同云冈的北魏雕刻佛传图、南京栖霞山的隋代雕刻佛传图比较研究的资料。[3](P3—4)在后两次泉州访古时,陈万里对这些佛传图进行了拍摄,并在游记中详细介绍了佛传图的排列,还托人招拓手全拓之,约在春节后进行。[5](P44—46)[12](P54)但由于国学研究院停办,陈万里等人很快离开了厦大,这一研究计划大概没有结果。

把国学研究院同人这一研究计划付诸实施的是艾锷风。艾锷风虽然不在国学研究院任职,但参加了国学研究院的第一次泉州访古考察活动;张星烺、陈万里离开泉州后,他还多留一日,计划对开元寺东塔的雕刻全部摄影。国学院停办之后,他又再去泉州考察。② 艾锷风后来撰有英文著作《福建闽南的两座方形石塔》,又与瑞士学者戴密微(Paul Demiéville,1894—1979)合著《刺桐双塔——中国晚近佛教雕刻研究》一书③,列入哈佛—燕京学社专著系列第 2 卷,于 1935 年由哈佛大学出版社出版。戴密微自 1924 年底至 1926 年 6 月任厦门大学言语学教授,曾任"厦门大学国学研究院筹备总委员会"筹备委员,参与了国学研究院章程的讨论、修改。[13][14]所以,他们二人及其对泉州开元寺双塔的研究,与厦门大学国学研究院有很大关系。

艾锷风系德国爱来根大学哲学博士,1923 年到厦门大学,被聘为哲学兼德文副教授,1927—1928 年度被聘为教授。后历任清华大学、辅仁大学教授,至 1948 年复任厦门大学教授。1950 年去美国,任夏威夷大学东方美术

---

① 鲁迅《日记十五》1926 年 12 月 29 日载:"陈万里赠泉州十字石刻拓本一枚。"见《鲁迅全集》第 15 卷,人民文学出版社 2005 年版,第 651 页。

② 当时的厦门大学学生薛澄清在 1927 年 11 月 3 日致罗常培的信中,就曾言及随艾锷风到泉州调查古迹。见《国立第一中山大学语言历史学研究所周刊》第二集第 13 期之《学术通讯(二)》。

③ 汪毅夫先生在《厦门大学国学研究院与泉州历史文化研究》一文中,对《刺桐双塔——中国晚近佛教雕刻研究》一书的基本内容和成书背景有专门介绍。

学教授,成为美国著名汉学家。戴密微1926年7月离开厦门大学后去日本,1930年起任法国东方语言学院教授。在"二战"后的一个时期,戴密微是法国最有成就和最有影响力的汉学家,在国际汉学界也享有盛誉。现在,他们二人关于刺桐双塔的部分研究成果已经被超越,①但是,他们当时的合著,开创了对泉州佛教建筑和史迹的系统研究,在西方汉学界产生了广泛影响,从而促使刚刚萌生的"泉州学"突破区域和国界的局限,逐渐成为一门国际性学问,意义重大。

厦门大学国学研究院学人对泉州的访古调查和历史文化研究,除了海外交通史研究和宗教古迹研究之外,重要的还有关于泉州民俗的调查与研究。

民俗调查与研究是五四运动后新文化人发起的一场学术运动,是中国现代学术形成的标志性事件之一,顾颉刚、陈万里,以及厦门大学国学研究院其他学人如沈兼士、容肇祖、孙伏园等,就是民俗学运动的发起者和最早的参与者。随着他们离开北京到厦门大学国学研究院任职,民俗学运动的中心便由北京转移到了闽南。厦门大学国学研究院一成立即发布启事征集民俗材料,并于1926年12月中旬成立风俗调查会,提出民俗研究课题和活动计划;接着又创办《厦门大学国学研究院周刊》,发表考古与风俗调查搜集到的材料。而开展闽南包括泉州民俗的调查与研究,就是厦门大学国学研究院民俗研究活动的主要内容。他们几次泉州之游,对泉州的民间信仰、民间传说和社会风俗进行了调查,搜集了大量资料,撰写了一批论文,取得了一定的成果。从某种意义上说,他们的泉州民俗调查与研究更能体现其与中国现代学术形成的密切关系。但目前这方面的材料还比较零散,尚待进一步搜集和整理。

注释:

[1]《国学研究院成立大会纪盛》,《厦大周刊》第159期,1926年10月16日。
[2]汪毅夫:《厦门大学国学研究院与泉州历史文化研究》,《海交史研究》2002年第2期。

---

① 例如,他们得到了性愿和尚的帮助,在书中为两塔上160尊浮雕人物的大部分注上名号和身份,这很不容易,但是也存在一些不详和不确之处。王寒枫著《泉州东西塔》一书,"对《刺桐双塔》书中65尊不知名号身份或张冠李戴的任务进行甄辨,为其中27尊人物恢复本名或澄清身份"。见王寒枫:《泉州东西塔》,福建人民出版社1992年版,第240~241页。

[3]陈万里:《泉州第一次游记》,《闽南游记》,开明书店,1930年。

[4]《张陈两先生调查泉州古迹及关于中外交通史料之报告》,《厦大周刊》第165期,1926年11月27日。

[5]陈万里:《泉州第二次游记》,《闽南游记》,开明书店,1930年。

[6]罗常培《序》,陈万里:《闽南游记》,开明书店,1930年。

[7]《泉州宝林院石刻之重见》,《江声报》1949年9月3日。

[8]张星烺:《泉州访古记》,《地学杂志》1928年第1期。

[9]《国学院学术讲演》,《厦大周刊》第164期,1926年11月20日。

[10]张星烺:《中世纪泉州状况》,《史学年报》第1期,1929年7月。

[11]顾颉刚:《泉州的土地神(泉州风俗调查记之一)》,《厦门大学国学研究院周刊》第1卷第1—2期,1927年1月。

[12]陈万里:《泉州第三次游记》,《闽南游记》,开明书店,1930年。

[13]《本学年各种委员会委员一览》,《厦大周刊》第132期,1926年12月19日。

[14]《国学研究筹备会志略》,《厦大周刊》第133期,1926年12月26日。

第二节

《泉州宗教石刻》:宋元时期多元文化交融的历史见证

林振礼

(泉州师范学院闽南文化生态研究中心)

《泉州宗教石刻》这一重大选题,20世纪50年代就得到中国科学院考古研究所和文化部郑振铎副部长的重视和支持。吴文良先生业余考古,于1957年出版了原著,实有筚路之功[1]。增订者吴幼雄秉承并超越其父"以物证史"的治学路径,对书中有历史意义的碑文,做了精辟的考论,其中不乏深达幽微的洞见。该书的出版,为泉州及其海外交通史的研究,为申报世界文化遗产"海上丝绸之路——泉州史迹"奠定了坚实可靠的基础。

经吴文良、吴幼雄父子两代人,精心收藏和编撰、历时80年的《泉州宗教石刻》(科学出版社,2005年),汇集了泉州地方遗存古代宗教建筑和坟墓的石刻遗物,分别属于伊斯兰教、基督教、印度教、摩尼教,以及佛教、道教与其他民间信仰,其中有文物照片、拓本、文字说明、资料辑录、考证、专题论述及古阿拉伯文字的释译。新增订达97万字的皇皇巨著,为研究古代社会历史、宗教、艺术、中外交通、中外古文字和宋元以来外国人在泉州一带的活动提供了极其重要的第一手资料,展示了泉州作为古代东方最大商港的特殊风采。"濒海通商,民物繁夥,风俗错杂"[2](卷89,P4560)的泉州,被誉为"世界宗教博物馆",在海外交通鼎盛的宋元时期,就有多种外来宗教聚集在这里。著名人类学家费孝通考察泉州时指出,泉州历史上有个"中外文化接触"[3](P332)问题,必须深入研究。换言之,费老所倡导研究的就是"多元文化接触"亦则"多种宗教并存"问题,这是泉州历史文化的特质,也是该书具有重大价值以及长久生命力的原因之所在。

吴文良先生早年就读于厦门大学。他涉足泉州古代宗教石刻始于20世纪20年代,时厦门大学国学研究院成立,聘任沈兼士、林语堂、鲁迅、顾颉刚、张星烺和陈万里等一批著名学者。他们主张用科学方法研究国学,提出在古籍研究之外进行考古实物和民间风俗研究。顾颉刚、张星烺、陈万里诸教授以及德国汉学家艾锷风、瑞士著名学者戴密微等先后三次到泉州进行访古调查。国学院诸教授的学术活动和专题讲演,对当时正在厦门大学读书的吴文良先生日后致力于泉州古代宗教石刻的搜集和宗教遗迹的研究产生了极大的影响。1925年,吴文良先生发现泉州城北白耇庙焚纸炉上砌着两方印度教石刻,结合自己多年来在小山丛竹亭附近发现的石卧狮、须弥座祭坛石刻和白耇庙崇祀白狗神,认为"泉州白耇庙可能是一座锡兰人兴建的印度教寺庙"。此后,吴文良先生在艰苦的经济条件下坚持搜集和研究工作。在旧社会,收集墓碑是人们所不齿的事,但吴先生却不畏时人所讥而孜孜不倦地做此寂寞之学。每当他收集到有价值的古代外国人宗教石刻时,就立即刷洗并做文字记录。1946年,他在石匠店铺偶然发现拉丁文天主教的安德肋·佩鲁亚斯主教墓碑,其时该碑尖拱顶已被琢去,碑面飞天和十字架也大部被凿毁,幸好及时制止,并以25美元高价收买得以保存至今。吴先生以微薄的中学教员薪水收入,维持一家八口人的生活,节衣缩食以资购买石刻,足见其执著与艰难。又如他在南门城外发现一方伊斯兰教寺碑刻,因要价太高无力购买,随即告知清净寺葛笃庆出资买下,藏于泉州清净寺。1948年,他在泉州南门外亭店村道南中学附近偶然发现一方伊斯兰教石碑,随即购置于自行车后架上,推车步行5公里多返回泉州城。似此事例不胜枚举。吴文良先生筚路蓝

吴文良潜心研读泉州宗教石刻

缕地不懈努力,引起中国科学院考古研究所郑振铎(时任所长)、夏鼐、陈梦家、黄展岳诸先生的关注。1956年,吴先生应邀赴京编撰是书。

1957年,《泉州宗教石刻》(全书8万字,附珍贵图片200帧)出版,第一个以大量无可辩驳的物证证实中世纪名噪一时的刺桐港即今泉州港,从而结束了百年来史学界的杭州、扬州、漳州诸说之争。1958年,郭沫若先生致

信吴文良说："最近苏联科学院要出版一本《世界通史》，决定收集中国历史重要图片 100 幅，要你选择《泉州宗教石刻》15 幅图片，以便载入，仅泉州即占百分之十五。"[4]郭老又于 1961 年莅临泉州时会见了吴先生，鼓励他继续努力。1962 年，陈毅副总理在出访非洲前，偕夫人张茜到泉州视察，对《泉州宗教石刻》一书表示赞赏。吴先生即从亲属手中找来 8 本赠予陈毅副总理。《泉州宗教石刻》一书刚一问世就引起中外史学界的瞩目。当地党政领导考虑到吴文良的专长，安排他到筹建的泉州海外交通史博物馆工作。吴先生全身心投入文物事业中，其学术活动，也日臻成熟。当夏鼐先生有感于《泉州宗教石刻》主要属资料性著录，必须提高研究深度，建议增订原著（增收石刻资料，扩大研究课题，资料性与学术性并重）之际，"文化大革命"爆发，吴先生竟因《泉州宗教石刻》出版后，海外一些学者与吴先生就书中某些问题进行书信商榷，被造反派诬为"里通外国的反革命分子"，被迫害致死。所幸的是，其哲嗣吴幼雄（毕业于福建师范学院历史系，父亲生前，他即襄助研治这批石刻兼及古代海外交通史）以继承其父遗业为己任，历经 40 多年的刻苦努力（其间又得到夏鼐先生的亲炙指导，书中古阿拉伯文的释读破译，经夏先生推荐，由古阿拉伯文专家华维卿先生担任），取得可喜成果。增订本的实物图片除收录于原著的 20 帧以外，继文良先生之后，泉州文博部门和吴幼雄先生也尽力调查搜集发掘，又有新的发现，其中大部分被增订本所采录。

《泉州宗教石刻》以大量无可辩驳的原始物证，展示宋元时期泉州多元文化交融的历史画卷。然而，西方世界却于 11 世纪末爆发了十字军东征——一场旷日持久的典型的宗教战争。这种在几乎相同的时间跨度内发生于不同的空间地理位置的历史现象：刀光剑影与多种宗教同生共存的巨大差异，对于我们研究不同社会历史背景下，多种宗教文化的互动关系，具有特殊的意义。论者或认为，当时给人民带来无限痛苦与灾难的十字军，却为后来的文艺复兴创造了条件。十字军东征让落后的西欧人民，接触和吸取了较发达的东罗马帝国文化和阿拉伯文化，从而改变了西方的历史命运。然而，如若追问，宋代经融合佛道而走向哲理化的中华传统儒学，以其博大胸襟兼容外来异质宗教文化，其历史真相究竟如何，留给后世又有何深刻的启示呢？从这一层面上说，吴幼雄先生积数十年之功，呕心沥血所完成的《泉州宗教石刻》增订本，秉承并超越其父"以物证史"的治学路径，以"外物不移方是学"为价值追求，对书中有历史意义的碑文，做了精辟的考论，为泉州及其海外交通史的研究,为申报世界文化遗产"海上丝绸之路——泉州史迹"奠定了坚实可靠的基础。

增订本精心收集的伊斯兰教石刻过半,与中古时期阿拉伯商人称雄世界的历史事实相对应。因此,仅以其"伊斯兰教论丛"为例,则可窥见增订者经长期潜心涵泳求索,以令人难以企及的思细如发,深达幽微的洞见,发前人所未发。有如其对宋元时期中外关系史的重要课题——蒲寿庚家族事迹的研究,学者一般认为,蒲寿庚弃宋投元始于泉州"闭门不纳"景炎帝赵昰。增订者据新发现的《夏宣武将军墓志铭》,即宋黄仲元为南宋殿前司左

1962年,吴文良陪同郭沫若(右二)
参观泉州开元寺印度教石刻

翼军统领夏璟撰写的墓志,揭示蒲寿庚既挫败防守瑞安的陈宜中,又在泉州配合夏璟逼景炎帝走潮州,使文天祥、张世杰勤王回天无力,南宋败亡。由此可见,蒲寿庚在宋元交替之际所起的作用,比过去史家的看法还要重要,且时间更早。关于蒲寿庚家族之仕元,增订者考证蒲寿庚父子相袭为泉州行省平章政事,寿庚之兄蒲寿晟于咸淳间出知广东梅州,其受汉文化影响的诗赋成就,说明中华传统文化与伊斯兰文化互相影响的历史事实。过去史学界仅注重蒲寿庚家族对发展元代泉州港贸易的作用。而该书通过追索泉州晋江陈埭丁氏与惠安百奇郭氏的族源,揭示姑苏丁氏与杭州郭氏阿拉伯人(或波斯人),于元代南下泉州经商的史实,使宋元时代泉州港的历史地位清晰再现:不但是一个联系上百个国家和地区的国际贸易大港,而且在国内亦以泉州港为中心,"遝琛远货……辐辏于南北之贾客"(《螺江风物赋》),组成一个联结江、浙、淮、湖各港埠的贸易网区。

再如元末至正十七年(1357年)到至正二十六年(1366年)发生于泉州的史称"亦思巴奚"战乱,史学界先辈历来存有异说。1936年,张星烺先生《元末泉州波斯戍兵之乱》一文,认为这场战争是"波斯军队驻泉州"[5](P217—226)发起的;1957年,吴文良先生则认为这场战争具有"反元起义"[6](P59)性质;1979年,朱维幹先生撰文得出的结论,则是驻泉州的波斯人

"要在沿海一带,建立一个亦思法杭王国"[7](P1—2)。当代学者陈达生先生据海外交通史博物馆新收藏的一方"元郭氏世祖坟墓"墓碑上一行阿拉伯文字的翻译和研究,认为该墓碑的墓主为百奇乡郭氏回族二世祖波斯人郭子洪,经推测得出结论:"亦思巴奚"战乱为伊斯兰教什叶派与逊尼派之教派战争,这场战争以什叶派的胜利"掘逊尼派墓",夷逊尼派的"寺及住宅"而告终[8]。

对于如此聚讼纷纭的"亦思巴奚"战乱,增订者在史乘、方志、金石、谱牒、文物与时人笔记等多重证据的支撑下,破旧说,创新见。其考证由表入里,层层推进历史认识,达到剥笋至心之效。增订者考定,所谓"亦思巴奚"战乱,即由波斯人万户赛甫丁、阿迷里丁等人为首的义兵,加入其中(协助元政府保卫泉州港)的战乱,此其一。其二,从至元十九年(1282年)到至正十七年(1357年)的75年间,查遍元史、省志、地志,均未见至元十九年扬州调来戍守泉州的合必军与元末泉州的"亦思巴奚"战乱有任何牵连。其三,16世纪之前,伊斯兰什叶派和逊尼派在波斯有几个世纪潜伏着分歧,而无明显争斗。因此,宋元时代更不可能在远东的沿海泉州发生长达10年之久的相互厮杀。元末泉州的"亦思巴奚"战乱,完全是元廷争夺帝位的斗争在地方上的反映。泉州的阿拉伯、波斯穆斯林巨商以及"以货得参省"的番商等,均因协助元朝政府保卫泉州港有功或以舶来货品捐官,而获得义兵万户市舶司、参议中书省事等官职。他们为了自身的利益,卷入元统治者的夺权斗争,从根本上说,赛、阿等人,只是被元廷利用,成为蒙古统治者的工具和牺牲品而已。这便是元末"亦思巴奚"战乱的实质。其四,通过查证族谱考察穆斯林之间的婚姻与回民墓葬发现,泉州清净寺的穆斯林是敬奉灵山圣墓的,百奇郭姓穆斯林在明清时期与寺内穆斯林联姻,灵山圣墓自宋以降就是阿拉伯、波斯客商的公共墓葬区,明清时期郭氏穆斯林葬于灵山圣墓的多达数十人。由此可见,郭氏穆斯林与敬奉灵山圣墓的穆斯林不存在所谓什叶派与逊尼派的教派之争。其五,根据穆斯林语言文字在中国各地的嬗变而出现用阿拉伯字母拼写汉语的"小儿锦"这一特殊现象,重新释读"元郭氏世祖坟墓"的那行阿拉伯文字,是汉语"元郭氏德广墓"的对音,属我国回民创造的"小儿锦"而非波斯文"著名的库斯·德广贡之子",则墓主为郭德广而非郭子洪。"小儿锦"证明墓主非波斯人,亦即不存在教派问题。

如上转述尽管已被简化,但足以窥见增订者以小见大,牵线头以接网络,史外寻史的治学功夫与智慧含量。该书在古基督教、印度教、摩尼教诸外来宗教研究上的创获与新见,兹不再枚举。海内外从事宗教研究的专门家、旧学新知对于该书的各种学术观点,或时有可商。这样,增订本则不仅是一份厚重的新成果,也将成为学术交流的一个新平台。世界文化是由地方文化组成的,没有地方文化,就没有世界文化。我们相信,《泉州宗教石刻》的重要学术价值将伴随着闽南文化(尤其是泉州学)研究的不断深入而逐渐呈现。

注释:

[1]洪辉煌:《我的2005泉州文化阅读》,《石狮日报》2005年12月28日。

[2]朱熹:《朱熹集·范公神道碑》,四川教育出版社,1996年。

[3]王连茂:《"泉州学"与泉州海交史研究刍议》,陈世兴主编《泉州学研究》,福建教育出版社,2002年。

[4]马丁尼:《海上丝绸之路研究与吴文良》,《福建论坛》1991年第1期。

[5]张星烺:《中西交通史料汇编》(第四册),辅仁大学丛书第一种,1936年。

[6]吴文良:《泉州宗教石刻》,科学出版社,1957年。

[7]朱维幹:《元末蹂躏兴泉的亦思法杭兵乱》,《泉州文史》1979年第1期。

[8]陈达生:《泉州伊斯兰教派与元末亦思巴奚战乱性质试探》,《海交史研究》1982年第4期。

第三节

《泉州宗教石刻》的面世历程与创新

郭志超

(厦门大学人类研究所)

《泉州宗教石刻》一书的原著与增订,历经吴文良、吴幼雄父子两代人77年的艰苦探索,终于接力合成这部皇皇巨制。增订本关于石刻收集的种类和数量显著增加;单个遗物以及某一类遗物的历史阐微、辨析和概括,极大地提高了原以资料见长的此书的理论品质;其纠错、释疑、解难、辨误突出地体现了推陈出新。《泉州宗教石刻》增订本的出版宛如为"东亚文化之都"誉载泉州提前报春,是宋元时期泉州多元宗教和谐共处的历史见证。

凝聚着两代人的艰苦探索,承蒙中国科学院考古研究所两代学者的举荐和指导,《泉州宗教石刻》增订本于2005年问世。其重要的学术价值和当代启示,将随流年而日显。

自1928年吴文良先生开始搜集第一方石刻至2005年初止,历经77年,吴氏父子接力合成了这部皇皇巨制,诉说着艰苦探索、甘甜苦涩的"石头记"故事。创新是科学进步的显著特征,《泉州宗教石刻》增订本堪称是二次创新的硕果。石刻收集的种类和数量显著增加;单个遗物以及某一类遗物的历史阐微、辨析和概括,极大地提高了原以资料见长的此书的理论品质;其纠错、释疑、解难、辨误突出地体现了研究的推陈出新。《泉州宗教石刻》增订本保存了中外文化交流珍贵的历史信息,成为宋元时期泉州以及此后仍然留存的多元宗教和谐共处的历史见证,昭示着经济全球化中人类多元文化兼容和谐这一美好前景。

一、艰苦探索的"石头记"故事

泉州是海上丝绸之路的重要端点,宋元时期曾跃居为东方第一大港,蕴藏着中外经济文化交流史的丰富遗存。20世纪20年代末,有一位孤独的特行者,开始默默地收集、研究以古代海上中外交通史为背景的外来宗教石刻,他就是吴文良先生。其成果引起了中国科学院、苏联科学院的重视,引发了科技史大师李约瑟的赞叹。一个中学教员,一个业余的考古工作者,取得了填补空白的重大科研成果,莫非是上苍垂青?

吴文良先生于1903年出生于泉州城一个贫苦手工业者家庭,在厦门大学生物系毕业后回乡任中学教员。从1928年开始,他留意搜集宗教石刻,传奇的"石头记"故事翻开了第一页。他经常利用课余时间,走遍泉州罗城各城门的城基挖掘工地。1946年,他在南城门发现一方伊斯兰教碑刻,因要价太高,无力购买,随即告知清净寺葛笃庆出资购买,收藏于清净寺,保留至今。一次,他在泉州南门外亭店村道南中学附近,发现一方伊斯兰教碑刻,随即放置于自行车后架,推车十多里返回泉州城。在旧社会,收集墓碑为士人所不齿,但吴先生却乐此不疲。每当他搜集到宗教石刻,就尽快刷洗,作文字记录。他微薄的教员薪水,除了维持一大家口的生活外,还得紧缩家庭开支,用于购买

1962年,郭沫若考察厦门大学
人类博物馆泉州宗教石刻

石刻。1946年,他在一家石匠店发现一方天主教的安德肋·佩鲁亚斯主教拉丁文墓碑,当时墓碑尖拱顶已被琢去,碑面飞天和十字架也大部分被凿去,石匠见来者求购心切,趁机敲起竹杠,吴先生只好高价购下。

尽管吴文良先生竭尽全力,仍无法遏制文物损毁。特别在民国晚期,城垣拆除,致使许多有价值的石刻多被卖掉,改琢为建筑石材及其他用途。例如,泉州东门城兜一家石店就破坏160多方外国宗教石刻,南岳及南门厂口街的两家店所破坏之数,分别也有一百多方。他在解放初很痛心地说:"我所收藏的石刻,可以说是残存的很少的一部分。"

1949年11月,泉州刚解放,有人趁机在灵山圣墓盗拆伊斯兰教式石墓去筑屋,吴文良先生当即向晋江行署专员许集美同志报告,及时制止破坏。

1954年，吴文良先生把数十年含辛茹苦搜集的宗教石刻154方捐献给国家，中央文化部副部长郑振铎亲自书写《褒奖状》给吴先生。1959年，他又献出20多方宗教石刻。吴文良先生还鼎力支持厦门大学人类博物馆增列泉州宗教石刻，从1953年至1956年捐献数十件给厦门大学。其中有一件是他刚收集到的刻有波斯文和汉字的元代墓碑，波斯文字是："艾哈玛德·本·胡阿吉·哈吉姆·艾勒德死于艾哈玛德家族母亲的城市——刺桐城。"这为泉州回族形成的研究提供重要的实物资料。

吴文良《泉州宗教石刻》于1957年由科学出版社出版，该书收集的石刻共186号（少量为建筑物的局部，其他为单件石刻），每号石刻都附有详细的说明、考证。所属的宗教包括伊斯兰教、基督教、摩尼教、婆罗门教（印度教）。当时任中国科学院考古研究所编辑室主任的陈梦家先生，在《泉州宗教石刻》的编辑后记说："吴先生数十年来，在教课之余，关心本地桑梓为人所疏忽的古物遗存，并以一己之力调查、搜集、累积成了一群很重要的资料。我愿意在此提出二点值得我钦佩之处，一是从事地方考古关心乡梓文献遗物，以一人一手之力孜孜不息的作此寂寞之学，这种精神是极可贵的……二是吴文良先生乃业余的考古工作者……刻苦自学，愈久愈勤……这种毅力是极可贵的。倘若有许多人能从事业余考古，那么中国考古学前途更可观了。"

吴文良先生热爱祖国，热爱家乡，对祖国丰富的文化遗产怀着一颗拳拳之心。正是这颗爱心，激励他在长达40年的考古生涯中，克服困难，使一批珍贵文物避免湮灭和毁坏的厄运，成为研究中外交流史的传世珍品。吴先生拥护共产党，热爱新社会，爱憎分明，为人耿直。在"文革"期间，受极"左"路线冲击，于1969年被迫害致死。1978年9月，中共泉州市委为他举行隆重的追悼大会。

吴文良与林惠祥（左）在厦门大学人类博物馆研读泉州伊斯兰教石刻

科学的痴迷者，往往也是忘我者和奉公者。在我们的眼中，家境清寒、薪金微薄的吴文良从事石刻收藏，有节衣缩食的无奈，也有难言的辛酸苦涩。这些石刻，成为他生命的一部分，而当社会需要时，他便无私地把各类石刻200多方捐献出来,为国家保存了一批十分珍贵的文化遗产。正是他的奉献,成就了泉州海外交通史博物馆的创建和厦门大学人类博物馆碑廊的陈列。

1957年《泉州宗教石刻》出版,受到海外学者的重视。1965年经夏鼐先生建议,吴文良先生开始着手《泉州宗教石刻》的增订,因"文革"动乱,工作中断。早在20世纪50年代末,国内一著名学者据清净寺内明代中文石刻(后证实此碑是他寺移入),对《泉州宗教石刻》无视清净寺内中文石刻(后证实是张冠李戴),对吴文良据清净寺甬道北墙的阿拉伯文字石刻的建寺断代,提出强烈的批评,甚至以此责骂吴文良先生是"帝国主义的走狗"。所幸当时法度尚在,秀林之木未遭摧损。《泉州宗教石刻》出版后,国外学者来信询问或切磋,郭沫若先生就曾将日本学者的来信转给吴文良先生。这些对千年石刻的探讨,在"文革"中,竟成为吴先生"里通外国"的"罪证",因此被关押于异地的"学习班"受尽折磨,乃至迫害致死。

吴文良先生对石刻收集研究的兴趣深深地影响了其子。吴幼雄少时即兴趣文史,自福建师范学院历史系毕业后,先后在中学和大学从事历史的教学科研,后任泉州师范学院教授、系主任和泉州学研究所所长。其父在世,他即襄助研治宗教石刻及海外交通史。即使在其父关在"牛棚"时,他仍在从事石刻的田野工作。其父故后,他以继承遗业为己任,用心更加刻

吴文良、刘婉如夫妇清洗泉州伊斯兰教石刻

苦,谨严求实,修炼日深。1975年,夏鼐先生重新主持考古研究所工作,派南安籍黄展岳先生南下了解此书增订情况,得知吴文良先生后继有人,即指导吴幼雄进行增订工作。书中古阿拉伯文的释读破译,由夏鼐先生推荐的古阿拉伯文专家华维卿先生担任,非常称职。到1981年春,增订本的编撰工作基本完成。在需要补拍石刻照片时,遭到获吴先生捐献石刻的博物馆个别人的阻挠,增订本因功亏一篑而搁置。后来,经1991年联合国教科文组织的"海上丝绸之路"学术考察活动和21世纪初申报世界文化遗产"海上丝绸之路"项目的推动,蒙福建省和泉州市领导的关心、支持和资助,万事备而又东风,增订本于2005年由科学出版社付梓问世。原福建省社科联主席吕

良弼阅后,赞誉有加。

《泉州宗教石刻》远不是写出来的,而是历经数十年心血和汗水的凝结,是历经郑振铎、夏鼐、陈梦家等学术前辈的慧眼荐成。从1928年吴文良先生开始搜集第一方石刻起,吴氏父子历经77年接力合成的这一巨制,留给人民无尽的感奋和启迪。对于历史的热衷与对现实的关注是互渗的,正是保护家园文化遗产的社会责任感和洞见石头所凝聚的中外交流史的科学敏锐感,使其走上石刻收集研究的探索之旅。其田野和研究的意义,犹如暗处烛明,逐渐地焕发为映世的霞光。泉州多元宗教石刻所保存的中外文化交流的历史见证昭示:世界几大宗教的和谐共存不是神话,中世纪泉州就是典范展示。多元宗教的兼容谐处,预示着经济全球化进程中世界文化演进的美好前景。

二、《泉州宗教石刻》增订本的创新

创新是科学进步的显著特征,16开本、645页的《泉州宗教石刻》增订本堪称是这样的杰作巨著。石刻收集的种类显著增加,图片由原有的186幅增至598幅,说明和论述的文字增加4倍多。单个遗物以及某一类遗物的历史阐微、辨析和概括,极大地提高了原以资料见长的此书的理论品质;其纠错、解难、辨误突出地体现了研究创新。

(一)宗教石刻收集种类和数量的显著增加

《泉州宗教石刻》原著的目录为:绪言;一、泉州古伊斯兰教石刻;二、泉州古基督教石刻;三、泉州古摩尼教石刻;四、泉州古婆罗门教石刻;五、附录。

《泉州宗教石刻》增订本的目录为:序,绪言,第一部分:泉州古伊斯兰教;第二部分:泉州古基督教;第三部分:泉州古摩尼教(明教);第四部分:泉州古印度教(婆罗门教);第五部分:泉州古佛教;第六部分:泉州古道教;第七部分:泉州古民间信仰;第八部分:纪功、贞操牌坊及其他。

增订本增加四部分:泉州古佛教,泉州古道教,泉州古民间信仰,以及纪功、贞操牌坊及其他。将古民间信仰列入,确当。作为大传统与小传统,宗教与民间信仰相互对流,互相渗透。美国社会学家彼得·柏格(Peter L. Berger)就将东亚的民间信仰称为"民俗宗教",李亦园等台湾学者则采用"民间宗教"一名。李亦园认为,民间信仰属于"普化宗教"(diffused religion),与

"制度化宗教"(institutional religion)相对应。的确,民间信仰与宗教并非截然隔离,有些民间信仰包含宗教成分,并可转变为宗教,宗教也会转化为民间信仰。而宗教庙宇也会转变或局部转化为民间信仰神庙。据"凤山《第一山重修地祇忠义庙记》碑"(GI3),该庙在宋代为道教庙,明时增殿奉祀民间信仰的忠君神明,甚至还请进观音菩萨。此庙已具有儒、道、释混杂的某类民间信仰神庙的特征。

把纪功、贞操牌坊列入宗教石刻的一部分,似欠妥,宜另列为本书的附录部分。当然,牌坊与宗教石刻并非没有联系,因为种类繁多、数量巨大的宗教石刻营造了泉州城市建设的特色氛围,是促成了举世罕见石牌坊营造的重要原因。"纪功、贞操牌坊及其他"的"其他"是:以明代僧人墓为近景的"东郊灵山圣墓和明代僧人墓"(H5)和"元代奉使波斯使者的墓碑"(H6)。其实,可分别列入"古佛教"和"古伊斯兰教"部分。"东郊灵山圣墓和明代僧人墓"以僧人墓为主景、灵山圣墓为背景,反映了佛教与伊斯兰教在教徒冥世的符号世界中的共存关系。"元代奉使波斯使者的墓碑"是须弥座祭坛式石墓的构件,墓主于元大德三年(1297年)奉命出使波斯湾的"火鲁没思"(忽鲁漠厮)这个伊斯兰教国家,故墓主当为穆斯林,其墓碑若收入古伊斯兰教石刻部分,几无疑义。

原著的泉州古伊斯兰教石刻图片70幅,无分节。增订本340幅,分18节:一、泉州伊斯兰教寺和"拱拜尔"石刻;二、泉州东郊伊斯兰教灵山圣墓;三、泉州古伊斯兰教墓碑;四、泉州古伊斯兰教须弥座祭坛式墓垛石;五、泉州古伊斯兰教须弥座式石墓构件;六、泉州明代抱鼓石和云月形墓碑;七、泉州古伊斯兰教须弥座式墓墓顶石;八、惠安百奇回族郭氏和东园回族郭氏须弥座式石墓;九、洛江区杏宅村回族郭氏须弥座式石墓和石碑;十、泉州德济门城基出土须弥座式石墓墓顶石;十一、泉州闽南建筑博物馆保存的须弥座式石墓墓顶石;十二、泉州津淮街拓改工程出土的须弥座式石墓;十三、石狮市博物馆保存的须弥座式石墓;十四、泉州通淮街清净寺保存的须弥座式石墓和寺内考古发掘现场;十五、新增古伊斯兰教清净寺(及其他地点所掘)石墓和墓碑;十六、泉州古代外国人石墓种类简介,还有专题资料和研究附录;十七、泉州古伊斯兰教史料和回族史料摘抄;十八、泉州古伊斯兰教论丛。

对于石刻的出土地点,一般都有交代,有些还叙述了相关故事,甚至进行历史解读。然而,如果仅是如此,难免有一种零散的印象。《泉州宗教石刻》原著有一节介绍古伊斯兰教、古基督教和古天主教石刻出土的分布区。

增订本在原有基础上,陈述更详尽,甚至有附录的综论,这就有力地加强了各类石刻展示和分析的整体感。

考古兼参考文献,是中国考古学的重要特点。增订本所增加的泉州古伊斯兰教史料和回族史料摘抄,便于读者的理解,为宗教石刻的继续深入研究,提供文献参考的方便。

(二)以历史真实为科学追求的学术创新

历史真实是历史学和考古学的基本追求,考古遗物科学的描述和整理以及通过科学分析释放的历史信息,正是考古学追求真实的精细工作。

增订本综论文字近 10 万字(不包括许多单件石刻的阐释文字),或阐微,或辨析,或概括,极大地提高了原以资料见长的此书的理论品质。增订本不仅修正原著的个别失误,而且纠正了学术界一些错误结论,提出一系列新见。

1. 对于失误的修正

科学探索总是在穷究对象近真度的过程中不断进步。《泉州宗教石刻》原著收入的"元代帖迷答扫马等立的墓碑石"(图 108)、"摩尼教墓碑石"(图 110),在增订本改收在"泉州古基督教石刻"部分(B37)。吴文良先生说"元代帖迷答扫马等立的墓碑石"(图 108),"碑刻两行直书的聂士脱里叙利亚文字,左边有两行汉字","是一方元代管领江南诸路各派宗教的一个特设高级僧侣的墓碑……碑刻中有汉字二行,共五十三字:'管领明教、秦教等……'""碑上的'也里可温',可能是教长的名称"。吴文良的推测是对头的,也就是他们认为墓主是也里可温(蒙古人对景教之称)教长。他可能认为摩尼教石刻罕见,此碑墓主所管领的宗教有"明教(摩尼教)",故将之收在摩尼教石刻部分。此外,泉州所发现的宋元古基督教碑,皆有十字架雕刻,而这方墓碑独无,这会不会是立碑的"帖迷答扫马等"既有摩尼教徒也有基督教徒呢?从汉字碑刻的"管领江南诸路明教、秦教(景教)等",将明教列为首来看,这种怀疑是有所据的,甚至更可能的是:帖迷答扫马等立碑者,主要是摩尼教徒。因此,曾将此碑列入摩尼教部分,亦不离谱。村山七郎根据碑刻的叙利亚文字指出,(经标点的)墓碑汉字的"管领江南诸路明教、秦教等"之后的"也里可温马里失里,门阿必思古八,马里哈昔牙"的正确句读应是:"也里可温、马里、失里门、阿必思古八、马里哈昔牙",直译是:"基督教徒(聂士脱利派教徒)师 Silemun 主教师僧。"从碑文可知,在公元 1313 年,聂斯脱利教主教西雷蒙师死于泉州。日本学者村山七郎给郭沫若的信(1963年6月10日)做了以上陈述后说:"吴文良氏在文中的这些讹误之处,若和其出版这一重要文献的伟大贡献来比,几乎是微不足道的。"村山七郎治学精微,气度高雅,他对于元代帖迷答扫马等立的墓碑石的释读蕴涵着重要信息:元代泉州有古基督教教主,就会有基督教堂,而且这个基督教堂在江南具有重要地位,而有关石刻(B13等)分析判断可与这一推断相参证。

"摩尼教墓碑石"(图110),青石雕成,周围刻有一种简单的连续传枝的图案花纹,碑的上部浮雕一个"华盖",其左右还有四条结绶状的璎珞下垂。华盖的下面,浮雕一个十字架,十字架下,还有一朵小型的莲花,莲花的下面左右两侧浮雕两幅"幡幢",幡幢下部各刻一朵莲花,幡幢上部阴刻八个字:"大德黄公,年玖叁岁。"吴文良未予断定,只是说:"此碑可能是摩尼教徒的墓碑。"此碑也由村山七郎断明,他认为:"'大德'是 episkupude 的译文,其本意为聂士脱利教的主教。"村山氏此见正确。增订本将此碑改收入古基督教石刻部分(B39)。

"摩尼教徒墓碑石"(图109),吴文良并没有断定,只是疑为摩尼教徒遗物,指出:碑饰采借了"聂士脱利教(古基督教教派)及佛教"。此碑在增订本改入古基督教石刻部分(B38)。

2.对散见石刻的综合整理研究

《泉州宗教石刻》增订本对散见石刻进行了综合整理研究。《泉州宗教石刻》原著对泉州古代外国人石墓分布区做了详细的描述。增订本在这一基础上,在可能的情况下,注意以出土地点介绍石刻,使石刻之间的内在联系不致消解。在这方面,伊斯兰教石刻部分尤为突出。既有单件石刻的精细描述,又有同类石刻的综合整理研究,甚至有深入的分析而延伸于历史脉络,这就使石刻蕴涵的历史信息不会因为资料的散碎而消散。增订本对印度教的分布的研究就是如此。根据吴幼雄先生的整理和分析,印度教寺在泉州有二处:(1)城东南隅肯定有一座印度教寺,而且规模非常宏大。《泉州宗教石刻》原著有关印度教石刻37方,其中出自通淮门一带的就有14方,而且通淮门城垣掘得有几十方雕有莲瓣及其他图案的青冈石,这类印度教石刻在城东南隅城垣和城基多达千方以上。(2)城北小山丛竹亭原有印度教寺,这既有遗物证据又有文献佐证。此外,根据吴幼雄的整理和推测,还可能有另外的两处:其中一处在城西北,城西北的建筑工地发现一批印度教石刻,这应是一处印度教寺的提示;另一处在城南,这里也发现不少印度教石刻,其中有一方断折的泰米尔文碑刻,内容是1281年修建湿婆神庙的记载。这方白花岗岩质泰米尔碑的形制甚粗陋,而城东南所发现规模恢宏的印度教寺石构件均为辉绿岩,且加工精致形成云泥之别,这暗示着还有另一处形制简陋的印度教寺。这些论断是关于泉州印度教遗存研究的前沿观点。

3.历史天空下特殊石刻的解释

某种类别遗物发现的数量较多,有便于了解历史现象的普遍性。而特殊遗物的发现所反映的历史现象,可能纯属偶然,也可能反映某种新事物的萌生。在历史天空的观照下,特殊石刻的分析就显示应有的深度和广度。据悉,清末民初灵山圣墓发现一方刻有十字架与阿拉伯文字的石刻残段,但年代不详。2001年德济门城基出土的须弥座墓墓顶石中,有一方须弥座式石墓墓顶石(A261),一端截面雕刻伊斯兰教的云月图案,另一端截面却雕刻莲花和十字架。这方既是古伊斯兰教又是古基督教墓顶石(B66),前端截面浮雕一朵盛开的莲花,两侧各有叶片陪衬,花上承托一个剑形叶片的十字架;后端截面浮雕刻伊斯兰教的"云月"标志。或认为是"两教混合",吴幼雄先生不以为然。他查阅资料,了解到蒙古统治者尊重各种宗教。忽必烈信奉佛教,但对于基督教、伊斯兰教、犹太教亦尊重。忽必烈弟旭烈兀的子孙既有信伊斯兰教,也有信基督教的。标志共存于一方墓顶石上,不足为奇。然而,若视为两教混合,则失当,因为个人的"回耶兼奉"与异教混合是两码事。此墓顶石的墓主是一位信奉基督教和伊斯兰教的蒙古人。他指出:"蒙元统治者对佛教、基督教和伊斯兰教等宗教的态度,与宋元时期泉州海上丝绸之路多元文化的文明,与对各门外来宗教的兼容态度,有许多共通之处。"不是孤立研究中古泉州文化现象,而是关照到宏阔的大历史及其脉络,这是拓新泉州学研究应有的登高望远的视野。

4.对石刻及其所涉历史疑难的考析辨误

历史研究中有的错误是一些浮躁者的虚妄,而有的错误是资料缺乏造成的认识屏障。科学事实及通过分析所释放的科学信息,具有驳妄纠谬的绝对力量。(1)法石乡发现郭氏墓碑(A78),或认为是墓碑的外文是波斯文,墓主名是波斯人的名字。进而认为:郭姓祖籍波斯,属伊斯兰教什叶派,与金吉、赛甫丁、阿迷里丁同派,与敬奉灵山圣墓的蒲寿庚、那兀纳的逊尼派对立,又有教派战争,长篇大论,猜测而已。吴幼雄先生精辟地考出所谓的郭氏墓碑的波斯文字,实际上是用阿拉伯字母拼写的"消经"(后音变为"小儿锦")文字。所谓的墓碑"波斯文"说不攻自破,郭氏为波斯人乃至什叶派穆斯林之说也就烟消云散。他进而论述了宋末及元代泉州不可能有穆斯林两大教派的杀戮和战争。(2)学术界普遍认为泉州的古基督教是随蒙古势力南下而传入的,并且只流行于社会上层(蒙古人、色目人)。吴幼雄先生根据"戴舍王氏十二小娘为故妣二亲立墓碑"(B47),推翻此说,指出:"南宋中后期,泉州就有古基督教的传播,而且出现了汉人基督教徒。"(3)"法石簏村三翁宫石刻"(F3),石面雕刻一条宽5厘米、深2.5厘米的蜿蜒曲沟,左右各有一出口,石刻的两头似联有小水池,石刻左下方阴刻"天地"两字。此石刻为吴幼雄先生和傅祖顺先生于1968年秋在白鹿洞前山坡的梯田里发现。或认为是伊斯兰教石刻,或认为是"曲水流觞",吴幼雄先生辨明为道教石刻。据《云簏禅寺暨三翁宫记》,云簏禅寺"东有……右上有白鹿洞,洞之前有庵,昔青霞道士居焉"。道教认为:"地祇,天地位矣,五岳四渎脉终之相贯也,精神之相系也。坤维也,间生忠臣烈士。"吴氏的辨析,言之成理。(4)《淳祐三年颜颐仲等祈风石刻》(G7),碑文有"祷回舶南风,遵彝典也"。有人认为:"彝"即"夷","遵彝典"即"遵照外国人的典例"。最近,学者多赞成此说。吴幼雄先生指出:"彝"字除了作彝器外,一般作"常"字用。"彝"与"夷"音同,笔画简,故有时"彝"写作"夷",但反过来,"夷"不写作"彝"。建州女真被明朝称作"建夷"、"辽夷",他们入主中原后,正式下令,将"夷"一律改为"彝"字,"彝"遂有"夷"之义。清代刻本即遵此例。然而,宋代泉州官员无须,也不可能避讳"夷"而作"彝",故不能将"遵彝典"作"遵夷典"解,而应该作"遵常典"为番舶祈风。此外,有"华夷之辨"意识的士大夫阶层轻视夷风,他们的祈风活动不可能"遵夷典"。至于"邀集外国商人,共同举行祈风"的说法,也是没有根据的。这是祈风石刻文化研究的精辟辨正。(5)"淳祐七年赵师耕祈风石刻"(G8)仅有:"淳祐丁未仲冬二十有一日,古汴赵师耕以郡兼舶,祈风遂游。"吴幼雄先生的考辨多达7500多字。他以赵师耕知泉州兼领提举市舶司为依托点,对泉州市舶司历经郡守兼领、转运司兼管、茶盐司兼管,又返由"以郡兼舶"的职管变化,做了清晰的梳理,并纠正《泉州府志·文职官》中的舛误。这是以史释碑、以碑证史的范例。

5.以古籍碑文衬实物碑刻

增订本还将散见于古籍的重要碑文作为附录收入,作为实物碑刻的补衬。例如,唐乾宁四年(897年)黄滔《泉州开元寺佛殿碑记》,这方碑刻是记载泉州开元寺始建、修建和原建筑状貌的重要资料,其中载:"垂拱二年,郡儒黄守恭宅,桑树吐白莲花,舍为莲花道场。后三年,升为兴教寺,复为龙兴寺。逮玄宗之流圣仪也,卜胜无以甲兹,遂为开元寺焉。"又如,文献录有宋人曾会《修延福寺碑铭》,这方碑刻记载延福寺始建、变迁和通远王传说,以及中外海交史的资料,其中载:"造寺也,始于晋太康九年,在县西南(距九日山二里)。至唐大历三年,移建于斯(九日山)。会昌废之,大中复之。……其大殿者,唐咸通中,将取山材,先斋祷,次忽遇人指其处,果梗、楠、杞、梓者。是夕,又梦许与护送。暨而,一日江水暴涨,其筏自至,了无遗失。……古《金刚经》者,昔天竺三藏拘那罗陀,梁普通中,泛大海来中国,途径兹寺,因取梵文,译正了义,传授至今。"尽管这方碑铭内容的可靠性还有待辨析,但相关的新资料可能蕴有即将喷薄的新见。

6.古伊斯兰教碑铭的权威翻译

古伊斯兰教石刻是《泉州宗教石刻》增订本诸宗教石刻中的主要部分,主要由夏鼐推荐的古阿拉伯文专家华维卿进行释读破译,做出了权威成果。《泉州宗教石刻》原著出版后,华维卿发现其中伊斯兰石刻的译文,有诸多值得商榷之处。1979年至1980年,他除对原书的25方阿文石刻译文进行核校、补充外,还释读了未经考释的几乎全部阿文石刻。对于释文探讨"清净寺大门甬道后石墙上元代阿拉伯文字修寺石刻"(A7)应是泉州古伊斯兰教最珍贵的碑刻。该碑铭在20世纪初由西班牙人阿奈司(Amaiz)译为法文,再由德国人艾克锷风将法文译为英文,后由张星烺将英文译为中文,1956年马坚再次翻译。华维卿在其译文后,还附有2000余字的说明。介绍张氏和马氏的译文,对若干歧义和难点做出说明,并根据阿文的"拱顶"一字来源于波斯文,指出:"此可作为修寺人来自波斯的旁证。"

7.最近发现的石刻和早期照片

"竭泽而渔"的资料收集,为《泉州宗教石刻》增订本所重。书中有1980年以后发现的20多方伊斯兰教碑刻,以及数十座完整或残缺的伊斯兰教须弥座石墓。其中,1997年在清净寺明善堂重修时发掘的碑刻有7方。还有2000年在明代顾珀故宅后院发现的"圆柱形十字架石刻"(B13),2001年德济门城基出土的一批须弥座式墓墓顶石(A259、A260、A261、A262、B66),2002年在文庙前民居庭院发现的"圆柱形十字架石刻"(B14),等等。

如同文献的早期版本更具有历史价值,早期照片保存了珍贵的历史信息,而难得一见的老照片恰是历久弥新。增订本的图片尽可能用早年所摄,保留了历史风貌和今已不存的珍贵资料。例如:(1)"20世纪20年代的泉州东郊灵山圣墓及碑记",图片上有一前两后成品字形的三座石墓(1959年修复后,没了前面的石墓)和木石结构墓亭的残架,四根梭形石亭柱格外引人注意。这是迄今能见到的最早的灵山圣墓照片。(2)石湖村金钗山东岳庙牌坊(F5),顶层两边雕有石狮,底层两旁各雕一武士门神,照片摄于1953年,今无牌坊,唯存门神。(3)"开元寺门口的石牌坊"(H4)照片,由德国学者艾克于1930年拍摄,于1935年收入他和戴密微合著的《刺桐双塔》(The Twin Pagodas of Zayton)。

人们以"十年磨一剑"来比喻学术精品的形成过程,《泉州宗教石刻》增订本何止这般。由这部厚重学术著作的故事和创新,联想到学术界一些浮躁研究的昙花一现,我们更景慕刻苦求真的科学探索,也更懂得人品对学品的支撑作用。文化之都是历史的凝结,也须披沙沥金。当东亚文化之都誉载泉州时,历史更清晰地记住很多人的姓名。

第四节

吴文良先生：泉州海外交通史研究的开拓者

李玉昆　何隽彦
（泉州海外交通史博物馆）

吴文良先生是泉州海外交通史研究的开拓者，他把收集到的文物无私地捐献给国家，是泉州海外交通史博物馆的奠基人，他捐献海交馆的宗教石刻成为陈列和研究的重要文物。吴文良先生对泉州海外交通史进行拓荒性的研究，为泉州海外交通史的研究做出了卓越的贡献。他对九日山摩崖石刻的研究填补了泉州海外交通史研究的空白，首次公布泉州摩尼教寺，首次论证泉州有蕃坊，《泉州宗教石刻》以大量实物进一步证明古刺桐港即今泉州等。《泉州宗教石刻》是世界了解泉州的桥梁，外国学者认为是"极重要的文献"，"是有关外国人遗物最有系统、最全面的集成"。许多外国学者要求提供泉州宗教石刻的照片和拓片。

吴文良先生出生于泉州一个贫苦手工业家庭，就读厦门大学生物系，毕业后成为一名中学教师。在艰苦的经济条件下，从1928年到1969年，坚持泉州海外交通史资料的搜集和研究，做出了卓越的贡献。

一、泉州海外交通史博物馆的奠基人

吴文良先生把收集到的文物无私地捐献给国家。1954年捐献宗教石刻154方，得到中央文化部门的表彰。中央文化部副部长郑振铎亲自撰"褒奖状"云："吴文良先生爱护祖国文化遗产，以30年心力搜集的有关中外交通史料泉州石刻154方捐献国家，特予表扬。"

吴文良先生捐献文物后，郑振铎先生在福州对南京博物院尹焕章、宋伯胤先生说："吴文良先生收藏的宗教石刻要和地方上商量保管，也可以给福州、北京几块，最好能筹建一座博物馆，专门调查、保管并展出泉州市舶司、宗教碑石、古窑址和郑和出使西洋的材料。"[1] 1958年，国家文物局局长王冶秋来泉州视察,也倡议建立泉州海外交通史博物馆。

1959年7月15日,在吴文良先生捐献文物的基础上,在郑振铎、王冶秋等领导的倡导和关怀下,创建泉州海外交通史博物馆,"泉州海外交通史陈列馆"在泉州开元寺大殿展出,展品共497件。

1959年,吴文良先生再次捐献给国家20多方宗教石刻。1972年,吴文良先生遗孀刘婉如又捐献数方宗教石刻。

从1953年至1956年,吴文良先生捐献数十方宗教石刻给厦门大学,成就了厦门大学人类博物馆碑廊的陈列。

对吴文良先生在创建泉州海外交通史博物馆的贡献,曾任晋江地区行政公署专员的张立先生在庆祝泉州海交馆三十周年贺诗《祝泉州海交馆鹏程万里》云:

  吴君文良首乐此,披荆斩棘历辛酸。
  老业未竟罹灾难,长令侗侨泪泫然。

吴文良先生捐赠海交馆的宗教石刻成为陈列的重要文物和国内外学者研究的重要文物。

吴文良先生捐献给泉州海外交通史博物馆的景教石刻是研究泉州景教的重要文物,为研究景教在泉州的兴衰、传教方式、教职制度、教会人物、教堂遗址、墓碑图像等提供了重要资料,引起国内外学者的极大关注。

1954年吴文良先生发现的景教墓碑,"管领江南诸路明教秦教等也里可温马里失里门阿必思古八马里哈昔牙。皇庆二年岁在癸丑八月十五日帖迷答扫马等泣血谨志"。1963年,日本顺天堂大学村山七郎进行释读研究。1981年,中国社会科学院考古研究所夏鼐所长在《考古》1981年第1期发表《两种文字合璧的泉州也里可温(景教)墓碑》,通过考释,认为该碑的发现表明公元14世纪初泉州一带和江南各地有过许多景教徒,以致需要设置一位管理明教、秦教(景教)等的教长。"这块碑的发现表现当时这种文字不仅流行于中亚七河地区和蒙古旧汪古部地区,并且还被远宦泉州的汪古部人带到江南的一些地方来。"

2002年和2004年,澳大利亚研究团到海交馆研究刺桐基督教碑铭,这些碑铭主要是吴文良先生捐献的。研究团得到澳大利亚研究委员会和蒋经国基金会共同资助,其成员有来自麦考瑞大学的兰斯·埃克尔斯博士(东亚语)、澳大利亚科延科技大学人文学科副校长马耶拉·弗兰茨曼教授(宗教研究、叙利亚语研究专家)、澳大利亚悉尼大学宗教研究系主任伊恩·加德纳教授（宗教研究）、麦考瑞大学刘南强教授（古代历史）、麦考瑞大学肯·帕里博士（宗教研究）。通过对刺桐基督教碑铭中的惯用语、纪年等方面的研究，并与中亚、中国扬州等地出土的碑铭进行比较，也参考了牛汝极教授等人的研究成果，对泉州基督教碑铭进行解读与译释。[2]同时对刺桐基督教石刻十字架、飞天等图像进行考察，并与中亚、南印度等地出土的文物进行比较研究，认为刺桐基督教团不是简单地适应当地文化，而是选择周边文化的某些元素，并使它们与基督教的教旨与释义相适应，创造了一种糅合基督教、佛教和蒙古元素的特殊图像。[3]

二、泉州海外交通史研究的开拓者

20世纪50—60年代，吴文良先生、庄为玑先生、王洪涛先生等是泉州海外交通史研究的开拓者。他们进行大量泉州海外交通史迹的调查和研究，获得第一手资料，进行拓荒性的研究，为后来泉州海外交通史的研究打下坚实的基础，直到今天，许多研究泉州海外交通史的学者还经常引用他们的调查和研究成果。

泉州海外交通史博物馆建馆初期，工作人员少，办公条件差，主要业务人员有吴文良、王洪涛等先生，他们刻苦耐劳，不畏艰辛，进行卓有成效的工作。1959年至1964年，泉州海外交通史博物馆和泉州市文物管理委员会编辑出版《泉州海外交通史料汇编》9辑（油印本），辑录有关泉州海外交通史的文献资料和泉州海外交通史迹的调查报告，主要内容有泉州港历史的研究；法石、后渚、东石、安海、丰州海外交通史迹的调查；外销瓷器、纺织、冶炼遗址、窑地的调查；蕃坊、市舶司的调查研究；佛教、伊斯兰教、印度教、景教、摩尼教等宗教的考察研究等，对研究泉州海外交通史有参考价值。1973年文物出版社出版的《中国考古学文献目录》收录了大部分篇目，在学术界有一定影响。

吴文良先生积极参加泉州海外交通史迹的调查和研究。当时的调查多以泉州海外交通史调查组署名，少数在文后署名，如泉州海外交通史博物馆、泉州市文物管理委员会调查组：《最近泉州各基建工地出土文物综合报告》（第5辑），署名吴文良执笔。吴文良先生在《泉州海外交通史料汇编》发表的论文有：《泉州宋元时代"蕃坊"遗址调查》（第3辑）、《有关泉州伊斯兰教寺建筑时间及形式问题》（第4辑）、《泉州镇国塔佛传图石刻浮雕》（第4辑）、《关于石湖塔建筑的年代及形制问题》（第5辑）、《漫谈元代婆罗门教寺》(第7辑)、《再谈泉州"蕃坊"问题》(第8辑)、《从古泉州婆罗门教石刻的发现谈到中印关系》(第9辑)、《古泉州华侨出国原因初探》(第9辑)。吴文良先生在刊物上发表的论文有：《泉州发现的五代砖墓》,《考古》1958年第1期;《泉州开元寺发现的日本大铜镜》,《考古通讯》1958年第7期;《泉州市防洪堤工地上发现隋代砖墓》,《文物》1960年第2期;《泉州九日山摩崖石刻》,《文物》1962年第11期;《泉州清净寺的始建及建筑形式问题》,《厦门大学学报》1964年第1期;《泉州新发现的两方阿拉伯字墓碑》,《考古》1965年第2期;《南安英都发现宋代铁钟》,《文物》1965年第11期等。内容涉及泉州伊斯兰教石刻,泉州清净寺的始建时间及建筑形式,泉州婆罗门教(印度教)寺及中印友好关系,开元寺镇国塔石刻浮雕、开元寺发现的日本大铜镜,石湖塔的建筑年代及形制,泉州"蕃坊"问题,古代泉州华侨出国的原因以及泉州发现的文物等。

1.九日山摩崖石刻的研究填补泉州海外交通史研究的空白

吴文良先生在20世纪50年代到九日山抄录、校对、考证九日山摩崖石刻。九日山祈风石刻是全国唯一保存的祈风石刻,是研究宋代祈风制度的珍贵资料。《文物》1962年第11期发表吴文良先生的《泉州九日山摩崖石刻》,1964年又写成《九日山摩崖石刻考证》一书(油印本)。中国社会科学院副院长、考古研究所所长夏鼐先生认为吴文良先生有关九日山摩崖石刻的研究成果,填补了泉州海外交通史的空白,也是对中国海外交通史研究和"海上丝绸之路"研究的一大贡献。[4]

2.首次公布泉州草庵摩尼教寺

福建摩尼教是唐会昌年间(841—846年)由呼禄法师从中原传入的。《闽书》载:"会昌中汰僧,明教在汰中。有呼禄法师者,来入福唐,授侣三山,游方泉郡,卒葬郡北山下。""泉州府晋江县华表山,与灵源相通,两峰角立如华表。山背之麓有草庵,元时物也,祀摩尼佛。"[5]这是有关草庵摩尼教寺的最早记载。

1923年,陈垣先生在《摩尼教入中国考》[6]中首次引用这条资料,并论证福建摩尼教是唐会昌年间呼禄法师由陆路从中原传入的。随后伯希和撰《福建摩尼教遗迹》[7]加以解释和补充。

1928年,厦门大学张星烺教授、陈万里教授到泉州访古时,根据何乔远《闽书》的记载,拟前往考察,云:"该处若往查访,于摩尼教历史或能有新的发现焉。惟城外遍地土匪,即东门外回人墓,泉人尚且畏往,况在四十余里之外乎。"[8]故未去成。直到20世纪50年代,吴文良先生才找到草庵摩尼教寺,并在《泉州宗教石刻》中将这一重要发现公之于世,引起世界学术界的极大关注,许多学者到草庵进行学术考察。

3. 首次论证泉州有"蕃坊"

泉州是否有"蕃坊",洪少禄先生、庄为玑先生持否认的态度。洪少禄《泉州是否有"蕃坊"》(《泉州海外交通史料汇编》第6辑)说:"宋代外国人来居泉州的,多聚居于泉州城南一带,同时也杂居其他地方的,但没有如广州的特设蕃坊,这显示了泉州人对当时来泉州的外国人是和平友爱团结的,并不因其异族而歧视。"庄为玑《论泉州港的历史研究》(《泉州海外交通史料汇编》第6辑)云:"历史上尚未发现泉州有过'蕃坊'的记载,更不能因为外国人集中,便说就是'蕃坊'的存在。"庄为玑《泉州清净寺的历史问题》(《厦门大学学报》1963年第4期)列出否认泉州有"蕃坊"的理由有三:(1)除广州记载有"蕃坊"之外,其他海港如杭州、明州、扬州这些阿拉伯人居住过的城市,宋时都没有"蕃坊"的记载。(2)泉州确有外国侨民和商人集中居住的泉南。泉南不等于"蕃坊",如果泉南等于"蕃坊",那么杂居地要叫什么名称?(3)吴文良先生引元朝《伊本巴都他游记》的资料来证明宋朝泉州有"蕃坊",方法上有问题的。

吴文良先生首次肯定泉州存在蕃坊。他在《泉州宋元时代"蕃坊"遗址调查》(《泉州海外交通史料汇编》第3辑)中说:宋元时期,成千上万的外国商人为了风俗习惯和经商的便利,大都集居泉州城南,这地方叫"蕃坊"。当时政府对外国人的居住地加以保护,准予他们按照本国的风俗习惯活动。认为宋元时期泉州的"蕃坊"范围在今天南门城附近,东起青龙聚宝,经东桥市,西至富美与风炉埕,北从横巷起,南抵聚宝街以南的宝海庵。吴文良先生在《再谈泉州"蕃坊"问题》(《泉州海外交通史料汇编》第8辑)说,朱彧《萍洲可谈》记载:"广州蕃坊,海外诸国人聚居,置蕃长一人,管勾蕃坊公事。"泉州虽无像广州有明确"蕃坊"的文献记载,但是在《伊本巴都他游记》中记载,泉州"伊斯兰教徒则另居在城的一隅,和他人隔开",广州"有伊斯兰教徒的街道",字句虽不同,而其同为外国人集居的"蕃坊"则同。而且两者在外国人集居地区同样有教长(教长常兼任蕃长职务)、理讼师。宋元时期,泉州确实存在"蕃坊"。后来研究泉州海外交通史的学者都赞同吴文良先生泉州存在"蕃坊"的看法,廖大珂、陈达生撰文进行论述。[9]

三、《泉州宗教石刻》是世界了解泉州的桥梁

《泉州宗教石刻》是吴文良先生积三十年搜集研究泉州海外交通史成果的结晶。吴文良先生从1928年开始搜集和研究泉州海外交通史,1944年辑录《泉州古代石刻集》一书,1949年撰写《泉州古代石刻集前言》并附30多幅照片。1956年,应邀到北京中国科学院考古研究所编撰《泉州宗教石刻》,得到夏鼐、陈梦家、黄展岳等先生的帮助,完稿后由郑振铎先生审阅并题写书名。

陈梦家先生对吴文良先生出版《泉州宗教石刻》感到钦佩。一是吴文良先生"以一人一手之力,孜孜不息地作此寂寞之学";二是吴先生"对于考古,他虽非专业,然而以钻研专业的精神,刻苦自学,愈久愈勤,而谦虚下怀,不以不知为知,肯于请教学人"。这种精神和毅力是极可贵的。黄展岳先生也说:"文良先生热爱乡土,情系古代宗教文化,深知外来宗教石刻遗物对于研究中外文化交流及海外交通史的重要价值,从1928年起,就以一介中教身份关心调查搜集和研究遗留在泉州的各类宗教石刻。"《泉州宗教石刻》"以大量实物资料进一步证明中世纪名噪一时的古刺桐港确是今泉州港,赢得海内外学者的认同"。[10]

在资讯不发达的20世纪五六十年代,《泉州宗教石刻》是世界了解泉州的桥梁。1958年,苏联科学院要出版《世界通史》,要求中国提供100幅图片,"特别请求中国科学院郭沫若院长转告吴先生,提供泉州宗教石刻照片十五幅"。1963年,日本顺天堂大学教育大学语言学教授村山七郎致信郭沫若院长,称《泉州宗教石刻》是"极为重要的文献"。并祈求郭沫若院长转请吴文良先生赠送景教碑拓片一张。日本历史学家榎一雄教授说:《泉州宗教石刻》"是有关外国人遗物最有系统、最全面的集成"。[11]1962年,陈毅副总理在出访非洲之前,偕夫人张茜到泉州视察,对《泉州宗教石刻》一书表示赞赏,吴先生赠送陈毅副总理8本《泉州宗教石刻》。[12]

《泉州宗教石刻》以大量实物证明刺桐港即今泉州。19世纪,欧洲史坛有关zatqu(刺桐)地名的争论,有泉州、漳州、漳州月港、杭州、扬州诸说。汪毅夫先生认为,"从《刺桐双塔》的资讯看,1911年已形成共识,形成宋元时期的刺桐即泉州的论断几乎被普遍接受的状况"。[13]20世纪初,西班牙人阿耐士到泉州实地考察,并于1911年著文认为刺桐港即泉州。[14]德国汉学家夏德《赵汝适》(1911年出版),也认定刺桐即泉州。后来,日本学者桑原骘藏

《蒲寿庚考》(陈裕菁译,中华书局,1929年)也说"宋末及有元一代,沿海商港,无一能及泉州,则zqtqu非泉州而何,漳州于宋时尚非商港,在元代亦不能与泉州比盛。……漳州说不能成立,(月港、海澄)两说益不足论矣"。戴密微、艾锷风《刺桐双塔》(哈佛大学出版社,1935年)指出:"I.kuwabara在重新审查刺桐难题上的五个不同理论后断定,刺桐必然是泉州。Fr.hirtn说:'元时期的刺桐即泉州的论断现在几乎被普遍接受。'A.C.MOULe说:'刺桐即泉州,现在已无可置疑。'"[15]

厦门大学教授张星烺等到泉州实地考察泉州古迹后,认为"才通(zaytau)之为泉州,更如日月之明,尚复疑哉"。[16]

吴文良先生《泉州宗教石刻》从泉州出土伊斯兰教、基督教、婆罗门教(印度教)、摩尼教、佛教等碑刻,进一步证明刺桐港即泉州港。

注释:

[1]宋伯胤:《交通·理解·比较研究》,《海交史研究》1989年第2期。
[2](澳大利亚)刘南强撰,李静蓉译:《刺桐基督教与摩尼教遗迹概述》,《海交史研究》2010年第2期。
[3](澳大利亚)肯帕里撰,李静蓉译:《刺桐基督教石刻图像研究》,《海交史研究》2010年第2期。
[4]马丁尼:《"海上丝绸之路"研究与吴文良》,《福建论坛》1991年第1期。
[5]何乔远:《闽书》卷七,《方域志》,福建人民出版社,1994年。
[6]陈垣:《摩尼教入中国考》,《陈垣学术论文集》第一集,中华书局,1980年。
[7]伯希和:《福建摩尼教遗迹》,《西域南海史地考证译丛九编》,中华书局,1958年。
[8]张星烺:《泉州访古记》,《史学与地学》1925年第4期。
[9]廖大珂:《谈泉州"蕃坊"及其有关问题》,《海交史研究》1987年第2期;陈达生:《论蕃坊》,《海交史研究》1988年第2期。
[10]陈梦家、黄展岳:《泉州宗教石刻·序》,科学出版社,2005年。
[11][14]马丁尼:《"海上丝绸之路"研究与吴文良》,《福建论坛》1991年第1期。
[12]许集美:《纪念为中国海外交通史填补空白的吴文良先生》,《福建论坛》1991年第1期。
[13][15]汪毅夫:《厦门大学国学研究院与泉州历史文化研究》,《海交史研究》2002年第2期。
[16]张星烺:《泉州访古记》,《史学与地学》1925年第4期。

第三章
泉州多元宗教和谐共处探微(上)

第一节

泉南佛国与海上丝绸之路

吴幼雄

(泉州师范学院闽南文化生态研究中心)

本文通过泉州何以成为海上丝绸之路起点和泉南佛国之回顾,从政治经济上为泉州多元宗教和谐共处寻找原因。唐朝与西突厥战争,阿拉伯与波斯战争,陆上丝绸之路受阻,海上丝绸之路兴起。州治于唐开元六年(718年)迁今泉州城。政治上,唐代政府尊重"蕃客"而"常加存问"。五代闽王实行保境息民政策,对外"多发蛮舶,以资公用"。宋代经济重心南移,国家财政更加依赖于海外贸易,政治上更为怀柔开放。元初在泉州设置市舶提举司,海外贸易进入全盛时期,与90多个国家有贸易关系。通过海上丝绸之路进入泉州的多种外来宗教文化,得到元政府的尊重,它们与原来泉州的儒、道、释文化友好相处,互相渗透,相互吸收,进一步丰富了宋朝以来形成的"泉南佛国"文化。元代对伊斯兰教、基督教、婆罗门教(印度教)、摩尼教等外来宗教之神皆称"佛"。"泉南佛国"的"佛"字,既包括早汉化了的佛教文化,也包括诸外来宗教文化。宋元时代,泉州繁荣的海外贸易,外来宗教文化的传入,与儒、道、释文化融合,形成泉州特有的"泉南佛国"文化,后者又反过来促进了泉州海外贸易的发展。

中世纪的泉州是海外贸易的大港。泉州在唐、五代发展的基础上,至宋元时代东面通高丽、日本,南达南洋群岛诸国,西南通中南半岛诸国,以至印度、锡兰,更西进至西亚的波斯、阿拉伯诸国,甚至到达地中海沿岸的欧、亚二洲国家,或南下非洲东岸诸国,而以刺桐港名称驰誉世界。泉州的儒、道、释文化也十分发达,人们知书识礼,若不耕樵必业儒。随着海外贸易的发展,泉州又受到外来文化的影响,以原有的儒、道、释文化为主体,又吸收、融合了外来的文化。宋元时代,泉州出现了一个良好的经济和文化环境,出现了文化融合潮流,涌现了伊斯兰教、基督教、印度教、摩尼教和犹太教的许多著名文人。它反映在社会上是"风俗淳厚,其人乐善,素称佛国",因此被誉为"泉南佛国"。

海上丝路与泉南佛国的关系既明,现在分述其形成过程。

一

泉州开港甚早。据西城门外九日山延福寺宋曾会《修寺碑铭》载:"昔天竺三藏拘那罗陀,梁普通中(520—526年),泛大海来中国,途经兹寺,因取梵文,译正了义。"[1]这是文献上泉州海外交通史的首页。

唐朝与西突厥战争,阿拉伯与波斯战争,导致陆上丝绸之路经常受阻,因此海上丝绸之路在这历史背景下迅速兴起。为适应经济的繁荣和海外交通的发展,唐开元六年(718年),州治迁今泉州城。唐中叶的安史之乱,又是我国经济南盛北衰的转折点。八世纪后半期,阿拉伯阿拔斯王朝奠都巴格达,对中国的贸易尤为注力。在这历史环境下,泉州的海外贸易取得进一步的繁荣。唐天宝间(742—755年),诗人包何《送泉州李使君之任》诗,赞誉泉州是"云山百越路,市井十洲人。执玉来朝远,还珠入贡频"[2],确实是一派国际贸易的繁荣景象。可是,其时泉州文化并不发达,"犹未以文进学者,满门终安于豪富,寂寞吾里,曾无闻人"。因此,欧阳詹等结志攻文,"同指泉山,誓报山灵","不四五年,继踵登第,天下改观,大光州间,美名馨香,鼓动群彦"。[3]泉州文化就此发展。

为促进和扩大对外贸易,唐文宗于太和八年(834年)下诏:"福建(泉州)及扬州蕃客,宜委节度观察使常加存问,除舶脚、收市、进奉外,任其来往通流,自为交易,不得重加率税。"[4]延至唐会昌间(841—846年),诗人薛能以"船到城添外国人"诗句,夸耀泉州海外交通空前繁荣。又以诗句"只知夸富不知贫"[5],形象描绘泉州城发达的商业经济,以及由此而产生的贫富不均现象。9世纪中叶,阿拉伯地理学家伊本·考尔大贝在《道程及郡国志》中,曾记载泉州为中国南方四大港口之一。为适应泉州迅速发展的海外贸易之需要,唐后期在泉州建立类似市舶司兼海防机构的"参军事四,掌出使导赞"。[6]自唐贞元八年(792年),欧阳詹首中进士至唐末,泉州人登进士第者凡十六人。它表明唐代泉州随着社会经济的繁荣和海上交通的发达,文化亦取得相应的发展。

五代,王氏据闽,事实上是唐末藩镇割据的延续,但王氏实行保境息民政策,社会相对稳定,泉州的海外贸易和文化事业有了进一步的发展。王审知设四门学,搜罗书籍,安插流亡,以教秀民。《琅琊王德政碑》记云:"佛齐诸国……亦逾沧海,来集鸿胪。"三佛齐(苏门答腊岛)为阿拉伯商人的东方商业转运站,则知五代时亦有阿拉伯商人到达泉州。王审邽、王延彬父子任泉州刺史十七年,发展农业,重视文教,置招贤院,对外"多发蛮舶,以资公用。惊涛狂飙,无有失坏,郡人借之为利,号招宝侍郎"。[7]留从效割据泉州,"陶瓷铜铁,泛于蕃国,取金贝而返,民甚称便"。陈洪进归宋,呈上舶来贡品乳香二万斤,瓶香万斤,象牙二千斤。[8]20世纪70年代初,泉州惠安出土一批9—10世纪伊朗的伊斯兰式样的孔雀蓝釉陶罐碎片,表明五代时泉州与伊朗有海上交往。1982年台风,泉州开元寺拜庭东北侧婆罗门教式塔幢塌毁,发现塔心有五代石经幢构件,纪年为南唐保大四年(946年),并刻有"州长史专客务兼御史大夫"、"州司马专客务兼御史大夫"和"军事左押衙充海路都指挥使"等专事海外交通和海防的官衔。唐、五代,泉州社会经济的发展,海外贸易的繁荣和文化的发达,为宋代泉州获得海上丝绸之路的起点、海滨邹鲁和泉南佛国之邦的美称,奠定了坚实的经济和文化思想基础。

二

两宋政权的建立,是我国经济重心完成其南移过程的时代。宋王朝的南渡,标志着南方经济文化的空前发展。泉州的经济、文化在唐、五代发展基础上,于两宋获得了一个划时代的发展机会。这个发展表现在政治、经济和文化上,便是两宋南方人才的勃兴和北宋中叶以后统治阶级内部的斗争,即南、北两个地主阶级集团之间异常激烈地争夺政治、经济权益的斗争。随着南方经济力量的增长,文化的发达,南方地主阶级逐渐抬头,终于在北宋后期攫取了政治上的优势地位。在这场争夺权力的斗争中,泉州人曾公亮

（999—1078）、吕惠卿（1032—1111）和蔡确等，始终是"新派"的首要人物。泉州被誉为海上丝绸之路的起点，取得泉南佛国的美称，亦是在这个历史时期形成的。

太平兴国间（976—983年），泉州造船业发达，海舶被列为土产。雍熙间（984—987年），有僧啰护哪航海至泉州，自言天竺国人，"番商以其胡僧，竞持金缯、珍宝以施……买隙地建佛刹于泉之城南"。[9]大中祥符二年（1009年），阿拉伯人在泉州建立第一座清真寺，取名圣友寺。皇祐五年至嘉祐四年（1053—1059年），知州蔡襄参与兴建洛阳桥，促进沿海交通发展。嘉祐八年（1063年），关咏知泉州，时"舶商岁再至，一舶连二十艘，异货禁物如山"。[10]但这时泉州没有市舶司的设置，贪吏为所欲为，"价十一二售"，舶商之利大受侵夺。泉州人苏颂（1020—1101）在朝廷斡旋，元祐二年（1087年），泉州增置市舶司。[11]泉州的海外贸易和文化从此勃兴。

北宋泉州儒、道、释文化也得到很大的发展。清源山真武殿、北斗殿兴建，老君石雕像落成，承天寺扩建，九日山延福寺通远王祠开始举行航海祈风典礼，泉州府学迁新址并扩建，儒、道、释文化大兴。终北宋一代，泉州登进士第者329人，对外经济交往和文化一派欣欣向荣。诗人李文敏以"苍官影里三州路，涨海声中万国商"诗句夸耀北宋泉州繁盛的海外贸易。诗人谢履则以"州南有海浩无穷，每岁造舟通异域"诗句，[12]称颂泉州发达的造船业和海外贸易。为培养海外贸易的人才，大观、政和年间（1107—1117年），泉州"请建蕃学"。[13]苏颂在赠《黄从政宰晋江》的诗中，盛赞"泉州南望海之滨，家乐文儒里富仁。弦歌多于邹鲁俗，绮罗不减蜀吴春"。[14]这可以说是对北宋泉州发达的社会经济和高度发展的海滨邹鲁文化的简要概括。至此，泉南佛国与海上丝绸之路起点的雏形已初步形成。

三

南渡以后，经济重心全部南移，公卿将相，遂多南人。两个集团的长期斗争以南方集团的胜利告终。绍兴七年（1137年），宋高宗诏"市舶之利，颇助国朝，宜循旧法，以招来远人，阜通货贿"。[15]它集中反映了南宋最高统治集团发展海外贸易的需求。泉州西城门外九日山延福寺通远王祠"每岁之春冬，商贾市于南海暨番夷者，必祈谢于此"。每年由地方郡守或市舶司官员主持，举行盛大的航海祈风典礼，祈求海神"指望飙南，留神引领"[16]，或"舳舻安行，顺风扬帆，一日千里，必至而无梗焉"。[17]

为鼓励外商、华商及市舶官员,规定贡献等级授予官职。如绍兴六年(1136年),"知泉州连南夫奏请,诸市舶纲首能招诱舶舟,抽解物货,累价及五万贯、十万贯者,补官有差"[18]。故"大食蕃官啰辛贩乳香值三十万缗,纲首蔡景芳招诱舶货,收息钱九十八万缗,各补承信郎"的九品官衔,赐予"公服覆笏"。对泉州舶务监官,因"抽买乳香,每及百万两转一官",即晋升一级。绍定间(1228—1233年),阿拉伯商人蒲开宗,因贸易捐官有功,授"承节郎"官衔。[19]蒲开宗的儿子蒲寿庚,因平海寇有功,"提举泉州舶司"[20]。因为朝廷奖励海外贸易的政策,和泉州距离行都临安近的地理环境等因素,泉州的海外贸易遂凌驾于广州之上,成为全国最大的海港。阿拉伯商人运来乳香、没药、苏合油、安息香、蔷薇水、沉香、丁香、芦荟、珊瑚树、玻璃、珍珠、象牙等珍贵物品,从泉州港则出口铜、铁、绫、绢、锦、缎、陶瓷、茶叶、酒、糖、干果、药材等名产。诸蕃国有"黑白二种,皆居泉州,号蕃人巷。每岁以大舶浮海往来,至象犀、玳瑁、珠玑、玻璃、异香、胡椒之属"[21]。时人赞誉"若欲船泛外国买卖,则自泉州便可出洋"[22]。《诸蕃志》记,泉州与占城、三佛齐、阇婆、真腊、大食、麻逸、高丽等五十个国家和地区有贸易往来,又记宋代海外航程距离,多以泉州港为起点计算。因此,泉州被誉为海上丝绸之路的起点。

于是"宋绍兴元年(1131年),有纳只卜·穆兹喜鲁丁者,自施那威从商舶来泉",创清净寺于泉州之南城(见泉州清净寺《重立清净寺碑》)。又有"胡贾建层楼于郡庠之前"[23],所谓"层楼",即清净寺也。伊斯兰教遂于泉州广泛传播。为让外国商人能安心居留泉州贸易,绍兴末年,住泉州的波斯施那威商人,在泉州东城门外的山坡上,购买土地,清除杂草,铲除瓦砾,辟为墓地,上盖屋宇,周以垣墙,严以扃钥,"俾凡绝海之蕃商有死于吾地者,举于是葬焉……使生无所忧,死无所恨矣"[24]。1965年,泉州发现一方刻有阿拉伯文字和汉字的"蕃客墓"墓碑,墓主叫阿卜杜拉,它是南宋泉州与阿拉伯交通的物证。

北宋时,居留泉州的外国客商,往往以其雄厚之资财,与王朝赵姓宗室联姻,亦因此而取得授予官衔的机会。此事"先是宗室祖免女,听编民通婚,皆与官民争市婚为官户",后为照顾皇朝的面子,下令禁止外商与宗女通婚,云"今遐僻贱人,争以国姻自炫,商较财币,仅同贸易。坐堂而拜者为舅姑,同牢而食者为夫妇",而以"非以尊国示民范也"为理由禁之[25]。虽有明令禁止,但终究没能执行,不如弛禁对皇朝更为有利。嘉定间,李説为泉州南外宗正,"革去掊敛积蠹,宗正女有年长未嫁者,悉择所配,令有所归"。[26]一改过去禁令而公开提倡,当然大大推动了外商与宗女、官女、民女联姻。20世纪 30 年代,泉州发现一方刻有阿拉伯文字和汉字的墓碑,立碑人叫吴应斗,他的父亲叫穆罕默德,葬于大德七年(1303 年),则知吴应斗的母亲是南宋末年的泉州妇女。另有一方刻有汉字和阿拉伯字的墓碑,则记阿含抹的母亲是南宋刺桐城人。这些混血的后代,他们都使用汉字和阿拉伯字。中外联姻,伊斯兰教的传入,既反映了南宋泉州的海外贸易的繁荣,又反映了民族文化的融合,为以后泉州回族的出现开了先河,亦为"民淳讼简,其人乐善"的"泉南佛国"文化增添了新的血液。

理学是宋代官方意识形态的主流,它是糅合了儒、道、释而成的一种哲学思想。理学符合统治阶级的需要,得到统治集团的提倡,因而南宋泉州理学发展到极盛时期。朱熹集理学之大成而为南宋思想界之权威。朱熹在泉州同安任职,又在泉州设书院讲学,他的学生真德秀两度任泉州郡太守,对泉州的儒、道、释文化影响极大。统治者除崇儒外,又倡导祭祀神佛,即所谓"唯我圣朝,受天眷命,以作神主"。[27]皇帝下诏,凡"有功于民者,听所在州县立庙"祀神。绍兴间,泉州花桥真人庙创建,祀"业医济人"的神吴夲;庆元二年(1196 年),天妃宫创建,祀护海女神天妃;岁两祈风于九日山延福寺通远王祠,祀护海男神通远王;泉州开元寺东、西二塔改为石构;清源山蔡真人紫泽宫和纯阳洞道、佛寺庙创建;绍兴间,胡贾建清净寺;星文山铁炉庙祀应魁圣王,"为文章之司命"[28]。终南宋一代,泉州府学多次改建、修改。于是泉州文风大振,登进士第者凡 535 人,创泉州历代纪录。

南宋泉州儒、道、释传统文化和伊斯兰文化的互相渗透、融合,反映于诸多方面,如清净寺之创建,被誉为壮"文庙青龙之左角",且"兹寺之胜于文庙有关"[29]。又如长期居留泉州的阿拉伯人蒲开宗,在授予"承节郎"之后,因受汉文化的影响,捐资重建太守倪思祠。蒲开宗的长子蒲寿晟,则擅长中国诗赋,为南宋末之著名诗人。再如吴洁知泉州,为政清廉,"郡人则曰:公父也,愿训其教令。贾胡则曰:公佛也,愿奉其琛宝"。[30]从此,泉州开始出现一个独特的文化氛围,形成一个融合中外多种文化因素并有自己特色的文化风俗。宋《张阐集》对泉州这种独特文化氛围所形成的文化风俗,概括为"风俗淳厚,其人乐善,素称佛国"。"泉南佛国"之称自此始。南宋诗人刘克庄,对泉州因海上丝绸之路的繁荣而带来的商品经济,以及由此而产生的泉南佛国文化风俗,用"闽人务本亦知书,若不耕樵必业儒。唯有桐城南廓外,朝为原宪暮陶朱"四句诗高度概括了全貌。[31]有的人用联对"此地古称佛国,满街都是圣人",来概括泉州因海外贸易繁荣而带来的发达的"泉南佛国"文化。此处的"圣人",是指有文化教养的人。用这样的诗句和对联来概括泉南佛国与海上丝绸之路的关系,是很有诗意的。

四

迨蒙古入主中国,继续发展海外贸易,在泉州设置市舶提举司,屡次赐封莆田护海女神天妃,泉州港进入全盛时期。元代,泉州八次设行省。至元间,阿拉伯人蒲寿庚任泉州行省平章政事。仅大德间(1297—1307年),泉州行省或福建行省(治泉州)的平章政事中,有阿拉伯伊斯兰教创始人穆罕默德的后裔——异密·乌马儿,又有基督教徒阔里吉思(即约翰)。至正间,泉州地方最高行政长官(达鲁花赤),是出身摩尼教世家的畏吾尔人偰玉立。元政府对外来的诸多宗教文化,采取兼收并蓄的态度,因此,伊斯兰教、基督教、天主教、婆罗门教(印度教)、摩尼教、犹太教等纷纷随海外商舶移植泉州。

元代,泉州与九十多个国家和地区有贸易关系。1292年,马可·波罗到泉州看到港里泊着一百多艘印度大船。20世纪50年代,泉州发现一方南印度泰米尔石刻,记载1281年泉州港主印度人挹伯鲁马尔,感谢蒙古大汗赐予航行执照而建神庙纪念的事。这印证了马可·波罗的记载。20世纪50年代,泉州又发现"1313年逝于泉州的管领江南诸路秦教、明教的主教西雷蒙"墓碑。秦教即基督教和天主教,明教即摩尼教,则知元代泉州为江南秦教、明教的中心。晋江华表山草庵摩尼教遗址,庙内摩崖上刻字云:至正间"信士陈真泽,喜舍本师圣像,祈荐考妣,早生佛地。"20世纪80年代,又发现"管领泉州路也里可温掌教官,兼兴明寺住持吴晻哆呢嘿"撰写的墓碑,碑上刻赞颂诗云:"匪佛后身,亦佛弟子。无撼死生,升天堂矣。"也里可温即基督教、天主教之总称,这里专指基督教。兴明寺为基督教堂的名称。此外,元代来中国的天主教东方教区总主教约翰孟德高维奴,于1313年派日辣多在泉州成立主教区。此后,在泉州建立三座天主教堂,堂内设客房和货栈,以供商用。1326年,死于泉州的安德肋·佩鲁亚斯主教,其拉丁文墓碑也于20世纪40年代被发现。有元一代,泉州的伊斯兰教清净寺"增为六七"座,招呼教徒礼拜的清净寺尖塔称"叫佛楼"。数十年来,泉州发现一批婆罗门教(印度教)寺和祭坛的石雕神像和建筑构件,其中一方有代表性的门楣石,上刻"御赐佛像"四个字。延祐六年(1319年),御赐立碑的全国《一百大寺看经碑》,泉州有十七座佛寺被列入。[32]如此等等。

元代,住泉州贸易的阿拉伯人蒲力目(伊本·纳姆)与李二娘子,"同发诚心,共成佛果,喜舍朝天炉"于承天寺。[33]20世纪60年代,泉州发现一方刻于回历700年的"黄公墓百氏坟"中、阿两国文字墓碑,墓主"百氏"应为阿拉伯妇女。这除了反映元代泉州中外人民联姻和文化融合的事实外,更为以后泉州回族的形成提供物证。

此外,大德间,阿拉伯商人丁氏,自姑苏来泉州行贾,是为今泉州回族陈埭丁氏的祖先。至正间,阿拉伯商人郭氏,自杭州来泉州经商,是为今惠安白奇回族郭氏的祖先。如上史实,使泉州成为研究世界海上丝绸之路、世界宗教文化、人类学和民俗学的学者注视的焦点。

通过海上丝绸之路进入泉州的多种外来宗教文化,得到元政府的尊重,它们与原来泉州的儒、道、释文化友好相处,互相渗透,相互吸收,进一步丰富了宋朝以来形成的"泉南佛国"文化。至正十年(1350年),泉州监郡偰玉立(畏吾尔人)在九日山摩崖上重刻"泉南佛国"四个字,用以称赞泉州的含有多种文化因素的"泉南佛国"文化。元代,泉州有一个故事,反映了中外文化融合的历史,可作为本文的结语。

后至元四年(1338年),泉州清源山《重建清源纯阳洞记》,记录元初阿拉伯人的后裔,伊斯兰教徒蒲寿晟、蒲寿庚兄弟二人,协力捐财,重建属佛教的和属道教的清源纯阳洞寺庙(二庙皆建绍兴间)。又记录蒲寿晟之孙蒲一卿,再一次出资修建清源纯阳洞寺庙。为纪念此中外文化合流之盛事,诗人兼僧人释用平在碑文记事之余,又盛赞道:"佛或因仙而居,仙或因佛而显,乃相与成物外之风致也。"又云"悟清净无为之理,了仙佛异派同源"。须知元代对伊斯兰教、基督教、婆罗门教(印度教)、摩尼教等外来宗教之神皆称"佛"。碑文里的"佛"字,既包括早汉化了的佛教文化,也包括诸外来宗教文化。宋元时代,泉州繁荣的海外贸易,外来宗教文化的传入,与儒、道、释文化融合,形成泉州特有的"泉南佛国"文化,后者又反过来促进了泉州海外贸易的发展。泉南佛国与海上丝路的密切关系,至此明矣。

注释:

[1](清)怀荫布等:《泉州府志》卷一六,乾隆版。
[2](清)曹寅等:《全唐诗》卷七,扬州诗局刻本。

[3]《莆阳文辑》卷五,林蕴《泉山铭》。
[4](清)董诰、阮元、徐松等:《全唐文》卷七五,《唐文宗》。
[5](清)董诰、阮元、徐松等:《全唐文》卷二一,《送福建李大夫》。
[6](明)陈懋仁:《泉南杂记》卷上。
[7](清)怀荫布等:《泉州府志》卷四十,乾隆版。
[8](清)徐松:《宋会要辑稿·蕃夷》七,中华书局,1957年。
[9](宋)赵汝适:《诸蕃志》卷上,《天竺国》,中华书局,1985年。
[10](明)王佐:《鸡肋集》卷六二,《杜纯行状》。
[11](宋)苏颂:《苏魏公集》卷五五,中华书局,1988年。
[12](宋)王象之:《舆地纪胜》卷一三〇,《风俗》。
[13](宋)蔡絛:《铁围山丛谈》卷二。
[14](宋)苏颂:《苏魏公集》卷七,中华书局,1988年。
[15](清)徐松:《宋会要辑稿·职官》四四,中华书局,1957年。
[16](宋)林之奇:《拙斋文集》卷一九。
[17](宋)真德秀:《西山先生真文忠公文集》卷五十。
[18]《宋史》卷一八五,《食货志·香条》。
[19](宋)真德秀:《西山先生真文忠公文集》卷二五,《重建太守倪公祠记》。
[20](元)脱脱:《宋史·瀛国公本纪》。
[21](宋)祝穆:《方舆胜览》卷一二。
[22](宋)吴自牧:《梦粱录》卷一二。
[23](宋)朱熹:《朱文公全集》卷九八。
[24](宋)林之奇:《拙斋文集》卷一五,《泉州东坡葬番商记》。
[25](明)王佐:《鸡肋集》卷六二。
[26](宋)真德秀:《西山先生真文忠公文集》卷四二,《李公訦墓志铭》。
[27](清)怀荫布等:《泉州府志》卷六,《蔡真人诰碑》,乾隆版。
[28](清)怀荫布等:《泉州府志》卷七五,《拾遗》,乾隆版。
[29]《重修清净寺碑记》。
[30](宋)刘克庄:《后村先生大全集》卷一三二。
[31](宋)刘克庄:《后村先生大全集》卷一二,《泉州南廓》。
[32](清)陈棨仁:《闽中金石略》卷一一,菽庄丛书。
[33](清)陈棨仁:《闽中金石略》卷一二,菽庄丛书。

第二节

泉州多元宗教文化的和谐共处

吴幼雄　吴　玫

（泉州师范学院）

中世纪,西亚和欧洲长期陷入宗教冲突与战争。然而,在东亚的闽南泉州,多种宗教却长期和平相处。究其原因,在于中国优秀传统文化——儒家思想的博大精深、兼容与并蓄。泉州的多元宗教文化,特别是宗教与民间信仰借"佛"立足和发展,又通过"佛生日"的民俗祭祀仪式,使泉州的非物质文化遗产得以保存至今。如何合理保护民间信仰原生态的土壤,是当今保护闽南文化生态的当务之急。

每当人们谈论起泉州多元宗教文化和谐共处,无不如数家珍,掐指点数宋元时代世界多种宗教——佛教、伊斯兰教、基督教、天主教、印度教、犹太教、明教、道教和民间信仰等多种宗教文化,长期在泉州和平共处、共荣的历史事实。中世纪时,西亚和欧洲长期陷入宗教冲突和战争,而在东亚的泉州,世界各种宗教却可以和平相处,这似乎是一种奇特的文化现象。因此,生活在21世纪的泉州人,往往还以此为荣耀呢。可是,人们是否了解,是什么原因造就世界多种宗教文化在泉州历史上长期和平共存、共荣呢？可能很少人去探究如此深层次的问题了。这就是说,知其然者多,知其所以然者少。其实,我们只要静下心来,细心考察世界各门宗教和民间信仰在泉州的传播史实,就能发现它们共存、共荣的历史原因。这便是泉州多元宗教文化,特别是宗教与民间信仰借"佛"立足和发展,又通过"佛生日"的民俗祭祀仪式,使泉州众多非物质文化遗产得以保存至今。此非泉州人有什么奇特,亦非泉州人有什么与众不同。说穿了,它是中国优秀传统文化——儒家思想的博大、精深、兼容与并蓄。下面分几个问题论述。

一、佛教最早融入中国传统文化

世界多种宗教文化传入中国,以佛教为最早。自汉至三国、两晋、南北朝、隋唐以来长期与中国儒家文化的接触、磨合,佛教接纳了中国儒家的敬天、祖先崇拜而逐渐汉化,为多数中国人所接受,亦为多数中国封建统治者所接受和利用。隋文帝自称:"朕位在人王,绍隆三宝……弘阐大乘。"[1]并敕书给天台宗智顗禅师:"宜相劝励,以同朕心。"这就是说,他以"人王"身份复兴佛教,佛教必须树立皇权至上,"为国行道"。接着隋文帝建立以儒学为核心,以道、佛为辅助,调和三教思想的统治政策。他宣称"门下法无内外,万善同归;教有浅深,殊途共致"[2],又说:"朕服膺道化,念好清静,慕释氏不二之门,贵老庄得一之义。"这是开中国三教合一之先河。此外,佛教的"善恶报应"和"因果报应"学说,可以说深入每个中国人的心灵。如甘肃省敦煌莫高窟佛教千佛洞,有唐朝善良的母女奴婢捐赠壁画,为的是祈求"舍贱从良",改变自己奴婢的身份。又如泉州唐朝大中八年(854)的佛教"尊胜陀罗尼经幢",上刻二百多位捐款建造经幢善信的姓名和捐款的原因。其中有多位是"为考妣,各舍铎一口"[3]第二章,佛教,第三节"佛教在泉州的传播",P110。这表明唐朝泉州佛教已与儒家祖先崇拜相结合,而被普通的民众所接受。正因为唐朝佛教已融入中国的传统文化,因此,迎来了大发展的黄金时代。中国佛教的几个主要宗派,也均形成于隋唐时期,此后深深在中国扎根。唐代传入中国的景教(即基督教),为求站稳脚跟,求得生存与发展,也主动把耶稣基督改称"佛"号,依托佛教名称来宣传基督教教义。如唐朝西安的大秦《景教流行中国碑颂(并序)》,称基督教主教为"僧",称基督教堂为"寺"[4]景教流行中国碑颂(并序)。又敦煌莫高窟千佛洞发现的唐朝基督教《序听迷诗所经》,称耶稣基督为"佛",如"人急之时每称佛名"、"众生理佛不远",等等。

二、宋代以降儒、道、释三教合流

宋代兴起的理学,在批判佛教的同时,又吸收佛教那些有利于封建统治的那部分教义,提出儒、道、释三教合一的主张。唐代,泉州永春乐山神因九日山佛教延福寺的名气而居留,宋代九日山佛教延福寺因九日山通远王神海外交通祈风的灵异而显耀。此所谓"神因佛而居",佛"以佛戒信于神……神以佛戒惠于物",是"佛与神交致其道,人与物两蒙其利"[5]卷七,山川,九日山,宋,李邴《重修延福寺碑铭》的例子。又如宋代泉州郡太守真西山,在清源山《祭大仙祈雨祝文》云:"夫以佛道之尊,仙道之大,固万灵之所听命","吾佛与仙之仁,于此而不亟救,则是置斯人于度外,而坐视其涂炭。""呜呼!事势迫矣,民望亟矣。吾佛与仙真之救,不可不亟矣!"倘若应请求而"沛大雨之弥漫,起禾稼之将枯,洗疮痍而复完。某将大书深刻于岩石之上,昭圣功之不刊"。[6]卷四十九,"祭大仙祈雨祝文"这样,就以儒家政权为主导,把佛、道、民意等紧密结合一起。再如元代泉州清源纯阳洞释用平、释智泰撰《重建清源纯阳洞记》,对至元十八年(1281年)回回人蒲寿庚兄弟捐资修缮纯阳洞之举大加赞扬,并对纯阳洞仙、佛共处景象称"佛或因仙而居,仙或因佛而显,相与成物外之风致也",并总结此佛、道合流系基于"悟清净无为之理,了仙佛异派同源"[5]卷六,山川,《重建清源纯阳洞记》。这是宋元时代佛、道、回在儒家思想的指导下合流的表现,是基于"万道归一"的儒家理念。

三、宋代佛教由三教合一转向依附儒家的基本观念

为挽救民族危亡——抗金的需要,应时代要求,佛教由救度众生,转向忠君爱国;从主张三教合一,转向依附儒家基本观念。佛教应时提出"佛法即世法"、"佛法据王法以立"和儒、释应"共为表里"、"修身以儒,治心以释"[7]卷十九至二十九。禅宗名僧宗杲说:"菩提心则忠义心也,名异而体同。"并说:"予虽学佛者,然爱君忧国之心与忠义士大夫等。"[8]卷二十四总之,"唐以前,僧见君皆不称臣。至唐,则称臣矣……诸师称天子则曰檀樾,自称则曰贫道"[9]卷十三。至宋,僧人对皇帝,自称"臣僧"。崇宁二年(1103年)编《禅苑清规》,进一步提出"皇帝万岁,臣统千秋,天下太平"。寺院住持上香祝辞,首先祝当今皇帝"圣寿无穷";其次愿地方官"常居禄位";再次酬谢祖师"法乳之恩"。以上表明,宋代佛教不但与儒家观念进一步融合,且与儒家政权结合一起。因此,宋代佛教相对于其他外来宗教更占有优势地位。

四、宋代以降民间信仰与佛教的文化关系

民间信仰神明的种类繁多,如圣人贤人崇拜、祖先崇拜、鬼神崇拜和自然崇拜。这些民间信仰,大多早已有之。在闽南,其表现特色如下:

1.圣人贤人崇拜与祖先崇拜结合

闽南的前朝圣人贤人崇拜,往往与祖先崇拜结合在一起,形成以儒家思想为指导,更深入社会底层,更深入老百姓心理的一种基本信仰。如鲤城、晋江、安溪、惠安等地萧姓的萧太傅祖先崇拜与萧阿爷神明崇拜,晋江李姓的老子祖先崇拜与老子神明崇拜,南安林姓的比干祖先崇拜与神明崇拜,安溪吴姓的吴夲祖先崇拜与吴真人崇拜,如此等等。

2.封建政权提倡祭祀前朝圣人、贤人,并主持祭祀仪式

《礼记·礼运篇》云:"圣人制礼,则陈列鬼神之功,以为教也。"南宋宰相梁克家一语道破封建统治者造神祭祀目的,是"有功德于民者则祀之"。嘉定、绍定年间,两知泉州的真德秀则云:"朝廷唯有功是报,顾何问于幽冥。"这便是封建政权借老百姓信仰心理,实现其长治久安的目的。各府、州、县官员,以"圣天子命官"的身份,牢牢控制宗教和民间信仰风俗祭祀仪式的主导权,并亲自撰写祭文、祝文、疏文、青词,亲自主祭,在这些仪式中处处渗入儒家思想和典章制度,通过祭祀仪式把政权、神权和民意高度统一在一起。

3.圣人、贤人崇拜由文庙走向民间而成民间信仰神明

宋代府学设有名宦、乡贤祠,每年春秋仲月,两次祭祀,是为儒家祀典。设府学,目的在于"以培人才而固邦本"。在府学设名宦、乡贤祠,树榜样以教育府学的士子。后来,为扩大教育效果,把这些"精忠大节,光明卓绝,标准百世"的名宦、乡贤,"既祠于郡学,便为士者知所劝;又祠于通衢,使凡居是邦,与往来之人,皆有所瞻仰"[6]卷48,忠孝祠堂奉安祝文。因此,名宦、乡贤的祭祀从府学走进民间。可是,随着时间的推移,名宦、乡贤"像设故在,人不知其为谁"。如此一来,名宦、乡贤祠逐渐变为"翁媪膜拜之室"[6]卷25,重建太守倪公祠记。这便是名宦、乡贤祠转变为民间信仰神明祠宇的过程。到后来,发展到名宦、乡贤尚在职、在世,老百姓则建生祠祀之,并尊称其为活"佛"。如南宋泉州知州倪思、颜思鲁,明朝俞大猷等都在生前被老百姓尊为活"佛",并建生祠祀之。对此,封建政权加以引导,以"祀神道,设教事神",当作"所以安民也"的基本国策,且对"其祀百神"的规仪,"具存祀典"。这便是宋代以降名宦、乡贤转变为神明,以及闽南民间信仰神明转变为"佛"的思想基础和政治、社会原因。

4.民间信仰借"佛"立足和发展

闽南民间信仰的另一特色,是借"佛"立足和发展。泉州天妃宫创建于南宋庆元二年(1196年),据传乃浯浦海潮庵僧觉全,梦神命以作宫[5]卷16,坛庙寺观,天后宫。南安丰州九日山,唐时佛教兴盛,引来通远王神分灵九日山延福寺。宋代,九日山通远王祠因海外交通祈风之灵应,又为延福寺大大增胜,即所谓"仙因佛而居,佛因仙而益显"[5]卷7,山川,清源山,重建纯阳洞记。又如关公信仰民俗中,被称为"诸经之宗"的《明圣真经》,也是假托此经"本系梦与玉泉寺僧,僧醒而传述"。又如现在闽南民间信仰的各种神明的生日,民间统称"佛生日"。以上诸例,均证明民间信仰借"佛"立足、传承和发展,反映了佛教文化在中国社会底层影响之深远。

五、民间信仰及其风俗成为非物质文化遗产的载体

泉州民间信仰有各种各类的"佛生日",因此也就有不同的祭祀形式。这些祭祀仪式掺杂了儒家、佛教和道教的祭仪(如祭妈祖、关帝、吴真人、陈元光、玄武、城隍、王爷),形成一个庞杂的祭祀体系。民间信仰的祭祀仪式,又往往与岁时节日(如除夕、元宵、端午节、中元节、中秋节等)的祭祀和庆典仪式结合在一起,甚至与祖先崇拜(春祭和冬祭)紧密地结合一起,使这个祭祀体系更为复杂、庞大。

为增加"佛生日"、岁时节日、祭祀祖先等仪式的气氛,就需要表演节目(如高甲戏、梨园戏、木偶戏、掌中戏、打城戏、南音演唱、南管和北管、火鼎公婆、拍胸舞、唆啰嗹、戏狮、舞龙等,以及一些民间信仰专有的车鼓阵、妆阁阵、宋江阵,等等),还有手工技艺的花灯、管弦乐、武术、伎艺、工艺和民俗表演等。所以,民间信仰及其风俗就成为以上所列的非物质文化遗产能保留、传承至今的载体,这应归功于民间信仰及其风俗。所以,如何保护民间信仰原生态的土壤,是当今保护闽南文化生态的当务之急。

六、元代泉州多元宗教与佛教的文化关系

元朝,至元二十九年(1292年)八月,福建行省平章政事亦黑迷失、史弼、高兴等受命同征爪哇,"无功而还,各杖而耻之,乃没其家资三分之一"。为此,佛教徒亦黑迷失于延祐六年(1319年)施中统"钞一百大寺看经资福",在《一百大寺看经记》碑文中,云:"今上皇帝圣寿万安,皇太后、皇后齐年,太子千秋,诸王文武官僚同增禄位。风调雨顺,国泰民安。佛日增辉,法轮常转。"[10]第五部分,泉州古佛教,E62元亦黑迷失所立《一百大寺看经纪碑》这里佛教徒亦黑迷失祝愿的主次排列依次是皇上、皇太后和皇后、太子、诸王文武官僚、国家,最后才是佛教。

元代,传入泉州的外来宗教为立足生存,都得借佛教的名分。如元代泉州清净寺为招呼教徒做礼拜的"宣礼塔",就称为"叫佛楼"[11]大义略。元初大德十年(1306年),泉州有一座基督教堂的主教称"住持",教堂称"兴明寺"。该教堂主教安东尼思在逝去教徒的"赞颂诗"里称颂死者"非佛后身,亦佛弟子"[10]第二部分"泉州古基督教",B51,418—420。这里的"佛"字,都是耶稣基督的代称。元代,泉州基督教教士称"大德",如一方元代基督教徒的石墓碑上刻"大德黄

公"。"大德"一词,为佛教"僧侣、和尚"之尊称。这里的"大德",可作"教士"解释。泉州还发现一方元代基督教徒墓碑,上刻"侍者长柯存诚"[10]第404—406页,B39和B40。"侍者",原是佛教僧侣的称号。"侍者长",应是佛教高级僧侣的称号。这里是基督教沿用佛教名词,希冀为老百姓接受,以求立足发展。

元初,有一位南印度马八儿国人,名叫挹伯鲁马尔,到泉州港经商,时兼任泉州港主职务。因得元世祖忽必烈颁发的"御赐执照"[10]第四部分"泉州古印度教",D10.1、D10.2,460—461,于公元1281年4月,在泉州建造一座印度教三大主神之一的湿婆神庙。为了让泉州老百姓接受印度教,并提高印度教在泉州的社会地位,他们把印度教湿婆神像称"御赐佛像"[10]D1"印度教寺石圆额",449。这里的"佛"字,就是印度教的湿婆神。

元代,泉州的摩尼教(即明教)徒陈真泽,在晋江华表山草庵创建一座明教寺,碑记云:"谢店市信士陈真泽立寺,喜舍本师圣像。祈荐考妣早生佛地者。至元五年戊月四日记。"[10]B10、第三部分"泉州古摩尼教(明教)",C2、C4,441—444 后至元五年,即公元1339年。信士陈真泽建明教寺和雕刻摩尼坐像的目的,是"祈荐考妣早生佛地"。所谓"佛地",即摩尼所在的光明世界。这是明教借佛教求生存的又一事例。

总之,元代泉州伊斯兰教、基督教、印度教和明教等宗教,均依佛教而立足。这与唐代敦煌母、女奴婢捐钱为了"舍贱从良"和唐代泉州的佛教徒"为考妣各舍铎一口"等,何其相似,且文化一脉相承。泉州经元末"亦思巴奚"十年战乱和明初排外运动,港口贸易急速衰落了。外来宗教只剩下社会基础较深厚的佛教、伊斯兰教和明教尚存,其他如基督教、印度教、犹太教等均消失了。元末,朱元璋利用明教组织群众反元,当权后明教遭朱元璋"摈其徒,毁其宫"的镇压。明初,朱棣又恢复儒家对伊斯兰教怀柔的政策。

七、明代儒家对伊斯兰教教义的诠释

明永乐五年(1407年),明成祖朱棣颁布保护伊斯兰教敕令,肯定"马哈麻(即伊斯兰教)之教,笃志好善,引导善类,又能敬天事上,益效忠诚"[3]第三章"伊斯兰教",第223页。儒家的总代表皇帝,以"敬天"、"引导善类"和"忠诚"来诠释伊斯兰教。明嘉靖年间(1522—1566年),泉州著名文人王慎中以儒家夫妇、母子之伦理,认为伊斯兰教"其清净无欲之心,慈悲善救之本性,贯通乎日用应感之间,则有夫妇、母子之伦,亦足以默存其教"[10]B15,228。明万历年间,泉州的儒家代表人物之一李光缙,以儒家敬天思想来诠释伊斯兰教教旨。他说泉州回教徒的"敬天之美","似儒者之慎修","使人悚然知所畏","于世风大有裨也"。于是为万历三十七年(1609年)重修后的清净寺写碑记,而且题匾额曰:"唯天为大","以晓人尊天之意"。并且认为重修清净寺之举,"实足表儒林之胜"。还说泉州清净寺"峙文庙青龙之左角","兹楼之胜,于文庙有关",且反复强调"吾于斯楼,取其为事天之所"[10]B15,229。

总之,明代的当权者和儒家文人,其中也包括回族儒家知识分子,他们在儒家"礼"所涉及的典章制度里,找到儒、道、释、回等四者最根本的共同点,那就是"敬天、奉天、法天",亦即儒家思想的"万殊一本"理念,即以"一本"的儒家,容纳"万殊"的多元宗教文化。

八、明末清初,天主教再度传入和退出

明天启五年(1625年),西方天主教再度传入泉州。被称为"西来孔子"的艾儒略,以尊重中国传统文化——敬天、祭祖先、拜孔子为前提,得到福建士大夫知识阶层的赞许,泉州的天主教堂迅速发展到十三座。据《熙朝崇正集》记,时闽中名流与艾儒略密切往来的有72人,而其中泉州的名儒有22人,如张瑞图、何乔远、庄际昌、周廷鑨、郑之炫、林汝楫、张维枢等。这表明了中国传统儒家文化对西方文化的开放、宽容、接纳和共处。

公元1693年,福建天主教会主教颜珰禁止福建教徒称天主为"天"、"上帝";不许教堂悬挂"敬天"匾额;禁止祭祖先、祭孔子;禁止用木牌神主等。康熙四十三年(1704年),罗马教廷通过特别通议,支持颜珰提出的禁止中国教徒用中国礼俗的条文。康熙四十五年(1706年),康熙皇帝召见罗马教廷专使多罗主教,颜珰也受召见。康熙皇帝当面呵斥颜珰"愚不识字,擅敢妄论中国之道"!多罗、颜珰先后被驱逐出境。这表明清初天主教退出中国,乃因罗马教廷粗暴地干涉中国人的信仰,以及生活方式,粗暴地侵犯中国人的人权所致。这恰与明天启间艾儒略以尊重中国传统文化的传教方式形成鲜明对比。

九、中国传统文化提供给世界多元宗教文化 "各美其美"、"美人之美"的平台

唐代传入的基督教借佛教而取得生存、发展机会,中国人也以"佛"的名号容纳了基督教。后来,唐武宗灭佛,基督教、摩尼教等都在打击之列。宋

代以降，儒、道、释三教合一的中国传统文化理念，扩及伊斯兰教、基督教、印度教和明教，中国的信徒也称所信仰教派之主神为"佛"，即在"佛"的名号下，以儒家思想为主导的各门宗教和民间信仰互相尊重，和谐共处共存共荣。

元末战乱，泉州和谐多元宗教文化环境受破坏。然佛教、伊斯兰教等社会基础较深的教派，依然与儒家文化和谐相处。明末，天主教在尊重中国人敬天和祖先崇拜的前提下，再度传入泉州，且广为儒林士子所赞赏。但清初罗马教廷干涉中国教徒的信仰和生活习俗，严重侵犯教徒的人权，天主教再度退出中国。一直到一百多年后的道光年间，根据不平等条约再度传入。

经过千年的历史，证明以儒家思想为主导，以儒、道、释文化为基础的中国传统文化，无微而不至，无远而不届地渗透到中国社会各个角落。时至今日，闽南社会上各种民间信仰神明，都被老百姓称呼为"佛"。"佛"的祭祀节日被称为"佛生日"。更有意思的是闽南的非物质文化遗产，如南音、南戏、武术、歌伎、工艺及一些民俗表演，都以"佛生日"为载体，而被完整地保护下来。这就是我们当前建立闽南文化生态保护实验区的原因。中国传统文化包容万象、广纳百川；它提供世界多元宗教文化"各美其美"的场地；它又提供"美人之美"的平台；它是世界多元宗教文化和谐共处的典范；它的哲学思想基础是儒家的"万道归一"、"万殊一本"。这便是泉州多元宗教文化和谐共处的源泉。然而，必须指出，泉州古代多元宗教和谐文化的历史，不是没有条件的。如前文所述，元末"亦思巴奚"战乱，终止了多元宗教文化和谐环境。另外一个必备条件，是外来宗教与文化必须尊重中国人的传统文化，如清初罗马教廷不尊重中国文化传统，因而只能选择退出。如今在探讨泉州古代多元宗教文化和谐共存、共荣历史时，绝对不能忘记历史提供的经验与教训，历史的经验是后事之师。总之，闽南文化与中国传统文化的关系，犹如一株参天大树，散开来，千枝万叶，万紫千红；合起来，则成一株，万殊一本。从深远想，实妙意无穷；就浅处看，乃通俗易晓。

最后，必须指出，"万道归一"、"万殊一本"的中国传统文化是以儒家思想为主导的思想文化，它对中国2000多年封建社会的稳定起过积极的作用。今日，我们探讨此问题，绝不是要求回归古代、回归传统，绝不是提倡"天子"代表天"牧守"百姓，或者提倡做"父母官"为民请命。而是借鉴古代某些优秀传统文化的和谐积极因素，为构建当代和谐社会服务，为保护闽南文化生态服务。

注释：

[1](唐)费长房:《历代三宝记》卷二。

[2](隋)灌顶:《国清百录》卷二。

[3]吴幼雄:《泉州宗教文化》,鹭江出版社,1993年。

[4]冯承钧:《景教碑考》,商务印书馆,1931年。

[5](清)怀荫布:《泉州府志》,乾隆版。

[6](宋)真德秀:《西山先生真文忠公文集》,商务印书馆,万有文库本。

[7]《居闲篇》。

[8](宋)宗杲:《大慧宗杲禅师语录》。

[9](明)元贤:《永觉元贤禅师广录》。

[10]吴文良原著,吴幼雄增订:《泉州宗教石刻》,科学出版社,2005年。

[11](元)郑所南:《井中心史》。

第三节

从清源山碑铭看泉州多元宗教文化和谐共处

李玉昆

（泉州海外交通博物馆）

  历史上泉州的宗教包括本土的道教、民间信仰和外来的佛教、伊斯兰教、基督教（景教）、印度教、摩尼教、犹太教等，他们共同并存，和谐共处。通过清源山碑铭，阐述泉州佛教、道教、伊斯兰教和睦共处，共修纯阳洞；僧俗共修寺院，儒释道三教徒共游紫泽洞，反映三教合一、和谐相处；龟山寺民间信仰与祖先崇拜共祀，书院、祠堂的共修，说明民间信仰与儒教、儒教与佛教关系密切等。

  清源山，又名泉山、北山，是国家重点风景名胜区。清源山开发于秦代，兴盛于宋元。经历代开发，有大量的儒、释、道、民间信仰、伊斯兰教、摩尼教等宗教文化遗存及丰富的自然和人文景观。下面从碑铭谈谈泉州多元宗教文化的和谐共处。

一、从《重建清源纯阳洞记》看元代泉州佛教、道教、伊斯兰教和睦共处

  纯阳洞，亦名清源洞，奉祀宋裴思休道人。裴思休，宋绍兴中（1131—1162年）自江东来泉州，经常带着通草花，行歌于市曰："好酒吃三杯，好花插一枝。思量今古事，安乐是便宜。"后坐化于清源洞。人们将其遗体用泥土塑像奉祀。后岩废，元至元十八年（1281年），僧法昙复之。大德五年（1301年），僧一聪新之，元统二年（1334年），僧契因又修。明万历二十六年（1598年）詹仰庇重修。清顺治十六年（1659年）。泉州同知彭清典又修，康熙十八年（1679年），平闽大帅觉罗霍拓修裴仙像。释用平撰《重建清源纯阳洞记》记元代重建纯阳洞事。

  《记》云：至元十八年，四松僧法昙谋兴复，"适心泉蒲公同其弟海云平章，协力捐财以资之，规制比于曩时，无虑千百"。后二十一年，法昙高弟一

聪奋肯构之志,勤勤弗怠,越数祀而殿宇辄一新,"复得信斋万户孙公、心泉之孙一卿蒲公,相兴辑事,故能若是"。

蒲心泉,即蒲寿晟,号心泉,南宋咸淳七年(1271年)任梅州知州,有惠政。蒲海云平章,即蒲寿庚,号海云,元至元二十一年(1284年)任福建平章政事。蒲一卿,即蒲仲昭,蒲寿晟孙。信斋万户孙公,即孙天有,大德年间任千户。释法昙,号石门,住山30余年,足不越限,行苦业白,是位有道高僧,重建纯阳洞,规制超过曩时。其高徒一聪,晋江人,重修纯阳洞殿宇,莳松杉数万本,绕石墉二千余丈,以防野火,开新田以为蒸尝。契因,法昙之徒,主纯阳洞事,修建佛仙二殿,重新门楼。

纯阳洞奉祀道教裴真人,元代佛教僧侣、伊斯兰教徒、官员等多次协力重修,可见元代泉州多元宗教和睦共处。

伊斯兰教为外来宗教,必须与中国文化相结合才能生存发展。伊斯兰教在唐初传入中国,与中国传统文化相结合,对其他宗教不排斥。唐宋时,中国穆斯林中不少人接受中国传统文化并卓有成就。入元以

清源山山门

后,伊斯兰教中国化日益明显,普遍接受汉文化、姓氏,语言开始汉化,以中国儒学作为教育内容,用儒家学说来诠释伊斯兰教教义。

元代泉州佛教、道教合流,"天下山川岩洞幽胜之处,必仙佛所庐。佛或因仙而居,仙或因佛而显,乃相与成物外之风致也"。

元代,泉州伊斯兰教信仰者与佛教信仰者和睦相处,有的联姻。泉州承天寺元代石炉铭文云:"泉州孙府前保信士蒲力目,偕室李二娘仔,与十方檀信,同发诚心,共成佛果,喜舍朝天炉,入于灵应禅寺,永充供养,祈求现世康安,预布来生福果者。时大元至正丁未年四月吉日。化主实祐,住山实和敬题。"

蒲力目应系蕃客或土生蕃客,或许是居住在泉州的阿拉伯海商集团蒲寿庚家族的后代,应信奉伊斯兰教,其妻室李二娘仔系信奉佛教者。他们捐朝天炉入灵应寺的目的是"祈求现世康安,预布来生福果"。

元代，佛教、伊斯兰教信仰者、官员等共同修建奉祀道教神祇的纯阳洞，说明当时泉州多元宗教和睦共处。

二、《蔡真人诰碑》与儒道关系

宋以后，出现儒释道三教合一的社会风气，儒学在北宋出现融合释道的新儒学，即理学。儒家倡导的尊天敬祖以及阐发伦理纲常的道德观念为道教所吸收，佛教的某些思想也为道教所吸收。宋朝大肆追封历史人物、高道名僧，建庙赐额，赐封号。崇宁中（1102—1106年），封蔡如金虚应先生，绍兴九年（1139年）封冲应真人，绍兴二十三年（1153年）加封善利，乾道三年（1167年）又加灵济，嘉定十一年（1218年）加昭博之号，为八字真人。

清源山老君岩

清源山紫泽洞，唐道士蔡如金修道处。蔡如金，又名南玉，字叔宝，其先会稽人，为晋朝司徒蔡谟之后。其祖父蔡夔，任岭南节度使，唐永徽初年回家，路过泉州，卒葬南安。蔡家遂居南安，后以荫入仕，为金部员外郎，守太原，有惠政。晚年弃官归隐泉州紫极宫精思院，以方技济人。后又炼丹于清源山紫泽洞，卒后，人们建紫极宫奉祀，宋郡守真德秀祷雨有验。

真德秀，宋代著名理学家，嘉定十至十二年（1217—1219年），绍定五至六年（1232—1233年）两知泉州。他为官清廉，关心民瘼，嘉定十年夏五月，往清源山紫泽洞向蔡真人祷雨。是年冬旱，又往祷雨，均灵验，撰《蔡真人诰碑》，碑铭云："前世人主，崇尚道家神仙之说者，大抵以希长年，蕲福应，往往受媒方士，为百代嗤。惟我圣朝，受天眷命，以作神主。凡老氏、浮屠氏与山川祠庙之灵，惟能时雨旸，弭灾疹，有功于人者，乃始赐号名秩祀典。否则虽奇怪诡特，有不与焉。盖志在斯民，而不自为，此其所以跨绝前代也。"

真德秀以地方官和理学家的立场，认为宋朝统治者对能时雨旸，弭灾疹，有功于人的老氏、浮屠氏及山川祠庙之灵，即儒释道和民间信仰的神祇，赐名号、秩祀典，是"志在斯民，而自为，此其所以跨绝前代也"。事实上，历代统治阶级都借用神的力量来调整与人民的关系，借以巩固其统治。

三、龟山寺——民间信仰与儒家祖先崇拜共祀

《龟山寺碑记》云：

> 出北门二里许，有寺名曰龟山，中奉陶贾人。陶有德于泉（见泉志古迹），故泉人祀之。年久寺倾，仅存荒地。郡长者曾邦庆敦乡都父老之请，捐数百缗重建。未几，其子智远、德远、日新，孙道升复购田，延僧良云住持，斯寺俾勿坏。以亲藏迩兹寺，一报先，一祀神也。雍正九年菊秋落成，余游屐适过，因记其事，使登览者有所考云。三山林士秀谨记。

据《泉州府志》记载：龟山寺奉祀陶贾人，唐时来自江介，行贾闽广间，值岁恒旸。一日晨起，遇异头怪面二人，怪其不类，诘而问之，至于再三。二人云：恭受帝命，兹土合灾。吾挈囊药分投众井，俾饮且食，咸毕其命。陶大惊怖，郡人何罪，帝必不尔。二人相顾微哂。陶复诘问："何物疢毒，能毕人命，试解尔装，俾我别识。"二人解示，陶奋袖夺啖，云："我代此土生灵，若弟休矣。"陶立化，郡人争舁法身供养于郡街左巢伞庙。后郡人又创庙于清源山龟岩。[1]

陶贾人夺啖毒药，解救泉州人民灾厄，郡人舁法身供奉于巢伞庙，后又创庙于清源山龟岩，香火不衰，其庙历代均有修缮。清雍正九年（1731年），曾邦庆捐资重建龟山寺。其子智远、德远、日新，孙道升购田为寺产，延请僧良云住持。龟山寺藏有曾氏亲人灵位，此举乃"一报先，一祀神"。

将祖先牌位供奉于寺庙，使寺庙与家祠结合起来，将祖先崇拜和神灵崇拜相结合。

祖先崇拜是一种血缘亲属支配下的宗教活动。古人认为灵魂是不灭的。佛教传入中国以后，灵魂不灭说与因果报应、轮回转生观念相结合，认为只要生前做善事，死后灵魂可升天为菩萨或重新转生为人；如生前做恶事，会转化为牲畜，甚至下地狱。为了使死者能转生为菩萨，请人念经超度，或举行水陆法会，为一切水陆生物供养斋食，讽经礼忏，以追荐亡灵。

人们认为，与自己有血缘关系的人死后仍然会保护自己，后人对祖先的鬼魂有祭祀的义务。祭祀祖先的功能：一是可以满足子孙思慕之情，《荀子·礼论》曰："祭者，志意思慕之情也。忠信爱敬之至矣，礼节文貌之盛矣。苟非圣人，莫之能知也。圣人明知之，士君子安行之，官人以为守，百姓以成俗。其在君子以为人道也，其在百姓以为鬼事也。"二是可以实现子孙报本

反始的回馈心意,满足报恩的心理需求。《诗经·小雅·蓼莪》云:"蓼蓼者莪,匪莪伊蒿。哀哀父母,生我劬劳。……父兮生我,母兮鞠我。拊我畜我,长我育我。顾我复我,出入腹我。欲报之德,昊天罔极。"《礼记·郊特牲》云:"万物本乎天,人本乎祖,此所以配上帝也。郊之祭也,大报本反始也。"祭祀祖先,可以表达报恩情怀。三是具有振族收宗,团结族人,认识家国历史,培养爱国爱家的情感。[2]

曾邦庆重建龟山寺,其子孙购寺田,延请僧人住持龟山寺,将报答祖先和祭祀神灵结合起来。

四、接待庵与寺院的社会化

元延祐三年(1316年),亦黑迷失为祝愿今上皇帝圣寿万安,皇太后、皇后齐年,太子千秋,诸王文武官僚同增禄位,风调雨顺,国泰民安,佛日增辉,法轮常转,向全国一百大寺各施中统钞壹佰锭,年收息钞,轮月看转三乘圣教一藏。其余寺院、庵堂、接待庵,或舍田施钞看念四大部、《华严》、《法华》等经及点供佛长明灯,并在泉州、莆田等地立《一百大寺看经记》。一百大寺中,泉州路共17所,其中招福寺即清源山的招庆福先寺;看四大部经的有泉州清源洞;接待往来僧俗的有清源山楞伽接待庵、清源山齐云洞;点长明灯的有泉州清源洞。

佛教持钵云游四方的僧侣,所至寺院可挂单住宿。这种寺院接纳客僧的制度扩大到民间,对有缘来寺的俗客也予接纳住宿,寺院衍生新的社会功能——停客。

唐朝中期,许多行客寄住寺院。施肩吾《安吉天宁寺闻磬》诗:"玉磬敲时清夜分,老龙吟断楚天云。邻房逢见广州客,曾向罗浮山里闻。"施肩吾住浙江湖州安吉天宁寺,见到来自广东的客人。[3]

宋元时期,商品经济发展,出现兼有寺院和旅店两种功能的接待庵,分布于从山间到城乡的交通要冲。从简单的草庵到完备的寺院,规模大小不一,由僧俗参与修建,由僧人住持,僧俗皆可住宿,提供食宿。同时进行桥梁管理、医疗、收容客死等社会事业,拥有寺田等独立的经济基础。[4]寺院从封闭式走向社会化。

泉州的接待庵也具有以上的特点。永春丛桂庵,在贵格岭,"庵去州城十里,崇山峻岭,茂林修竹。虽湫隘之区,实辐辏之场,上通省垣,下连泉郡。官商往来,乐于庵中小憩焉。溯我始祖芳公建庵之意,虽为□奉神明地,亦

以便长途避风雨,息轮蹄,其利济行人者不□".[5]

石狮祥芝金沙接待庵,元延祐二年(1315年)建。建庵前,这里"寒暑之月,淫雨朝昏之际,往来者怅怅然无所依归,过此者惊惶疾走"。庵建成后,"四方行者,优游自在,畏日如火,可以取凉;朔风惊沙,可以取燠。饥者得食,渴者得息,倦者得休"。拨田50石,以入庵门,"使泰辈得以有所养,而汤水之供不至匮乏"。[6]

南安金鸡桥,宋宣和间(1119—1125年),邑人江常谨始建浮桥。嘉定间(1208—1224年)僧守静创石墩,架木桥,覆以亭屋。后圮于水,僧惠魁重修。建桥时,桥南建接待庵,奉观音菩萨,又可憩行人;桥北建庵奉真武大帝。明万历二十一年(1593年),蒋如京修金鸡桥时,重修南北二庵,"庵各立守规人"。"上津李逸吉捐俸二十四两,买延福、报亲二寺田各十二亩以食之,给之券"。[7]

清源山楞伽接待庵、齐云洞接待庵也是官商往来休憩之所。

五、僧俗共修寺院与多元宗教的和谐

宋元以后,泉州许多寺院由僧俗共修,檀越施主多为官吏、士大夫、清信士,他们或捐俸捐资,或捐木瓦等,僧侣募众缘共修。修建工程由僧俗合力经营。地方官员不仅捐俸倡缘修建寺院,还帮助寺僧清查被豪右侵夺和佃户隐匿的寺田。僧人为了报答为寺院做出贡献的施主林胤昌和汪道亨,建素庵檀越祠、汪公祠等。

明洪武六年(1373年)春,四松寺僧法义、兴弟、善庆,"谋诸檀度,合力经营"修巢云岩,阅十寒暑,至洪武十五年四月"乃完大抵"。默默野人撰《巢云岩记》云:"斯岩之兴,得泉城汝南袁公、四松□亭闻公捐资首倡。终始其役,则议□伯仲也。"此次修巢云岩,由寺僧法义、兴弟、善庆与袁公、闻公、议□伯仲"合力经营"。

元至顺三年(1332年)(罪山《南台室禅关开山记》作天历壬申,误),僧白云,茅居修行南台室。明正统年间(1436—1449年),僧明善、敏殷等继住,重盖瓦室。成化十三年(1477年)夏,前任都纲迪庵禧捐舍衣钵,谨募众缘,建禅关一座五间,小楼一所以安僧。重修佛殿、僧堂、饭堂、漏所,造本行觉心塔一座。参加修建的有僧人和俗家弟子清信士。僧人包括主缘行最、行宁、行訚、福奇、督工敏殷、志德、福温、福宾、福妙、禅衲如渊、志心、圆洲、戒璇、福璘、戒行、德证、慈宽、净缘、克宾,室主福瑶。清信士丘克镜、蔡道源、王启鸿、李道修、高道固、陈敬恩。释罪山撰《南台室禅关开山记》,住山福瑶立石。

狮子岩,宋淳祐间(1241—1252年)释如意建,屡兴废。明成化十九年(1483年)春,都掌教惠禧偕默传心游兹,遂发兴复念,罄衣钵以图之,"城西何母张氏,捐木瓦以相其成"。进士户部员外郎傅凯撰《重修狮子岩记》。

释圆晖《修瑞像、碧霄岩记》云:住持圆晖,誓愿鼎新碧霄,几度改作,方就结构,二洞栋宇,各焕旧观,"实藉大檀越随喜"。

官吏、士大夫参与寺院修建,为寺院清查寺田。

明嘉靖元年(1522年),顾珀致仕归,见泰嘉岩破宇颓垣,仅存一二,余皆莽为丘墟矣。遂捐资鸠众,市财庀工,修饰殿宇五间,构廊八间等。适有四川副使之命,促迫就道,功未及究也。嘉靖十三年(1534年),顾珀又以户部侍郎请归,十四年,复建前堂五间。顾珀撰《泰嘉岩记》记其事。

万历二十六年(1598年),泉州知府汪道亨重修清源洞,委托詹仰宪负责。仰宪"校计缮修之费,则自以其力虑财鸠佣,乃徐按助役藉继焉"。泉州百姓于清源洞建汪公祠祀之。郭惟贤撰《重修清源上洞记》。

崇祯四年(1631年)春,林胤昌筑舟峰"纶恩"、"雷荐"二亭;六年秋筑南台"禊云"、"访贤"二亭;十年,与翰林院编修蒋德璟、兵科给事中蒋德瑗建西洞天,为堂一,为寝三,为护屋四。十三年,与泉州太守孙朝让、推官区联芳、晋江知县戈简,捐俸重建"偕乐亭",旧用瓦木,今易以石,其余若殿、若岩、若阁,皆以次修建,顿成美观。

清彭清典《重修裴岩记》云:昔宋裴道人成真于此,就洞祀之。……里人有祷辄应……泉巨公辈出,科名甲海内,实此山钟秀。所谓有仙则灵,讵非明验欤?顺治十六年(1659年),彭清典兹移守中州,乃疏倡缘修,"僚友乡袤同心应者,各随愿力,而余捐俸卒业焉"。

士大夫为修建寺院出钱出力,僧人为报答他们,为之建檀越祠。

檀越,是指向寺院施舍财物、饮食的世俗信徒。林素庵即林胤昌为重修清源山岩洞做出贡献,洞僧道昭建素庵檀越祠,请周廷鑨作《素庵檀越记》。

寺田是寺院维持生计的主要收入,寺田有的被豪右侵夺,有的被佃户隐匿,地方官帮助寺僧追回。

林胤昌"为西洞天长久之计,核廉开元寺租被佃隐匿者五十余亩,概充西洞天修葺诸费"。万历二十六年(1598年),泉州知府汪道亨重修清源洞,詹仰宪"后图乃案征石,得其疆亩,复诸豪右并兼者十六,而以己资偿诸缙绅而归者十四。又为上状中丞台,去其征饷以固僧志,而后送迎扫除之役,僧得稍取洽其中,斯亦勤矣"。

从僧俗共修寺院,官员清查被侵夺或隐匿的寺田等,可以说明泉州的儒教、佛教等能和谐相处。

六、儒释道教徒用莲社故事同游紫泽洞

南宋嘉熙四年(1240年)十月,衡阳赵楷邀儒释道三教徒同游紫泽洞。受邀者18人,不至者3人,参加集会者15人,其中五僧一羽士,其余9人为儒士,泉州人7人,"其人大半无可考"。撰写碑铭者刘用行,字圣舆,晋江人。嘉定元年进士,历官潮州、赣州知州,著有《北山漫游》,故自称北山老人。

他们所游的紫泽洞为清源山著名道观,唐蔡如金、五代谭峭,修道于此,后祀明董伯华。

赵楷"用晋人莲社故事,约道友游紫泽洞"。东晋名僧慧远至浔阳(今九江),见庐山清净秀丽,足以念心,遂定居庐山。江州刺史桓伊为他更建东林寺,慧远住庐山30余年,"影不出山,迹不入俗"。元兴元年(402年),在慧远的倡导下,与缁素123人,于庐山般若精舍阿弥陀像前建斋,立誓共登西方神界,史称这次集结为"白莲社"或"莲社"。

慧远以佛学为主,融佛、儒、玄三学为一,将佛教同儒家的政治伦理和道家的出世哲学协调起来。宋代净土信仰发展,以净土念佛活动的法会纷纷创立,参加者包括佛教的净土宗、天台宗、禅宗、律宗等,俗家弟子有普通民众,也有官僚士大夫,其中官僚士大夫起骨干作用。宋代三教合一的思想相当普遍,所以赵楷会以"莲社故事"约儒、释、道三教徒游紫泽洞。《游紫泽洞碑记》如下:

游紫泽洞碑记

嘉熙庚子良月中浣后二日,衡阳赵楷用晋人莲社故事,约道友游紫泽洞。先集者建安真直道,吾里赵彦珫、赵思斋、陈涣发、柳鼎新、赵达夫、霁夫,释汝明、正昭、法定、本洪、守真,羽士朱永。不至者江庆子、吕圭、陈桂。一时久旱忽雨,物情昭苏,尤于麦宜。乃登喜雨轩,分侪序齿,陈果茗,款觞咏。虽腾焱风号寒,飞溜溅滑,曾莫沮其清欢也。北山老人刘用行末至。因纪岁月于苍壁。

七、清源山书院、祠堂与佛教、儒教

清源山有许多书院、读书室、乡贤祠、宗祠等,与佛教、儒教关系密切。

书院是士子读书、修行、讲学、吟咏、著述、休憩和崇礼先圣先贤的场所,一般选择在"去城市之喧嚣,专有泉石之佳致"的地方。清源山的寺院风景优美,正是士子读书的好地方。

清源山大休岩,唐欧阳詹、林蕴、林藻读书于此,后人名欧阳洞。明成化间(1465—1487年),盐运司判官张庸于石室旁另建一室奉祀欧阳詹。嘉靖、万历年间,欧阳詹裔孙深,深子模,先后重建,称欧阳书院,为当时泉州四大书院之一。

唐人陈翃读书于梅岩,开成三年(838年)中进士,以词赋擅时名,尤工篆隶。

镜山书院,在赐恩岩镜山岩,明史学家何乔远隐居著书处。以石如镜,何乔远自号镜山,何著文集名《镜山全集》。

百丈坪遵岩,明嘉靖进士王慎中读书岩中。王慎中号遵岩,即以其所居为号,其所著文集称《遵岩集》。

新山书院,在泰嘉岩,明户部侍郎顾珀读书于此。嘉靖元年(1522年)顾珀辞官还乡,筑隐是岩。

巢云书院,在巢云岩,明隆庆三年(1569年),监察御史詹仰庇遭贬,归隐兹岩。郡守朱炳如、同知丁一中、推官李涛捐己资建巢云书院,兵宪乔懋敬施地岩僧,詹仰庇在此隐居 20 多年。詹仰庇去世后,其子詹洪鼎(字廷卿)重修书院,奉詹仰庇主祠于其中。

祠堂是纪念和奉祀祖先、先贤、名宦、忠义、孝悌、节孝等神灵的地方,有名贤祠、乡贤祠、名宦祠、忠义孝悌祠和家族祠堂等,以表彰他们对地方和家族的贡献。入名宦祠、乡贤祠者,必须符合儒家的伦理道德,宋人黄灏云:"立祠于学者,不以功德名位,诸不在文艺之科者不在列;不知君臣、父子、夫妇、朋友之义者不在列;不知正心、诚意、修身、慎独之学者不在列。"[8] 就是说,入名宦祠者能实践"民本"、"仁政"的治国理念,清正廉洁;入乡贤祠者,能实践儒家的为人准则,热爱公益事业。

清源山三公祠,乾隆四十四年(1779年),晋江知县王隽修清源上洞,在观空楼上奉祀韩琦、蔡清。嘉庆二十一年(1816年),增祀乡贤顾珀,称三公祠。韩琦、顾珀为清源山神降生,蔡清中解元时,清源山"三日作玉磬鸣",故祠之。

叶郎中祠，在清源下洞，祀宋知州叶廷珪。汪公祠，在清源下洞，祀明郡守汪道亨。叶公祠，在赐恩岩，祀清晋江知县叶祖烈。

许氏宗祠，又称唐刺史许君苗先生祠，在赐恩岩。许氏族人为纪念先祖唐刺史许稷，以"崇君恩，垂勿替"而建。

注释：

[1]《泉州府志》卷一六，《坛庙寺观》，乾隆本。
[2]《台湾民间祭祀礼仪》，台湾新竹社会教育馆，1995年。
[3]张弓：《汉唐佛寺文化史》，中国社会科学出版社，1997年，第1023页。
[4]石川重雄：《宋元时代漳州的开发与寺僧》，《陈元光国际学术讨论会论文集》，厦门大学出版社，1993年，第440页。
[5]郑振满、丁荷生编纂：《福建宗教碑铭汇编·泉州府分册》，《重修丛桂庵并东山宫记》，福建人民出版社，2003年，第894页。
[6]《金沙接待庵记·芝山刘氏宗谱》。
[7]（明）蒋如京：《崇祯庚午重修金鸡桥记》，《丰州集稿》卷九。
[8]（清）周学曾：《晋江县志》卷一四，《学校志》，道光本。

第四节

泉州寺庙奉祀神祇与多元宗教文化

李玉昆
（泉州海外交通博物馆）

寺庙是佛教、道教等宗教信徒供奉神灵和聚居修行的宗教建筑。各宗教信徒供奉本教信奉的神祇，在泉州有的寺庙除供奉本教神祇外，也供奉其他宗教神祇，如佛教寺院奉祀佛、菩萨、天王、罗汉等，也奉祀玄天上帝、关帝、文昌帝君、广泽尊王、保生大帝、通远王等，还建有报德祠、节孝祠、朱子祠、名宦禄位等。道教的元妙观奉祀道教神祇，也奉祀萧太傅、天上圣母、广泽尊王等。泉州寺庙奉祀神祇的多元化，反映泉州多种宗教和谐共处。

寺庙奉祀的神祇反映宗教信徒的信仰，泉州寺庙奉祀的神祇多元化，如佛教寺院除奉祀佛、菩萨外，也奉祀玄天上帝、关帝、文昌帝君、通远王、广泽尊王、忠显王、保生大帝、三夫人，还建报德祠、节孝祠、名宦禄位等；道教的元妙观奉祀道教神祇外，也奉祀萧太傅、天上圣母、广圣尊王；城隍庙奉祀天上圣母、广泽尊王、灵安王、田元帅、嘉应侯、观音、文武尊王；东岳庙奉祀佛、观音菩萨、关帝、真武大帝；妈祖庙奉祀的神祇庞杂，包括北斗星君、玄天上帝、雷声普化天尊、雷部毕元帅、王灵官、水德星君、福佑帝君（通远王）、四海龙王、文昌帝君、吕仙公、裴仙公、李仙公、九仙祖、中坛元帅（太子爷）、文武尊王、临水夫人、七娘夫人、鄞仙姑、田都元帅（相公爷）、土地公、福禄寿星、广泽尊王、清水祖师、法主公，纪、苏、唐、温、李、池、吴、朱、范及诸元帅王爷等；佛教寺院、城隍庙内建朱子祠奉祀朱熹。有的寺庙为祝圣习仪，宣讲乡约之所等，反映泉州儒释道、民间信仰等多种宗教和谐共处。

一、元妙观奉祀的神祇

元妙观为道教宫观，主要奉祀玉清元始天尊、上清灵宝天尊、太清道德天尊、玉皇大帝、紫微星君、北斗星君、南斗星君、衡文帝君（关帝）、梓潼帝君、孚佑帝君、六十甲子星宿神等，也奉祀萧太傅、天上圣母、关帝、康王、广圣尊王。

清道光二十五年（1845年），苏廷玉撰《重建泉州元妙观记》云："道光癸巳秋，正殿中梁遽折，山门左旋亦倾颓，神光暴露，观者恻焉。维时适逢旸亢，邑侯朱公祷雨于斯，甘霖旋沛，岁乃大稔，即延郡绅士规画工资所出，首倡捐廉，命董其役。富美大巡萧太傅捐升中梁，协以众募之资，先建正殿，重修山门及东西两庑。嗣复葺关圣殿、元坛宫，购地偏东，建康王宫。"[1]元妙观有奉祀关帝的关圣殿，奉祀康王的康王宫。奉祀萧太傅是因为道光十三年（1833年）元妙观倾颓，维修时富美宫萧太傅捐升中梁，倡首起建。后观告竣，诸同人即请萧王府竖立梁签一支，并为萧王府崇奉神位檀橄主写"汉麒麟阁功臣萧讳望之，即富美王府也"。[2]

元妙观也奉祀天上圣母，《元妙观建戏棚碑记》云："诸纸料铺虔诚醵金敬塑北斗九星全身宝座，仍塑北斗星君副像，天上圣母宝像，为值年正东轮请供奉……仍三月二十三日恭祝南门祖庙天上圣母圣诞……"[3]奉祀天上圣母的原因没有明确记载。

元妙观奉祀威应侯。民国《陈广圣尊王事迹辑略》云："泉州郡城元妙观后殿偏东，崇祀五代时陈氏祖威应侯，有宋敕封灵顺、福佑、昭德、广圣尊王，并原配曾氏敕封夫人，事载泉州府、南安县、永春州各志。子孙繁衍分居各处，岁时致祭，历年已久。因庙宇将圮，民国十二年春，族裔捐资修葺，由晋江县知事陈清机布告保护。至民国十四年冬修竣，祀典重兴，又请晋江县知事李重申示禁保护。"[4]

关于威应侯，《闽书》载："显应庙，祀威应侯。陈后主叔宝子，兄弟三人，长曰镜台翁；季曰易简，为御史中丞；侯居中，名不传，少习兵法，为时豪杰。征南越，击丑虏有功。隋既平陈，侯兄弟三人，引兵南奔，据桃林场之肥湖。后隋帝有旨，令镜台释兵，命有司四时祭其父祖。侯遂编籍为民，与其兄弟分居三所，镜台居肥湖之瑞峰，易简居慕仁里溪西，而侯隐陈岩峭峰，岁时挈鞍抹马，往返桃源间。一夕，憩桃源驿东偏，留弓剑，毙。后著灵响，乡民即地祠之。"[5]《泉州府志》、《永春州志》记载同。《泉州府志》云："陈郎庙，在官田……郎娶南安曾氏次女……宋封威应侯，后进封灵顺福佑昭德广圣尊王，元妃曾氏敕封夫人。"[6]据上述记载，威应侯为南朝陈宝应之季子而非五代人，五代曾封广圣尊王，原配曾氏敕封夫人。泉州元妙观奉祀威应侯原因不详。

二、城隍庙东岳庙奉祀的神祇

　　城隍信仰起源于人们对城墙和城壕的自然崇拜,汉代衍化为人格神,成为城市守护神。隋唐时期,城隍信仰有很大的发展;宋元时期,城隍信仰遍及全国。明太祖朱元璋大封天下城隍,完善祭祀城隍制度。

　　城隍庙奉祀的神灵有:城隍家族神系的城隍、城隍夫人、城隍少爷、城隍小姐;冥界神系的玉皇大帝、阎罗王、东岳大帝;城隍下属专役的判官、拘魂鬼、黑白无常、牛头马面及《护国保宁佑圣王威灵公感应城隍经》所载的十八司曹(有的二十四司)。

　　有的城隍庙也奉祀其他神祇,如天上圣母、灵安王、田元帅、嘉应侯、观音、文武尊王、广泽尊王、七大巡等,奉祀原因各地不同。

　　安溪商人在泉州土地后立城隍庙,奉祀显佑伯主、天上圣母。显佑伯即城隍,安溪、南安、崇武等城隍庙奉祀显佑伯。《安溪县城隍庙示禁碑》云:"照得安邑敕封显佑伯城隍尊神,理阴赞阳。"《重修南安县城隍庙记》亦云:"故有城隍庙,建于县治之正东,邑山川、社稷之神附祀焉,而以城隍为主神,秩称'显佑伯',其典隶于有司。"崇武《重修城隍庙序》载:"前殿祀显佑伯城隍爷尊神。"[7]天上圣母即妈祖,奉祀显佑伯和天上圣母的原因,诚如《建立城隍庙》所云:

　　　　我安邑僻处山陬,五谷货物,全赖桐城卖运,以资民用。居贾行商,概不乏人,皆住泉南土地绣壤之所,爰集同帮,并伸立盟。天上圣母、显佑伯主,聿新神像,咸光普照。道途往来之平安,惟资伯主;舟楫流通之吉庆,咸赖天妃。然聪慈惟一,均庇商民;怜恤无私,乘除交尽。知其功者,铭心刻骨;沐其恩者,书绅佩帷。至道光十二年,佥议依土地后渡头,就公行所建作庙宇……[8]

修建土地后城隍庙以报答显佑伯保佑"道途往来之平安",天上圣母护"舟楫流通之吉庆"。

　　崇武城隍庙,"祀(灵安)王(显庆)妃于后殿,祀城隍于前厅"。而以风、云、雷、军、牙、六纛诸神并立牌附焉。至万历二十八年(1600年)重建,其庙内旁祀田元帅、嘉应侯诸神。[9]

　　崇武城隍庙原为诚应庙,诚应庙奉祀张梱。《复修城隍庙序》云:"崇之有城隍庙也,盖数百年于兹矣。粤稽宋时,有神张姓讳梱,明聪正直,能为人御灾捍患,建炎间,海寇蜂作,神显其灵,阴讨除之,诏封灵应侯。景炎元年,晋封灵安王,夫人辛氏,初封昭顺夫人,晋封显庆妃,庙号诚应庙。明朝初改为城隍庙,合所千户侯塑神像祀于后殿,前殿祀城隍显佑伯。而以风、云、雷、雨、军、牙、六纛之神并附祀此庙焉。"[10]崇武城隍庙祀灵安王显庆妃是因城隍庙建于城应庙,故将灵安王显庆妃祀于后殿。

明万历二十八年(1600年)重建崇武城隍庙,旁祀田元帅、嘉应侯诸神。田元帅,唐镇帅田某,《泉州府志》载:"田帅祠,在县治北坑口长寿福地,祀唐镇帅田某。《闽书钞》,神名失传,钱塘人,统兵剿寇于武荣桃林间,因镇抚其地,卒葬罗溪山。甚著灵响,民藉其庇,立庙祀之,后赐庙额昭惠。"[11]嘉应侯,晋江东石有九龙三公宫,又称嘉应庙。台湾嘉义布袋镇也有一座九龙三公宫,也称嘉应庙,奉祀南宋抵御外族而捐躯的忠臣魏了翁、魏延龄、魏天忠祖孙三代。崇武城隍庙奉祀的嘉应侯是否为魏了翁祖孙,待考。

石狮城隍庙,大殿祀城隍,后殿正中祀观音,左祀文武尊王,厢房祀城隍夫人,右祀广泽尊王,厢房供奉七大巡。永宁城隍庙,大殿正中祀城隍,左祀天上圣母及城隍夫人,右祀广泽尊王、七大巡。[12]

东岳庙奉祀东岳大帝即泰山神,传说东岳大帝掌管人间生死。泉州东岳行宫主祀青帝、东岳大帝、五岳大帝、地藏王、十殿阎罗、七娘妈(司妇幼健康)、夫人妈(司妇女难产)等。有的东岳庙也奉祀关帝、忠懿王、佛、观音菩萨、真武大帝、朱子等。

诗山东岳庙主祀东岳大帝,也奉祀关帝、忠懿王、后土神。《诗山东岳庙记》云:"庙后构三楹,中祀关帝,崇忠义也;左祀忠懿王,答恩贶也;右祀后土神,酬土地也。"同治十一年(1872年)重修时,"诸同志将建祠以崇奉乡先哲,爰就其旧址而增廓之,以祀关帝诸神,联其隙地而落之,以祀朱子、欧阳公"。建成后"诗山文气日蒸,而东岳庙香火亦渐盛矣"。

德化东岳庙奉祀观音、真武帝。《捐修东岳庙记》载:"先盖后堂,中祀观音,左祀真武。"

崇武东岳庙,"中殿祀青帝,后殿祀地藏王,左祀地祇司,祀前代忠臣,右祀灵惠王妃、建城时四公侯,前殿左祀福、禄、寿星君,右祀主胎夫人"。又载"各官员拜贺圣寿,及元旦、冬至,则迎龙亭于殿中习仪"。

三、泉州开元寺与天后宫奉祀的神祇

广泽尊王,姓郭名忠福,南安人,以孝闻名于世,故而被塑造为神。其神职主要为抵抗外敌,消除水旱,禳瘟疫疾病,御寇等。

光绪三年(1877年),泉州瘟疫流行,死了许多人,恭迎广泽尊王到开元寺荐馨,"王乩示禳疫文,不数日而疫止。郡人德之,乃塑王像于开元寺东偏,以永其崇奉"。[13]光绪二十二年(1896年)四月,"泉郡鼠疫流行,染者逾时毙命,亟迎王到天后宫禳之","初至疫渐退,逾旬悉平。已而传染郭外诸乡,王灵旗所到,秽瘴胥平,郡人感再造之恩,故献联匾"。本府天后宫内,光绪二十三年"迎王到郡禳除鼠疫,因祀之"。此外,泉州承天寺、厚城宫、南门土地后圣王宫、南安县城隍庙,晋江陈埭南镇寺、晋江安海霁云殿等寺庙奉祀广泽尊王。[14]

泉州天妃宫正殿奉祀妈祖,两廊设二十四司,供奉各种神灵。

表1 泉州天妃宫两廊祀神表

东廊十二司		西廊十二司	
名称	神祇	名称	神祇
顺济司	北斗星君	送子司	临水夫人
镇北司	玄天上帝	育子司	七娘夫人
风雨司	雷声普化天尊	佑境司	田都元帅(相公爷)
天君司	雷部毕元帅	招财司	福德正神
天门司	王灵宫大帝	广福司	福禄寿星
水德司	水德星君	药师司	鄞仙姑
通远司	福佑帝君	千岁司	纪王爷、苏王爷
海宁司	四海龙王	英显司	唐王爷
文昌司	五文昌夫子	灵照司	温王爷
仙灵司	吕仙公、清水祖师、裴仙公、九仙祖、李仙公	天懿司	李、池、吴、朱、范五王爷及诸元帅王爷
天英司	中坛元帅(太子爷)	广泽司	广泽尊王
忠烈司	文武尊王	都天司	都天圣君(法主公)

四、其他寺院奉祀的神祇

佛教寺院奉祀佛菩萨外,也奉祀其他神祇,如文昌帝君、玄天上帝、通远王、忠显王、保生大帝、三夫人,还建有报德祠、节孝祠、名宦禄位,有的寺院作为祝圣习仪,宣讲乡约之所等。以上反映了多种宗教和谐共处。

泉州承天寺曾供奉文昌帝君。《登贤庙记》云:"登贤庙旧祀大士神像,不知创建何时。"乾隆十五年(1750年)"买地增广","幸得初成二座,仍祀大士,以境之元帅诸神附焉"。又"奉承天寺文昌帝君像移祀其中",可见承天寺曾奉祀关帝及张飞、赵云。安海东关王庙,奉祀汉寿亭侯关夫子及张、赵二将军,嘉靖四十三年(1564年)倭寇突至安平,夫子显赫,跃马纵刀退之。贼去而放火焚烧,夫子神灵,反风扑火,贼遂解围而去。万历间重修,改名忠义庙。清顺治十三年(1656年)迁界,"民负像逃泉城,祀在承天寺东畔"。[15]奉祀的原因是清顺治年间,清朝实行迁界,拆毁忠义庙,安海人民把关帝等神像暂时寄居承天寺。

晋江西资岩奉祀玄天上帝、朱熹等。光绪三年(1877年)《重修西资寺观记》载:"何幸吕宋一行,往返不月,构就多金,俾得凑力加功,略者详之,旧者新之。自殿宇整修口斋廊增设外,如北极帝座仍复展拓辉煌,开翼室以塑,将建檐亭而置钟,甚盛事也。至于朱子祠则延而润泽之,菩提寺则续而更张之。"

南安九日山延福寺建昭惠庙奉祀通远王。唐咸通中(860—873年),延福寺重建大殿,"求材永春之乐山,遇一叟指引其处,是夕又梦许护送。既一日,江水暴涨,其筏自至,若神赍运,故以名殿。又建灵岳祠,谓指木之叟,乐山之神也。祠以祀之,水旱疫疠,海舶祈风,辄见征应。宋时累封通远王,赐庙额'昭惠'。其后叠加至'善利广福显济'六字"。[16]延福寺建昭惠庙奉祀通远王是为了答谢其指木、运木之功。通远王由乐山山神演变为海神,宋朝市舶司在昭惠庙举行祈风典礼,祈求通远王保佑航海安全。

云麓禅寺内以敬奉佛祖,外以崇祀忠显王刘行全。《重修云麓禅寺碑记》云:"通淮外五里许,有云麓禅寺,即古所称法石寺也。内以敬奉佛祖,外以崇祀忠显王刘行全也。公生江淮寿春,唐僖宗入蜀,盗兴,从王绪拨剑南奔。状貌魁梧,雄才日表,御灾捍患,忠贞时闻,爰立庙宇,塑像以祀之。"《八闽通志》云:"忠显庙在三十七都。按旧志,唐光启间,光州刘行全为王绪前锋将,绪忌杀之。后王潮刺泉,闻其忠烈,立庙祀焉。"[17]乾隆《泉州府志》引《淳祐志》云:"行全光州固始人,从王绪至泉,绪忌而杀之。后刺史王潮为建庙,并祀同死事者三人。"[18]刘行全,光州固始人,从王绪至泉州,绪忌而杀之。后王潮刺泉州,为立庙祀焉,并祀同死事者三人。

永宁鳌东观音庙,"崇祀观音菩萨,而保生大帝及三夫人并祀焉"。

安海龙山寺供奉千手千眼观音菩萨,还建有名宦祠(高王二公报德祠)、节孝祠,在旧罗汉堂前厅祀名宦禄位等。康熙五十七年(1718年)《安平镇龙山寺重兴碑记》云:"去其旧而增其新,殿堂、门庑、钟鼓、楼亭,以次具举。又以余力,东建地藏庙,西立高、王二公报德祠。"

高、王二公报德祠即清泉州郡守高拱乾、晋江县尹王承祖祠堂。顺治十三年(1656年)世子王屯兵安平,及钱埔草粮被劫,怒欲剿灭安海。晋江县尹王承祖"披肝泣血力保,安海良民乃免"。嗣后迁界,至康熙二十三年(1684年)复界,"业去产存,无户不累"。康熙三十年(1691年),郡守高拱乾"奉文清丈安海,编为岁律吕调四图。就田问赋,不至偏累。乃咨部晋南界外十里之地,屋基坟墓不丈,故今沿海十里之内基坟皆无配产。百姓德之"。康熙五十六年(1717年)重修龙山寺,建高王二公祠于寺前东畔。[19]

清嘉庆十二年(1807年),安海西桥久圮,泉州郡守徐汝澜倡修,董事感其德,建徐太守长生祠于龙山寺东。

同治十二年(1873年)重修龙山寺,"新建大雄宝殿,崇奉三世尊佛","东旧有罗汉堂,前厅祀名宦禄位,兹又于西再建一堂,与东相配,前厅为节孝祠"。

有的寺院作为祝圣习仪之所。泉州开元寺"有司习朝仪者诣焉。此与两都之朝天宫,秩在典籍岂殊哉"。两都朝天宫习朝仪情况,"今两都盖有朝天宫云,神坛像设俨然于上,而黄冠者流日灵承奔走焉。每岁时嵩祝之辰,则冠绅珮玉云集辐辏,文武吏各东西向,大行设九宾,胪句传百官,执职传警诸所为趋跄升降之度,唱替导从之节,一与殿廷不异"。南安延福寺"为祝圣习仪之所"。德化县建祝圣寺,《祝圣寺记》云:"夫祝圣何昉乎?《诗》曰:'虎拜稽首,天子万年。'臣子戴天履地,无一日不愿效于君,无一日不媚兹于君。然崇高富贵,君自有之。惟有指南山而称寿,郊忭舞而嵩呼,为足表臣子之殷衷,此祝圣之所由起也。侯于簧序故址更而拓之,从中设世尊,庙貌巍然,丹垩绚然,两庑轩爽而翼然。岁时节诞,率僚属俯伏遥祝于其间,天威不违颜咫尺敢隙越以贻天子羞?相朔望约士民于寓下,宣解六条,俾晓畅其意。"德化祝圣寺奉世尊,而且是官员祝圣、讲约之所。晋江罗山南塘福海堂"为乡人读法之地,旧曾姓檀越存焉。中塑神像,祈祷平安调顺亦于是焉"。清源山碧霄岩即为元代焚修祝圣之所。《碧霄岩记》云:"至元壬辰间,灵武唐吾氏、广威将军阿沙公来监泉郡,登兹岩而奇之,刻石为三世佛像,饰以金碧,构殿崇奉,以为焚修祝圣之所。"

五、寺庙与朱子祠

朱熹与泉州关系密切。朱熹幼年随父朱松到泉州安海镇,青年时在泉州同安县任主簿,后又重游泉州,足迹遍及泉州各县,讲学、办学、参禅问道,游览山川,留下许多诗篇。古代泉州称为"海滨邹鲁"与"二朱过化",与朱子影响关系密切。朱熹在泉州积极办学、讲学,推动泉州文教事业的发展,朱熹的学生傅伯成在安海建二朱先生祠以纪念。

泉州各县遍设朱文公祠,纪念朱熹在泉州"过化"的功德。

关于朱子过化,《移建朱文公祠记》云:"文公先生,天下万世所宗承,况斯邑为过化之地,祀于学以风励后生,宜尊且严。"洪士铭《重修朱文公祠记》也说:"吾郡为朱文公过化之地,比屋弦诵,私淑其遗泽者,五百余载于兹矣。"

宋嘉定四年(1211年),安海镇官游绛"因士民之请,白于郡守邹公应龙,相地于镇廨之西"建石井书院,"绘二先生之像而祀焉"。泉山书院,"原有朱先生祠,今改为学,俾文公旧像置明伦堂上,师生讲肄杂处,无以示尊崇之意"。洪武二十一年(1388年),御史钟道元"按事至泉,谒学宫,跻讲堂,顾瞻有不豫色",于是"别为祠以专祀公"。

有的地方尊崇朱熹之道德建祠祀之。惠安县《立朱文公祠讲堂记》云:"如今惠人所祀于文公先生者,尊其道以为学者宗也。先生后濂洛而兴,以继往开来为己任,殚生平以肆力于学问。"

泉州除郡县学宫建朱子祠奉祀朱熹外,"山陬海澨,凡浮屠、老子之宫,有丛林胜概瑰玮绝特之处,必建朱祠。岂不以景行高山,人心向往,而闽为生长之地,里居相近,故明禋尤盛耶"。

晋江西资岩朱子祠,建于乾隆十五年(1750年),"吾乡虽滨海,然频年入胶庠、发科甲者踵接,文气由邑而郊,则祀先贤以勤仰慕,启后学"。灵源寺"适文运兴交人盛"建文公祠于寺东。

南安诗山城隍庙"建祠以崇奉先哲","以祀朱子、欧阳公"。

法石海印寺,"最后负山之高者,筑楼其巅,旧为天风海涛楼,因朱子书额",特建朱子祠祀焉。

寺庙建朱子祠,儒释道三教和谐共处,寺庙香火兴盛,佛祖愈显应。

灵源山建朱子祠后,"寺中佛祖愈显灵验"。诗山东岳庙建朱子祠后,"嗣是诗山文气日蒸,而东岳庙香火亦渐盛矣"。

综上所述,泉州寺庙杂祀多种神祇,反映泉州多元文化在宗教方面对不同宗教宽容不歧视,各种宗教和平共处。

注释:

[1][3][4]林舟:《泉州元妙观志》,2010年,第65页、第66页、第73页。

[2]《泉郡萧衙本房谱系》。

[5]何乔远:《闽书》卷一二,《方域志》,福建人民出版社,1994年。

[6][11][18]《泉州府志》卷一六,《坛庙寺观》,乾隆版。

[7]郑振满、丁荷生编纂:《福建宗教碑铭汇编·泉州府分册》,福建人民出版社,2003年。

[8]南建筑博物馆编:《馆藏碑刻选》。

[9][10]《崇武所城志》,福建人民出版社,1987年,第27页、第121页。

[12]钱焘雯:《石狮城隍庙与永宁城隍庙》,《泉州道教文化研究通讯》,第3期,1993年5月。

[13][14]戴凤仪:《郭山庙记》卷八,《杂志》,中国文联出版社,1999年,第179页。

[15]安海志编修小组:《安海志》卷二〇,《庙堂》,晋江印刷厂,1983年。

[16]何乔远:《闽书》卷八,《方域志》,福建人民出版社,1994年。

[17]黄仲昭:《八闽通志》卷五九,《祠庙·南安县》,福建人民出版社,2006年。

[19]安海志编修小组:《安海志》卷一七,《祠阁》,晋江印刷厂,1983年。

第四章
泉州多元宗教和谐共处探微(下)

第一节
《重修丰山寺叙》的"和"文化观解读

李国宏

(石狮市博物馆)

乾隆十三年(1748年)林维新撰《重修丰山寺叙》,对"和"之文化理念发表其独到见解。《重修丰山寺叙》不仅是马甲双髻山儒道释三教合一文化现象的精辟诠释,也是古代泉州思想史上论述"和"文化观的一篇重要文献。

一

"以和为贵"是中国文化的根本特征和基本价值取向。"君子和而不同"正是对"和"这一理念的具体阐发,它追求内在的和谐统一,而非表象的相同一致,成为人类共生的基本条件和基本法则。

马甲双髻山是泉州一处有代表性的儒、道、释三教合一的文化景观。史载,南齐时期(479—502年),乡民在双髻山上建"丰山洞"。五代时期(907—960年),建"白水岩寺"。明代嘉靖年间(1522—1566年),马甲乡贤林一麟奉迎仙游九鲤湖何氏九仙于此,丰山洞又成为泉南道教胜迹。后来,由于九仙祈梦习俗影响日盛,许多士子纷纷前来朝圣,遂建"朝天阁"以供奉五文昌夫子。儒、道、释三教济济一堂,和睦相处。故丰山寺有楹联曰:"居幽占胜八闽一寺;近道旁儒三教同山。"而引起笔者关注的是乾隆十三年(1748年)林维新撰文的《重修丰山寺叙》。原碑立于白水岩寺东墙,长64厘米,宽36厘米,黑页岩,楷书。

自从明代嘉靖三十八年(1559年),马甲林如经、如源募缘重建白水岩,林氏成为丰山寺最大的檀越主。明末清初,战乱频繁,林氏家族元气大伤。尤其是顺治五年(1648年),金溪人吴觐聚众在半岭建寨,"五方小姓皆附之,以杀掠大姓"。据《莆楼林氏族谱历年记》称"涂楼前间诸屋、五因草堂俱被贼火","数载盗贼充斥","科派繁重","三房子孙尽逃他邑"。[1]

随后,三藩之乱平息,局势渐渐稳定。康熙三十一年(1692年),林云机、林崧倡议重建丰山洞,修葺白水岩,马甲林家重新掌握丰山寺的祭祀管理权。康熙四十七年(1708年),林延翀以《易经》中式福建乡试第33名举人。此后,林飞凤、维新、钟瑜、云从、云和、丑发、正芳、敏求、其显、文炳等十余人相继考取秀才,林家重振声威。

其中,林维新自雍正四年(1726年)开始,先后五次参加福建乡试,未中,遂在南安设塾授徒。乾隆十一年(1746年),丰山寺住持奕楷、僧定观募资重修寺宇,林飞凤、维新、钟瑜、云从均参与其事。乾隆十三年(1748年),林维新应僧定观之请,撰写《重修丰山寺叙》。[2]

《重修丰山寺叙》开宗明义提出"儒贵和,释尚和"的观点。在传统文化中,"和"的观念由来已久,其原意是指音律的调和,如《尚书·舜典》:"八音克谐,无相夺伦,神人以和。"受自然音律调和的启示,"和"被视为自然法则。《礼记·月令》称:"孟春之月,天气下降,地气上腾,天地和同,草木萌动。"继而将"和"上升到文化理念,如《周易》:"乾道变化,各正性命,保合太和,乃利贞。"

而作为哲学概念的"和"是老子在其宇宙生成论中提出的。《道德经》第四十二章:"道生一,一生二,二生三,三生万物。万物负阴而抱阳,冲气以为和。"在老子看来,宇宙生成过程中,道是混而为"一"的,是独立无偶的。道又禀赋阴阳两气,成为构成宇宙万物最基本的原质。阴阳二气互相激荡,即为"冲",在阴阳"调和"的适均状态中,新的和谐体从而产生,是为"三生万物"。

西周末年的史伯则以"和实生物"的朴素辩证法观点来阐明世界的起源。据《国语·郑语》记载,史伯告诉郑桓公:"和实生物,同则不继。以他平他谓之和,故能丰长而物归之。若以同裨同,尽乃弃矣。"史伯认为"和"能促进事物健康生长,"同"则阻碍事物发展。因为各种不同的事物相生相克,相互整合,相互涵容而达到一种和谐共生的境界,这才是生生之道。相反,若是同质化简单的叠加或删减,事物就得不到发展,甚至走向消亡。

"和"不仅用来解释万物的生生之道,它所衍生出来的"阴阳和合"理念也成为理想社会的标志。如《韩诗外传》描述的"太平"景象即是:"父子相成,夫妇相保,天下和平,国家安宁……天不变经,地不易形,日月昭明,列宿有常,天施地化,阴阳和合。"

对于佛家而言,宇宙人生的生发无不是依托于各种"因缘和合"。所以,佛家认为于诸众生,视若自己,主张法界缘起、圆融自在,由此提出"见和同解"的观点,即寻找团体中的成员见解的共同点,并使之保持良性的沟通,并将此视为必修戒条"六和敬"之一。基于"因缘和合"与"中道圆融"理论,佛教认为不仅人与人应当平等,而且人与万物也应当平等,要破除人类中心主义的幻妄与自我中心主义的执迷,故《大智度论》说:"大慈,与一切众生乐;大悲,拔一切众生苦。"

儒家的"和而不同"、道家的"和生万物"、佛家的"见和同解",其表述各有侧重点,但其价值理念的核心是相同的,那就是注重天人、人际、身心的和谐统一。

二

那么,如何才能达到并保持"和"的状态呢?孔子提出"和而不同"的观点,其核心是强调内在的和谐统一,追求一种文化宽容与文化共享的情怀。朱熹在《论语集注》中以"义利"之辨来阐述孔子的"和同"观,认为:"君子尚义,故有不同。小人尚利,安得而和?"对此,明代泉州名儒黄汝良有一段精辟的论述。《千顷斋初集》卷十六《君子和而不同论》称:"和同之介判于公私,和同之公私判于情理。君子任理不任情,夫是以从公不从私。"那么,何为君子所认可的"理"呢?黄汝良认为:"合天下万世之心以成其公,谓之理;合天下万世之理以成其是,谓之和。"黄汝良认为"和而不同"的最高境界是:"求和心不求和迹,计同理不计同俗。合人与己之公而共成一是,要于其理不可使易而已。"[3]

"和"的重要性不言而喻,但是"和"的状态却不是一成不变的。为什么会出现"不和"呢?林维新《重修丰山寺叙》指出:"夫胡而不和哉?私与忌耳。私我相,忌彼相……甚至四大无有、五蕴俱空之皇皇佛祖,也畛之为彼佛。彼我画,私忌滋。"可见,"私"与"忌"是造成"不和"的根本原因。而一旦出现"乡不和"的现象,不但是"吾儒职厥咎焉",而且将产生一系列连锁反应,那就是:"智侮愚,强厉弱,贵暴贱。干戈角斗,讼狱蜂起矣……夫忌我私彼,岂情也哉?物有蒙之也。"[4]

"和"既是自然法则,也是社会法则。《论语》云:"礼之用,和为贵……知和而和,不以礼节之,亦不可行也。"对此,朱熹《论语集注》称:"和者,从容不迫之意。盖礼之体虽严,而皆出于自然之理,故其为用必从容而不迫,乃为可贵。"之所以产生"私"与"忌",就是由于"礼"的缺失,才造成"和谐"状态受到破坏。在林维新看来,"乡不和"、"私忌滋",这种状况,丰山寺重修工程能否顺利完成是值得担忧的。故《重修丰山寺叙》称:"乾隆丙寅,师(奕楷)奋议重修,予喜而心难。"当时,林维新在南安设塾课徒,没想到两个月后,回来一看,丰山寺"庙貌一新,较旧又丽焉"。经过了解,才知道原来是"族众趋事,里人赞成,师倾囊以就,其徒定观者,弗惮劳也"。于是林维新感慨:"予既喜佛灯永耀,而私幸胜事共成,非和,能旦夕就理若斯乎?"可见,"和"的理念认同在丰山寺顺利重修过程中起着重要的作用。所以,林维新接着说:"夫师和我族里其嘻难矣,而族不我佛,乐里人赞成;里不彼佛,同族众趋事。"[5]

正因为林氏族人不将自己视为丰山寺最大的檀越主,不将四大无有的"佛"视为"我佛"。所以,乐于接受"里人"的相助,共襄盛举。而马甲乡民没将五蕴俱空的"佛"视为"彼佛",所以愿意与林氏族人和衷共济。可见,虽然在现实生活中难免存在"私"与"忌"。但是,由于林氏"族众"、马甲"里人"均能以"和"的心态相处,丰山寺的重修工程才能够顺利完成。《荀子·天论》所言"万物各得其和以生",讲的就是这个道理。

三

在《重修丰山寺叙》的末尾,林维新认为林氏家族与马甲乡人能够"族灭我相,里灭彼相",所以能"胜事共成"。[6]这里透露出的正是儒家所提倡的"仁爱"与"恕道"理念。《孟子》云:"仁者以其所爱,及其所不爱。"由亲亲、仁民、爱物,达到"与天地参"的和谐境界,这不仅是儒家"仁爱"的真谛,也是"致中和"的必然途经。

如何达成"族灭我相,里灭彼相"的共识呢?诚如《论语》所云"己所不欲,勿施于人……己欲立而立人,己欲达而达人"。朱熹认为:"推己及物,其施行不穷，故可以终身行之。""推己"就是内省自身，了解自己的真实情感。"及物"即是体验外物与自己有着共同的本质，共同的向度，所以应该将心比心，求同存异。以故《荀子·非相》提出"兼术"之说："君子贤而能容罢，知而能容愚，博而能容浅，粹而能容杂，夫是之谓兼术。"可见，"兼术"追求的正是严于律己、宽以待人、兼容并蓄的心态与气度。于是林维新从林氏族人与马甲乡民"胜事共成"推而广之，认为："族灭我相，里灭彼相，凡事尽然，宁复有智愚、强弱、贵贱、干戈、讼狱扰扰哉？"[7]

《中庸》云："和也者，天下之达道也。致中和，天地位焉，万物育焉。"朱熹强调："盖天地万物本吾一体，吾之心正，则天地之心亦正矣；吾之气顺，则天地之气亦顺矣。"正因为有了"和"的理念认同，"天人合一"的和谐情感油然而生，从而能感悟"游乎天地之一气"的理想境界。于是林维新在《重修丰山寺叙》的结尾感叹："斯时也，钟于斯，鼓于斯，师竖拂于斯，族里相与熙游于斯。江山之外，第见风和月朗，草木虫鱼欣欣有喜色，而况我乡人乎？"[8]

可见，"和"是林维新在《重修丰山寺叙》中表述的重要理念。《重修丰山寺叙》不仅是马甲双髻山儒道释三教合一文化现象的精辟诠释，也是古代泉州思想史上论述"和"文化观的一篇重要文献。

清初，安溪李光地曾回顾自朱熹过化之后，理学在泉州的传承渊源，列举并评点明代泉州理学先贤："盖自成弘间，虚斋蔡先生（蔡清）醇品邃学，洛闽是承。亲炙之士，则有陈（陈琛）、林（林希元）、张（张岳）、史（史于光）诸君子，皆所谓守章句，践规矩，不谬于古人。明经笃行之意，泉之最盛时也。其后，傅（傅锦泉）、李（李廷机）、许（许獬）相继魁天下，为时文师……则岂非世道学术之高下，占诸吾泉而可知欤？"[9]相比于上述大家名儒，林维新可谓名不见经传，只是一位屡考不中的乡村塾师。但是，《重修丰山寺叙》所阐述的"和"文化观却有着重要的思想价值。以黄汝良的观点来看，君子"任理不任情"，更"不任名"，所谓"任理者，内不见己，外不见人。理之所是，众非而独是……均游于至理之公，是谓之和"。[10]林维新"和"之说有独到之处，虽一介寒儒，也应得到认同与赞许，这本身也符合"和"之至道。

注释：

[1][2]民国重修《莆楼林氏族谱历年记》。

[3][10]（明）黄居中：《千顷斋初集》卷一六，《文部·论·君子和而不同》，《续修四库全书》，上海古籍出版社，1995年，第1363册，第587～589页。

[4][5][6][7][8]乾隆十三年林维新撰《重修丰山寺叙》,原碑立于马甲双髻山白水岩寺东墙。

[9](清)李光地:《重修泉州府学记》,道光《晋江县志》卷一四,《学校志》,福建人民出版社,1990年,第327~328页。

第二节

苏廷玉与《重建泉州元妙观记》

黄海德

(华侨大学宗教文化研究所)

苏廷玉为清代闽南重要历史人物,嘉庆进士,道光重臣,曾按察山东,总督川西,"扬历中外垂三十年",为清代封疆大吏。然不知何故,自清末民初以来,所有官修正史与学林史籍均无苏氏传记,唯清光绪之《马巷集》与民国时期之《福建通志》、《同安县志》、《厦门市志》有零星记述,然皆散佚不全。笔者据苏廷玉晚年亲撰之《鳌石自撰圹志》与《鳌石府君自记年谱》对其生平予以考述,并对其所撰《重修泉州元妙观碑记》有关闽南道教历史、道观修建过程与神灵信仰等方面内容予以钩稽梳理,以期对闽南人文之传承与道教历史之了解有所裨益。

闽南为古扬州分野,向有闽越、东冶之称,自汉设建安,唐建武荣,嗣后泉州之名沿用至今。斗牛之墟,南部暨海,物华天宝,地杰人灵,贤才辈出,鲁殿灵光。清有泉州府同安县人苏廷玉,嘉庆进士,道光重臣,陈臬东鲁,秉节西川,公明慈惠,政声广被,"扬历中外垂三十年",为泉州重要历史人物之一,至今泉州有"苏廷玉故居"大厝,列为文物保护之地,供人瞻仰。然自清末以来,《清史稿》、《清史列传》等正史均无传记,而《清代碑传全集》、《清代翰林传略》亦未收录,诚为憾事。自清道光之末退居泉州,至咸丰二年逝世,苏廷玉于鲤城居住十多载,襄助地方,热心公益,弘扬文教,多所贡献,至今士林诵之。其居泉之时,曾撰有《重建泉州元妙观碑记》,对于泉州道教元妙观的历史演变与重修现状以及神灵信仰等多所叙述,于闽南人文之传承与道教历史之了解良有裨益,今特为之探考如下,倘有不逮,尚祈方家有以教正。

一、苏廷玉生平事迹及其著述

苏廷玉,名韫山,字鳌石,归隐后号为退叟。其先祖历官显要,代为名宦,实为闽南之名门望族。鳌石自嘉庆十九年甲戌(1814年)为进士,至道光二十年(1840年)休官返回闽南故里,其间历任翰林院庶吉士、刑部郎中、苏州知府、山东按察史、四川布政使、四川总督兼兵部侍郎,多处为官清正廉洁,处理政事秉心公正,蒋砺堂相国赞其为"两江郡守无出其右者"。后按察齐鲁,总督巴蜀,"扬历中外垂三十年",为有清一代之封疆大吏、朝廷重臣。然不知何故,《清史稿》、《清史列传》等正史均无传记,而《清代碑传全集》、《清代翰林传略》亦未收录,查考《清代传记丛刊索引》与《三十三种清代传记综合引得》,亦检索无得。唯清光绪之《马巷集》与民国时之《福建通志》、《同安县志》、《厦门市志》有零星记述,然皆散佚不全。虽然如此,不过历史自有其生存法则,所幸苏廷玉自己在晚年撰写之《鳌石自撰圹志》与《鳌石府君自记年谱》[①]却得以传存,成为现今了解与研究苏廷玉生平行事和艺文内容的珍贵史料。

其《鳌石自撰圹志》为晚年卸任政事,道光二十三年(1843年)旅居杭州时所撰,而《鳌石府君自记年谱》止于"咸丰二年(1852年)七十岁",逝世后由其子编次刊行。现以《自撰圹志》为主,辅以《自记年谱》,再参考有关闽南方志文献,概述其生平行事如下。

泉州元妙观

据其自述,《鳌石自撰圹志》为"道光二十三年癸卯(1843年)五月,鳌石自书于西湖圣因寺,时年六十有一"。[1] 是时苏廷玉以"四品京堂起用"为"办理苏州粮台",其事已毕,而圣旨未明文批复返里,故暂住吴中,"息影蓬庐,日长无事,乃仿古人生圹生棺之意,自为圹志,事皆纪实,言亦亲切",期以他年"销声匿迹"以后,子孙附志于墓碑,以见其生平并表其心意。今据苏廷玉所撰《亦佳室文钞》所收《鳌石自撰圹志》全文迻录如下:

《洪范》九五福,始曰寿,终曰考。终命言全受全归,理也。古有自

---

① 《鳌石府君自记年谱》,全名为《皇清诰授荣禄大夫大理寺少卿前四川总督兼管巡抚事显考鳌石府君自记年谱》,清咸丰年间家刻本。

营生圹治生棺者,世以为达而实理也。人生天地间,有生即有息,事所必有,理亦固然,又何讳焉? 诔墓之文,子孙必乞名公卿椽笔以为荣,而词多饰而诬。余息影蓬庐,日长无事,乃仿古人生圹生棺之意,自为圹志。事皆纪实,言亦亲切。至他年匿迹,销声月日,以及卜葬坐向,即令子孙谨志于末,附刻以纳于幽可也。

余名廷玉,字韫山,号鳌石,归田后又号退叟,世居同安。曾祖汉辟公,祖国宸公,父融亭公,官安徽泥汊河巡检,皆以余官四川按察使时封通议大夫。曾祖母徐氏,祖母彭氏、郭氏,母洪氏、庄氏封夫人。又以余官四川总督封赠三代,考光禄大夫,妣一品夫人。融亭公四子,余为季,以乾隆四十八年五月初二日辰时,生于马巷厅翔风里十四都澳头乡。兄景星,岁贡生,以余官刑部郎中貤封朝议大夫;景悦。姊二,适纪氏、何氏,皆洪夫人出。兄廷策,未娶卒,与余皆庄夫人出。

十岁时,随母赴父任。十二岁,母卒,恸不欲生。十六岁,父卒于官,哀毁如丧母,天性然也。家贫甚,衣食不给者数年,而发愤读书不怠。二十一岁,补邑庠。二十六岁戊辰,举于乡。三十二岁甲戌,成进士,改翰林院庶吉士。散馆,改刑部主事。历任员外郎、郎中,律例馆提调,以京察一等授江苏松江府知府,署江宁府知府。调苏州府知府,勤听断,无敢怠。升陕西延榆绥兵备道,署江苏督粮道,调苏松太兵备道。升山东按察使,署布政司盐运使。调四川按察使,以军功赏戴花翎。升四川布政使,加兵部侍郎,都察院右副都御史衔。升四川总督,以猓夷频年出扰,奏请举兵挞伐,以救民命、张国威。奉旨以未能筹画万全,妄思大举,降补四川按察使,夺花翎。升大理寺少卿,入觐后,奉旨休致。旋奉旨,仍以四品京堂起用,办理江苏粮台。计通籍后,京职十三年,外任十二年,各敬其事。在蜀七年,严辨匪徒,民赖以安者数十州县;赈恤饥馑,民赖以生者十余万户。去蜀日,百姓遮道,万人泣送,余亦依依泪下。至吴齐,虽有公明慈惠之称,然为时未久,不如蜀之入人深也。

夫人高氏,邑附生超然公女,性刚如丈夫,甘贫苦,尚勤俭,虽贵不移,至老不倦。长子士荣,邑增生,食通判;次子士准,邑附生,官直隶州知州。皆高夫人出,并女四。三子士毓、四子士廉、五子士纶,皆妾范氏出,并女一。士荣娶武举江捷升女,士准娶举人王沛瑛女,士毓娶江苏海门同知陈经女。士廉未聘,士纶聘浙江提督世袭伯爵李廷钰女。孙瑞书、瑞霖、瑞云,皆士荣出。楷桢,士准出。

余生平质直刚毅,遇事敢为。自贫困至仕宦,不受人怜,历官显要,皆荷特达之知,无荐引者。与人言,无粉饰。居官时,开诚布公,无脂韦;习退,则独善其身。故朋友无恶声。惟少孤,每以禄不逮养为憾。

父祔祖母郭氏茔,旁无隙地。每诫诸子,他年即葬我于母庄夫人墓侧,俾千秋魂魄仍依膝下也。因自志大略如此。志而不铭,不必铭也。

道光二十三年癸卯五月,鳌石自书于西湖圣因寺。时年六十有一,由吴旋闽时也。自书圹志大略如是。若天假之年,得与木石鹿豕长此居游,不知何年归真?中间云烟过眼,隐见各殊,多有变更,则听儿孙随时增益。附记于后,不能先知也,并记。[2]

该文实即自撰之《墓志铭》,其内容包含撰写缘由、时间、撰主生平经历、家庭概况以及身后之事的简要交待。由于为苏廷玉本人亲自撰写,故具相当的可信度,有着十分重要的史料价值,试以辨析如下:

1. 姓名字号

据《圹志》,苏廷玉字韫山,号鳌石,归田后又号为退叟。而本人所记与世间交往多以"鳌石"相称。

2. 宗族世系

苏氏始祖苏益,字利用,为河南固始人,唐末为隰州刺史,后随王潮入闽,遂家同安城内葫芦山,"凡闽地苏氏皆出利用公"。[3]宋神宗时魏国太师苏颂为苏益四世孙,其父苏绅官翰林学士,殁葬镇江丹阳,苏颂遂迁居丹阳,留次子苏嘉于同安守祖墓,因此漳州及同安苏氏多为苏嘉之后裔。传数代至苏顾(宋杰公),为避难遁居海澄三都田厝窟。又传数代至敦谟公,乃迁至同安马家巷十四都澳头乡,"为澳头(苏氏)始祖"。[4]同安苏氏以诗书传家,人才辈出,清人陈寿祺于《苏魏公文集·序》中言:"宋韩南涧(元吉)言:本朝苏氏凡三望族,梓州、眉山、同安,独同安苏氏之苏最盛。"[5]

曾祖父汉辟公,祖父国宸公,其父苏光彩,字融亭,为安徽泥汊河巡检,①皆以鳌石任官四川按察使时赠封"通议大夫"。曾祖母徐氏,祖母彭氏与郭

---

① 据《民国同安县志》记载:"苏光彩,原名司明,字垂虹,号融亭,(苏)廷玉父也。少业儒,精于医,凡以病求治者,不论贫富皆诊焉。贫并助以药,精太素脉理。常喜廷玉脉,谓当大贵,如其言。入都考太医院,月课凡三课隽其二。后遍游吴越燕齐,活人无数。有荐为大吏治病,病瘳,使遵川运例,入资补安徽无为州泥汊河巡检。历署黄山土桥巡检,无为州州同。卒于官,以子贵,赠荣禄大夫。"见林学增修,吴锡璜纂:《民国同安县志》卷三七,民国十八年(1929年),厦门退补斋铅印本,第304页。

氏,母洪氏与庄氏同时封为"夫人"。后又以其升任四川总督封赠三代,已故父亲融亭公赠封为"光禄大夫",①已故母亲庄夫人封赠为"一品夫人"。其父共有四子,而鳌石为季,于乾隆四十八年(1783年)五月初二日辰时,生于同安马巷厅翔风里十四都澳头乡(即今厦门市翔安区新店镇澳头村)。其长兄景星字学象,为贡生,鳌石任刑部郎中时貤封为"朝议大夫";次兄景悦,三兄廷策,二十二岁早卒。

3. 家庭子女

其夫人为高氏,本邑超然公之女,鳌石称其"性刚如丈夫,甘贫苦,尚勤俭,虽贵不移,至老不倦"。共有五子:其长子士荣(邑增生,食通判)、次子士准(邑附生,官直隶州知州),皆高夫人所生;三子士毓、四子士廉、五子士纶,皆妾范氏所出。后士荣娶武举江捷升之女,士准娶举人王沛瑛之女,士毓娶江苏海门同知陈经之女,士廉未聘,士纶聘浙江提督世袭伯爵李廷钰之女。孙有瑞书、瑞霖、瑞云,皆士荣所出,而楷桢为士准所出。

4. 撰写缘由

撰主经历数十载宦海沉浮,并已年逾花甲,适逢退任居杭,待命归乡,日长闲逸,回首往事,颇多感慨。又恐他日百年之后,子孙乞于公卿为撰谀墓之文,斯为撰主深忌,故"仿古人生圹生棺之意自为圹志",自撰墓志,"事皆纪实",以明本意。

5. 撰志年代

据《圹志》所记,适为"道光二十三年癸卯五月",即公元1843年6月,其年苏廷玉适为六十岁(《圹志》记为"六十一岁",实按虚岁计)。

6. 生平经历(按《圹志》计岁)

乾隆四十八年(1783年)五月初二日辰时,生于同安马巷听翔风里十四都澳头乡(即今厦门市翔安区新店镇澳头村)。

乾隆五十七年(1792年),十岁,时随母由漳州、汀州、江西赴父任之泥汉官署,始识父面。

乾隆五十九年(1794年),十二岁,时母卒。

---

① 《鳌石府君自记年谱》言:"以余官,累赠父朝议大夫、中宪大夫、通议大夫、通奉大夫、荣禄大夫。"所记与《圹志》略有不同。

嘉庆三年(1798年),十六岁,其父卒于泥汉官舍。① 其后家庭贫甚,衣食不给者数年,于是发愤读书不息。

嘉庆七年(1802年),二十岁,与高氏完婚。

嘉庆八年(1803年),二十一岁,补邑庠,科试一等第六名。

嘉庆十三年(1808年),二十六岁,戊辰举于乡,乡试中式第五十七名。是年十二月初五日,葬母庄氏于上苏乡,后即北上。

嘉庆十九年(1814年),三十二岁,甲戌考中进士,改翰林院庶吉士。②

嘉庆二十二年(1817年),散馆,改任刑部主事,历任刑部员外郎、郎中。

道光九年(1829年),四十七岁,律例馆提调,以京察一等补授松江府知府,得道光帝召见于养心殿西暖阁并训勉备至。署江宁府知府,调苏州府知府,蒋砺堂相国赞其"廉明公正,办事实心,两江郡守无出其右"。

道光十年(1830年),四十八岁,升陕西延榆绥兵备道,署江苏督粮道,后调苏松太兵备道。

道光十二年(1832年),五十岁,得道光帝召见。升山东按察使,署布政司盐运使。

道光十三年(1833年),五十一岁,继调四川按察使。

道光十六年(1836年),五十四岁,以军功赏戴花翎,升四川布政使。

道光十八年(1838年),五十六岁,成都城内米价骤昂,时青黄不接,人心惶惑。苏廷玉断定其必为奸商囤积居奇,下令各州县巡查囤积户,命其出售谷物,并开仓平粜,带头捐银买米入城,以平米价,川民全活者数十万户。苏廷玉在处理此次成都米价暴涨事件中,废寝忘食,日夜辛劳,致"须发全白"。成都百姓感其德,纷纷送匾,但均被其婉拒。

升四川总督,吏部以二品顶戴升署加兵部侍郎都察院右副都御史衔。③

十月,以猓夷频年出扰,奏请举兵挞伐,以救民命、张国威。上谕以"未能筹画万全,实属无能",降补四川按察使,夺花翎。

---

① 据苏廷玉:《鳌石府君自记年谱》记载:"父光彩,字垂虹,号融亭,精于医,遍游吴越燕齐,活人无数。""嘉庆三年八月二十五日卒于官,年六十七岁。"清咸丰二年(1852年)家刻本,第3页。

② 《明清历科进士题名碑录》:大清嘉庆十九年进士题名碑录,甲戌科,赐进士出身第二甲,第七十二名,苏廷玉,福建泉州府同安县人。台湾华文书局,1969年,第四册,第2309页。

③ 《清史稿》卷一八,《宣宗本纪》道光十八年:"秋七月戊申,刑部尚书鄂山卒,以宝兴为刑部尚书,苏廷玉署四川总督。"

道光二十年(1840年),五十八岁,升授大理寺少卿。同年奉旨"休致国籍三年",休官返乡。计通籍后,京职十三年,外任十二年,各敬其事。

道光二十一年(1841年),五十九岁,自扬州至江浙暂居。

道光二十二年(1842年),六十岁,仍以四品京堂起用,办理苏州粮台。后因粮台已撤,遂居吴门候旨。

道光二十三年(1843年),六十一岁,上半年居浙,撰《鳌石自撰圹志》;下半年由浙返闽,择地葬母庄夫人于厦门湖里社。据《同安文史资料》记载,道光二十二年(1842年),英军觊觎厦门,苏廷玉返闽以后即于福州五虎门招募地方民众,组织民兵,聘神枪手训练。此外还捐资筑土堡于泉州海口,以防敌舰突袭。

道光二十五年(1845年),六十三岁,泉州道教名观元妙观于道光二十二年重建竣工,应泉城道门之邀,撰《重建泉州元妙观记》。

道光二十六年(1846年),六十四岁,于泉州筑"洗心退藏书室"。

道光二十七年(1847年),六十五岁,撰写《泉州府学明伦堂立匾记》,以弘扬先哲、激励后代。

咸丰二年(1852年),七十岁卒,葬于其故里澳头,享年七十岁。

7.遗书后人

据《圹志》所言:"父祔祖母郭氏茔,旁无隙地。每诫诸子,他年即葬我于母庄夫人墓侧,俾千秋魂魄仍依膝下也。因自志大略如此,志而不铭,不必铭也。"故此墓志无铭文。

又言:"道光二十三年癸卯五月,鳌石自书于西湖圣因寺。时年六十有一,由吴旋闽时也。自书圹志大略如是。若天假之年,得与木石鹿豕长此居游,不知何年归真,中间云烟过眼,隐见各殊,多有变更,则听儿孙随时增益。附记于后,不能先知也,并记。"[6]希望儿孙若有可能,则将《圹志》以后之事补记于后。

8.自我评议

《圹志》云:"计通籍后,京职十三年,外任十二年,各敬其事。在蜀七年,严办匪徒,民赖以安者数十州县;赈恤饥馑,民赖以生者十余万户。去蜀日,百姓遮道,万人泣送,余亦依依泪下。至吴齐,虽有公明慈惠之称,然为时未久,不如蜀之入人深也。"[7]任官以敬事为主,治理以严办为主,处事以公明为主,安民以慈惠为主,斯为鳌石之自我公允评价。

继言:"余生平质直刚毅,遇事敢为。自贫困至仕宦,不受人怜,历官显要,皆荷特达之知,无荐引者。与人言,无粉饰。居官时,开诚布公,无脂韦;习退,则独善其身。故朋友无恶声。惟少孤,每以禄不逮养为憾。"[8]自述其性格为"质直刚毅,遇事敢为",而历官显要,无荐引者,此在清代官场,乃极为稀少之事,由此说明苏廷玉实具超乎常人之才干与能力。

9.主要著述

(1)《亦佳室诗钞》四卷,内有"咸丰丙辰孟春侯官林鸿年敬题"字样,共收录古今体诗二百余首,现有清咸丰六年(1856年)同安苏氏刊本。

(2)《亦佳室文钞》四卷,内镌"咸丰丙辰孟春侯官林鸿年敬题",卷首有杨庆琛、陈庆镛、徐宗幹所撰序文三篇,收录有奏稿、家书、神道碑、墓志铭、祭文、启、跋等各体文七十余篇。其卷四即收录《鳌石自撰圹志》。

(3)《鳌石府君自记年谱》一卷,全名为《皇清诰授荣禄大夫大理寺少卿前四川总督兼管巡抚事先考鳌石府君自记年谱》,该书无目录,有三部分内容:其一为苏廷玉家族世系概况;其二为《年谱》之主体部分,即自述其生平事迹;其三为其子士廉、士荣等追思苏廷玉之事迹功业。清咸丰三年癸丑(1853年)苏廷玉逝世后,由其子士荣、士敏补苴首尾,编次刊行。有清咸丰年间家刻本。①

(4)《从政杂录》,未分卷,前有苏廷玉《自序》一篇,清咸丰三年(1853年)亦佳书室刻本内镌"咸丰癸丑夏镌亦佳书室藏板"。该书为苏廷玉归田后回忆司案所记共十九篇,"所记具体详细,可补史志之不足,具有借鉴作用,甚具史料价值"。[9]有清道光二十五年(1845年)刊本、清道光三十年(1850年)汪承佑刻本、清咸丰三年(1853年)亦佳书室刻本传世。

(5)《亦佳室题跋》一卷,由清末泉州贡生苏大山自苏廷玉《亦佳室文钞》中摘录选辑而成,共计30篇,有《红兰馆小丛书》抄本。

(6)《温陵盛事》一卷,该书无目录,内封镌"道光丁未年良月刊黄宗汉题",记载泉州府学明伦堂立匾之盛事,陈庆镛序文称其为"一郡之掌故,士林之盛典"。[10]有清道光二十七年(1847年)刻本。

二、《重建泉州元妙观记》

苏廷玉自青年居泉,外出为宦,直至退隐泉州,均热心地方文教,撰有多

---

① 郑宝谦主编:《福建省旧方志综录》载:"《鳌石府君自记年谱》1卷,苏廷玉自编,清咸丰三年癸丑(1863年)谱主卒后,其子士荣、士敏补苴首尾,编次刊行。"

处碑文,如清嘉庆十三年(1808年)所撰《重建紫云岩文昌阁记》、清道光十七年(1837年)撰《泉郡城关帝庙碑文》、清道光二十年(1840年)撰《觉世真经碑文》等。道光二十五年(1845年),苏廷玉在泉州应泉州名观元妙观住持之邀,为撰《重建泉州元妙观记》。其云:

  吾泉有元妙观,祠昊天上帝,创自晋太康中,奠于府治南之中华里。初名白云庙,神龙初改名中兴观,元元贞初始易今名。其右为紫极院。①国朝康熙二十年,少保提军杨公、兴泉观察张公、郡守蒋公重修。今宫地并入于观,规制宏敞,诚郡中形胜地也。但历岁既久,寖以陊剥。道光癸巳秋,正殿中梁遽折,山门左旋□倾颓,神光暴露,观者恻焉。维时适逢旸亢,邑侯朱公祷雨于斯,甘霖旋沛,岁乃大稔,即延郡绅士规画工资所出,首倡捐廉,命董其役。富美大巡萧太傅捐升中梁,协以众募之资,先建正殿,重修山门及东西两庑。嗣复葺关圣殿、元坛宫,购东偏地,建康王宫。经始于丙申八月,阅壬寅季冬始蒇其事,计縻洋银壹万两有奇。落成之日,远近生民靡不馨香致敬。盖萧太傅降神鼓舞之力为多焉。门屏轩敞,金碧辉煌,与夫寞像之庄严,诸神之藻绘,均视昔有加,庶足以壮观瞻而酬高厚。明明在上,其将福我泉人于无穷乎!尝考"昊天上帝"之名,历代不同。汉初曰"上帝",曰"太一",元始间曰"皇天上帝",魏初元间曰"皇皇天帝",梁曰"天皇大帝",惟西晋、后齐,后周、隋、唐、宋、明,乃曰"昊天上帝"。名虽不同,其实皆天之总名也。方今天子郊祀上帝,典礼崇隆,岂亿万黎庶竟敢僭越,以自取戾?第以戴天之宇,承天之庥,而芹献心诚,葵倾念切,不得不藉明水清香,表其几微之意耳,又何必以僭妄为疑哉!是役也,余以远官,不获共襄其事。归里后,里中人士以记请,自维浅陋不文,姑字缘起,俾勒贞珉云。

  道光二十五年岁在乙巳冬十月榖旦,赐进士出身、翰林院庶吉士、兵部侍郎、都察院副都御史、四川总督管巡抚事、郡人苏廷玉谨记。[11]

元妙观即玄妙观,自晋太康中创建以来,代为闽南道教著名宫观,明清时期,屡有修葺。清道光年间,泉府士绅集合众力,重新修建,殿宇辉煌,焕然一新。时居泉城之苏廷玉应邀撰写《重建泉州元妙观记》,以纪其盛事。

---

① 郑国栋、林胜利、陈垂成编《泉州道教》录文作"紫极宫"。《旧唐书》记载有:开元二十九年正月制:两京诸州各置玄元皇帝庙。天宝二年三月,改西京玄元庙为太清宫,东京为太微宫,天下诸郡为紫极宫。

碑文内容翔实,叙事简洁,纵览历史,兼辨神明,具有十分重要的史料价值。今就碑文内容钩稽史实,予以具体考辨。

1.创建年代

其云"创自晋太康中"。"太康"为西晋武帝司马炎之年号,自公元280年灭吴至公元289年,共记10年,是该观创建于公元280年至289年之间。

2.观名沿革

西晋太康中创建之初名为"白云庙"。① 唐中宗神龙初年改名为"中兴观"。唐中宗李显复位为神龙元年,即公元705年,至神龙三年即改元为景龙,是为公元707年,则神龙首尾仅3年,如是则"神龙初年"当即公元705年。元成宗元贞初年改名为"玄妙观"。② 元成宗铁木儿之元贞共有4年,即从公元1294年至1297年,则元贞初年当为1294年至1295年之间。清代康熙年间,因避康熙之名玄烨的名讳,改名为"元妙观",沿用至今。

3.奉祀主神

碑记云该观所奉主神为"昊天上帝",并考辨其历代衍变:考"昊天上帝"之名,历代不同。汉初曰"上帝",曰"太一",元始间曰"皇天上帝",魏初元间曰"皇皇天帝",梁曰"天皇大帝",唯西晋、后齐、后周、隋、唐、宋、明,乃曰"昊天上帝"。名虽不同,其实皆天之总名也。该神实为殷、周以来之"帝"、"上帝"、"皇天"、"昊天"、"天帝"演变而成,唐宋时代民间尊称为"玉皇"或"玉皇天帝",③宋代帝王出于政治统治之需要,宣称赵氏先人乃玉皇大帝派来之天尊神人,"奉玉帝之命,总治下方",于宋真宗大中祥符八年(1015年),上玉皇大帝圣号为"太上开天执符御历含真体道玉皇大天帝"。宋徽宗政和六年(1116年)又上玉皇尊号为"太上开天执符御历含真体道昊天玉皇上帝"。闽南民间多将"玉皇大帝"奉称为"天公",因元妙观所奉祀主神为"玉皇",故民间多将该观习称为"天公观"。

---

① 《福建宗教碑铭汇编·泉州府分册》上册,第369页录文作"初名'日云庙'",有误。
② 据郑国栋、林胜利编写《泉州道教》记述,唐神龙年间改名为"中兴观",以后又改名为"龙兴观",开元中又改为"开元观",而单以老君祠为"龙兴观"。宋大中祥符年间,改"开元观"为"天庆观"。元代元贞年间始合老君祠称为"玄妙观"。见郑国栋、林胜利、陈垂成:《泉州道教》,鹭江出版社,1993年,第10页。
③ 如李白诗云:"不向金阙游,思为玉皇客。"韦应物有《学仙》诗云:"昔有道士求神仙,灵真下试心确然……存道亡身一试过,奏上玉皇乃升天。"白居易《梦仙》诗:"人有梦仙者,梦身升上清。仰谒玉皇帝,稽首前致诚。"

4. 重建前之重修年代

据碑文,清朝康熙二十年(1681年),少保提军杨公、兴泉观察张公、郡守蒋公曾重修元妙观,致"规制宏敞,诚郡中形胜地也"。

5. 重建前衰颓之状

自清康熙年间重修以后,雍正、乾隆、嘉庆朝均有修葺,至道光年间,该观"历岁既久,寖以哆剥。道光癸巳秋,正殿中梁遽折,山门左旋□倾颓,神光暴露,观者恻焉"。癸巳为道光十三年(1833年),斯时殿堂已梁折门朽,一片衰颓之像,极须重新修复。

6. 重建缘由

至道光中期,泉州遭遇旱灾,县令朱公率众赴元妙观祈雨,随即"甘霖旋沛,岁乃大稔"。于是延郡绅士规画工资,首倡捐廉,命董其役,是为道光重修元妙观之由。

7. 重建之年代

自清道光十六年丙申(1836年)八月经始,至道光二十二年壬寅(1842年)季冬竣工,前后共计6年之久。若以公历计,则壬寅季冬已是次年元月,即公元1843年1月。

8. 重建之花费

重修前后有六年之久,共计"縻洋银壹万两有奇",以道光年间之经济衡量,实为民间一笔巨大开销。

9. 重建殿阁与规模

据碑文所述,先建正殿,重修山门及东西两庑。嗣复葺关圣殿、元坛宫,购东偏地,建康王宫。"门屏轩敞,金碧辉煌,与夫窦像之庄严,诸神之藻绘,均视昔有加,庶足以壮观瞻而酬高厚"。

10. 重建之目的

其一,寓"神道设教"之意。"今天子郊祀上帝,典礼崇隆,岂亿万黎庶竟敢僭越,以自取戾?第以戴天之宇,承天之麻,而芹献心诚,葵倾念切,不得不藉明水清香,表其几微之意耳,又何必以僭妄为疑哉"!

其二,护佑泉府民众,平安永福。"明明在上,其将福我泉人于无穷乎"[12]。

11. 富美宫之捐助

该碑文在记述元妙观于道光年间重修之过程中,尚有一件珍贵史料,即"富美大巡萧太傅捐升中梁"之记载。文中所记"富美"与"萧太傅",即是泉州城南之"富美宫"与其奉祀神灵"萧太傅"。富美宫位于泉州南门水巷末端,始建于明正德年间(1506—1521年),主祀西汉名臣萧太傅,配祀文武尊王、王爷二十四尊等神,夙有"泉郡王爷庙总摄司"之称,其分灵遍及闽南、台湾及东南亚等处。元妙观为泉州著名道教宫观,而富美宫为泉州香火兴盛之民间信仰宫庙,在当年重修元妙观之时,富美宫予以鼎力相助;并且"落成之日,远近生民靡不馨香致敬,"盖萧太傅降神鼓舞之力为多焉",为泉州历史上多种宗教和谐共存的珍贵证据。

12.碑文撰者

碑文后题为:赐进士出身、翰林院庶吉士、兵部侍郎、都察院副都御史、四川总督管巡抚事、郡人苏廷玉谨记。

13.碑文撰写时间

碑文末题为:"道光二十五年岁在乙巳冬十月穀旦",即公元1845年,是年苏廷玉六十三岁。

综上所考,苏廷玉晚年退隐泉州时所撰《重建泉州元妙观记》,于创建年代与沿革、重建缘由与经过、重修规模与宗旨、神灵信仰与宫庙交往,以及撰写碑文之经历与年代皆有翔实记载,对于泉州元妙观之演变、闽南道教之历史乃至民俗文化等方面的研究皆具有重要之史料价值,应引起学术界之重视和研究。此外,苏廷玉作为儒臣,为道教宫观撰写碑记,也是儒道宗教和谐的历史见证。

注释:

[1]苏廷玉:《鳌石自撰圹志》,《亦佳室文钞》卷四,清咸丰六年(1856年),同安苏氏刊本。

[2]苏廷玉:《鳌石自撰圹志》,《亦佳室文钞》卷四,清咸丰六年(1856年),同安苏氏刊本,第28~30页。

[3]苏廷玉:《鳌石府君自记年谱》,清咸丰二年(1852年),家刻本,第1页。

[4]苏廷玉:《鳌石府君自记年谱》,清咸丰二年(1852年),家刻本,第2页。

[5]陈寿祺:《左海文集》卷六,清光绪十二年(1886年)刊本,第56页。

[6]苏廷玉:《鳌石自撰圹志》,《亦佳室文钞》卷四,清咸丰六年(1856年),同安苏氏刊本,第30页。

[7]苏廷玉:《鳌石自撰圹志》,《亦佳室文钞》卷四,清咸丰六年(1856年),同安苏氏刊本,第29页。

[8]苏廷玉:《鳌石自撰圹志》,《亦佳室文钞》卷四,清咸丰六年(1856年),同安苏氏刊本,第30页。

[9]陈明光等主编:《中国稀见史料》第15册,《厦门大学图书馆藏稀见史料一》,厦门大学出版社,2010年。

[10]陈庆镛:《泉州府学明伦堂立匾后序》,见《温陵盛事》,清道光二十七年(1847年)刻本。

[11]原碑今存,录文见郑振满、丁荷生编纂:《福建宗教碑铭汇编·泉州府分册》上册,福建人民出版社,2003年,第369～370页。

[12]郑振满、丁荷生编纂:《福建宗教碑铭汇编·泉州府分册》上册,福建人民出版社,2003年,第369页。

第三节

婆罗门教的传入和泉州的印度教寺

吴幼雄

(泉州师范学院)

泉州临漳门外的"大独石柱"是古代印度人的一种崇拜遗物,我们更怀疑它是古代婆罗门教在泉州的遗物。世界上所有宗教,崇拜神祇最多的,首推婆罗门教(印度教),几乎无所不拜,对狗的膜拜,也是婆罗门教的遗风。泉州地方也有膜拜狗将军的,而且亦有尖口石狗公雕像,类似是早期婆罗门教在泉州地方的遗物与遗绪。我们用多年来泉州所发现与汇集的石刻等材料仔细加以观察、比较,发现它与印尼爪哇东部的日惹附近所见的"婆罗浮屠塔"或"塔婆"的形制相同。特别是那些砌在"浮屠塔"上的顶层及下层的大型石块和泉州所发现的半人半兽石刻、人面狮身石刻须弥座石刻、屋脊形石刻和龛形石刻等,极相类似,而且在泉州所发现的这类石刻数量极多。由此可证实元代在泉州的"番佛寺",就是一座印度教的"婆罗浮屠塔"式的建筑物,即是一座奉祀婆罗门神的寺庙。

婆罗门教(印度教)在公元前 4—5 世纪已弥漫于中南半岛及南洋群岛间,我国海南岛也被波及。关于婆罗门教的专著,我国翻译出版甚少,仅仅从外国学者研究并出版的若干著作,如《印度尼西亚史》、《马来亚史》、《占婆史》和《扶南史》等,以及近年我国学者翻译的零星译文略窥一二而已。查婆罗门教所崇拜最主要之神为大梵天王(Brahma)、遍照天王(Vishma)和大自在天王(Sjiwa)。此三大神皆骑动物,大梵天王骑鹅,遍照天王骑鹰,大自在天王骑公牛。然此三神之中,信徒尤重视大自在天王,可能牛的崇拜与此有关。据《涅槃经》卷十六,有"牛狗外道"一词,谓"六种苦行外道"之一,"持牛戒或狗戒"云云。或者此教的拜牛及拜狗与此有关。

南洋考古学家韩槐准先生认为,海南岛临高县毗耶神坛一史事,以及海南岛、雷州半岛、合浦、廉州等处盛拜的石狗公,似是古代婆罗门教的第三族姓的毗邪(Vaisya)商人崇拜婆罗门神的遗迹和遗风。有的学者认为,广东、广西一带的俚人亦有崇拜石狗的风俗。但泉州人崇拜的石狗公称"毗舍爷"与 Vaisya 同音,所以有可能是早期"毗邪"阶层传入了狗的崇拜。

查毗耶(Vaisya),我国佛教经典的译名甚多,有毗舍、吠奢、吠舍和鞞舍等等。秦汉以前,离海南岛不远的占婆(占城),即沾染印度教(婆罗门教),则海南岛亦被沾及亦属可能之事,且海南岛至西汉元封元年(公元前 110 年)始立为朱崖儋耳郡地。"儋耳"二字的命名,乃由于当地有印度教徒尚垂耳(以法穿耳孔使长大)习惯。在《后汉书·南蛮》中,有朱崖儋耳的渠帅"贵长耳,皆穿而缒之,垂肩三寸",尤为可信(现在新加坡垂大耳的印度教徒,华侨多称之为"大耳孔")。

经外国学者研究,当公元前 4—5 世纪的印度航海商贾,每到地中海沿岸诸国运商品,如古人视为至宝的琉璃珠等货。在南洋群岛、中南半岛,发现公元前 4—5 世纪的埃及式琉璃珠,皆为印度商人运来的遗物。可能我国湖南、广东和云南等处战国、西汉墓葬出土的西方式(或称欧洲型)琉璃珠,其中一部分似是从北部湾(东京湾)流入的,亦可能属印度毗耶阶级由西方输来之品,广州南越王墓的发现就是证明。

秦汉以前,中原通南海之路,是利用汉水经湘江,越一段湖南与广西间的短程陆路,再利用漓水经西江、容江、廉江,自合浦入海。至秦始皇,再以人力开一运河于湖、广间,名灵渠,尤利于交通。汉以后,中原始利用赣江,并利用珠江,由广州入海。故埃及式琉璃珠在湖南、广东出土最多。

关于我国所称婆罗门教,这一名词可能是因循各佛教徒的译经,如《大唐西域记》等。其实,婆罗门从属印度教门中之第一族姓(亦称种姓或阶级)而已,依英文应名为 Hinduism(印度教)。我国佛教经典尚无定名,统称为外道、异道或涂灰。此教分为四族姓,依《梵汉字典》译音是婆罗门(Brahmana)、刹帝利(Kchatriya)、吠奢(Vaisya)、首陀(Sudra),不过其英文译音各有差异。

至于此四族姓有阶级含义,依玄奘著的《大唐西域记》卷二《族姓》所述云:

若夫族姓殊者,有四流焉:一曰婆罗门,净行也,守道居贞,洁白其操。二曰刹帝利,王种也,奕世君临,仁恕为志。三曰吠奢,商贾也,贸迁有无,逐利远近。四曰戍陀罗(首陀),农人也,肆力畴陇,勤身稼穑。

关于这个问题,商务印书馆发行的《远东史》上册第 42 页和英国人 Louis Renou 著的《Hindusin（印度教）》一书第 53 页亦略为述及。

又世界上所有宗教,崇拜神祇最多的,首推婆罗门教（印度教）,据称有三亿三千万个（参阅丁福保著《佛学大辞典》及吴世璜著《印尼史话》）,几乎无所不拜,禽兽类最崇拜者是牛。至于牛的崇拜的含义与表征,在 L.Renou 著的《印度教》一书之第 18 页 worshipof the cow 亦略述及,在英人著的《印度百科全书》cow 条记载尤详。

至于对狗的膜拜,也是婆罗门教的遗风。我国的海南岛、雷州半岛、合浦等处都有雄狗的石刻像（称石狗公）。韩槐准先生收集数只石狗公。临高县的毗耶神坛,原是一石狗公。此等石狗雕刻,多是尖口。在爪哇印度教石器遗物中,亦有此类型的,当地人称为 Gunong Kidul（意为印度洋山神）。泉州地方也有膜拜狗将军的,而且亦有尖口石狗公雕像（可惜已被破坏）,此似是早期婆罗门教在泉州地方的又一遗物与遗绪。

韩槐准先生认为,婆罗门教似在秦汉以前,或在东周中期,其势力已初植于越南南部,故汉初其势力曾建一印度教统治之国家于此,可能为印度教第三阶级专司工、商之毗耶所创。其教似秦汉时在华南作蠕动式的传播,其教苦行的教徒已把其教传播于华南（参阅雍正《广东通志·卷六十四·杂事·琼州府毗邪》）。海南岛之崇拜石刻狗神（参阅《棘林杂俎》、《涌幢小品》）,《后汉书·南蛮传》关于朱崖儋耳（即海南岛）之"渠帅贵长耳,皆穿而缒之,垂肩三寸"的记载,皆为印度教的遗风（有的学者认为是百越族的风俗）。广东各寺庙于前门的神桌下,每拜一狗式石神,可能即佛徒所称之外道（即印度教）。泉州的狗将军雕像膜拜等,似均亦属印度教的遗风。

韩槐准先生认为,华南在秦汉以前,尚未或极少接触中原文化,致印度教司工商之第三阶级毗耶派,逐渐由越南传入,可能仅传到福建而止,其时期可能由战国而至秦。证以《梁书·扶南传》记"俗事天神……二面者四手"的记载,正吻合。自佛教兴盛而后,南洋群岛各地崇信的印度教皆已式微,逐渐被佛教取而代之,唯印尼之峇厘岛至今尚崇信印度教耳。

泉州临漳门外的"大独石柱",高 3.15 米,底座圆周长 4 米。过去我们曾怀疑它"或者是石器时代的一种原始宗教的延续的遗迹",因为查阅"印度文化的图录,却未曾见过有这么大的石祖"。最近见到泰国首都曼谷王宫附近的一座印度人建设的寺庙前一根"大独石柱"的照片,该石高 1 米多,直立向上,顶部圆钝,石柱上还缠绕许多彩色绸带和套上制作精巧的花圈（大概是崇拜供物）。虽然比泉州的"大独石柱"小得多，但其形状相似。因此，似乎可以肯定泉州的"大独石柱"是古代印度人的一种崇拜遗物，我更怀疑它是古代印度婆罗门教在泉州的遗物，也就是说，它可能是秦汉以前的遗物。

印度教是印度古代社会的产物，它有没有传到中国来呢？文献上很少看到记载。据拉贾戈帕拉查理改写的，唐季雍译、金克木校的《摩诃婆罗多的故事》一书，其序言里说"婆罗门教并没有传到中国来"[1]。但山西省大同市云冈石窟的南北朝时期佛教雕刻群中，发现婆罗门教的石雕神像。云冈石窟的第八窟，俗称佛籁洞，有前后二室，在后室入口之穹窿拱腹部东侧，有浮雕毗湿纽神像，有五头、六臂，乘坐金翅鸟。左右六只手各执弓、鸡、日月轮等法宝。在毗湿纽神像的对面，即洞窟之西侧，有浮雕湿婆神像，三头、八臂，手中分执葡萄、弓、日月轮，乘坐牛。[2]这是北方地区重要的婆罗门教主要神祇石雕神像踪迹。证以《魏书》的"乌苌国婆罗门解天文吉凶之数"，正吻合。

在泉州，近七十多年来陆续从地下出土和发现许多有关印度教的神话故事石雕造像和寺庙、祭坛建筑构件，其数量多达数百方。这还不包括那些出土以后，又被居民当作墙基础石材埋入地下的那些部分。泉州涂关门外（即通淮门外）津头埔村民于20世纪80年代第一次迁建时，墙基础几乎均为印度教寺庙、祭坛的构件，如石栏板、门窗石、门框石、屋盖形龛石，希腊式柱头石、石横梁和石雕像等。从这些出土或被发现的石刻形状、大小及所雕刻的美丽花纹图案看来，它们可能是由一座颇具规模的寺宇或一座祭坛上拆卸下来的。

再就石雕的人物、中心内容来看，它们多与公元前10世纪印度的著名文学作品《摩诃婆罗多》和《罗摩耶那》这两部东方民族最伟大的史诗有关。例如，毁灭之神大自在天的妻子多尔迦在改变形貌，战胜巨魔将其踩在足下；保护之神遍照天的妻子德斯威里伸张其四只手臂，趺坐在一朵怒放的莲瓣中；湿婆化身坐禅入定在象征男性生殖器的座前；七个女子入浴于阎摩那河，衣服被盗窃，乃裸体往求索还；象王和水怪奋战；保护之神遍照天骑金翅鸟救象王，杀死水怪；那迦和那基妮在水中遇神龙；英雄罗摩耶那在帮助苏格里瓦战胜委里，使哈纳曼仍旧做猴国国王的故事；西沓和恒河新月；玩童拉倒魔树；十臂人狮擘裂凶魔希兰那迦的肚皮；基斯那和甘尼巴的角力；白象与蜘蛛的斗争；甘地沙代替牧人放牛等十多方神话故事石刻。这些神话故事的中心内容，大多涉及这两部东方民族的伟大史诗。

仔细观察这些出土及发现的神话故事石刻的内容，似乎是出于古代侨居在泉州的外国人所授意，而雕刻的艺术风格上，则多出于泉州当地石匠之手。因此，在雕刻上常可以看到糅杂有许多素为我国人民所喜爱的传统图案花纹，如双凤朝牡丹、狮子戏球、生命之树、鹿猴教子、海棠形图案，菊花及荷花图案等。此外，在石刻上又带有相当浓厚的古希腊艺术风格。如哥林多式柱头石、半人半兽柱础石、半兽半鸟门楣石、人面狮身垛石，以及用变体蛇形作为图案的祭坛石等。

尽管学术界曾有"婆罗门教并没有传到中国来"的说法，但是泉州为什么会发现这么多有关这一宗教的石刻呢？是不是印度教曾经直接传入泉州呢？1956年，我在编写《泉州宗教石刻》这一书时，对此问题也曾稍稍涉及，但尚未作较全面而深入的探索。前文已经说过，泉州有早在秦汉以前的婆罗门教遗物"大独石柱"，又有石狗公的雕像，这些都是婆罗门教（印度教）在泉州的早期遗物，而思想文化上又有对石祖的崇拜和对狗将军的膜拜，这些都是古印度教的遗风。下面就泉州七十多年来所出土和发现的印度教遗物，结合对遗址的探索，来谈谈元代的印度教寺、祭坛和明代的印度教祭坛等问题。

1959年1月间，在泉州城西北隅平水庙泉州幼儿师范学校的建筑工地上，在距地面约1.50米深处，又掘出有关印度教的寺庙建筑石刻一批，共十二方，有希腊式柱头石、转角柱头石、半人半兽门楣石、蛇形图案石雕。承蒙该校教导主任叶启东同志和总务主任傅祖顺同志通知泉州海外交通史博物馆移存。这批石雕，全为辉绿岩石琢成，但比之历年来在通淮门出土的同类石刻，则有形制较小、雕工更精细这两个特点。可见，元代在泉州的印度教祭坛或寺庙不止一所。

泉州在南朝陈文帝天嘉三年（562年），就有印度高僧拘那罗陀来泉州西城门外九日山翻译《金刚经》的记载[3]。五代时，印度人释知亭、释朝悟，先后来泉州，寓居泉州开元寺内。[4]

北宋太宗雍熙时（984—987年），又有印度高僧啰护哪者航海来泉州[5]，得到当时侨居在泉的外国商人的资助，在南城门附近建立一座寺庙，叫宝林院。南宋时，印度僧人天锡，来泉州任开元寺住持，并负责继续主持修造开元寺东边镇国塔的第五层，砌合塔尖，完成该塔的建筑[6]。元代初期，南印度马八儿国王孛哈里因和他的父王不睦，曾偕其妃来泉州侨居甚久，于返国途中卒于海上（见伊理渥《印度史》）。

以上所举的例子，大多是泉州地方文献所见的一鳞半爪。这些来泉州的印度人或翻译佛经，或建筑寺庙，他们似乎和印度教传入泉州没有多大的关系。有人怀疑，北宋印度僧人啰護哪来泉州所建的宝林院，可能就是一座印度教寺，并且资助这位僧人建寺的外国商人，也必都是信奉印度教的印度商人。但我们至今尚不能找到证实这一问题的有力证据。此外，就我们历年所发现或出土的有关印度教的石刻，在花纹图案及雕刻的手法和风格上看来，它们大都是元代的作品，与宋代的石刻风格也显然有所不同，这是肯定的。

据泉州民间传说，元代泉州南门城附近有一座"番佛寺"或叫"番菩寺"。所谓"番佛寺"，可能是寺宇的建筑或佛像的雕刻以至寺宇里祭坛的布局等与一般的佛刹不同的缘故。如果我们的猜测没有多大的差错，就应该进一步调查，看看这一座番佛寺是否就是印度教寺。

首先，从发现实物的地址看。在南门城附近的蒲寿庚故宅遗址的东北隅，有一口池塘，泉州人叫它作番佛寺池。1934年发现的印度教三大神祇之一——毗湿纽石雕造像，就是在这里掘出来的。稍后，又连续在距离该池塘不远的城垣基础内，掘出了许许多多有关这一宗教的石刻。清末出土而将其嵌在一座无祀宫墙上的三方印度教龛形石刻，也是在这个地方发现的。这样，实物发现的地点与民间的传说正相符合。因此，所谓"番佛寺"，可能就是一座印度教寺。

至于这座婆罗门教建筑形式及规制怎样，因寺早已毁灭，无人能知道。但据我们多年来所发现与汇集的石刻及其他各类型的石材，仔细加以观察、比较，发现它与今日所常见的佛刹露台上的须弥座石刻大不相同。它与印尼爪哇东部的日惹附近所见的"婆罗浮屠塔"或"塔婆"的形制相同。特别是那些砌在"浮屠塔"上的顶层及下层的大型石块和泉州所发现的半人半兽石刻、人面狮身石刻、须弥座石刻、屋脊形石刻和龛形石刻等，极相类似，而且在泉州所发现的这类石刻的数量极多。如果是一座中国式的佛刹建筑，其须弥座石刻就不需要那么多，更何况兼发现有这种宗教的造像毗湿纽呢！这样，元代在泉州的"番佛寺"，就是一座印度教的"婆罗浮屠塔"式的建筑物，它和普通的佛庙建筑不同，是一座奉祀婆罗门神的寺庙。

1956年，我们在泉州南门五堡街发现一方断裂为二的刻有印度泰米尔文字和汉字的石碑。经日本大阪大学斯波义信的翻译，碑文内容是1281年修建湿婆神庙的记载。这明白地告诉我们，元朝初期泉州有一座印度教敬奉湿婆神的神庙，其创建者也是印度人。这座湿婆神庙是不是"番佛寺"，或者是另一座印度教寺？而且，这方印度泰米尔文字石碑系白花岗石雕成，与泉州印度教寺所有建筑构件均为辉绿岩石雕成不一样，相比之下石碑显得粗糙、简陋，似乎不很相称。这是必须进一步研究的问题。

以上主要考证元代泉州城南确曾存在一座印度教教寺。但是近七十多年来，在泉州城范围内，发现印度教寺或印度教祭坛的建筑石刻，却几乎从南到北都有。现在依自南至北顺序简述于下。

泉州南门城天妃宫的两根印度教寺的柱子，是一座已毁的印度教寺的建筑构件，它肯定也是从别处移来置于此地的。它与天妃宫的整体建筑形式毫不相干，正如泉州开元寺大雄宝殿的那两根印度教寺石柱一样。无论是天妃宫的印度石柱，或者是义全后街一座无祀宫发现的印度教龛形石刻，或者通淮门城基发现的大量这类宗教石刻，或者中山南路侨光戏院附近发现的同类石刻，它们可能都与城南一所印度教寺有关系，这是可以肯定的。

可是，1932年又从东街南俊巷某姓人家发现一方印度教石卧牛雕刻。据南洋考古学家韩槐准先生提供的资料说，这只石卧牛的雕刻与现存新加坡大坡大马路（South Bridge Road）一座印度人建筑的印度教寺围墙之巅牛塑像很相近。因此，1963年根据韩槐准先生的建议，移交泉州海交馆保存。

在东部亚洲的中南半岛上，远在8世纪以前，阿拉伯人尚未到占城的时候，印度商人及僧侣曾大批来此居留，其时又正值印度国内佛教衰落，婆罗门教乘时复兴的时期。随着印度人的到来，印度的婆罗门教也跟着传入占城，占城曾一度成为婆罗门教流行的地区。《宋史》有一段记载：

> 多黄牛、水牛，而无驴，亦有山羊，不任耕耨，但杀以祭鬼。将杀，令巫祝之曰："阿罗和及拔。"译云："早教他托生。"[7]

这里所记的"巫"，可能是婆罗门教的僧侣。"早教他托生"，也可能是婆罗门教"轮回转世"的说明。这证明当时婆罗门教在占城盛行。

印度教对牛的观念，是目牛为纯洁及神圣（pure and holy）。不但不食其肉，且以牛粪或牛粪灰涂于额为吉祥。宋赵汝适著的《诸蕃志·西天南尼华啰国》有云："多称婆罗门以为佛真子孙，屋壁坐席悉涂牛粪，相尚以此为洁。"又元汪大渊著的《岛夷志略·华罗国》其中有载："俗怪，民间每创石亭数，四塑以泥牛，或刻石为象，朝夕讽经，敬之若人佛焉。仍以香花、灯烛为之供养。凡所坐之坛，所行之地，及屋壁之上，悉以牛粪和泥涂之，反为洁净……语言谮诙，以檀香牛粪搽其额。"此外，明巩珍著的《西洋番国志》、马欢著的《瀛涯胜览》中所述的锡兰国、柯枝国、古里国,皆书人以牛粪烧灰,涂身、涂额,以及涂墙壁等。此等皆印度教徒的行为。但文中每谓"借此以敬佛",乃著书者不能辨别印度人奉佛教之外,尚奉印度教。此习俗,现今印度教徒尚遵行。因此,泉州发现的石卧牛,也是印度教寺的建筑遗物。

特别是1959年,继泉州城西北隅泉州幼儿师范学校建筑工地发现一批印度教石雕之后,同年在城西北隅的泉州培元中学工地发现同类型印度石刻数方,他们的形制都比在通淮门发现的同类型石刻小而雕工更精细。很明显,它们与通淮门出土的同类型印度教石刻不是出于同一座寺庙或祭坛。这能不能说明泉州城的西面、北面另有印度教的祭坛一类的建筑呢?

据志书记载,明天顺三年(1459年),锡兰君王邪巴来那(Parakhna—Bahu Raja VI)之子来中国,谒见中国皇帝,并以王子的身份,得在泉州置府第。锡兰王子当时所置的府第在泉州今天的什么地方?地方志书没有记载,也没有这方面的传说。只是在《泉州府志》载:

> 世拱显,字尔韬,号小山,晋江人。本锡兰山君长巴来那公之后。康熙癸巳(1713年)恩科举人……纂《十三经注疏》,多与拱显互相参订……设教于小山丛竹亭,执经问难者,屡满户外。[8]

后来,拱显又自己改为庄姓,很显然,这时他已经汉化了。

由上记载,使我们知道世拱显的先世是锡兰国王子的后裔,他深研和精通中国文学,考中举人,并且曾设教学场所在泉州城北的小山丛竹亭(其地址即现在模范巷城隍庙后的小山丛竹亭)。这样,锡兰王子在泉州建府第的所在地,便有了初步的线索。但这只是地方志书上的文字记载而已,还没有实物的证据。

1925年,就在泉州城北,宋代朱熹讲学的小山丛竹亭附近的模范巷与县后街交界处的一座小庙(白耇庙)旁的一座焚帛炉墙壁上,我们发现两方以印度古代民间神话故事传说为内容的石刻。一方为白象和蜘蛛斗争的故事石刻,另一方为牧人和牛的故事石刻。这两个印度教故事都盛行于古代的锡兰。1930年,又于小山丛竹亭附近民居地下,出土一件石雕卧狮,狮头刻一凹入圆孔,可以镶珠子,狮背刻汉字"东后六"三个字,石狮尾部有一个榫。因此,可能为印度教祭坛亭子的建筑物。在同一地,同时出土几方辉绿岩石雕刻成的印度教须弥座石构件。

这样,地方志书上记载的地方和实物发现的地址,皆指同一地。由此,我们似乎可以得出结论,明天顺三年(1459年),锡兰王邪巴来那之后裔在泉州建置府第和创建印度教祭坛的地址,是在今日泉州城北的小山丛竹亭附近的地方。这个推论得到了证实。1998年12月,台湾省彰化县世氏后裔到泉州谒祖墓,带来世氏族谱,据谱云:"我祖遂家温陵(泉州的别称)南街忠谏坊脚,有大宗祠,后被火;城北一峰书街亦有小宗……基址尚存。"族谱所云"一峰书街"即今模范巷,亦即白耈庙至小山丛竹亭这一小片宅地。寺庙崇奉狗,并以狗命名寺庙,且狗神俗称"毗舍爷"。所以我们怀疑白耈庙是一座供奉印度教狗神的寺庙,它与锡兰王裔居住此地有关系。

注释:

[1]拉贾戈帕拉查理改写,唐季雍译,金克木校:《摩诃婆罗多的故事》,中国青年出版社,1957年。

[2]史岩:《东洋美术史》上卷,商务印书馆,1936年,第218~219页。

[3](清)怀荫布:《泉州府志》卷七,《山川·九日山》,乾隆版。

[4](清)怀荫布:《泉州府志》卷六五,《方外》,乾隆版。

[5](宋)赵汝适:《诸蕃志》卷上,《天竺国》,中华书局,1985年。

[6]《泉州开元寺志·东塔》,乾隆版,但有的学者考评,说天锡非印度僧人。

[7](明)宋濂:《宋史》卷四八九,《列传》,占城国传,中华书局,1976年。

[8](清)怀荫布:《泉州府志》卷五五,《文苑·世拱显传》,乾隆版。

第四节

泉州锡兰王裔和遗址发现记

吴幼雄

（泉州师范学院）

泉州寻觅锡兰王裔是与郑和下西洋伟大壮举紧密联系一起的。泉州地处福建东南沿海，是郑和下西洋必经之地，灵山圣墓还保存着永乐十五年（1417年）的郑和行香碑。最近调查发现，跟随郑和下西洋的泉州人还有泉州永宁卫指挥干八帖木儿、泉州卫百户邓回。此外，泉州惠安县东园镇琅山村海边，也发现郑和庙（俗称三宝庙）。泉州后渚港对岸的白奇回族镇，也发现郑和堤和其他郑和史事，等等。追寻泉州锡兰王裔史迹的意义，既为纪念郑和伟大的和平航海壮举，又证实15世纪时，泉州还是一个重要海港。明初印度教再度传入泉州，中国与斯里兰卡的友谊源远流长。

一、锡兰王裔在泉州的初次发现

1925年，泉州地方史学家吴文良先生发现城北县后街、模范巷交界处白耇庙焚纸炉上砌着两方印度教石刻。[1] 1930年，德国学者艾克（G.Ecke）和瑞典学者戴密微（P.Demieville）从厦门大学到泉州考古，特地考察了这两方石刻，并断定石刻内容是古代流行于锡兰的印度教神话故事。

1934年，戴密微在北平发表了《泉州印度式雕刻》一文，对泉州白耇庙这两方古代锡兰印度教石刻的故事进行考证。认为第一方石刻是"象、蜘蛛与磨盘、林加"之故事，故事内容是大象每天以花水顶礼膜拜"林加"（印度教象征男性生殖器），蜘蛛亦在"林加"之上结网，以防树叶零落"林加"之上。象以为蜘蛛结网不雅观，屡次去之。蜘蛛怒甚，钻入象鼻中，象受创痛巨，乃往来摇摔其鼻，以至于死亡。石刻上的"磨盘"象征女性生殖器官。第二方石刻是"牛、磨盘、林加和尊者"的锡兰古代印度教的故事，内容是说婆罗门甘地沙见牧人痛笞孕牛，心甚不忍，遂自荐为之牧牛。牛受其感动，竟不复思其犊。牛自动以乳敬神,即石刻上有一头牛以乳喂"林加",并舐之如爱其犊。石刻右边的尊者为婆罗门甘地沙[2]。

1935年,德国学者艾克在伦敦出版《刺桐双塔》(英文版)一书,在附录的图版里有泉州白耇庙焚纸炉上砌的"牛、磨盘、林加和尊者"的锡兰印度教石刻,其图片说明译文如下:"此图似乎是牛呈献乳汁给林加,牛和林加是表示牛为林加解忧。现在石刻是在泉州开元寺东北方的小神庙墙上。"[3]艾克仅发表"牛、磨盘、林加和尊者"的石刻,而没有发表另一方"象、蜘蛛与磨盘、林加"的石刻。因此,有的学者以为艾克只见到一方石刻。其实,这是艾克的遗漏,艾克把泉州的锡兰印度教石刻仅作《刺桐双塔》一书里的附录图版处理,这个小遗漏是完全可以理解的。况且,泉州白耇庙的这两方古代锡兰印度教石刻是砌在一起的,不可能只见其一而不见其二。

1950年10月,厦门大学人类博物馆林惠祥教授率领考古队到泉州考古,其考古报告云:"在城北模范巷,现在嵌在一个大字纸炉上……浮雕……一方雕刻一头大象,象前面有一个大石盘的下层,磨心特别大……象鼻卷花状物放在磨心上。又一方雕一头母牛,在牛腹下也有一个同上的石盘,磨心抵牛的乳房,牛也回头舐磨心。笔者于1948年到泉州考古时,瞥见这二件东西,大为惊异,知道便是印度的生殖器崇拜物……笔者当时自以为是第一次发现这物,但不曾发表。后见艾克的《泉州双塔》书中也有其中一方石刻的像,大约是有牛的,且也注明是生殖器崇拜。另一个有象的大约艾克未见过。"[4]

1954年,泉州白耇庙这两方印度教石刻从炉壁上卸下保存。当时,泉州吴文良先生从乾隆《泉州府志·文苑·世拱显传》发现锡兰王裔在泉州的记载,这段记载又注明"采世氏家传"。这是文献记载锡兰王裔在泉州的确凿证据。世拱显传云:"世拱显,字尔韬,号小山,晋江人,本锡兰山君长巴来那公之后。康熙癸巳(康熙五十二年,公元1713年)恩科举人……李光坡延为西席,遂得领其指授,究心经学。光坡纂《十三经注疏》,多与拱显互相参订……设教于小山丛竹亭,执经问难者屡满户外……七邑人士远不能执贽者,为文会必驰赴斋中。雍正己酉(雍正七年,1729年),观风整俗使刘公师恕赠以'绩学砥行'之额。壬子(雍正十年,公元1732年),郡守郭公延修府志,举乡饮正宾,授永定教谕。以老疾辞,寿八十三终。所著有《四书管窥》、《诗经辑要》及《诗文集》。"[5]

吴文良先生从戴密微、艾克、林惠祥等学者的研究成果,又从乾隆《泉州府志》的记载,以及《明史·锡兰山》、《明史·郑和传》、《星槎胜览》、《西洋番国志》、《明实录》和《瀛涯胜览》等的记载,结合多年来自己在小山丛竹亭附近发现的石卧狮、须弥座祭坛石刻和小山境白耇庙崇礼白狗神(狗,印度教称印度洋山神),得出"泉州白耇庙可能是一座锡兰人兴建的印度教寺庙"的结论。1964年,原北京故宫博物院韩槐准院长,以他在爪哇、占城、广东和海南岛发现的印度婆罗门教(印度教)石狗公石雕,支持吴文良的论点。于是吴文良在城区和白耇庙周围的小山境进行调查,仅发现通淮街东鲁巷释迦寺有清代世氏地契,那时,人们极力避免沾染海外关系。1965年,韩院长邀请吴文良于1966年共同调查泉州、广东、海南岛的婆罗门教遗迹,寻找泉州世氏后裔,但因"文化大革命"而未果行。此后,吴文良逝于1969年,韩院长也于1972年仙逝于京城。

二、二次寻觅锡兰王裔热潮

1986年初,中央文化部外联局亚洲处,曾向福建省泉州晚报社转达斯里兰卡政府代表团查询15世纪中叶锡兰王子在泉州的事迹一事。《泉州晚报》亦刊载寻访锡兰王子在泉州的消息,但未发现新的线索。

1986年6月29日,泉州傅金星和陈日升两位先生在《泉州晚报》发表题为《锡兰王子在泉州》的文章,唤起泉州史学界搜寻锡兰王子的热情。

1986年秋,漳州第一中学历史老师陈自强(泉州籍),谙于地方史研究。他据《泉州府志·世拱显传》和《明史·外国列传·锡兰山》的记载,来泉州追寻锡兰王邪巴来那的后裔,他奔赴泉州市公安局户籍股,寻找姓"世"的人家,可是又落空了。这期间,泉州有的历史爱好者,通过各种渠道到通淮街东鲁巷释迦寺借阅"世氏地契"。但地契只记载清代世氏的支裔在东鲁巷居屋范围的四至,没有记载清代世氏与释迦寺的关系。可是,有的学者据释迦寺保有清代世氏地契,推断世氏原是信仰佛教,进而推论世氏因信仰佛教,故把厝契献给释迦寺。但是,这些推论缺乏史实依据。

锡兰国王邪巴来那在泉州的后裔,原先是信奉佛教还是印度教呢?这是一个很重要的问题。据李玉昆《泉州海外交通史略》引影印《碛砂藏经》中配补的《明永乐北藏本》的玄奘《大唐西域记》卷十一《僧伽逻国佛牙精舍》条云:"大明永乐三年,皇帝遣中使太监郑和奉香花往诣彼国供养。郑和劝国王阿烈苦奈儿敬崇佛法,远离外道。王怒,即欲加害,郑和知其谋,遂去。"[6]可见,那时锁俚国人的锡兰王阿烈苦奈儿,以及其治下的社会是不信奉佛教的,锡兰国王所信奉的宗教,即流行于印度和锡兰的被佛教称为"外道"的印度教。

据明朝黄省曾《西洋朝贡典录》云,锡兰山国"其王锁俚之人,修浮图教。重象暨牛,私解者辟……国人咸灰牛粪涂其体,食惟其乳,死则埋之。自王以下,晨用牛粪涂其居,而后礼佛"。[7]这里记载的锡兰人"咸灰牛粪涂其居中,而后礼佛",均是印度教的宗教习俗。锡兰人的"重象暨牛"也是印度教的习俗。至于《西洋朝贡典录》所记锡兰国王"修浮图教",则是中国人不谙印度教,把印度教的寺庙和祭坛误作佛教的浮图罢了。

2004年4月,江苏省郑和研究工作会副秘书长、《郑和研究》编委会主编时平教授等一行到泉州寻访、摄录郑和史迹。据时平教授称,他们为摄制郑和史迹纪录片,到斯里兰卡寻访郑和史迹。发现一个新问题,即郑和到达锡兰山国时,锡兰分为三国,一为信仰佛教地区,一为使用泰米尔文字并信仰印度教地区,一为信仰伊斯兰教的地区。郑和到锡兰登岸的地点,正是使用泰米尔文字并信仰印度教的地区。所以锡兰王亚烈士苦奈儿等是印度教徒,故郑和要劝其"远离外道"。又郑和为表示对锡兰人信奉印度教、佛教和伊斯兰教的尊重,永乐七年(1409年)在Calle地方刻立用汉字、泰米尔文字和波斯文字书写的石碑。今三种文字的石碑仍存锡兰国家博物院中。

《明实录》亦记,永乐七年(1409年),郑和等初使诸番至锡兰山,亚烈苦奈儿侮慢不敬,欲害和,和觉而去。亚烈苦奈儿又不辑睦邻国,屡邀劫其往来使臣,诸番皆苦之。及和归,复经锡兰山。遂诱和至国中,令其子纳颜索金银宝物,不与,潜发番兵五万劫和舟,而伐木绝和归路,使不得相援。和等觉之……由间道急攻土城,破之,生擒亚烈苦奈儿并家属头目……遂以归。群臣请诛之,上悯其愚无知,命姑释之,给予衣食;命礼部议择其属之贤者立为王,以承国祀。[8]

福建长乐南山寺《天妃之神灵应记》碑云:"永乐七年……道经锡兰山国,其王亚烈苦奈儿负固不恭,谋害舟师,赖神显应知觉,遂生擒其王,至九年归献。寻蒙恩宥,俾归本国(《星槎胜览》还有末句'四夷悉钦')。"[9]此后,锡兰山国贡使入贡不绝五十多年。

在二次寻觅王裔的热潮中,李玉昆先生据《明史·锡兰山》记载"天顺三年(1459年)王葛力生夏剌昔利把交剌惹遣使来贡,嗣后不复至"句,推断"天顺二年锡兰王派王子昔利把交剌惹奉使中国,住在泉州。成化二年(1466年)国王去世,王位被外侄继承,留居泉州的锡兰王子昔利把交剌惹不得回国,定居泉州"[10],并以其名字第一个字"昔"("邪""昔""世"谐音)为汉姓。至此,二次寻觅锡兰王裔的热潮告一段落。所找到的锡兰王子的真实姓名,与《泉州府志·世拱显传》的记载吻合。

三、追寻锡兰王裔的第三次热潮

第三次追寻热潮主要围绕两个方面进行。其一,发现锡兰王裔世氏墓葬地、锡兰王裔墓碑;其二,追寻泉州世氏后裔。

1996年12月初,泉州海外交通史博物馆刘志诚先生在泉州东北郊东岳山发现锡兰世氏墓葬区"世家坑"崖刻、"世嘉坑石桥"刻字,并发现"锡兰故考×××孺人×××"等世氏墓碑五方。12月10日,《泉州晚报》记者以"泉州发现明代锡兰国王后裔墓地"为标题的简短报道,披露了这个重大发现。12月19日,泉州海外交通史博物馆林德民先生在《泉州晚报》发表题为《揭开中斯历史关系之谜》的短文,引《明史》说明,并附六幅照片,简约考证锡兰王裔确实在泉州,并提出王子葬何处,王子后裔今何在的疑问。[11]

1998年6月,一女子打电话给市长办公室和晚报社,自称是锡兰王裔。她对报纸上说世氏"在泉州消失达百年"的提法,和世家坑坟地遭开发破坏表示愤慨,但没有留下姓名和地址。其实,这位世氏女子早与刘志诚先生和关心世氏历史的谢长寿先生有过接触。据她说,电视台播放的世家坑遭开发破坏的情景,引发了她向市长办公室和晚报社打电话的。她公开表露身份,是与亲戚商量后决定的。据她介绍,她的高祖有姐妹三人,无兄弟,于是招许闯入赘,故从曾祖起,采用复姓"许世",曾祖称"许世九",祖父"许世水",父"许世静波",自己称"许世吟娥"。曾祖、祖父辈皆逝于菲律宾。祖母健在,77岁,居泉州西街。父健在,居香港。据她透露,泉州白耇庙是世氏的祖庙,她关心白耇庙的重修,前往上香,直至最近她才对董事会暴露身份。自此,年仅35岁的许世吟娥,成为泉州的新闻人物,采访者络绎不绝。

6月,泉州通淮街118—120号的林金铮先生,因房屋拆迁而整理旧地契,发现原来他家里保存的地契是乾隆四十八年(1783年)世氏卖断给阮氏的契约,后阮氏又卖断给林氏,保存至今日。这样,乾隆间世氏的故居就被发现了。

同样是6月,刘志诚先生又于东岳山世家坑发现"明使臣世公孺人蒲氏墓"碑和"通事世公慈淑谢氏墓"碑。这两方墓碑的发现,表明天顺三年(1459年)锡兰王葛生力夏剌昔利把交剌惹遣使团来中国后,此使团不曾回国,就在泉州定居,并取汉字"世"为姓。[12]那么,墓碑上的"使臣世公"是谁呢?那就是《泉州府志·世拱显传》说的"锡兰山君长邪巴来那公之后",即锡兰王子无疑了。"明使臣世公"墓碑,是其孙世华于嘉靖间重新刻立的,《泉州府志·学校》有世华简历,可见原墓碑已湮没。

1998年,台湾彰化同胞来泉州旅游,偶然看到《泉州晚报·海外版》报道泉州发现锡兰王裔墓葬地和王裔"许世氏"的消息,联想到彰化同乡有姓"世"的朋友,遂把报纸捎回彰化。彰化的世氏后裔见报后,欣喜若狂,连夜召集家族成员聚会,并决定派出世来发、世家旭父子俩人,携带《世氏族谱》到泉州寻根、谒祖坟。[13]

12月27日,彰化县世氏父子到达泉州,受到泉州锡兰王裔"许世氏"的热烈欢迎,新闻媒体跟踪报道。次日,世来发父子到泉州城东郊东岳山"世家坑"拜谒祖坟,并到泉州海外交通史博物馆参观收集在一起的锡兰世氏祖先墓碑。

1996年,泉州谢长寿先生在同窗好友廖渊泉先生的帮助下,加入寻觅锡兰王子后裔的调查和研究活动。他们俩儿时的居住地,即清朝住泉州的锡兰王裔世拱显居住地——小山境,他们俩利用本籍的优势进行深入细致的社会调查。果然在中学同窗的蔡淑贞家,访得她家后院的一片残垣断壁荒地称"世相公宅"。据云该荒地为"绝户"所有,数十年来无人敢占据,遂为荒地。又在中学同窗苏淑英家里(在世相公宅旁)发现一尊人形狮头石雕像,据云是20世纪80年代筑屋时由地下出土[14]。

"世相公宅"的位置,与台湾彰化《世氏家谱》所记"世氏小宗祠在城东北一峰书街"完全吻合。而祀奉毗舍耶(印度教称印度洋山神)的白耇庙也在小山境,在一峰书街。因此,谢先生以"世相公宅"和世相公宅出土的人形石狮头雕像作为白耇庙是一座锡兰王裔创建的印度教寺庙的物证。

1998年11月,谢长寿先生汇集十二年来泉州研究锡兰王裔的文章十多篇(近十万字)编辑成书,书名《温陵白耇庙》,由白耇庙理事会付梓出版。该书是一本追寻锡兰王裔在泉州历史的书,是一部追寻明初中国与锡兰友好关系的书,又是一册追寻明代印度教在泉州的遗址、遗物的书。总之,该书是研究明代泉州海外交通史、外来宗教史和中外经济文化交流的重要书籍。

2000年4月18日,斯里兰卡佛教部副部长艾德维拉·普列马拉特尼,偕该国学者赫特拉奇与郝·维民等两人到泉州访问。他们一行参观、考察泉州东岳山"世家坑"。艾德维拉·普列马拉特尼说:"这座古墓是斯里兰卡传人之墓已经毫无疑义,它很可能就是锡兰王子之墓。"他表示将促成斯里兰卡有关方面,协助中方考古专家进一步研究这座古墓,并表示"这将是一件意义特别重大的事"。

而赫特拉奇与郝·维民等两位学者,认为古墓前一对造型特别的石狮,其雕刻的风格"系锡兰国科堤王朝前的亚巴忽瓦王国时代的狮雕造型,年代大约在 14 世纪末,即中国明朝初期"。而古墓前墓桌上雕刻的"呈交合状的蛇形图案石刻,更是典型的锡兰国图腾,名纳格布图瓦(Nagapttuwa),它寓意着人丁繁盛,是一种崇拜、祭祀祖先的象征。"[15]

2003 年 2 月,斯里兰卡文化部邀请泉州和台湾彰化的锡兰王子后裔,赴锡兰王子的家乡访问。在访问过程中,当地政府官员还表示,如果泉州的锡兰王裔许世吟娥愿返故土定居,可拨出土地赠予,以便建屋。中斯两国人民的情谊感人至深,且源远流长。

四、关于泉州锡兰王裔的后继研究

泉州追寻锡兰王裔经历七十多年,可喜的是基本弄清锡兰王裔的墓葬区、居住区、历代人物和族谱。但是还有若干问题有待进一步研究,如为什么锡兰王裔要居住泉州?"使臣世公"是谁?"通事世公"是谁?锡兰王裔信仰什么宗教?白耇庙是印度教寺有什么直接证据?以及彰化《世氏族谱》的研究等一系列问题,都是今后值得深入探讨的课题。

(一)锡兰王子居留泉州的原因、王子名字和居处

台湾彰化《世氏族谱》修编于清光绪十八年(1892 年),而泉州世氏迁台湾,是在道光年间(1821—1850 年)。

在彰化《世氏族谱》里,有四处提到锡兰王子居留泉州的事,列举于下。

1.《重修族谱序》云:

吾祖系锡兰山君长巴来那公之后,明永乐年间为国使来华入贡,蒙留京读书习礼,月给廪饩甚厚。厥后国用不敷,将各国使给资回去,我祖遂家温陵(泉州的别称)南街忠谏坊脚。有大宗祠,后被火;城北一峰书街亦有小宗(即前文所述的"世相公宅"和世拱显讲学处),数年前被功兄载亨折卖,基址尚存(与调查"世相公宅"遗址的情况吻合)。

2.《锡兰人房历代系》云:

我始祖巴来那公,由锡兰国君长入闽,为四夷馆通事。传一、二、三

世,至四代再生三男,分为天、地、人三房。长房裕斋公建置产山在晋江东关外世家坑,土名世厝埔。

3.《锡兰祖训》云:

吾祖以锡兰君世子充国使,于前明永乐间来华入贡,蒙赐留京读书习礼。厥后归途经温陵,因爱此地山水,遂家焉。传三世,生三子,分为天、地、人三房。旧有大宗祠在泉城内南街忠谏坊,因被回禄而废,而城北一峰书街有小宗,被孳侄再亨毁折,至今先灵无所式凭。

4.《锡兰支系》云:

我开基始祖本锡兰国君长,讳巴来那。于明初钦赐姓世,授四夷馆通事,入闽□□,迁泉建祠郡垣南街都谏坊。公原配蒲氏,至四世始生三男,分天、地、人三房。

如果我们将《世氏族谱》里四处记载锡兰王裔入泉州的原因、王子姓名和职务等加以比较,就会发现有趣的问题。

《重修族谱序》:"吾祖系锡兰山君长巴来那公之后……为国使来华入贡,蒙留京……国用不敷……遂家温陵。"

《锡兰祖训》:"吾祖以锡兰君世子充国使……来华入贡……赐留京……归途温陵,爱此山水,遂家焉。"

《锡兰支系》:"我开基祖本锡兰国君长,讳巴来那……钦赐姓世,授四夷馆通事,入闽……迁泉建祠郡垣……公原配蒲氏。"

《锡兰人房历代系》:"我始祖巴来那公,由锡兰国君长入闽,为四夷馆通事。"

可见,《谱序》言"吾祖系赐兰山君长巴来那公之后……为国使来华入贡";《祖训》言"吾祖以赐兰君世子充国使……来华入贡"。二说没有矛盾,可以理解为锡兰来华入贡使臣是锡兰王巴来那之子,且有泉州出土的"明使臣世公墓"碑作证。但是《支系》和《历代系》却记"我开基祖本锡兰国君长,讳巴来那",和"我始祖巴来那公,由锡兰君长入闽",而且二处均记"授四夷馆通事"。这就是说,锡兰君长邪巴来那亲自来华。如果锡兰王邪巴来那不是亲自以通事身份来华,或由第二位王子以通事身份来华,而受永乐皇帝"钦锡姓世,授四夷馆通事",墓碑"通事世公"的"世"字就无从解释。此说又有泉州出土的"通事世公墓"碑为证。

此外,泉州东岳山世家坑世氏坟地,还出土一方"锡兰何公祖坟"墓碑。这表明锡兰使团成员有的改"何姓"。这反证改"世姓",必然与锡兰王邪巴来那有关系。

综上所述,结论只能是明初来华入贡而居泉州的锡兰使臣是锡兰君长邪巴来那之子,而"通事"却是锡兰君长邪巴来那本人。换一句话说,即明初锡兰君长与其王子,一以通事身份,一以使臣身份共同来华入贡,后被告赐姓"世",居留泉州,但这又于理不合。如果此说属实,那么以后锡兰王位被外甥篡夺,使臣和通事不能返国之说也可以联系得起来。

反之,如果说《世氏族谱》所载的锡兰国君长邪巴来那任通事,与其子任使臣一起来华入贡说有误。《世氏族谱》为什么会出现这种错误?又为什么《世氏族谱》允许两说并存?这是很值得考虑的问题。

至于锡兰"使臣"、"通事"为什么要居留在泉州呢?《谱序》云,因"国用不敷","我祖遂家焉"。而《祖训》则云,因"爱此地山水,遂家焉"。比较二说,《谱序》比较符合事实。但是,更主要的是其时市舶司仍置于泉州,居住泉州容易得到海外信息;倘若返国,也要从泉州放洋。直至成化八年(1472年),市舶司由泉州移置福州。

关于锡兰王裔在泉州的聚居处所问题,《谱序》说,泉州"南街忠谏坊脚有大宗祠","城北一峰书街亦有小宗";《祖训》则说"大宗祠在泉城内南街忠谏坊脚","城北一峰书街亦有小宗";《支系》亦云"迁泉建祠郡垣南街都谏坊"。三处说法相同,仅坊名有异,查道光《晋江县志》,"都谏坊,为给事中周良寅立"、"俱在崇名铺"[16]。道光《晋江县志·人物志》有周良寅传云:"隆庆辛未(隆庆五年,公元1571年)联捷进士,历官户科给事中。"因"奏请疏通钱法"、"上惜费疏"及对张居正"六科会议疏留,寅独不署",遭"向所不合者"谪迁,"解组归"[17]。故用都谏和忠谏坊均无误。

都谏坊,在崇名铺,已毁。崇名铺,地处今中山中路南段,全长100多米,即从今中山中路的花巷开始,向南延伸至涂山街十字路口的西侧一带[18]。崇名铺是古泉州城的中心地带,是繁华的商业区。锡兰王裔建大宗祠于都谏坊脚,得有较大财力。

《谱序》和《祖训》均记"城北一峰书街亦有小宗"。一峰书街即《泉州府志·文苑·世拱显传》里的世拱显住处。世拱显,因居小山境而号小山。今小山境地名仍存,南自白耇庙起,向北至泉州市第三医院,现称模范巷,全长200米左右。南宋朱熹曾在小山境植竹建亭讲学,明代罗伦建一峰书院讲学,康熙间世拱显也于此设教。世拱显为世氏第十一代,"讳小山公"。今"小山丛竹"石牌坊仍存,而"世相公宅"遗址现已为外来移民建设屋居住,但

135

还留下有数百年前的古龙眼树数株。然小山境的世氏印度教寺庙却因受民间信仰神明的渗入,至今保存。

(二)关于《锡兰祖训》的问题

据光绪十八年(1892年),世氏第十六代孙世文莱写的《重修族谱序》云:"敬录祖训,以为后人遵行。"然《世氏族谱》里仅有《锡兰祖训》七条,节录于下:

其一,祖宗宜尊敬也。要求在彰化世氏子孙"有能如人者,内地祖仙坟茔务须归去设□,此后或三年一往或五年一行,尽孙子之职"。

其二,坟茔宜巡视也。定"每年于清明、七月十五日,诸子弟有年至十岁以上者,父兄宜相率登山各处巡视"。

其三,祭祀□□□也。规定"祭品不可专用冷物"并要求"小心烹调,不可草率。谨之慎之"。

其四,主祭宜嫡长也。规定"庶子虽年高,不得与争","螟蛉之子,纵有顶戴荣身,不特不得与争","凡事依礼而行"。

其五,匹偶宜审择也。"凡娶妇嫁女,务必耕读人家,工、商亦可。至如娼优、隶卒,虽富埒王侯,莫与论";"甚至有大伯接弟妇,小叔通兄嫂,此等灭天理、败俗作风,断不可容,合族共诛"。

其六,立继宜本宗也。规定"立继须择同宗之人,一脉感通方能格享","盖异姓之不享,古今一致也"。

其七,产女宜收养也。引《易经》曰:"有男女,然后有夫妇;有夫妇,然后有父子","倘彼也生女不养,尔亦产女弗育,则乾坤亦几乎息矣"。且举例明万历间黄凤翔的太夫人和何乔远的大夫人皆锡兰世氏女,都因为婿贵"赠岳父母一品诰封,戴纱帽,穿红袍,至今泉人以为美谈"。

从以上七条《锡兰祖训》的内容看,均属中国儒家传统习俗,不见有海外传入之文化成分。锡兰世氏驻泉州,人丁不多,传至清光绪年间,已有十七代,历年几五百。期间也出了一些儒官,如嘉靖间的书法家世腾云。从《锡兰祖训》可知,世氏已完全汉化。

综上所述,泉州寻觅锡兰王裔事迹历经七十多年,终于有了结果。这个过程的前期是从寻找锡兰传入的印度教开始的,中期是追寻锡兰王裔和考证锡兰王裔来华史事,后期是寻觅锡兰王裔的住处、墓葬和王裔的现状,并对遗址、文献进行后续研究。

锡兰王裔居留泉州是与郑和下西洋伟大壮举紧密联系在一起的。泉州地处福建东南沿海,是郑和下西洋必经之地,灵山圣墓还保存着永乐十五年(1417年)的郑和行香碑。最近调查发现,跟随郑和下西洋的泉州人还有泉州永宁卫指挥干八秃帖木儿、泉州卫百户邓回。光绪年间邓回后裔立的邓回墓《示禁碑》也被发现。此外,泉州惠安县东园镇琅山村海边,也发现郑和庙(俗称三宝庙)。泉州后渚港对岸的白奇回族镇,也发现郑和堤和其他郑和史事。晋江深沪海边发现三宝街和三宝日、月井。如此等等。

追寻泉州锡兰王裔史迹的意义,既为纪念郑和伟大的和平航海壮举,又证实15世纪时,泉州还是一个重要海港。明初印度教再度传入泉州,中国与斯里兰卡的友谊源远流长。

注释:

[1]吴幼雄:《泉州宗教文化》,鹭江出版社,1993年,第315页。

[2]戴密微:《泉州印度式雕刻》,《中国营造学社汇刊》第5卷第2期,1934年。

[3]艾克、戴密微:《刺桐双塔》(英文版),《总论》,四,《全书备忘》,《备忘图版》第21页和图版69C。

[4]林惠祥:《1950年厦门大学泉州考古队报告》,《厦门大学学报(文史版)》1954年第1期,第147页。

[5]《泉州府志》卷五十五,《国朝文苑·世拱显传》,乾隆版。

[6]李玉昆:《泉州海外交通史略》,厦门大学出版社,1995年,第102页。

[7]黄省曾:《西洋朝贡典录》卷中,《锡兰山第十五》,中华书局,1982年。

[8]《明实录》卷一百十六。

[9]福建长乐郑和史迹陈列馆《天妃之神灵应记》碑。

[10]李玉昆:《泉州海外交通史略》,厦门大学出版社,1995年,第102页。

[11]《泉州晚报》1996年12月19日,第5版。

[12]吴幼雄、黄伟民、陈桂炳:《泉州史迹研究》,厦门大学出版社,1998年,第166~167页。

[13]《台湾世家后裔携族谱来泉寻根,两岸世家宗亲隔百年故地重聚》,《泉州晚报》1998年12月29日,第1版。

[14]谢长寿:《温陵白耇庙》,泉州市温陵白耇庙理事会,1998年,第72~80页。

[15]《世家坑古墓是斯里兰卡传人之墓》,《泉州晚报》2000年4月29日,第1版。

[16]《晋江县志》卷十二,《古迹志(坊宅附)·城中坊·明坊》,道光版。

[17]《晋江县志》卷四十三,《人物志·宦绩之四》,道光版。

[18]陈垂成:《泉州旧城铺境稽略》,泉州城厢旧铺境图。泉州市鲤城区地方志编纂委员会编,1990年。

第五章
泉州多元宗教和谐之本：宋明儒教

第一节 朱熹与闽南多元宗教

林振礼
（泉州师范学院闽南文化生态研究中心）

闽南素称"佛国"，为多元宗教聚集之地。朱熹初仕任泉州同安县主簿，晚年出知漳州，与闽南多元宗教有着千丝万缕的关系。仕泉之前，朱熹所学杂驳，既受孔孟学说和二程理学的熏陶，又曾问禅学佛，访道焚修。同安任初，朱熹也曾沉浸于佛道。然而，通过从同安一县及泉州一郡透视整个南宋社会政治、经济、文化现实，使其接受李侗之教而"逃禅归儒"。泉州之"胡贾建层楼"（伊斯兰教寺）事件为朱熹应对禅佛教、摩尼教的挑战提供了借鉴。朱熹对于摩尼教（明教），仕泉偶涉，知漳则禁。总之，朱熹之于闽南多元宗教，兼容而非宽容。

朱熹（1130—1200）初仕任闽南泉州府同安县主簿（1153—1157年），晚年出知漳州（1190—1191年），1183年因吊傅自得重来泉州。是故，其政治学术生涯与教学实践，乃至整个思想体系都与闽南有着千丝万缕的联系。"濒海通商，民物繁夥，风俗错杂"[1]卷89，P4560的泉州，既是朱熹初仕，又是其一生中任地方官时间最长的地方。宋元时期，泉州一度跃居为"梯航万国"的东方第一大港。繁荣发达的海外交通，招徕数以万计的外国人到这里侨居或定居。他们带来了伊斯兰教、佛教、基督教(含天主教)、婆罗门教(印度教)、摩尼教(明教)等多元宗教。然而,本土文化与多元外来宗教文化是怎样碰撞交触、互为渗透的,必须加以重视和认真探讨。著名人类学家费孝通考察泉州时曾指出,泉州历史上宋元时期有个中外"文化接触"的问题[2]。朱熹是经历这种多元"文化接触"最重要的思想家,其在闽南仕泉知漳,与诸多宗教人士交游,既谒奠过摩尼教(明教)呼禄法师墓,又深知"胡贾建层楼"(伊斯兰教清净寺)之争,晚年则禁止"传习魔教"。任继愈先生《朱熹与宗教》、《儒教再评价》诸文,在认为朱熹的思想体系是宗教的同时,说:"儒教作为在中国的社会历史条件下产生的一种复杂的历史现象,它对中国的社会和文化的影响也是多方面的,这些都应该联系到具体的历史进程作细致深入的研究。"[3] 考察朱熹与闽南多元宗教的关系,既联系到具体而微的地域文化的历史进程,又是对朱熹理学文化发生学的一种观照。

一、与佛道教:高士焚修、凤山题偈、与苏绍成、交游拾零

朱熹自谓"出入释老十余年",即从绍兴十四年(1144年)初见道谦(1152年卒)至绍兴二十七年(1157年)冬离开泉州。朱熹仕泉(1153年)之前,既受孔孟学说和二程理学的熏陶,又有一个浸透佛老的灵魂。自幼读《四书》,后又曾频频向道谦、宗元问禅学佛;所学之杂,如建斋室名"牧斋",日读《六经》百氏之书;铨试得官待次期间,既有谦谦自牧、究味禅悦之工夫,又往武夷山访道,耽读道经,作室仿道士步虚焚修。其诗《宿武夷妙观堂二首》有"稽首仰高灵,尘缘誓当屏"[1]卷1,P16之咏;《月夜述怀》作"抗志绝尘氛,何不栖空山"[1]卷1,P27之吟;《读道书作六首》道:"岩居秉贞操,所慕在玄虚。"[1]卷1,P23 足见其陷坠佛老之深。仕泉途中,经南剑(今南平)往见李延平(1093—1163),其学禅有得的"无限道理"并不为李延平所肯。

1153年秋七月,任泉州府同安县主簿之初,朱熹将县署西北隅一轩名为"高士轩",虽有"待后之君子"[1]卷77,P4013之谦辞,但实为于吏事之暇,斋居读道书佛经,步虚焚修,以发高士之趣。如《同安官舍夜作二首》云:"聊从西轩卧,尘虑一萧疏。"[1]卷1,P33《将理西斋》则慨叹"偶此惬高情,公门何日了"[1]卷1,P50;《步虚词二首》道是"扉景廓天津,空同无员方……千载何足道,太空自然畴"[1]卷1,P46。由此来看,所谓高士轩者,乃其焚香修道之斋室。是年九月,因其母耳背重听,经服上人(佛教高僧)所开药方,"遂良已"。朱熹以诗《与一维那》,称上人医术高超:"探囊出刀圭,生死毫厘间。"有感于"相

逢瘴海秋,遗我黄金丹。高堂得听莹,斑衣有余欢"[1]别集·卷7,P5501。青年朱熹直抒胸臆:"谢师无言说,舌井生波澜。"后来他回忆说:"泉州医僧妙智大师后来都不切脉,只见其人,便知他有甚病。又后来,虽不见其人,只教人来说,因其说,便自知得。此如他心通相似。盖其精诚笃至,所以能知。"[4]卷44,P1144这位妙智大师,有可能是当年为其母治过病之上人。由此可以窥见仕泉之初,潜心禅道的朱熹对于李延平之教,还没有深切体会,"心疑而不服"[5]卷5。

　　1153年冬,朱熹往泉属安溪县按事,曾登临县治北之凤山,于山顶通元(玄)观留下题偈:"心外无法,满目青山。通玄峰顶,不是人间。"[6]凤山又名凤髻山、展旗山,五代刘乙、詹敦仁隐居其下。朱熹有感于先人旧事,将天台德韶国师所作偈颂加以颠倒变化而题壁。《五灯会元》:"师有偈曰:'通玄峰顶,不是人间。心外无法,满目青山。'"[7]朱熹将该偈前后两句变化颠倒,突出"三界唯心"、"心外无法"之宗旨,改制不露痕迹。由此可见,朱熹此时仍然承袭大慧、道谦一脉,否定外在权威,突出本心地位,以顿悟自性为标志的"看话禅"。宋代禅师们这种将"旧话翻新"、"死蛇弄活"、"点铁成金"以标立异说,表现个性的特有方式,也影响了朱熹的诗歌。其所作的回文诗,与禅宗"翻案法"有异曲同工之妙,如其《次圭父回文韵》:"暮江寒碧萦长路,路长萦碧寒江暮。花坞夕阳斜,斜阳夕坞花。"[1]卷10,430此乃借禅机颠倒"翻案"之余韵,以至世谓"晦翁庵先生回文词,几于家弦户诵矣"![8]

　　朱熹早年粗通琴技,同安任上,曾有"援琴不能操"[1]卷1,P47之叹。1156年季秋秩满候批之暇,他曾访道士苏绍成(委业于天庆观,后隐清源山),与之讨论乐律,书赠"廉静"二字并铭其琴:"养君中和之正性,禁尔忿欲之邪心。乾坤无言物有则,我独与子钩其深。"[9]物有则同物有理。道教音乐在其历史演变过程中,曾探讨"静"的演奏心态,提倡"淡泊宁静,心无尘翳",以达到"调气则神自静,练指则音自静"[10]的境界。这就需要摒弃"忿欲之邪心"的涵养工夫。这是借琴铭以辨"理欲"而对羽客方士投以心性理论。

　　方外之交游题词,尚有可作拾零补遗者,略举数端:

　　其一,题梵天寺。梵天寺在同安县北大轮山,创于隋唐间,名兴国寺,有庵七十二所。宋熙宁中合为一区,改名梵天禅寺。1156年秋秩满,朱熹暂寓梵天寺,题其法堂门曰:"神光不昧,万古徽钦(猷)。入此门来,莫存知解。"[11]此乃唐平田长老偈颂,朱熹早年读《大慧语录》已谙此偈。

　　其二,题开元寺。开元寺建于唐代,为泉州城内最著名之丛林。朱熹所撰"此地古称佛国,满街都是圣人。"已佚,近代高僧弘一法师重书,其木匾题刻今存开元寺藏经阁。

其三,题雪峰寺。雪峰寺位于今南安市康美镇杨梅山麓,始建于唐代。相传朱熹与陈知柔偕游雪峰寺,依景作联云:"地位清高,日月每从肩上过;门庭开豁,江山常在掌中看。"该联现镌刻于雪峰寺门楹柱。

其四,吊杨樵联。杨樵又名杨肃,唐末南安县水头人。原为樵夫,得异人指点,精医术,后为道士。"为国母医疾愈,国王为遣御林军开为万人川,以为一方水利"。后来,杨樵被敕封为"杨府太乙真人",进而演变为道教之神,俗称"杨仙公"。朱熹景仰杨樵心系民瘼,为民请命,书吊杨樵联云:"仙子友英贤,一局曾消千日瞬;天王旌国手,三军为导万人川。"[12]

其五,与赵永嘉。赵永嘉隐晋江金鞍山(今属石狮)。有道术,尝驯虎守室。……"永嘉少为同安簿(卒),从事朱文公。后行山下,遇同人致意文公,文公就访之,与游览胜,曰:'此地二百年后,当为车马之区。'"[9]后朱元璋派周德兴来此建永宁卫,成为海防重镇,刚好距朱熹莅其地200余年。

其六,正气匾。"正气"方正斗楷二字,黑匾金字,题款为"朱晦翁",且有印章。陈允敦《泉州名匾录》记,朱熹闻悉抗金前线获得大捷,遂书此二字彰扬岳飞(时距风波亭冤案20年),赠予泉人,以张正气[13]P35。明清时代,泉州七城门附近关帝庙皆长期悬挂"正气匾"。清末缙绅杨家栋将舍人宫边竖式"正气匾"改为横式匾,悬挂于通淮关帝庙中殿。明代张瑞图"充塞天地"匾同悬于中殿,两匾合璧为"正气充塞天地",民间视为镇邪防火之物。此为民间信仰吸取朱子文化之范例。

二、"逃禅归儒":"格物"、"分殊"滥觞,"理欲"、"忠恕"初辨

朱熹仕泉之际,正值高宗统治后期,秦桧窃国、胁主擅政的最后阶段。仕泉之前,朱熹对于南宋的政治生活还缺乏亲身感受。前辈们恐其"迷昧没溺,丧失所守",故"亲为讲画,反复辨告"[1]卷89,P4562。仕泉四年,耳闻目睹秦桧党同伐异引发的"赵令衿案",因而对秦桧误国,摈逐诸贤,致使主战派"湮厄沦谢"的恶果,产生刻骨铭心的认识:"十余年来,用人出宰相私意,尽取当世顽钝嗜利无耻之徒,以充入之,合党缔交,共为奸慝。"[1]卷74,P3877经济上,赵宋王朝自元祐二年(1087年)在泉州设立市舶司,管理海交贸易税收,原来是"量是以为出,不闻其不足",而经济历来优于其他地方的泉州"比年以来,困竭殊甚,帑藏萧然,无旬月之积"。由于朱熹参与管理赋税,亲身感受到上司

"文益繁",地方上陷入"县益急,民益贫,财富益屈"[1]卷74,P3878的困境。由于掌管簿书赋税及其交游使朱熹从同安一县及泉州一郡透视整个南宋社会的腐败糜烂和财政弊端。统治者竭泽而渔,百姓走投无路,势必犯上作乱。在经界不行、经总制无名赋税蠲减不果之际,殷忧启圣:从文化思想深层结构改变人心道德,才是救治社会积弊的良方。这就需要青年朱熹在儒、释、道三教中做出抉择。

南宋偏安,主战派受贬谪。正当深陷失国之痛的士大夫们苦闷彷徨之际,大慧之看话禅乃爱国之佛教(宗杲与张九成因"神臂弓"事件被流放),所以能"吸尽西江更无双"[14]P190,社会精英亦多从之游,成为忧患中士大夫的精神药剂。这也是朱熹父执刘子羽、刘子翚诸贤追随大慧的深层原因。但是,在主簿任上历练有年的朱熹看来,大慧以禅释儒,只能治心,难以治国。1140年,宗杲与张九成(1092—1159)谈"格物之旨"时谓:"公只知有格物,而不知有物格。"何谓"物格"?杲谕以小说家言:"唐有与禄山谋叛者,其人先为闽守,有画像存焉。明皇幸蜀见之,怒令侍臣以剑击像首,其人在陕西忽头落。"[15]这种"以剑击像,人头落地"之虚幻,突出人的主体之"心","明心见性"以求"解脱"而已。

同安官余,朱熹遂将禅权倚搁起,意中道禅亦自在,且将圣人书来读。他尊李延平从儒经中"推见实理",把读书的主要精力放在"义理"的融会贯通上,而"始知前日诸人(好佛老)之误",李先生之言"其不我欺"。于是治学开始注重从"面前事"、"日用间"下功夫,渐渐转向李侗。1155年十月,秦桧死。朱熹于县学《策问》抨击秦桧,主倡程学。大慧结束了流放生涯,于1156年正月二十一日离开梅阳,朱熹在得到大慧"而今妙喜朱居士,觌面分明不覆藏"[14]P190(不必规避秦桧党羽的政治罗网)的信息后,于1156年仲春,毅然作千里之远行,与大慧相会于潮州。这次相见,让大慧始料不及的是,此时的朱熹不仅不接受禅佛之"观心"说,并以儒学之"克己"与大慧理论。后来朱子回忆说:"如杲老说'不可说,不可思'之类。他说到那险处时,又却不说破,却又将那虚处说起来。如某说克己,便是说外障;如他说,是说里障。他所以嫌某时,只缘是某捉着他紧处。别人不晓禅,便被他谩;某却晓得禅,所以被某看破了。"[4]卷41,P1057由此可见,对于明德归仁的路径,其时朱熹已承继程颐重视"外障",即以"道问学"、"格物穷理"为指向,"开一新传统"(牟宗三语)于此初露端倪。

绍兴二十六年(1156年)季春,朱熹因公寓德化剧头铺,寒夜苦读《论语》,忽然从程颢(1032—1085)的解说中弄通了"子夏之门人小子"章。后来他曾回忆:"某少时都看不出,将谓无本末,无大小。虽如此看,又自疑文义不是如此。后来在同安作簿时,因睡不着,忽然思得,及知却是有本末小大。然不得明道说'君子教人有序'四五句,也无缘看得出。圣人'有始有卒'者,不是自始做到终,乃是合下便始终皆备。""少年只管不理会得'理无大小'是如何……因在同安时,一日差入山中检视,夜间忽思量得不如此。其曰'理无小大',无乎不在,本末精粗,皆要从头做去,不可拣择,此所以为教人有序也。"[4]卷49,P1207 朱熹领悟到明道理学的"真谛"就是"事有大小,理却无小大"。宇宙间事物千差万别,贯穿着共同的一理:从"洒扫应对"到"精义入神",从事上说有精粗之别,而从理上说却无大小之分,万物都具一理之全。这就是李侗对他说的"理一分殊"。"理无小大"指理一,"事有大小"指分殊。从朱熹于1156年为柯国材故居写的《一经堂记》,提出"学始乎知,惟格物足以致之。知则意诚心正,而大学之序推而达之无难矣"[1]卷77,P4017—4018 看,他开始践行李侗就"分殊"上体认"理一",即事穷理循序渐进的思想。

《尧山外纪》有一则逸事,亦是"理一分殊"的滥觞:"文公为同安主簿日,民以有力强得人善地者,索笔题曰:'此地不灵,是无地理;此地若灵,是无天理。'"[16]对于恃强凌弱,朱熹讽以天理论。他将事物的规律与伦理的法则合而论之,而这种事物理与伦理的糅合是从匡救时弊出发的。由于"人欲"作怪,事物的规律与道德的法则相对立而不得统一,朱熹求助于前辈理学家的内省工夫,首先针对"人欲"(后又提出"气禀"),展开"克己"之论,进行"理欲初辨"。同安任上,在革除弊政的努力均告失败之际,"民本"与"理本"的思想驱使他转向道德内求,在米仓壁上题了一首诗作为官吏的"座右铭":"度量无私本至公,寸心贪得意何穷?若教老子庄周见,剖斗除衡付一空。"[1]别集·卷7,P5503 "公则一,私则万殊。"[17]用老庄"剖斗除衡"的超世理想,要求做到"度量无私"。这在"理一分殊"的道德意蕴中,"理欲之辩"已见端倪。这其中融会了儒家的民本与道家的脱俗。绍兴二十七年(1157年)冬,朱熹即将结束泉州同安主簿的仕宦生涯之际,为陈养正读书堂作《恕斋记》,谓其"少从先生长者游,尝窃闻夫恕之说,以为不过推己之心以及人而已。勉而行之,又以为无难也。然克己之功未加,而蔽于有我之私胜,是非此未尝不病焉"[1]别集·卷7,P5511。他后来在《论语集注·里仁》解释"夫子之道,忠恕而已矣"时注云:"尽己之谓忠,推己之谓恕。"而他早期"忠恕观"未形成时,论"恕"则重克己弃私涵养。

如果说,青年朱熹仕泉四年,尚未完成由主悟—主静—主敬的"逃禅归儒"之过程。然而,其政教活动,如其欲行经界,整顿簿税,惩治吏奸,整顿县学,延聘良师,开讲《论语》《礼记》,建经史阁与教思堂;整顿礼制,请立孔宜为"至圣文宣王"第四十九世孙;立儒臣苏颂、赵鼎祠,请除经总制无名苛赋,秩满候批读《孟子》等,凡此种种,俨然一老成之儒者。朱熹的《一经堂记》作于绍兴二十六年(1156年)十月,正式提出"格物致知"(此前与诸生《策问》,亦数谈"格物致知"),《恕斋记》则作于绍兴二十七年十二月五日。"格物"、"分殊"之滥觞,"理欲"、"忠恕"之初辨,皆发生于泉州初仕期间,这意味着朱熹不仅已转向儒教,而且其理学之胚胎已经孕育于斯。

三、与伊斯兰教:"胡贾建层楼"事件为"文化接触"之镜鉴

"胡贾建层楼"之事件实质是不同信仰之间的文化冲突,因南宋朝廷内部的政治斗争而引发赵令衿案。其结果是傅自得(1116—1183)被流放,赵令衿被迫害致死。它对于朱熹有着极为深刻的影响,朱熹于1183年为刚辞世的傅自得所撰写的《行状》中详细记录这一事件。赵令衿案的重要意义之一,即为朱熹后来应对禅佛教、摩尼教的挑战提供了镜鉴。

"胡贾建层楼"发生在绍兴二十一年(1151年),即宗室赵令衿任泉州知府之际,傅自得同官通判。外国商贾建层楼(伊斯兰教清净寺)于郡庠之前,"贾资巨万,上下俱受赂"[1]卷98,P5012。郡庠亦即文庙州学(左庙右学),乃祭拜孔子与教习士子之所、儒教之载体,是一个地方的文脉所系,其地风水关涉人才之兴衰气运。于是地方上的士大夫、读书人认为清净寺建于州学之前破坏了"巽水汇洙泗"的好风水,群起而告官。地方官傅自得判决"化外人法不当城居"[1]卷98,P5012,立戎兵官,即日拆除,清净寺由罗城内迁建于城外濠。这样,既不破坏泉郡孔庙州学受盛于山川的"科第人文",又使清净寺作为点缀品,为文庙增胜。本来,事情至此已经相安,即本土文化与外来文化已由冲突演变为和合。然而,后郡守赵令衿等人受外国商贾贿赂之事败露,成为秦桧在绍兴二十五年(1155年)命傅自得"体究"、打击政敌赵令衿的把柄[18]。

赵令衿为赵宋宗室,于绍兴二十一年(1151年)知泉州。关于他在泉"纳贿"事,《宋史》本传说他是因尝会宾客观"秦桧家庙记",口诵"君子之泽,五世而斩"之句。秦桧的兄婿汪召锡,颇疑令衿,讽教官莫汲诉令衿"论日月无光,谤讪朝政"。其死党亦趁机劾之,"诬以赃私"。赵令衿则因此案下狱,死

于绍兴二十八年(1158年)。《宋史》本传认为赵令衿"纳贿"是被诬,但时人傅自得、朱熹则断言"上下俱受赂",且于受理之时"追纳所受金"[1]卷98,P5013。

傅自得乃赵明诚、李清照的外甥。由于傅自得的父亲傅察早在宣和末年抗金殉国,其母"携诸孤南度(渡)"(傅自得《先太夫人墓志》拓品)来居泉州。傅自得成年后以父殉死国事得补承务郎,步入政治生涯。初,丞相秦桧以自得年少力学,有文词,通吏事,企图笼络为党羽,而"遇之甚厚"。然又疑其刚果负气,终不为己用。故虽连佐两郡,皆铨格所当,得召博学宏词科,已奏名,而故黜之。及泉代归,秦桧又以升迁补入"故事三丞"诱之,傅自得则以母亲年事高,力请便郡归养。

绍兴二十五年(1155),傅自得在兴化军任上受命来泉,对赵案"力图宽解",按事十得一、二,"即不复穷究"[1]卷98,P5013,极力为赵令衿开脱。其后,在向上陈述赵案时,又为"请得毋更置狱",待"会廷尉狱成,令衿已坐"时,傅自得"遣奏上",也只不过"追纳所受金而已"。这与秦桧对赵令衿"必欲置之死地"的态度,两相对比,暴露了南宋朝廷统治集团之间斗争的内幕。傅自得终因赵案,于绍兴二十五年底被罢官,"徙融州(今广西境内)为民"。流放前(1156年秋),初仕任满、志犹未酬的朱熹与仕途坎坷、纵情山水的傅自得结为忘年之交,同游九日山,泛舟金溪江,诗酒相和,互诉衷肠[12]卷46《金溪泛舟序》。因此,朱熹对"胡贾建层楼"及其风波这一事件是刻骨铭心的。

作为通判的傅自得,为守护文庙州学(尊孔读经)这一地方儒教之载体,以"化外人法不当城居"处理穆斯林商人建寺,除了其正直与清白之外,还有诸多更为深层的原因。

首先,傅自得也深信风水祥瑞,其个人文化价值追求使然。他题文庙大成殿之《夫子泉》道:"此泉与皂荚、芙蕖并瑞。图谍按五季间庙有皂荚,本州人举进士,视其生之多寡以为验。梁贞明中,忽生荚,有半人,莫测其祥。是岁,陈逖进士及第,黄仁颖学究出身。后唐同光中,仁颖亦进士及第,半荚之枝遂生全荚。"[19]皂荚树所结的皂荚(亦称皂角)、荚藻(荷花的古称)与"夫子泉"并瑞,生长之多寡被视为地方上科第人文兴衰的征兆。从傅氏所题,足见其寄托于孔子庙堂的深厚情感。

其次,作为已"连佐两郡"的地方官,傅自得对百余年来州(府)学迁复的历史变迁与泉州士林守护文脉的文化心理有着十分深刻的了解,地方文化价值取向的经验教训使然。1150年,他的岳父李邴(曾位居宰辅)与"善属文"的张读(曾知兴化军,官至直讲)这两个地方上极有影响的人物,联手撰写了《泉州重建州学记》[9]卷14《学校志》,竖碑勒铭,字字千钧,严厉斥责于北宋大中祥符四年(1011年)将州学"迁而西之"的郡守高惠连,极力讴歌于绍兴六年(1136年)出知泉州、重建学宫的刘子羽(朱熹的父执、朱松入闽投靠主战派之核心人物)。过去近150年的历史证明,由于尊孔读经与地理选择已深深地积淀于缙绅士子的文化心理结构之上,"即庙建学"、"左学右庙"(《闽书》作"左庙右学")是该时代的必然选择,谁背离这一选择,就会为泉州士林所不齿。因此,殷鉴未远,如果谁让外国商贾在孔庙之前建寺,破坏泉州缙绅士人的风水情结,将会受到地方士林的千古唾骂[20]。

再次,作为学贯经史的儒者,在处理中外不同信仰之文化冲突之际,对于重大是非问题,选择维护国家法律尊严,是义不容辞的责任。实践证明,傅自得之判决为后来治泉者树立了榜样。考南宋外国人之城内杂居,如广州"番禺有海獠(航海而来之蕃商)杂居,其最豪者蒲姓……定居城中"[21];泉州也有"蕃商杂处民间"[22]。可见外国商贾居住在本土城内,乃地方官不干涉或默许之结果,非国家法律所允许。由于蕃商杂处民间,以前的地方官员,对蕃汉纠纷中的不法外商,常用阿拉伯人的习俗,"以牛赎罪"。因此,蕃汉争讼频频发生。乾道七年(1171年),汪大猷出任泉州知州,严正地说:"安有中国而用番俗者!苟至吾前,当依法治之。"[22]此后,蕃商有所惮惧,犯禁者遂减。

初仕闽南泉州的青年朱熹,除了与傅自得结为忘年,与名儒陈知柔,以及李邴之子李縝也有深交。因此,谙究中外不同信仰之间"文化接触"的社会原因与复杂过程。因此,由于"胡贾建层楼"事件引发的傅自得与赵令衿案,成为朱熹后来应对其他宗教之镜鉴,则是毋庸置疑的。

四、与摩尼教(明教):
仕泉谒奠呼禄法师墓,知漳则禁"传习魔教"

唐会昌灭佛时,有呼禄法师者避祸入闽,先来"福唐"(今福清),后又"授侣三山(福州),游方泉郡(泉州),卒葬郡北山(清源山)下"。[23]由于唐季摩尼教(明教)已在泉州播下薪传的种子,五代则有明教活动——据南唐徐铉《稽神录》卷三所记"清源"(泉州之别称)"善作魔法者"驱鬼事。南宋绍兴十八年(1148年),宋宗室赵紫阳石刀山(今华表山)麓建龙泉书院,"夜中常见院后石壁五彩光华,于是僧人吉祥募资琢佛容而建之寺,曰摩尼教"[24]。1979年,草庵的庵前出土了刻有"明教会"[25]字样的宋代黑釉瓷碗等一批珍贵文物。文献与文物互证,说明朱熹之世,明教就有一定的社会基础。因此,朱熹与同僚们才会一起前往北山(清源山)谒奠呼禄法师墓。其咏《与诸同寮谒奠北山过白岩小憩》[1]卷1,P49开头写来时景物:"联车涉修坂,览物穷山川。"接着叙高僧葬所:"祠殿何沉邃,古木郁苍然。"顿悟人神通感:"明灵自安宅,牲酒告恭虔。"诗的后半部分写白岩小憩时,有"纵谈遗名迹"之句,可见对于呼禄法师之景仰。

朱熹此诗的题目与内容都没有提到"呼禄法师"。然而,学界前辈自陈垣撰《摩尼教入中国考》以来,又逐步"小心求证",认定朱熹谒奠的是呼禄法师。先是陈垣先生指出:庆元间沈继祖劾朱熹"吃菜事魔"[26];1926年,陈万里先生亲访泉州,在其所撰《闽南游记》中,"牵线头以接网络",把庆元间沈继祖劾朱熹"吃菜事魔"与谒奠呼禄法师相联系,同时"稽诸志书",排除了北山(清源山)"别有可以谒奠之祠殿及遗留之名迹足供纵谈者"[27],做出朱熹谒奠的是呼禄法师墓之考证,但语气并不肯定;后来,再经林悟殊先生对"明灵自安宅"的具体语景进一步补证,朱熹所谒奠者为呼禄法师墓则无疑。

此外,朱熹还横书"勇猛精进"榜文,赠晋江(今泉州市下辖的县级市)华表山(俗名石刀山)的草庵明教徒。窃以为书赠时间应与谒奠呼禄法师墓同时,即绍兴二十三年(1153年)秋。1933年冬,弘一法师"与传贯法师同住草庵度岁",在朱熹书匾之左加墨题一段小字"以作遗念"[13]P29。可惜该匾于"文革"失落。其时朱熹莅同安仅数月,何以因好佛老而及于明教呢?近阅《宋僧录》:"宗杲(1089—1163)……游方,时宣州(今安徽)有明教绍珵禅师者,师闻其饱参,倾心事之,常请益雪宝拈古颂及古宿因缘。复游郢州(今湖北江陵县),见大阳元首座、洞山微和尚、坚侍者,师参三人甚久,尽得曹洞宗旨。"[28]又读《续传灯录》:"临安府径山妙喜大慧宗杲禅师……父母勉之,令游方。时宣州有明教绍珵禅师者,兴教坦之嗣琅邪觉之孙也。师闻其饱参,倒(倾)心事之。……珵指示惟要直下自见自说,不少假其言语。师洞达先德微旨。珵异之每叹云:'杲再来人也。'"[29]宗杲不仅师事明教绍珵禅师"甚久",而且"洞达先德微旨",得到"杲再来人也"之赏识。由此可见,两宋交替之际的佛教界领袖人物宗杲(大慧)禅师,其学脉流淌着明教(摩尼教)之血液。如陈垣谓:"宋儒理欲二元之说,实与摩尼教旨有关。"[26]那么,已在闽北崇安密庵师事过道谦(宗杲之弟子),并以书信向宗杲问学;举建州乡贡时,"搜其箧,只《大慧语录》一帙"[30],时年24岁的青年朱熹,步先师之后尘而谒奠明教高僧呼禄法师之墓,既有可追溯之学脉渊源,也就不再费解了。

仕泉之后,时隔30多年,朱熹于1190年知闽南漳州,四月到任,翌年四月去郡。临漳一年之政,除了整饬经界、盐法等时弊及蠲减经总制钱以外,地方风俗丕变,与教化厉治及经学理学的传播密切相关。其教化措施之一,即禁止"传习魔教"。这有朱熹对民众发布的公告可资为证。刊布于知漳任上的《劝谕榜》以连坐重罚相告诫:

  禁约保伍互相纠察事件:……不得传习魔教。保内之人互相觉察,知而不纠,并行坐罪。

  ……约束寺院,不得以礼佛传经为名,聚集男女,昼夜混杂。[1]卷100,P5100

刊于绍熙元年(1190年)八月的《劝女道还俗榜》则由于"魔教"禁而不止而理辨尤详:

  勘本州日前官司失于觉察,民间多有违法私创庵舍,又多是女道住持。昨来当职,到任之初,为见事有非便,即已坐条出榜,禁止今后不得私创庵舍居住。丁宁告戒,非不严切。近日因引词状,见得尚有女道住庵,又有被人论诉与人奸通者。显是不遵当职约束,违国家条制,诬上行私,败乱风俗,须至再行劝谕者……盖闻人之大伦,夫妇居一,三纲之首,理不可废。……降及后世,礼教不明,佛法魔宗乘间窃发,倡为邪说,惑乱人心,使人男大不婚,女长不嫁。……其从之者又皆庸下之流,虽惑其言而不能通其意,虽悦其名而不能践其实,血气既盛,情窦日开,中虽悔于出家,外又惭于还俗,于是不婚之男无不盗人之妻,不嫁之女无不肆为淫行。官司纵而不问,则风俗日败。……岂若使年齿尚少、容貌未衰者各归本家,听从尊长之命,公行媒娉,从便婚嫁。……息魔佛之妖言,革淫乱之污俗,岂不美哉。[1]卷100,P5097—5098

如上所引,其"魔教"、"佛法魔宗"、"魔佛"之谓,在于揭示明教之本质。同时,竭力禁止漳州民间明教之流布。"魔教"作为明教之侮称,证之以史,有稍早于朱熹的陆游(1125—1210),在其亲历、亲见、亲闻的《老学庵笔记》中,叙述其任福州宁德县主簿(1156—1159年)所亲历、亲见、亲闻的明教徒活动情况:"闽中有习左道者,谓之明教。"陆游尝责问:"此魔也,奈何与之游?"[31]还有后于朱熹的理学之传人真德秀(1178—1235),于1221年作《再守泉州劝农文》说:"莫习魔教,莫信邪师。"[32]此外,作为朱熹禁"魔"事迹之投射,可证以田野中历时800年不衰的民间传说《计除恶僧》。

漳州芝山开元寺住持和尚是老鼠精,既有魔法,又好色。进庙烧香的妇女在跪拜时,被看中,他就会触动预设的机关翻板,使之跌落地窖,任其奸淫。知漳的朱熹到任没有按例拜见住持和尚。老鼠精隐身跳上知府大堂中梁,用鼠牙猛啮屋梁,欲使梁断屋倒,将朱熹压死。朱熹用朱砂笔向大梁一指,大梁稳如泰山,安然无恙。不甘心的老鼠精又躲到寺后的一口水井里作法,一股洪流从井口冒出,滚滚冲向府衙,想淹死知府。朱熹拿起朱砂笔直指"漳州府"的大匾,大匾立即掉进洪流之中。只见差役和老百姓齐声高喊:"漳州府被洪水冲走了!"老鼠精在井底听说"漳州府被洪水冲走了",自以为得计,再次作法把洪水收回井里。可他没有想到,"漳州府"的大匾也随着洪水后退漂流,最后把井口紧紧地盖住了。朱熹写下"永镇洪流"四个大字,压住井口,老鼠精就再也不能作案了。计除了恶僧,朱熹又派人救出被关押的妇女,另招有道行的和尚住持开元院[33]。

这一传说,近乎神话(具浪漫气息而非迷信)。然而,却十分生动地反映了朱熹治漳禁"魔",除暴安良,改变风俗的民间记忆。

综上所述,我的结论是,朱熹之于闽南摩尼教,仕泉偶涉,知漳则禁。

五、结语:朱熹之于闽南多元宗教——兼容而非宽容

朱熹后来反思初仕泉州"逃禅归儒"之经历时,曾对赵师夏说:"余之始学亦务为儱侗(意为笼统)宏阔之言,好同而恶异,喜大而耻于小。……(泉州)同安官余,以延平之言反复思之,始知其不我欺矣!盖延平之言曰,吾儒之学所以异于异端者,理一分殊也。理不患其不一,所难者分殊耳。"[34]由此可见,"理一分殊说"作为其思想体系的理论基石,而同安官余,泛滥于诸家,出入于佛老的青年朱熹穷究"分殊",目的在于救以往"笼统"之失,以应对异端之禅佛教。根据蒙培元先生对"朱熹关于世界的统一性与多样性"("理一分殊说")之追溯与阐微:程颢发挥《中庸》之"一理"与"万事"关系,程颐(1033—1107)则对张载《西铭》作进一步抉发,正式提出"理一分殊说"。这一哲学命题历经百年薪传,至朱熹始从生命存在的意义上注入新的文化蕴涵。然而,程朱既为重视"分殊"的学说,这就意味着必须承认并尊重不同文化,严肃认真地对待和研究不同文化[35]。这是一个十分复杂的问题。窃以为朱熹作为"理一分殊说"的光大者,又是经历闽南多元"文化接触"的最重要的思想家,其在构建新儒学的过程中,对于闽南多元宗教,在深入"骨髓"的理解之同情的基础上,进而加以兼容而非宽容。

1156年仲春(仕泉期间),朱熹于潮州与大慧别后,一直关注其行踪,大

慧至赣南时，军学教授王师愈以儒学教官去听禅师说佛法为"辱吾道"，而不愿"北面于彼"。朱熹在《王公(王师愈)神道碑铭》中说："行僧杲有时名，窜领外(今广东梅州)得归，所过士大夫争先礼敬。至临江(今江西抚州)，郡守延致，俾升高座说佛法，而率其属往听焉。召公俱往，公谢曰：'彼之说某所不能知，然以儒官委讲而北面于彼，某纵自轻，奈辱吾道何？'"[1]卷89，P4572他褒扬王师愈疏远大慧事迹，自然也就对自己千里趋见大慧之事讳莫如深了。这说明朱熹对大慧之禅有非常复杂的情感。他曾"师其人，尊其道，求之亦切至"[1]卷30，P1265；先于自己的王侯将相、父师前辈亦曾竞相从游与大慧；而他要抨击禅佛教，以维护"吾儒"道统之地位。这是需要具有挽狂澜于既倒的理论勇气的。由于朱熹长期"驰心空妙之域"，他也公开承认"释老之书极有高妙者"[4]卷126，P3018，"老子说他一个道理甚缜密"[4]卷126，P3008。然而，令朱熹深感严峻的，是不仅大慧以禅释儒，就连二程的再传弟子张九成(1092—1159)也因追随大慧而"逃儒归禅"。因此，朱熹批评张九成"格物致知之学"乃"释氏看话之法"[1]卷72，P3784。其晚年在闽南漳州，当叶适(1150—1223)写信告诉他闲暇读佛书，"乃知世外瑰奇之说"时，朱熹致书告诫叶适，对于佛书"若偶读之，亦须便见得其乱道误人处"[1]卷56，P2827—2828。同时，他在《答项平父》中极力抨击释氏"笼罩之说"，为"异端诐、淫、邪、遁之害"[1]卷54，P2697。

朱熹之于闽南多元宗教，可谓"兼容而非宽容"。不宽容则诚如其后来所言："吾儒万理皆实，释氏万理皆空。"[4]卷124，2976老子"只是不见实理，故不知礼乐刑政之所出，而欲去之"。[4]卷125，P2990"佛老之学，不待深辨而明，只是废三纲五常，这一事已是极大罪名！"[4]卷126，P3014关于外国商贾在泉州"建层楼"(伊斯兰教寺)事件，朱熹赞赏傅自得以"化外人法不当城居"，令其拆迁另建为判决，体现了在接触与输入外来文化之同时，不能失去本来民族之地位与法律尊严的价值理念。其晚年61岁知漳州之际，摩尼教(明教)活动已严重触犯伦理，危及社会安定。当年方腊起义以明教相号召之殷鉴未远，作为成熟的政治家，对此毫不姑息手软，竭尽全力禁"传习魔教"。兼容则如其仕泉之谒奠呼禄法师墓，其时摩尼教(明教)水波稍息，青年朱熹以开放心态偶涉。其"理一分殊说"对于禅佛哲理的吸取，则如其门人所问："理性命"章何以下"分"字？漳州陈淳记："不是割成片去，只如月映万川相似。"[4]卷94，P2409又因行夫问"理一分殊"而答："所以谓格得多后自能贯通者，只是为一理。释氏云：'一月普现一切水，一切水月一月摄。'这是那释氏也窥得这些道理。"[4]卷18，P399至于对本土道教思想文化之兼容，则可谓深远而微妙,诸如老庄的辩证思维,以及道教之易图等,均为朱熹理学所改造与吸取。

嘉定间(1208—1224年),叶适应其门人毛当时(泉州府同安知县)之请,为撰《朱文公祠记》,他感慨朱熹生前对儒佛之异"极辨于毫厘之微,尤激切而殷勤";对朱熹当年批评其耽读佛书有深刻的理解:"夷佛疾痛也,科举痒疴也,公所甚惧也。"最后,对朱熹一生的学术政教活动给予中肯的评价:"夫政之得民速,不如教之及民远也。"[36]

注释:

[1]《朱熹集》,四川教育出版社,1996年。
[2] 王连茂:《"泉州学"与海外交通史研究刍议》,《泉州学研究》,福建教育出版社,2002年,第332页。
[3] 任继愈:《任继愈宗教论集》,中国社会科学出版社,2010年,第502页。
[4]《朱子语类》,中华书局,1986年。
[5] 李清馥:《闽中理学渊源考》卷五,《备考·赵师夏》,四库全书本。
[6]《安溪县志》卷二,《山川》,乾隆本。
[7] 普济:《五灯会元》卷十,《天台德韶国师》。
[8]《御选历代诗余》卷一一七,《读书续录》,四库全书本。
[9](清)周学曾:《晋江县志》卷六十,《人物志·仙释》,道光本。
[10] 卿希泰:《道教与中国文化》,福建人民出版社,1992年,第261页。
[11] 吴锡璜:《同安县志》卷八,《名胜·寺观》,民国本。
[12] 苏镜潭:《南安县志》卷三,《舆地志·万人川》,民国本。
[13] 陈允敦:《泉州名匾录》,紫禁城出版社,1995年。
[14] 束景南:《朱熹年谱长编》,华东师范大学出版社,2001年。
[15]《大慧普觉禅师年谱》,绍兴十年五十二岁条,嘉兴藏本。
[16]《同安县志》卷四一,《杂录》,民国本。
[17] 朱熹、吕祖谦:《近思录》卷一,《道体》,四库本。
[18] 林振礼:《朱熹泉州事迹考》,《海峡两岸论朱熹论文集》,厦门大学出版社,1998年。
[19] 陈国仕:《丰州集稿》,南安县志编委会,1992年,第202页。
[20] 林振礼:《宋代泉州府学、石笋变迁管窥》,《泉州师范学院学报》2006年第5期,第49～55页。
[21] 岳珂:《桯史》卷一一,四库全书本。
[22] 楼钥:《攻愧集》卷八八,《赠特进汪公(汪大猷)行状》,四库全书本。
[23] 何乔远:《闽书》卷七,《方域志》,福建人民出版社,1994年。
[24] 蔡永兼:《西山杂志》,晋江市图书馆藏手抄本。
[25] 黄世春:《福建晋江草庵发现"明教会"黑釉碗》,《海交史研究》1985年第1期,第73页。

[26]陈垣:《明季滇黔佛教考》上册,河北教育出版社,2002年,第182页。

[27]林悟殊:《泉州摩尼教渊源考》,林中泽主编《华夏文明与西方世界》,博士苑出版社,2003年,第84页。

[28]李国玲:《宋僧录》(上),线装书局,2001年,第375页。

[29]《续传灯录》卷二七,《大鉴下第十六世昭觉圆悟克勤禅师法嗣》。

[30]《大慧普觉禅师年谱》,嘉兴藏本。

[31]陆游:《老学庵笔记》,中华书局,1979年,第125页。

[32]真德秀:《西山先生真文忠公文集》,《四库全书》第1174册,上海古籍出版社,1987年,第634页。

[33]陈松年、王雄铮:《中国民间故事集成·漳州市分卷》,1992年。

[34]李清馥:《闽中理学渊源考》卷五,《备考·赵师夏》,四库全书本。

[35]蒙培元:《朱熹哲学十论》,中国人民大学出版社,2010年,第48~61页。

[36]郑振满、丁荷生编纂:《福建宗教碑铭汇编·泉州府分册》,福建人民出版社,2003年,第955~956页。

第二节

泉州府学、石笋之变迁及中外"文化接触"

林振礼

（泉州师范学院闽南文化生态研究中心）

北宋大中祥符间,太守高惠连"迁府学,击断石笋"。时隔125年,被秦桧迫害南来知泉的刘子羽,于南宋绍兴间在退休官员柯述迁复的基础上重建"左学右庙"。张读、李邴两位宿儒联手撰书《泉州重建州学记》,竖碑勒铭,叙府学之变迁,抨击高惠连,讴歌刘子羽。通过对地方上这一历史事件的窥测,试图揭示宋代泉州缙绅士人的思想情感、审美选择等文化心态。

文庙府学(文庙,即"孔庙"、"孔子庙"、"夫子庙",是祭拜孔子的地方。因唐代曾封孔子为文宣王,所以称孔庙为"文宣王庙",元明以后通称"文庙"。府学,原称州学,明代以后称府学,又称学宫)是一个地方的文脉所系,石笋作为堪舆家风水构想的产物,宋代泉州士人认为它关涉人才的兴衰气运。学界前辈、地方史家对于泉州府学与临漳门(今新门)外龟山上的石笋均有研究:陈泗东先生(1924—1994)曾评述高惠连事迹涉学宫石笋[1](P388—391);傅金星先生(1928—1996)则以石笋释山川民俗[2](P150—151)。然而,二先生对于绍兴间刘子羽重建左学右庙只字未提,对于石笋意蕴,则言犹未尽。拙文作为对地方社会文化特定历史事件的窥测,揭示宋代士人的文化心态,或能为乡土历史教学与研究提供参考。

一、尊孔读经与"左学右庙"

中唐至北宋前期,即公元8世纪中叶至11世纪初的270年间,泉州文化教育何以能打破"在汉如长夜,在唐如昧爽"(陈让:《嗣修欧阳詹书室记》)的沉寂局面？究其原因,除了开明的地方官如中唐的李琦、薛播、席相与常衮,唐末五代据闽的王潮、王审知等对于文教的积极推动以外,更重要的是读书人的奋发进取,如林藻、林蕴与欧阳詹在清源山"结志攻文,同指此山,誓报山灵"①。其后"不四五年,继踵登第……鼓动群彦"。然而,不容忽视的是,随着社会经济的发展和文化的南移,祭祀孔子的文庙与教习士人的府学作为传承中华传统文化的载体,在泉州扎下了根。文庙府学以其勃勃生机,凝聚士子人心,孕育了泉州地区一代又一代的知识精英,折桂登科,从这里走上政治舞台。

泉州府文庙

泉州于唐代在衙城之西创建"鲁司寇庙"(最早的文庙),其匾额为张九龄所书。有的地方史家把文庙与府学(州学)合为一谈,认为它创建于唐开元年间(713—741年)[3](P221)。实际上,应是先有文庙(祭拜之地)后有府学(教习场所)。五代还是有庙无学,但因孔子早在唐时就被抬升为文宣王而改"鲁司寇庙"为"宣圣庙"。北宋太平兴国初(976年),郡守乔维岳"始迁崇阳门外之东南"[4],即今址。七年(982年),郡守孙逢吉"即庙建学"[5],官学自此诞生。可以肯定地说,太平兴国间的孔庙迁徙与州学之建,无疑是"卜云其吉"[4]之所,亦则地方行政首脑与堪舆家历经反复考察与慎重选择的风水宝地。地方缙绅对于文庙之瑞象极为珍视:"庙庭有皂荚,每应州人举进士之数"[5]。文庙大成殿外,绕圣域而南为"夫子泉",曾经通判泉州的傅自得(1116—1183)《题夫子泉》记:

  此泉与皂荚、芙蕖并瑞。图谍按五季间庙有皂荚,本州人举进士,视其生之多寡以为验。梁贞明中,忽生荚,有半人,莫测其祥。是岁,陈逖进士及第,黄仁颖学究出身。后唐同光中,仁颖亦进士及第,半荚之枝遂生全荚。[6](P202)

皂荚树所结的皂荚(亦称皂角)、芙蕖(荷花的古称)与"夫子泉"并瑞,生长之多寡被视为地方上科第人文兴衰的征兆。傅氏所题,时空姓名俱详。

---

① 林蕴:《泉山铭》,转引自傅金星《续泉山采璞》扉页照片(铭文为陈逸亭书),泉州市鲤城区地方志编纂委员会,2001年。

与傅自得同时,且为朱熹、张栻"雅敬之"[7]的王十朋(1112—1171)于乾道间知泉,曾题"夫子泉"诗道:

> 刺桐城中泮宫里,大成殿下新泉水。
> 不须更以品第论,混混源源自夫子。
> 诸生游泳芹藻间,日饮一瓢心慕颜。
> 聪明不数远公社,清白大胜卧龙山。
> 圣毓尼丘家阙里,泉脉胡为今在是?
> 周流天下皆美泉,浚井得之泉更美。
> 我来酌泉仍叩头,遐思洙泗三千游。
> 世间何处有此水,此州无愧名泉州。[5]

这位深受百姓爱戴的知府王十朋充满激情的吟咏,将"夫子泉"与天下名泉相比拟,而"混混源源"则直溯洙泗,把流自文庙大成殿下的泉水与孔夫子的教泽相联系。透过傅、王的题记与诗歌,我们可以窥见泉州士大夫对于孔子庙庭的顶礼膜拜与无比依恋的思想情感。由于尊孔读经与地理选择已深深地积淀于缙绅士子的文化心理结构之上,"即庙建学"、"左学右庙"(《闽书》作"左庙右学")则是该时代的必然选择,谁背离这一选择,就会为泉州士林所不齿。因此,府学迁徙成为引发文化冲突的前奏。

二、府学迁复与士林褒贬

历史发展往往出现事与愿违的背反,偏偏有地方官(知州事,亦称郡守)高惠连(973—1068)在北宋大中祥符间迁府学于西北梦呆巷口的育材坊。高氏系晋江安海人,本地人作本地官,后来又位居"兵部尚书渤海侯"。然而,明清两代的《泉州府志》都没有他的传记,却在职官志其名下附有责骂之词:"高惠连,大中祥符四年(1011年)任。以私憾迁府学于郡西,击断笋江石笋为二"[8]。

泉州府学的著名碑记《泉州重建州学记》(简称《州学记》),碑文为张读撰、李邴书,立于绍兴二十年(1150年)。张、李都是地方上极有影响的人物:"善属文,闽中碑碣多出其手"的张读,安溪人,曾通判泉州,知兴化军,官至直讲;原籍山东的李邴则曾经位至宰辅。《州学记》以刻石的形式,严厉斥责高惠连,极力讴歌刘子羽(1097—1146)。作为朱熹的父执,刘子羽因辅助张浚抗金,为秦桧所忌,"风谏官论罢之"。① 实际上,刘子羽在泉州仅二年,虽"政多泽民,民爱之如父母",但也难逃再次被贬的厄运。朱、刘因政治上的共同遭遇而成为莫逆。史乘对刘氏的戎马生涯和抗金事迹不乏记载,殊不知刘子羽既叱咤风云于战场,又在知泉任上,有功于地方文教。《州学记》说,泉州府学原在孔庙之侧,即州城南之东门,擅山川之壮气,元勋伟节,世有名人。"厥后高侯(惠连)逞私憾,迁而西之,衣冠遂减畴昔"。高惠连迁学宫事在 1011 年②,韩国华于 1011 年春季"代还",同年高惠连接任。此后受到泉州舆论不断抨击,要求迁回原址。直到大观三年(1109 年)告老还乡的龙图阁学士柯述才主持迁复,但仍然没有彻底解决问题,除了基址卑下,经不起长期浸淫之外,更重要的是如《州学记》所说的"未仍旧贯",亦即不合堪舆(风水)原则。因此,"士气伊郁,积年于兹"。刘子羽于绍兴六年(1136 年)出知泉州,"坐席未温,则视事于府学",见馆舍颓隘,则以"学校不修,太守之责"[5]自励,几经筹划实施,筹资于旧址按规制重建左学右庙,增旧基二尺余,扩大规制,使学宇告备。1150 年,张读、李邴作《州学记》,竖碑勒铭,字字千钧,在谴责高氏之后,对刘子羽极尽褒扬:

  匙矣刘公,忠义蝉联。……屡入意匠,乃趣工班。材如云委,杞梓楠梗。百堵俱兴,如飞如翰。门直于西,前挹紫烟,石梁横跨,虹卧清涟。江山增丽,亘古无前;青衿感慨,淬砺龙泉。鹏抟鲲岩,春榜挈先。导礼蹈周,密勿朝端。何以报之?绘像岩岩。我公之德业兮,拂日庚天。我公之福履兮,方至犹川。我公之眉寿兮,超百弥千。[5]

泉州士林,以绘像并"营生祠于讲堂之左"的殊荣纪念刘子羽。从高惠连迁学宫,到刘子羽在柯述迁复的基础上重修府学,前后经历了 125 年。高惠连享年九十有六而寿终正寝,其去世翌年即神宗熙宁二年(1069 年),王安石(1021—1086)以"参知政事"之尊为撰《高惠连墓志铭》,对于高迁学宫的

---

① 《建炎以来系年要录》卷一〇四:"(绍兴六年八月)集英殿修撰刘子羽复徽猷阁待制,知泉州。"《宋史》卷三七〇本传:"七年,淮西郦琼叛,张浚罢相。八年,御史常同论子羽十罪,上批出白州安置。"

② 道光《晋江县志》卷十四《学校志》说是"祥符二年(1009 年),守高惠连迁于育材坊"。时间误,应为 1011 年。据李之亮《宋福建路郡守年表》(巴蜀书社 2001 年版)记载,景德四年(1007 年)至大中祥符四年(1011 年)泉州守臣为韩国华。李之亮引尹洙《河南先生文集》卷十六《韩公墓志铭》说,韩氏于大中祥符"四年,代还,道病,三月十一日终于建州之传舍"。又《泉州府志》卷二十六记:"高惠连,大中祥符四年任。"

问题却是颂扬之词:泉州军,乃移学于育材坊,后岁贡裁得人,泉为多士,或以为兴学之所致也,士者德之[9](P307)。1983年新修《安海志》为高氏立传,说他"移学于育材坊下,是岁泉多登科,士者德之"[9](P308)。地方缙绅责骂之声不绝,而宰相王安石及《安海志》却褒扬有加。陈泗东先生说:"为高申辩的王安石所撰墓志,可能是通过高的大女婿吕惠卿去托他撰写的。当熙宁己酉撰文之际,正是王对吕政治上极信任之时,'熙宁初,安石为政,为荐惠卿于神宗……事无大小必谋之,凡所建请,章奏皆其笔'(乾隆《泉州府志》卷七十二)。因此王安石虽替高惠连写了好话,却仍然顶不住地方舆论的千古斥责。"[1](P391)然而,就推测而言,高惠连从政至80岁才退归,时王安石已32岁,也不能排除两人有过交往。由此可见,高惠连是一位颇有争议的人物。

三、责高彰刘的深层原因

平心而论,张读、李邴《州学记》在事过百余年后说高惠连迁学宫使泉郡"衣冠遂减畴昔",这话属于概而言之,缺乏严格意义上的统计数字作为支撑。王安石《高惠连墓志铭》不顾泉州地方舆情,竟云"士者德之",则几近强加于人,但其谓"后岁贡裁得人,泉为多士",确是历史事实。从北宋开国建隆元年(960年)至大中祥符三年(1010年)的50年间,泉州共有进士52名(年均1.04名);从高迁学宫的大中祥符四年(1011年)至王安石为高氏写《墓志铭》的熙宁二年(1069年)的58年间,泉州共有进士183名(年均3.15名)[10](P76);而从高迁学宫(1011年)至大观三年(1109年)柯述迁复的98年间,泉州共有进士374名(年均3.81名)。为什么却说"衣冠遂减畴昔"呢?张读、李邴作为地方上的大佬,何以会以"情绪化"之笔来抨击高惠连?明清两代的府、县志何以会沿袭攻讦高氏的说法?高又何以如此不容于泉人?这其中当有更为深层的原因。

我们注意到,从刘子羽重修文庙府学的翌年,即绍兴八年(1138年)至《州学记》撰成之前的绍兴十八年(1148年)这10年间,泉州登进士第者共70名。在"鹏抟鲲岩,春榜挐先",科考登第捷报频传而群情激奋之际,李邴和张读两位过从甚密的老友,以千字碑铭,述府学之变迁,表彰重修"左学右庙",为"江山增丽,亘古无前"的刘子羽,自在情理之中。而《州学记》正产生于这种特定的文化背景。由此可见,《州学记》的主要目的,是彰扬刘子羽,而并非如有的论者所说,是为抨击高氏与肯定柯述迁建之功而撰。陈泗东先生评述高惠连事迹,侧重解读的也是《州学记》前半部分。以往的研究,已对高氏迁府学花费了不少笔墨。我们依然还要追问,为什么高惠连、柯述、刘子羽三缙绅同是修建府学,其结果却截然不同呢?地方志书诏示后人的是,高氏备受谴责;柯述在被肯定之余,略有微词;刘子羽则被视如"鲁侯修泮宫","郑侨不毁乡校",应"流芳古今"[4]。细读《州学记》,我们发现,其全文曲笔与直笔相间——时而不再含蓄委婉与借题发挥,使我们读出地方缙绅的情绪与心结:高侯(惠连)迁建学宫于"厥地褊逼,不足以容冠履"的育材坊,而舍弃太平兴国七年(982年)建学宫时经堪舆家"卜云其吉"的风水宝地,才会导致"鼓箧来游,每愤惋焉"的严重后果。时隔百年,柯述迁复,却"未仍旧贯"(规制褊狭),"未正门阃"[4](风水学之忌)。刘子羽重建左学右庙,增高基址,按规制修廊、堂、斋、阁、库诸建筑,使"祠房燕亭,宾次庖廪之属,一新轮奂"[4]。尤其值得指出的是,刘子羽根据风水学关于坐向、明堂、水口、青龙、白虎、玄武、朱雀诸原理改造环境,如于明堂前"修廊以翼左右";"赎庚门旧地以揖紫帽",使学宫可瞻"朱雀"前案;又"横跨石桥,因南溪支流入自巽方,遂凿长河睿青草池,纳潮汐于桥之下"[4]。即激活水口,使"巽水口汇洙泗"。《州学记》立碑的翌年,即绍兴二十一年(1151年)宗室赵令衿知泉时,外国商贾建层楼(清净寺)。学界前贤考察过相关雕刻构件,认为宋元时期泉州有6座清净寺,由来自西亚不同地区的伊斯兰信徒团体建造,但在元末动乱中遭受兵燹,今仅存一座(位于涂门街关帝庙西侧)。本文所涉清净寺,当在被毁之列。于文庙府学之前,"贾资巨万,上下俱络"[11]。地方上士大夫、读书人群起而告官,理由是破坏了"庙学受盛山川","巽水汇洙泗"的好风水。其后通判傅自得判决:贾胡番商是"化外人,法不当城居",并"立戎兵官,即日撤去"[11],清净寺由旧罗城内迁出建于城外濠。这样既不破坏"庠校科第人文",又使清净寺"峙文庙青龙之左角"[11],为府学增胜。这一事件反映了本土文化与外来伊斯兰文化从冲突到和谐的全过程。

泉州历史上对于府学的环境选择,"文革"期间斥之为风水迷信,未免太简单化。透过民间风水术士卖弄玄虚以谋利的神秘面纱,其内蕴自有千百年实践与经验层面的合理性,从中可以窥见该时代人们处理人与自然关系的审美诉求。

四、石笋隐微与"兼听"评高

高惠连以何"私憾"迁府学击石笋呢?兹据史乘笔记结合民间口碑略作勾勒:高惠连的祖父高虎,中州人,后周显德四年(957年)奉檄守泉。汀州山民侵扰同安,同僚劝高智取,一面虚张声势,一面派轻骑火速送旗号奔同安,让同安兵举泉州军旗号出城列阵,可使犯同山民不战自退。高不听,匆促率兵救援,中途于古陵坡遭遇伏击,士卒阵亡几尽,高以身殉。泉州父老悼其子弟,但终不能原谅他的过失。高惠连中进士后于大中祥符四年(1011年)知泉,欲送其祖父入乡贤祠未遂,憾泉郡缙绅梗阻,因迁府学以摧残泉州人才。越年清明节,高氏家族到山川交汇的笋江边祭祖,招魂

泉州新门外之石笋,
即风水"雌雄说"的重要物证

以慰先人亡灵,祭坛恰巧搭在石笋之侧。其女儿因养在深闺约略懂事却未曾涉世,不经意触摸那形似男性生殖器的石笋,丫环道破,女儿羞愧彷徨,夫人埋怨高惠连不该在此设祭。时正值盛年(39岁),血气方刚的高惠连气急败坏之际,命士兵击断石笋[3]。然而,古代泉州府的山川祭坛就设在与石笋相邻的龟山上。民间传说关于高氏为一己之私祭祖,由于妻女原因而失去理智之举的说法颇近乎小说家言,难以令人采信。由此可见,"击断石笋"事件,已成为泉州历史上一桩难解的千古公案。

石笋"卓立二丈许,江在其下,故名笋江。宋守高惠连以私憾击断为二。明成化中,守张岩补而属之"。① 此物被废置400多年,直到明代张岩再为修复。既然石笋如此重要,为什么被废置这么长的时间而没有任何僧侣缙绅为之修复呢?傅金星先生认为,南宋人才鼎盛,不感到其为害;元亡明兴,泉州人才未振,故又想到振作乾岗而重修。此说可从。今存石笋高约丈许。"刺桐为城石为笋,万壑西来流不尽",王十朋的诗句把石笋与名闻中外的刺桐城并称,足见其玄奥之极。有论者认为,它是印度教遗物,我们则认为,它是堪舆家风水构想的产物。宋王象之《舆地纪胜》:"乾岗。乾岗亥骨,有双龟赶惟蛇之象。"从清源山余脉经城西龙头山至龟山为终点,而紫帽山东行

---

① 道光《晋江县志》卷十二《古迹》如是记载,但乾隆《泉州府志》卷二十六《职官》于张岩名下附记:"以上俱景泰间任。"因此,成化中张岩已去任,何时"补而属之",尚待进一步考证。

之余脉至笋江畔鳌山,有石坡百丈,斜贯江边而止。这就是所谓乾岗、龟蛇之象。民间流传说清源山是山公,紫帽山是山母,两山在笋江交汇。因山公卑下而山母隆起,故风水家为振乾岗建此阳物,欲使泉郡人丁兴旺,衣冠鼎盛。宋《谯楼上梁文》所云:"清源紫帽,素标图牒之传","石笋、金鸡,屡谶衣冠之盛"。也是地灵人杰之意。作为唐季以降风水"雌雄说"的文物见证,其根据可从《发微论》①这一出自闽人蔡发(1152年卒)、蔡元定(1135—1198)之手的相地之书中得到印证。该书无疑是唐五代以来闽赣地理家其中一个流派的思想结晶。是书说雌雄:

夫孤阴不生,独阳不成,天下之物莫不要相配对。地理家以雌雄言之,大概不过相对待之理……阳山取阴为对,阴山取阳为对,此主客相对有雌雄。[12]

泉州民间关于清源山公、紫帽山母之说亦则风水"雌雄说"之例证:清源、紫帽两山对峙,一雄一雌可谓天造地设,但至山水交汇处鳌山(紫帽余脉)高而龟山(清源余脉)低,阴隆而阳卑,必须壮阳刚之气,才能使英才勃起。相传唐季乾符年间(874—879年),节度使傅实听从妙应禅师(精通堪舆)的话,在龟山矗立象征阳性的石笋,雄视鳌山。五代十国纷乱期间,泉州相对安定,士民视石笋为灵验之物[13](P222)。这种把儒家易说融通于地理,对阴阳五行的阐发具有朴素的辩证思想,正是《发微论》的重要特色。

高惠连于咸平二年(999年)中进士,80岁"恳辞乞归",从政50余年,仕泉之于其政治生涯毕竟短暂。王安石谓其"幼警敏,博学无倦,与师友议论精快,晰理分明,人服其敏"[9](P308),如此精明勤敏皆备,且享高寿的士大夫,何以落得千古骂名?陈泗东先生曾透过高氏击石笋受谴染上的神秘化色彩,探索其被怨的实质,说石笋作为生殖崇拜物,关涉人丁兴衰。高任泉州太守之时,似乎没有为民请命,影响经济与人口增长。据道光《晋江县志》卷六《户口》载:"祥符中(此时高正任泉州太守),下两浙、福建除身丁钱四十五万贯。其时兴化、泉、漳三州以丁钱折变输米,无为论奏者,除钱诏令,遂不行之三郡。"泉州人民赋税太重,甚至生子不举,人口就减少了。宋王朝下令减税,地方官不反映情况,致使百姓依然纳重税,当然会追究地方官的责任。然而,"兼听则明,偏听则暗"。我们认为,全面评价高惠连这位有争议的历史人物,有待于拓展新视野,发掘新资料(诸如考查高氏交游相关文献,仕宦

---

① 是书著者多署蔡元定,也有署蔡牧堂即蔡发的,其著作权蔡氏父子谁属尚无定论。

所在地方志、个人文集、时人笔记,乃至谱牒等),在更为广阔的社会背景下做出更有说服力的考察与研究。

注释:

[1]陈泗东:《幸园笔耕录》,鹭江出版社,2000年。

[2]傅金星:《泉山采璞》,华星出版社,1992年。

[3]傅金星:《续泉山采璞》,泉州市鲤城区地方志编纂委员会,2001年。

[4](清)怀荫布等:《泉州府志》卷一三,《学校志》,乾隆版。

[5](清)周学曾:《晋江县志》卷一四,福建人民出版社,1990年。

[6]陈国仕:《丰州集稿》,南安县志编委会,1992年。

[7]脱脱:《宋史·王十朋传》,中华书局,1977年。

[8](清)怀荫布等:《泉州府志》卷二六,《职官志》,乾隆版。

[9]安海志编修小组:《安海志》卷二五,《乡贤》,1983年。

[10]陈笃彬、苏黎明:《泉州古代科举》,齐鲁书社,2004年。

[11](宋)朱熹:《朱熹集》卷九八,四川教育出版社,1996年,第5012页。

[12](宋)蔡元定:《发微论》,四库全书影印本。

[13](清)怀荫布等:《泉州府志》卷七五,《拾遗志》,乾隆版。

第三节

从郑成功"释辅儒宗"政策看儒佛和谐

陈名实

(泉州师范师范泉州学研究所)

郑成功抗清斗争开始后就争取佛教的支持,认为佛教主张众生平等,可以共同反抗清朝的民族压迫。郑成功曾在家乡安平的报恩寺盛设供帐安顿两位来议和的清使,并与当时福建福清的黄檗山黄檗寺高僧隐元禅师结为好友,用船资助隐元东渡日本。福建东南沿海的僧人大都支持郑成功反清复明大业。郑成功抗清时曾乞师于日本,在致德川幕府书中有言:"释辅儒宗,再见元公(隐元禅师)参黄檗。"说明他反清复明的儒学思想得到佛教徒的辅助。从相关史料及清代天地会依托佛教寺庙反清复明来看,明郑政权"释辅儒宗"的政策曾对清代闽台社会产生重要影响。

郑成功是坚持反清复明、收复台湾的民族英雄,他的思想吸收了传统文化的精华。朱熹在创立朱子学过程中,吸收了一些佛学的修养方法,因此闽学传统是理学中包含禅宗思想。郑成功小时在晋江安平镇的家中求学,深受朱熹的理学思想影响,也使郑成功的儒学思想含有佛学的因素。在清朝初年部分坚持反清复明的仁人志士栖身于佛教寺庙的背景下,郑成功制定了"释辅儒宗"的政策,体现出泉州地区的儒佛和谐。

泉州大坪山郑成功雕像

一、郑成功以儒为宗思想中的理学基础

明天启四年(1624年),郑成功生于日本肥前平户千里滨,初名郑福松。父郑芝龙,福建南安县石井乡人,在广东香山澳(今澳门)从商,天启三年贩货日本时,娶日本女子田川氏(或作翁氏)为妻,生郑成功。崇祯三年(1630年)五月,郑芝龙修书遣郑芝燕往日本迎接田川氏母子。十月,福松回至安平镇(今晋江安海镇),郑芝龙延师肄业,取其名为"森"。

郑森的老师是晋江县院前村的李孟卿。此人出生于塾师世家,精于程朱理学,教书育人的经验丰富。郑芝龙到晋江县学打听,得知后用重金聘他作塾师。在李孟卿老师教导下,郑森受到儒家忠、孝、节、义思想的教育,对理学的道德修养有深厚的基础。他自幼就十分孝顺,七岁回国,"读书颖敏,但每夜必翘首东向,咨嗟太息,以望其母。森之诸季父兄弟辈数窘之,独叔父郑鸿逵甚器重焉。……事其继母颜氏最孝"。[1] 1645年秋,郑成功母从日本来到安平。第二年四月,郑成功回安平探望母亲翁氏。《台湾外记》记载:"忠孝伯赐姓成功叩陛,辞回安平。隆武曰:'卿当此有事之际,何忍舍朕而去!'成功顿首曰:'非成功敢轻离陛下,奈臣七岁别母,去秋接到,并未一面。忽尔病危,为人子者心何安?以其报陛下之日长,故敢暂为请假。稍愈,臣即兼程而至。'隆武允成功驰驿省母,准假一月。成功谢恩,出归安平。"[2]

郑成功为人处世深受《中庸》思想的影响。他的诸子之名,除长子依祖谱取"系"字旁外,次子以下皆取自《中庸》第三十一章句命名:唯天下至圣,为能"聪明睿智",足以有临也;"温柔宽裕",足以有容也;"发强刚毅",足以有执也;"齐庄中正",足以有敬也;"文理密察",足以有别也。

在商业上,郑成功建立五家海路商行,用仁、义、礼、智、信五字作为5家商行代号,以厦门港为中心,往台湾、日本、吕宋及南洋各地通商。

郑成功收复台湾以后,由于当时台湾社会贫困,游民很多,因此有许多偷盗现象。郑成功为了实现儒家的道德理想,用严刑峻法治理社会。《郑氏逸事》记载:"成功立法尚严,虽在亲族有罪,不稍贷。有功必赏金帛珍宝,颁赉无吝容。伤亡将士,抚恤尤至,故人皆畏而怀之,咸乐为用。其立法,有犯奸者,妇人沉于海,奸夫死杖下。为盗不论赃多寡,必斩。有盗伐人一竹者,立斩之。至今台湾市肆百货露集,无敢盗者,以承峻法后者。"[3]这对移风易俗,推行儒家礼教起了重要作用。

二、郑成功对理学义理思想的发扬

郑森的求学时期,正是天下大乱,民不聊生,外族入侵,明王朝走向灭亡的时期。这样的动乱背景深刻地影响着郑森对儒学的学习。崇祯七年(1634年),郑森11岁,他性喜《春秋》,兼爱孙吴。制艺之外,则舞剑驰射。郑成功11岁时,老师以《小学》中"洒扫应对"为题,郑成功即应以"汤、武之征诛,一洒扫也;尧、舜之揖让,一进退应对也"。[4]郑成功认为,汤、武的征诛是建立华夏文明,尧、舜之揖让符合华夏道德。才11岁就对春秋大义有如此深刻阐释,难怪老师惊其用意新奇。

崇祯十一年(1638年),郑森入南安县学为生员,旋补饩廪,月给薪资。崇祯十五年(1642年)八月,郑森赴福州应乡试,不中。崇祯十七年(1644年),郑森以贡生入南京太学,曾拜著名学者浙江人钱谦益为师。钱谦益对郑森之才倍加赏识,曾与之论为政之道,郑森答以知人善任,招携怀远,练武备,足粮贮,决壅蔽,扫门户。钱谦益对他十分欣赏,为他取字"大木",意为栋梁之材。

郑成功的可贵之处,就在于他能把理学中的义理与民族气节融合为爱国精神。清军进入福建以后,郑芝龙为了保存富贵权势,投降清朝,并写信要郑成功一起投降。他的降清迫使郑成功必须在忠于明朝与孝顺父亲之间做出抉择。《南疆逸史》记载:"芝龙本起群盗,无长计远略,既拥大权,徒自贵倨,欲生杀予夺出己手,亦不思为朝廷谋恢复、襄中兴。隆武浸不能平,乃议亲征,猝起幸延平。将入赣,而大学士张肯堂居守,肯堂请率兵自海入长江,窥取南京。部署已定,芝龙阴有异志,奏阻其师。"[5]郑芝龙拥戴南明,是为了自己家族的利益。不肯抗清,不仅是为了保全实力,更深层的意图是要以其实力,作为今后降清时与清统治者讨价还价的资本。

而郑成功却与其父相反,在大兵压境,形势十分危急的情况下,意志坚定,毫不动摇,对明室、隆武一片忠心,积极筹备防守、进攻的措施。在郑芝龙决意降清、苦谏无效的情况下,郑成功毅然与父决裂,移孝作忠。郑成功复书郑芝龙:"我家本起草莽,聚法聚众,朝廷不加诛,更赐爵命,至于今上,宠荣迭承,阖门封拜。以儿之不肖,赐国姓,掌玉牒,畀剑印,视若肺腑,即糜躯粉骨,岂足上报哉?今既不能匡君于难,致宗社堕地,何忍背恩求生,反颜他事乎?大人不顾大义,不念宗祠,投身虎口,事未可知。赵武、伍员之事,古人每图其大者。唯大人努力自爱,勿以成功为念。"[6]

郑成功在回信中，大义凛然，在忠与孝之间，郑成功认为忠大于孝，义重于亲。他责备父亲不顾君臣之义、不以民族为重。可以看出，郑成功对理学义理的发扬是他移孝作忠的思想基础。

三、郑成功以释辅儒的前因后果

郑成功抗清斗争开始后就争取佛教的支持，认为佛教主张众生平等，可以共同反抗清朝的民族压迫。郑成功曾在家乡安平的报恩寺盛设供帐安顿两位来议和的清使，并与当时福建福清的黄檗山万福寺高僧隐元禅师结为好友，用船资助隐元东渡日本。隐元对郑成功的抗清斗争给予很高评价，他在《赠郑国公诗》中写道："南国忠贞士，威名彻古今。三朝天子佑，一片故人心。世变勋犹在，道存志可钦。虽然沧海隔，万里有知音。"[7]

隐元在诗中说郑成功是南方的忠贞义士，虽然事业能否成功尚难预料，但他的志向与名望必定流传千古，受到世人的尊敬。我与他虽然远隔万里，但我们是海内的知音。

郑成功对自己出生地日本怀有深厚感情，他回国后学习中华文化，很希望中华文化也在日本得到发扬，因此他十分支持隐元到日本传播中华文化，使日本感受中华文明。他认为中华文化对其他民族来说是最优良的，周边的少数民族都受感化，即使远在海外的日本也受中华文化的影响。他早年在一首诗中写道："刘琨吹觱篥，数感胡人心。纵然日本地，岂乏汉家音？"[8]

在郑成功的努力下，福建东南沿海的僧人大都支持郑成功反清复明大业。郑成功抗清时曾乞师于日本，在致德川幕府书中有言："释辅儒宗，再见元公（隐元禅师）参黄檗。"[9] 说明他反清复明的儒学思想得到佛教徒的辅助。

隐元，俗名林隆琦，号子房，福建福清人。明万历二十年（1592年）出生。泰昌元年（1620年），到福清黄檗山万福寺为僧。隐元精通佛法，并在诗词歌赋、金石、书画、医学、建筑等方面都有很深造诣。在隐元住持下，万福寺临济之风大振，黄檗之道中兴，僧众不断增加。

顺治九年（1652年），日本长崎兴福寺住持逸然及13名日本幕府官员，受日本幕府家纲将军之命，联名发函邀隐元东渡日本弘法。

顺治十一年（1654年）四月，63岁的隐元率领弟子30多人，离开万福寺，前往厦门。当时，清军已控制福建大部分地区，只有厦门和沿海一些地区尚在郑成功抗清力量控制之下，因隐元反清复明思想显著，因此清军力阻隐元。但在泉州开元寺僧支持、保护和郑成功军队的接应下，隐元一行历经了重重险阻，终于到达厦门，在郑成功支持下，乘兵船东渡。在海上克服风浪，漂流13天后到达日本。

郑成功通过资助隐元东渡日本，保持与日本的友好关系，以利于反清复明事业。郑成功还与漳州诏安县北部官陂镇长林寺开山僧道宗（有的史书称达宗）关系密切，利用佛教徒与秘密社会的关系辅助反清复明事业。道宗早年与万礼等人在诏安北部山区结义，"以万为姓"，历史上称道宗为"万五"、"万和尚"、"五和尚"、"万祖师"。后来万礼率部加入郑成功队伍，道宗仍以僧人身份为郑成功军队联络会党、筹集粮草、搜集情报。后来有人认为以万礼和道宗为首的"万姓集团"是天地会的创始人，是为郑成功效力的，因此把郑成功当作天地会的祖师。

道宗和尚所在的长林寺，曾于1654年重建，这次重建得到郑成功及其部将的资助。诏安县官陂长林寺遗址上的皇明甲午年《长林寺记》碑文记载："长林宝刹□□弟五和尚道宗创造也……得天檀槭藩府拓其基，缘首永安伯黄暨列勋镇诸公奠其成。"此碑所记"天檀槭藩府拓其基"，指的是郑成功为长林寺创建拓基。碑文结尾详列郑成功部下大将黄山、洪旭、张进、甘辉、万礼等三四十人捐施助缘的芳名。

万礼于1650年五月带领2000多名义军投奔郑成功，先在左先锋施琅的后营任职。第二年正月，郑成功任命他为戎旗镇亲随协将。后万礼屡立战功，郑成功提拔为前冲镇，又擢为后都督，与赫文兴、王秀奇、黄廷、甘辉并称为郑军的"五虎将"。永历十二年（1658年），郑成功率大军北征南京，特以"万姓集团"的二哥万义（郭义）"督兵护侍"，"扈从左右"[10]。永历十三年七月，在郑成功北伐南京之战中，万礼战死沙场。

1661年，郑成功前往收复台湾，郭义（万二）、蔡禄（万七）驻兵铜山（今东山岛）。清海澄公黄梧原系郑成功旧部，与二人交好，于此时派人策动蔡禄、郭义投降清朝。郑成功得知消息后欲杀这两人。蔡、郭二人只好率部向闽浙总督李率泰投降。后郭义授广西南宁总兵，蔡禄授河北总兵。

康熙十二年（1673年），吴三桂叛清。康熙十二年，郭义响应。四月，郭义派亲信到河北策动蔡禄归附。清廷获悉后，急设计谋，于四月二十四日中午，杀蔡禄于官署中。

道宗得知结义兄弟蔡禄被清廷杀害后，复兴天地会，为盟弟报仇，于是佛教寺院成为反清复明的据点。

郑成功的重要亲信将领洪旭与诏安、平和一带的"万姓集团"关系密切。洪旭,字念尽,号九峰,福建同安人。初为明总兵官郑芝龙部将,隆武元年(1645年)由朱聿键晋封为忠振伯。郑芝龙降清后,跟随郑成功举义抗清。在郑成功政权中,主管财政与海上贸易的是户官,而最早任户官的是洪旭。在筹措后勤供应中,必须依靠地方势力,于是洪旭与道宗关系密切。在道宗组织会党反清期间,洪旭加入其中,并成为重要领导人。在《香花僧秘典》中,有一份36人名单——《花会歌——化莲堂名称歌》,其中包括天地会传说的前五祖、后五祖、五虎大将等人,五祖之一的吴天成居第一位,居第二位的就是"忠振伯"——洪旭。[11]

洪旭所领导的贸易据点有许多是在清朝控制区域,如福州的近郊洪塘就有一个明郑的贸易秘密据点。这个贸易据点在进行贸易的同时,建立秘密情报网,搜集福州省城的情报,而寺庙则是这些秘密情报员藏身和递送情报的地点。

四、"释辅儒宗"政策在台湾的延续

郑成功逝世后,明郑政权继续团结佛教抗清的政策。郑经建弥陀寺于东安坊,延僧主之;陈永华也建龙湖岩(寺),推崇佛教。洪旭随郑经到台湾后,继续联络各地秘密组织,为明郑政权提供贸易与情报支持。而社会也广泛流传福建南少林寺僧人反清复明的事迹,以及后来反清会党与僧人的渊源等。连横记载台湾明郑政权灭亡后,"郑氏部将痛心故国,义不帝胡,改服缁衣,窜身荒谷者,凡数十人,而史文不载,忠义之士,未得表彰,伤已"!故连横特记一位仁勇双全的"黄檗寺僧"如何在台湾明郑政权灭亡后图谋光复,事泄被斩的事迹。台湾黄檗寺,相传为陈永华故宅改建,后成为反清复明人士聚居之地。《台湾通史》黄檗寺僧传记载:

> 僧不知何许人,逸其名,居寺中,绝勇力,能蹴庭中巨石,跃去数丈。素与官绅往来,而知府蒋元枢尤莫逆。一日,元枢奉总督八百里密札,命拿此僧,不得则罪。潜访之,知为海盗魁。恐事变且得祸,乃邀僧至署,盘桓数日,欲言又止。僧知之曰:"窥公似大有心事者。大丈夫当磊磊落落,披肝见胆,何为效儿女子态哉?"曰:"不然。事若行,则上人不利;不行,吾又不能了。故踟躇尔。"出札示之。僧默然良久,曰:"不慧与公有前世因,故一见如旧。今愿为公死,但勿求吾党人。不然,竭台湾之兵,恐不足与我抗。"曰:"省宪只索上人尔,余无问。"僧曰:"可。"命

招其徒至,告曰:"而归取籍来。"徒率众肩入署。视之,则兵卒、粮饷、器械、船马之数,一一付火。元枢大惊,僧曰:"我祖为郑氏旧将,数十年来久谋光复。台湾虽小,地肥饶可霸。然吾不猝发者,以闽粤之党未劲尔。今谋竟外泄,天也。虽然,公莫谓台湾终无人者!"又曰:"公遇我厚,吾禅房穴金百余万,将为他日用,今举以赠公。公亦好速归。不然,荆轲、聂政之徒将甘心于公也。"元枢送至省。大吏讯之,不讳。问其党,不答。刑之,亦不答。乃斩之。[12]

从以上史料及清代天地会依托佛教寺庙反清复明来看,明郑政权"释辅儒宗"的政策曾对清代闽台社会产生重要影响。

综上所述,郑成功的"释辅儒宗"政策可以诠释为:提倡儒家思想作为反清复明的理论依据和社会道德准则,发展壮大明郑政权;利用佛教主张众生平等,在社会上普遍受人信仰的特殊地位,建立反清复明的秘密组织和情报网络,辅助儒家思想达到反清复明的政治目的,这对泉州地区的儒佛和谐发展有深远影响。

注释:

[1]江日升:《台湾外记》,福建人民出版社,1983年,第32页。

[2]江日升:《台湾外记》,福建人民出版社,1983年,第70~71页。

[3]李元春:《台湾志略》卷一,《原事》,台湾文献丛刊第18种。

[4]江日升:《台湾外记》,福建人民出版社,1983年,第32页。

[5]温睿临:《南疆逸史》卷五四,顾廷龙主编《续修四库全书》史部,别史类,上海古籍出版社,2002年。

[6]温睿临:《南疆逸史》卷五四,顾廷龙主编《续修四库全书》史部,别史类,上海古籍出版社,2002年。

[7]陈昭瑛:《台湾与传统文化》,台湾书店,1999年,第12页。

[8]见南安市郑成功纪念馆存郑成功墨宝。

[9]连横:《台湾通史·外交志》,商务印书馆,1983年,第274页。

[10]罗炤:《郑成功与天地会》,转自人大复印资料网。

[11]罗炤:《郑成功与天地会》,转自人大复印资料网。

[12]连横:《台湾通史》卷二二,华东师范大学出版社,2006年,第303页。

第四节

泉州关帝信仰的理学文化意蕴

林振礼

(泉州师范学院闽南文化生态研究中心)

关羽信仰之源流与宋明理学(新儒学)的发生与发展有着千丝万缕的关系。宋明理学"接伊洛之渊源",使儒学贯通天人而哲理化,其因应对佛道而崛起,又因兼融佛道而兴盛。因此,南宋以降,佛道释三教历经碰撞交融之演变,可以在关羽信仰中找到印记。河南洛阳关帝庙、冢、林三祀合一之关林,其大殿前有对联云:"汉封侯宋封王明封大帝,释称佛儒称圣道称天尊。"揭示了关羽从人到神,以及儒道释由争祀到共祀的历史演变过程。小说家罗贯中没有继承司马迁为农民起义领袖陈涉立世家的传统,而是继承朱熹尊蜀汉为正宗的传统,对后世评判政权兴替的伦理标准产生重大影响。同时,罗贯中宣扬理学家臧否人物的伦理标准,使"三纲五常"道德观念深入人心。通过对泉州朱熹匾与岳飞的考察,阐释闽南泉州关岳崇拜"正气千年薪传"的伦理蕴涵。

关羽(175—219)信仰滥觞于隋唐(山西解州关帝庙始建于隋文帝开皇九年,即公元589年),而兴盛于明清(著名的荆州帝庙、当阳帝庙、关林帝庙、解州帝庙皆兴盛于嘉靖、万历年间)[1]。正阳(北京)、荆州(湖北)、通淮(福建泉州)是汉民族最为古老的关王庙。从客观效果看,罗贯中(1330?—1400?)的《三国演义》对关羽信仰无疑起了推波助澜的巨大作用。从《三国演义》的文本看,生于元末明初的小说家罗贯中所宣扬的正是朱熹正统观与伦理观。这从位于闽南泉州文庙之东——通淮关岳庙的诸多文化因素(通过实地考察与查阅文献)可以得到印证。由此可见,关羽信仰中蕴涵着丰富的理学(新儒学)文化因素。

一、继承朱熹《通鉴纲目》,尊蜀汉为正统,使后世接受以"天理"评判历代政权兴替的伦理标准

清季泉州理学家戴希朱(1850—1918)题泉州通淮关帝庙联云:"通春秋,如我惟考亭纲目;淮左右,祀公迈岳庙馨香。"[1]上联道出了朱熹的《资治通鉴纲目》,以蜀汉为正统(改曹魏纪年为蜀汉纪年)的思想观念,不但为后世士大夫所尊奉,而且为普通信众所接受的历史事实。而唐宋以降的关帝信仰,以人神沟通的方式,是助推"考亭纲目"之思想观念,得以延续千年深入民间的重要载体。

司马光(1019—1086)超然远览,推本《汉纪》,以为《资治通鉴》,自周威烈王二十三年(前403年)以降,凡1362年史事贯联可考,使《春秋》编年之法始复。然而,在朱熹看来,尽管温公

泉州通淮关岳庙

的史学成就可与司马迁相提并论,但其"帝曹魏而寇蜀汉,帝朱梁而寇河东,系武后之年黜中宗之号,与夫屈原、四皓之见削,扬雄、荀彧之见取"[2],凡此皆与《春秋》惩劝之法未尽同者,犹与"天理"不尽相合。乾道七年(1171年),朱熹给蔡元定的信中说:"《纲目》取一纲众目张之义,条例亦已定矣。三国竟须以蜀汉为正统,方得心安耳。"[3]由此可见,朱熹重新整理温公《资治通鉴》的目的,在于建立以理学理念为旨归,"鉴于往事,资于治道"的历史统绪。朱子"寓述于作",将自己的正统观及其褒贬贯穿其中,使"明君贤辅,有以昭其功;乱臣贼子,无以逃其罪"[2]。这种把自己的历史观依附于极有影响力的史学巨著之中的方法,也可称之为"文化嫁接"的方法。朱熹从乾道六年(1170年)起,历经20年断断续续的撰写、修改(最初学生与友人参与撰写过)而"成编",成功地将自己的历史观嫁接于温公的史学巨著之中。《通鉴纲目》的刊刻流布,伴随着朱熹地位的不断被抬升,使后世之士大夫、读书人接受其正统观。

司马迁作《史记》,为平民起义者陈胜立"世家",以"帝王将相宁有种乎"

为卑贱者张目,给敢于造反者一定的历史地位。司马光作《资治通鉴》,继承史迁传统,以曹魏编年——"帝曹魏而寇蜀汉"。然而,朱熹认为,三代以下,"天理"不彰,曹魏、朱梁、武后皆非正统,屈原、四皓之辈不可削,扬雄、荀彧不可取。凡此种种,朱子之最初筹划,当以春秋笔法,字字褒贬,视《纲目》为浩大工程,唯恐"大惧不能卒业以为终身之恨"[4]。后来之编撰践履,则以"天理"据实而书之,同样能令乱臣贼子惧,故舍曲笔为直笔,走出字字褒贬之怪圈,终于完成初稿,可以"缮写首篇草本",向孝宗皇帝进呈。

朱熹的正统观之源,当追溯至春秋时代邹衍的五德之说(源于五行理论)。邹衍以金、木、水、火、土五行相克的原理揭示历史朝代更迭的规律,第一次将五行(相生相克,周而复始)纳入政治领域。后世历代帝王革命,遂沿用五德说。北宋欧阳修(1007—1072)的《正统论》将王朝的更迭由"奉天承运"的政治神话变为"居天下之正"的伦理问题,除了强调"大一统"政治前提之外,特别强调道德认同,亦即政权的合法性来源[5]。宋儒的正统之辨,由欧阳修发其端,而由朱子集其成。朱熹通过《通鉴纲目》,以"天理论"重建历史统绪,其正统观念对后世的影响尤为深远。《通鉴纲目》被后人尊奉为"《春秋》后第一书",明代翰林院编修谢铎说,是书"实经世之大典,帝王之龟鉴"[6]。它不仅仅是一部史学著作,更是一部政治伦理教科书。可以说,朱子《通鉴纲目》所张扬的正统观念基本上主导了元明清三代正统之辨的话语权,故清儒谓"朱子之《纲目》出,而后古今之议正统者定"。

罗贯中生于距朱熹约200年的元末明初,作为"有志图王"者,曾经参与元末群雄并起的政治军事斗争。后因不得志而弃剑握笔,作"传神稗史",其文学巨著《三国演义》,既隐寓着反对分裂,重振纲常,建立"大一统"的政治主张,同时也继承了朱熹的正统观念。《三国演义》第一回就为刘备的帝裔身份埋下伏笔:"中山靖王刘胜之后,汉景帝阁下之孙。"尽管最后三国归晋,汉室兴复只能成为悲壮的追忆。但是,"天理"使然的"蜀汉正统"伴随着关羽信仰的世俗化日益深入人心。诚如明嘉靖间(1522—1566年)李一得为之慨叹:"侯之知主,犹在诸葛公之右,而以死汉视之,或其汗下于九原哉!"[1]名儒李光缙亦认为关羽崇拜深契朱熹传统,其《汉关前将军汉寿亭侯庙记》说:"侯素好《春秋》,是以明正统,仇孙、曹。使其得吾夫子为依归……其或有不忠、不孝、不弟、不友、不信者,无得入此庙。"[1]由此可见,明代缙绅对关羽以蜀汉为正统的认同与颂扬。

二、张扬关羽仁、义、礼、智、忠、勇、廉、节的人格型范，使理学(新儒学)臧否人物的伦理观念深入人心

在史家陈寿《三国志》中，关羽与张飞、马超、黄忠、赵云合传，陈寿记其勇武，"为世虎臣"，如为曹操解白马之围，策马"刺杀良于万众之中，斩其首还，绍诸将莫能当者"[7]；与曹操部将曹仁、于禁"对垒于樊地"，曹营"七军皆没"，羽"威镇华夏"。记其英雄本色，有"国士之风"，如其虽与刘备结义于桃园，恩若兄弟，但却极明忠君之义：在"稠人广坐"中，则"侍立终日，随之周旋，不避艰险"；在受到曹操"尽封其所"的厚待之际，还奔刘备，"誓与共死"，但也不忘报效曹公，可谓情义兼备；在"刮骨去毒"时，虽"臂血流离"，却能"割炙引酒，言笑自若"。然而，对于关羽"刚而自矜"之短，陈寿也秉笔直书：当其不服诸葛亮高待马超时，则传书质问"超人才可谁比类"？诸葛亮答以"犹未及髯之绝伦逸群也"！关羽"省书大悦，以示宾客"，其自我张大可见一斑。孙权"遣使为子索羽女，羽辱骂其使，不许婚"，孙权"大怒"；部将糜芳、傅士仁"素皆嫌羽轻己"，羽出师而二将"不悉相救"，且阴与孙权勾结，致使关羽在三方会战中丢失盟军与部下，又因失荆州而败退，终被孙权斩首。

陈寿对关羽的评价虽简略却不失公允："关羽、张飞皆称万人之敌，为世虎臣。羽报效曹公，飞义释严颜，并有国士之风。然羽刚而自矜，飞暴而无恩，以短取败，理数之常也。"[7] 由此可见，历史上真实的关羽，其地位如同张飞、赵云一般，其封号仅为寿亭侯、壮缪侯而已；其行事既有忠勇竭诚的一面，也有刚愎自用之不足。然而，由于关羽的人物形象具有戏剧性，更加符合各个阶层(从王侯到庶民)的审美需求与价值选择。这种历史的需求与选择所引发的文化形式的具体表述，亦即社会上出现的关羽崇拜，历代统治者通过封官加爵来提高其地位，贩夫走卒则运用民间口碑来演绎传奇故事[8]。

在唐代以降的祭祀中，以配享西周姜尚之武将——蜀前将军汉寿亭侯进入国家级祭奠之列；宋徽宗时，封号由侯而公而王；明代万历由王而帝；清代雍正时，改关帝庙为武庙，称武圣，则由帝而圣取代姜尚，终于登上与文圣孔子并称的殿堂。与封号逐步抬升相应的，是历史人物关羽渐渐被富有传奇色彩的文学形象所取代。元代坊间出现取材于"说话"艺人底本的《三国志平话》，刻意宣传关羽不但受过儒家经传教育(好《左氏传》)，深明《春秋》君臣大义，而且原本就有打抱不平、见义勇为的优秀品格。其思想行为与宋元理学家倡导的伦理纲常相契合。

深受宋元理学思想熏陶的小说家罗贯中,以如椽之笔在其《三国演义》中,根据程朱理学"三纲五常"的伦理规范,将关羽"忠、孝、廉、节"之品格描绘得淋漓尽致。《三国志》记载关羽被曹操所擒,仅200余字,《三国演义》却极尽铺扬,从关羽约三事、救白马之围、过关斩将、保得刘备妻室安全,到君臣聚义等一系列活动,写了约2万言。关羽"降汉不降曹"[9],"身在曹营心在汉","但知刘皇叔去向,不管千里万里,便当辞去"(后果践),足见其对于汉室与刘备忠诚不二。曹操以"绫锦及金银器皿相送",关羽"都送与二嫂收贮"。足见其廉(不为外物所诱)。曹操"送美女十人,使侍关公。关公尽送入内门,令伏侍二嫂";曹操"欲乱其君臣之礼,使关公与二嫂共处一室。关公乃秉烛立于户外,自夜达旦"[9],足见其节("存理灭欲")。因此,罗贯中通过宏阔的历史场景与扣人心弦的人物情节,塑造出符合理学纲常伦理人格型范的关羽形象,伴随着名著《三国演义》的传播,几于家喻户晓。

唐宋以降,关羽信仰演变成为理学落实于人心的民间宗教。关帝庙宇、偶像、碑记、赞诗、楹联、匾额、经书、灵签等等,皆为关羽信仰的重要载体。通过以上诸多文化信息,使关羽的人格魅力,同时也使理学臧否人物的伦理观念深入人心。诚如明代李光缙于万历三十一年(1603年)所撰《汉关前将军汉寿亭侯庙记》说:"侯俨然在上,若挈天纲地维以诏人,不言而人心自肃。天下之争祀侯以此,不但以其殉汉而死事也。"[1]今人林瑞珍(香港)为大殿撰联则更是直抒胸臆:"公平正直,入门不拜无妨;诡诈奸刁,到庙倾诚何益。"[1]光绪十三年(1887年),泉州府学教谕江葆熙摹刻《关帝圣迹图志全集》卷之五(板藏泉郡玉犀巷文昌祠)有朱熹"篆迹赞":

百圣在目,千古在心。妙者躬践,敦(傲)者口吟。(读好书)

莠言虚妄(蔓),兰言实杯(菱)。九兰一莠,驷追不回。(说好话)

圣狂路口,义利关头。择言(行)若游,急行若邮。(行好事)

孔称成仁,孟戒非仁。小人穷冬,巨人盛春。(做好人)

《新安文献志》(四库本)卷四十七有朱熹《勉学箴》,内容大致相同,《朱子全书》不见收录,是佚文抑或伪托,待考。然而,即使是伪托,亦可由此窥见理学文化对关羽信仰的推波助澜。

三、关帝《经书》糅合佛教因果报应,道教摄生养生意涵,阐发《四书》义理,多层次覆盖世俗社会生活

《四书》(《大学》、《中庸》、《论语》、《孟子》)代替《五经》(《易》、《诗》、

《书》、《礼》、《春秋》),成为引领封建社会后期六七百年的官方意识形态。历代统治者把关羽奉为忠义神明,并以佛道教争祀关羽为契机,不断追加封号,诏封关氏三代公爵,命天下府州邑各"以庙置主,春秋祭"。关羽的地位被抬升为武圣人,与文圣人孔夫子受到同等规格的膜拜。从清代流行于江南的"本系梦与玉泉寺僧,僧醒而传述"[1]的《关帝明圣真经》,与清末收入泉州重刻的《关圣帝君圣迹图志全集》的《圣经考》,以及泉州通淮关岳庙砌于墙上的《觉世真经》(道光间泉州人、四川总督苏廷玉择写)等经书看,其内容皆是理学(新儒学)借关帝宣传"忠孝修身立命之事,谆谆垂诫世人"之伦理,亦即"积善之家有余庆,积不善之家有余祸"的劝善道理。还有以儒治世为主,以佛治心、以道养生为辅之通俗说教。

　　先秦儒家就人性的问题,讨论过人性善恶。孟子在批判告子"生之谓性"的基础上建立其人性论,以养吾"浩然之气"作为提升人的道德水准的途径。宋儒则将心性修养方法引向深入:以"天命之性"(人人心中都有)与"气质之性"(可为善也可为恶)区别人性,以"人欲"为挟"气质之性"之罪恶,实质是将人性引入宗教的"原罪说"。因此,通过"存理灭欲",提升人们的德性伦理。朱熹通过注解《四书》,综罗先儒的义利之辨,在理气的框架下阐发孟子的"四端"(仁、义、礼、智),"七情"(喜、怒、哀、惧、爱、恶、欲),发越"正气"。同时,以《论语》立其根本,以《大学》"格物穷理"为纲领,发《中庸》之微旨,强化并张扬"诚"、"敬"观念,以体认"天理",达到"众物之表里精粗无不到","吾心之全体大用无不明"的天人合一境界。元代《四书》悬为令甲,成为科举考试教科书,朱子《四书集注》成为读书人的标准答案,取得与经同等的地位。上述关帝经书产生于清代,亦即康熙复兴朱子学之后,出自地方缙绅之手的《经书》无法摆脱理学的藩篱,通篇都洋溢着理学文化。

　　《圣经考·经注》之"鸿濛章"极言因果报应:"鸿濛元始,天地未分,大化布气,是生万物。……化化生生,乃有伦理,宿命因缘,有善有恶,所作之报,如影逐形。种兰得香,种粟得粮,因人善恶,祸福不爽。"[1]"摄生章"则教人"存理去欲"以养生:"人之戕贼其生,未有不始于欲声色、货利之类,一有溺情,则精耗神疲……惟淡泊宁静,存理遏欲,则心安身逸,可语长生。"[1]"配育章"不超200字,将"天理"化为经义,凡四出:"人伦中夫妇、父子两端……引之以善念天理也。夫家室永宜,嗣续绵远……而往往不可得者,何也?天理不存故也。天理者何?事亲孝,事君忠,居仁由义而已。苟宅心光明,立身正大,则天理常存。"[1]"气数章"则阐述"气禀"与"为学"的关系:"人禀气数以生,宁无清浊智愚之别,然而补偏救弊,原俟乎人……气数之小在人,如庸凡愚昧之资,学问可得而转移。"[1]"欲界章"则阐发朱熹"心统性情"说:"欲者,情也。情发于性,贵不失其本,若人一经陷溺,则不名欲而名欲,欲炽而失其情。即失其性,并失其统性情之心矣。"[1]朱熹重视关涉心性问题的"四端"、"七情",也能在其中找到痕迹。凡此种种,不胜枚举。

对于普通百姓而言,离开了理学(新儒学)落实于人心的民间宗教,理学成了毫无着落的学问,犹如四处飘荡的游魂。在关帝信仰的"诵经仪式"中,按民间规则,若一时不及塑画圣像,即用黄纸以朱笔写"伏魔大帝关圣帝君神位",斋戒沐浴,点烛上香,鲜果供品,三跪九叩,反复诵读,践履笃实。理学文化伴随着关帝信仰善男信女虔诚的诵经活动而潜移默化,深入人心。

四、泉州关岳庙高悬朱熹"正气匾",而岳飞故物"正气砚"为清末泉州状元吴鲁所得,崇拜"正气"的传统一脉相承

泉州关岳庙内有正气堂,高悬朱熹彰扬抗金的"正气匾"。无独有偶,岳飞故物"正气砚",则曾为朱熹的二传门人文天祥和泉州最后一名状元吴鲁所得。千载以下"正气"一脉相传。

"正气"方正斗楷二字,黑匾金字,题款为"朱晦翁",且有印章。明清时代,泉州七城门附近关帝庙皆长期悬挂"正气匾"。清末后城杨家栋将舍人宫边竖式"正气匾"改为横式匾,悬挂于通淮关岳庙中殿。明代张瑞图"充塞

朱熹"正气"匾

天地"匾额同悬于中殿,两匾合璧为"正气充塞天地",应是大书法家张氏"敬书"此匾的初衷吧!

陈允敦教授《泉州名匾录》认为,朱熹闻悉抗金前线获得大捷,遂书此"正气"二字彰扬岳飞(时距风波亭冤案20年),以张正气。绍兴三十一年(1161年),完颜亮南侵,在扬州为部将所杀,宋军趁机收复一片失地。朱熹书此二大字赠予泉人,吟咏《闻二十八日之报喜而成诗七首》,其二云:

天骄得意任驱驰,太岁乘蛇已应期。

　　一夜旄头光殒地,饮江胡马未全知。[10]

　　自此,"正气"一脉,承忠武而启后贤。岳飞之媳(岳霖妻)——泉州晋江石龟村人许氏茹苦含辛教育其子岳珂"诵古今奏议,谓是足壮它日气节"。[11]岳珂集《金陀粹编》等上奏,一门奇冤得以昭雪。[12]

　　岳飞生前所用之砚,背镌"持坚守白,不磷缁"八字之铭。风波亭事件百年后,砚为谢枋得(1226—1289)收藏,他在岳飞铭文上刻一小记:"枋得家藏岳忠武墨迹,与铭字相若,此盖忠武故物也。"咸淳九年(1273年),谢枋得把岳飞砚赠给以"天地正气"为万物之宗的文天祥(1236—1283),把匡扶宋室,挽狂澜于既倒的希望寄托在诤友身上。后来谢枋得誓不仕元,绝食死节。文天祥得砚后,百感交集,运力镌跋于铭文之侧:"砚惟非铁磨难穿,心虽非石如其坚,守之弗失道自全。"带着岳飞砚,文天祥追随宋幼主来泉州,曾驻南安朴里(朴兜),手书"朱后文先"[13]赠予抗元学者吕大奎(朱熹的再传弟子),意为俩人同得理学之传,又同守民族气节。吕生于朱熹之后,而居于文天祥之前。从上述及文天祥书"忠孝廉节"[13](赠傅伯成家族)、"无惭君恩"[13](吕大奎第三子获封为恭懿侯,以此勉之)等遗迹看,南宋危亡之际,接应这位天涯孤臣的是朱熹理学的传人。抗元兵败后,文天祥以"人生自古谁无死,留取丹心照汗青"的千古绝唱,拒绝投降,并写下那惊天地泣鬼神的《正气歌》,从容就义。

　　文天祥殉节后,岳飞砚不知几易其主。清康熙间为吏部尚书宋漫堂收藏,宋氏深知此砚意蕴而名之曰"正气砚"。光绪二十年(1894年),吴鲁在安徽得此砚,遂以"正气研斋"名其书室,并作"正气砚题记":

　　余家藏正气砚,为岳忠武故物。背镌忠武"持坚守白,不磷不缁"八字之铭,旁镌谢叠山先生记。三公皆宋室孤忠,得乾坤之正气者也。旧藏漫堂先生家,因名之曰"正气砚"。甲午秋,余得之皖南,如获重宝。[14]

　　从此,"正气砚"与吴鲁朝夕相伴。1900年,吴鲁在北京亲睹八国联军烧杀掠夺之暴行和清统治者仓皇逃命之丑态,愤时感事而作《百哀诗》以弘扬正气,为后人留下了无可辩驳的历史见证。赵宋孤忠文天祥追随宋幼主来到泉州,得到理学传人的接应。"正气砚"与朱熹"正气匾"交相辉映,与泉州结下不解之缘。由此可见,民国三年(1914年)关帝庙"增祀岳忠武王"[1],乃渊源有所自,诚非偶然。

　　朱熹"正气匾",至今犹存,岳飞"正气砚"于"文革"中失去。吴鲁季子吴钟善《守砚庵记》云:"其石乃端州所产地也。纵九寸有厅,形圆而不椭,下广而上略狭,莹然而泽,其渥然而焦。望面知其出乎数百年以前也。"近40年过去了,不知砚落谁家。人们期待:岳飞砚,归来兮!

朱熹论理气,有"'守之勿失'者,以此为正"[14]之语,文天祥以"守之弗失,道自全"跋砚,承前启后,一匾一砚,同归"正气",诚非偶然。朱熹以"正气"抗金御侮、彰扬岳飞;谢枋得以扶植纲常为己任,用生命践其"义高便觉生堪舍,礼重方知死甚轻"的诺言;文天祥毁家纾难,南来泉州,倚理学门庭以抗元,兵败则视死如归,表现了伟大的民族气节;响应天文祥勤王抗元的吕大奎,后因宁死不在蒲寿庚降元的投降书上签名,为蒲氏所杀,时人称其"致身事君,舍生取义"[15];宋漫堂以"正气"名砚,是为心灵之共鸣;吴鲁以宋室孤忠为楷模,奋笔疾书咏"百哀",抒发了传统文人的浩然正气。

总之,我们认为朱熹题匾"正气"把握着整个时代的价值追求。既与传统的民族精神即"忠君爱国"、"急公尚义"一脉相承,又为重铸儒家文化的价值观念注入新的活力。因此,尽管历经改朝换代的大变迁,"正气"一脉仍应得以薪传。

注释:

[1]吴幼雄、李少园:《通淮关岳庙志》,中国社会科学出版社,2008年,第35~175页。

[2]李方子:《资治通鉴纲目后序》,《朱子全书》,上海古籍出版社,2002年。

[3]朱熹:《朱熹集·续集》卷二,《答蔡季通》,四川教育出版社,1996年。

[4]朱熹:《朱熹集·答李滨老》卷四六,四川教育出版社,1996年。

[5]刘浦江:《"五德终始"说之终结——兼论宋代以降传统政治文化的嬗变》,《中国社会科学》2006年第3期,第10页。

[6]谢铎:《校勘资治通鉴纲目疏》,《御选明臣奏议》卷四,四库全书本,1986年。

[7]陈寿:《三国志·蜀志》卷六,四库全书本,1986年。

[8]张惠芝、崔凡芝:《试析宋明理学中诚学对关羽形象的影响》,《中国历史博物馆馆刊》1998年第2期,第33~77页。

[9]罗贯中:《三国演义》,岳麓书社,2009年,第175~176页。

[10]朱熹:《朱熹集》卷二,四川教育出版社,1996年。

[11]岳珂:《桯史》,四库全书本第1039册,1986年,第419页。

[12]傅金星:《泉山采璞》,华星出版社,1992年,第114页。

[13]陈允敦:《泉州名匾录》,紫禁城出版社,1995年,第35~36页。

[14]黎靖德:《朱子语类》卷九八,中华书局,1986年,第2529页。

[15]怀荫布等:《泉州府志》卷四一,《人物》,乾隆版。

第五节

重建之根:儒教视域里的萧太傅信仰研究

陈彦军

(三亚学院国家治理研究院)

在重建儒教的大背景下,以闽南萧太傅信仰为例,从公民宗教的角度挖掘民间信仰中的儒教元素,探讨公庙类民间信仰与宋明理学之间的关系,力图论证公庙类民间信仰是宋明新儒教的遗留,是今天重建儒教的重要基础。定性此类民间信仰为儒教,对于构建公民社会、构筑民族凝聚力、提升国家软实力具有重要意义。

任继愈在1978年底提出儒教是教说,将儒教与儒学画等号,认为两宋时儒教形成并完成,宋明理学是儒教[①],儒教研究从此成为一个学术热点。1978年以来的儒教研究经历了三个阶段:1978年至1985年为第一阶段,中心议题是"儒教是否宗教";1985年至2000年为第二阶段,主要议题是"儒教是什么性质的宗教";2001年以来为第三阶段,突出议题是"重建儒教的途径"。[②] 本文无意重复检讨儒教的概念,而是视其为一种社会存在,研究它的历史和当前情境下由隐而显,也即重建的基础和意义。陈明在《儒教之公民宗教说》中明确说儒教在结构上"与民间信仰相贯通","在现代性扩展之后,民间信仰岌岌可危,最后的希望或生长点也只能到这里找寻"[1]。随着讨论

---

① 任继愈发表了《论儒教的形成》(《中国社会科学》1980年第1期)、《儒家与儒教》(《中国哲学》第3辑,三联书店,1980年8月)、《儒教的再评价》(《中国社会科学》1982年第2期)、《朱熹与宗教》(《中国社会科学》1982年第5期)等一系列文章,论证"儒教就是宗教",宋明理学是儒教。

② 关于前两阶段分期,参看邢东田《1978—2000年中国的儒教研究:学术回顾与思考》,载《学术界》2003年第2期;2001年以来,随着儒教争论的再次兴起,陈明发表《中国文化中的儒教问题:起源、现状与趋向》(收入《儒者之维》,北京:北京大学出版社,2004年10月),提出重建儒教问题。之后,蒋庆发表《重建中国儒教的构想》,陈明提出儒教公民宗教说,探索今天儒教重建的可能与方式。

的深入及现实的发展,任继愈也提出到田野去研究儒教[2]。改革开放以来,福建的民间信仰得到迅速复苏[3],辐射闽台的泉州富美宫萧太傅信仰崇祀汉代儒臣萧望之,与儒教有着千丝万缕的联系,遂成为笔者的进路。

一

富美宫位于泉州市万寿路尾,隔防洪堤和滨江大道与晋江相邻,相传始创于明正德年间,原为晋江富美渡头单一供奉萧王爷的小祠,光绪辛巳年(1881年)于现址扩建,形成以萧太傅为主神,配祀廿四司、文武尊王、苏柳李三夫人的奉祀格局。富美宫是旧泉州铺境体系(泉州城内以城墙为基本范围,城下设"隅","隅"下设"铺","铺"下设"境",民间简称为"铺境")中的南门聚津铺富美境的境庙,虽占地不足十亩,寺殿面积只有330平方米,却是闽台众多王爷宫庙的祖庙,是除西街开元寺、东街元妙观、通淮关帝庙、南门内天后宫等外,泉州市区内一大香火鼎盛之所。

熟悉《汉书·萧望之传》的观者会在富美宫的对联中发现浓厚的儒教意涵。富美宫主体建筑二进,中有拜亭。大殿面阔三间、进深三间,硬山式。站在富美宫门口,格外显眼的是大门对联:"富经术而事两朝道宗论语,美政声以行三辅绩懋儒臣。"还有两旁立柱对联:"富国在藏民论规张敞,美言莫轻听议拒乌孙";"陈善弹非扬正气,穷经问礼振儒风。"俱为清末举人曾遒甲戌(1934年)夏日穀旦敬撰并书。正门门扇上贴着秦叔宝等门神,两侧门是老中青少四太监像。进正门是一香案,披着倒书"富美萧太傅"五字的绣布。香案两侧靠墙有西班头爷、东班头爷小神龛。绕过香案,正对香烛供奉、绣帏高挑的大型神龛,中间供戴王冠、披衮袍的萧太傅二尺高木雕坐像,右侧供福德正神,左侧供文武尊王。龛上高悬民国丁亥(1947年)末代举人曾遒敬书、三教厚诚敬献的"汉代儒臣"大匾,两侧对联为辛巳年(2001年)端月台北萧万长敬撰:"史籍永载千秋颂,声威泉台万古传。"殿中及两侧墙内多个立柱镌刻对联,如"御史纯忠勋昭汉史,兰陵发迹灵庇温陵","相业傅汉廷经明持重,神威宣海国福曜长留","麟阁当时留绘画,鳌江终古奠馨香","书勋炎汉尊贤傅,立庙温陵仗福神","巍峨宫阙奠鳌旋,赫濯声灵崇富美","敬前贤善事多行,求神明亏心莫作","神明构造海峡道,春风唤起故乡情"等等;殿内高悬的匾额还有"日在天上"、"源远飘馨"、"圣迹长存"、"功高麟阁"等。绕过萧太傅神龛进入后殿,后殿正中是一个香案,上奉"玉旨·代天巡狩"牌

179

位,香案后的神橱内摆置二十四司王爷①及各地宫庙、香客寄放的神明木塑。后殿对联有"麟阁将相光社稷,汉室忠魂壮乾坤","富有经术名重环宇,美德善政祀享千秋","儒臣浩气通四极,太傅英灵贯三光","汉代书香传奕世,兰陵圣人仰贤名","太傅英灵垂万古,长倩神光泽九州"等等。正殿西侧是附殿夫人妈宫。富美宫殿内殿外的木雕、石雕多取材民间流传的忠孝故事,均甚精美。

除了这些对联,富美宫的信仰活动就与其他民间宫庙差别不大了。神明萧太傅俗称萧王爷、阿爷公,一年间主要的信仰活动有正月初二日的接神仪式,正月十五、十六日的添香仪式及道士主持的平安醮,五月十七日萧太傅神诞,十月十五日水路大醮(三年一次)和十二月二十一日晚的送神仪式。据有关资料,富美宫旧有农历十二月十五日收兵、二月初二日犒兵的祀鬼神仪式,要请法师;还有遵循惯例到被称为"一邦神祠"的东岳行宫"乞火",铺境各组织"卜筊"以取得来年祭祀萧王爷的主持权等。富美宫比较有特色的旧宗教习俗有纪念萧太傅的放生公羊仪式、驱瘟放王船仪式和向神借钱活动,现在都没有条件举行了。

萧太傅神诞是如今最热闹的信仰活动,它由1988年组建并已更换三届的董事会组织,境内居民自发参与。由于富美宫有较为丰厚的香火钱、海外捐献和经营收入(像芳名录、派神符和富美宫香袋等),不需要像一般境庙要在举行神诞活动前发布告要求境内居民捐献。神诞日前三天,各项活动就已经开展了。有请戏的,请电影的,布告都在庙外张贴,样式大体是:富美萧太傅千秋,某月某日,弟子某某敬献高甲戏(或大鼓吹、电影等等)。戏剧是传统高甲戏,表现忠义为主,戏台就在宫前空地临时搭成。神诞前后几日,拜香、割火的信众不断而来,在神诞日人数达到高峰,估计几日里参拜人次在几万之多。参拜人群多以家庭为单位的,全家老小一起出动,也有个人,都带着供品而来。远方的信众往往是组成团队包车而来,大的团队常常有近百辆车,在富美宫外的大街上排成长队。人车虽然多,但秩序井然,一个维持秩序的警察也没有。分灵要定期到祖庙割火才能保持灵验。家庭供的神捧着来割火,绕着神案转三圈表示割火完成。团体的一般抬来神轿,在宫

---

① 二十四司王爷俱为历史人物,其中有叶王爷,讳适,宋永嘉人,嘉泰间任泉州知府,著名儒家学者;罗王爷,讳伦,明吉安人,成化二年进士第一,后谪提举泉州市舶司,在泉州城北讲学,世称"一峰先生"。

前空地摇神,询神旨意。轿夫往往一副不由自主的样子,看上去像是神在指挥他们。有的团队深夜而来,常常带着乩童,表演惊世骇俗的各种"法术"。神诞期间富美宫提供斋饭,就在宫庙附近的空地上搭起棚子做厨房,厨师一般是附近信众,自愿服务。

二

类似富美宫这样的宫庙福建各地有很多,像供奉开漳圣王、法主公等宫庙,他们都有一个共同的特点:起源或兴盛于某地域,成为该地域的神明崇拜中心,然后随着该地域住户的外迁或其他形式,信仰辐射到其他地域,形成或多或少的分灵。现在的研究者将之称为神庙、宫庙、境庙、村庙等等,陈明把这种宫庙称为公庙①。公庙是地域社会神明崇拜的中心,传统中大到一国一城,小到一村一个角落,有着各种层级的公庙。公庙的普遍出现是伴随着唐宋之变而来,在华南显得尤为突出。唐末以来,华南的中原移民有两个重要的公共建筑,一是祠堂,二是公庙,一重血缘,二重地域,而由于华南单姓村众多,祠堂和公庙常常紧密相连。"祠堂是宗族中宗教的、社会的、政治的和经济的中心,也就是整族整乡的'集合表象'(Collective Representation)";"庙宇敬神,乃是祖先崇拜的伸展",公庙也是"宗族固结(clanSolidarity)的机关",二者在组织和仪式上也重叠互动。[4]祠堂和公庙合起来称祠庙,明清地方志将祠庙列在寺观之前,以区别于佛道。蔡相辉说:"中国人的宗教信仰中,除了道佛回基督天主等大宗教外,还有一个不具有宗教形态(教主、教义、经典、神职人员)但却拥有最多信仰人口及传播据点的祠庙。祠包括家祠、宗祠及规模较小而常见的义民、乡贤、节孝、名宦等祠,奉祀神为祖先及德行足供后人表率的人物;庙也种类繁多,奉祀的神也无所不包。古代政府官员将建立祠庙教化百姓称为'神道设教',并未将之归纳为宗教,但在佛道等宗教竞争激烈的场合,皇帝常有'儒释道合一'的说法出现,或可显示古人将神道与儒教画上等号的看法。"[5]蔡相辉笼统地谈论儒教,而且简单地把儒教看作是政府官员教化百姓的手段,这都是有待辨析和订正的。准确地说,祠堂和公庙是宋明儒教化的两个重要物质载体。关于祠堂是宋明理学精神庶民化和庶民理学化的载体已多有学者论述,[6]公庙与宋明儒教化的关系还鲜有学者论述。

---

① 陈明在调查闽南时提出这个概念。

泉州宋代以来形成宗族祠堂众多、铺镜庙宇系统发达的局面,如今走在泉州市镇和乡村,也常能看到众多修复的祠堂和公庙。泉州是闽南文化区的重镇,在语言、民俗、宗教等诸多方面保存了大量西晋以来历次大规模中原移民带来的中原文化。这些层层积淀的文化在新环境的催化下、在历史的淘洗中发展出新的文化,不仅满足了泉州人民的需要,而且反哺中原。王铭铭抚今追昔,将泉州的历史定位为"东方大港"和"世界宗教博物馆",思考宋元时多种族、多文化的泉州何以会存在,思考这样的繁荣如何在西方殖民主义和从明太祖开始"被彻底官学化,从民间的学术思想论述,转变为官方的'礼教'"的自身儒学力量双重挤压下"逝去"。[7]但南宋闽学的兴起和"紫阳过化"无疑是泉州历史的一大亮点,朱熹对泉州民间礼俗产生了深刻的影响,"海滨邹鲁"也由此叫响。① "海滨邹鲁"意味着泉州并不是王铭铭所谓的"文化边疆区"。夷狄入侵,北方胡化,携带中原文化的南迁汉人在移民开发过程中使华夏文化重新焕发生机。南宋时期,南方已经开始在经济、文化上成为华夏文化的重镇,以朱子为代表的闽学既是地域文化的产物,更是华夏文化自身的更新。而且,程朱理学本身并不是单纯的学术思想,它包含着兴礼乐、施教化的社会活动,重要的成果就是祠庙的兴盛和儒教化。后来的官学化固然使理学僵化,但也使理学获得广泛传播的助力,推动了中国的儒教化。明代正德年间官学外兴起的阳明心学克服了程朱理学的僵化,促进了儒教化的新发展。南宋以来,中国再没出现长时间的分裂局面,儒教化构筑了中华文化多元一体的基础,离开这一点来谈泉州历史上的多种族、多文化是空泛、无根基的。当然,经过现代社会冲刷过的祠庙已去儒教化,正如我们前面在萧太傅信仰活动中所见的,儒教特征在淡化。

三

现有的关于富美宫萧太傅信仰的研究几乎不关涉儒教,分别从民间信仰、王爷信仰两个范式来研究,但都有着不可克服的困难。

---

① 朱熹与泉州有着很深的渊源,少年时随父亲朱松在晋江石井镇度过;23岁初宦即在泉州同安(今属厦门),在泉州迁延近5年之久;54岁重游泉州,招收诸多泉籍门生;61岁知漳州力推经界,曾莅临泉州。泉州历来被认为是"紫阳过化之区,薪传不绝"。今泉州开元寺保存一方从倾圮的朱子祠移入的竖式石碑,上面所镌楹联是"接伊洛之渊源,开海滨之邹鲁"。关于朱熹对泉州礼俗的影响,参看方宝璋:《闽台民间习俗》,福建人民出版社,2003年,第33、92、297页。

先看民间信仰研究范式。富美宫1988年恢复时因与台湾进行宗教交流的需要,根据它历史上曾有道士住持的事实划归了道教,但确定为道教,按照现行法规,就要由道教协会委派道士住持加以管理,这既不符合富美宫的传统,也无法和台湾宫庙进行交流,所以在政府以民族宗教的方式确认民间信仰的合法性后,萧太傅信仰就成了民间信仰。按照蔡相辉的说法,国民政府建立后,政府施政排除既有祠祀政策,祠庙就变成了纯粹的民间宗教行为。20世纪60年代台湾学术界在研究此领域时,开始以"民间信仰"称之。[7]不过,据高丙中等的研究,约在20世纪20年代,"民间的信仰"、"民众信仰"、"民间宗教"常见于中国学者的文章中,至20世纪30年代,"民间信仰"已成为一个相对稳定的术语了。[8]但经过学术断层,"文革"后,中国学界一开始多引进西方宗教学理论,从原始宗教的遗留或小传统(little tradition)的角度来研究民间信仰,将它看作儒释道之外的信仰状态或儒释道在民间的杂糅,如王铭铭认为独立地存在一种民间宗教(Popular Religion),其内容主要包括"(1)神、祖先、鬼的信仰;(2)庙祭、年度祭祀和生命周期的仪式;(3)血缘性的家族和地域性庙宇的意识组织;(4)世界观和宇宙观的象征体系"。[9]

王铭铭研究了包括萧太傅信仰在内的泉州民间神明崇拜营造的地域社会。泉州城厢民间祀神神诞日从正月到十二月依次排列,没有重合,使得每个月都有多起神诞活动;有神诞就有迎神赛会,就有敬神演戏。在神明构筑的泉州城空间里,泉州人几乎一年到头都生活在神明带来的日常生活的开解中。王铭铭借用英国人类学家特纳的仪式理论,分析了泉州迎神赛会和节庆仪式的"结构—反结构—结构"过程:日常社会结构中,官绅与百姓、长辈与晚辈尊卑分明,但在迎神赛会中,官绅被要求出面、出钱组织,暂时驱除他们平日在民众面前维持的士绅面子,与民同乐,在节庆时的家庭仪式中,长辈需要与晚辈展开较之日常时期多得多的沟通,甚至家里当官的老爷,也要与其他家庭成员密切互动,于是日常状态的阶层和个人差异被仪式的凝聚力打破,造成了一个社会结构差异的"空白期",也就是反结构。仪式过后,又重回日常结构。这样一个过程在定时释放社会结构带给人的不适和压抑的同时固化了社会结构。但王铭铭也认识到这个分析很难体现泉州地方社会的面貌。明清泉州社会有着多重的社会空间层次,包括家户、宗族、地缘性社区(如铺境)和城市整体空间单位,各个层次有着自己的仪式又彼此交叉,如"天和祖先的年度祭祀,促发的认同感是以家户(宗族)为单位的共同体意识；神明的祭祀，则可能在地缘性社区和城市整体空间单位中构成其共同体的意识；鬼的祭祀，或成为家户（宗族）共同体意识的象征机制，或成为地缘性社区共同体意识的营造手段"，而同时，"所有的社会空间单位都各自具有自己的'核心区位'，如家户有大厅，宗族有祠堂，地缘性社区有各自的神庙，而城市也同样有核心的大庙"，赛会和节庆仪式的"反结构"效力在这种多重交叉中被消弭，仪式用各种非正式的手段营造家户、宗族、铺镜和城市共同体秩序，并没有成为"乱"的根源，而是有着内在的逻辑和秩序，它与官方正统体系所设计的秩序基本是对应的，因此泉州民俗"多依朱子家礼"。王铭铭不能理解的是"这样井然有序的制度却被明清两代的统治者称为'淫祠'或'淫祀'"，[10]"非其所祭而祭之，名曰淫祀，淫祀无福"。在儒教的话语里，淫祀并不等于异端，而指不合礼仪，缺乏节制或不在祭典，传统中国大量淫祀的存在是一种日常状态，代表着儒教内部自我调整的张力①，当然也有官府控制社会的需要。熟悉传统社会的人都知道，正祀、淫祀之分并不是官方和民间、大传统和小传统之别。

杨庆堃希望以"中国宗教"的名目来克服上述问题。在《中国社会的宗教》一书中，杨庆堃全面论述了"中国宗教"如何成功地维持着中国文明的伦理与道德秩序的长久存续。他意识到区别宗教的精英形式和民间形式常常会对信仰与仪式的民间表达方式带有偏见，他将宗教分为"分散型"（diffused）和"制度型"（institutional）两种基本模式，并用前一种模式来描述"中国宗教"，认为"中国宗教"在中国社会中的地位类同于制度型的基督教在西方社会的地位，并不因分散及不提供社会所需的宗教功能而不构成宗教结构体系。杨庆堃将自己的宗教定义限定在有神信仰上，断定儒学是无神论，所以他在"中国宗教"外谈论儒学的宗教性和儒学为"中国宗教"提供伦理价值。且不说杨庆堃的"中国宗教"包括国家祭祀体系这样的制度型元素而使他的"分散型"说法有着内在矛盾，他的立论实际还有其"儒学非宗教说"流行的时代背景，在今天宗教定义呈现多元、"儒教是宗教"也为更多人接受的情况下，仍旧将"中国宗教"与儒教相区别，只会使"中国宗教"与学界所论的小传统意义上的民间信仰混为一谈。

---

① 如宋明理学者并不以是否在国家祀典来判定某神明崇拜的合法与否（参看皮庆生：《宋人的正祀、淫祀观》，《东岳论丛》2005年第4期），也屡屡以建立书院系统和儒者神明系统来摆脱官方学校和孔庙体系。

再看王爷信仰范式。台湾王爷庙数量仅次于土地庙,台湾学者也较早开始王爷信仰研究。关于王爷神的起源,刘枝万、蔡相辉、康豹分别提出瘟神说、郑王说、独立说。王爷信仰起源的"郑王说"只对台湾王爷有一定解释力,"独立说"以"流"测"源",难得要领,所以,学术界一般接受"瘟神说"。大陆在研究类似的民间信仰形式时借用了台湾的概念。林国平认为闽南地区的瘟神就是"王爷",富美宫被称为王爷庙的总部,其所奉祀的萧太傅自然就是瘟神。泉州地方学者陈垂成、吴幼雄、郑国栋、李玉昆、粘良图等人的文章利用第一手资料梳理了萧太傅信仰在泉台产生、传衍、演变的过程和复杂而全面的社会功能,得出的较为一致的意见是:萧太傅在泉州成王爷神,是由入闽萧氏的祖先崇拜演变而来;王爷或有从瘟神转变而来,但更多是"生为英杰,殁而为神"的历代功臣烈士、英雄豪杰;王爷信仰的产生,是以上古厉鬼祭祀为基础,贯穿《礼记·祭义》中"法施于民则祀之,以死勤事则祀之,以劳定国则祀之,能御大灾则祀之,能捍大患则祀之"的精神,在官方教化和民众需要的互动中孕育,在明中期以后民间造神运动等错综复杂的社会背景下形成;王爷信仰是闽台独特的信仰,萧太傅是福神、万能神。[11]

瘟神崇拜源于上古厉祭。先民把造成大量人畜死亡的瘟疫与非正常死亡的厉鬼的作祟联系在一起,中国古来历朝都设有厉祭。《礼记·祭法》所言王立泰厉、诸侯立公厉、大夫立族厉的体系在明太祖年间得到有力的复兴,乡厉坛遍及乡野,并与元代开始兴起的里社制结合,同祀五土五谷之神的社坛一起成为社区的中心,意义已不限于驱瘟辟邪。后来坛慢慢变成了庙,供奉上乡民崇拜的各色名号的神灵。郑振满对福建莆田江口平原的神庙研究,证实了神庙作为社区中心的地位。他认为从明到清,闽南经历了一个由里社转变为村庙的过程,明初的社坛日益消解,形成大量以"社"为名的神庙。[12] 闽南的王爷庙多是村庙、角头庙或境庙,王爷神实质上就是在里社转村庙的过程中由瘟神转变而来。而且由于早期中原移民在"边陲状态"下形成血缘与地缘紧密结合的生存方式,瘟神即后来的王爷神与祖先神也密切相关。华南单姓村众多,村庙和唐末以来兴起的宗祠常常形成紧密的关联,庙宇的建造是福建宗族组织的一项重要任务[13]。庙与祠的关联正是上古"社"的原意的复现。《礼记·祭法》说:"王为群姓立社,曰大社;诸侯为百姓立社,曰国社。"上古"社"原本包含内祀祭祖和外祀祭土两个内涵,社神的最初形态是祖神,作为集团的保护神,又带有强烈的地域性色彩,社神的权限被看作是辖区内的这块土地及附着其上的自然界阴性力量,兼有禳灾保民的职能。一直到明中后期,闽南都是瘟疫多发区,所以,祖神与瘟神交叉有着种种可能。

以上分析可见王爷信仰与儒教有着密切关联,不过,研究者存在对儒教的误解和对宋明理学在王爷信仰的形成和发展中的作用的忽视。粘良图《王爷崇拜与儒教》一文认为王爷神是由五帝、五通、五圣等瘟神转变而来,在由以昊天上帝为首的神灵系统、祖宗神灵系统和以孔子为首的神灵系统构成的政教合一的儒教的限制、排斥、打击下,王爷神"改头换面,冠以忠义节烈的名字得以保存",并归附到由家族神演变而来的萧太傅的麾下;以"汉代儒臣"萧望之为王爷之首表明了"王爷信仰主动向儒教归顺",而"光绪年间,福建巡抚岑毓英向泉州'王爷总部'富美宫敬献'日在天上'匾额一方,正标志着王爷信仰正式纳入儒教系统"。这种观点有几个问题:(1)一部分王爷神本来就是历史上的忠义节烈人物殁而为神,只是后世忘记了名讳而已,改头换面的情况不具有普遍性;(2)归附萧太傅的现实情况应该更复杂,关于富美宫成为"王爷总部",还有经济和地理的原因;(3)仅从政教合一的角度去看儒教,会忽略宋明理学深耕民间、导民化俗而构筑新的社会基础的一面。

四

从儒教视域来考察萧太傅信仰,我们会看到三个问题。

(一)汉代儒教的兴起伴随民间信仰的泛滥,而宋明理学完成了对民间信仰的改造,形成新儒教

儒学研究中有区分汉学和宋学的传统,但很少有人去发现汉宋儒教之别。钟国发《汉帝国宗教的儒化改革》一文写道:"经学大师后仓兼习诗、礼,自武帝末期至宣帝初期一直担任博士,传其礼学的主要是戴德、戴圣叔侄,而名臣萧望之、翼奉、匡衡也都是教师后仓传《齐诗》的弟子。以二戴的著述为基础,翼奉、匡衡等相继对国家宗庙、郊社祭祀礼仪发起批判,掀起了一场声势浩大的宗教改革运动,几经反复,终于实现了帝国宗教祭祀体制的儒教化。"[14]但祭祀制度的改革正如吕思勉曾指出的:"古人率笃于教,故其祭祀之礼甚烦。又各地方各有其所奉之神,秦、汉统一以后逐渐聚集于中央,其烦费遂愈甚。经元成之厘正,而其弊乃稍除。此亦宗教之一大变,不能不归其于儒者之持正也。"董仲舒、萧望之等汉儒关切的是周秦之变后国家政治

的重建,祭祀和礼仪因为是古代国家政治的必然组成部分而受到关注。从贾谊的《治安策》到董仲舒的《天人三策》再到"宗教祭祀体制的儒教化",无不体现的是如何应对社会矛盾,从政治入手来解决问题。汉儒并没有建立一个社会意义上的宗教,所以才会出现民间信仰失控,道教兴起,佛教进入,来满足普通大众的宗教需求。[15]蒙文通说:"汉儒言政,精意于政治制度者多,究心于社会事业者少。宋儒则反是,于政刑兵赋之事,谓'在治人不在治法'。其论史于钱谷兵刑之故,亦谓'则有司存',而谆谆于社会教养之道。"[16]宋明理学的兴起,改造了泛滥的民间信仰,产生了一个以宗法和乡社为依托的普泛于百姓伦常日用的宗教。理学有着丰富的内容,既有知识又有实践,既有哲学又有教团①。如果说三代宗教文化为古儒教②,那么汉儒建构并延续到清末的国家祭祀、礼仪体系和学校制度,可以说是旧儒教,而宋明理学,从其宗教意义上就是新儒教,建构道统,形成学派(也可以叫教派,儒学的"学"原本就重在学习、操演礼仪),倡导祠祀先贤和理学前辈,以家礼、乡约化民导俗就是理学家的宗教实践。

(二)祖先崇拜及宋儒宗法主义对其的改造

祖先崇拜是世界宗教信仰的一种普遍形式,西方基督教在发展中走了一条特殊化的道路,敬天一维独大。晚清康有为在模仿基督教构画孔教会时注意到这一点,认为孔教应是敬天与法祖并重。祖先崇拜,而且是不断适应新环境变化的祖先崇拜,在中国人的社会生活中发挥着重要功能。张载说:"管摄天下人心,收宗族,厚风俗,使人不忘本,须是明谱系世族与立宗子

---

① 理学家为中心形成的师生团体,后来由阳明讲学使这个团体扩展到一般群众,比照基督新教而不是天主教,完全可以看作是教团,儒家学派某种意义上就是儒教教派。关于教会与教派的区别,韦伯和特洛尔奇从传统与现代的区分角度做了开创性的研究,西方已经积累了大量文献。

② 闻一多《神话与诗》第127页讲到中国古代西方某民族的古道教和儒家所从导源的东方宗教,我以为后者就是古儒教。夏商周的传统宗教信仰就是古儒教,它并没有完全铺展到春秋战国时我们看到的中华全地。余敦康《宗教、哲学、伦理》第82页"如同《天下篇》所描述的,'道术将为天下裂',传统宗教信仰体制的解体,产生了裂变,引起了诸子蜂起、百家争鸣的辉煌灿烂的壮观景象"。解体的过程实际上是各种地方信仰、文化的自然发展过程,战国时各个大文化圈已经形成,秦汉的宗教统一就是要把这各地的地方信仰统一起来,在统一的过程中,较好地保存周文化,并经孔门弟子发展的鲁文化经由进入政权的儒士发挥了重大作用。

法。宗法不立,则人不知统系来处,古人亦鲜有不知来处者。宗子法废,后人尚谱牒,犹有遗风。谱牒又废,人家不知来处,无百年之家,骨肉无统,虽至亲恩亦薄。"[17]面对唐宋之变所造成的社会困局,宋儒以经典为据,以现实为用,推行宗法主义[18],实质上是在贵族社会解体而平民社会还缺乏组织的情况下,以复古的姿态重构社会的基础,最终促进了有别于宋以前的豪族共同体的平民化宗族形式的产生与发展,祠堂和宗族庙宇的建设使祖先崇拜有了神圣空间。萧氏有兰陵派、河南派等几大支系,闽台萧氏多为兰陵派,奉萧曦为入闽始祖。据泉州多本萧氏族谱记载,江南刺史萧曦于唐末入闽,卜居福建长乐大鳌坑,其后世分居福建各处。清嘉庆《凤翼萧氏大宗谱序》说:"曦公也,立庙长乐,衍派蒲岱,分支泉郡,卜宅荨辉,美号凤凰展翼,而子孙渐衍渐析,分居晋、南、惠、同、安、永、德,子姓蕃昌。"明代泉州萧氏在萧厝园一带形成较大的宗族势力,建立起凤翼宗祠和众多家族庙宇,包括奉祀萧太傅的。据陈垂成考证,萧姓族人分布城里居住地点之一是港仔墘,所建的崇奉萧太傅的原始富美宫就在富美渡头的大榕树旁。萧姓在泉州城中繁衍,曾达到"萧半城"的盛况,但到清康熙年间便逐渐衰微了。港仔墘萧氏族人星散以后,富美宫就落到经营富美渡头的士绅、商人和脚夫等手中,萧太傅也从祖先神演变为王爷神。分居各地的萧氏聚居区至今还保留着对萧太傅的祖先神崇拜。如晋江市安海镇洋南村的萧姓族人奉萧太傅为保护一方的挡境神;安溪龙门镇璞兜村萧氏神庙称"进封庙",中祀"萧府夫子"(萧太傅)神位和"奉王旨代天巡狩"木牌,右边自右至左,祀报圣大帝、祖妈汪氏(萧太傅的母亲)、萧府夫子、萧府三祖,萧府二祖。五月十七日为萧太傅神诞,生日时祭品陈列中有文房四宝。

(三)宋明儒者的乡约运动改造了公庙

乡约最早由陕西蓝田吕大临在北方实践。朱熹增损《吕氏乡约》成为后世儒者的范导,很多儒者把推行乡约作为为官或居乡的要务,并影响到官方施政。明代洪武年间,各地多以元代兴起的里社为范围建申明亭和旌善亭以为约所;清代顾炎武《日知录》于"申明亭"条下有注:"洪武中,天下邑里,皆置申明、旌善二亭,民有善恶,则书之,以示劝惩。凡户婚、田土、斗殴常事,里老于此剖决。今亭宇多废,善恶不书,小事不由里老,辄赴上司,狱讼之繁,皆由于此。"洪武以后,申明亭和旌善亭废多存少,且不同程度地转变为供奉民间俗神的村庙,但乡约的影响得到了保留。明中期正德时,社会生活发生了巨大变化,很多文献尤其是地方志和笔记中记载了当时的变化,葛兆光将之概括为"南北之间、城乡之间、贫富之间,知识阶层内部的观念世界发生了断裂"[19]。王阳明龙场悟道正是在正德年间,致良知指导下的讲学面向的是普通民众,"要先做个愚夫愚妇",所以有焦循"教天下之小人"之说,有泰州学派的儒学宗教化,这种宗教化不再是改造上层的国家祭典,也不再谋求共治天下而借助官方的力量推行,而是直接走到民众中,启迪觉悟,希望在变化的世界中重建集体的共同意识及其表现。王阳明打着兴复太祖规程的旗号,重新重视乡约;信奉阳明学的地方官与乡绅,以学为政,推行乡约,这个"学"就是讲会。阳明学信徒的讲会除了学术性外,很多都是作为变革社会的手段,地方祠庙是讲会的一个重要场所,而且讲会常与乡约密切联系在一起的,召集一方百姓讲太祖圣谕六条,也传播阳明学。泉州城内的里社制"铺境"体系,元代确立,明、清时期得到很大发展。不少境庙是由供奉儒者的先贤祠转变而来,如云山铺生韩境的境庙起先是韩琦祠,现在供的是秦大帝。境庙历史上曾是讲行乡约之所,至今有境庙就叫约所宫。据汪毅夫统计,不少闽南祠庙都是约所所在地,约所以寺庙为之,其主要用意在于借助神明的威慑以强化乡约的社会效能;而据泉州地方史家陈泗东介绍,泉州约所宫原是当地铺境订立乡约和处理地方民事争端的地方。富美境的境主原为文武尊王张巡、许远。张巡、许远宋代就备受崇祀,明清时期,张巡、许远一身兼有司瘟疫、祛瘟、冥判等功能,祭祀他们的"双忠庙"在江南各地都可以见到。在富美境,境主被萧太傅代替,文武尊王落为配祀。阳明弟子聂豹巡抚泉州,建一峰书院祀罗伦。当地士人以一峰书院为据点,倡讲会行乡约,后来一峰书院成为境庙,罗伦在民间成为王爷,并被收编到萧王爷门下,同时收编的还有叶适这样的儒者演变成的王爷,可以推想富美宫受到明儒乡约运动的影响。

五

晚清以来,随着西方传教士的大举进入和科学观念的逐步流行,萧太傅信仰被看作"封建迷信"。在泉州1923年打击康王爷运动、1929年破除寺庙偶像运动和1932年阻止"关帝出巡"运动中,富美宫多次被冲击。1934年,曾遒题写大量取材于《汉书·萧望之传》的对联,1947年题写"汉代儒臣",意在彰明萧太傅信仰是圣贤崇拜而不是迷信。在20世纪80年代民间信仰复兴的过程中,乡村萧太傅信仰率先复活,反过来促进祖庙的恢复;而台湾人

1988年前后返乡寻祖的热潮更进一步促进了富美宫的恢复发展,使富美宫受到政府重视,各种传统得到发掘,萧太傅的圣贤形象得到有意突出,富美宫逐渐成为泉州传统文化发掘的基地和闽台文化交流的基地。在台湾,经过政府的引导,祠庙发展出适应现代化的形式,在教育、文化、公益和慈善等方面发挥着一定的基础性作用,也成为台湾民主社会稳定的基础之一。通过与台湾分灵的交流中,富美宫获得了一些适应现代社会发展的经验,但是由于政府相应引导支持不够、自身人才匮乏,暂时不能达到台湾的状况而发挥构筑现代社会的良性基础的功能,处于散漫发展状态。

在关于儒教的讨论中,陈明最早提出用公民宗教来描述或指称儒教,他认为:"从公民宗教角度讨论儒教问题,在方法上是把儒教置于其与社会政治的关系中,考察儒教诸元素在实践中的实际状况和功用。从学术思想上讲,它可以将儒教本身的形态结构(如神祇、经典、教士等)这个'亚细亚式问题'姑且悬搁起来,排除先入之见的干扰进入对儒教的历史把握和分析;从儒学本身讲,它可以通过对曾经鲜活的儒教诸元素(表现为某种情感和价值原则)的激活,反过来刺激促成作为有机整体的儒教在其他方面的复兴,如信仰、祭祀以及组织活动等。从文化发展战略讲,它可以避开所谓政教合一、儒教国教论等高调理论,使儒学儒教在今天的发展变得比较平稳顺当。"[20]以公民宗教来理解宋明理学,一个与政治存在距离而普泛化于百姓伦常日用间的新儒教才得以敞现。可以说,历史上的萧太傅信仰是宋明新儒教的组成部分,今天的萧太傅信仰是宋明新儒教的遗留,并在新环境下发展着新的内容。将萧太傅信仰这样的公庙类民间信仰定性为儒教,有着多方面的意义,主要有两点。

其一,对于构建公民社会的意义。在1902年以"明夷"笔名发表的《公民自治篇》中,康有为设计了自乡达省的公民自治体系,康有为倡导公民自治,有学习西方之意,但主要还是从研究传统乡治利弊和思考现代国家建设中生出。宋明儒者推动乡约,目的主要在于地方自治①,最终形成了明清以

---

① 如黄佐《泰泉乡约》指出的:"润泽制宜,务合人心而官勿督焉"、"乡约以司乡之政事,乡社以祀乡之祀事,保伍以司乡之戎事,社学以司乡之教事,社仓以司乡之养事"。王阳明提出建构乡约与保甲、社仓、社学配合的乡治体系,后来陆世仪的《治乡三约》将之系统化,提出"乡约为纲而虚,社仓保甲社学为目而实",乡约"约一乡之众,而相与共趋于社学,共趋于保甲,共趋于社仓也","乡正之职,掌治乡之三约,一曰约教,以训乡民;一曰恤约,以惠乡民;一曰保约,以卫乡民","凡乡之教事责教长,恤事责恤长,保事责保长",若"长非其人,责约正"。

士绅、乡老、族正等为核心的地方自治局面。但康有为认为传统地方自治,"国家未为定制,而议员局长不由民举,故时有世家巨绅盘踞武断之弊,而小民尚蒙压制愚抑之害而不得伸"[21],他要在现代国家制度体系中为公民自治确立位置。在康有为的现代国家制度设计中,孔教会是另一个必要环节。托克维尔、韦伯观察美国民主,认为美国民主的基础是村镇,而村镇的新教氛围是民主成功的基础。康有为在《共和平议》中谈到中国没有这样的新教,更主要的是中国不像美国共和之初四无强敌、无须常备军而无军阀之虞,贸然学美国搞共和适成墨西哥地削土裂、成法国革命动乱,中国必须保持中央集权。或可揣测,康有为认为,孔教会成立并国教化,方可行虚君共和,公民自治才更有基础。但真实的历史是另外的局面。孔教会没成国教,发生革命了,但人民共和成了不能回转的现实。西方民主的确没能学来,但某种中国式的民主正在生动地实践。王绍光研究建立一个强有力的民主国家[22],越来越多的学者在肯定社会主义实践的基础上研究中国式民主,但他们大都没注意到宗教的意义。康晓光主张儒化社会主义,在一定意义上延续的是康有为的思路,使当年没能实现的政教合一的孔教会得以托身。蒋庆主张另起炉灶,重建国家体制和儒教,但另起炉灶就意味着否定已有的实践,缺乏可行性。宋明儒者没有去摧毁专制君权,也没去消解国家祭祀、礼仪体系,而是走向教育,化育君子,走向社会,在古儒教的遗留中重建普泛于百姓伦常日用间的新儒教,一定程度上重构了宋以来国家和社会关系,影响了上层政治制度。今天从公民宗教的角度思考公民社会建构,借鉴宋明新儒教的经验,开发宋明新儒教的遗存,会是更可行的道路。公庙类民间信仰就是这样的遗存,定性其为儒教,然后儒教关心者自觉"使那些多少显得离散的儒教元素重新集合,并发育出有机成熟的宗教形态"[20],会有助于公民社会建设。经过革命和现代文明的磨洗,公庙类民间信仰已经祛魅,圣贤崇拜成为普遍接受的形式。这样形式的民间信仰和各类纪念馆、烈士陵园属同一性质,是公民宗教的有机组成部分,但更富有宗教性,能满足信众多方面的宗教需求。现在的制约是名分不对,人才匮乏。定性为儒教,解决了名分问题,可以使更多人参与此类信仰。有人才参与管理,才能使此类信仰摆正方向,成为公民社会的良性基础,而不是沦为迷信的场所。

其二,定性为儒教,对于构筑民族凝聚力,对于提升国家软实力也有裨益。今天的中国,面临着外来宗教的强烈冲击,我们以往人为打压自己的传统宗教,不给它们合法的地位和正常的发展,使国人丧失了信仰和更贴近内心需要的宗教的机会,不仅妨碍了宗教信仰自由,也是人为地消解了民族凝聚力。一个民族的传统宗教往往是民族凝聚力的重要载体,将公庙类民族信仰形式定性为儒教,推升它们的名誉,给它们以正常的发展空间,定然会有助于民族凝聚力的形成。一个国家的民族宗教同时是这个国家的软实力,宗教昌,得到广泛的传播,则软实力强。儒教正是我们的民族宗教,世界都说我们是儒教文明,但如果我们拿出来据以表现自己是儒教文明的东西都在博物馆里,都在一些很模糊的所谓中国人与外国人的差别上,那实际上很难说我们保持了我们的儒教文明。公民类民间信仰被定性为儒教,那我们就有了有形的、活着的、在发挥着功效且通过努力能使之发挥更大社会和文化功效的实体来证明我们是儒教文明。公民类民间信仰全国尚存和正在复兴的良多,为其正名,则定能提升中国软实力。总之,重建儒教有着多方面的意义,研究萧太傅信仰之类的民间信仰形式有助于我们找到重建的基础。

注释:

[1] 陈明主编:《原道》第 14 辑,首都大学出版社,2007 年。

[2] 参看任继愈:《把儒教放到更广阔的视野里来考察——序李申著〈中国儒教论〉》,《云梦学刊》2005 年第 3 期。

[3] 参看习五一:《简论当代福建地区的民间信仰》,《世界宗教研究》2008 年第 2 期。

[4] 林耀华:《义序的宗族研究》,三联书店,2000 年,第 28~32 页。

[5]《台湾民间信仰》导言,空中大学教学用书。

[6] 科大卫、刘志伟:《宗族与地方社会的国家认同:明清华南地区宗族发展的意识形态基础》,《历史研究》2000 年第 3 期;郑振满:《明清福建家族组织与社会变迁》,湖南教育出版社,1992 年;等等。

[7] 参看王铭铭:《逝去的繁荣——一座老城的历史人类学考察》引论及第四、五、六章,浙江人民出版社,1999 年,书中作者将泉州称作"文化边疆区"。

[8] 高丙中:《作为非物质文化遗产研究课题的民间信仰》,《江西社会科学》2007 年第 3 期。

[9] 王铭铭:《社会人类学与中国研究》,三联书店,1997 年。

[10] 王铭铭:《逝去的繁荣——一座老城的历史人类学考察》,浙江人民出版社,1999 年,第 198~201 页。

[11] 见《泉州民间信仰》萧太傅研究专辑。

[12] 郑振满:《明清福建里社组织的演变》,收入氏著《民间信仰与社会空间》,福建人民出版社,2005 年。

[13] 参看陈支平:《近 500 年福建的家族社会与文化》第十一章"家族的宗教信仰"及《福建族

谱》。

[14]钟国发:《汉帝国宗教的儒化改革》,《福建论坛(人文社科版)》2001年第2期。

[15]参看李零:《中国方术考》序言。

[16]蒙文通:《儒学五论》,广西师范大学出版社,2007年。

[17]《张子全书》卷四。

[18]参看井上徹《中国的宗族与国家礼制》一书论"宗法主义",上海书店出版社,2008年,第18～26页。

[19]葛兆光:《中国思想史》第二卷,复旦大学出版社,2001年,第293～294页。

[20]陈明:《儒教之公民宗教说》,《原道》第14辑,首都师范大学出版社,2007年。

[21]张枬、王忍之编:《辛亥革命前十年时论选集》第1卷上册,《公民自治篇》,三联书店,1963年,第182页。

[22]王绍光:《安邦之道》,三联书店,2007年。

第六章
从泉州伊斯兰教看多元宗教和谐共处

第一节
泉州伊斯兰教文化遗存及其现代价值

吴幼雄

(泉州师范学院)

自12世纪至14世纪的300年间,泉州与阿拉伯世界诸多国家有着密切的经济文化交流。阿拉伯伊斯兰教在泉州的遗址和遗物,无可辩驳地证实该时期泉州海外贸易的繁荣,以及泉州与阿拉伯伊斯兰教的友好关系。泉州伊斯兰教文化遗存为世界不同文明、不同宗教信仰观念的和谐共处与对话,提供了重要的历史借鉴。

早在12世纪之前,阿拉伯商人就趁每年农历四、五、六月太平洋上刮西南季风,从海上丝绸之路中转站三佛齐(今苏门答腊)启航,到中国东南沿海的广州和泉州港。为发展海外贸易,北宋皇朝元祐二年(1087年)在泉州设立市舶司,"掌蕃货、海舶、征榷、贸易之事,以来远人,通远物"。泉州地方政府又设置来远驿、蕃坊和蕃学,允许阿拉伯、波斯穆斯林客商建清真寺礼拜和墓葬区,于是穆斯林客商纷至沓来。

蕃舶入泉州港后,便有"善道远方之言,可以合夷会戎,交蛮接狄"[1]卷14之舌人(翻译人员)斡旋其中。继而市舶司检阅商货,为"怀远劳来,设宴犒饩",而蕃商则呈上舶货样品,以备市舶司官员检视抽解,谓之阅货宴。宴会由市舶司或者知州"设蕃致语"以慰问。每年农历十、十一、十二月,西南太平洋刮起东北季风,蕃舶值此冬季信风,行将鼓楫扬帆南归,泉州市舶司在法石天风海涛楼(又名望海楼)举行饯别宴,谓"设蕃饯别"。宴会上有阿拉伯、波斯穆斯林客商表演歌舞与杂技。

12世纪以来,泉州地方知州和市舶司官员还依据宋代礼制,每年于农历夏四月和冬十月,在泉州城西郊九日山延福寺通远王祠,为出入泉州港的蕃舶举行祈风典礼。礼毕,在山上摩崖刻石以志盛事。至今,十方祈风摩崖石刻犹存,它是12至13世纪泉州与阿拉伯、波斯穆斯林国度贸易、文化往来的重要物证。

13世纪后半期,出现宋元鼎革形势。元朝的建立,泉州港的海外贸易进一步发展,更多阿拉伯、波斯的穆斯林商人涌入泉州港进行贸易与文化交流。此时的泉州港与埃及的亚力山大港并驾齐名于世界,并以刺桐港的名称被誉为世界东方第一大港。这种势头一直保持到14世纪下半期元明交替为止,至今遗留下大量的伊斯兰教遗址和遗物。这些文化遗存对现今世界不同文明的交流和对话有什么价值呢?下分三部分论述。

一、12至13世纪泉州伊斯兰教遗址和遗物

有关12至13世纪泉州伊斯兰教遗址和遗物,叙述于下。

(一)清真寺的遗址和遗物

据现存泉州通淮街清净寺内,元至正十年(1350年)三山(福州)吴鉴撰《清净寺碑》(明正德二年,即1507年《重立清净寺碑》)云:"今之礼拜寺增为六七。"可见,到元至正十年(1350年),泉州有六七座清真寺。

那么,自12至13世纪上半期泉州有多少座清真寺呢?据《泉州宗教石刻》(增订本)记录,

泉州涂门街清净寺

泉州自 12 至 14 世纪,的确有六七座清真寺。但是,有明确纪年的只有一座,那就是现存的泉州通淮街清真寺,据寺内大门甬道后石墙高处阿拉伯文修寺碑记云:"那是在回历 400 年,其后 300 年,艾哈迈德·本·穆罕默德·古德西,别号哈只·鲁肯·西拉齐,为求至尊安拉之喜悦,将寺修缮、翻新……于回历 710 年竣工。"[2]P312 因此,有人据"那是回历 400 年"一句,认定清真寺建于回历 400 年(大中祥符二年,1009 年);又据"于回历 710 年竣工",认定回历 710 年(至大三年,1310 年)修寺竣工。问题出在"那是"两字,这两字表示约数,并不确定,仅可理解为 11 世纪以来,也可以理解为 13 世纪以前(即元代以前)。这是有确证的第一座泉州清真寺。

吴鉴撰《清净寺碑》(明正德二年《重立清净寺碑》)又记:"宋绍兴元年(1131 年),有纳只卜穆兹喜鲁丁者,自撒那威从商舶来泉(州),创兹寺于泉(州)之南城。"有的学者认为这是波斯撒那威人纳只卜·穆兹喜鲁丁另外创立的一座清真寺碑记,这座清真寺于元末明初战乱中被毁,后来人把石碑错置于现存清净寺内。因此,认定这是 12 世纪泉州的第二座清净寺。

朱熹撰《傅自得行状》记载,绍兴二十一年(1151 年),傅自得在泉州任通判时,"有胡贾建层楼于郡庠之前",泉州的"士子以为病,群诉于官",然州官"上下俱受贿,莫肯谁何"。[3]卷16,傅公(自得)行状 为什么泉州的士子不能容忍"胡贾建层楼于郡庠之前"呢?所谓"层楼",即层叠式的阿拉伯式清真寺;所谓"郡庠",即府学,是尊孔子和培养读书人的地方。郡庠之地神圣无比,当然不能容忍"胡贾"建筑比"郡庠"还要高许多的阿拉伯层叠式清真寺,这便是"士子以为病"的原因。傅自得为维护儒家的尊严,顶着州官"上下俱受贿"的巨大压力,"立戒兵官,即日拆之"。这座刚建好即被拆除的清真寺,被认为是 12 世纪泉州的第三座清真寺。

(二)墓葬区和石墓

1.墓葬区

宋朝,提举福建市舶林之奇著《拙斋文集》记云,绍兴三十二年(1162 年),有试那围蕃商在泉州城东郊兴建蕃商墓葬区,墓区"且覆栋宇,周以垣墙,严以扃钥,俾凡绝海之蕃商有死于吾地者,举于是葬焉……试那围于是举也,能使其椎髻卉服之伍,生无所忧,死无所恨矣。持斯术以往,是将大有益乎互市,而无一愧乎远怀也。余故喜其能然,遂为之记"。[4]卷15,泉州东坂葬蕃商记

同样的记载还见诸宋朝赵汝适《诸蕃志·大食国》,记云:"有番商曰施

那帏,大食人也。侨寓泉南,轻财乐施,有西士气习,作丛冢于城外之东南隅,以掩胡贾之遗骸。提舶林之奇记其实。"[5]卷上,大食国

《拙斋文集》和《诸蕃志》所记蕃墓葬区的地点同是泉州城东郊,创建者同是波斯人试那围(或译施那帏),两书所记为同一地点。此地即今泉州城东郊二公里处的灵山圣墓,其地在宋元时期系东湖东岸,故称东塘头,其山称灵堂山和乐(鹿)园,地属晋江三十七都。[2]P45-48明代以降,东湖大范围淤积为水田,东塘头灵堂山称灵山圣墓。如今东湖水面仅剩308亩(合7.1公顷),水面远离灵山圣墓。

2.石墓碑

泉州发现的古伊斯兰教石墓碑数量颇多,但有纪年石墓碑数量较少,而刻立于12至13世纪的阿拉伯文石墓碑则更少。现把有明确纪年的和疑似的几方12至13世纪石墓碑罗列于下。

(1)哈拉提人侯赛因墓碑。此碑顶部已残缺,残高43厘米,上宽40厘米、底宽42.2厘米、厚10厘米。白花岗石琢成,石面较平,阴刻6行古阿拉伯文字。但书写不很规范。碑文译文如下:

> 这是侯赛因·本·穆罕默德·赫拉蒂之墓。祈求安拉怜悯他。卒于(回历)567年4月13日。[2]P344

回历567年即宋孝宗乾道七年(1171年)。"赫拉蒂",即今哈拉提,系亚美尼亚首府。阿拉伯、波斯人有以其籍贯地为名字的习惯。此碑是泉州地区已发现的纪年最古老的阿拉伯文字墓碑。

(2)艾哈迈德墓碑。此碑残高54厘米、宽35.8厘米、厚7.8厘米。辉绿岩雕成。正面阴刻6行古阿拉伯文字。译文内容是:

> 人人将尝死的滋味。死者名艾哈迈德·本·赫瓦杰·哈凯姆……卒于(回历)672年7月。[2]P331

回历672年,是南宋度宗咸淳九年,公元1273年。这是泉州地区发现的另一方有纪年古阿拉伯文字墓碑。赫瓦杰,波斯语为长老的意思。可是,此碑的背面阴刻竖行汉字6行,文字抄录如下:

> 先君生于壬辰六月二十三日申时,享年三十岁。于至治辛酉九月二十五日卒,遂葬于此。时至治二年岁次壬戌七月 日。男阿舍抹谨志。[2]P68-69

此碑记墓主卒于"至治辛酉九月"(即元英宗至治元年,1321年),而墓碑立于"至治二年(1322年)七月"。这样,同一方墓碑的正反两面两种文字记

197

载,时间竟然相差48年。这是难以解释的,但可肯定的是立墓碑者阿含抹,他是"土生蕃客",他的母亲是中国人,有可能是刺桐城(泉州的别称)人,而他的父亲艾哈迈德有可能是阿拉伯人或波斯人。

(3)×××贝克尔墓碑。碑的上、下部和右侧皆残缺。残高48厘米,残宽52厘米、厚10.8厘米。白花岗石雕成。残碑上阴刻3行阿拉伯文字,译文内容如下:

　　×××贝克尔×××6××年10月×日,祈求安拉宽恕他及其双亲。[2]P347

从碑文"6××年",似有可能于南宋,且从石碑用白花岗为材料,这是宋代石碑的又一可能性。

(4)蕃客墓——阿卜杜拉·阿里·穆罕默德·本·哈桑墓地碑。碑高139厘米、顶宽31厘米、底宽62厘米、厚16厘米。白花岗石雕成。碑面阴刻6行古阿拉伯文字,字体不甚规范。在第5和第6行阿拉伯文字之间,自左向右阴刻汉字"蕃客墓"三个大字。

"蕃客"一词,首见《唐语林》,云:"拔河古谓之牵钩,襄汉风俗……蕃客庶士,莫不震骇。"《宋会要》载,政和四年(1114年)五月十八日诏:"诸国蕃客,到中国居住,已经五世,其财产依海行无合承分人,及不经遗属者,并依户绝法,仍入市舶拘管。"又《宋会要》载,"崇宁三年(1104年)……土生蕃客,愿往他州或东京贩易物货者,仰经提举市舶司陈状,本司勘验诣实,给与公凭。"以上三段引证材料,证实中国唐宋时期称来中国贸易的外国人为"蕃客",而他们与中国人通婚生下的后代,则称为"土生蕃客"。据此,则知"蕃客墓"碑的时间下限为13世纪,亦即中国的宋代。"蕃客墓"碑的译文如下:

　　不论以前还是以后,凡事只有安拉知道。死者阿卜杜拉·阿里·穆罕默德·本·哈桑。墓。[2]P343—344

关于此墓碑有不同的译文,曾有伊拉克专家把"墓地"译为"埃及"。但据中央电视台阿拉伯语专家华维卿释读,"埃及"一词不应带冠词,然碑文中此字明显带冠词,[2]P344故应译为"墓地"(指第1和第6行古阿拉伯文字)为恰当。

二、13至14世纪泉州伊斯兰教的遗址和遗物

关于13至14世纪泉州古伊斯兰教遗址和遗物发现较多,分述于下。

(一)清真寺遗址和遗物

说准确些,本时期专指13世纪后半期至14世纪前半期的一百年时间。这期间,泉州发现的古伊斯兰教清真寺遗物最多:

(1)现存宋建造元翻建的通淮街清净寺,为元至大三年(1310年)耶路撒冷人阿哈玛重建。

(2)南宋绍兴元年(1131年)修建,元至正十年(1350年)吴鉴撰《重立清净碑》。寺今已无存。

(3)也门人奈纳·乌马尔修建清净寺碑。碑高50.05厘米、长96.02厘米、厚8.7厘米。长方形,两面浮雕古阿拉伯文字。辉绿岩雕成。正面浮刻库法体古阿拉伯文字1行,译文:

> 清真寺是安拉的,故此,除了安拉,你们勿在其中祈祷其他。

碑背浮刻古阿拉伯文字4行,译文:

> 也门艾卜也尼人,虔诚、纯洁的长老奈纳·乌马尔·本。艾哈默德·本·门苏尔·本·乌马尔建造了这座吉祥的清净寺的大门和围墙,祈求安拉满意他、宽恕他。[2]P324—325

库法体阿拉伯文字,是一种图案体的古阿拉伯文字,公元8世纪时出现于伊拉克库法城市,故称库法体图案文字。阿卜也尼城,即今阿拉伯半岛南端的阿拉伯也门共和国东南部的阿比迪城,地处半沙漠地带,气候干燥。寺已无存。

(4)拉吉·艾比克里姆重修清净寺碑。碑宽99厘米、高56厘米,辉绿岩琢成。正面浮刻库法体古阿拉伯图案文字1行,背面浮刻3行古阿拉伯文字。该碑正面库法体图案文字有错笔,据判断是仿"也门人阿比也尼人奈纳·乌马尔"修寺碑的。背面因碑残和摄影不清楚,不完全译文是:"拉吉·艾比克里姆盼咐修建和管理这座清真寺……祈求得到真主的慈悯。"[15]该碑现在砌于泉州通淮街清净寺明善堂西墙。

(5)穆罕默德修寺碑。残碑长61厘米、宽处39.5厘米、窄处20厘米、厚8.4厘米,辉绿岩雕成。两面浮刻古阿拉伯文字,碑文虽大部残缺,但多是《古兰经》文,可以补足碑文残缺部分。正面译文如下:

> 清真寺是安拉的,故此,除了安拉,你们勿在其中祈祷其他。做好事者,我一定给予报偿。只是为了怜悯世人,我才差遣了你。

碑背面古阿拉伯文字译文是:

此清真寺及其建筑物是按×××吩咐建造的。穆罕默德·本·艾比贝克尔,别名加麦尔丁。[2]P325

(6)古伊斯兰教寺门楣石刻。碑高50厘米、底长186厘米、厚15厘米,白花岗石雕成。上浮刻1行古阿拉伯文字,译文是:

清真寺是安拉的,故此,除了安拉,你们勿在其中祈祷其他。

这是一方清真寺的门楣石,其背面浮刻2行古阿伯文字,译文是:

先知——愿安拉为其赐福,保其平安——说,谁建造了清真寺,即使简如沙鸡窝,至高无上的安拉也会在天堂为他造房。[2]P326

(7)赫瓦杰×××丁×××修寺石碑。碑残长57厘米、高36厘米、厚10.2厘米,白花岗石雕成。正面浮刻一行古阿拉伯文字,背面阴刻5行古阿拉伯文字。正面译文是:

清真寺是安拉的,故此,除了安拉,你们勿在其中祈祷其他。

背面阴刻5行阿拉伯文字,译文是:

……此门已翻新……尊敬的×××赫瓦杰×××丁×××……求至高无上的安拉之喜悦……原安拉宽恕……(回历)728年X月X日。[2]P326

(8)古伊斯兰教寺石碑。碑长124厘米、高48厘米,白花岗石雕成。碑中浮刻1行古阿拉伯文字,译文是:

清真寺是安拉的,故此,除了安拉,你们勿在其中祈祷其他。[2]P41

这是另一座清真寺的标志性石碑。

综上所述,以上诸清真寺遗址和遗物,印证了元代至正十年(1350年)吴鉴撰《重立清净寺碑》所记"今泉(州)之礼拜寺增为六七"这一记载是有依据的。

(二)石墓碑

泉州发现的古伊斯兰教徒墓碑,有纪年在13至14世纪之间者34方,有记墓主籍贯者19方,分别是花剌子模人2方、格兹威尼人3方、设拉子人4方、大不里士人2方、伊斯法罕人1方、布哈拉人2方、德黑兰人1方、哈拉提人1方、哈马丹人1方、贾尔杰尔姆人1方、瓮蛮人1方。这反映13至14世纪的100年间,泉州吸纳了中亚、西亚伊斯兰教商人、传教士、贵族、官员和旅游者等各色人数之多。这些仅仅是有纪年的石墓碑,无纪年墓数量占多数,且必须指出,那些湮没的石墓数量更大。下面选取几方比较典型的伊斯兰教墓碑来说明。

1. 无墓主籍贯者

泉州城东郊灵山圣墓,有一方元代修墓古阿拉伯文石碑,译文如下:

> 此吉祥之墓系一些穆斯林所修,愿至高无上的安拉保佑他们:重修此墓,藉求至尊安拉之喜悦,重赏二传教者之功德。他俩在铁格木尔时代来此国家,相传为善行者。后寿终,已从毁灭世界转入永恒世界。人们皆信其茔地能广施荫庇,故每遇患难、困扰即前来求助,并瞩眷属于冬季拜谒。来者均能受益,无不平安而归。此碑文写于(回历)728年(1328年)斋月。[2]P50

此修墓碑文提到"铁格木尔",即元成宗铁木尔(1294—1307年在位)时代。这两位阿拉伯人或波斯人,虽无写明墓主国籍,但从波斯人有"人们皆信其茔地能广施荫庇"的习俗看,泉州灵山圣墓应为波斯人的陵墓。

宋代,提举福建市舶林之奇,作《泉州东坂葬蕃商记》[4]卷16,记泉州城东郊蕃商墓葬区创建于绍兴三十二年(1162年),落成于隆兴元年(1163年),系试那围所创建。试那围,即波斯设拉子城,为中世纪波斯著名城市。波斯人有以其籍贯地为其名字的习惯。

宋代,赵汝适《诸蕃志·大食国》也记试那围建蕃商墓葬区的公益之举,说"有蕃商曰施那帏,大食人也。侨寓泉南,轻财乐施,有西土气习,作丛冢于城外之东南隅,以掩胡贾之遗骸"。[5]卷上,大食国

林之奇、赵汝适记载所指,皆泉州东郊灵山圣墓。自宋经元历明清,直至今日,灵山圣墓都是伊斯兰教徒墓葬区。今日,晋江陈埭丁姓回族还保存着许多元代"鹿园祖墓文契"。鹿园,与圣墓同在灵山,村名东塘头,鹿园是灵山圣墓的一部分,两处紧挨一起,仅是两个小山头而已。鹿园在拓宽福厦公路时被拆毁,而圣墓地处路旁保存了下来。这些地方,我儿时皆跟随家父踏勘过,记忆犹新。至20世纪50年代,鹿园还有多座伊斯兰教徒石墓。今特陈述以备来者知悉也。至此,如果加上修泉州清真寺与修灵山圣墓的波斯设拉子城人,则设拉子人死于泉州的多达6～7人,人数之多居首位。

2. 墓主格鲁吉亚籍者

墓主籍贯是格鲁吉亚的格兹威尼城者有3人。

(1)如1942年在泉州城东城墙基础出土一方古阿拉伯文墓碑,高71厘米、宽34厘米、厚11厘米,辉绿岩雕成,两面浮刻古阿拉伯文字,碑的一个侧面也浮刻古阿拉伯文字。正面和侧面古阿拉伯文字译文如下:

教长,吐特卡·迈努奈·阿明·阿里·本·哈桑·本·阿里·卡罗姆。

背面浮刻古阿拉伯文译文如下:

奉至仁慈安拉之名。世间一切,俱将毁灭,你无比威严、仁厚之主是永存的。[2]P61

卡罗姆,亦可释读为格兹威尼,位于古波斯西北部,今格鲁古亚境内,其地域在里海西南一带。

(2)1935年,泉州北城门基础出土一方格兹威尼人墓碑。碑高65厘米、宽35.5厘米、厚8厘米,辉绿岩雕成。正面阴刻古阿拉伯文字8行,背面无文字。译文如下:

死于异国,即为殉教而死。安拉的使者说的是实话。

这幸运的墓主、得到至高无上的安拉宽宥的殉教者名叫侯赛因·哈只·格兹威尼。求安拉怜悯他、宽恕他。辛于(回历)707年2月15日。[2]P71

本碑的墓主,在名字格兹威尼之前加上"哈只"称号,表明这位墓主生前朝觐过圣城麦加。回历707年,即元朝大德十一年,公元1307年。

(3)1943年秋,在泉州小东门城墙基础出土一方古阿拉伯文字墓碑,碑残长58厘米、高13厘米,辉绿岩雕成。阴刻古阿拉伯文字1行,译文是:"萨德尔丁·迈哈茂德·格兹威尼。"西亚的里海,阿拉伯语称为格兹威尼,故本墓碑文的"格兹威尼",可以解释为里海地区,也可以解释为里海西南部的格兹威尼城。总之,12至14世纪,从里海地区到泉州经商、传教的伊斯兰教徒,已发现的达3人,数量居第二位。

3.墓主花剌子模籍者

泉州发现的古阿拉伯文字墓碑,墓主属于花剌子模籍贯有3人。兹列举两例:

(1)1936年,在泉州朝天门(北城门)城基础出土一方浮雕古阿拉伯文字墓碑,上刻6行文字,碑高49厘米、宽36厘米。辉绿岩雕成。译文如下:

他已得到至高无上的安拉之怜悯,死者花剌子模人哈比克的后代夏菲·拜莱代夏赫·赫瓦杰·哈只。愿安拉照亮他的墓穴,使他得居天堂。已由毁灭世界来到永恒世界,于希吉来历(回历)722年吉庆的斋月22日。愿安拉赐福于穆罕默德及其全体家族。[2]P74

花剌子模是中亚阿姆河下游之古国,地处咸海南部,今中亚基发一带。

据《多桑蒙古史》记:"8 世纪初,地属哈里发,遂奉回教。蒙古来侵时,波斯人与阿拉伯人之城居者不少。"14 世纪末为帖木儿征服,16 世纪初属乌兹别克,1873 年并于俄国。墓主赫瓦杰,也是一位朝觐麦加的"哈只"。回历 722 年即元至治二年(1322 年)。

(2)1983 年,泉州清净寺明善堂北屋附属建筑地下出土一方古阿拉伯文墓碑,辉绿岩雕成。残碑高 54 厘米、宽 39 厘米、厚 12 厘米。碑面阴刻 6 行古阿拉伯文字,译文内容是:

> 这是华惹兹姆汗·本·异乡烈士穆罕默德汗的墓,愿主饶恕他和穆民男女们,他在穆历 670 年斋月星期四逝世。[2]P220

碑文的"穆历"即回历,回历 670 年即公元 1271 年,也即南宋咸淳七年,正当元军攻陷泉州的前 6 年。"汗",为阿拉伯贵族的意思,是墓主的身份。"华惹兹姆"即花剌子模。1219 年,蒙古西征,成吉思汗一举摧毁穆斯林的花剌子模王国。今属哈萨克斯坦。

此外,泉州还发现阿拉伯半岛阿曼人的墓碑。碑高 59 厘米、宽 33 厘米、厚 9 厘米,白花岗岩石雕成。碑面阴刻 6 行古阿拉伯文字,译文是:

> 万物皆朽,真主永存,主掌判决,尔等复归宿于他。
>
> 马立克子阿卜杜拉·哈曼烈士墓,在(回历)743 年九月六日。[2]P221—222

回历 743 年即公元 1342 年。"哈曼"即今阿曼,位于阿拉伯半岛东南,波斯湾与阿拉伯海之间,是伊斯兰教国度。赵汝适《诸蕃志》称"瓮蛮",记云:"沿海出真珠,山畜牧马,极蕃庶……用丁香、豆蔻、脑子等为货。"[7]卷上,大食国,瓮蛮国

周密《癸辛杂识别集》记载,泉州有位蕃商叫"佛莲"于 1293 年逝世的事。记云:"泉南有巨贾南蕃回回佛莲者,蒲氏之婿也,其家富甚,凡发海舶八十艘。"[8]卷下"佛莲",即巴林,地处阿拉伯半岛西岸,与隔着波斯湾的波斯设拉子贸易城市遥遥相望。宋时巴林客商多有来中国者(《宋史》卷四九〇,《外国传六》有载)。这位巴林客商是一位大富商,一次"发海舶八十艘"。因他逝世后无子继承财产,按宋元法典"户绝法",无子继承者,其家资"珍珠一百三十石,他物称是"没官。

上文概述 12 至 14 世纪 300 年间,阿拉伯伊斯兰教在泉州的遗址和遗物,以实物的形式无可辩驳地证实本时期泉州海外贸易的繁荣,以及泉州与阿拉伯伊斯兰教的友好关系。

自 12 至 14 世纪的 300 年间,泉州与阿拉伯世界许多国家有着密切的经济和文化交流。例如波斯的设拉子、大不里士、伊斯法罕、德黑兰、哈拉提,哈马丹和贾尔杰姆等城市,有哈萨克斯坦的花剌子模城市,有里海地区及格鲁吉亚的格兹威尼城市,有乌兹别克的布哈拉城市,有阿拉伯半岛东部的阿曼和巴林,也有阿拉伯半岛南部也门的阿比迪尼城。

这些几乎涵盖阿拉伯世界的伊斯兰教商人、传教士,先后在泉州创建 6~7 座清净寺,创建墓葬区,"俾凡绝海之蕃商有死于吾地者,举以此葬焉",使这些蕃商"生无所忧,死者无恨矣",于是"大有益于互市,而无一愧乎远怀也"。这些穆斯林客商之义举,大大促进了泉州海外贸易的发展。12 至 14 世纪,泉州曾一度成为世界的窗口,世界东方第一大海港——刺桐港。这些光辉成就,就有这些 12 至 14 世纪殁于泉州的阿拉伯穆斯林的一份巨大功劳。

三、12 至 14 世纪泉州伊斯兰教文化遗存的现代价值

泉州保存着大量 12 至 14 世纪伊斯兰教的遗址和宗教石刻,它既是中世纪阿拉伯伊斯兰教世界与泉州经济文化交流的物证,又是世界不同文明、不同价值和信仰观念对话、共处的典范。

(一)1991 年联合国教科文组织的泉州考察,彰显了泉州伊斯兰教文化遗存在"海上丝绸之路"的历史文化意义

1986 年 12 月,联合国通过"世界文化发展十年"活动之一的"丝绸之路综合研究"。这项活动时间跨度大,参与的国家多,着眼于丝绸之路,不同文明的交流与对话,是一项和平与友谊的创举。

1987 年 2 月,中国常驻联合国教科文组织代表团,转来该组织关于"丝绸之路整体研究"初步规划,并要求国内研究后答复对方。11 月 6 日,由文化部与外交部、总参谋部、教科文全委会等会签文件,向国务院报送《拟参加联合国教科文组织关于"丝绸之路整体研究"的请示》,报告提到"丝绸之路是不同文明间交流与对话的桥梁,它的存在为人类文明做出了不可估量的贡献"。进行这项研究的目的,在于"使今天的人们意识到经常对话的需要,并帮助他们重新发现过去盛行于丝绸之路而且使其成为不同文明的交叉口的那种容忍精神"。文件强调提出:"海上和陆上丝绸之路起点都在我国境内,我们没有充分理由不予支持。"并建议派人参加这项考察活动。

1988年，中国驻阿曼大使袁鲁林，把我方的看法转告联合国教科文组织，并表示泉州积极申报的愿望。联合国教科文组织的答复是"泉州作为海上丝绸之路的一个点是可以的，也可能在会上获得通过。但作为起点，因学术界对此争论很大，各派有各派的说法，要由专家论证"。[9]

1989年1月23日至24日，在阿曼的马斯喀特提出了海路附属委员会会议报告。4月24日至28日，在中国西安召开的"丝绸之路综合研究专家咨询委员主体会议"上通过，泉州正式列入海上丝绸之路考察点。会议进一步确定，在中国境内举行两次国际学术研讨会。一是在乌鲁木齐召开，主题为"陆上丝绸之路与10世纪以前的东西方文化交流"；一是在泉州召开，主题是"中国与海上丝绸之路"。

1990年10月23日，由阿曼国王提供的11000吨豪华游轮——皇家法尔卡·阿·河拉马号，载着上百名官员、学者和记者，从意大利威尼斯——马可·波罗的故乡启航。沿途访问希腊、土耳其、埃及、阿曼、巴基斯坦、印度、斯里兰卡、泰国、马来西亚、印度尼西亚、文莱、菲律宾、中国（广州、泉州）、韩国和日本等16个国家的21个港口及城市。

1991年2月14日，这个日子是世界旅行家——马可·波罗离开这个中世纪最大海港——泉州港返国700周年的纪念日，联合国教科文组织的海上丝绸之路考察船在隆重的欢迎仪式中缓缓驶进泉州古港——后渚港，开始为期6天的考察和学术研讨活动。

在考察泉州12个有关海外交通景点中，有关12至14世纪泉州与阿拉伯伊斯兰教的景点就有海外交通史博物馆、灵山圣墓、清净寺和陈埭回族史馆等4处。这些伊斯兰教史迹和遗物，成为当今超越时空不同文明间交流与对话的桥梁和媒介。这些泉州的伊斯兰文明遗存，它将继续为人类不同文明交流与对话做出不可估量的贡献。

联合国教科文组织考察团特地在泉州西城门外九日山摩崖上用英文和中文对照勒石留念，文云：

在九日山最后一次祈风仪典之后七百余年，我们来自非洲、美洲、亚洲和欧洲的联合国教科文组织"海上丝绸之路"国际考察队员，乘坐阿曼苏丹提供的"和平号"考察船来到这里。作为朝圣者，我们既重温这古老的祈祷，也带来了各国人民和平的信息。这也正是联合国教科文组织"丝绸之路——对话之路"综合研究项目的最终目标。……

一九九一年三月十六日。[10]

(二)2011年12月6日,卡塔尔首都多哈的"灵魂返乡"隆重仪式,展示了以"原乡为题材的世界顶尖不同文明对话"之长久魅力

  2011年12月3日至7日,蔡国强先生应卡塔尔国王公主,即卡塔尔博物馆管理局主席谢赫·阿尔·玛雅沙·本·哈马德·本·哈里发·阿勒萨尼公主殿下、卡塔尔美术馆管理局、阿拉伯现代美术馆等的邀请,在首都多哈国家现代美术馆的开馆之日,举行盛大的高空爆破仪式,取名为"海市蜃楼",寓意"灵魂返乡"。蔡先生在高空爆破构成多彩虹桥,象征历史和现实的泉州与阿拉穆斯林贸易及文化交流的友好关系,又在高空爆破构成黑色金字塔,象征客死泉州的阿拉伯穆斯林"灵魂返乡"的葬礼。又在泉州仿刻60方古阿拉伯文字墓碑,从海上丝绸之路泉州港启航运到多哈国家艺术馆陈列,象征客死泉州阿拉伯穆斯林返乡。规模、场面宏大,气势非凡,寓意深刻,震撼人心。得到阿拉伯世界高度评价,被誉为"以原乡为题材的世界顶尖不同文明对话的大型艺术展示典范"。

  在返程的途中,飞机在波斯湾高空飞行,一边是阿拉伯半岛,一边是伊朗,我的心久久不能平静,我突然意识到——我是泉州与阿拉伯伊斯兰教的学术研究者,参加这次隆重的"灵魂返乡"之旅,我是这些曾经对泉州港繁荣作过重大贡献的异国人"灵魂返乡"的护送者和历史见证人。这是泉州与阿拉伯世界穆斯林的一次超越时空的宗教对话和文化交流。

注释:

[1](宋)王禹偁:《小畜集·译对》。
[2]吴文良原著,吴幼雄增订:《泉州宗教石刻》,科学出版社,2005年。
[3](宋)朱熹:《朱文公全集》,四部丛刊本。
[4](宋)林之奇:《拙斋文集》,四部丛刊本。
[5](宋)赵汝适:《诸蕃志》,中华书局,1956年。
[6]多桑著,冯承钧译:《蒙古史》,商务印书馆,1935年。
[7]冯承钧译:《诸蕃志校注》,中华书局,1956年。
[8](宋)周密:《癸辛杂识别集》,四库全书本。
[9]陈鹏:《联合国"海上丝绸之路"泉州考察缘起》,《泉州晚报(海外版)》2002年3月5日。
[10]吴幼雄:《九日山与海上丝绸之路》,《泉州学林》,2012年增刊。

第二节

泉州丁氏回族宗教信仰的多元兼容

丁玲玲

（泉州师范学院）

陈埭是福建泉州回族的主要聚居区之一，有丁氏回族2万多人。随着时代的变迁与社会的发展，陈埭丁氏回族社区的宗教信仰也发生了变化。由单一的伊斯兰教信仰演变为多种宗教信仰并存，既有信仰伊斯兰教的，也有信仰基督教的，更有信仰佛教、道教和民间信仰的。泉州陈埭丁氏回族社区呈现出一个带有地域特色的多元共存、和谐相容的宗教信仰格局。本文拟根据笔者的田野调查，结合文献资料，对泉州陈埭丁氏回族的宗教信仰进行探讨。

民族文化是一个民族在形成和发展的过程中，与所处的自然和社会环境相互作用而形成的。宗教信仰是民族文化中的一种特殊意识形态和文化现象，随着历史的变迁以及各民族之间的密切联系，民族的宗教信仰也会发生演变，出现互相交融的现象。位于福建省泉州湾南畔、晋东平原的陈埭镇，是泉州回族的主要聚居地之一，有丁氏回族2万多人。随着社会历史的变迁，丁氏回族的宗教信仰也发生了变化，由伊斯兰教信仰演变为多种宗教信仰并存，呈现出多元化的格局。本文拟根据笔者的田野调查，结合文献记载，对泉州陈埭丁氏回族的宗教信仰进行探讨。

一、泉州陈埭丁氏回族的溯源

泉州回族的形成与泉州港的兴起和繁荣是息息相关的。泉州地处福建东南沿海，这里山地丘陵广布，可耕土地十分有限。"泉州为郡三百余里，然而西北逊于山，东南让于海，地几齐楚之大国，而田不及吴越一小县"。[1]卷4,封域良田有限，海洋却浩淼无穷。泉州海岸线曲折，海上交通便利。民众就将生计转向了海洋，"海者，泉人之田也"。从唐代开始，泉州就成为我国对外贸易的主要港口之一,许多外商来泉州经商。唐玄宗天宝时(742—755年),泉州就出现"市井十洲人"的景象。唐武宗会昌间(841—846年),泉州港便有"船到城添外国人"的盛况。宋元时期,泉州港更是一跃成为"梯航万国"、"舶商云集"的国内首屈一指的大港,有着"东方第一大港"的美称。泉州的繁华吸引了大批外商云集泉州,泉州城南成了外商经商、聚居之地。"一城要地,莫盛于南关,四海舶商,诸蕃琛贡,皆于是乎集"。[2]卷11,城池 时人有诗赞曰:"泉南佛国天下少,满城香气楠檀绕。缠头赤脚半蕃商,大舶高樯多海宝。"[3]卷4,清源洞图为洁上人而作 这些缠头赤脚的蕃商主要以西亚穆斯林为多,"今回回皆以中原为家,江南尤多,泉州实为其窟宅",[4] 泉州人称他们为"蕃商"、"蕃客"。除此之外,有一些在中国出生的穆斯林后裔,也沿着海路到泉州从事经商贸易及宗教活动,泉州人称他们为"土生蕃客"、"土蕃"。这些"蕃商"、"土蕃"在宋元时期因泉州港的繁荣而寓居泉州,与当地人友好相处,有的甚至与汉族人互通婚娶,繁衍后代。至元明时期,随着条件的成熟,在泉州逐渐形成一个新的回族共同体。

泉州陈埭丁氏回族的始祖丁节斋(1251—1298)是在中国出生的穆斯林后裔,生活在姑苏一带,于南宋咸淳年间(1265—1274年)来泉州经商,并且定居在泉州。"自苏货贾于闽泉,卜居泉城"。[5]卷1,丁氏谱牒,P8 经过苦心经营,家产日丰。至元末丁氏四世祖丁善(1343—1420)时,随父亲丁硕德从泉州城南文山里迁到陈埭,"徙居城南门外二十里许,是为陈江(陈埭)"。[5]卷3,府君仁庵公传,P61 自此,丁氏就在陈埭定居下来,开基拓业,子孙繁衍,不断发展壮大。陈埭位于泉州湾南畔,五代末年,南唐观察使陈洪进率军民围海筑埭。"陈埭,五代陈洪进所筑,其埭最大,合南浦之水为隋门,通归大海,南洋田多仰焉"。[6]卷8,水利志 现陈埭镇隶属于泉州晋江市,下辖有25个村(社区),其中回族行政村有7个,分别是岸兜回族村、江头回族村、鹏头回族村、溪边回族村、西坂回族村、四境回族村、花厅口回族村。截至2010年,生活在陈埭的丁氏回族有20563人,[7]P123 人称"陈埭万人丁",是泉州回族人口最多的聚居区。

二、陈埭丁氏回族的多元宗教信仰

我国是一个多民族的国家,几乎所有民族都与宗教结下了不解之缘,每一民族在其形成发展过程中都会打上符合本民族特点的宗教观念。在我国回族发展历史上,伊斯兰教的因素和影响,对回族的形成起着主要的、决定性的作用。[8]P107 泉州陈埭丁氏回族的先祖是生活在中国的穆斯林后裔,因此丁氏在历史上也曾信仰伊斯兰教,许多生活习俗具有明显的伊斯兰文化特征。陈埭丁氏回族族谱载:"祖从回教也。回教维何不用刚鬣,不焚楮帛,相率向西而拜。"[5]卷6,祭仪纪言,P195 据丁氏十世祖丁衍夏(1516—1597)在《祖教说》所言:"殓不重衣,殡不以木,葬不过三日。封若马鬣而浅,衰以木绵;祀不设主,祭不列品、为会期面相率西向以拜天;岁月一斋,晨昏见星而后食,竟日则枵腹;荐神惟香花,不设酒果,不焚楮帛钱;诵清经,仿所传夷音,不解文义,亦不求其晓,吉凶皆用之;牲杀必自其屠而后食,肉食不以豚;恒沐浴,不清不以交于神明;衣崇木绵不以帛,大率明洁为尚也。夏(丁衍夏)稚年之所习见矣。"[5]卷2,祖教说,P29 从中可见,直至16世纪初,丁氏家族仍保持着敬做礼拜、严守斋规、不食猪肉、祭不列品,进行土葬等伊斯兰教规,其风俗习惯、宗教信仰和宗教礼仪,带有明显的伊斯兰文化特征。人类学认为,"信仰文化既然是一种文化,就不是一个封闭的体系,不可能是一成不变,它将随着社会的发展而变化"。[9]P14 目前,泉州陈埭丁氏回族社区的宗教信仰呈现出一个带有地域特色的多元共存、和谐相容的格局。既有信仰伊斯兰教的,也有信仰基督教的,更有信仰佛教、道教和民间信仰的。

伊斯兰教作为丁氏回族传统的宗教信仰,至今丁氏族人仍然坚守着。陈埭丁氏回族在1982年自发成立"陈埭伊斯兰教小组",1993年这个小组更名为"晋江伊斯兰教协会"。自20世纪90年代初始,陈埭回族委员会及清真寺管委会就选送丁氏回族子弟到外地去学习伊斯兰文化。据介绍,自20世纪90年代初到现在,陈埭选送到国内或国外学习伊斯兰文化的回族子弟已有60多人。1991年在陈埭镇岸兜回族村丁氏宗祠旁兴建陈埭清真寺。陈埭清真寺自建成以来,先后从内蒙古、广西、甘肃、湖南、陕西、安徽等地聘请阿訇主持教务。每星期五都有丁氏穆斯林及在陈埭附近经商、务工的省外、国外穆斯林数十人在此做主麻。目前,陈埭本地丁氏回族信仰伊斯兰教的人数不足百人。虽然陈埭回族信仰伊斯兰教的人数不多,但是在开斋节、古尔邦节等伊斯兰教的重大节日,陈埭穆斯林会在清真寺举办较为隆重的宗教仪式及庆典活动,晋江市民族与宗教事务局、陈埭镇政府、陈埭镇回族事务委员会的一些领导也会到陈埭清真寺,向广大穆斯林致以节日的问候。

民间信仰在陈埭丁氏回族中非常盛行,每个回族行政村都供奉地方保护神,人们称之为"境主"或"挡境"。这些"境主"都是民间信仰的一些神明,如坪头村供奉太子爷,江头村和岸兜村供奉武安尊王,花厅口村供奉文相公爷、王公、武相公爷、广平尊王（花厅口旧时分为湖尾、花厅口、沟尾、苍盈4个境）、西坂村供奉妈祖，四境村供奉王公、保生大帝、元帅公、圣侯爷（四境旧时分为上福、后锦、前社、下沟4个境），溪边村供奉开闽王。各回族村除了有供奉"境主"的"境主庙"外，还有不少民间信仰庙宇。如江头村有"西江殿"、"鳌峰庙"、"西龙殿"、"文兴殿"、"明王圣殿"、"土地公宫"；岸兜村有"土地公宫"、"钱头馆朱王府"、"雁头境宣王府馆"、"益众妈宫"、"关帝爷宫"；四境村有"众公妈宫"、"森罗殿"、"土地公宫"、"金王府"；溪边村有"三夫人宫"、"姑妈宫"、"城隍宫"，西坂村有"三夫人庙"、"土地公宫"；鹏头村有"老爹公宫"；花厅口村有"什方公宫"、"昌荣宫""忠兴宫"、"花果宫"等等。许多丁氏回族常到当地庙宇烧香敬拜，祈求神灵保佑。各庙在所供奉神明的神诞日，俗称"佛生日"，都要举行隆重的为期3~5天的敬神酬神活动。

  陈埭丁氏回族也有很多人崇信佛教，在许多寻常百姓的家里都供有观音的塑像，信众常年在家烧香敬拜。在回族村中有不少佛教的寺庙，如江头村有南宫古刹，四境村有隐绣寺及宫口古地（俗称佛祖宫），岸兜村有海光禅寺及三宝寺，溪边村有慈善宫（俗称佛祖宫）等。其中香火最旺盛、规模最宏大、装饰最精美的佛教寺庙是江头村始建于明代的南宫古刹和岸兜村始建于宋代的海光禅寺。两座寺庙有尼姑或和尚常住。平时村民常到佛教寺庙烧香敬拜、祈福消灾或抽签问卜、捐资捐款。

  基督教在泉州丁氏回族中也占有一席之位，有少数人信仰基督教，在陈埭有一座基督教堂。陈埭基督教信仰始于近代，1897年在陈埭四境村始设聚会所，1925年在陈埭兴建第一座礼拜堂，1940年成立堂会。陈埭有部分丁氏回族就是在这一期间信奉基督教，并且世代相传。1958年教会停止活动，部分虔诚的教徒便在家中做祷告、礼拜。1982年陈埭礼拜堂复会，重新开放，1987年重新扩建为会堂。1996年在鹏头与花厅口交界之处新建一座哥特式建筑风格的新礼拜堂，这也是陈埭堂的第三次迁址。基督教陈埭堂自20世纪80年代复会后，先后选举产生了五届长执会，并且成立了青年团契会、妇女团契会、老年团契会等。教堂曾推荐一些丁氏回族的基督徒就读福建神学院、泉州市神学培训班、晋江神学培训班、南安神学培训班。目前，在陈埭堂接受洗礼的基督徒有400多人，其中有不少人是丁氏回族。每逢基督教礼拜日及节日，教徒在教堂做礼拜或举行庆典活动。

  总之，在面积仅为12平方公里，人数仅为2万多人的陈埭回族社区有着40多所的寺庙、宫观、教堂，它们分别代表着不同的宗教信仰，但能集于一地而各领风骚;各种宗教信仰兼容并存,诸多不同宗教的神明在此和平共处,共享一片蓝天,共享人间烟火,呈现多元共存的格局。

三、丁氏回族多元宗教信仰并存的原因

变迁是文化的重要特征,但任何一个民族文化的存续或变化都与其所处的自然环境、社会背景有着密切的关系。陈埭丁氏回族社区宗教信仰的变迁,多元宗教信仰并存格局的出现,是与陈埭丁氏回族自身的发展历程分不开的,与其所处的地理位置、生活环境和时代背景有着密切的关系。

(一)回汉民族宗教文化的交融

文化形态在民族间的交往中会发生交融的过程,不同民族交错杂居的生活状况不可避免使民族间在经济生活、文化习俗等方面产生接触、交流。在泉州汉族人口众多,经济繁荣,文化发达,而回族只不过是"沧海一粟",人数少且居住分散。在民族文化接触交流中,汉族强态势的文化,对回族文化特别是风俗习惯的影响是很大的。丁氏族人迁居陈埭时,丁氏是以单家独户来落户的。而此时陈埭及其周围早已生活着以倪、谢、陈、张、庄等姓为主的汉族,形成了相当规模的汉族社区,"陈江故多巨姓,著代年远"。[5]卷3,府君仁庵公传,P61 丁氏一家生活在汉族文化包围之中,其生活习俗必然会受到汉族文化的不断影响。而且,由于条件的限制,丁氏族人也只能与当地汉族互相通婚。据《丁姓族谱》载,一世丁节斋娶妻陈氏、二世丁述庵娶妻陈氏、三世丁硕德娶妻苏氏、四世丁仁庵娶妻庄氏、丁仁忠娶妻蔡氏,五世丁毅庵娶妻蒲氏继室王氏、丁诚斋娶妻陈氏、丁英杰的娶妻施氏。陈、苏、庄、蔡、王、施氏均汉女,以后历代丁氏男子大多数娶汉族女子为妻。据统计,"陈埭丁氏回族一至十世有丁口495人,婚配者434人。其婚入除原配外,含继室、侧室等,姓氏有注明的计婚姻458件,婚入姓氏54姓。其中与郭、金、蒲、夏回族4姓联姻24件,占5.2%。而与汉族之陈、黄、李、庄等50姓联姻434件,占94.8%",[10] P98 可见丁氏回族男子的婚配对象主要是汉族。汉族女性嫁入丁家,必将泉州汉族的一些生活习俗也带入丁氏家庭中,不断影响着丁氏族人原有的习俗习惯,使得丁氏回族不自觉地在更多层面上接受了汉族文化,其中也包括汉族的宗教信仰,从而促进回汉宗教文化的交融。陈埭丁氏回族在长期与汉族和睦相处的过程中逐渐从汉族中吸收了道教、佛教、民间信仰等,使丁氏回族宗教信仰的客体也发生了变化。

（二）谋生方式的改变促使宗教信仰的变迁

民族宗教信仰的产生和发展是建立在自然环境、社会环境基础上的。不同的自然生态地理环境必然给民族宗教文化打下特定的烙印。当客观环境改变了，民族文化自然也会随之而变。唐代以前，陈埭原是一片海滩，五代陈洪进做节度使时，命令附近军民围滩筑埭，所以取名为"陈埭"。宋代，民众在此垦殖，逐渐形成村落。元末，丁氏迁入陈埭，从繁华的城市迁徙到滨海偏僻的乡村，居住环境改变了，丁氏族人的谋生方式也发生了变化。丁氏族人根据迁入地的自然环境，调整了原来的谋生手段，由从商逐渐转向农耕与讨海。"开基拓野，筑陂以捍海田，而瘠化为腴。履亩以征荡产，而什受其八"，[5]卷3,二庄孺人传,P64 "（陈埭）环江居负海，而潮所往来处，其地卤洿，宜生海错诸鲜，居民受其产以为业，谓之海荡"。[5]卷3,府君仁庵公传,P61 一定的文化形态是与一定的自然生态条件分不开的，其存续与变异，都与特定地域的自然生态条件有着密切的关系。生活环境和谋生方式的改变，使其原有的某些习俗也发生了变迁，对陈埭丁氏回族的宗教信仰也产生了影响。农业生产离不开土地，在生产力相对落后的封建时代，气候变化对农业生产的影响是巨大的，完全是"靠天吃饭"。因此丁氏族人有了天地崇拜，信奉"天公"、"土地公"。明代在今陈埭四境村就有供奉土地公的土地公宫，"陈埭街土地公宫始建明朝年间"。[11]目前，在陈埭的江头村、四境村、岸兜村都有主祀土地公的"土地公宫"，许多丁氏回族家中都供奉土地公。从事讨海与海荡活动使他们产生了海神崇拜，位于今陈埭西坂村、始建于明朝的娘妈宫就有供奉海神妈祖。此外在陈埭丁氏回族中还有"好兄弟"海洋信仰习俗，即外出讨海、捕鱼时捕捞到的动物骨骸，他们称之为"好兄弟"，带回村中的庙中存放，而不是随意丢弃。从城市到乡村，从经商到务农、讨海的根本性转移，改变了丁氏生活环境，也促使其宗教信仰的变迁。

（三）民族宗教政策促使伊斯兰教的复兴

伊斯兰教作为泉州回族的传统宗教，在历史上由于各个时期政府兴抑政策的影响而兴衰不定。当代陈埭丁氏回族伊斯兰教的复兴，得益于新中国的民族宗教政策和宽松的社会环境。新中国成立后，民族政策的落实使许多淹埋已久的民族成分又得到重新恢复。1979年1月，晋江县政府重申了陈埭丁氏回族的民族成分。1984年成立了"陈埭镇回族事务委员会"，管理陈埭民族事务。1985年在陈埭岸兜丁氏祠堂开设"陈埭回族史馆",展示丁氏回族的历史和文化。1989年,陈埭回族事务委员会与福建省历史学会联合在陈埭举办"陈埭回族历史学术研讨会",对丁氏回族的历史与现状展开研讨,并出版了学术论文集。民族身份的恢复、机构的成立、研讨会的召开等一系列活动,促使丁氏族人回族意识的加强和对本民族传统文化的重视。

新中国成立后,特别是改革开放以来,国家推行宗教信仰自由政策。1982年,全国人大五届五次会议通过《中华人民共和国宪法》,宪法第三十六条规定:"中华人民共和国公民有宗教信仰自由。"规定正常的宗教活动只要在法律和政策允许的范围中活动,没有破坏社会秩序、损害公民健康,就会得到认同。对少数民族的宗教信仰也采取宽松的态度,这为陈埭回族伊斯兰教信仰的恢复提供了保障。1983年3月,泉州伊斯兰教协会获批重新成立;1993年4月陈埭清真寺经泉州市政府批准正式开放,同年晋江市伊斯兰教协会获准正式成立。在中国伊斯兰教协会的支持下,陈埭自20世纪90年代始,不断派遣丁氏族人到国内外学习阿拉伯文与伊斯兰文化;利用暑假在陈埭清真寺里开办补习班,补习班开设的课程之一就有阿拉伯文的教学;有时清真寺还会举行诵读《古兰经》的赛诗会。这一切使许多丁氏族人恢复对祖教的记忆,开始了伊斯兰教信仰的回归与复兴。

(四)泉州多元宗教信仰的传统与氛围

民族宗教信仰的存续与变迁都与其所处的社会环境有着千丝万缕的联系,带有浓厚的地域特色。陈埭丁氏回族多元宗教信仰的出现与泉州多元宗教信仰的传统与氛围分不开。泉州是著名的港口,自古海上交通的便利,也使泉州成为中国历史上较早的中外文化交流的窗口。当世界不同的文化涌入泉州时,泉州以开放、包容的心态接纳了它们,从而使泉州成为"濒海通商,民物繁夥,风俗错杂"[12]卷89,P4560之地。各种不同宗教也先后传入泉州,除了中国本土的道教、汉化了的佛教外,还有印度教、伊斯兰教、摩尼教、景教(早期的基督教)等宗教都在泉州得到不同程度的传播与发展。不同宗教的信徒在泉州都可以自由信仰、自由传教。各种宗教和平相处,既独自发展,又相互融合。"外来的宗教信仰与本土化的佛教、道教及本地流传的各种民间信仰和平相处,相互兼容,多元文化的复合交融在这里得到了最生动的体现。"[13]P3 时至今日,在泉州佛教、伊斯兰教、基督教等多种外来的宗教与中国本土的道教、民间信仰和谐共处、多元并存,共同赋予了泉州丰富多彩的宗教信仰。泉州因此享有"世界宗教博物馆"之誉。

生活在泉州这一文化环境之中的丁氏族人受此影响,在宗教信仰呈现出一个带有地域特色的多元共存、和谐相容的格局。丁氏族人不仅信仰不同的宗教,而且常让不同宗教的神明共处一室,接受信众的朝拜。如西坂村的娘妈宫供奉的神明有观音菩萨、益众妈、差官爷、福德正神、阎罗天子、血疯夫人、天上圣母、三夫人妈、关圣帝君、众姐妈、财神爷;四境村的王公宫供奉的神明有顺正大王(王公)、七王爷、三夫人妈、广泽尊王(圣王公)、圣王妈、境主公、境主妈、观世音菩萨;江头村的忠烈庙供奉的神明有月老公、阎罗君公、灵通舍人、关圣帝君、上帝公、武安尊王、夫人妈、财神爷,等等。这些神明既有属于佛教的,也有属于道教及民间信仰的。"多元化的宗教活动并不是出于他们最初的情感,而是在与周边环境交流融合的过程中,不断地进行融合杂糅,是环境造就了这种情感"。[14] 泉州多元宗教信仰兼容并存的传统和氛围,为陈埭多元宗教信仰并存提供了良好的社会环境。

宗教作为民族文化的一部分,在历史进程中必然会发生这样那样的演化。泉州陈埭丁氏回族在其发展过程中,其所处的地理环境、人文环境和时代背景等诸多因素,共同促使陈埭丁氏回族社区宗教信仰的变迁,使其呈现出多元并存的宗教信仰格局。陈埭丁氏回族宗教信仰虽然呈多元化,但回族民众以宽容的心态面对各种不同宗教信仰,他们相互尊重彼此的宗教信仰,甚至捐资捐款赞助各种宗教的庆典活动。在陈埭,这种外来文化与泉州本土文化相互交融,传承与变迁的相容并蓄,融合成一种独特的宗教信仰格局,这也是闽南文化多元兼容、海纳百川特征的一个例证。

注释:

[1](清)怀荫布:《泉州府志》,乾隆版。
[2](明)阳思谦:《泉州府志》,影印明刊本。
[3](元)释宗泐:《全室外集》,四库全书本。
[4](宋)周密:《癸辛杂识·续集上》,四库全书本。
[5]庄景辉:《陈埭丁氏回族宗谱》,绿叶教育出版社,1996年。
[6](清)周学曾:道光《晋江县志》,福建人民出版社,1990年。
[7]林华东:《历史、现实与未来:闽南文化的传承创新研究》,厦门大学出版社,2011年。
[8]林松、和龚:《回回历史与伊斯兰文化》,今日中国出版社,1992年。
[9]蒲文成:《藏族信仰文化的历史变迁与藏区社会进步》,《青海民族学院学报》2002年第

1期。
[10]庄景辉:《陈埭丁氏回族汉化原因的探讨》,《学术月刊》1997年第9期。
[11]《晋江陈埭街土地公宫重建碑记》。
[12](宋)朱熹:《朱熹集·范公神道碑》,四川教育出版社,1996年。
[13]黄顺力、李卫华:《闽南文化的特征与两岸民众的文化认同》,《守望与传承——第四届海峡两岸闽南文化学术研讨会论文集》,鹭江出版社,2010年。
[14]高传玺:《多元宗教文化背景下的民族认同——泉州陈埭回族社区研究》,宁夏大学硕士学位论文,2011年。

第三节

白奇回族历史文化的若干问题

郭志超

（厦门大学人类学研究所）

泉州湾北部、洛阳江入海处的惠安白奇回族是"海路回族"的一支。开基祖郭仲远于明洪武初年由法石迁居白奇，迄今600多年。由"守教"到"出教"是白奇郭历史文化变迁的主轴，食俗、葬俗等皆因之而变。郭肇汾撰《适回辩》反映了白奇穆斯林"本汉从回"的文化心理。体质检测发现，较之汉族，白奇回族的体质特征具有中东血统遗存。文中墓葬考，别于通见。

泉州湾东南畔的惠安白奇回族是"海路"回族的一支，其发祥地泉州是古代海上丝绸之路的重要端点。白奇回族历史文化反映了阿拉伯文化从海路东渐中国东南并与汉文化融合的过程，反映了闽南复合文化的一个层面。本文对白奇回族历史文化的若干问题作历史考察，所据资料主要是笔者20世纪80年代的调查材料和抄录的郭氏谱牒。白奇是郭姓大房的村名，也是整个郭氏社区的片名。撰毕于万历元年（1567年）的《惠安政书》的二十三都地图，在白奇村方位标明"白崎"。郭氏族谱不是冠名"白奇"就是"百奇"。泉州海外交通史博物馆最早对白奇郭进行田野调查并写出调查报告《泉州海外交通史迹调查材料·惠安白奇专辑》（1982年10月），沿用惯习，称"白奇郭"为"白奇郭姓回族"。1990年成立回族乡，根据白奇片之南的龙头山曾有百级台阶的传说，猜测此为白奇或白崎之缘起，遂以从未现文献的"百崎"为乡名。

一、白奇郭溯源

古城泉州，唐代就有阿拉伯商人、伊斯兰教布道者前来，并有滞留者，宋元尤盛。白奇郭先人应属此类，也可能由其他港口转至泉州。据郭氏族谱所载,其先人在元代由杭州富阳来泉,择居法石(或曰此前先住内城行春门外)。族谱载:"德广公,元赐进士,官太常寺卿,奉使温陵。适当季世,弗克还朝,遂居法石寺庭焉。"又载"一世祖德广公肇基法石坡庭","娶吴氏","生子洪公"。"子洪公(1319—1367)娶翁氏","传男三","长和卿,次仲远,三季渊"。长房"出祖江西",三房"在祖坡庭",二房"仲远公开基惠安百奇"。郭仲远(1348—1422)于明洪武初年由法石迁到白奇,后分五房(三房出祖"扶疆",即今龙海浮宫;五房出祖"玄钟";即今诏安)。白奇郭氏大祠堂柱镌刻的"支分法水源流远,地卜奇山甲地兴",即述由法石而白奇的迁居。郭姓居法石时应从事贸易。法石滨海靠山,宋元时为泉州海外交通的驻泊港澳,是阿拉伯人及其后裔的商人活动地和侨居处。迄现代,这里的居民除从事农业外,主要以航海经商为多。

郭氏族谱几乎皆以郭德广为入泉始祖,但有个别族谱则载入泉始祖为郭德广之父郭章。"华山"系大山(村)之雅称。《华山郭氏四房家谱·序言》云:"汾阳王(郭子仪)六子驸马暖公七世孙文宪公巡杭州,遂居杭之富阳县。文宪公长子章公来泉授宣慰使之职。当是时干戈抢剧,弗克还朝,乃纳室于泉而家焉。章公生二子,长德广公、次德昭公。"据悉,泉州城区"东街郭"即"德昭公"后裔。1982年暑假,笔者回白奇访家父的私塾老师郭有明老先生,他说:"传闻德昭公派下的东街郭,与白奇郭同属章公衍派。白奇郭禁油(治丧和祭先,禁用猪肉猪油),是回教。东街郭没禁油,哪是(回教)呀!"若"章公二子说"成立,据此推测,历史上白奇郭因"回教"及其习俗的认同问题而撕裂与东街郭的族群认同和共祖关系。白奇谱牒编修由乡绅耆老掌控,他们对"祖教"有较高的认同。德昭公衍派淡出白奇郭谱牒,应是出自这一原因。这些可能和推测搁置备考,本文仍采郭德广为入泉始祖说。

历史上,白奇郭氏衍派众多,以宗族房支或家户乃至个人形式向外迁徙,本县尤其多,邻本县的有泉州城区和晋江等处;本省还有龙海市、南靖县、厦门市(含同安县);在浙江省有苍南、平阳、铜头、温岭、玉环、普陀(沈家门)等县;在台湾省有鹿港、台北、高雄、基隆、屏东等县市;在南洋以马来西亚槟城为主,新加坡次之,印尼,菲律宾也有。

二、白奇的伊斯兰教

白奇郭始祖郭德广即穆斯林。族谱载:"吾家自开基法石,德广公即从清真教。"[1]"(郭仲远)开基百奇以来,曾贮天经三十部,创礼拜寺,尊重经教,认主为本。溯斯教之传,自乾坤开张,三皇布政,皆系真主保养之厚恩。名曰回回之教,始于天房国,天房乃天地之中央,其教极务实理,不尚虚文,能屏斥邪魔,面向清真,我祖由是尊教焉。"[2]明永乐二十年(1422年)初,郭仲远在临终前半年还立家训:"无辍世从回教清真。"[3]

明嘉靖年间,白奇郭"遭兵燹之间关,掌教失传"。此后数十年间,"遂至迷染外教之风,竟蒙昧正教之则"。[4]清真寺是穆斯林举行宗教仪式的场所,是社区文化中心。伊斯兰教的延续对清真寺阿訇组织的宗教活动有很强的依赖性。一旦"掌教(阿訇)失传",穆斯林也就陆续"出教"。载于族谱的《适回辩》说:"传至八世、九世,乃出教,谅在明万历年间。"郭导周在清嘉庆十二年(1807年)也说:"稽吾家前之出教,谅在明万历三十五年。"康熙四十八年(1709年)"陈都督有功,仕于泉……重兴教门。百奇叔侄来城贸易,复入教者多矣。埭上乡礼拜寺系陈公建造焉。"[5]"八世(若以德广公为一世,八世应换算为十世)思致公……得庄师(庄姓阿訇)之启传……于是我族重尊此教。"[6]另外,个别回民迁往泉州清真寺居住并入教。《郭氏族谱》载:"(十世)宏隆公念强干弱枝之分""遂搬入通淮街礼拜寺居住。"又载:"(宏隆公)念先人昔从清真教,遂搬入通淮街礼拜寺住居,时在康熙年间。"此后其历代后裔皆住泉州清真寺及附近。郭氏族分支于泉州地区伊斯兰教中心,对维系白奇穆斯林与泉州宗教中心的联系起了重要作用。自清康熙晚期至民国末期,清真寺一直存续于白奇郭四房,前引的"(康熙时重兴教门的)埭上乡礼拜寺"的"埭上",即四房的发祥地和房祠所在地。埭上清真寺废后,迁建于较偏僻的大山村(亦属四房)。

清康熙四十八年(1709年)以后,白奇郭新建的清真寺,位于较靠内陆的埭上村。"顶"有腹地之义。据郭氏族谱和传说,自康熙以后白奇有"顶(上)教"、"下教"之分。或曰:埭上村的清真寺为"顶教",白奇村的清真寺为"下教"。但这指称究竟是共时性还是历时性?亦即埭上村清真寺建后白奇村也建起清真寺?或者埭上清真寺与此前曾存的白奇清真寺在地理方位呈现"顶(上)"、"下"关系。埭上清真寺和后来的大山清真寺与郭氏四房族人的关系紧密。笔者询问白奇村的郭廷岩先生,他说:"旧时(应指晚清民国)白奇村没听说有清真寺,但有一位铁姓阿訇,由泉州清净寺来的,孤苦伶仃,靠做仪式(包括宰杀牛羊)得点酬劳。"而埭上村和后来大山村的阿訇,则是家族血缘世袭,未闻生活困难。

到20世纪前半期,白奇的伊斯兰教在大山村勉力维持。在20世纪

30—40年代,穆斯林仅三四十人。20世纪40年代末期,大山村清真寺最后一位叫"卯仔"或"草乌"的阿訇瞑目"归真",此为白奇伊斯兰教落幕的标志。

伊斯兰教在白奇消逝了,但其经籍仍然在郭姓回民中传播着隐约模糊的宗教信息。现在如有丧事,供桌必陈《古兰经》一部,"以体先代之意",且送死者"复返清真"。清真寺所在的大山村至今仍保存"如蚓"的清代阿拉伯文《古兰经》抄本,以及汉文《天方典礼》、《真功发微》、《清真发蒙》等印本和抄本。

三、伊斯兰、道释民间宗教、基督教的关系

伊斯兰教是排他性很强的宗教。然而在白奇,伊斯兰教对道释民间宗教历来采取内紧外松的态度。白奇郭氏族谱中所谓的"释教",与周边汉族社区的道教、佛教糅合且与俗话所谓的民间宗教别无二致。郭姓开基白奇村时,白奇村和附近的一些村落已有汉民居住。郭姓族人开始势单力薄,在明初民族歧视的社会氛围中,为了保护自己,蓄意遮隐族属,并进行必要的文化土著化。不过,他们对世从清真教的传统是珍惜的。开基祖郭仲远早就预感到守教和土著化兼顾的左右为难,他在古稀之年所立的"不辍世从回教清真"的家训即表达出隐忧。实际上,守回之教与受汉之教,在白奇回族的社会文化变迁中形成两种信仰人群,出现两条回、汉文化轨迹。

为了家族团结,回、汉相安无事,但伊斯兰教一旦得到助燃,原本的相安心理平衡就会打破,迸发出对宗教汉化的不满。清嘉庆年间抄录于族谱的"开列禁条"有:"家禁用道释教";"家禁用功果追荐,冥金、冥纸、冥人及一概纸料";"家禁用尼姑超度、神祇邪说";"家禁用神佛医法";"家禁用时俗家替身过关"。这些禁条很可能被束之高阁。

在汉化日炽的进程中,伊斯兰教逐渐枯萎。到20世纪30—40年代,连大山村清真寺的阿訇对穆斯林去村庙祭祀关帝等神明都采取宽容态度。伊斯兰教自顾不暇,没有余力抵制、排斥异教。碍于伊斯兰教是祖教,道释民间宗教对伊斯兰教从未说三道四,但对新兴的基督教则相当严厉。基督教是在20世纪20年代开始传入白奇的,进入20世纪30年代,在郭氏二房渐成气候,并在厦门新街礼拜堂的资助下在里春建起教堂。20世纪30年代初田岑村基督徒的教首(后任里春基督教堂执事)谢妹的丈夫郭草鞋(基督徒)病逝,田岑村同房支的乡老大以丧家是"吃教的"(意即信基督教)为由,威胁族人不得参与治丧(后经东园镇东园镇洋教士调解而平息)。这是道释民间

宗教对新兴的基督教采取强烈歧视态度的典型事件。

四、《适回辩》内蕴的文化心理

清嘉庆十二年（1807年）郭肇汾撰《适回辩》，载于族谱中。该文认为本宗郭姓族属是"汉"，但所从之教是回。

当时族中有二说。一是"从妈教"，即祖为汉，娶回妇，后裔皈依伊斯兰教；一是"本是回"。郭肇汾针对"从妈教"说，指出："吾宗先世元太常寺卿德广公……此来泉一世祖，其坟茔用回教法。""若从妈教，必先德广公用汉葬法，二世祖子洪公始用回葬法。""安得曰：'从妈教。'"针对"本是回"说，郭肇汾指出："吾宗，汾阳之衍派也。汾阳乃周之子孙。""金、丁、夏、马、迭"是"回而兼吾儒之道"，而"本族百奇"是"从儒而存乎回之教"。他对祖为"汉"而教、俗为回的解释是："唐之时，佛家最盛，而回之传教则不信佛，故世人亦有从回。迨元之时，于回免其差扰，泉之回尤盛，世人因多从回。或好两国之教，或托足以避乱。故先人之适回，大抵有取矣。"

《适回辩》对本宗郭姓的族属和从回教的缘故的解释当然悖于历史事实，但其论述深刻反映了当时郭姓人对祖为"汉"而教为回的困惑心理。据族谱所载，郭姓族人汉族名将郭子仪为远祖始于明初。泉州海外交通史博物馆调查组所撰的《白奇郭姓不是郭子仪的后裔而是回族人》（《海交史研究》1978年创刊号）最早提出"伪托说"。这是在民族压迫和民族歧视的社会背景中采取的自我保护方式，随着时间的推移竟以假乱真。然而，传统的回风与汉俗毕竟差异很大，矛盾难解，心理失衡。《适回辩》的解释试图以"本汉从回"之说来调适这一文化困惑心理。

载于宗族史书的《适回辩》的传播效果，历代持续不断。郭有明先生回忆道："1958年惠安县民政局民族科到白奇调查，召集郭姓群众代表60多人座谈，多数人认为我们不是回族而是回教。"此说仍延续着《适回辩》提出的"本汉从回"的解释。他们所谓的"我们不是回族而是回教"的表述，实际上透露了以"回教"为标示的回回族群认同。

五、白奇回族体质特征及其反映的通婚关系

郭氏谱牒中描述体质特征的材料有二则："（八世莲塘公）形容魁梧，面白展须，半白黑，鼻贯顶，身穿白衣。"又："（十二世）义斋公仪容观魁，面长色白，眉柔疏细，眼如凤眼，鼻如峻峰，正直贯顶。""长须半白黑，有四寸余长。"

如果前之世代只是汉回通婚而没有一定数量的回回通婚,到第八代甚至第十二代还能保留如此明显的中东人特征是难以想象的。

1983年9月,上海复旦大学和上海自然博物馆的体质人类学家王桂伦、戴星翼、何惠琴在白奇作了223例回民体质测量(戴星翼执笔的体质测量报告的手抄件未印出)。戴星翼先生经数理统计、分析后指出:白奇回族体质特征中有无中东血统,答案是肯定的。根据遗传学规律,每传递一代获得父方基因的可能性就会减少一半。假设20代皆汉回通婚,那么第21代获得男性始祖的基因可能为$1/2^{20}=0.000000954$。在223例中出现了三例具有强烈的中东人体质特征的个体,比例为0.01345,二者差距极其悬殊。另外还有一些类似的个体,只是特征上没有这三例显著。其结论是,白奇郭姓回族历代有一定数量的"回—回通婚"。

戴星翼先生还指出,白奇男性与泉州郊区汉族男性相比,按马丁——舒利茨眼色表,白奇回民眼色较汉民稍浅,平均数各为1.72(回)和13.95(汉)。另外,白奇回民的发型较趋于波状,据马丁分类,平均数各为1.06和1.03,白奇回民眉毛发育度较汉族明显,眼裂较宽,较之汉民倾向于内角高于外角,蒙古褶较不发达,鼻根较高。这些数据和特征表明,与汉民相比较,白奇回民的体质特征倾向于印欧人种。

白奇回族体质特征反映了一个重要的文化内涵,即通婚关系。从郭德广为一世算起,白奇郭姓回民至1983年已传至第20至23代。郭氏族谱所录的女性世祖的姓氏众多,其中有金、丁、夏、蒲、林、李、黄、苏、马等泉州地区的回民姓氏或疑似回民姓氏。

六、汉化与回化

在汉文化的大环境中,白奇回族文化的汉化是必然的趋势,这种汉化过程一直可溯至郭仲远肇基白奇时。白奇回族汉化条件的人口分布格局是:回、汉村落近邻,或同一个村落里回、汉杂居。郭姓始迁白奇村时,该村已有李、陈两姓。附近的村落,里春有江姓,梁墓有梁、江两姓,下埭有杨姓,后海有郑姓,贺厝有贺姓。这种汉民分布格局造成了回文化易于汉化的条件。此外,白奇郭僻居海角,与泉州异姓回民社区相距较远,这样同汉民通婚便成为基本方式。进入回民群体的汉女不断稀释回文化。

回化与汉化并存。汉女进入回民群体后既传播汉文化,又在一定程度上随从回民习俗。迄现代,白奇郭严守"禁油"(即不食猪肉、猪油。另一种

"禁油"是丧时或祭日的供品不用猪肉、猪油,是白奇郭家家户户守则)的有相当数量为来自汉民家庭的妇女,就是一个很好的说明。

始迁白奇以及宗支在地域上的扩展过程中,郭姓族人与汉民多同住一村,以后慢慢蕃衍为人口比例占绝对优势。一旦达到这种状况,汉民就比较明显地进入回化的过程。这种回化的动因,一是在心理上追求社区群体认同,一是在个体的社会化过程中,回文化就是既定的基本社会文化环境。今白奇村的李姓、陈姓,因以前不断外迁,至1993年仅有十多户人家,他们与郭姓回民风俗一致。早在清代,白奇村郭姓族人称李、陈族人为"半(回)教"。

七、白奇回族的食俗

元代入泉始祖郭德广即"从清真教"。明白奇开基祖郭仲远亦"尊重经教"。明嘉靖万历年间,"掌教失传,遂至迷染外教之风",逐步出现"养豚、食豚之谬",但仍有相当部分回民循守不食猪肉之俗。此后数十年,白奇郭"重尊此教(伊斯兰教)",传统食俗也同步有所加强,他们"追溯祖宗诚斋礼拜之风,晓喻养豚、食豚之谬"。这些史实可见于郭氏族谱的《复遵回回教序》和《适回辩》。清早期伊斯兰教在白奇重兴的程度是有限的。此后白奇伊斯兰教逐步式微,传统食俗亦然。鉴于许多回民改变了传统食俗,族中在祭祀中订规加以约束。清嘉庆十二年(1807年)记载了已实行了"五代"的族规,即"族规论定:凡遇祀典,虽出教应祭者,品味精洁,秽物勿用,盖其所忌而弃之"。这样,从康熙末年开始,白奇回民食俗分两式进行。一是严守不食猪肉习惯;一是"生吃死不吃",即"活人既吃猪肉,料难挽回,但对先人的祭祀,要求洁净。生者已背离祖教,死者当复返清真"。前一俗至1949年前后仍有少量遗存,1980年初已罕见。后一俗日渐广泛,发展为通行之俗。解放初期白奇土改时,县里派来的工作队借用当地郭姓群众的饮具,归还时见物主反复洗涤,甚奇。这种异俗引起惠安县民政局的重视,成为调查识别白奇回族的肇因。

白奇回民宰牛、羊,特别是宰牛,"必昉教门"。此俗到20世纪40年代仍延续,改请阿訇来念经宰杀。白奇回民的传统食俗除禁食猪肉外,还禁食"水族而无鳞者","水族而非卵生者"和"水族介类",禁食"兽畜而无角者"。此见于族谱,订于清嘉庆年间,但在访谈中,早已消失于历史记忆。

八、郭氏始祖墓地、墓碑考

1974年泉州海外交通史博物馆研究人员在泉州东郊法石乡发现"郭氏世祖坟茔"的墓碑。据查，该碑原址为法石乡光堂宫和天堂井的东侧，俗称"柳公砌"，又称"棋盘穴"。该墓地为石砌的四方大平台，台上分上、下层，各有两座伊斯兰教式石墓，墓碑立于上层首端。1956年平整土地，墓毁碑倒。1967年，当地人将墓碑抬去铺仓库地板，途中敲为两截，后幸被郭姓后裔发现，保护下来，碑上刻有中文和波斯文。波斯文刻在碑额，译读为："伊本·库斯·德广贡·纳姆。"碑中竖刻"晋、惠元郭氏坟茔"，两上角各刻小篆，右"坡庭"，左"百奇"。泉州海外交通史博物馆调查组《白奇郭姓不是郭子仪的后裔而是回族人》（《海交史研究》1978年创刊号）一文指出："伊本"是"父系"或"祖世"、"世家"的称呼，"库斯"应是"郭"。陈达生编撰的《泉州伊斯兰教石刻》（宁夏人民出版社，1984年）则指出："'纳姆'在波斯文中另一含义为'著名的'，'郭氏世祖坟茔'墓碑上的波斯文当译为'著名的库斯·德广贡之子'。"

《郭家入泉开基族谱》载："（一世祖德广公夫妇）同葬在晋江县三十六都田坑崎下岭山，坐北向南。""（二世祖子洪公夫妇）同葬晋江法石里三十五都圣店光堂宫后之左穴"，"坐乙向辛"（坐东偏南向西偏北）。皆载明"回圹"。墓地不同，坐向亦异。清嘉庆续修的《郭氏族谱》则载："德广公……配吴氏……圹在晋江三十六都法石里光堂宫之左穴，坐乙向辛，上名田坑棋盘穴。""子洪公……娶翁氏……合葬附考妣圹，土名棋盘穴。"此言明一、二世祖葬处、坐向皆同。

抄载于《温陵螺阳奇山郭氏族谱》和《奇山义房郭氏家谱》的《富阳坡庭郭氏家谱序》（康熙三十八年撰）叙道："……祖坟崩坏……兹于甲戌冬，房长……等会五（吾）宗二房各在螺邑百奇之八世孙……等，择利合山，就于甲戌（康熙三十三年）腊月望三日，鸠族兴工，合修始祖德广公坟茔。"上述的郭氏世祖墓碑上的"坡庭"、"百奇"表明此碑是郭氏于明初分流白奇后才重立，据上引的族谱材料，此碑立于康熙三十三年（1694年）十二月。

白奇耆宿郭有明先生提出相左的看法。1986年郭老先生告诉笔者：

> 现藏于泉州海交馆的"郭氏世祖坟茔"墓碑的墓主是二世祖子洪公，不是始祖德广公。因为族谱记载："来泉始祖德广公偕吴氏同葬在晋江三十六都田坑崎岭山，坐北向南，俗称'田螺吐肉穴'。世祖子洪公

偕妣翁氏同葬在晋江三十五都法石里圣店光堂宫后之左穴,坐乙向辛,俗称'棋盘穴'。"这两个墓葬分明记载在不同的地方,坐向不同,据我村郭朝宗(当年77岁)说,他在50年前和本村郭奎武、郭崇修等人搭船去蟳尾,到德广公墓献纸。德广公墓在蟳尾通往泉州东门的路边,即仕公岭附近,无墓碑。该墓后因筑路拆毁。他们接着去法石棋盘子洪公墓献纸。

我们称子洪公为"世祖",称德广公为"始祖"。

兹特录之备考。前引的《泉州伊斯兰教石刻》的波斯文中译,倒可以印证《郭家入泉开基族谱》所载,以及郭有明先生所言。

九、白奇回族的传统葬式

元代居法石的郭氏一、二世祖妈葬用"回圹",三世祖妈的回式石棺墓现存龙头山。四世至六世的回式石棺墓七座现存里春村西南方,土名"鸟树墓"。这些石棺墓,墓座或为整石凿空,或为条石围砌成,墓盖均为整石琢成,此为白奇回族传统葬式的早期形态。上述石墓中年代最晚的为嘉靖五年(1526年)。由于平整土地,夷毁一些石棺墓,因此还不能以明嘉靖五年作为白奇回式石棺葬式的确切下限。郭有明先生在《郭氏奇山义房家谱》中注曰:"因第九小队要造厕所,称说土地欲平整,将一列全房教墓三十八首拆去创造石窖。余不忍祖公遭及此祸,于癸丑年(1973年)十月廿五日拾(骨)于后山顶,立一圆堆,立一砖牌。"郭老先生所记仅是二房"教墓"被毁情况。

墓葬年代迟于明嘉靖的回式墓形制发生明显变化,墓圹以石或砖砌成,上复石板,再以砖灰或三合土垒为墓盖。此为白奇回族传统葬式的中期形态,其下限以后海村的郭姓二房第十五世祖(以白奇开基祖为一世)郭淑献夫妇墓为标志,年代为清光绪元年(1875年)。

清末迄今的大山等村回民仍行回式石棺葬。石棺以二长二短石板围成,少数用砖砌成,上横盖七块石板,堆土抹灰成墓堆。这是白奇回族传统葬式的晚期形态。这些墓分布于龙头山北麓和山顶,约近百座。白奇回族传统葬式的早、中、晚期系大致划分,不同期的衔接处应有重叠关系。

回式墓与传统意识成表里关系。早期的墓座和中期的墓前碑镌刻的《古兰经》和穆斯林必诵的"总信言"文字清晰地展示了这点。白奇开基祖的石墓座阿拉伯文,陈达生主撰的《泉州伊斯兰教石刻》译为:"一切均要死亡,唯有真主活着不死。""凡在大地上的,都要毁灭,惟有你的本体具有尊严和大德,将永恒存在";.[7] "任何东西均要死亡,惟有真主不死。"十五世祖郭淑献的墓前碑刻,阴刻具有汉字篆体风格的阿拉伯文,《泉州伊斯兰教石刻》译为:"我依照安拉本来的面貌及其所具有的名称和德性信仰他,我接受他的一切律例。"早期回式墓葬还有一些非文字的伊斯兰教具象符号。例如,郭仲远夫妇合葬墓的后墓围正阳雕云月图案这种伊斯兰教标志。1983年10月,笔者导师陈国强教授在田岑村至斗门头路上发现一块残缺的云月形石雕,此应原嵌于某回式墓的墓围中。晚期回式墓的墓主为大山村等村回民。大山村是白奇最后一座清真寺的所在地,是白奇晚期伊斯兰教最后有影响的村落,这里的回民沿袭传统回式墓葬的意识也就较为明确。

应该指出,自明嘉靖、万历以后,白奇许多回民改行棺木土葬。清康熙末期传统的回式石棺葬式因伊斯兰的复兴而得到强调,但汉式棺木土葬难于遏止并不断盛行。嘉庆十二年(1807年)订立的族规中仅有"禁用火葬、瓦葬(原注:即瓦葬也)"。这说明此时棺木土葬作为新流行了一段时期的葬俗已得到认可,除了以四房族人为主,特别是大山等村的部分回民继续沿用回式石棺葬(棺底见土)外,绝大多数回民盛行汉式棺木土葬。白奇郭葬俗变迁,最典型地说明伊斯兰教是回文化的核心,一荣俱荣,一损俱损。

注释:

[1]百奇郭氏回族宗谱重修委员会:《百奇郭氏回族宗谱·修葺义斋郭公墓文》,2000年。
[2][4][6]百奇郭氏回族宗谱重修委员会:《百奇郭氏回族宗谱·复遵回回教序》,2000年。
[3]百奇郭氏回族宗谱重修委员会:《百奇郭氏回族宗谱·毅轩仲远郭公家训》,2000年。
[5]百奇郭氏回族宗谱重修委员会:《百奇郭氏回族宗谱·十世祖》,2000年。
[7]见于《古兰经》第55章第26—27节。

第四节

泉州清净寺重修《募缘疏》和《碑记》的儒道文化渗透

吴幼雄

(泉州师范学院)

明万历三十五年(1607年)泉州解元李光缙《重修清净寺募缘疏》,和万历三十七年(1609年)李光缙《重修清净寺碑》,从中可以窥见明代儒、道、释文化对泉州伊斯兰教的渗透现象。它构成明代泉州文化现象的一个特色,也构成明代泉州道教和敬事发展的一个特色。作为一位在民间享有盛名的儒者,号召百姓捐资修建伊斯兰教寺。李光缙说:"儒道如日中天,释道如月照地,余谓净教亦然。"明嘉靖以降,泉州回族儒士化知识分子,找到儒、道、释、回对天敬奉,对己诚洁的根本共同点,以儒道义理来解释、附会伊斯兰教义和祀典,与泉州其他宗教和谐共处。

宋代泉州的海外贸易发展,经济文化繁荣,以儒、道、释互补为格局的传统文化思想,在泉州颇为流行。降至明代,泉州的经济、文化继续繁荣,出现不少理学思想家。我国儒、道、释互补的传统文化在泉州继续发展,并且渗透到社会生活的各个方面。本文拟就明万历三十五年(1607年)泉州解元李光缙《重修清净寺募缘疏》,和万历三十七年(1609年)李光缙《重修清净寺碑》,谈谈明代儒、道、释文化对泉州伊斯兰教的渗透现象,它构成明代泉州文化现象的一个特色,也构成明代泉州道教和伊斯兰教发展的一个特色。

一

明万历三十五年(1607年),泉州大地震,震后暴风雨交加,清净寺"楼栋飘摇倾圮日甚",住持夏日禹率众教徒要求名儒李光缙发起修寺。李光缙认为这是"公役",应该"有资舍财,无资舍力",不应该让清净寺古迹毁坏。于是他与退居故里的吏部侍郎丁哲初(回族)计议修复泉州清净寺,由李光缙作《重修清净寺募缘疏》,为了说明重修清净寺的意义,发动众人慷慨捐献,

第六章 从泉州伊斯兰教看多元宗教和谐共处

李光缙站在儒家和道教的立场上,对泉州的伊斯兰教发表了一通议论。他的议论,反映了明万历间泉州儒林士人对伊斯兰教的看法。李光缙的议论可分为几个部分。

第一,认为伊斯兰教为西域传入的一种宗教,它不同于佛教和"吾儒之道"。伊斯兰教的教旨是敬事天,其敬事天先于敬事祖先。

第二,伊斯兰教教徒"舍世身以皈空",但没有抛弃其祖先,而是"沿衣钵而他父"。

第三,伊斯兰教徒多数从事士、农、工、商之业。他们不分父子、兄弟,人人口念"清真言"。饮食有规定,还有斋戒的教规。

第四,推敲伊斯兰教的奥旨,"倘亦书有神明斋戒之方",可是他们所严祀奉者为天,而非道教的神仙,更无崇尚鬼神之类。他们敬事天,但不崇拜偶像。

第五,伊斯兰教的经典,全是阿拉伯文字,语言与汉语完全不同,认识阿拉伯文字的人很少,没有人把它译成汉语,所以了解的人很少。但是经典不译成汉语也有好处,即"免于伪经之杂"。

第六,伊斯兰教徒诵经时同调,以净心为改悔,对天顶礼膜拜,与道教不一样的是礼拜时不设祭品。教徒每年定一月为斋期,按"七政之期,遇七日则有拜",礼拜的规定十分严格,教规简易容易遵守。

第七,综上泉州伊斯兰教之特点,似乎有些像中国"儒者之慎修,可沐浴以事上帝",抑或"同墨之薄葬,亦封树而掩其亲"。所以儒林士子有谈论禅教的,也有人谈论道玄的;有儒林士子抨击佛理的,也有士人批判道玄的。可是,伊斯兰教则是儒林士子所研究和批判不到的,因它没有汉译经典。

李光缙在对泉州的伊斯兰教发表一通议论之后,对当时等待修建的清净寺建筑形制,用道教八卦坎离之说进行一番描述,文云:"据此层楼之设,岂非盘土之奇,筹坎离而宅其中,通震兑以作其会。门以南为向,堂以西为尊,叠叠重重,规制异人间之庙宇;昂昂哙哙,犟革仿天上之楼台。"接着,对清净寺的地理位置之重要进行描述,但这个描述是站在儒、道、释的立场上来看清净寺的。指出清净寺的位置是"峙文庙之东,则如凤有翼而龙有角,崛武台之北,宛若虎斯隐而豹斯藏。一柱干云,并紫帽峰而作对。七级凌日,参开元塔以为三"。清净寺这么好的位置,实"宁第壮法门之规,实足表儒林之胜"。这里李光缙把伊斯兰教清净寺融入儒、道、佛的思想中而加以评价,以此激发儒林士子、各界人士捐款修寺。这种文化现象,是明末泉州伊斯兰教发展的一个特征,也是明末泉州道教发展的一个特征。

二

万历三十五年(1607年)的大地震后,泉州清净寺"楼颓其角",且"寺中房屋占住者百余人,污秽破坏"。因为有李光缙的倡导募修,有泉州知府姜志礼和晋江知县李侍问主持捐俸资助,经一年多的努力,万历三十七年(1609年)泉州清净寺终于修复了。为此,李光缙作《重修清净寺碑》。请看重修后的清净寺是什么样子的。

重修寺时,把"占住者宰牛之垣",改建为道家的"洗心亭";把"灶舍"改为"小西天";在层楼上"因集颜鲁公'遥天楼'三字额之。又题曰'唯天为大',以晓人尊天之意"。即把道、释、儒、伊斯兰教四者混为一体,这便是李光缙修清净寺的指导思想和实践。

再看看清净寺礼拜大厅的修缮情况。修复后的清净寺"楼峙文庙青龙之左角,有上下层,以西向为尊。临街之门从南入,砌石三圜以象天,三左右壁各六合,若九门,追琢皆九九数,取苍穹九天之义。内圜顶象天,上为望月台,下两门相峙而中方,取地方象。入门转西级而上,曰下楼。南级上曰上楼。下楼石壁门从东入,正西之座曰奉天坛。中圜象太极,左右二门象两仪,西四门象四象,南八门象八卦,北一门以象乾元。天开于子,故曰天门。柱十有二,象十二月。上楼之正东曰祝圣亭,亭之南为塔四,圜柱于石城设二十四窗,象二十四气。西座为天坛,所书皆经言"。

重修后的清净寺,则完全适合道教的"九天"、"方象"、"奉天坛"、"太极"、"两仪"、"四象"、"八卦"、"乾元"、"天门"和"二十四气"之说,而整座清净寺成为"文庙青龙之左角",不但符合道教的风水要求,且"实大表儒林之胜",也符合了儒家的要求。甚至郡大夫姜公(知府姜志礼),邑大夫李公(知县李侍问)谓"兹楼之胜,与文庙有关",因此捐俸助修。则知万历三十七年地方官府的大修清净寺,是为了"东壮青龙之左角",既符合道教的风水需要,又适合增胜宣扬儒道的文庙。

李光缙虽然把清净寺修复改造成符合道教要求的形式,以便于与"东壮青龙之左角"的增胜文庙相配合,但是他对各门宗教是持不偏不倚态度的。在《重修清净寺碑》记里,李光缙对儒、道、释和伊斯兰教进行比较之后,认为"儒道如日中天,释道如月照地,余谓净教亦然"。但为了防止儒士对他的攻击,进而补充道:"茫茫区宇,何所不有,邹鲁六籍之外,百家九流,亦足补苴大道,何必尽非?"他对各门宗教所持的客观态度是正确的。这座清净寺礼拜大厅建筑形制,今仍保留明万历三十七年(1609年)改建后的面貌。它是明代泉州的儒、道文化对伊斯兰教文化进行渗透的一个典型事例,它既是明代泉州伊斯兰教文化发展的一个特色,也是明代泉州道教文化发展的一个特色。我们更从儒、道文化对伊斯兰教文化渗透的这个史实中,了解到封建政权的政治权力干预,对各门宗教的互相渗透和互相融合,起着至关重要的作用。至于儒林士子李光缙,他除了本身具有儒、道的思想之外,更主要的是他秉承知府姜志礼、知县李侍的"谓兹楼之胜,于文庙有关"的意旨,把清净寺修复成既符合道教风水要求,又符合地方官增胜文庙的意图。

三

明代泉州儒、道文化对伊斯兰教文化的渗透,不是一种孤立的文化现象,它不仅表现于清净寺重修的《募缘疏》和《碑记》里,而且还表现在社会的许多方面。明嘉靖以降,泉州回族内部的儒士化知识分子,他们在儒家的典章制度里,找到儒、道、释、回等四者的最根本的共同点,那就是对天要敬天、奉天、法天,对己要其心诚敬,其行明洁。他们与儒林士子一样,以儒、道的思想来解释、附会伊斯兰教的教义和祀典。他们在回族里以儒家的礼仪来规范伊斯兰教习俗,制定新的法规,要求其子孙遵守。如丁自申在为其夫人丧葬礼仪问题上主张"宜用儒礼"。可是,他的子孙们则走得更远,强烈主张聘请正一派道士,用道教"黄冠修斋诵经"的礼仪举办殡葬。争执的结果,是丁自申"力禁不能止也"。丁自申的侄儿丁衍夏,在《祖教说》里也记载其亲眼所见,即泉州回族在祭祀祖先的过程中,"祭设主矣……祭列品矣……酒果设矣……凶吉有用黄冠浮屠者",完全改变了原来的面貌,出现了浓重的儒家、释教和道教的文化色彩。

又如泉州惠安白奇郭氏回族族谱,也记述明万历间,郭氏回民也因"迷染外教之风","在明万历三十五年(1607年)",伊斯兰教失传。究其原因,用丁衍夏的话说,即"若意出于明洁,心存于诚敬,则宜深念而慎守,相期以勿变也"。意即不管它是儒、道、释、回,只要是敬天、奉天、法天者,且其心诚,其行明洁,都要慎守勿变,道之所在法所应循。这与李光缙《重修清净寺碑》记里提出的"儒道如日中天,释道如月照地,余谓净教亦然"这一对各门宗教不偏不倚、皆为我需要所取的思想,是完全一致的。这便是明代泉州儒、道文化对伊斯兰教文化渗透的历史文化背景。

第五节

元末泉州亦思巴奚战乱的实质

吴幼雄

(泉州师范学院)

元末泉州的亦思巴奚战乱性质,自20世纪30年代以来众说纷纭。经考证,这场战乱是元廷争夺帝位斗争在省和路(地方)、县的反映,哪里有什叶派与逊尼派的教派斗争呢?在这场从上到下的夺权斗争中,有巨额舶来货品和巨额课税收入的泉州港,成为争夺的焦点。泉州的阿拉伯、波斯穆斯林巨商赛甫丁、阿迷里丁、那兀纳和"以货得参省"的蕃商等,均因协助元朝政府保卫泉州港有功或以舶来货品捐官,而获得义兵万户、市舶司、参议中书省事等官职。他们为了自身的利益,而卷入元统治者的夺权斗争,从根本上说,赛、阿、那等人,只是被元廷利用而已,成为蒙古统治者争夺权力斗争的工具和牺牲品罢了。这便是元末泉州亦思巴奚战乱的实质。

元末至正十七年(1357年)到至正二十六年(1366年),泉州发生一起持续十年之久的史称"亦思巴奚"战乱。什么是"亦思巴奚"战乱,这场战争的性质如何?史学界先辈历来有异议。1936年,史家张星烺在《中西交通史料汇编》里提出,这场战争是"波斯军队驻泉州"发起的,该文的题目是"元末泉州波斯戍兵之乱"。并在注释中指出,这场战争反映"外国人在泉州势力之伟大,可知矣"。[1] 1957年,吴文良《泉州宗教石刻》,认为这场战争具有"反元起义"性质[2]。此后,1979年至1980年,朱维幹《元末蹂躏兴泉的亦思法杭兵乱》一文提出,驻泉州的波斯人"要在沿海一带建立一个亦思法杭王国"。[3] 而庄为玑《元末外族叛乱与泉州港的衰落》一文提出,驻泉州的波斯人"打算割据泉州港,建立一个所谓亦思法杭的独立王国"。[4] 20世纪80年代初,随着人们对新收藏于海外交通史博物馆的"元郭氏世祖坟茔"墓碑上一行阿拉伯文字的翻译和研究,又出现新的提法。陈达生《泉州伊斯兰教派与元末亦思巴奚战乱性质试探》一文提出,该墓碑是惠安县白崎乡郭姓回族二世祖郭子洪的墓碑,郭子洪是波斯人。进而推断郭氏世祖在元代属伊斯兰教什叶派,参与元末对逊尼派(蒲派)的斗争,并推断元代泉州的什叶派源于至元十九年(1282年)调来戍守泉州的扬州合必军。进而得出结论,白崎郭氏穆斯林与敬奉灵山圣墓的穆斯林不同,意即敬奉灵山圣墓的穆斯林为逊尼派,来自阿拉伯。因教派的不同,终于在元末发生"以什叶派赛甫丁、阿迷里丁为首夺逊尼派(蒲)的权,控制泉州,包括市舶权。至正二十二年(1362年),逊尼派以那兀纳为首反攻,杀阿迷里丁……至正二十六年,什叶派以金吉为首,协助陈友定杀那兀纳,掘逊尼派墓,夷逊尼派的寺及住宅"[5]。

元末泉州这场持续十年之久的亦思巴奚战乱,是否"驻泉州波斯兵之乱"?是否"反元起义"?是否波斯人企图在福建沿海"建立一个亦思法杭王国"?是否为伊斯兰什叶派与逊尼派之教派战争?是否最终以什叶派的胜利,"掘逊尼派墓","夷逊尼派的寺及住宅"而告终?本文拟从"元郭氏世祖坟茔"墓碑上那一行阿拉伯文字的翻译入手,逐一解答上述几个问题。

一、"元郭氏世祖坟茔"墓碑之发现

1959年4月,泉州海外交通史博物馆刚筹建,组织调查组对宋元泉州海外交通的重地法石乡进行详细调查。据《西山先生真文忠公文集》载:"法石水面广阔,寨临其上,内足以捍州城,外足以扼海道。"[6]调查组先在美山的"西墓园"发现数座古伊斯兰教须弥座式石墓。继而根据惠安《白奇郭氏族谱》提供的线索,对法石圣殿柳公砌进行较系统的调查,发现一方汉式墓碑,上刻汉字与一行阿拉伯文字,系一般回族人的墓碑(即今郭德广墓碑)。1978年,该墓碑收回泉州海外交通史博物馆保存,可惜已断为两截,墓碑上的文字由四个部分组成:(1)右上角竖刻篆体"坡庭",左上角竖刻篆体"百奇"。(2)在"坡庭"、"百奇"之间,横刻一行阿拉伯文字。(3)在"坡庭"左下刻"晋"字,在"百奇"右下刻"惠"字("坡庭",地名,隶晋江县;"百奇",地名,隶惠安县)。(4)在"晋"、"惠"两字之间的墓碑中部,竖刻楷书"元郭氏世祖坟茔"七个字。

这方"元郭氏世祖坟茔"墓碑收回后,人们认读墓碑上的那一行阿拉伯文字产生不同的译文,有的认为译文是"伊本·土尔·德广贡·纳姆",并据此推断,此为波斯人的名字,该墓主为波斯人[7]。有的则译为"伊本·库斯

·德广贡·纳姆",认为"纳姆(nam)在波斯文中另一含意为著名的,因此这行波斯文可译为著名的库斯·德广贡之子",进而推论出"此墓为二世祖郭子洪安葬之地"[8]。又从"纳姆"波斯文意为"著名的"推断"伊本·土尔·德广贡·纳姆被尊奉为领袖,郭氏的创始人。据其教义,郭姓子孙只需瞻礼其墓而不必去祭扫圣墓……即要么郭姓与敬奉圣墓的穆斯林派别不同"[9]。言外之意即从此墓碑上推知白奇郭氏著名的二世祖郭子洪是波斯什叶派穆斯林,参与元末的亦思巴奚战乱,是跟元末"金吉与赛甫丁、阿迷里丁同派……反之蒲寿庚、那兀纳则属于逊尼派,来自阿拉伯"[10]。

"元郭氏世祖坟茔"墓碑上那一行阿拉伯文字的翻译,引发了元末泉州亦思巴奚战乱性质问题的新提法,即郭姓祖籍波斯,属伊斯兰教什叶派,与敬奉灵山圣墓的蒲寿庚、那兀纳的逊尼派对立;郭氏世祖与"金吉与赛甫丁、阿迷里丁同派,源于至元十九年(1282年)由扬州来的合必军,即波斯军"[11]。该提法论证了元末泉州亦思巴奚战乱为"泉州波斯戍兵之乱",而其性质是伊斯兰教两大教派什叶派和逊尼派之间的教派斗争。

二、亦思巴奚战乱的事实和性质

关于元末的亦思巴奚战乱过程,《八闽通志·至正近记》和《福建通志·元外纪》记载尤详。但是,仅凭此二书的记载,不足以解决这场战乱的性质问题。要弄清这场战争的性质,必须从以下五个方面入手研究,方能得出事实真相。

其一,什么叫"亦思巴奚"兵?史家张星烺认为亦思巴奚:"乃番号人,非名",这是对的,但不完整。朱维幹、庄为玑两位先生认为是波斯名城亦思法罕,此亦不确。努尔《亦思巴奚》一文据波斯语词典提出,亦思巴奚为波斯语"亦思巴呵"、"巴思呵",意为民兵、骑兵[12],努尔此说近似。《元史·本纪》载,"至正十七年三月,义兵万户赛甫丁、阿迷里丁叛据泉州"[13]。据《泉州府志·军制》载,至元间,泉州有上、中、下万户府之设,未见《元史》所谓"义兵万户"之设置。又据《元史·百官志》载,"诸路万户府:管军七千之上……正三品;中万户府,管军五千之上……从三品;下万户府,管军三千之上……从三品……其官皆世袭,有功则升之"[14],亦未见"义兵万户"之军制。

元朝至正年间,江淮一带反元势力已如燎原之火。至正五年(1345年),元廷为加强控制福建,遣官奉使宣抚,脱脱、王士宏乘机"鹰扬虎噬,雷厉风飞,声色以淫",致使"间阎失望,田里寒心"[15]。至正二十年(1360年)正月,闽北"寇逼郡城（福州）……越二十六日"[16]。至正十二年（1352年）夏，"仙游流贼剽掠泉州"[17]。至正十三年（1353年），"泉大饥，民扶携就食"[18]。至正十四年（1354年），"安溪盗李大，南安盗吕光甫聚众为乱，七月围泉州"[19]。至正十六年（1356年），"山寇李大攻同安"[20]。至正十七年（1357年），"泉寇伊守礼啸聚复攻同安"。则知上自元廷，下至福建、泉州的地方政府，已自顾不暇，其时形势正如至正二十一年（1361年）撰刻的《建安忠义之碑》所云"至正改元之十八年，皇帝重念闽海道远，用兵日久，民勿堪命"[21]。江淮一带的反元势力与福建地方的反元起义如星火燎原。在此局势下，一方面元廷内部为争夺最高权力的矛盾白热化，即以高丽后奇氏为首的太子派与以扩廓铁木儿为首的诸帅派，展开夺取最高统治权的激烈斗争，这场元廷的斗争直接牵动到当时全国最大海港——泉州；另一方面，元朝政府为保护泉州港巨额舶来货物和课税，只得起用在泉州经商的阿拉伯、波斯巨商，只要他们向政府交纳额定舶来货品和额定课税，就可授官，掌握实权。如赛甫丁、阿迷里丁两人都因贸易捐官和保卫泉州港有功，在泉州被授予"义兵万户"之武职，掌握了保卫泉州港的地方武装。所谓"义兵"，是为保卫元朝政府，根据临时需要而组建的地方武装。同样，它也根据需要享有正式朝官的品位和权力（这与南宋末年授官蒲寿庚略同）。又如至正十九年（1359年），泉州港有一位番商，因捐输大量舶来货品给元廷，被授为参议中书省事朝官（正四品），一时"势震中外"。

故至正年间泉州出现的由阿拉伯、波斯巨商任职的"义兵万户"，实际是元朝政府授予的武职，其任务是协助元政府保卫泉州港的安全。而所谓"义兵"，即根据需要临时组织的乡兵、民兵之类。那么，"义兵"之含义与波斯语"亦思巴奚"的意义相近，则知"亦思巴奚"为波斯语的音译，而所谓的"亦思巴奚"战乱，即由波斯人万户赛甫丁、阿迷里丁等人为首的义兵加入其中的战乱。

其二，元末泉州的亦思巴奚战乱，是否"源于至元十九年（1282年）由扬州调来的合必军"？据乾隆《泉州府志·军制》记载，"至元十九年，调泉州合必军三千人镇泉州，戍列城"，又记至元十九年，"又以湖州翼万户府来戍泉州……湖州翼万户府，亦客兵也"[22]。则知扬州合必军与湖州翼万户府之兵皆为客兵。所谓"客兵"，有人误以为是外国人组建的军队，把扬州调来的合必军误作波斯军队。其实不然，"客兵"是对地方"土军"而言的。"客兵"、"土军"都是正规军，只是"土军"的兵员为本地籍，"客兵"的兵员为外地籍而

233

已。故"客兵"不能理解为外国军队。查《扬州图经》,有"至元十九年夏四月,遣扬州射士戍泉州"[23]。"合必"一名,是蒙古人的名字,非波斯人的名字,亦即扬州调来泉州的三千射士,是由蒙古人率领的蒙古射士,非波斯军射士。从至元十九年(1282年)到至正十七年(1357年),事隔七十五年,查遍元史、省志、地志,未见至元十九年从扬州调来戍守泉州的合必军与元末泉州的亦思巴奚战乱有任何牵连。

其三,宋元时代,泉州是否有伊斯兰教什叶派与逊尼派的两大教派斗争呢?众所周知,伊斯兰教出现什叶派与逊尼派两大教派甚早,但从神学角度讲,逊尼派与什叶派的分歧并不大。几个世纪来,宗教的分歧一直潜伏着。自从公元1502年,伊朗国王伊斯玛仪把伊斯兰教什叶派定为国教,什叶派在波斯国成为多数,势力大增,与逊尼派争正统的斗争才明显化,亦即在十六世纪之前,什叶派和逊尼派有几个世纪潜伏着分歧,而无明显的争斗。因此更不可能在远东的沿海泉州,早在十三至十四世纪(即宋元时代)出现伊斯兰教两大教派长达十年之久反复厮杀,即所谓"至南宋末,以蒲寿庚为代表的逊尼派形成势力集团……并逐步排斥什叶派。元朝至元十九年调扬州合必军三千人镇泉州……属什叶派……但仍无法与掌握实权的蒲派匹敌",而"什叶派以赛甫丁、阿迷里丁为首夺逊尼派(蒲)权,控制泉州……逊尼派以那兀纳为首反攻,杀阿迷里丁……什叶派以金吉为首协助陈友定杀那兀纳,掘逊尼派墓,夷逊尼派的寺院及住宅"[24]。

据《福建通志·元外纪》载,至正十七年(1357年)三月,发生"泉州万户赛甫丁、阿迷里丁合兵逐泉州官吏,据城以叛"。至正十八年(1358年),福建行省平章政事普化帖木儿与廉访司般若帖木儿有隙,构兵相攻。普化帖木儿以赂泉州万户阿迷里丁进福州援之。至正十九年(1359年),阿迷里丁"逼走"泉州赛甫丁。赛甫丁走省城福州,据之[25]。

正当"兴、泉方用师"的混乱之际,惠安人卢琦受帅府命"参军事往来二郡(兴化、泉州)间"。至正十九年(1359年),卢琦又以年劳擢福建行省照磨盐课司提举,秩八品。这时"有番商以货得参省,势震中外,胁户部令下四场盐引自为市。琦曰:是上亏国课,下毒亭民,吾腕可断,牒不可署,竟坚卧不顾"[26]。这里的"参省",即《元史·百官志》的"参议中书省事",是职"秩正四品。典左右司文牍,为六曹管辖,军国重事咸预决焉"[27]。此"以货得参省"的番商是谁?他竟然权力大到"胁户部令下四场盐引自为市"的程度,此番商与至正十九年(1359年)到至正二十二年(1362年)据福州路近四年之久的赛甫丁是什么关系？是否同一个人？可惜史志乏载。但从"有番商以货得参省"事例，联系赛甫丁、阿迷里丁都为"义兵万户"，反映出两个问题。第一，元末朝廷已无力保卫泉州港的安全，必须依靠富有资财的蕃商协助防守。第二，元末上自朝廷，下至福建行省，直至泉州路，各级统治者之间的矛盾激化，农民起义四起，沿海城市犹如汪洋孤岛。由于泉州港有巨额课税收入和舶来货品，元朝各级政府为了解决财政危机，对外商卖官公行，因此有赛甫丁、阿迷里丁得"义兵万户"，"有蕃商以货得参省"，至正二十二年（1362年）的泉州市舶提举那兀纳等均为以货得官。这情况，正如《元史》所云，"大抵元之建官，繁简因乎时，得失系乎人……若其因事而置，事已则罢"[28]。明乎此，有助于弄清亦思巴奚战乱的性质。

可是，赛甫丁的好景不长。至正二十二年（1362年），新任福建省平章政事燕只不花，合诸军在福州击败赛甫丁，赛甫丁"余众航海还据泉州"[29]。与此同时，在泉州发生本以番人主市舶的那兀纳袭杀阿迷里丁的事件。这些事件，从表面上看，似乎是在泉州的阿拉伯、波斯穆斯林客商的互相残杀，倘若联系社会背景看，这些事件的背后都有元廷派系斗争制约。

元顺帝年迈倦勤，元廷以高丽后奇氏和太子爱猷识里答腊为首的太子派，逐帝左右，广树私人，与以扩廓铁木儿为首的诸帅派展开激烈的夺权斗争，几经反复倾轧[30]。泉州港巨额的课税和舶来商品便成为两派剧烈争夺的对象（有蕃商以货得义兵万户、得主市舶和得参省等便是明证）。燕只不花者，皇太子亲党之一也。为表彰燕只不花在福州驱逐赛甫丁和在泉州利用那兀纳杀阿迷里丁的功绩，至正二十四年（1364年），皇太子赐他"忠孝文武"四个大字，而燕只不花则"摹勒皇太子所赐忠孝文武"于福州乌石山摩崖之阳，以记"储皇之恩赐"[31]。元末泉州的亦思巴奚战乱，完全是元廷争夺帝位斗争在省和路（地方）、县的反映，哪里有什叶派与逊尼派的教派斗争呢？在这场从上到下的夺权斗争中，有巨额舶来货品和巨额课税收入的泉州港，是争夺的焦点。泉州的阿拉伯、波斯穆斯林巨商赛甫丁、阿迷里丁、那兀纳和"以货得参省"的蕃商等，均因协助元朝政府保卫泉州港有功或以舶来货品捐官，而获得义兵万户、市舶司、参议中书省事等官职。他们为了自身的利益，而卷入元统治者的夺权斗争，从根本上说，赛、阿、那等人，只是被元廷利用，成为蒙古统治者争夺权力斗争的工具和牺牲品罢了。这便是元末泉州亦思巴奚战乱的实质。

其四，惠安白奇郭姓穆斯林世祖是否为什叶派，他们与敬奉灵山圣墓的穆斯林（所谓逊尼派）是否不同呢？前文已述，元末泉州的亦思巴奚战乱性质是元廷派系斗争在地方的反映，根本不是伊斯兰教两大教派的斗争，况且在13至14世纪，阿拉伯世界的穆斯林尚未出现两大教派的厮杀。但为慎重起见，笔者查阅白奇郭氏四房二支族谱，发现明清时期泉州回族之间的婚姻关系十分密切。白奇郭氏回族自三世起就娶金、丁、葛、夏、马、黄、迭等回族之女为妻，族谱有记载的竟多达数十人，特别是与泉州通淮街清净寺的穆斯林联姻更为密切。如明万历三十五年（1607年）以后，白奇伊斯兰教重兴，郭姓回族穆斯林与城区清净寺回族穆斯林联姻更为密切，诸如"十四世成基……娶清真寺张普观长女"；"十四世成谟……娶清真寺马江观次女"；"十四世成龙……娶黄氏，为清真寺内黄文亮次女"；"十五世清祥……娶清真寺葛讳乞观次女"；"十五世清时……继娶清真寺内张应梦长女；十五世清华……娶清真寺内黄聘观长女"，如此等等。泉州清净寺的穆斯林是敬奉灵山圣墓的，白奇郭姓穆斯林在明、清时期与寺内穆斯林联姻，其关系十分密切，这说明惠安白奇郭氏穆斯林与敬奉灵山圣墓的穆斯林没有什么不同。

此外，从泉州穆斯林和回民墓葬的地点看，亦证明宋元时代不存在伊斯兰教两大教派的斗争。据惠安白崎郭姓四房二支族谱记载，明清时期郭氏葬灵山圣墓区的也多达数十人，诸如："十一世世美公……与妣金氏葬在圣墓灵山公墓"；"十三世拔正公……葬圣墓乡灵山东边"；"十三世汝产公……葬……灵山金氏祖妣东边"；"十三世祖汝渊公……葬在圣墓灵山西畔"；"十四世祖成勋……葬……圣墓乡灵山东畔"；"十五世清琪，葬灵山义斋公墓埕下"。这里请特别注意，从族谱所记"圣墓乡灵山公墓"，则知灵山圣墓自宋至明清就为阿拉伯、波斯林客商的公共墓葬区。这就有力地证明，惠安白崎郭姓回族穆斯林同样敬奉灵山圣墓，他们与泉州他姓回族穆斯林没有存在教派的不同，郭姓穆斯林不是属于什叶派，泉州他姓穆斯林也不属于逊尼派。

其五，惠安白崎郭姓世祖是否波斯（什叶派）人？根据"元郭氏世祖坟茔"墓碑上那行阿拉伯文字的认读，发现它仅是一行阿拉伯语字母，但组不成阿拉伯语的字、词。然根据这行字母的音读，则应读为"Yin Go zi ta-gag mou"，即汉语（闽南语）"元郭氏德广墓"的对音。可知墓碑上这一行阿拉伯字母，是用来拼写汉语的。这是我国明朝时期西北回民为了便于读《古兰经》和《圣训》，而创造出来的一种用阿拉伯语字母拼写汉语的拼音文字，开始时称"消经"，即消化、理解《古兰经》，后音变为"小儿锦"。

"小儿锦"不像汉语以北京话音位系统作为拼音的标准,而是使用者按各自的方言去拼写的,所以外地人读不通。"小儿锦"没有标调符号,完全靠读者去猜。此外,汉语拼音的声母,有的可在阿拉伯语中找到相应的辅音,如 f、k,即使分不清,浊辅音和发音部位,也可加上 b、d、g 之类。至于汉语中的舌尖前、后音和舌面音,阿拉伯语音位里没有,就会产生乱代的现象。还有阿拉伯语没有元音字母,只有元音音符,所以"小儿锦"便出现随意加标意符的现象,这也难怪人们读不通了。"小儿锦"有以上诸多缺陷,那么"元郭氏世祖坟茔"墓碑上那一行阿拉伯字母,引发出多种译文就不足怪了。

"元郭氏世祖坟茔"墓碑上的阿拉伯文字是汉语"元郭氏德广墓"的对音,属我国回民创造的"小儿锦"而非波斯文"著名的库斯·德广贡之子"。因此,该墓碑的主人不是惠安白崎郭氏二世祖郭子洪,而是一世祖郭德广自明。墓碑上那一行阿拉伯文字系"小儿锦",又证明墓主郭德广不是波斯人,亦不是什叶派,且与敬奉灵山圣墓的泉州穆斯林没有什么不同,亦即不存在教派的问题。

综上所述,"元郭氏世祖坟茔"墓碑上的主人不是惠安白崎郭姓二世祖郭子洪,而是郭氏一世祖郭德广;白崎郭氏一世祖不是波斯人,亦不是什叶派;墓碑上那一行阿拉伯文字是"小儿锦",可见该墓碑是郭德广的回族后裔重修祖墓时竖立的;元末的亦思巴奚战乱与扬州合必军无关;元末泉州根本不存在伊斯兰教什叶派和逊尼派两大教派的斗争;惠安白崎郭氏穆斯林与敬奉灵山圣墓的穆斯林完全相同。一言以蔽之,元末泉州的亦思巴奚战乱不是伊斯兰教的教派斗争,不是波斯戍军之乱,不是反元起义,不是波斯人企图建立亦思法杭王国,而是元廷夺权斗争在地方的反映,赛甫丁、阿迷里丁和那兀纳只不过因自身的利益卷入其间,成了蒙古统治者夺权斗争的工具与牺牲品罢了。

三、余　　论

上文论述了元末泉州亦思巴奚战乱的性质是元廷夺权斗争在泉州地方的反映,而非伊斯兰教什叶派和逊尼派的两大教派斗争,这是泉州伊斯兰教史至关重要的问题。元亡之后,泉州港急剧衰落,有的学人把它归罪于所谓的"波斯戍军之乱",使阿拉伯、波斯商人"如惊弓之鸟",再不敢问津了。现在弄清亦思巴奚战乱性质,这个问题自然明白。

元末明初,泉州出现排外的扫荡,许多外国人的寺庙、坟墓被捣毁。明初修筑城墙时,这些石头构件均被作为城墙基础材料,深埋地下,为何通淮街清净寺独存?人们从清净寺甬通后石墙高处的阿拉伯文修寺碑记的译文中得知,元代的修寺者为波斯设拉子人,又从寺内的元朝撰、明朝重刻立的汉字碑中得知,皇庆二年(1313年),波斯开才龙城人不鲁罕丁教长航海来泉州,住持这座清净寺,他取汉姓"夏",叫夏不鲁罕丁,活了一百四十二岁。夏不鲁罕丁的儿子夏敕继其父住持这座清净寺一直到明初,他也活了一百一十岁[32]。因此,有的学人又把泉州清净寺独存至今的原因,归于所谓的波斯什叶派在亦思巴奚战乱中的最后取胜,即所谓的"掘逊尼派墓,夷逊尼派的寺及住宅"。现在亦思巴奚战乱的性质既明,"什叶派最后取胜说"自然不能成立。

此外,泉州东郊灵山圣墓也被保存下来,灵山圣墓对面的乐园阿拉伯人、波斯人墓葬区,东门城郊色厝美的外国人墓葬区、东郊仁风街的外国人墓葬也有相当部分被保存下来。这些外国人墓葬一直保存到20世纪30—40年代,这说明了什么?新近从出土的阿拉伯人墓碑译文中发现,墓主死于洪武二十年(1387年),在明朝生活了二十年之久。这又说明了什么?

研究泉州伊斯兰教史时,对元末明初泉州出现的排外运动亦要重新研究,不能简单地下结论。阿拉伯人、波斯人、印度人和欧洲人,中古时在泉州有数百年的通商历史,中外文化有长久的交融,在通商、传教或任官过程中,谁个好,谁个劣,老百姓最清楚,罚不当罪者甚少。

注释:

[1]张星烺:《中西交通史料汇编》第四册,《古代中国与伊兰之交通》,中华书局,1936年,第217~226页。

[2]吴文良:《泉州宗教石刻》,科学出版社,1957年,第59页。

[3]朱维幹:《元末蹂躏兴泉的亦思法杭兵乱》,《泉州文史》1979年第1期,第1~2页。

[4]庄为玑:《元末外族叛乱与泉州港的衰落》,《泉州文史》1980年第4期,第23页。

[5][24]陈达生:《泉州伊斯兰教派与元末亦思巴奚战乱性质试探》,《海交史研究》1982年第4期。

[6](宋)真德秀:《西山先生真文忠公文集》卷八,《申枢密院措置沿海事宜状》。

[7][9][10][11]陈达生:《泉州伊斯兰教派与元末亦思巴奚战乱性质试探》,《海交史研究》1982年第4期;又载《泉州伊斯兰教研究论文选》,福建人民出版社,1984年,第53~64页。

[8]陈达生:《泉州伊斯兰教石刻》(六),回族郭姓家族墓碑石刻,福建人民出版社、宁夏人民

出版社,1984年,第57～58页。
[12]努尔:《亦思巴奚》,《泉州伊斯兰教研究论文选》,福建人民出版社,1984年,第48～52页。
[13](明)宋濂等:《元史》卷四一,《本纪第四十五·顺帝八·至正十七年》,中华书局,1978年。
[14](明)宋濂等:《元史》卷九四,《志第四十一上·百官七·诸路万户府》,中华书局,1978年。
[15]《闽诗录·戊集》卷七,《江西、福建怨谣》。
[16](清)陈棨仁:《闽中金石略》卷一二,《李世安题名石刻》。
[17][19][20](清)怀荫布等:《泉州府志》卷七三,《纪兵》,乾隆版。
[18](清)怀荫布等:《泉州府志》卷四一,《卢琦传》,乾隆版。
[21]《福建通志·金石志》第45册,石十二·元·建安忠义之碑,民国版。
[22](清)怀荫布等:《泉州府志》卷二四,《军制·元军制·客兵》,乾隆版。
[23]《扬州图经》卷八,《至元十九年》。
[25]《福建通志》卷二六六,《元外纪》,同治版。
[26]《惠安县志》卷一三,《人物·元卢琦》,嘉靖版。
[27][28](明)宋濂:《元史》卷八五,《志第三十五·百官一·参议中书省事》。
[29](明)宋濂:《元史》卷四六,《本纪第四十六·顺帝九·至正二十二年五月》。
[30](明)陈邦瞻:《元史纪事本末》卷二七,《诸帅之争》,商务印书馆,1935年。
[31](清)陈棨仁:《闽中金石略》卷一二,《乌石山东壁亭记》。
[32](清)怀荫布等:《泉州府志》卷七五,《拾遗上·夏不鲁罕丁传》,乾隆版。

第七章
从泉州基督教看多元宗教和谐共处

第一节
泉州景教石刻艺术的佛教元素

李静蓉　林振礼
（泉州海外交通史博物馆；泉州师范学院）

景教在中国传播的过程中，往往依附佛教或借用佛教元素以获得生存和发展的机会。泉州景教也遵循了这一规律，这可从景教石刻上得到印证。泉州景教石刻所反映的浓厚的佛教元素，不仅暗示了泉州景教徒与中国其他地方的景教徒保持着某种联系，而且许多图像组合的创新，反映了泉州景教石刻受不同文化环境而形成的地域特色。

在泉州众多的外来石刻中，景教石刻有二十多方，其图案特殊而丰富，雕有不同风格的十字架、造型不一的天使、变化多端的莲花与云纹等，所刻文字有叙利亚文、八思巴文、回鹘文、汉文等，这些景教石刻堪称多元融合的典范，同时反映了几种不同的文化来源，并以"刺桐十字架"享誉国内外学术界。但是不同文化交互影响的具体过程是扑朔迷离的，一一分清其各自的来源何其难，正如有的学者发出的感叹："除了那些外来宗教以各自的形式标明在这里的存在外，这个聚集着那么多不同民族和不同文化的场所，简直就像一个永远乱七八糟、堆叠着各种没有标签的文明产品的大仓库，要去分清它们从哪里来和谁取走了哪样东西，实在是件不容易的事。"[1]虽然如此，

第七章　从泉州基督教看多元宗教和谐共处

学者们仍没有放弃对泉州景教石刻艺术不同文化来源的寻找和论证。

20世纪早期,英国阿·克·穆尔(A.C.Moule)、日本佐伯好郎等都做了相应的探讨,但他们关注更多的是景教石刻所揭示的泉州基督教历史及其对于基督教在华传播历史中的意义,而不是景教石刻艺术。[2]之后,吴文良、英国约翰·福斯特(John Foster)、夏鼐、杨钦章、吴幼雄、牛汝极、刘南强(Samuel N.C. Liue)等进行专门的研究。吴文良、吴幼雄对泉州景教的研究一脉相承,他们对每件石刻都做了详细的描绘说明,根据石刻图像来研究泉州基督教的不同派别,兼及对其艺术来源的探讨。[3]夏鼐、牛汝极等则是考证泉州景教石刻上的语言文字,分析景教徒的民族来源。[4]而福斯特应该是最早从艺术角度考察泉州基督教石刻的学者,他从分析石刻的十字架、天使、莲花、云纹、华盖等图像中得出结论:这些石刻证明了中国、波斯、伊斯兰艺术之间的相互影响。[5]在此基础上,杨钦章将泉州景教石刻与其他地方的出土物做了初步比较研究,认为这不是一个局部地区封闭的基督教文化,而是若干种艺术类型的汇合,其来源有海路和陆路两方面,进一步肯定了泉州景教石刻的多种文化来源。[6]华裔学者刘南强倡议组建的澳大利亚研究团队开展对泉州景教与摩尼教的研究,于2002年和2004年两次访问泉州,实地考察景教石刻,其研究成果之一《刺桐基督教石刻图像研究》(The Iconography of the Christian Tombstones from Zayton)是迄今为止最为系统的关于泉州景教艺术的研究,作者运用比较研究的方法对景教石刻的十字架与飞天进行全面考察,认为泉州基督教不是简单地适应当地文化,而是选择周边文化的某些元素,并使它们与基督教的教旨与释义相适应,从而创造出一种糅合基督教、佛教和蒙古元素的特殊混合体。[7]

糅合多种文化元素而成是泉州景教石刻艺术的特色,对此学者们几乎没有异议,也肯定了中国本土元素对景教的深刻影响,尤其是佛教。每一种外来宗教在中国传播的过程中,往往依附佛教或借用佛教元素获得在中国生存和发展的机会,泉州景教也不例外。但学者们对泉州景教艺术中的佛教元素并没有展开具体的求证与论述,更多的是在行文中略带而过,因此笔者在前人研究的基础上,一一解析泉州景教石刻的语言和图像,并与中国其他地方出土的景教石刻比较,论证大量佛教元素的借用是泉州景教艺术的一大特色,表明泉州景教徒不仅与其他地方的景教徒保持着某种联系,如莲花十字架的运用,还创造了许多独树一帜的图像组合,如华盖、璎珞与十字架的组合。在综合考察泉州景教石刻之佛教元素的基础上,进一步论证面对强大的本土文化以及地方文化,泉州景教徒是如何寻求宗教认同,以解决自身生存问题,并最终形成了独有的景教石刻艺术。

一、泉州景教石刻的佛教语言与图像

图1

图2

图3

（一）佛教用语

唐、元二代景教在中国的传播没有直接的联系,但其对佛教用语却有程式化的继承。唐代景教从日常用语到教义教理的阐释,大都仿效佛教术语或偈语,如西安出土的《大秦景教流行中国碑》、洛阳出土的景教经幢、《序听迷诗所经》、《志玄安乐经》等景教遗物上都有大量的反映。他们称基督为"佛",称教堂为"寺",称传教士为"僧"或"大德"等。到了元代,景教"佛化"的外装仍没有改变,甚至官方文件也以"佛"来称景教所崇奉的神。这种广泛借用佛教语言的现象在泉州也有不少的反映。1984年发现的一方基督教石刻(图1),上阴刻竖行汉字十四行,内容为"于我明门,公福荫里。匪佛后身,亦佛弟子。无憾死生,升天堂矣。时大德十年岁次丙午三月朔日记。管领泉州路也里可温掌教官兼住持兴明寺吴唵哆呢嗯书"。此碑属景教,学术界早有定论。[8]景教徒称泉州的这座景教堂为"兴明寺",称崇奉的神为"佛",而"住持"又称方丈,本为佛寺主管僧之职称,这里借指教堂内的高级神职人员。另外,虽然佛教与基督教的生死观不同,但碑文却借用佛教语言阐述基督教生死观,即信仰了上帝,死后便可升天堂。

泉州还有两方景教墓碑同样借用佛教用语,一方阴刻"大德黄公,年玖叁岁"(图2);另一方阴刻"侍者长,柯存诚"(图3)。在佛教术语中,"大德"一般用于泛称高僧,"侍者"一般指为寺院住持服务的职事僧。[9]除了"大德"、"住持"、"侍者"等佛教用语在其他地方的景教文献中是比较罕见的。综合以上信息,可以看出元代泉州不仅有景教堂,且从事传教事业的僧侣集团很可能是比较庞大的,各种身份职位的僧侣皆有。

(二)墓碑形制

泉州景教石刻大部分为墓碑,其墓碑形制主要仿造佛教的壸门装饰,以尖顶圆拱形(图2、图4)、尖顶方形(图3)为主,起边框作用。何谓壸门?佛床、佛帐须弥座束腰部分各柱之间形似葫芦形曲线边框的部分,石窟中佛床须弥座及晚期壁画下部墙裙亦绘此形装饰,门中画伎乐及火焰宝珠等纹样,谓之壸门。[10]这种壸门造型在泉州佛教文化是很常见的,如泉州开元寺东塔基座的每堵浮雕均以壸门作边框装饰,某些寺院的捐赠碑也是壸门造型。

"壸"最有可能导源于葫芦,葫芦的立体投影曲线,与壸门形制吻合。另外,葫芦谐音"福禄",是吉祥的象征,如佛教舍利塔便是葫芦造型。因此,"壸门"被赋予吉祥的意义,加上富有装饰性的特点,受到人们的喜爱,将其广泛运用在建筑、家具等各种装饰上。

"壸",从大,象其盖也。[11]从这个意义上,壸门也被赋予了"天"的象征,隐喻着彼岸世界,这就使"壸门"不仅具有浓厚的装饰性,还有特殊的宗教意义。这样一来,我们就很容易理解泉州景教石刻为何以壶门作装饰。有趣的是,泉州的基督教徒和伊斯兰教徒同时青睐于佛教的"壶门",广泛运用在墓碑、墓石的装饰中。

(三)莲纹

在佛教诞生以前,莲花纹饰早就在世界许多古老的民族和地区出现,如古埃及、美索不达米亚、古代中国、古代印度甚至希腊。伴随着佛教的诞生和传播,莲花以其"出淤泥而不染"、"续生生之脉"这种迥异于其他植物的特质,契合佛教教义,为佛教所吸收,并最终成为佛教至高无上的象征,也是佛教艺术中最基本的装饰母题。佛教术语中,有佛国即莲界、佛经即莲经、佛寺即莲舍、袈裟即莲服等说法,并在佛教的建筑、造像、器物上到处可见雕刻着多姿多彩的莲花图像。

景教自唐代初传中国,就借用佛教的莲花图像,主要用以承托十字架,这种莲花十字架的造型也为元代的景教徒所延续,成为中国景教的标志。佛教赋予莲花以圣洁和神力的象征,其与十字架的组合造型,更凸显十字架的神圣与威严。莲花十字架的现象也早被解释为景教通过利用佛教的流行元素以稳固自己在中国的生存根基。但有的学者却认为莲花最早出现在波斯地区,莲花并非佛教的一个象征标志,而只是作为波斯基督教的一种亚述文化的表达方式,与佛教并无关系。[12]这种说法是很值得商榷的。如前所述,虽然莲花图像在许多民族和地区出现过,但除了佛教,世界上没有哪一个宗教将莲花及其衍生意义发挥和运用到如此极致,而且莲花图像是佛教传入中国以后,在中国传统文化的熏陶下,其宗教内涵和外延才得以最大化,并成为中国文化的重要组成部分。况且在中国境外,除了南印度发现的那件十字架外,再也没发现莲花十字架的造型。从新疆出土的景教遗物中,承托十字架的并不全是莲花,有时是用方形或另外三角形或多层叠砌的承托座,这也许正说明景教由陆路传入中国的过程中,因受佛教文化的影响逐渐将十字架改变为莲花十字架的样式。可以肯定地说,莲花十字架是景教传入中国以后受佛教影响而产生的组合造型,并成为中国景教的标志。

泉州景教石刻上的莲花图像十分丰富,有各种各样的造型,作用也不一。除了承托十字架,莲花还表现为瓣瓣相连以及一仰一覆组合,前者用于装饰须弥座墓石的底层,后者则组成间柱装饰墓垛石。

(四)华盖、璎珞

泉州景教石刻出现了华盖、璎珞与十字架的组合图像,其精美的程度令人叹为观止。华盖顶端饰有宝珠或火焰珠,两端下垂有两枚或四枚璎珞(图2)。在中国传统文化中,华盖本为帝王或贵族的伞盖或车盖,后演变为身份与权位的象征。华盖亦是星名,"华盖七星,其杠九星,合十六星,如盖状,在紫微宫中,临勾陈上,以荫帝座"。[13]此外还有一说,中国人想象的宇宙就像是一驾有华盖的马车。驾车者头上的圆形华盖就是"天",坐在马车的前部,即华盖的边缘处,从而有所谓"地载天覆"的神圣感。[14]可见,华盖也是"天"或"宇宙"的象征。华盖因其尊贵与神圣的意义,以及"天"的隐喻,最终为佛教所吸纳而成为其专用的象征。在佛教早期画像中,有时直接以华盖表示佛身。

璎珞,由珠宝金玉等雕琢镶嵌、串连而成,起源于古代南亚次大陆的贵族装饰身体的饰物,具有身份地位的象征。这种传统后来影响到佛教,成为菩萨诸神的专有配饰。泉州景教石刻上的璎珞主要用作天使、华盖、十字架承托物的装饰,尤其与华盖的组合,共同形成华丽与尊贵的图像,强烈衬托出十字架的神圣与威严。泉州景教石刻上的华盖、璎珞与十字架的组合图像堪称泉州景教徒融合佛教元素的独创之举。

图 4

图 5

（五）天使

从泉州景教石刻上的各种图像来说，天使图像是最纷繁复杂的，有四翼飘带天使、双翼飘带天使、飘带天使、U形天使等造型，另就天使头冠来说，有汉式幞头、蒙古贵族的钹笠帽、佛教的山形冠、拜占庭风格的十字架冠、花蔓冠等各种风格，从中可见多种宗教与非宗教元素的交织与融合。但从姿态、面相、头冠、衣着、配饰等则可以看出佛教对泉州景教石刻天使造型的影响是居主导地位的，从这个角度入手，我们可将石刻天使分为"菩萨式天使"与"飞天式天使"。

如图4所示，天使面容丰满圆润，双耳垂肩，头带山形冠，颈饰璎珞，身穿宽袍大袖衣，肩披云肩，飘带向后飞扬，四翼展翅欲飞，手捧莲花十字架，跌坐在云端。因为那两对翅膀以及十字架的出现，暗示着其与基督教的密切联系，否则就是纯粹的菩萨形象了。另一"菩萨式天使"，虽然头戴的不是佛冠，但手上戴臂钏，飘带飞扬，跌坐的姿态，俨然也是借用佛教菩萨的造型。

中国佛教飞天是不用翅膀，而是凭借衣裙和飘带显示空间和飞舞，往往成双或成组盘旋在佛的上方。泉州景教石刻刻画较多的是这种"飞天式天使"的形象，体现为两飞舞的天使手持"圣物"托起莲花十字架。但两种类型的天使同受佛教影响，有些刻画细节是相同的，如面容饱满、配饰璎珞、宽袍大袖衣、飘带轻盈飞动。另外，"飞天式天使"也有明显不同于佛教飞天的地方，如佛教飞天往往下衣着长裙，双足裸露，以敦煌飞天为代表。而这里的石刻飞天（图5）下装穿的似乎是长裤，双足不显露，而且在风力的作用下，裤管被拧成尖角状。这种衣着在扬州出土的"也里世八"上有所体现。

泉州景教石刻上"大德"、"侍者长"等用语，以及壶门、莲纹、华盖、璎珞等图案是纯粹佛教元素的体现，但不同的宗教却有相似的符号，所以泉州景教石刻上还有一些我们难以判断究竟是哪种宗教惯用的符号，如云纹，原属于中国传统文化的符号，主要是道教用来象征仙界的，但佛教也吸纳了这一符号以象征天界，甚至基督教也用云纹来表示"降临"，再如云纹下端的两道波浪形图案，有的以为是水纹，有的以为是火焰纹，有的则以为是伊斯兰教建筑中的火灯窗边缘绘[15]。

二、泉州石刻"佛化"的泉州特色及其成因探析

表1 中国境内出土的景教石刻(墓碑)情况对比表

地区	材料	形状	雕刻方法	语言文字	图像内容
新疆	天然石块	不规则的圆形、椭圆形、心形	单线阴刻,没有边框装饰	叙利亚文	十字架、莲花、方形或三角形承托座
内蒙古	经过加工的石块	方形为主	浮雕,有边框装饰	汉文、叙利亚文、回鹘文、叙利亚文突厥语	十字架、莲花、缠枝纹、花草纹
扬州	经过加工的石块	上圆下方	单线或双线阴刻,有边框装饰	叙利亚文、汉文、叙利亚文突厥语	十字架、莲花、四翼天使
泉州	经过加工的花岗岩、辉绿岩	尖顶圆拱形、尖顶方形、弧形、方形等	浮雕,有边框装饰	叙利亚文、汉文、叙利亚文突厥语、回鹘文、八思巴文	十字架、莲花、天使(四翼飘带天使、双翼飘带天使、飘带天使、U形天使)、华盖、璎珞、云纹、梅花、火焰纹、幡、间柱、缠枝纹

资料来源:牛汝极:《十字莲花》,上海古籍出版社,2008年;吴文良原著、吴幼雄增订:《泉州宗教石刻》,科学出版社,2005年。

根据前面的论述和对比表可以看出,泉州景教石刻的文字种类是最多样的,图像是最丰富的,受佛教影响也是最广泛的,这就是泉州景教石刻的特殊之处。这种独有的景教艺术是景教在中国本土化过程中,因受不同的文化环境影响而产生的地域特色。

佛教作为一种外来宗教,在适应中国社会需要而中国化的同时,又保持自身的宗教特性,成功转换成中国的民族宗教,并在中国文化和社会生活中

发挥着不可替代的巨大作用。蒙元帝国的建立，虽然实行多元宗教并容的政策，但仍以推崇佛教为主。因此，佛教作为外来宗教中国化的典范，其成功经验和巨大影响，对许多外来宗教来说具有很强的吸引力。泉州景教徒正是遵循了这一规律，为了生存和发展，首先选择了佛教作为融入中国社会的突破口。况且，泉州自古称"佛国"，西晋时期就有佛教活动，唐宋时期泉州佛教处于兴盛阶段，泉州繁荣的佛教文化为景教的宗教艺术活动提供许多创作的灵感。泉州开元寺是佛教艺术的宝库，景教石刻上的壶门、华盖、天使、莲花等装饰题材都能从开元寺找到相对应的图像。

泉州景教石刻的"佛化"有可能是不同群体或民族惯有的文化记忆的发挥。在基督教、伊斯兰教、摩尼教等外来宗教传入中国以前，佛教在汉人群体拥有广泛的信众，即使不是虔诚的佛教徒，也深受佛教文化的熏陶。这些汉人皈依基督宗教，有可能在基督教创作活动中运用原来喜闻乐见的佛教图像或语言。对比中国其他地方出土的景教墓碑中，尚未发现汉人的墓碑，但在泉州却发现了一些汉人的景教墓碑，如1994年出土的"戴舍王氏十二小娘为故妣二亲立墓碑"[16]，这是迄今为止发现的泉州地区最早的景教碑，采用佛教的壶门作边框装饰，小壶门内有十字架竖立在卷云纹上，大小壶门之间有连续的卷云纹，碑底有连续缠枝纹。

除了汉人景教徒有可能对景教石刻的"佛化"产生影响外，还有工匠这一值得关注的群体。佛教在中国化的过程中，其诸神的形象往往来源于现实生活的贵族形象，因为佛教作为外来宗教对中国工匠们而言是陌生的，他们所熟悉的是现实生活中的人物形象。我们可以想象，景教徒雇用本地工匠进行石刻雕琢，这些工匠们并不熟悉景教艺术，但他们已经能够熟练掌握各种佛教图像的雕刻，并将这种惯有的文化记忆发挥到景教艺术活动中。这应该是外来宗教在传播中国应该会遇到的情况。另外，泉州一向发达的雕刻工艺也为景教艺术活动奠定了基础，泉州不仅拥有丰富的石矿资源，如辉绿岩质地坚硬，不易风化，是最理想的石雕材料[17]，而且有许多工艺超群的石匠，如惠安工匠的石雕技艺从历史到今天都是在中国乃至世界享有盛誉的。

牛汝极、刘南强等中外学者通过对泉州景教碑铭的解读，认为泉州的景教徒大多为古代操突厥语的民族，主要是回鹘人的后裔畏兀儿。如果他们的推测无误，还应该关注的是，畏兀儿也是一个多元宗教并存的民族，早在唐代就有信奉佛教的历史，元代仍有许多内迁的畏兀儿是佛教徒，信奉景教和伊斯兰教的只是一部分。如元初畏兀儿航海家亦黑迷失在泉州有大量的佛教活动,他是一个虔诚的佛教徒。[18]因此,我们推测泉州景教中的畏兀儿民族本来就受到佛教文化潜移默化的影响,将这种影响发挥到石刻的雕刻上是可能的。

此外,佛教与景教虽然生死观不同,但都有对彼岸世界的描绘。在佛教图像中,莲花、天使、华盖等不仅具有清净、神圣的意义,还隐喻着"天"或"彼岸世界",如莲花从淤泥中诞生的过程具有从此岸到彼岸升华的象征,天使是天界的导引者,圆形华盖也是天的象征。在基督教概念里,不重来世重彼岸,强调只有圣洁的灵魂才可以进入天堂。莲花、华盖、天使等佛教元素在一定程度上契合了基督教的天堂观念,以致广泛而反复地出现在石刻中。泉州石刻的精美华丽以及大型石墓的建造,都显示了墓主人不是一般的景教徒,应该是资财比较雄厚或地位比较高的景教徒,如有些石刻就是为"大德"、"侍者长"一类的景教高级僧侣所建造。象征着庄严、尊贵、权威等佛教用语与图像的广泛运用,极大地渲染了墓主的非凡身份。

总之,泉州景教徒借用大量的佛教语言与图案,归根到底是与景教徒努力实现本土化的意图分不开,这种借用又受到泉州文化环境的具体影响,最终形成了独树一帜的景教艺术。按照有些学者的说法,这种运用模式非但不会损坏基督教团体的形象和削弱其地位,反而会增强它在泉州社会的认同感和归属感。[19]有些景教石刻是在泉州的寺庙中被发现的,甚至在被发现以前已经被当作佛像供奉了很长时间了。这恰好证明了这种特殊的景教艺术是受到泉州社会认同的。

注释:

[1] 王连茂:《"泉州学"与海交史研究刍议》,《海交史研究》1999年第2期。

[2] (英)阿·克·穆尔:《1550年前的中国基督教史》(原著于1930年出版),中华书局,1984年;(日)佐伯好郎:《景教之研究》,东方文化学院东京研究所,1935年。

[3] 吴文良:《泉州宗教石刻》,科学出版社,1957年;吴文良原著,吴幼雄增订:《泉州宗教石刻》,科学出版社,2005年。

[4] 夏鼐:《两种文字合璧的泉州也里可温(景教)墓碑》,《考古》1981年第1期;牛汝极:《从出土碑铭看泉州和扬州的景教来源》,《世界宗教研究》2003年第2期;《福建泉州景教碑铭的发现及其研究》,《海交史研究》2007年第2期。

[5] (英)约翰·福斯特:《刺桐城墙的十字架》(原文载于1954年《英国皇家亚洲学会杂志》),《海交史研究》1989年第2期。

[6] 杨钦章:《泉州景教石刻初探》,《世界宗教研究》1984年第4期;杨钦章:《试论泉州聂斯脱里派遗物》,《海交史研究》1984年第6期。

[7] Ken Parry,"The Iconography of the Christian Tombstones from Zayton", *From Palmyra to Zayton：Epigraphy and Iconography*, edited by Iain Gardner, Samuel Lieu and Ken Parry, Brepols (2005), 243.

[8] 吴幼雄:《福建泉州发现的也里可温(景教)碑》,《考古》1988年第11期;志诚、叶道义:《泉州发现也里可温吴唵哆呢嗯碑》,《海交史研究》1986年第1期。

[9] 任继愈主编:《宗教词典》,"大德"、"侍者"条,上海辞书出版社,2009年。

[10]《敦煌学大辞典》,上海辞书出版社,1998年,第31页。一说为"壸门",学者通过论证得出"壸门"为正确,见经明汉、刘文金:《传统家具文化文献中"壸门"与"壶门"之正误辨析》。

[11]《说文解字》第十下"壶部",上海古籍出版社,2007年,第512页。

[12] 陈剑光:《中国亚述教会的莲花与万字符:佛教传统抑或雅利安遗产》,《浙江大学学报》2010年第3期。

[13]《辞源》,"华盖"条,商务印书馆,1983年,第2667页。

[14] Wolfram Eberhard, *A Dictionary of Chinese Symbols* (London, 1986), 转引自丁宁:《伞、"华盖"和中国美术》,《浙江工艺美术》1999年第4期。

[15] 杨钦章:《泉州景教石刻初探》,《世界宗教研究》1984年第4期。

[16] 吴文良原著,吴幼雄增订:《泉州宗教石刻》,科学出版社,2005年,第413页,图B47。

[17] 杨钦章:《泉州印度教雕刻渊源考》,《世界宗教研究》1982年第2期。

[18]《元史》列传第十八,《亦黑迷失》,中华书局,1976年;陈棨仁:《闽中金石略》卷一一,《一百大寺看经记》,菽庄丛书第二种,(上海)中华书局排印本。

[19] Ken Parry,"The Iconography of the Christian Tombstones from Zayton", *From Palmyra to Zayton：Epigraphy and Iconography*, edited by Iain Gardner, Samuel Lieu and Ken Parry, Brepols (2005), 243.

第二节

元代泉州基督教天使雕饰的多元文化选择

李静蓉

（泉州海外交通史博物馆）

泉州出土的基督教石刻中，天使图像的刻画十分奇特，它反映了多种不同的文化来源，这在当时的宗教艺术中是前所未有的。泉州基督教团体的这种文化选择，是他们努力寻求宗教认同的见证，也投合了教徒的需要与归属感。

世界上的每一个宗教都有自己特定的符号，具有强烈的象征意义，以便区别其他宗教，如十字架是基督教符号，是上帝的象征。但随着世界交流空间的扩展，彼此之间的吸收融合，许多宗教的象征符号在概念上具有惊人的相似，如犹太教、伊斯兰教和基督教都认为天使是神的使者，传达神的意旨，还负责导引灵魂进入天界。天使的形象是人形，背后长有翅膀。中国佛教的"天使"虽然在东传演变的过程中，受到东西方各种元素的影响，偶有出现个别长着翅膀的天神，但中国佛教"天使"在隋唐时期已完成中国化的进程，主要以飘带展现飞翔姿态，轻盈灵动，人们习惯称之为"飞天"。虽名称有异，但在功能作用上，飞天与天使是相似的。中国飞天除了礼拜供奉、散花施香、歌舞伎乐外，也是天界的使者，灵魂的引导者。

西方的双翼天使与东方的飘带飞天，人们均已司空见惯，但泉州石刻雕饰的天使却是背后生翼且飘带飞扬的天使，为世所罕见。20世纪30年代以来，在泉州已经出土了墓碑石、挡垛石、墓盖石、墓顶石等基督教石刻50多方，石刻的雕饰十分丰富，有十字架、天使、莲花、云纹、华盖、间柱等图案，雕刻的文字有叙利亚文、八思巴文、回鹘文、拉丁文、汉文等。学者们通过石刻已有的年代、图像的相似以及碑文的解读，认定这些基督教石刻同属元代遗物，包括景教和天主教，并认为在元代泉州生活着相当数量的基督教徒。澳大利亚学者肯·帕里（Ken Parry）认为，这些独特的石刻充分显示了蒙元统治时期这个多元文化港口城市拥有十分成熟而繁荣的基督教艺术传统。在中国,没有其他哪个城市拥有如此众多来自蒙元时期的带有题铭与丰富图像的基督教石刻。[1]泉州基督教石刻图像的丰富不仅表现在运用多种图案或多种文字进行雕刻,关键还在于每种图案都有不一样的造型,如十字架的形状有希腊风格、波斯风格、马耳他风格的,天使的造型更是万千姿态,有跌坐如菩萨的四翼飘带天使、双翼飘带天使、飘带天使、无翼无飘带的天使等不一而足。迄今为止,在基督教东传路上,如中亚、新疆、内蒙古、北京以至中国内地等地出土的基督教遗物遗迹上尚未发现与泉州石刻天使类似的构图。泉州素有"宗教博物馆"之誉,佛教、道教、伊斯兰教、基督教、摩尼教、印度教曾在这里交相辉映,那么从石刻天使的奇特造型上是否能找到这种多元文化遗留的痕迹?笔者试图通过天使的类型与特征,解读泉州基督教团体的文化倾向,以及在多种文化相遇的过程中他们所做出的选择。

一、石刻天使雕饰的类型与特征

泉州出土的基督教石刻属于丧葬艺术,但精美的雕刻展现的是力量与生的希望,尤其是天使的刻画,或如菩萨的慈眉善目,或如神仙的轻盈灵动,或如西方童子天使的可爱。这些天使图像的一个突出特征是:天使手持十字架呈跌坐样,或对称的两个天使手持圣物朝着中间的莲花十字架供养。可以毫不夸张地说,泉州基督教石刻上的天使集合了所有天使包括佛教飞天的特征。

1.四翼飘带天使

图 1 所示基督教墓碑石刻,1975 年出土,碑高 53.5 厘米,底宽 51 厘米,厚 9.5 厘米,现藏泉州海外交通史博物馆。碑刻形制为尖拱形,尖拱下镂空,留给人们诸多猜测,或是一个十字架或是一方碑铭。碑面浮雕一位男性天使跌坐于云彩上,头带三尖冠,两耳垂肩,脸丰满如满月,披着云肩,手持十字架在腹际,背后两对展开的羽翼,呈飞翔状,两条飘带从胁下出绕过羽翼向上扬起。类似的四翼飘带天使石刻早在 1906 年就已经由西班牙神父任道远(Sarafin Moya)发现,该碑照片被法国著名汉学家伯希和抢先发表在 1914 年的《通报》上。[2]此碑形状、大小、图案与图 1 所示碑刻相似,不同的是,此碑尖拱下有一个大十字架,跌坐的天使背后的四翼不如图 1 的飞动,翅膀近耷拉状,一条飘带向上扬起在头顶形成圈状,两端从两肩绕胁下出。

基督教的天使来源于希腊文化的"带有翅膀的胜利",大部分的形象是两翼。在中国各地出土的基督教石刻中,只在泉州和扬州发现这种四翼的天使形象。1981年扬州出土的"也里世八"景教碑上,可见碑额中间刻着莲花十字架,两侧各镌有一身四翼振飞的天使,其头各戴一双耳冠,冠顶立一十字架,两天使飞向莲花,双手前伸,守护着十字架。[3]与泉州的四翼天使明显不同的是,"也里世八"景教碑上的四翼天使没有飘带,不是跌坐的单天使,而是对称的双

图 1

天使呈飞翔状。只有在泉州,才发现这种跌坐如菩萨的四翼飘带飞天造型。泉州的基督教徒似乎刻意将西方天使与中国飞天组合在一起,却又不显得生硬,而是形成一幅十分和谐的图像,可见雕工技艺之精湛。

对于泉州这种奇特的天使造型,20世纪30年代德国学者艾克(Ecke)博士认为是"古希腊和波斯有翼神像与基督教的天使相合并"的产物。[4]在此基础上,泉州学者吴幼雄进一步指出,这种四翼天使是源于波斯式的希腊月神的四只展开的羽翼和波斯四翼的古体妖妇。[5]

图 2

2.双翼飘带天使

图2所示的基督教石刻,1946年出土,为祭坛式须弥座挡垛石,呈长方形,长92厘米,高29厘米,厚14厘米,现藏泉州海外交通史博物馆。墓刻横额内两侧各浮雕着一身羽毛丰满的双翼飘带天使,头戴蒙古毡帽,手臂裸露,手捧圣物飞向中间的莲花十字架供奉。而天使下身穿的并不像佛教飞天所系长裙,而更像长裤,并将双足包裹在内,裤摆渐宽成羽毛状的尖角。这种图案或许来源于伊斯兰文化。澳大利亚学者肯·帕里指出,伊利可汗时代制作的一件14世纪微型画上有相似的天使。微型画上先知穆罕默德乘着神马,后跟着四个带翅天使,天使下衣渐宽成两个尖角并互相交叉。[6]同样的特征在扬州出土的叙利亚文"也里世八"墓碑和拉丁文"凯瑟林·伊利翁尼"墓碑上都有发现。

值得注意的是,泉州这方石刻上的天使下衣两尖角是并拢的,以至十分像鸟类的尾翼,这不禁令人联想到泉州开元寺大雄宝殿上的妙音鸟。妙音鸟,即伽陵频伽,人首鸟身,手捧文房四宝、乐器。据佛经说,释迦牟尼讲经时,这种妙音鸟被度成佛。[7]与图2相似的石刻,还有一方出土于1941年的墓刻。该碑额内浮雕着对称的两个双翼飘带天使,头戴如乌纱帽的双耳冠,手持圣物飞向中间的莲花十字架,足不裸露,下衣亦渐宽成尖角状。与图2明显不同的是,十字架上方是一个华盖,飘带在头顶形成圈状,而且两侧天使更加对称。在泉州出土的基督教石刻中,有不少是对称天使的刻画。据台湾学者杨春棠研究,波斯艺术的特征是对称排列。[8]泉州出土的基督教石刻中景教石刻居多,而景教是以波斯一带为传教中心向周边辐射,波斯本土的艺术随之传入中国,自是无可厚非的。

3.飘带天使

图3所示基督教石刻,1946年出土,为须弥座祭坛式墓垛石,长75厘米,高28厘米,现藏泉州海外交通史博物馆。此碑刻画的是对称的两天使手捧莲花座,托起一个十字架,天使脸面丰满,头戴三尖冠,飘带在头顶形成圈状后向两侧飞扬,下衣成流动的尖角状,如佛教飞天的飘然灵动。关于天使的服装,有几种说法:有的认为它是带有浓厚的波斯僧人衣冠特征的样式;有的以为它是波斯萨珊王朝时代的僧人服装,而受马其顿亚历山大以后希腊文化的影响;有的以为它是纯中国式的僧侣服装而受到浓厚的佛教艺术的影响。[9]

从泉州石刻的雕法以及外文运用的不熟练,学者们猜测工匠应该来自

图 3

泉州当地。据研究,佛教飞天的形象在隋唐两代达到了中国飞天的最高水平,完成了中国化的过程。著名敦煌学家、曾任敦煌研究院院长的段文杰认为:"佛教飞天和道家的羽人,西域飞天和中原飞仙融合为一,形成了中国特色的飞天。那就是不长翅膀,不生羽毛,没有圆光,借助云彩而不依靠云彩,主要凭借一条长长的舞带而凌空翱翔的飞天。"[10]因此,佛教飞天作为人们广为接受的一种形象,自然也会为工匠们所熟练掌握并运用。泉州基督教团体选择本地工匠为教徒进行墓碑雕刻,而工匠运用已经熟练掌握的飞天艺术形象进行刻画是十分可能的,并为泉州基督教团体所允许。诚如肯·帕里所言,这种运用模式非但不会损坏基督教团体的形象和削弱其地位,反而会增强它在泉州社会的认同感和归属感。[11]

类似图 3 这样的飘带飞天不仅在景教石刻出现,同样也出现在天主教石刻中。1946 年出土于泉州的天主教方济各会主教安德烈·佩鲁贾的墓碑上端刻着对称的两身不长翅膀的飘带天使,下有拉丁文字。天主教是西方宗教,而在天使的刻画上却完全采用佛教飞天样式,可见佛教文化对基督宗教的影响之深。

泉州石刻天使图像,除了上述的四翼飘带天使、双翼飘带天使、飘带天使外,还有其他类型,如没有飘带的双翼天使,以及无翼无飘带的"U"字形天使,由于后两种图像的石刻各只出土过一方,且磨损厉害或不具有代表性,这里就不再赘述。

二、调适与变异:泉州基督教团体的文化选择

纵观泉州石刻天使,它不似佛教飞天那样呈单向发展,在与其他文化融合的过程中,渐渐褪去翅膀,披上了飘带,最终成就了中国飞天的形象。泉州石刻天使是朝着多向发展的,各种类型同时存在,而且在每个天使身上较为明显地反映出几种不同的文化来源。这样多种文化融合而成的天使图像成为中国宗教艺术的奇葩。那么,泉州基督教团体是如何做出这样一种文化选择的?值得我们思考。

在忽必烈建都汗八里以前,泉州就已经是一个国际大都市,其外国侨民的数量比我们所能想到的还要多。迄至元代,泉州港一跃成为与亚历山大港并列的世界大港,来自欧亚非的无数商人、传教士、旅行家甚至是王公贵族云集于此。泉州出土的数百方不同的宗教石刻,无可辩驳地证明了中世纪的泉州是一个多民族多宗教汇聚的国际城市。以基督教石刻为例,国内外学者根据石刻图像的分析,以及铭文的解读,认为泉州基督教徒的成分是十分复杂的,来自欧洲、西亚、中亚以及中国新疆、蒙古等地的各个民族,并有着各自的信仰派别,主要是景教与天主教。但并非每个种族或教派的人都有能力建立自己的教堂,于是学者们大胆假设在外来移民聚居的社区,那些没有自己宗教教堂的基督徒会去另一个教堂参加礼拜。[12]

泉州的基督教团体面对这样一个不同国家、不同民族多元交织的局面,他们迫切要做的是适应和兼顾各方的需要。"文化选择的根本依据在于需要与价值的契合"。[13]泉州基督教作为一种外来宗教,既要在当地获得生存和发展,寻求宗教认同,又要使本团体的成员获得归属感,他们就需要选择周边文化的某些元素,并使它们与基督教的教旨教义相适应。

佛教是外来宗教中国化的成功案例,基督教与其他外来宗教不约而同地选择佛教作为融入中国文化的突破口。无论是雕饰艺术还是碑铭用语,均可以明显看到泉州基督教石刻上佛教的痕迹。从石刻天使的雕饰上,我们不仅能够发现十分浓厚的佛教元素,而且可以看到泉州基督教团体还将这种佛教元素与本团体内各种民族和宗教元素十分巧妙地结合在一起。石刻天使上的翅膀与飘带明显是中西合璧的产物,另外从天使细部刻画上,亦可以发现许多不同的文化元素如波斯的、蒙古的、汉族的。以着装为例,天使冠帽或是十字架冠,或是蒙古式的毡帽,或是有双翅的乌纱帽,或如波斯王冠样式的三尖冠。

当然，泉州基督教团体不是杂乱无章地不加选择就将所有的文化元素混合在一起，若是这样，石刻构图就不会如此的和谐精美。泉州基督教团体有目的地选择一些与基督教教义相通的素材。以云彩为例，旋涡式云纹或出现在天使的下端，或环绕在碑刻的边缘，许多学者往往认为这种云彩图案是受道教文化的影响，但云彩同时也是基督教文化的艺术表现。基督教自新旧约以后也都采用云彩图案表示"降临"，如"上主从云端降临"(《出埃及记》)，"浓密的云层是它的伏护"(《约伯记》)，"有一朵云彩接了它回去，便不见了"(《使徒行传》)，"人子从云端下来"(《马可福音》)。[14]在这里，云彩装饰契合了本土宗教和基督教的文化需要，因此被广泛应用于石刻雕饰中。从契合的角度来看，如前所述天使与飞天在概念上是相通的，是神意的传达者，灵魂的导引者，并往往出现在碑刻的上方，展现了引导灵魂进入极乐世界的主题，表达了生的希望。

此外，泉州石刻天使所反映的基督教团体这种艺术创作上多元选择的自由，很大程度上与泉州浓厚的商业气息以及与总主教区的遥远距离有关。学者们早已指出，传教士一般都是沿着商人所开辟的通道前行布教。因此，泉州不仅是商业中心，也是传教的中心，英国学者 A. Mingana 指出："在这广大地域内几乎每个地区都散布着基督教徒，而且在某些城市和地区他们拥有很强的势力，他们人数的多少很可能是由一个地方作为商业中心或商队必经通道的重要程度决定的。"[15]因此，我们可以估计在泉州的基督教团体，大部分的信徒是商人，他们的主要目的是牟利，而不是传教。在这种情况下，利益的追逐必然在一定程度上使传教的纯粹性有所淡化。另外，传教士受到宗教热情的鼓舞而不远万里来到中国传教，但交通的不便与距离的遥远却使他们无法按照常规及时向总主教或教廷汇报传教情况。《宗教会议准则》一书有说，印度、中国、撒马尔干的大主教由于路途遥远可以免除参加一般的宗教会议，但是他们必须每隔六年给总主教写封信表示服从管理，反映其教区内精神上和道德上的需求。[16]而且，在元代宗教宽容政策下，基督教徒享有很高的特权，诸如建造教堂、布施、不服兵役、少纳税等。[17]正是这种距离与宽松的宗教政策，才允许泉州的基督教团体在宗教外形上与宗主国的表现形式有很大的不同，并最终造就了有翼飘带天使这种奇异的图像。

三、结语:多元文化互渗、移植与借用

国际学术界将南中国称为另一个"地中海",而中世纪的泉州是这个环"地中海"的重要贸易中心之一,不同的宗教与文化在这里交织,多元背景之复杂难以想象。因此,费尔南·布罗代尔关于地中海沿岸国家不同宗教交互影响的解释同样适用于泉州。他说:"把各种宗教部分地混合在一起,把某种思想从一种宗教移植到另一种宗教里,甚至在必要时把一种宗教的某一教义或者仪式移植到另外一种宗教里,这是可能的。"[18]泉州基督教石刻上的天使构图反映了多种不同的文化来源,是基督教对其他宗教元素移植或借用的结果。一个社会成员向另一个社会所借用的东西是从多种可能性和来源当中进行挑选的,其选择通常限于那些与他们目前的文化相互兼容的元素。[19]在这里,泉州基督教团体正是从不同的宗教文化中选择了与基督教教旨教义相契合的多种元素进行融合创新,从而产生了有翼飘带天使这样的变异体,这在当时的宗教艺术中是前所未有的。泉州石刻天使不仅见证了泉州基督教团体寻求宗教认同的努力,也投合了教徒的需要和归属感。(本文图片均由泉州海外交通史博物馆专业摄影师成冬冬拍摄并提供)

注释:

[1](澳大利亚)肯·帕里著,李静蓉译:《刺桐基督教石刻图像研究》,《海交史研究》2010年第2期,第114页。

[2]杨钦章:《南中国"刺桐十字架"的新发现》,《世界宗教研究》1988年第4期。

[3]牛汝极:《十字莲花》,上海古籍出版社,2008年,第114页。

[4][5]吴幼雄:《福建泉州发现的也里可温碑》,《考古》1988年第11期,第1019页。

[6](澳大利亚)肯·帕里著,李静蓉译:《刺桐基督教石刻图像研究》,《海交史研究》2010年第2期,第123页。

[7]王洪涛著,王四达编:《晚蚕集》,华星出版社,1993年,第212页。

[8]顾卫民:《基督宗教艺术在华发展史》,上海书店出版社,2005年,第43页。

[9]吴文良原著,吴幼雄增订:《泉州宗教石刻》,科学出版社,2005年,第391页。

[10]转引自龚云表编著:《诗心舞魂——中国飞天艺术》,上海书店出版社,2004年,第19页。

[11](澳大利亚)肯·帕里著,李静蓉译:《刺桐基督教石刻图像研究》,《海交史研究》2010年第2期,第123页。

[12](澳大利亚)肯·帕里著,李静蓉译:《刺桐基督教石刻图像研究》,《海交史研究》2010年第2期,第114页。

[13]王荣才:《选择与重构:佛教与中国传统文化融合的内在机制》,《江苏社会科学》1997年第4期,第113页。

[14](英)约翰·福斯特著,杨钦章译:《刺桐城墙的十字架》,《海交史研究》1989年第2期。

[15]牛汝极:《十字莲花》,上海古籍出版社,2008年,第177页。

[16]牛汝极:《十字莲花》,上海古籍出版社,2008年,第180页。

[17]徐小虎:《关于13—14世纪刺桐(泉州)的外文资料——对方济各会修士信函的初步看法》,《海交史研究》2001年第1期。

[18](法)费尔南·布罗代尔著,唐家龙、曾培耿译:《菲利普二世时代的地中海和地中海世界》第二卷,商务印书馆,2009年。

[19](美)威廉·A.哈维兰著,瞿铁鹏、张钰译:《文化人类学》,上海社会科学院出版社,2009年。

第三节
泉州基督教石刻有翼形象的比较研究与文化来源

李静蓉
(泉州海外交通史博物馆)

将泉州基督教石刻上的有翼形象与其他地方相关的有翼形象进行对比研究,以便分析泉州基督教石刻有翼形象的文化来源,重点分析了四翼天使的亚述来源。

一、有翼形象的比较研究

爱弥尔·涂尔干说:"所有已知的宗教信仰,不管是简单的还是复杂的,都表现出了一个共同特征:它们对所有事物都预设了分类,把人类所能想到的所有事物,不管是真实的还是理想的,都划分为两类,或两个对立的门类,并在一般意义上用两个截然不同的术语来称呼它们,其中的含义可以十分恰当地用凡俗的神圣的这两个转达出来。正因为如此,整个世界被划为两大领域,一个领域包括所有神圣的事物,另一个领域包括所有凡俗的事物,宗教思想的显著特征便是这种划分。"[1]为了区别凡俗和神圣的事物,或者说为了使事物体现出神性来,往往通过艺术形式表达出来,如创造出集人、鸟、兽为一体的怪诞形象,或直接在人形上插上翅膀。人们赋予这些奇异形象以超人的力量,并信仰它们。有翼形象存在于希腊文化、波斯文化、印度文化、中国文化等各种文化中。

在人们的原始信仰里,有了翅膀,就有了超人的能力,就有了神力,不受时间空间的限制自由穿梭。基于这种普遍的信仰,即使在互相隔绝的状态下,也能各自发展出相似的符号,并在概念上也有惊人的相似,如中国的羽人和西方的有翼天使。中国的羽人是在中国文化体系内独自发展形成的,与汉代道教求仙思想的盛行密切联系,表达的是人们渴望灵魂升天的思想,多出现在棺椁、祠堂、墓室中。中国羽人的特征是:人形,两耳出于顶,肩生双翼,长发飘扬。由于神仙思想的地域局限性,加上其他外来宗教的冲击,中国羽人并没有产生持续影响。在古希腊与古罗马人的神话观念里,天使长着羽翼,在神界与尘界自由飞翔,传达上帝的旨意,并负责安排宇宙的基础,维持万物的生存,同时也是灵魂的向导,这与中国羽人的作用是一致的。在波斯文化传统中也有许多羽翼形象,如曾作为波斯国教的琐罗亚斯德教(祆教、拜火教)的最高神阿胡拉·马兹达是智慧之王和光明之神,被刻画成带有双翼的形象。希腊文化和波斯文化互相影响,并贯穿在早期基督教的发展中。随着基督教的对外传播,扩大了有翼天使的影响,有翼天使也东传中国。

图1 新疆米兰佛寺遗址出土的有翼天使
资料来源:南香红著:《众神栖落新疆》,北京:九州出版社,2011年,第156页。

图2 新疆景教石刻上的有翼天使
资料来源:牛汝极:《十字莲花——中国元代叙利亚文景教碑铭文献研究》,上海:上海古籍出版社,2008年,第66页。

东西文化的互相交流与碰撞,必然会发生有趣的现象。新疆是陆上丝绸之路东西文化交流的中转站,在这里留下了许多不同文化相遇与融合的痕迹。20世纪初和20世纪80年代,中外考古学家和探险家陆续在新疆米兰佛寺遗址发现有翼天使壁画,图1所示有翼天使壁画即是其中一件。关于佛寺遗址中出现的翼像有许多说法,其中以斯坦因的观点最为流行,他说:"就希腊式佛教美术造像中所看到的某种有翼的青年形象而言,磨朗护墙板上这些画像必须追溯到希腊神话,以有翼的爱罗神(Eros)为其直接的祖先,那是十分可能的事。不过这种直系的后代,经过中间的阶段,当然受到东方观念的影响。普通说来,磨朗护墙板上的画像同有些古基督教派中的天使,奇异的暗示有一种亲属关系。"[2]希腊文化中的有翼形象向东传入西亚和中亚,又与其本来的翼像传统结合,对基督教产生影响,所以早期基督教的天使形象非常类似希腊和美索不达米亚的神灵。[3]这种希腊式的有翼天使在新疆出土的景教石刻上也有体现(见图2)。

图3　泉州有翼天使

如果说米兰的有翼形象是西方文化影响东方文化的产物,而在泉州基督教石刻的有翼形象则可视为为东方文化影响西方文化的结果。如图3,泉州的石刻天使几乎都披着飘带,面相、服饰、姿态等都与中国式飞天十分接近,并糅合了许多当时的流行元素。除了羽翼显示泉州石刻天使的外来特征外,人们不得不承认泉州基督教石刻的天使受中国佛教文化的深刻影响,与甘肃、敦煌、龙门等石窟艺术中的飞天形象十分接近。由于中国式飞天不长翅膀,只靠飘带展现飞翔姿态以显示"天人"的特征,因此追溯石刻天使的文化来源时,人们更喜欢将石刻天使与泉州开元寺的"有翼飞天"联系在一起。

泉州开元寺以其精美的建筑艺术而闻名,蕴藏着丰富的"飞天"造型,有大

图4　开元寺大雄宝殿妙音鸟
资料来源:泉州海外交通史博物馆设计师陈小茜提供。

雄宝殿的妙音鸟、甘露戒坛上的飞天、大雄宝殿门楣上的"飞天"浮雕,以及东塔基座的各种"天人"形象。开元寺大雄宝殿五方佛的前上方两排石柱和桁的接合处有24尊木雕的妙音鸟(见图4),梵语迦陵频迦,为人首鸟身形,最大特点是鸣叫的声音美妙,表示"法音宣流",以其美妙声音和优美舞姿娱悦佛,供养佛。[4] 妙音鸟在石窟壁画(见图6)、唐代铜镜、西夏陵建筑构件中都有出现,而开元寺妙音鸟十分有特色,它们双翼舒展,有的手捧各种供品,有的手捧文翰宝卷,有的持抱琵琶、洞箫、唢呐等各种乐器,体现了佛教文化与儒家文化及世俗文化的融合。开元寺甘露戒坛上的12尊飞天不是人鸟合体,没有翅膀,上袒臂、下着裙,飘带飞扬,手持各种乐器,与各佛教石窟的飞天乐伎接近。开元寺东塔基座有各种有翼"天人"形象,如"天王争钵"的浮雕中的金翅鸟、"耶舍现通"浮雕中的两尊有翼兽面人身形象,"禽警毒蛇"浮雕中的天人(见图5)等。

图5　开元寺东塔浮雕"禽警毒蛇"

资料来源:杨湘贤编著:《泉州东西塔雕刻》,北京:文化艺术出版社,2007年,第106页。

泉州开元寺虽始建于唐代,但现存的许多建筑物为明清时期重修或重建,对于明清以前的建筑形式没有任何记载,因此我们无法判断元代泉州基督教石刻天使与开元寺飞天是否有直接联系。但东塔始建唐代,南宋增建至今,其丰富的"飞天"形象有可能为元代泉州基督教提供创新的素材。尤其是"禽警毒蛇"浮雕中的"天人"形象与某些石刻天使十分有可比性,此"天人"人面鸟身,有翅膀,有飘带,其戴的头冠是长脚幞头,与某些石刻天使的头冠如出一辙,整体造型也十分接近。"天王争钵"中金翅鸟的尾巴是卷云纹的造型,这与某些石刻天使的表现手法是一致的。

图6　榆林窟第25窟唐代壁画中的迦陵频迦　　图7　泉州文庙右侧泮宫门楼飞天

资料来源:人民画报社编:《陆上与海上丝绸之路》,中国画报出版公司,1989年,第78页。

总之,泉州石刻天使的有翼飘带形象,借用了佛教飞天的表现手法,并与泉州开元寺的某些飞天形象有密切联系,是融合本土文化元素的产物。反之,基督教文化也对泉州的建筑文化产生了某些后续影响,如文庙的泮宫飞天是欧洲风格的有翼天使(见图6)。有翼的飞天形象已成为泉州特色文化的重要元素。

二、四翼天使的文化来源

基督教文化中常见的天使形象是双翼的,故泉州基督教石刻上的四翼天使(见图8)尤为引人注目,这种特殊的天使图像在扬州"也里世八"景教碑上也有发现,但泉州的四翼天使羽毛丰满,并有飘带,形象更为精致。对四翼形象的来源,吴幼雄在《福建泉州发现的也里可温(景教)碑》中作了这样的解释:

"20世纪30年代,德国学者艾

图8　泉州四翼天使

克博士(Ecke)在北平天主教大学杂志上发表肖像学文章,认为8号墓碑的天使雕刻是'古希腊和波斯有翼神像与基督教的天使相和并'的产物。并指出,这类有翼神像来源于希腊的有翼风魔哈皮(Harpis)和犹太人对有翼神的崇拜,后传诸雅利安的波斯人。《旧约圣经》中的《创世纪》、《出埃及记》和《列王纪》上、下,均可找到'天使'、'神使'的记载。从有翼神的来源,则知7、8号墓碑的四翼天使是源于波斯式的希腊月神的四只展开的羽翼和波斯四翼的古体妖妇。而这四翼神像艺术则是通过基督徒为传播媒介,传到叙利亚、亚美尼亚,以至向东传入中国。"[5]

可见,这种四翼天使与波斯文化存在着密切联系,笔者以为还可以进一步追溯到波斯文化的亚述传统。

发源于土耳其托罗斯山脉东侧的幼发拉底河和底格里斯河所形成的冲积平原——美索不达米亚是人类早期文明的发源地之一。"广义的美索不达米亚是指东起扎格罗斯山脉,西南至阿拉伯高原的边缘,东南自波斯湾,西北至托罗斯山之间的广袤地区,而狭义的美索不达米亚则是指北起巴格达,南到巴比伦,位于幼发拉底河和底格里斯河之间的地区,在今伊拉克境内。"[6]公元前2000年时亚述就已出现在两河中下游地区,亚述(Assyia)一词来源于地方神"阿苏尔(Assur)"的名字,当地还有一座同名城市。公元前1230年以后,亚述人逐渐成为两

图9 伊朗四翼女神青铜器
资料来源:高火编著:《古代西亚艺术》,河北教育出版社,2003年,第148页。

河地区霸主,公元前900年至公元前700年间亚述王朝的实力达到顶峰,亚述君主自称"世界之王"。为了炫耀王国的强大持久,亚述人制作了比任何时代数量都多、尺寸都大的石雕刻。[7]这些石雕刻主要用作宫殿的守卫和装饰,往往集人、鸟、兽为一体,即带有羽翼的兽面人身形、人面兽身形或人形,亚述人称之为"守护精灵"。亚述人本为游牧民族,后在两河流域开始定居生活,"随着早期畜牧业和村落的出现,时常发生狮子等野兽袭击家畜家禽事件,挺身而出的是守护家园的英雄,当这些英雄被神化时就诞生了半人半

神的守护精灵"[8]。这种半人半神的守护精灵都是带有羽翼的,双翼和四翼的形象都均十分常见。此守护精灵头戴的吊钟形帽子是太阳神特有的标记[9],背长四翼,比其他守护精灵更具神性。

公元前550年,安珊王阿契美尼德家族首领居鲁士(Kutush)建立了波斯人的第一个王朝,并于公元前539年占领了新巴比伦(新巴伦是在亚述帝国之后重掌美索不达米亚地区的王国)的土地,成为包括美索不达米亚在内的广大地区的霸主。在这种情况下,亚述的文化和艺术也为波斯人所吸收,尤其是有翼守护精灵的形象在波斯帝国时期发展至最高峰。世界上这么多的宗教,唯有波斯神话中的最高神阿胡拉马兹达是有翼的人形雕像。胡江在《亚述艺术中的守护精灵》中说:"有翼人面兽身守护精灵的最高杰作出现在伊朗的波斯波利斯遗址中,波斯帝国在并吞新巴比伦王国版图的同时,也将源于亚述帝国的有翼人面兽身守护精灵的建筑艺术带了回来。"[10]高火在《古代西亚艺术》一书也提到:"波斯人的艺术在很大程度上是西亚艺术的派生形式,其间综合着埃及、希腊的艺术成分。居鲁士希望在安珊境内创建一种象征他完成统一大业的纪念性艺术,于是西亚各地及希腊爱奥尼亚凿刻技艺最好的石匠被征召到他的身边。……波斯艺术的折衷性质在建筑方面得到明显体现:如依照巴比伦传统将宫殿建在高台上,并模仿亚述式的守门神兽和浮雕装饰,彩色玻璃砖浮雕是继承新巴比伦的……"[11]

亚述艺术传统中的四翼形象也深受波斯人的喜爱,图9所示青铜器是在伊朗西部出土的,上面有一四翼女神形象。又《波斯帝国史》记载"居鲁士的乐园和宫殿"时描述:"园林的主要入口在西南角……两根突出的白色石灰石壁柱组成了北面的房间。正对着入口有两座高2英尺、伸出双手正在祈祷的石刻保护神。他们与其亚述原型一样,都有两对翅膀,由颈到踝披长袍,长袍边缘下垂,饰有玫瑰花和流苏。……正面与后面的门框,两个侧面都雕刻有同样的场面:三个光头、身着紧身长袍的祭司,赶着一头公牛去献祭。同样的雕刻也出现在边门的门框上,但主角是亚述式的保护神,或者完全是人,或者是人身、鹰首、利爪。他们像亚述的原型一样,都有两对翅膀,身穿同样的短裙。"[12]

这种四翼神像为波斯文化所吸收,并随着景教的传播而东传中国。有学者指出,"亚述人"是一个用于称呼起源于中东100万人的术语,早期亚述属于中东当地的两个基督教会,即被蔑称为雅各和聂斯脱利的两个教派,亚述人是操古叙利亚语的基督徒后裔。[13]在地理上,中东几乎囊括了整个西亚地区,而景教最早也是在中东地区传播,信众中有许多是亚述人。当时有许多来自西亚的民族来到泉州,四翼神像的艺术形式也随着他们东传而来,并运用到景教石刻的创作中。新疆、内蒙古等地的景教石刻均未发现有四翼形象,大概是亚述人的景教由陆路东传时受到更多异文化的影响,与源发传统有更大的偏离,而海路传播,途径地区较少,受异文化的影响也更少,也能够在更大程度上保持文化的原型。因此,泉州基督教石刻上的四翼形象与亚述原型有直接联系,是海路传播的结果。

前述德国学者艾克认为泉州基督教石刻的四翼形象与犹太教对有翼神的崇拜有关。犹太教确实有关于四翼天使形象的记载。据《圣经·以西结书》,以西结在异像中看到,上帝宝座旁有四个基路伯(犹太教天使),各有人、狮、牛、鹰四种脸面和两对翅膀。又,犹太教中有一类被称为"活物"的天使是"有人的形象,各有四个脸面,四个翅膀"。犹太教的四翼天使形象或许也来源于亚述,公元前922年,犹太人建立的以色列王国亡于亚述,而基督教又是由犹太教发展而来,至于泉州基督教石刻是否与犹太教有直接联系还有待于进一步研究。

注释:

[1] (法)爱弥尔·涂尔干著,瞿东汲喆译:《宗教生活的基本形式》,上海人民出版社,2006年,第33页。

[2] 转引自顾卫民:《基督宗教在华发展史》,上海书店出版社,2005年,第34页。

[3] (英)马克·奥康奈尔、(英)拉杰·艾瑞著,余世燕译:《象征符号插图百科》,汕头大学出版社,2009年,第133页。

[4] 陈雪静:《迦陵频伽起源考》,《敦煌研究》2002年第3期,第9页。

[5] 吴幼雄:《福建泉州发现的也里可温(景教)碑》,《考古》1988年第11期,第1019页。7、8号墓碑指的是泉州出土的两件四翼跌坐天使石刻。

[6] 杨言洪:《美索不达米亚文化初探》,《阿拉伯世界》1996年第1期,第21页。

[7] 高火编:《古代西亚艺术》,河北教育出版社,2003年,第99~109页。

[8] 胡江:《亚述艺术中的守护精灵》,《上海文博论丛》2006年第3期,第16页。

[9] 胡江:《亚述艺术中的守护精灵》,《上海文博论丛》2006年第3期,第17页。

[10] 胡江:《亚述艺术中的守护精灵》,《上海文博论丛》2006年第3期,第17页。

[11] 高火编:《古代西亚艺术》,河北教育出版社,2003年,第165~171页。

[12] (美)A.T.奥姆斯特德著,李铁匠、顾国梅译:《波斯帝国史》,上海三联书店,2010年,第80~81页。

[13] E·纳比著,曾强译:《亚述人》,《民族译丛》1989年第1期,第71页。

第四节

元代泉州基督教丧葬艺术的多元融合

李静蓉

(泉州海外交通史博物馆)

元代的泉州是个国际大都市,各种宗教文化在这里汇聚交织,泉州基督教丧葬艺术就是在此背景下诞生的艺术奇葩。这种多元融合的特殊艺术,极具图像表现力,在十字架、天使、莲花、云纹等装饰中,本土的与外来的、基督教的与非基督教的等各种文化元素之间互相借用、互相影响。泉州基督教具有独特的文化选择倾向,它选择与基督教教义相符的文化元素进行图像创新。

元代的泉州是一个国际大都市,也是传教的中心,各种本土与外来宗教在这里交织并互相融合,泉州基督教石刻就是在此背景下诞生的艺术奇葩。泉州出土的数十方基督教石刻大部分属于丧葬艺术的范畴,图像繁多,富有装饰性,从单个图案造型的变化多端到整体构图的丰富精美,无不反映了多种不同的文化在一定程度上的交互影响。本文以石刻资料为中心,解析石刻图像中的每个主题,以寻求复杂图像背后的文化解释。

一、泉州基督教墓碑石刻的装饰主题

(一)基督教的标志:十字架

十字架是基督教无处不在的精神符号,是基督教艺术表现形式的中心主题。泉州基督教石刻上的十字架样式十分丰富,有希腊十字架、拉丁十字架、宝石或珍珠十字架(见图1)、马耳他风格十字架(见图2)等。希腊十字架为四臂等长呈正方形的十字架,为东派教会普遍使用的标志。元代泉州基督教石刻多数为景教所有,故以使用希腊十字架及其变体居多,马耳他风格十字架与宝石或珍珠十字架因呈正方形,可视为希腊十字架的变体。泉州同时也是天主教方济各派在中国南方的传教中心,该教派使用的是纵长

图 1　元代叙利亚文祭坛式墓垛石刻

资料来源：本文图片均由泉州海外交通史博物馆成冬冬摄影和提供。

横短的拉丁十字架。

泉州基督教石刻中有三方石刻上的十字架缀有宝石或珍珠，[1]装饰十分华丽，澳大利亚学者伊恩·加德纳认为这种风格的十字架应是 *crux gemmata*，[2]此为宝石或珍珠十字架的拉丁语表达，是基督教早期典型的十字架造型。他认为此十字架的十三颗宝石或珍珠代表耶稣及其十二使徒。这种说法值得商榷，因为泉州石刻图像上的宝石或珍珠十字架，不仅在每个叶片末端缀着三颗宝石或珍珠，有的在叶片中间以及交叉处也有装饰，这样算来就不只十三颗了。公元781年西安景教碑上的十字架就是这种造型，500年

图 2　元代八思巴文墓碑石刻

后重新在泉州出现，可视为景教艺术在中国具有延续性的见证。日本学者佐伯好郎根据东方教会《叙利亚日课经》对于珍珠的重视，认为"珍珠"代表着基督教会所有信仰者以及祈祷者心目中的化身，是信仰的表征。[3]这种缀有珍珠或宝石的十字架应该是波斯景教的特点，在七河流域、新疆等地发现的景教遗物上的十字架图像都有此类装饰。[4]

除了宝石或珍珠十字架，马耳他风格十字架也是泉州基督教石刻上常

见的十字架形式。[5]马耳他风格十字架的特点是四个叶片呈"V"形,也称应许十字架,以亚述的古老象征符号为基础。[6]在中国,除了泉州,新疆、内蒙古、扬州等地发现的景教遗物上的十字架图像也以马耳他风格为主。2006年在河南洛阳出土的唐代景教经幢上的十字架就是马耳他风格十字架,可见马耳他风格十字架应该自唐代以来就在中国流行。作为基督教身份认同的重要标志,不同来源的各种十字架在同一时期存在于泉州,一定程度上说明泉州基督教的复杂多样。

（二）彼岸的导引者：天使

在基督教概念里,天使是上帝和天国的象征,也是信徒和上帝沟通的使者,因此出现在丧葬艺术中的天使形象被赋予具有导引灵魂从此界到彼界的功能。在泉州基督教石刻中,天使形象独特而造型丰富,表现为四翼飘带天使、双翼飘带天使、飘带天使、无翼无飘带天使等,[7]有的跌坐如菩萨,有的呈迅疾飞翔状,有的以肢体呈

图3　元代基督教四翼天使墓碑石刻

"U"形展现飞翔姿态,姿态万千,不一而足。带有翅膀和飘带的天使很明显是中外融合的典型。但基督教的天使大部分形象为双翼,故泉州石刻的四翼天使尤为引人注目,这种特殊的图像应该是受波斯文化的影响而形成的(见图3)。在波斯古代传统中,从神到兽再到器物往往都装饰了翅膀,四翼的形象也是比较常见的。《波斯帝国史》提到的居鲁士乐园里有两座石刻保护神,都有两对翅膀,与亚述原型一样。[8]对于泉州这种奇特的天使造型,20世纪30年代德国学者艾克（Ecke）博士就提出这是"古希腊和波斯有翼神像与基督教的天使相合并"的产物。[9]在扬州的"也里世八"景教墓碑上也发现有四翼的天使图像,但泉州的四翼天使羽毛丰满,并有飘带,形象更为精致。

从天使的着装来看,其衣服款式比较复杂,上衣的袖子宽大似袍,而整体看来又与北方民族的裤褶[10]十分接近,裤摆似乎很长,以至裹住了天使的双脚而不外露,在风力的作用下,裤摆被拧成尖角状,[11]这与敦煌飞天有很大的区别,后者多数下身所穿为长裙,双足裸露。这种特殊服饰图像在扬州基督教石刻上也有体现。对比衣服的复杂,泉州石刻天使的头冠形制更容

易识别,主要有三角形冠、花蔓冠、汉式幞头[12]、蒙古官帽[13]、十字架冠等。在中国石刻菩萨造型中,三角形冠与花蔓冠是比较常见的冠饰。泉州石刻天使所戴的汉式幞头,与唐代的朝天凤翅幞头相似,而蒙古官帽则很像元代皇室贵族所戴的钹笠帽。[14]另外,十字架冠是石刻天使最常见的冠饰。在拜占庭文化中,皇帝的皇冠顶部几乎总是装饰有十字架,象征着政治与宗教上的最高权力。从丧葬艺术的角度来看,天使头冠无论是中国式的官帽还是类似皇冠的十字架冠,都很可能表达了人们对墓主在彼岸世界拥有权力的美好希冀。

（三）莲花、云纹及其他

1.莲花

莲花以其出淤泥而不受污染的特性受到人们的喜爱,在埃及、印度、中国等古老民族均可见莲花纹饰的广泛运用。佛教自创立起,就赋予莲花神圣的意义以及化生的功能,常用于表现生死轮回。泉州基督教石刻上的莲花纹饰明显是借用佛教的象征符号,是文化融合的印证。

如图4所示,在中国境内出土的基督教石刻中,莲花往往与十字架组成独立的构图,表现为十字架竖立于莲花之上,莲花十字架是中国东方教会最典型的标志。[15]尽管基督教在中国的传播不具有延续性,但唐元两代出现的莲花十字架的艺术造型似乎是一脉相承的。传教士阳玛诺所著《唐景教碑讼正诠》一书刊载的三幅泉州古十字架木刻版图[16]中,其中两个十字架竖立在莲花上,这与元代石刻上的莲花造型相比没有太多的变化。泉州石刻上的莲花纹饰除了承托十字架外,还主要用于须弥座墓石的装饰,由连续的莲瓣构成。另外,两朵覆莲为一组构成间柱,装饰墓垛石的两侧。

图4 元代八思巴文墓碑石刻

2. 云纹、火焰纹

云纹源于云气,象征着吉祥、希望,是我国最古老的装饰图案之一,其形成与发展和本土的神仙思想有密切关系。泉州基督教也借用这一主题纹饰,广泛运用于基督教丧葬艺术。泉州基督教石刻上的云纹造型主要表现为线状的旋涡式云纹和朵状的卷云纹。前者更多的是用于墓碑石的边饰,而后者则意境非凡,"既是一种有深刻含义的装饰符号,象征天界仙灵,又是装饰的形式结构"[17]。朵状的卷云纹往往取代莲花以承托十字架,其造型舒展饱满,气势强烈,并有时充满了大半个画面,烘托出"天界"的神圣,予人一种"乘云升仙"之感(见图5)。

图5　元代希腊式十字架基督教墓碑石刻

在云纹下端可见两股火焰冒出,这种火焰纹在阳玛诺书中的附图也出现过。由于祆教以崇拜"火"著称,有学者以为这或许是波斯祆教的遗风。根据牛汝极、刘南强等人对石刻碑铭的解读,许多墓主来自西域突厥语诸民族。突厥语诸民族认为火是圣洁的,可以洗净污秽、驱邪避灾,可以将死者的灵魂从此界带到彼界。[18]因此泉州基督教石刻图像上的火焰纹饰有可能来源于突厥文化。

3. 华盖、璎珞、幡

泉州基督教石刻中有三方雕刻着精美的华盖,华盖下端的璎珞垂饰或两枚或四枚(见图6、图7)。在中国,华盖本为帝王专用,是至高无上的象征,后来成为佛教图像,隐喻了"天"或宇宙。有学者认为,中国人想象的宇宙就像是一驾有华盖的马车,驾车者头上的圆形华盖就是"天",坐在马车的前部,即华盖的边缘处,从而有所谓"地载天覆"的神圣感。[19]在泉州墓碑石刻图像中,华盖与云纹同样象征着"天界",喻示了灵魂摆脱躯体升入天堂。璎珞,为珠玉串成的装饰物,是佛像常见的颈饰。石刻上华盖与璎珞组成构图,象征着圣洁、华贵与神力。

图6　元代基督教墓碑石刻　　　　图7　元代大德黄公基督教墓碑石刻

如图7所示石刻,在莲花十字架下左右两侧各浮雕着幡,幡上有"大德黄公,年玖叁岁"八个汉字,显示了墓主的姓、岁数与身份。有学者称这种幡为佛教用物"幢幡",这一说法恐有失妥当。在佛教中,悬幢幡意味着讲经说法,而石刻"幡"上显示的是墓主的情况,其形制与《家礼仪节》的铭旌绘图[20]如出一辙,此"幡"应是铭旌更为准确。铭旌自周代以来就有,最初只是用来识别死者姓名,"以死者为不可别,故以其旗识之"[21],后世更多的用来书写职衔,民间亦有用作"引魂幡"。铭旌图像在基督教丧葬艺术中的运用,是世俗元素融入的体现。

二、从概念契合到图像创新:特殊丧葬艺术的产生与文化选择

从以上装饰主题的分析中可以看到,在泉州基督教石刻图像中,外来的与本土的、基督教的与非基督教的等各种文化元素交织在一起,创造出一种特殊的丧葬艺术,这在当时的中国是前所未有的。来自不同文化传统的天使、莲花、云纹等组成变化多端的构图,和谐精美,富有装饰性,没有丝毫对死亡恐惧的体验,而是强烈地表达出一种乐观、圣洁的意境,为墓主营造了"幸福的天堂"。这种独树一帜的丧葬图像可以说是基督教灵魂永生与来世思想的直观反映。早在基督教创立之初,信徒就被告知,人生来有罪,活着必须赎罪,赎罪后的死亡,灵魂是圣洁的,因而可以摆脱躯体而皈依上帝,正

与石刻铭文所表达的内涵是一致的。根据牛汝极教授以及刘南强教授等人对泉州基督教石刻铭文的解读,石刻上几乎都有"完成上帝的使命"之类的惯用语,反映了这样的一种观念:这些信徒因为"完成上帝的使命",灵魂变得圣洁,可以在天堂里得到永生了。

从单个图像考察,泉州基督教石刻上的十字架符号也诠释了这种乐观与永生的观念。十字架本来是受难与耻辱的标志,后由于上帝之子耶稣因人类的罪被钉死在十字架上,并在十字架下复活,十字架从此成为荣耀的标志。按照澳大利亚学者肯·帕里的解释,泉州石刻上的十字架属于简易十字架,是耶稣基督复活与战胜死亡的标志,而有耶稣被钉死图像的十字架象征的是死亡与狂怒。[22]

十字架作为基督教的信仰标志,是泉州基督教丧葬艺术表现形式的中心主题,而天使、莲花、云纹等图像明显是融入或借用了其他非基督教元素。这种借用在泉州多元文化中是个有趣而又普遍的现象,"把各种宗教部分地混合在一起,把某种思想从一种宗教移植到另外一种宗教里,甚至在必要时把一种宗教的某一教义或者仪式移植到另外一种宗教里,这是可能的"[23]。各种宗教或非宗教的符号林林总总,为何选择这种而不是那种符号元素来表现基督教的信仰主题,这是一个值得思考的问题。我们说,泉州基督教不是杂乱无章地不加选择就将所有的文化元素混合在一起,而是有目的选择,他们选择的是一些与基督教教义相契合的题材,通过移植或借用的手段,从而完成图像的创新。

在泉州基督教石刻图像中,天使的姿态万千,无论是四翼飘带飞天、双翼飘带飞天还是飘带天使,均不是基督教天使的传统形象,但都与基督教的教旨教义相符。在基督教概念里,天使是上帝的使者,因而被赋予导引灵魂到天堂的功能。中国式天使是由印度传入的,并与中国本土元素融合而成的,仍保留天使本来特有的功能。在印度的信仰观念里,天使是纯净的精神能量,永恒不朽,能够带着亡灵进入天堂。[24]因此,中国式的飘带天使在泉州基督教丧葬艺术中的广泛运用就显得合乎情理了。

泉州基督教对于莲花、云纹等非基督教元素的直接借用,按照文化人类学的解释,这种表现形式叫"传播",即一个社会成员向另一个社会借用文化元素的过程,而他们所借用的东西是从多种可能性和来源当中进行挑选,通常,他们的选择限于那些与他们目前的文化相互兼容的元素。[25]在佛教图像中,莲花是圣洁的象征,具有化生的功能,其从淤泥中诞生的过程,是从污浊到纯洁的升华,从此岸到彼岸的超越。对于基督教徒来说,他们追求的是精神的救赎,尤其是把心灵的污水、邪恶和肮脏都摒弃,以使灵魂净化并得以永生。莲花以其超凡脱俗的形象、重生的象征与基督教的信仰相契合,因而被直接运用到艺术的创作中。

在中国古代装饰艺术中,无论是宗教的还是世俗的,都可见到云纹的广泛运用。云纹象征吉祥、乐观或隐喻天界,与泉州基督教丧葬艺术所要反映的天堂观念相联系,因此,中国式云纹被选择运用于基督教图像的创作中是无可厚非的。况且在基督教文化里,也用云彩来表示上帝或天使的"降临",如"上主从云端降临"(《出埃及记》),"浓密的云层是它的伏护"(《约伯记》),"有一朵云彩接了它回去,便不见了"(《使徒行传》),"人子从云端下来"(《马可福音》)[26]。可见,云纹作为泉州石刻艺术的一个装饰题材,既是基督教的文化元素之一,又吸收了中国文化的创作手法。另外,如前所述,"火"具有除污秽以达圣洁之境的象征意义,其与云纹独立构图,或许隐喻了墓主的灵魂已经纯洁可以升入"天界"。

在世人的眼里,幸福的一个标准就是拥有权力或享有高贵,并将这种观念延伸到宗教所向往的彼岸世界。人们将墓主生前已经拥有或不能拥有的权力或尊贵通过艺术或其他形式寄托在彼岸世界里,希望墓主能够在天堂里继续拥有或获得权力与尊贵。在泉州基督教石刻中,有不少反映这种观念的元素。如天使所戴的冠帽上立十字架的形式,常见于拜占庭王冠,而华盖无论是指帝王或佛专用的伞盖,都是权力或高贵的象征。

综上可知,泉州基督教选择了一些与基督教文化相契合相兼容的题材,从而形成了一种多元融合的特殊丧葬艺术。当然了,这种特殊的丧葬图像不是纯粹要为墓主创造一个美好圣洁的彼岸生活,表达纪念意义,更多的是用来反映在世信徒的生命体验和宗教认同。灵魂能够救赎并在天堂永生,这种生命的存续给予在世信徒极大的精神慰藉,从而增强了基督教团体的宗教认同感和凝聚力。

三、余　　论

泉州基督教石刻图像糅合了多种不同的文化元素,而整体构图并不乏秩序感,显得和谐而精致,并在基督教传播中国中断的历史过程中,某些艺术传统得以延续,说明泉州基督教的文化调适是成功的。调适指的是有机体在其环境中造成的变化与环境在有机体内造成的变化之间的相互作用过程。[27]结果可能是积极的也可能是消极的。当基督教传入泉州,在这样异教盛行的新文化环境中,基督教的艺术传统在多大程度上得以坚持,是值得关注的问题,而泉州基督教丧葬艺术恰好提供了此方面研究的珍贵材料。任何宗教在传入初期,应该是纯粹的,并保持原型的,其产生的变化是不断适应新环境的复杂过程。泉州基督教丧葬艺术这种特殊的混合体是适应了环境的产物,是中外文化融合的成功案例。

注释:

[1]参见吴文良原著,吴幼雄增订:《泉州宗教石刻》,科学出版社,2005年,第377～383页,图B17、B19、B21。

[2]Iain Gardner,"The Medieval Christian Remains from Zayton: A Select Catalogue",*From Palmyra to Zayton: Epigraphy and Iconography*(Turnhout, Belgium 2005)220.

[3]顾卫民:《基督宗教艺术在华发展史》,上海书店出版社,2005年,第2页。

[4]牛汝极:《十字莲花:中国元代叙利亚文景教碑铭文献研究》,上海古籍出版社,2008年,第57页,图版3-1;第225页,附录图版3-5。

[5]参见吴文良原著,吴幼雄增订:《泉州宗教石刻》,科学出版社,2005年,图B44、B45、B47、B57。

[6](英)M.奥康奈尔、L.艾瑞著,余世燕译:《象征符号插图百科》,汕头大学出版社,2009年,第218页。

[7]参见吴文良原著,吴幼雄增订:《泉州宗教石刻》,科学出版社,2005年,图B4、B5、B18、B19、B22、B23、B30、B31、B32、B34、B35、B41、B50。

[8](美)A.T.奥姆斯特德著,李铁匠、顾国梅译:《波斯帝国史》,上海三联书店,2010年,第80页。

[9]吴幼雄:《福建泉州发现的也里可温碑》,《考古》1988年第11期,第1019页。

[10]陈茂同:《中国历代衣冠服饰制》,百花文艺出版社,2005年,第86页。

[11]参见吴文良原著,吴幼雄增订:《泉州宗教石刻》,科学出版社,2005年,图B30、B31、B32、B34。

[12]参见吴文良原著,吴幼雄增订:《泉州宗教石刻》,科学出版社,2005年,图B23。

[13]参见吴文良原著,吴幼雄增订:《泉州宗教石刻》,科学出版社,2005年,图B19。

[14]参见周锡保:《中国古代服饰史》,中国戏剧出版社,2002年,第204页,女图十四,第359页,图二。

[15](澳大利亚)肯·帕里撰,李静蓉译:《刺桐基督教石刻图像研究》,《海交史研究》2010年第2期,第118页。

[16]吴文良原著,吴幼雄增订:《泉州宗教石刻》,科学出版社,2005年,第370～371页,图B10、B11、B12。

[17]李砚祖:《装饰之道》,中国人民大学出版社,1993年,第385页。

[18]祖鲁比亚·吾斯曼、奴尔比亚·吾斯曼:《从考古资料试析西域民族丧葬习俗的演变及文化渊源》,《新疆教育学院学报》2006年第2期。

[19]Wolfram Eberhard, A Dictonary of Chinese Symbols(London,1986).转引自丁宁:《伞、"华盖"和中国美术》,《浙江工艺美术》1999年第4期。

[20]参见(比利时)钟鸣旦著,张佳译:《礼仪的交织:明末清初中欧文化交流中的丧葬礼》,上海古籍出版社,2009年,第5页,图1.2。

[21]《通典》卷八四,《凶礼六·设铭》,中华书局,2007年,第2273页。

[22](澳大利亚)肯·帕里撰,李静蓉译:《刺桐基督教石刻图像研究》,《海交史研究》2010年第2期,第117页。

[23](法)费尔南·布罗代尔著,唐家龙、曾培耿译:《菲利普二世时代的地中海和地中海世界》第二卷,商务印书馆,2009年,第176～177页。

[24](英)M.奥康奈尔、L.艾瑞 著,余世燕译:《象征符号插图百科》,汕头大学出版社,2009年,第133页。

[25](美)威廉·A.哈维兰著,瞿铁鹏、张钰译:《文化人类学》,上海社会科学院出版社,2009年,第461页。

[26](英)约翰·福斯特著,杨钦章译:《刺桐城墙的十字架》,《海交史研究》1989年第2期。

[27](美)威廉·A.哈维兰著,瞿铁鹏、张钰译:《文化人类学》,上海社会科学院出版社,2009年,第163页。

第八章
从泉州摩尼教看多元宗教和谐共处

第一节
泉州晋江草庵罕见的摩尼教遗存

粘良图

（晋江市博物馆）

泉州晋江草庵是国内著名的摩尼教遗址。近年来，通过在草庵及其周围一带进行田野调查，发现苏内村境主官的摩尼教神灵，摩尼教宗教活动至今仍活跃于民间。草庵摩尼教在明代几经打击而日渐衰微，但并未消亡，它只是变成民间信仰中的一个别具色彩的支派。由此可见，关于摩尼教消亡的时间问题必须重新审视。

一、摩尼教遗址草庵

草庵是位于福建东南沿海泉州晋江罗山镇的一座小寺庙，以保存着元代摩尼教石刻及发现宋代"明教会"碗被誉为"世界上现存最完好的摩尼教遗址之一"，列入国家级文物保护单位。该寺的摩尼光佛石雕像照片，为国际摩尼教研究出版物所广为刊用。1991年、1997年，联合国教科文组织"海上丝绸之路"考察团两次到晋江草庵考察，给予很高的评价。

大约在公元6—7世纪，发源于古波斯的摩尼教经我国新疆一带传入内地，在长安、洛阳以至南方的荆、洪、越等州建有摩尼教寺。唐会昌初元，武宗敕禁摩尼教,有摩尼教高僧呼禄法师,"来入福唐,授侣三山,游方泉郡,卒葬郡北山下"。[1]摩尼教传布于泉州。自五代以来,就有摩尼教(时已改名明教)在泉州民间活动的记录。作为泉州首邑的晋江,摩尼教(明教)活动甚盛。宋代有教徒烧制"明教会"碗,定期于华表山麓的草庵聚会;元代有教徒在草庵建造石室,在山崖上镌造摩尼光佛石像。

泉州晋江草庵寺

"佛身道貌"的摩尼光佛石像

迨至明代,明太祖朱元璋曾下令禁止明教活动,然而禁而不绝,明正统、天顺年间仍有教徒在草庵前山石上镌刻摩尼教偈语,重修草庵寺宇。明嘉靖初,寺庙一度遭县令钱楩取缔,改为书院,以致零落,但教徒转移民间,一直到明万历年间,其地仍有摩尼教徒活动。故明代的历史学家、晋江人何乔远在所撰的《闽书》"方域志"中记载:

> 华表山,与灵源山相连,两峰角立如华表。山背之麓,有草庵,元时物也,祀摩尼佛。摩尼佛,名末摩尼光佛,苏邻国人。又一佛也,号具智大明使。云:老子西入流沙五百余岁,当汉献帝建安之戊子(208年),寄形柰晕。国王拔帝之后食而甘之,遂有孕,及期擘胸而出。柰晕者,禁苑石榴也。其说与攀李树出左胁相应。其教曰明,衣尚白,朝拜日,夕拜月,了见法性,究竟广明,云:"即汝之性,是我之身。即我之身,是汝之性。"盖合释老而一之,行于大食、拂菻、火罗、波斯诸国。晋武帝泰始丙戌(266年),灭度于波斯,以其法属上首慕阇。慕阇当唐高宗朝行教中国。至武则天时,慕阇高弟密乌没斯拂多诞复入见。群僧妒谮,互相击难,则天悦其说,留使课经。开元中,作大光明寺奉之。自言其国始有二圣,号先意、夷数,若吾中国之言盘古者,末之为言大也。其经有七部,有《化胡经》,言老子西入流沙,托生苏邻事。……今民间习其术者,

行符咒,名师氏,法不甚显云。[1]

明清交替时,闽南成为郑成功与清兵交战的战场,原已落寂的草庵遭到严重的毁坏。民国初年,有本地的佛教徒入住草庵,仍奉摩尼光佛的香火。一代高僧弘一法师曾驻锡草庵,称庵中的摩尼光佛为"文佛",使草庵原来的摩尼教身份变得扑朔迷离。

20世纪初,《闽书》有关草庵的记载引起国内外学术界的关注。1923年,我国著名的史学家陈垣在《国学季刊》上发表《摩尼教入中国考》,首次完整征引该条史料。同年,法国汉学家伯希和在《通报》第22卷发表《福建摩尼教遗迹》,据陈垣先生的录文译成法文,另又征引何乔远《名山藏》及其他文献,指出17世纪初年,虽有禁止摩尼教的事实,但摩尼教尚在福建流行。至20世纪40—50年代,泉州文博专家吴文良先生根据上述《闽书》的记载,找到并确证了草庵遗址。

近年来,笔者在草庵及其周遭进行一系列田野调查。在草庵附近的苏内村境主宫发现摩尼光佛以外的摩尼教神灵及至今仍存留在民间的摩尼教宗教活动。调查成果有幸得到中山大学历史系林悟殊教授等专家的悉心指导。由田野调查可知,草庵摩尼教在明代几经打击而日渐衰落,为适应形势,其活动范围、活动方式都发生变化,即更加本土化,更加接近民间宗教。摩尼教并未完全消亡,它只是变成民间信仰中的一个别具色彩的支派,活跃在民间。

二、境主宫供奉摩尼教神灵

2004年,笔者发现草庵附近的苏内村及其相邻的溪东村有个境主宫,宫庙在苏内村南炉田溪边,与位于村北的草庵相距1000余米。庙宇为20世纪30年代重建,砖木石结构,三架梁,宽6.5米,进深5.4米,面积约40平方米。宫前有两根高133厘米、径40厘米的石柱,显得异常粗大,据村民说是从草庵下宫移来。宫中奉五位神灵为境主——摩尼光佛(摩尼公)、都天灵相(又称灵圣公)、秦皎明使(又称千春公)、十八真人、境主公,还以观音菩萨、福德正神为陪祀。神像以墨笔画在寝殿粉壁上,外用玻璃橱窗隔开,居中是摩尼光佛,左一为都天灵相,左二为境主公,尽左边画福德正神,右一为秦皎明使,右二为十八真人,尽右边画观音菩萨。另有五境主木雕神像置于寝殿案桌上。

境主宫壁画的摩尼光佛像取样于草庵的摩崖造像,画成摩尼佛趺坐于莲座上，背后有十八道光芒的形状，位置高于其他四神。都天灵相五绺长须，文质彬彬（木雕像则作朱红色脸，双目瞪然），戴四方头巾，着圆领绣袍，坐于交椅，右手当胸执一圆珠。秦皎明使束发戴冠，五绺长须，英气凛凛，身着甲胄，双手执剑，交叉于胸前（木雕像作粉白脸，双剑并举于前）。"文革"期间"破四旧"，境主宫残破，神像分别让苏内、溪东村人搬去家中隐藏，后来宫庙重修，收藏的人家仍把都天灵相、秦皎明使雕像留着镇宅，奉于私家厅堂，亦听由村人前去敬拜。像高约60厘米，现皆重新妆金施彩。宫里现在仅存十八真人、境主公两尊木雕神像。村民每年为摩尼光佛、都天灵相、秦皎明使做神诞——摩尼光佛神诞在农历六月十三日，秦皎明使神诞在三月廿三日，独都天灵相诞辰是在九月的最后一个星期日。十八真人和境主公则没有特定的诞辰，只在三月廿三日为秦皎明使做神诞上筵碗时一体敬祀。

显然，村人以摩尼光佛、都天灵相、秦皎明使作为宫中的主神。在苏内村调查时，还在曾仁忠家中发现一尊摩尼光佛坐于莲花座的木雕像，雕像通高34厘米，最宽处20厘米，厚11厘米，佛像高19厘米，其面容丰满，赭红色，无须，细眉凤眼，双耳垂肩。头发中分，如起双突，在脑后扎成两绺，这两绺长头发披在双肩，末端各散为三绺。佛像着金色开襟道袍，腰束绦带，开胸处露橘红色里衣。外领口及袍身饰云朵状暗纹，袍下襟有一连笔"佛"字隐然可见。双足结跏趺坐，隐于衣袍下，双掌虚握，两拇指相对在上，右手四指与左手四指相叠在下，平放于腹前，如凝思状。该摩尼光佛雕像不像其他人家供奉的摩尼光佛像完全取样于草庵石雕像，服饰比草庵石雕像繁缛华丽，发型也明显有异，更能表现其西域人辫发的风格。相对于草庵摩尼光佛石雕像，该像与佛教造像容貌也有明显差别。而由此雕像还可以确定摩尼光佛的形象是留有长发，结为双绺，不留胡须，穿着道袍。据曾仁忠之母柯红粉说，该像自上代留下，已有百年以上历史，只有她家公曾德（1924—1986）才能说清来历。曾德之父（别名"羊广须"）早年就敬奉摩尼光佛并善为人解签。曾德则为摩尼光佛的乩师，颇有名气，经常有东石、石狮等地信众到他家朝拜摩尼光佛、请他解签或请他作法驱除邪怪。

雕像现置于曾家神案中间以木条制成的"辇仔"内，辇作四方形围栏状，长23厘米，宽27厘米，前高20厘米，后高28厘米。髹以红绿漆。前横木上刻"本村境主"四字。据柯红粉说，原来还有一支乩笔总靠在像旁，曾德死后被人拿走了。其神案上还置有观音、大圣爷（孙悟空）等神像。按理，境主宫中原来应该有一尊摩尼光佛木雕像，该像造型是否与曾德家摩尼光佛像一样，现已无从得知。

　　林悟殊教授曾引陈垣先生对公元8—9世纪吐鲁番摩尼壁画摩尼像的描述为："……画以淡蓝色为之，中间绘一摩尼教高僧，众僧环侍，像长短与生人无异。高僧衣白法衣，胸前有绣纹，左肩缀阔绣带，帽施金绣，颈间系黑纽，面长圆，鼻作鹫形，目小而歪，酷肖中国人描写欧人之手笔。其背光为新月及太阳，新月作金黄色，太阳作淡红色。"[2]曾德家摩尼佛木雕像衣饰华丽，有别于草庵摩尼佛石雕像的简朴，但却与8—9世纪吐鲁番摩尼壁画摩尼像衣装的华美暗合，教人不由产生其另有所本，而且是以更接近原始的摩尼佛画像为版本的推测。

　　据村民说，都天灵相、秦皎明使本为草庵摩尼光佛的属神，原先高州山西南角建有一座千春公寺，至今还存有遗址。灵圣公寺则早已荡然无存，仅留一座2米多高的石碑于草庵前旧石亭边，碑额横书"都天灵相"四大字，下有小字，都已模糊不清。"文革"前尚在。

　　苏内村民凡有婚娶事，总要到灵圣公处卜取吉日。卜日的方式有两种：一种是由主家自己拟出日期，而后在神前卜杯以定；一种是由乩师扶乩决定。苏内村历来有乩师（又称箕脚）传承，村人欲禳灾、问事、问病或其他求神问佛的事，均可通过乩师问答。据说，灵圣公择定的日子往往是阴阳师认为诸事不宜的"三煞日"，同泉州有名的阴阳师洪潮和根据男女八字排出的日子不合。所以女家覆日时常发生争执，女家要换日子，灵圣公坚持不换，结果迎娶时由男方抬着灵圣公神像去"压阵"，双方皆得平安。尔后笃信者愈多。

　　苏内境主皆属菜佛（食斋的神明），上供的筵席要用香菇、木耳、花生、豆干、豆皮等素菜，用水果、蜜饯做果盒。但水果中的番石榴（土名"奈拔"，即相传摩尼光佛从中托生的"奈晕"）是不能用来上供的。至于筵请客人则可以用荤菜。

　　闽南农村素有在本村境主公生日办筵席请客的习俗。苏内村有三个境主公生日，只在都天灵相生日时宴请客人，都天灵相诞辰在九月下旬，却没有固定在某一天，而是在九月的最后一个星期日（七日为一星期，中国古代称为"七曜"，分别以日曜、月曜、火曜、水曜、木曜、金曜、土曜为顺序，是古代从波斯传入的历法），早先国内未采用阳历，还要请懂星占象数的人计算，才能确定具体日子，所以附近乡村流传下一句俗语："不懂得房、虚、昴星，不敢捧苏内的酒盅。"因九月下旬夜晚是没有月亮的，旧时农村又没有电灯，神诞请客诸多不便,有的村民提议改订个固定日子在中旬,因倡议者或得病或亡故,其议遂寝,九月最后一个星期日为灵圣公做神诞的习俗沿袭至今。

笔者曾就苏内村的调查发现请教林悟殊教授,他明确指出,秦皎明使、都天灵相这两尊神像确实与摩尼教有关:

> 其一为秦皎明使。明使是摩尼教对诸光明王国之神的称谓,在摩尼教入华之前,华夏人士对各教或民间之神的称谓,未闻有以明使称之者,这一称谓谅必一直沿袭下来,因为宋代陆游《渭南文集》卷五也提到当时福建明教的"神号曰明使"。而神名取以"皎"字,也似与摩尼教义之崇拜光明有关;缘皎者,洁白、明亮也。至于取姓秦,或许是循以国名为姓的古法;缘古人认为摩尼教乃来自"西海大秦国"也。至于"又称千春公"应是当地村民的通俗叫法。把神称公,泉州民间常见;而号"千春",看来是根据"秦"字的造型,其间包含千字和春字的上半部。[2]

> 其二是都天灵相。"灵相"一词,敦煌发现的唐写本《摩尼光佛教法仪略》已有出现:摩尼光佛顶圆十二光王胜相,体备大明,无量秘义;妙形特绝,人天无比;串以素帔,仿四净法身;其居白座,像五金刚地;二界合离,初后旨趣,宛在真容,观之可晓。诸有灵相,百千胜妙,实难备陈。[2]

不过,现存的唐代汉文摩尼教经典未见以灵相作为神名。但华化的摩尼教——明教则有之,见于饶宗颐教授所发现的一则道教文献,即南宋道士白玉蟾与彭耜有关明教的对话:

> 耜问:"乡间多有吃菜持斋以事明教,谓之灭魔,彼之徒且曰太上老君之遗教,然耶?否耶?"

> 答曰:"昔苏邻国有一居士号曰慕阇,始者学仙不成,终乎学佛不就,隐于大那伽山。始遇西天外道有曰毗婆伽明使者,教以一法,使之修持,遂留此一教,其实非理。彼之教有一禁戒,且云尽大地山河草木水火,皆是毗卢遮那法身,所以不敢践履,不敢举动;然虽如此,却是毗卢遮那佛身外面立地。且如持八斋、礼五方,不过教戒使之然尔。其教中一曰天王,二曰明使,三曰灵相土地。以主其教,大要在乎'清净光明、大力智惠(慧)'八字而已。然此八字,无出乎心。今人著相修行,而欲尽此八字可乎?况曰明教,而且自昧!"[2]

此处称"灵相土地",境主宫则曰"都天灵相"两个神号都包含有上揭《仪略》的"灵相"二字。前者从上下文的意思看,显然是南宋民间所流传的明教之神名。据此类推,后者即便不是由前者直接衍化出来的,也当属明教徒所崇奉诸明神之一。不过,由于该名称已地道汉化,吾人同样无从在原始摩尼教经典中找出对应的神名。都天灵相的形象,明显是模仿中国古装戏中士人或员外的造型,当然与吐鲁番出土的摩尼教神像更是迥异,无从找到对应或近似的形象。

根据何乔远《闽书》记载草庵明教徒"自言其国始有二圣,号先意、夷数",可知晋江的明教徒除了崇拜摩尼光佛之外,还有先意、夷数二圣崇拜。在摩尼的创世说里面,先意是驱逐黑暗侵略之明神,而夷数则是拯救人类灵魂之明神。故林教授推测,苏内村境主宫位次于摩尼佛的秦皎明使和都天灵相,"可能就是由先意和夷数衍化演变出来的;如上面已指出的,先意是驱逐黑暗侵略之明神,秦皎明使以武将的面貌出现,恰好相应;而夷数是拯救人类灵魂之明神,都天灵相的文士扮相,手捧明珠,也适相宜"。而且秦皎明使和都天灵相"这两位神现有名字和形象的产生自然不会早于何氏《闽书》撰成的万历四十七年(1619年)……也就是说,原始摩尼教义中的先意和夷数两神,无论从名字到相貌,以至功能的彻底华化,成为中国民间的地方保护神,是在其入华千年之后,即在明末清初之际或更晚后些。"[2]

摩尼光佛、秦皎明使、都天灵相这三尊原来摩尼教神灵,何时被请进苏内境主宫成为村中的保护神?笔者曾从地方上的谱牒了解到,明嘉靖八年至十年(1529—1531年),晋江县令钱楩在本县大张旗鼓地毁"淫祠",排斥异端,将草庵改造为"龙泉书院"①。与晋江县令钱楩有关的族谱——石狮龟湖《江夏黄氏宗谱》有《南塘书院碑记》记:"邑侯立斋钱先生……建社学于龟湖之巅,又即其淫祠之大曰五通庙者,火其神,斩其蔓,为晦翁朱先生神位以居之。"又《西滨乡志》引坊脚林氏谱本,记:"林天庆,字景星,号南塘……田甲于乡,富冠于邑,竖旗发粟。钱知县废四方庙宇,至乡宿其家,公接待甚厚,奉金一盘为礼。鳌头境主宫因得以保存,故今呼为南塘妈宫。"苏内村《武城曾氏重修族谱》记:苏内曾氏三房二"谊斋公讳省字志学,生嘉靖癸酉年,娶氏李……草庵遗爱亭钱侯碑末儒士中列公名姓"。

估计是在钱楩废寺庙时,草庵(包括千春公寺、灵相公寺)的明教徒逃避到邻近的苏内村中,因为苏内村曾氏的始祖曾文举宋末迁来本地,就是一个明教徒,与草庵有深远的关系;而历史久远的草庵也必然会与密迩的苏内村

---

① 后人在草庵为钱楩建"遗爱亭",立"钱侯碑",雕石像奉祀,亭、像至今犹存。

发生人事的、经济的密切关联,仓卒之时,除了寺宇和石雕摩尼光佛像无法搬走外,一切可移动的佛像、法具、经典、文书和寺中财物都就近转移到苏内村,故摩尼教神像移入境主公,并取代了原境主神的地位。

三、地方承传与摩尼教相关的宗教活动

明代何乔远在记述草庵明教时说,今民间习其术者,行符咒,名师氏,法不甚显云。至今在苏内村仍可看到这类与摩尼教(明教)相关的宗教活动。

苏内村历来有乩师传承,村人卜日、问病、求休咎可通过乩师问神。乩师随时在草庵、境主宫或四王府宫①作法。两位乩师分别执乩笔(桃枝削成的 A 形法器)的两脚,在神案前挥动,召请神灵,与神交流应答,尔后口宣神谕(乩师同时可以代表五境主、四王爷发言),为人指迷决疑,或指出灾殃之由,通常是鬼祟作怪,让人供献祭品若干、金纸若干以禳解,或供给印有摩尼光佛形象、八卦形象的符纸,指定地方张贴或焚烧以镇宅驱邪。因为村民问事、卜日也讲究日子,通常在每月初一、十五日晚间进行扶乩活动。以往扶乩从来没有报酬,乩师不是挣钱的职业,只是务农以外的一种兼职,也没有父子相承的习惯。据说,之所以当上乩师,是神明选定的结果。

苏内村民称草庵前崖刻"清净光明,大力智慧,无上至真,摩尼光佛"为"摩尼公咒",有不少人相信念此咒语可以定心性、祛邪鬼。还传下一套"催咒"的手诀:凡遇邪怪心惊胆战时,口念"摩尼公咒",同时举右手当胸,竖掌齐鼻,屈中指贴于拇指内侧,其余三指竖起向上;左手前伸,掌心向外,五指张开竖直,号"五指山",与右掌成直线,便可抵挡邪怪。据说,早先"催咒"极有灵验,一经念动咒语,即有红色光团飘然而至,护卫左右。村人多会应用。不料有一妇人夜间出门倒净桶,怯怕走夜路,就催起咒来,结果秽气冲撞了神明,自此咒语就不甚灵验了。

草庵摩尼光佛也像其他民间信仰尊神一样分灵外地。百年前,晋江东石玉井蔡氏开设船行商号,通商台湾、南洋,听说摩尼光佛是"番仔佛",极灵验,船走外洋更能得到保护,遂来草庵求得一尊用桧木刻的摩尼光佛像回家,先是供于杉行后的书房里,后因书房不慎失火,又安置于玉井夫子宫(俗称帝爷馆),为玉井份蔡氏族人共同敬奉。20 世纪 30—40 年代,东石有蔡景丰、蔡尤穴、蔡长稽、蔡崇篦等文人组成"摩尼公十友会",每年六月十三日摩

---

① 四王府宫,村中另一神庙,供康、玉、李、周四位王爷神像。

尼光佛诞辰都要组织多人到草庵进香。经常聚众至百余人,并带十音班、戏班来草庵演奏。起先是"十友会"一人预先到草庵负责筹办祭品、伙食及处理有关事务,众人清早来,下午回。后来又设"坐瞑",信众在六月十二日夜里就到草庵,虔诚守坐于神前,第二天才回东石。而奉祀于夫子宫的摩尼光佛像,每月初一、十五日亦有人烧香点烛,每年六月十三日摩尼光佛诞辰则备素筵"做敬"。据东石蔡福榆回忆:由于经常往来草庵的缘故,其父蔡景丰与当时住锡草庵的高僧弘一法师有了交情,常有诗词交流,弘一法师曾绘"一笔观音"像赠予蔡景丰。蔡景丰抄有草庵签诗一部,还会为人解释诗意,并传授予蔡福榆。又据东石蔡福瀋回忆,东石人颇信摩尼光佛能驱邪治病,先后有几起突发癫狂病的,都请苏内法师前往作法驱邪。在东石有不少法师驱邪的神秘色彩故事流传,说明摩尼光佛信仰在东石的流传和影响。

草庵附近苏内村近代明教活动踪迹的发现,引起国内外学术界的瞩目。2005年4月21日,来自英国剑桥大学和澳大利亚悉尼大学、新英格兰大学的6名专家学者,专程前来晋江进行实地考察。他们认为,晋江新发现的摩尼佛像等实物,证实摩尼教(明教)转化成民间信仰在当地存在,为世界摩尼教归宿问题研究提出新的依据。并发表《20世纪现存的摩尼教信仰》一文,论述此次行程的意义,希望引起学者更广泛的关注。

四、草庵诗签蕴涵摩尼教教义

设置诗签供人求卜,是草庵摩尼教民间化的一个特征。在闽南众多属于道教及民间信仰的庙宇宫观中,一般都设有灵签供人占卜决疑。当善男信女在生活中遇到疑难,需要神明为他指示前程,帮助解决困难的时候,就通过抽签来与神交流,接受神的启示。灵签有各种形式,通常是用一套(少的27首,多的100余首)五言或七言的诗句。求签者先经神前烧香祷告,说明求签的缘故,尔后从签筒里随机抽出一支灵签,再用掷杯筊的方法确定该灵签是否为神的指示。如果确定,就可以根据签上的标号找到相应的签诗,由懂得解释签诗的人为其解读,以定休咎,决疑难。闽南的许多神庙拥有自己的一套签诗,草庵摩尼光佛也拥有一套有特色的签诗。

笔者目前搜集到的草庵摩尼光佛签诗有三个版本,一是现草庵解签人曾献炉提供的手抄本,二是原摩尼公乩师曾德之孙曾仁忠家的手抄本,三是从东石借来的蔡景丰的手抄本。三个版本字句稍有不同,前一种版本标题多用七字句;后两种版本标题长短不一,而且在诗句之后缀有该签诗占兆的吉凶；特别是第三种版本用毛笔抄录工整，文字错讹较少，看来更接近原始抄录的状态。

　　草庵摩尼光佛签诗前八十首诗题皆取自历史传说及戏曲故事，上至上古时代的三皇五帝，如"女娲娘娘炼石补天"、"象鸟为虞舜耕田"、"禹帝聘伊尹"；下至清康熙年间晋江的名人施世纶（"施世纶天下第一清官"），以至于小说《水浒传》的宋江（"梁山泊宋江收贤才"）、孙二娘（"孙二娘开客店逢武松"）、《西游记》的孙悟空（"孙悟空大闹天宫"），都是旧时民间熟知的故事和人物，让人容易理会诗签表现的主题。诗句有五言，有七言，字句都比较浅白，读来朗朗上口。从解签人所注的诗签占兆的几个类别，分六甲、风水、婚姻、功名、天雨、往来、移居、耕作、作事、大命、求财、尾景，关系到人生的生老病死、衣食住行各个方面，显然是一种趋近民俗的宗教活动。

　　草庵签诗如从形式上看与其他闽南民间宫庙所置的签诗并无二致，然而就其内容分析却显示出其独特的方面，与草庵传承的摩尼教有着千丝万缕的关系。

　　首先，草庵签诗的内容表现了摩尼教对日月光明的崇拜，对黑暗邪魔的摒弃以及光明与黑暗斗争的基本教义。如五言诗句中有"新月如弓在，看看挂镜台"（第2签）、"明来降伏暗"（第11签）、"日出群阴伏"（第30签）、"明蟾挂碧霄"（第32签）、"劝君行好事，正色在天高"、（第36签）、"天高正色苍"（第61签）、"愁云风卷尽，红日挂天中"（第62签）、"佛日镇长明"（第63签）、"明月满松筠"（第68签）；七言诗句中也有"黑云卷尽生明月，回首江山万里晴"（第41签）、"几年明月挂松杉"（第43签）、"月落高峰云自收"（第44签）、"高台冰镜分明在"（第46签）、"明月当空绝点尘，团圆宝镜照佳人"（第48签）、"太阳正照群阴伏，万里民心喜气多"（第50签）、"正好楼前望明月，无端数阵黑云行，何如点起银台灼，自有光辉满室生"（第57签），此类诗句，多至17首。当然，其他宫庙的诗签也会看到以日、月、光明隐喻事物的诗句，但像草庵诗签这样连篇续牍以日、月、光明为主题的诗句当属仅见，不能不将他与摩尼教的教义联系起来。

　　草庵诗签一些诗句更阐明摩尼教历来倡导的除邪扶正、善必胜恶的教义。如"护法佑明徒"（第14签）、"善神扶我背，剿绝暗魔军"（第17签）、"消除灾疫障，福力佑群生"（第30签）、"保护有真经，睹来运未亨；时来防劫曜，身泰自康宁"（第78签）、"护卫诸正教，除邪奉正宗；坚心能尊习，福临祸必藏"（第79签）、"礼拜勤求功得力，须存方寸觅前程"（第41签）、"助法善神当拥护,持刀宝剑剑邪魔"(第50签)、"圣力加持佑汝身"(第53签)、"法令严行遍天下,鬼神钦服自潜藏;雷鸣震地张威势,大展神通圣化功"(第58签),以真经、正教、圣力、善神与暗魔、邪魔等词语和意境,蕴合摩尼教明神与黑暗邪魔的对立。

如果将草庵诗签与敦煌发现的汉文摩尼教经《下部赞》比较①,一些诗句和经文表达的内容十分相似、契合,就像对译的文字。如:

经文《下部赞》"叹无常文"中之"汝等寻求解脱者,须应觉了谛思量,布施持斋勤读诵,用智分别受净戒……"与草庵诗签第七签:"愿力未偿他日债,徒将民事枉劳求;何如肯办香灯烬,月落高峰云自收。"经文"叹五明文第二叠"之"复告善业明兄弟,用心思惟诠妙身,各作勇健智船主,渡此流浪他乡子",与第九签:"无有空中物,随波逐浪鸥;险滩流水急,航舵速宜收。"经文"叹诸护法明使文"之"今请降魔伏外道,以光明手持善众,勤加勇猛常征罚,攻彼迷徒害法者",与第十四签:"加被善神背,护法佑明徒;勇健常随护,报应决无私。"经文"叹诸护法明使文"之"真断事者神圣者,游诸世间最自在,能降黑暗诸魔类,能灭一切诸魔法。进途善众常提策,与诸善业恒佑助;与听信者加勤力,于诸时日为伴侣",与第十七签:"善神扶我背,剿绝暗魔军;福力宜收健,皓月出重云。"经文"赞夷数文"之"我被如斯多障碍,余有无数诸辛苦。大圣监察自哀怜,救我更勿诸灾恼",与第三十签:"消除灾疫瘴,福力佑群生;日出阴邪伏,农民乐野耕。"经文"赞夷数文第二叠"之"无知肉身诸眷属,并是幽邃坑中子,内外堙塞诸魔性,常时害我清净体",与第三十四签:"障碍为妖暗蠹生,家神引诱外精神;可宜急作商量计,免被侵侵入骨城。"经文"赞夷数文第二叠"之"唯希法镢利刀镰,斫伐焚烧令清净。其余恶草及荆棘,愿以戒火尽除之",与第五十签:"助法善神常拥护,持刀宝剑剑邪魔;太阳正照群阴伏,万里民心喜气多。"它们所表达的理念都有相通之处,这一类例子还有不少。

此外,还有一些在汉文摩尼教经典中常用的术语,在草庵签诗中也频频出现。除上述"日月"、"光明"、"黑暗"等词外,还有如"暗魔"(签诗第十七"剿绝暗魔军",经文"赞夷数文第二叠"有"莫被魔军却抄将"句)、"加被"(签诗第十四"加被善神背",签诗第六十五"加被千祥至",经文"叹明界文"有"内外常加被"句)、"勇健"(签诗第十四"勇健常随护",经文叹五明文有"又

---

① 林悟殊著《摩尼教及其东渐》,附录部分有《下部赞》释文,中华书局,1987年8月。

作勇健诸伎能"、"各作勇健智船主"句)等。

如果将八十一首草庵签诗的首字按次序排列,试加标点,会发现这是一段意思连贯的偈颂:"清新喜庆大欢娱,愿从无上明尊降,加被天仙善神背,在此殿堂居住地。勤加踊跃相冥卫,一切灾祸永消除。内外安宁无障碍,广见欢荣新庆乐。敬礼及称嗟,勇健诸明使。助神尊神背,扶持正法仁。土地诸灵相,加勤相保护。土地诸灵相,加勤相保护。灵护。"辞句的意义颇明确,即赞颂明尊、明使、尊神。尤其是末后重复的四句,更体现出赞诗反复吟咏的特点。至于其中若干读不通顺的句子,疑为签诗在流传过程中顺序被打乱或字句被修改。但基本上可以认为,草庵摩尼光佛诗签是一部罕见的"藏头诗签",是在晋江明教屡次经受打击之后创造出来的。

地方上传说,草庵签诗是"十八贤人"所作。十八贤人是谁?已难考究。但根据草庵签诗有"李闯造反乱大明"、"施无(世)纶天下第一清官"这样的标题,其中涉及明末清初的历史人物,可以推测草庵签诗制成的年代大约就在明末清初。

通过对草庵签诗的分析,可以推知清代仍有摩尼教徒在草庵一带活动,他们保留着前代留下的若干摩尼教经典,并根据摩尼教经典的义理编写成签诗,附于草庵,以供信徒求卜,同时借此扩大摩尼光佛的影响。与此同时,也加速了摩尼教与民间宗教的同化。由此可见,关于摩尼教消亡的时间问题必须重新审视。

注释:

[1] (明)何乔远:《闽书》卷七,《方域志》,福建人民出版社,1994年。
[2] 林悟殊:《泉州晋江新发现摩尼教遗迹辨析》,《饶宗颐先生90华诞纪念文集》第9辑,2006年。
[3] 林悟殊:《中古三夷教辨证》,中华书局,2005年。

第二节

从草庵签诗看摩尼教与民间信仰的结合

粘良图

（晋江市博物馆）

泉州晋江草庵历宋、元、明，是摩尼教（明教）活动中心。清代明教徒借用民间信仰形式，制作一套签诗。其内容包含着摩尼教反对黑暗、崇尚光明的理念，保存着一些摩尼教经特有的术语。对照近年霞浦发现的明教坛堂科仪文书，还发现草庵签诗嵌入整段的摩尼教经文，且与敦煌发现的唐代摩尼教经文同源。

泉州晋江草庵，历来是摩尼教（明教）活动中心。早在宋代就有明教徒在此地结草为庵，聚会宣经。元代明教徒在此建造石室，雕凿摩尼光佛像，礼拜求福。明初虽受禁令压迫，活动依旧继续，一直到明嘉靖年间，受到强调理学正宗的晋江县令钱楩取缔，寺庙冷落，而信徒转入民间，继续活动，其时即如晋江史学家何乔远所记："……今民间习其术者，行符咒，名师氏法，不甚显云。"[1]纵观泉南摩尼教（明教）历时千年的演变，直至现在成为民间信仰的一部分，其吸收佛教、道教、民间信仰的因素可谓千丝万缕，从现存的草庵签诗亦可见一斑。

签诗，是民间寺庙常见的一种占卜形式。以竹制签条刻写序号，置于签筒，让人卜杯求取，寺庙中另置有按序号写着诗句的签诗簿或印有诗句的纸条，卜者以随意取得的一支竹签来查得对应的签诗，根据诗句的内容来解读前途吉凶。清代钱大昕《十驾斋养新录》谓："签诗，今神庙皆有签诗。占者以决休咎，其来久矣。"求签诗的风俗起源很早，宋代释文莹《玉壶清话》记载："卢多逊……尚未识字，得一签归示其父，词曰：'身出中书堂，须因天水白，登仙五十二，终为蓬海客'，父见颇喜，以为吉签，留签于家。"可见签诗早在宋代就已流行。在泉南，绝大多数寺庙都置有签诗，内容有多种多样，有28首的，60首的，100首的；有独创的签诗，也有与别地雷同的签诗；还有一种是药签。很多寺庙都有"别签人",专为求签解说吉凶。这已经成为一种民间信仰习俗。草庵摩尼光佛案前,也设置一套签诗,共计八十一首,内容为:

第一签:郭子仪拜寿

清白传家业,相承续古今;儿孙基业绍,寸璧出瑶琴。

第二签:刘文良回国

新月如弓在,看看挂镜台;团时圆复缺,缺则复团圆。

第三签:刘备请庞统

喜气扶昌(阊)间,君家得掌珠;堂堂丈夫志,人道凤凰雏。

第四签:狄青闹洞房

庆者在门吊在间,干池得水化龙鱼;

虽然只恐君无福,但看君家庆有余。

第五签:卞和献玉

大器当晚成,求谋未称情;卞和休泣玉,得失晦重明。

第六签:董卓被刺

欢娱极处必生哀,祸福相随日下来;

纵遇神仙丹妙药,也应难保入泉台。

第七签:赵下祝天

愿力未偿他日债,徒将民事枉劳求;

何如肯办香灯烬,月落高峰云自收。

第八签:孔子游学

从游多学士,贤智共明愚;隐显荣华愿,生涯万卷书。

第九签:五台进香五使逃出家

无有空中物,随波逐浪鸥;险滩流水急,航舵速宜收。

第十签:汉光武复泰(太)平封功臣

上下俱和睦,身安寿必长;儿孙基业绍,历代世荣昌。

第十一签:秦文打猎遇赵武结兄弟

明来降伏暗,德盛受恩波;道价传今古,圆峰绝顶高。

第十二签:曾参上山采薪,母望

尊卑皆合序,各位得其宜;反己惟忠孝,蛇杯不足疑。

第十三签:禹帝聘伊尹

降福迸灾殃,身安寿必长;须经时节下,袖手离危乡。

第十四签：新科状元朱弁征大金国

加被善神背，护法佑明徒；勇健常随护，报应决无私。

第十五签：闵损御车体寒失靷

天外愁云蹙皱眉，潇潇风雨暗相随；

行人远望家山信，相见何如之子归。

第十六签：目连挑经往西天

仙丹炼熟人难遇，嗟叹世人智与愚；

道骨春风终有在，若要遂成且决疑。

第十七签：梁山泊宋江收贤才

善神扶我背，剿绝暗魔军；福力宜收健，皓月出重云。

第十八签：魏忠贤结十八党

在我英雄祐汝身，何须往往苦求神；

纵如妖氛东西作，只向加功作因果。

第十九签：瓦岗寨李密四子投唐

此去径求未称情，交财小辈莫相亲；

片帆快逐潮头信，喜气重重云外新。

第二十签：十八国赛宝

殿堂新改观，宅舍远规模；显迹门闾盛，进作是良巢。

第廿一签：云英行寻刘奎

居住安危地，灾临运蹇欺；须防人口失，莫叹祸相随。

第廿二签：赵子龙巡江出穿云箭

勤苦求心事，闲云几度飞；一行风卷尽，又向步步迟。

第廿三签：范催（雎）居相，夫人梦中生子

加意求荣显，曾如路未通；退藏时已遇，腾达九霄中。

第廿四签：苏武牧羊

踊跃多牛马，山山处外居；天机真造化，有喜庆之余。

第廿五签：李闯造反乱大明

相对青山立，高峰碧云低；寸心千里外，如隔在东西。

第廿六签：孙二娘开客馆逢武常（松）

冥卫千祥至，灾迍一扫空；寿山增秀色，喜气溢家中。

第廿七签：薛仁贵投军

一切求谋势欲穷，徒劳枉怕利名缰；

灰心暗惹余细烬,月落腾飞隐半厢。

第廿八签:弘义被抽造长城

灾祸天机运,福临祸必藏;黑头生白发,跳出险危乡。

第廿九签:程咬金作寿

永世葭莩合玉缘,齐眉谐老缔姻亲;
满堂金玉平生愿,累世箕裘不乏人。

第卅签:许梦蛟状元拜塔双亲升天

消除灾疫瘴,福力祐群生;日出阴邪伏,农民乐野耕。

第卅一签:元兵无德三家养一兵

内外安然乐,家成荫子孙;昌荣从此达,富贵益门闾。

第卅二签:董永卖身葬父得仙女

安宁增吉兆,好事正今朝;信息通然达,明蟾挂碧霄。

第卅三签:卢杞奸相害杏元小姐回番

无出门中木,愁云今始开;眉间红一点,喜气应时来。

第卅四签:黄妙应观地理

障碍为妖暗蠹生,家神引诱外精神;
可宜急作商量计,免被侵侵入骨城。

第卅五签:蔡端明遣下得海送诏造桥

广见融和着意浓,乾坤万物总春风;
江山尽有风和气,锦绣层台碧嶂峰。

第卅六签:秦叔宝卖马

欢笑平生事,悲过乐极多;劝君行好事,正色在天高。

第卅七签:鲤鱼化龙升天

荣华多富贵,贫贱转天机;花谢重开日,人生几度时。

第卅八签:柯潜初时书不能读

新庆筵中寿,南方有老人;白云飞作想,眺盼故乡亲。

第卅九签:奉母作寿

乐善修因果,前程布福田;儿孙传后裔,偕老福延绵。

第四十签:柯佛印二甲进士不能出家

敬信皈依三宝殿,阳和花木总沾恩;
天机运动非人力,好事从头付与君。

第四十一签:孟母三迁教子

礼拜勤求功得力,须存方寸觅前程;
黑云卷尽生明月,回首江山万里晴。

第四十二签:武吉封引路先锋
及物利人无反侧,荣华富贵等浮云;
柳堤系马长桥路,黄鸟无情也笑君。

第四十三签:魏蜀吴争夺天下
称誉良才隐穴岩,几年明月挂松杉;
时人指点清风至,立见黄龙起碧潭。

第四十四签:蔡万锦宿庙遇妖
嗟叹世人智与愚,安危理乱是何如;
白头愁尽少年发,月落高峰隐半梳。

第四十五签:象鸟为虞舜耕田
勇力刚强盛与衰,知君蹭蹬实难为;
何如养拙存吾道,自有春风得意时。

第四十六签:孔子在陈绝粮
健讼机谋势欲穷,灰心跳出利名疆;
高台冰镜分明在,意欲求之仔细详。

第四十七签:秦始皇造长城焚书坑儒
诸般祭祀枉劳求,得马那知又失牛;
不如回心奉香火,灾殃自退息千忧。

第四十八签:百里奚扶不得其主
明月当空绝点尘,团圆宝镜照佳人;
片帆快逐春风信,名利重重喜气新。

第四十九签:郭渠埋儿得黄金一釜
使者持书天上来,平安家信一支梅;
阳和次第施恩泽,草木枯根长蔓芽。

第五十签:洪武君误杀状元陈安
助法善神常拥护,持刀宝剑挫邪魔;
太阳正照群阴伏,万里民心喜气多。

第五十一签:赵韬征流沙关有功
善愿未偿他日债,灾殃削地见交加;
急宜归去完心事,枯木逢春再发花。

第五十二签：刘智远滨州投军
尊道贵德性聪明，善果菩题赶日成；
福遍人天寿者相，虚空法界利群生。

第五十三签：李三娘日汲水夜拖磨
神庙为妖暗蠹生，伤亡危难透家亲；
急宜归去完心事，圣力加持佑汝身。

第五十四签：李淳风知天机谏武妃
背画六爻分八卦，灵龟算数自分明；
欲求沧海风波静，福力宜收急早行。

第五十五签：武王伐纣大战得将
扶植庭前数朵花，十分春色冠京华；
龙吟虎啸风云会，一举成名将相家。

第五十六签：表子成使渡船
持心公正似权衡，仁义忠存何所争；
两角蛮蜗浑如醉，分明造化掌中生。

第五十七签：楚王自刎乌江
正好楼前望明月，无端数阵黑云行；
何如点起银台灼，自有光辉满室生。

第五十八签：正德游江南收周元
法令严行遍天下，鬼神钦服自潜藏；
雷鸣震地张威势，大展神通圣化功。

第五十九签：孙悟空大闹天宫
仁者身安寿必长，子孙历代世荣昌；
举头扳得蟾宫桂，从此声名云外香。

第六十签：姜太公督造鹿台
土石同居天一方，山花野草向朝阳；
鸟吟花恨春将晚，夏至莲荷十里香。

第六十一签：海瑞征番回国
地耸山山叠，天高正色苍；战兵归故国，威势壮封疆。

第六十二签：隋末张隐二妃扶李渊
诸福迎春长，灾迍一扫空；愁云风卷尽，红日挂天中。

第六十三签：仁贵下地穴得三件宝贝

灵威张法驾,佛日镇长明;财宝丰盈足,家声刻日成。

第六十四签:尉迟恭卦(挂)帅征辽东

相助家声振,儿孙满眼前;高鹏双翼展,一举上青天。

第六十五签:丁山卦(挂)帅三请梨花

加被千祥至,灾殃即渐除;龙闹天降雨,丰岁卜鱼书。

第六十六签:杨戬征平梅山七怪

勤力鸡窗下,穷身笔砚中;桂枝蟾窟里,好抱付儿孙。

第六十七签:樊梨花万仙阵生薛刚

相识满天下,知心能几人;暗昧防自己,鸥与水相亲。

第六十八签:何文寿假入庙看命

保抱提携力,终身为母亲;成人家室好,明月满松筠。

第六十九签:羊角哀左伯桃立意求名

护国英灵庙,加工佑善人;有求心下事,好语述前程。

第七十签:李哪吒反海内乱

土崩坎陷势难扶,乌获虽然莫措诸;
何如东流添呧(砥)柱,又能坚得岁之余。

第七十一签:马武扶汉先守山寨

地理虽云吉,阴阳未得宜;草尊宜别念,事在莫嫌迟。

第七十二签:孔明请东南风

诸般求谋未称情,那知日落已西行;
不如早办营生计,免使临时怨恨生。

第七十三签:施无(世)纶天下第一清官

灵应无私在眼前,但修好事莫论钱;
若无阴力来扶助,只恐遗思奉祖先。

第七十四签:女娲娘娘炼石补天

相约如期梦里求,佳音未至尚迟哉;
更须晦朔勤收福,一睹青天云雾开。

第七十五签:仓颉公作字代绳

加意精勤读圣经,将期应手取功名;
来缘未有青衫分,何事于心且退耕。

第七十六签:隐耕守己自作田业

勤耕方得食,丰歉岂相宜;莫至收成后,徒然叹息时。

第七十七签:陈三到潮州学磨镜

相逢且说三分话,未可全抛一片心;

机露自然贻后悔,速宜慎守免灾殃。

第七十八签:孙膑下山入五雷阵战杨戬

保护有真经,睹来运未亨;时来逢劫曜,身泰自康宁。

第七十九签:刘邦斩白蛇起义

护卫诸真教,除邪奉正宗;坚心能尊习,福临祸必藏。

第八十签:岳飞征金被秦桧暗害

灵威护法展神通,祸福须存掌握中;

统御阴阳权造化,庶民均饱圣恩隆。

第八十一签:(该签诗无题目,据说与上面 80 首制作年代不同,为 20 世纪 70 年代增加。)

护法有灵签,都那八十一;堂堂无障碍,句句无差失。

草庵签诗前八十首,诗题皆取自历史传说及戏曲故事,上至上古时代的三皇五帝,下至清康熙年间晋江的名人施世纶,以至于小说《水浒传》的宋江、孙二娘、《西游记》的孙悟空,都是旧时民间熟知的故事和人物,让人容易理会诗签表现的主题。诗句兼有五言、七言两种形式,字句都比较浅白,读来朗朗上口。从诗题看,既有涉及清康熙年间的历史人物,签诗制作的时间或在清初。

从形式上看,草庵签诗与其他闽南民间宫庙所置的签诗并无二致,然而就内容分析,却自有其独特的一面。

首先,草庵签诗的内容表现了明教对日、月、光明的崇拜,对黑暗邪魔的摒弃以及光明与黑暗斗争的基本教义。如五言诗句中有"新月如弓在,看看挂镜台"、"明来降伏暗"、"日出群阴伏"、"明蟾挂碧霄"、"劝君行好事,正色在天高"、"天高正色苍"、"愁云风卷尽,红日挂天中"、"佛日镇长明"、"明月满松筠";七言诗句中也有"黑云卷尽生明月,回首江山万里晴"、"几年明月挂松杉"、"月落高峰云自收"、"高台冰镜分明在"、"明月当空绝点尘,团圆宝镜照佳人"、"太阳正照群阴伏,万里民心喜气多"、"正好楼前望明月,无端数阵黑云行,何如点起银台灼,自有光辉满室生"诸类诗句,多至 17 首。当然,其他宫庙的诗签也会看到以日、月、光明隐喻事物的诗句,但像草庵诗签这样连篇累牍以日、月、光明为主题的诗句当属仅见,不能不将它与明教"崇尚光明、反对黑暗"的教义联系起来。

草庵诗签一些诗句更阐明了明教历来倡导的除邪扶正、善必胜恶的教义。如"护法佑明徒"、"善神扶我背,剿绝暗魔军"、"消除灾疫障,福力佑群生"、"保护有真经,睹来运未亨;时来防劫曜,身泰自康宁"、"护卫诸正教,除邪奉正宗;坚心能尊习,福临祸必藏"、"礼拜勤求功得力,须存方寸觅前程"、"助法善神当拥护,持刀宝剑剉邪魔"、"圣力加持佑汝身"、"法令严行遍天下,鬼神钦服自潜藏;雷鸣震地张威势,大展神通圣化功",以真经、正教、圣力、善神与暗魔、邪魔等词语和意境,蕴含明教与黑暗邪魔的对立。

如果将草庵诗签与出自敦煌莫高窟藏书洞、现存伦敦大英图书馆中文部的汉文摩尼教经《下部赞》[2]比较,一些诗句和经文表达的意境十分相似、契合,就像对译的文字。如:

经文《下部赞》"叹无常文"中之"汝等寻求解脱者,须应觉了谛思量,布施持斋勤读诵,用智分别受净戒……"与草庵诗签第七签的"愿力未偿他日债,徒将民事枉劳求;何如肯办香灯烬,月落高峰云自收";经文"叹五明文第二叠"之"复告善业明兄弟,用心思惟诠妙身,各作勇健智船主,渡此流浪他乡子"与第九签的"无有空中物,随波逐浪鸥;险滩流水急,航舵速宜收";经文"叹诸护法明使文"之"今请降魔伏外道,以光明手持善众,勤加勇猛常征罚,攻彼迷途害法者"与第十四签的"加被善神背,护法佑明徒;勇健常随护,报应决无私";经文"叹诸护法明使文"之"真断事者神圣者,游诸世间最自在。能降黑暗诸魔类,能灭一切诸魔法。进途善众常提策,与诸善业恒佑助;与听信者加勤力,于诸时日为伴侣"与第十七签的"善神扶我背,剿绝暗魔军;福力宜收健,皓月出重云";经文"赞夷数文"之"我被如斯多障碍,余有无数诸辛苦。大圣监察自哀怜,救我更勿诸灾恼",与第卅签的"消除灾疫瘴,福力佑群生;日出阴邪伏,农民乐野耕";经文"赞夷数文第二叠"之"无知肉身诸眷属,并是幽邃坑中子,内外堙塞诸魔性,常时害我清净体"与第卅四签的"障碍为妖暗蠹生,家神引诱外精神;可宜急作商量计,免被侵侵入骨城";经文"赞夷数文第二叠"之"唯希法镢利刀镰,斫伐焚烧令清净。其余恶草及荆棘,愿以戒火尽除之"与第五十签的"助法善神常拥护,持刀宝剑剉邪魔;太阳正照群阴伏,万里民心喜气多"。它们所表达的理念都有相通之处,这一类例子还有不少。

林悟殊教授指出:"很多宗教的义理都离不开阐发善恶、明暗的关系,并非只有摩尼教关注这个问题。但是这套仅有八十一首的签诗中,较为明显地借喻这一理念者已逾十分之一,实际上便已默证其与摩尼教的内在联系。

更有，其在阐发这一理念时，尚保存了敦煌唐写本汉文摩尼教经的一些特有的术语，除上面业已提到的'明使'这一典型的摩尼教术语外，还有一个很专业的摩尼教用语——'骨城'。根据摩尼的创世说，明暗之争的过程中，光明王国的五种光明分子，即《摩尼教经》所云的清净气、妙风、明力、妙水和妙火为黑暗王国众暗魔所吞噬，暗魔创造人类这一肉身，把这些光明分子分别囚禁人体的骨、筋、脉、肉、皮五个城里，而明神则努力把这些被囚禁的光明分子解救出来……按骨、筋、脉、肉、皮乃是中国传统医学有关人体结构的概念，此处却被比喻为五座囚禁光明分子的城围。这是汉文摩尼教经所特有的。像'骨城'这样的术语，并非其他宗教所有，更非世俗日常所用。签诗第三四出现'骨城'这一字眼，其与摩尼教的渊源，昭然若揭。"[3]此外，还有一些在汉文摩尼教经典中常用的术语，在草庵签诗中也频频出现。除上述"日月"、"光明"、"黑暗"等词外，还有如"暗魔"（经文"赞夷数文第二叠"有"莫被魔军却抄将"句）、"加被"（经文"叹明界文"有"内外常加被"句）、"勇健"（经文叹五明文有"又作勇健诸伎能"、"各作勇健智船主"句）等。

因此，林悟殊教授推测："按唐代汉译摩尼教经，今仅剩三篇残经；而宋代流传的诸多摩尼经今则不传。上揭签诗的摩尼教成分只是与少量残存的经典比较而已，实际的情况很可能不止这些。我们目前不能排斥一种可能性，即现存的签诗原本是糅合当时流行的明教赞诗而成……总之，本属摩尼教的草庵，至迟在明末清初时便已出现签诗求卜活动，这从外表的行为方式看，实与当地其他宗教或民间信仰并无二致，但从签诗中的具体内容而言，却明显保持着本教的理念和习惯用语，尤其是教主摩尼明暗二宗的基本义理。"[4]后来发现的资料果然证实了林悟殊教授所说的"可能性"，即草庵签诗"原本是糅合当时流行的明教赞诗而成的"这一推测。

2009年以来，福建霞浦县在文物普查中发现该地存在着一些摩尼教遗迹，并从民间"香花道士"处收集到一批与摩尼光佛信仰有关的科仪文书，成为研究摩尼教（明教）历史的珍贵资料。上海社科院的摩尼教研究专家芮传明先生传给笔者一件霞浦收集的手抄本《兴福祖庆诞科》小册子，仅15页（对折30面），其中录有若干段经文，每段前缀一篇梵文音译的经文，后面是汉语的经文，其形式很像敦煌莫高窟发现的摩尼教经文《下部赞》抄本，而且这些汉语的经文不仅与敦煌本的文字句式结构类似，有一些内容竟是相同的，比如，敦煌本《赞夷数文》有"大圣自是吉祥时，普曜我等诸明性。妙色世间无有比，神通变现复如是"，《兴福祖庆诞科》作"大圣自是吉祥时，普曜我等诸明使。妙色世间无有比,神通变现获如是",仅差2个字。敦煌本的《叹诸护法明使文·第二叠》有"惟愿今时听我启,降大慈悲护我等。任巧方便自遮护,务得安宁离怨敌",《兴福祖庆诞科》作"惟愿今时听我启,降大威神护我等。任巧方便自遮护,务得安宁离怨敌",也仅差2个字。敦煌本《赞夷数文》有"愿施戒香解脱水,十二宝冠衣璎珞。洗我妙性离尘埃,严饰净体令端正",而《兴福祖庆诞科》作"愿施戒香解脱水,十二宝冠衣璎珞。洒除坛界息尘埃,严洁净口令端正",也才差7个字。不管所差文字是后人传抄出错还是有意窜改,明显的是,后者脱胎于前者。也就是说,霞浦的科仪文书与敦煌本同源,这是可以确定的。

很巧的是,就在《兴福祖庆诞科》中,还有两段经文,与草庵签诗存在联系。一段是"清净喜庆大欢娱,愿从无上明尊降。加被天仙尊神辈,在此殿堂居处者。勤加踊跃相冥卫,一切灾祸永消除。内外安宁无障碍,广现欢荣新庆乐"。另一段是"敬礼及称赞,勇健诸明使。助善尊神辈,护持正法者。土地诸灵相,加动相保扶。护法威灵相,加动相保护"。如果按顺序将草庵签诗(自第一签到第七十九签)首句第一个字(有的连第二、三字)连缀起来,就会形成一段文字:"清新喜庆大欢娱,愿从无上明尊降。加被天仙善神背,在此殿堂居住地。勤加踊跃相冥卫,一切灾祸永消除。内外安宁无障碍,广见欢荣新庆乐。敬礼及称嗟,勇健诸明使。助神尊神背,扶持正法仁。土地诸灵相,加勤相保护。土地诸灵相,加勤相保护。"与《兴福祖庆诞科》两段经文相比照,仅有"神背(神辈)"、"居住地(居处者)"、"称嗟(称赞)"、"正法仁(正法人)"、"加勤(加动)"这几个词语有些许差别,其中有的是谐音字或近义词,如"背(辈)"、"仁(人)"、"居住(居处)"、"称嗟(称赞)";至于"加勤"一词,《兴福祖庆诞科》本作"加动",是抄写的笔误。至此,我们可以肯定,草庵签诗编写者将其平时所诵读的经文编入签诗中,而这经文内容又与霞浦的经文是一样的,当然也与敦煌本唐代摩尼教经文同一源流。

虽然早在明代,晋江史学家何乔远就提到草庵摩尼教(明教)的由来:"……会昌中,汰僧,明教在汰中。有呼禄法师者,来入福唐,授侣三山,游方泉郡,卒葬郡北山下。"[5]指明在福州、泉州传播摩尼教的呼禄法师是唐武宗"灭佛汰僧"时从北方来的。可是多年以来,许多学者对于东南摩尼教的来源心怀疑虑,泉州本是海外交通贸易的港口,摩尼教从波斯等地航海而来,不是更为快捷?最早就有著名学者王国维先生在1921年发表《摩尼教流行中国考》,提出"东都盛事,其流盖微。南北之交,死灰复燃。寻其缘起,别出三山。盖海舶贾传,非北陆大云之旧矣"。其后也陆续有持此"海路输入说"者。而林悟殊教授则指出:"公元10世纪后,印度洋和东南亚区域不存在摩尼教的基地,海路输入说缺乏必要的源头……宋元时期泉州摩尼教乃是承自北方的摩尼教,其于唐代摩尼教的不同,是摩尼教在中国特定文化背景下深度华化的产物。"[6]而现在霞浦的科仪文字、晋江草庵签诗都能与唐代敦煌摩尼教经文写本挂上钩,对上号,则呼禄法师"授侣三山,游方泉郡"的路径便有了实证;"宋元时期泉州摩尼教乃是承自北方的摩尼教"这一观点得到有力的证明。

那么,草庵明教徒有什么难言之隐,要将经文隐秘地糅合到签诗中呢?我们可以回顾当时的政治背景。清代初期为加强君主集权,一面大力提倡程朱理学,一面对不利政府的思想强行取缔。《大清律例》严格规定,凡造谶纬妖书妖言及传用惑众者皆斩;不及众者流三千里;私有妖书隐藏不送官者,杖一百,徒三年。康熙间福建巡抚张伯行就曾大力弘扬理学、排斥异教,"建鳌峰书院,置学舍,出所藏书,搜先儒文集刊布,为《正谊堂丛书》以教诸生。福州民祀瘟神,命毁其偶像,改祠为义塾,祀朱子。俗多尼鬻贫家女,髡之至千百,伯行命其家赎还择偶,贫不能赎,官为出之"。[7]同时,他还上疏请废天主教堂,以维护儒教名教。这一建议,在雍正元年得以实行,"安插洋人于澳门,改天主堂为公所,严禁入教"。[8]迨至乾隆九年,"四川大乘教首刘奇以造作逆书磔于市……云南张保太传邪教蔓延数省,谕限被诱之人自首,其仍立教堂者捕治之"。[9]接连不断的高压政策,历史上空前的"文字狱",使历来被统治者打上"邪教"烙印、在明代屡受打击的明教徒不能不心生畏惧。他们不愿意放弃历来信守的教义,不愿意抛弃多年念诵的经句,又不敢冒犯"妖言惑众"、"私有妖书"等罪名,只好采取"瞒天过海"的对策,将宗教活动转入地下,借用民间信仰常用的签诗形式,将世代诵读的经文不露痕迹地嵌入诗句中,以便公开地面对世人,使其教义得以继续传承。不过,也许是当时编写签诗的明教徒煞费苦心,编造得过于巧妙,故时过境迁之后,人们竟一直不知道草庵签诗中所隐含的明教教义、经文,而将其等同于一般民间信仰的签诗。就这样,草庵明教又向民间信仰走近一大步。

注释:

[1][5](明)何乔远:《闽书》卷七,《方域志·山川》,福建人民出版社,1995年。
[2]《下部赞》,据林悟殊:《摩尼教及其东渐》,台北淑馨出版社增订本,1997年。

[3][4]林悟殊:《泉州新发现摩尼教遗迹辨析》,《华学》第 9 辑,2006 年 8 月。

[6]林悟殊:《泉州摩尼教渊源考》,《中古三夷教辨析》,中华书局,2005 年。

[7]《二十五史·清史稿》,《列传五十二·张伯行》,上海古籍出版社,1986 年。

[8]《二十五史·清史稿》,《本纪九·世宗本纪》,上海古籍出版社,1986 年。

[9]《二十五史·清史稿》,《本纪十一·高宗本纪二》,上海古籍出版社,1986 年。

第三节

闽南晋江与闽东霞浦两地明教史迹比较

粘良图

（晋江市博物馆）

摩尼教从西方传入中国，盛唐时期在国内曾有过较大的影响，唐武宗时被禁止，遭受到严重的打击，故转移到当时比较偏远的福建，改名明教，在东南沿海一带继续活动。通过对晋江、霞浦新近发现的一批有关明教的文献记录、文物古迹及民间传承的宗教活动和科仪文书互相对照、分析，可以较清晰地看到摩尼教（明教）在福建东南沿海的活动轨迹——自呼禄法师"来入福唐，授侣三山，游方泉郡"之后，西来的摩尼教改名为明教，着意吸收佛教及道教的文化元素，在民间发展甚盛。晋江、霞浦两地都建有明教寺庵，广结徒众，在社会上颇有影响。明代而后，晋江明教几经遭受官府打击，由在草庵公开活动转为隐秘于民间，后有佛教徒进驻草庵，使晋江明教带有更多佛教的色彩。霞浦山海交错，汉畲杂居，官府的管理似较宽松，当地明教徒转身成为替人超度禳灾的法士，保留下明教坛堂及诸多科仪文书，具有更多道教的色彩。两地明教的发展方向虽有不同，却殊途同归，即由外来宗教演变成民间信仰中的一个别具色彩的支派，融汇于中国的民间宗教之中。

摩尼教从西方传入中国，盛唐时期在国内曾有过较大的影响，唐武宗时被禁止，遭受到严重的打击，于是转移到当时比较偏远的福建，改名明教，在东南沿海一带继续活动。宋元时期，在福建、浙江民间发展甚盛，以至统治者视为威胁，明洪武年间再度被朝廷下令禁绝，自此逐渐衰落。作为一种世界性宗教的摩尼教，从此成为绝响，仅存些许遗物，还是如它一向的多变，改头换面融汇于中国的民间宗教之中？自20世纪20年代以来，闽南晋江市草庵的摩尼教（明教）遗址及其周边不少明教史迹的发现，引起了国内外学术界的关注。2008—2009年，闽东霞浦县又于当地发现大量摩尼教（明教）

文物、史迹[1]。笔者曾对晋江草庵明教历史做过田野调查,也曾于2009年参与省文物局对霞浦县新发现明教史迹的考察,现将两地所发现的明教史迹作一简单的比照,意在对照之下找寻出摩尼教(明教)在东南沿海活动及发展的轨迹。

一、文献记录

晋江有关摩尼教(明教)的记载始见于南唐徐铉《稽神录》,记:清源(即泉州,原来晋江县城所在地)人杨某家中出现鬼怪,召巫立坛不能制。"后有善作魔法者,名曰明教,请为持经一宿。鬼乃唾骂某而去。"可见早在五代时,摩尼教在泉州就有一定的影响,而且已易名为"明教"。

明代史学家、晋江人何乔远所著《闽书》中,通过对晋江草庵的介绍,将摩尼教创立、传播的历史及其教义、经文、相关传说作了全面而扼要的概述:

华表山,与灵源山相连,两峰角立如华表。山背之麓,有草庵,元时物也,祀摩尼佛。摩尼佛,名末摩尼光佛,苏邻国人。又一佛也,号具智大明使。云:老子西入流沙五百余岁,当汉献帝建安之戊子(208年),寄形奈晕。国王拔帝之后食而甘之,遂有孕,及期擘胸而出。奈晕者,禁苑石榴也。其说与攀李树出左胁相应。其教曰明,衣尚白,朝拜日,夕拜月,了见法性,究竟广明,云:"即汝之性,是我之身。即我之身,是汝之性。"盖合释老而一之,行于大食、拂菻、火罗、波斯诸国。晋武帝太始丙戌(266年),灭度于波斯,以其法属上首慕阇。慕阇当唐高宗朝行教中国。至武则天时,慕阇高弟密乌没斯拂多诞复入见。群僧妒谮,互相击难,则天悦其说,留使课经。开元中,作大光明寺奉之。自言其国始有二圣,号先意、夷数,若吾中国之言盘古者,未之为言大也。其经有七部,有《化胡经》,言老子西入流沙,托生苏邻事。会昌中,汰僧,明教在汰中。有呼禄法师者,来入福唐,授侣三山,游方泉郡,卒葬郡北山下。至道中,怀安士人李廷裕,得佛像于京城卜肆,鬻以五十千钱,而瑞像遂传闽中。真宗朝,闽士人林世长,取其经以进,授守福州文学。皇朝太祖定天下,以三教范民,又嫌其教门,上逼国号,摈其徒,毁其宫,户部尚书郁新、礼部尚书杨隆奏留之,因得置不问。今民间习其者,行符咒,名师氏,法不甚显云。庵后有万石峰,有玉泉,有云梯百级及诸题刻。[2]

如何乔远所述,则闽地明教的祖师实由会昌"汰僧"南逃的呼禄法师,从他"来入福唐,授侣三山,游方泉郡"的经历看来,他在闽地传教并不局限一个地区,门徒数量当有不少。

南宋陆游在《老学庵笔记》提到:

> 闽中有习左道者,谓之明教。亦有明教经,甚多刻版摹印,妄取道藏中校定官名衔赘其后。烧必乳香,食必红蕈,故二物皆翔贵。至有士人宗子辈,众中自言:"今日赴明教斋。"予尝诘之:"此魔也,奈何与之游?"则对曰:"不然,男女无别者为魔,男女不亲授者为明教。明教,妇人所作食则不食……"[3]

其所谓宗子,指的是当时迁到泉州的南外宗皇室贵族。清乾隆版《泉州府志·风俗》记宋绍定五年(1232年)泉州知州真德秀发布的《劝农文》,有"莫习魔教,莫信邪师"之句,所针对的也是当地的明教。此外,草庵所在的苏内村《曾氏家谱》记其始祖曾文举"由白石来隐高州之龙泉岩,与同友结草为庵居焉"。晋江青阳(现晋江市区,距草庵约5公里)庄氏则有《青阳科甲肇基庄氏族谱》,载元至正年间晋江主簿欧阳贤为其三世祖庄惠龙撰写的墓志铭,记其"晚年厌观世谛,托以苏邻法,构摩萨坛于其里之右,往来优游,自适己志而已。素以善诱掖人,常若不及,以故乡人有化之者"。从上面何乔远所说的"摩尼佛,名末摩尼光佛,苏邻国人"可知这里的"苏邻法"指的是摩尼教。庄氏族谱还记载惠龙之三子庄天德"从空",在"摩萨坛"为"睍达"即神职人员。惠龙的子侄多有加入明教者,在明洪武年间因禁绝明教被官府捉拿到福州关押致死。

以上资料表明,宋元以来,泉州明教颇为盛行,其教徒不仅有农民,还有士人甚至皇室贵族。明教徒中,有一部分是专职人员,更多是在家修行的。随处建有庵、堂作为聚会讲经的场所,教徒崇拜日月、穿白衣、食素斋,以行善、清修互勉。南宋时虽有一些讲理学的士人视之为异端,但当地明教并未与官府发生矛盾和冲突。直至明初,才遭到禁止和打击。

霞浦也发现一些记录早期明教的族谱和县志。

霞浦柏洋乡神洋村民国壬申年(1932年)撰修的《富春孙氏家谱》有"摘抄孙绵大师来历":

> 公孙姓,讳绵,字春山,禅洋人,初礼四都(本都)渔洋龙溪西爽大师门徒诚庵陈公座下。宋太祖乾德四年丙寅肇创本堂,买置基址而始兴焉,诚为本堂一代开山之师祖也。本堂初名龙首寺,元时改乐山堂,在上万,今俗名盖竹堂。门徒一人号立正,即林廿五公,幼名林瞪,上万桃源境人。真宗咸平癸卯年二月十三日诞生,天圣丁卯年拜孙绵大师为

师。(廿)五公卒嘉祐己亥年三月初三日,寿五十七,墓在上万芹前坑。

孙绵大师墓葬禅东墘对面路后,显扬师徒俱得习传道教,修行皆正果。

霞浦柏洋乡上万村清嘉庆二十二年(1817年)修的《上万林氏宗谱》记其"八世祖"林瞪:

瞪公,宋真宗咸平六年癸卯二月十三日生,行二十五,字□□,娶陈氏,生二女。长女屏俗出家为尼,卒附父墓左;次女适□□,卒附父墓左。天圣五年丁卯,公年二十五,乃弃俗入明教门,斋戒严肃,历二十有二年,功行乃成。至嘉祐四年己亥三月三日密时冥化,享年五十有七,葬于所居东头芹前坑。公殁后灵感卫民。故老相传,公于昔朝曾在福州救火有功,寻蒙有司奏封兴福大王,乃立闽县右边之庙以祀之。续蒙嗣汉天师亲书"洞天福地"四字金额一面,仍为奏封洞天都雷使,加封贞明内院立正真君,食于乡,祈祷响应。每年二月十三日诞辰。二女俱崇祀于庙中,是日子孙必罗祭于墓,庆祝于祠,以为常式。

民国《福建通志·福建列仙传·宋》引清道光旧志,载:

林瞪,长溪人,嘉祐间郡之通津门火,郡人见空中有素衣人持铁扇扑火。火灭,遥告众曰:"我长溪上万林瞪也。"郡人访至其墓拜谒,事闻,敕封兴福真人。

乾隆版《福宁府志·人物志·方外》、民国《霞浦县志·方外》并有内容相似的记载。

据以上资料,可知霞浦明教早在宋初就已盛行。宋太祖乾德四年(966年)即建有堂所,而且世代相传。从建堂所的孙绵往上推溯,有陈诚庵、西爽大师两代,其活动时间应在五代南唐时期。其见载最早的西爽大师,族谱显示他是本地"四都(本都)渔洋龙溪"人。或认为他是有别于呼禄法师的、来自东亚的另一支摩尼教团成员,证据并不充足。如果说他是呼禄法师"授侣三山"传下的一个支派,从路径上、时间上来说倒是很吻合的。

林瞪为霞浦摩尼教(明教)传承人之一,生前并没有大的作为,如其后人对他的赞语:"自入明教后,若无所表见,时人得无为公病,而不知人之所以病公者,正公之所以为公也。"[4] 他的成名,是在他死后的"显化",也就是一批徒众造成舆论,将他塑造成神。北宋时期,朝廷对摩尼教(明教)颇优容,故林瞪得以敕封成神。而从其神庙立在福州来看,当时福州的明教徒也是有一定势力的。

二、文物发现

1979年9月,在晋江草庵寺前建大华岩寺,挖地基时发掘出一件内壁刻有"明教会"三字的褐釉碗及60多块残片。其后在晋江磁灶大树威古窑址发现类似的褐釉碗及刻有"明"字的残片。从古窑址的年代来推断,认定"明教会碗"烧制的年代不晚于北宋政和年间(1111—1117)。该实物证实北宋时期晋江明教会有相当规模,大批信徒定期在草庵举行斋会,进行公开活动。

晋江草庵石刻是迄今国内发现最完整的摩尼教遗迹。元至元五年(1339年)明教徒在草庵依山建构一座面阔三间,进深二间,面积约62平方米的石室。石室内依山壁凿一圆形佛龛,龛直径168厘米、深17厘米,内浮雕摩尼光佛像。佛像长发披肩,面相丰润,神态安详庄重,身着宽袖对襟道袍,结带为扣,跌坐于莲座,双掌对叠平置腹前,高154厘米、宽83厘米,佛像背后刻十八道波状毫光作辐射状。

佛龛左右上方各镌记事崖刻一方。左一方高28厘米、宽21厘米,刻字5行竖排:

兴化路丽山境姚兴祖奉舍石室一完,祈荐先君正卿姚汝坚三十三宴,妣郭氏五九太孺、继母黄千三娘、先兄姚月涧四学出生界者。

右一方高27厘米、宽21厘米,刻字5行竖排:

谢店市信士陈真泽、真□等喜舍本师圣像,祈荐考妣早生佛地者。至元五年戌月四日记。[5]

根据这两方记事崖刻可以得知,元代晋江明教盛行,教徒在草庵镌造摩尼光佛像,将原来的"结草为庵"改建成坚固的石室,草庵明教的影响扩大,甚至在130里外的兴化路(今莆田市)也有信众。经过不断演变,晋江的明教与佛教的宗教仪式较为接近,亦以供献寺庙、追荐亡魂、超生佛地吸引信众。

1954年,泉州学者吴文良在泉州津头埔村发现一方刻有汉文和古叙利亚文的墓碑,汉文碑文为:

管领江南诸路明教、秦教等,也里可温、马里失里门、阿必思古八、马里哈昔牙。皇庆二年(1313年)岁在癸丑八月十五日,帖迷答扫马等泣血谨志。[6]

碑刻表明,元代政府将明教同其他外来宗教一起纳入管理,而江南诸路管理明教的机构设立在泉州,反映出泉地的明教更加人多势众。

草庵寺前原有岩石名"咒石",上刻摩尼教偈语:

劝念清净光明,大力智慧,无上至真,摩尼光佛。

正统乙丑年九月十三日住山弟子名书立。[7]

崖刻表明,虽经明洪武年间发布对明教禁令,晋江明教并未从此禁绝,而是直至明朝中期(1445年)还在公开活动。

2004年,笔者在田野调查中发现,草庵附近的苏内村有个境主宫,庙宇为20世纪30年代重建,砖木石结构,三架梁,面积约40平方米。宫前有两根石柱,显得异常粗大,据说是从草庵下宫移来。宫中奉五位神灵为境主——摩尼光佛(摩尼公)、都天灵相(又称灵圣公)、秦皎明使(又称千春公)、十八真人、境主公,以观音菩萨、福德正神为陪祀。经考证,认为都天灵相、秦皎明使皆为摩尼教的神明,原来在草庵附近建有庙宇。明嘉靖初,晋江知县钱楩提倡理学,赶走草庵明教信徒,建立书院。明教神庙遭毁后,神像被迁到苏内村奉为境主。五境主皆有木雕像,摩尼光佛、都天灵相、秦皎明使三尊造像现分别供奉于村民家,宫中仅有壁画像。村民以都天灵相生日(农历九月最后一个星期日)作为"圣节日",备素筵敬祀五境主。[8]

在霞浦,最近发现的明教文物的有乐山堂遗址、姑婆宫遗址与林瞪墓、三佛塔、飞路塔等。

乐山堂在上万村西面堂门楼地方,离村二公里许,坐东向西,背靠小山丘,面对一片洋田。即《孙氏族谱》所记北宋时孙绵始创的庵堂,初名龙首寺,元时改乐山堂,今俗称盖竹堂。2006年遭台风被毁。现仅存遗址,现场存有宋代莲花覆盆式柱础、元明莲花柱础,书写"大清嘉庆拾壹年(1806年)岁次丙寅季春桃月朔越四日壬子卯时吉旦建"的正梁,大门及主殿前两处石砌台阶。在随处可见的瓦砾中,可寻找出宋元明清不同时期的陶瓷碎片。堂宇历经久远,经过多次翻修可以得到证实。引人注目的是其堂前有一株高大的千年桧树,而晋江草庵前也植有两株古桧。不知其间是否有某种联系?由于堂宇已废,近代供奉神明是否为明教神明已无所稽考。专家建议对其遗址进行考古发掘,以期寻找出更多与明教有关的实物。

姑婆宫遗址与林瞪墓在上万村芹前坑西,距村庄、乐山堂各一公里,姑婆宫遗址约90平方米,有三面用角石砌筑的残墙,原系崇祀林瞪二女的庙宇。其后有一片茂密的树林,相传即林瞪墓所。据上万村林氏族谱,林瞪之女为尼,又葬其父墓左,后人且为立庙血食,可见她也同林瞪一样是明教徒。

那么,明教徒之有女性从中可见端倪。与陆游在《老学庵笔记》所说的妇人不与明教似有不同。

三佛塔原在盖竹上万村塔后自然村前,三座石塔鼎立。后毁坏,由当地文物管理人员将大部分散落的构件找回,计有32件,集中在村中观音亭。其中有题款的石构件4件,分别刻"大明正德九年甲戌岁正月吉旦"、"桃源信士林楚造"、"全凭菩萨扶持力"、"早赐兰孙抱送来"。又有浮雕不同形象的佛像12件。据《霞浦县明教(摩尼教)史迹调查报告》认为其中有摩尼光佛像、光电和佛像、夷数和佛像。但未能得到证实。盖该地虽有明教,仍有佛教及民间信仰流传,村人未必皆为明教信徒。该塔号称"佛塔",祈祷对象是"菩萨"。上万村《济南郡林氏宗谱》,记古代地方文人咏"三佛塔"的诗有十余首,诸如:"飞花点石悟菩提,宝塔惟三色相奇,好坐蒲团谈鹫岭,慈恩普遍洒杨枝。""江村前后石围龛,鼎峙道旁佛有三,相与谈经同说法,法轮转处庆恩覃。"没有发现与明教有关的内容。

飞路塔,位于盐田畲族乡北洋村公路边,离村二公里许,石构,方形塔座,单层塔身,葫芦形塔刹,坐北朝南,高3米,宽1.22米。2008年因修路迁移重建,外围为一平房小庙,塔身开一龛门,高91厘米、宽46厘米,龛顶贴新刻石匾,书"飞路塔四洲佛",龛门两侧旧镌楷书"清净光明"、"大力智慧",两边立柱上下款"旹洪武甲寅太岁一阳月吉旦立"、"东峰兴□山人秋甫宗玄□□造"。龛内有浮雕佛像一尊,着宽袖长袍,双手平置腹前,坐于莲花座上,旁立两侍者,高度只在坐佛肩部上下。根据龛前所刻摩尼教偈语,可推测里面所供的是明教神明,遗憾的是该佛像头部已损坏,是用水泥补上的,故看不清其相貌,无法确定是否摩尼光佛像。

虽然该佛像不完整,但龛门的摩尼教偈语石刻却明确显示该石塔所带的明教印记。飞路塔无疑是霞浦一处重要的明教文物。它可以证明,明洪武三年(1370年)发布对白莲社、明教禁令对霞浦明教的影响并不大,所以明洪武七年(1374年)霞浦明教徒仍在公开活动。[9]

三、民间传承

明代何乔远介绍晋江明教:"今民间习其术者,行符咒,名师氏,法不甚显云。"至今在草庵一带仍可看到这类与摩尼教(明教)相关的宗教活动。

苏内村历来有乩师传承,村人卜日、问病、求休咎可通过乩师问神。乩师随时在草庵、境主宫或四王府宫(村中另一神庙,供康、玉、李、周四位王爷神像)作法,召请神灵,与神交流应答,尔后口宣神谕,为人指迷决疑,或指出灾殃之由,通常是鬼祟作怪,让人供献祭品若干、金纸若干以禳解,或供给印有摩尼光佛形象、八卦形象的符纸,指定地方张贴或焚烧以镇宅驱邪。

苏内村民称草庵前崖刻"清净光明,大力智慧,无上至真,摩尼光佛"为"摩尼公咒",有不少人相信念此咒语可以定心性、祛邪鬼。还传下一套"催咒"的手诀。

草庵摩尼光佛也像其他民间信仰尊神一样分灵外地。百年前,晋江东石玉井蔡氏开设船行商号,通商台湾、南洋,听说摩尼光佛是"番仔佛",极灵验,船走外洋更能得到保护,遂来草庵求得一尊用桧木刻的摩尼光佛像回家,奉祀于玉井夫子宫(俗称帝爷馆),为玉井份蔡氏族人共同敬奉,每月初一、十五日烧香点烛。每年六月十三日摩尼光佛诞辰,该地则备素筵"做敬",并组织信徒到草庵"坐暝",敬拜。东石人颇信摩尼光佛能驱邪治病,先后有几起突发癫狂病的,都请苏内法师前往作法驱邪。

草庵于20世纪20年代有佛教徒入驻,仍奉摩尼光佛为该寺主神,又设置诗签供人求卜,草庵摩尼光佛签诗八十首诗题皆取自历史传说及戏曲故事,如从形式上看与其他闽南民间宫庙所置的签诗并无二致,然而其内容却表现了摩尼教对日月光明的崇拜,对黑暗邪魔的摒弃以及光明与黑暗斗争的基本教义。还有一些在汉文摩尼教经典中常用的术语,在草庵签诗中也频频出现。草庵签诗有涉及明末清初的历史人物,可以推测其制成的年代就在明末清初。通过对草庵签诗的分析,可以知道晋江明教屡次经受打击之后,清代仍有摩尼教徒在草庵一带活动,他们保留着前代留下的若干摩尼教经典,并根据摩尼教经典的义理编写成签诗,附于草庵,以供信徒求卜,同时借此扩大摩尼光佛的影响。与此同时,也加速了摩尼教与民间宗教的同化。[10]

霞浦县在第三次文物普查中发现当地"香花道士"保存的《请神科仪本合抄》、《兴福祖庆诞科》等科仪文书,其中有与敦煌发现的摩尼教写本《下部赞》语句相同的《无名科文》,都是研究明教历史极其珍贵的资料。中国社会科学院世界宗教研究所副研究员陈进国先生、霞浦县博物馆馆长吴春明先生在《论摩尼教的脱夷化和地方化——以福建霞浦县的明教史迹及现存科仪文本为例》一文中作过介绍,陈进国先生在《明教的再发现——福建霞浦县的摩尼教史迹辨析》一文中做过分析。

其《乐山堂神记》,可以说明霞浦明教徒信仰的神明系统:

太上本师教主摩尼光佛、电光王佛、夷数如来、净风先意如来、天地化身卢舍那佛、北方镇天真武菩萨、法相惠明如来、九天贞明大圣、普庵祖师、观音势至二大菩萨、太上三元三品三官大帝、上元一品天锡福紫微大帝、中元二品地官赦罪清虚大帝、下元三品水官解厄洞阴大帝、三天教主张大真人、三衔教主灵宝天尊、敕封护国太后元君。

本坛明门都统威显灵相、感应兴福雷使真君、济南法主四九真人、移活吉思大圣、贞明法院三十六员天将、七十二大吏兵、雄猛四梵天王、俱孚元帅、嗦皎明使、灵源传教历代宗祖。

胡天尊祖师、胡古月祖师、高胡日祖师、乐山堂开山地主孙绵大师、玉林尊者陈平山、张得源、上官德水、廖道清……谢法昭、谢法元、谢法行。[11]

霞浦明教将崇奉的神明分三个层次,上为尊神,中为镇坛之神,下为明教坛堂历代传人。

其尊神除摩尼光佛、电光王佛、夷数如来、净风先意如来等明教大神外,还增加了佛教、道教的多位神明。显然这是当时明教为增加本土色彩,吸引更多徒众采用的一种手法。而从林氏宗谱中张天师曾为林瞪庙书"洞天福地"匾、奏封"洞天都雷使"的记载,似乎也有将明教纳入道教系统的意识。这种互动,也许是霞浦明教的道教色彩特别浓郁的原因。

镇坛之神"明门都统威显灵相"与"嗦皎明使"可以在晋江罗山苏内境主宫找到相应的神号,而"感应兴福雷使真君"则可以在《上万林氏宗谱》林瞪传记中找到根据。林瞪因"殁后灵感卫民",敕封"兴福真人",再由张天师奏封"洞天都雷使",加封"贞明内院立正真君",故称"感应兴福雷使真君",每字都有来历。陈进国先生将"本坛明门都统威显灵相、感应兴福雷使真君、济南法主四九真人"连读,作为林瞪的神号,而得出晋江明教神"都天灵相,很可能是指北宋的明教徒——林瞪"的结论,似有不妥。

霞浦县柏洋乡某法士的超度表文(清抄本),其中有《华严血盆意》、《功德超荐疏》、《演净疏》、《供王疏》、《焰口疏》、《三宝榜》等超度、祈福文字多篇。从中可以看到霞浦明教徒的一些宗教内容及程式。如其《奏三清》:

但弟子某领此来词,未敢擅便,谨具文状百拜奏阅者(右谨具状上奏)广明上天夷数和佛金莲下,灵明大天电光王佛金莲下,太上真天摩尼光佛金莲下,恭望佛慈允愈奏恩,乞颁敕旨行上中下三界、东岳地府城隍当境一切神祇,赵应是时光降坛墠,证明修举,保禾苗而秀实,祈五谷以丰登,灭除蟊虮而绝迹,蝗虫鼠耗以潜消,仍庇乡间永吉,人物……
又如《缴凭请职表》:

> 摩尼如来正教精进意部主行加持度亡法事臣詹法扬,诚惶诚恐稽首顿首百拜,谨表奏为大清国福建……居住,奉佛追修,缴凭升秩。求荐报恩子某某洎哀眷等词称:痛念亡过考某,原命某年某月某日受生,幼习儒业未就,承父法如所遗明门科典,居恒演颂,护坛有年,皈投叔祖法昭,为法传授心诀。曾于乙未年六月十五日恭就法主坛前修设净供,启佛证明,具陈文疏表,取法名法行,请授正明内院精进意部主事之职为任,并领诸品法器,给出合同号簿职帖为据(号簿先缴法坛存案,职帖付与法行佩照),体教奉行一十三载,缘师祖法昭仙逝,未经奏名转职。不幸于今丁未年二月二十四日酉时皈真,昨于二月廿七日夜殡殓凡形。所有原给职帖,即经焚付随身佩带,以凭对照。伏念考法行遵依教典,济生度死,颇有微勋,不揣冒昧,希乞赠秩……
>
> 伏以圣朝命官原有陟位之典,道家请职亦有升秩之条,今古同皈,幽明一理,恭惟签昊天至尊玉皇上帝玉陛下,权尊三界,范总十方,赫声濯灵已懋昭于亘古,深仁厚泽尤洋溢于今兹。凡有爵位之班,须待宠锡之命。兹为皈真法官谢法行追资冥福,恳请升秩。照得法行生前秉心正直,制行端方,体教宣扬,恩开格外,□洽寰中。恭望睿慈俯允表恩,请加收法行为勇猛□部之职,乞判三圣灵笤以凭,造报号部加给职帖缴照,拱候铨擢,仍乞睿旨遍颁上中下三界幽显圣贤咸令知闻,庶见襃功奖德,聿彰天朝之盛典,供成任事,丕显明门之宗风矣。但法扬下情,无任仰望天恩,激切屏营之至,仅奉表恭进以闻。[12]

该表文说明清代霞浦明教仍有固定的组织活动,自称"明门"、"明徒",奉明教神夷数和佛、电光王佛、摩尼光佛为主神,兼祀佛教、道教与民间的神明。徒众以法士为主,学习"明门科典",领有法器,为民间"济生度死",即进行超度亡魂、祈福禳灾活动。法士各取法名,到后来统一冠以"法"字。组织中有不同阶层,冠以"正明内院精进意部主事"、"勇猛□部(主事)"之类名号,可在生前授给,也可在死后通过仪式追授升秩。该《缴凭请职表》可以与《乐山堂神记》参看,因表文中提到的法昭、法如、法行都在《乐山堂神记》榜上有名,可见是同一"明门"系统。若能对该地的科仪文书更全面地搜集、梳理、分析,一定会有更多发现。

通过前人的研究成果和晋江、霞浦新发现明教史迹互相参照,可以看到摩尼教（明教）在东南沿海的活动轨迹——自呼禄法师"来入福唐，授徒三山，游方泉郡"之后，西来的摩尼教改名为明教，着意吸收佛教及道教的文化元素，在民间发展起来。晋江、霞浦两地都建有寺庵，广结徒众，在社会上颇有影响。而晋江与霞浦路程相距400公里，两地风俗民情存在一定的差异，历史上两地明教各有不同的遭遇。明代而后，晋江明教几经官府打击，由在草庵公开活动转为隐秘于民间，后有佛教徒进驻草庵，使晋江明教带有更多佛教的色彩。霞浦山海交错，汉畲杂居，官府的管理似较宽松，当地明教徒转身为替人超度禳灾的法士，借此保留下明教坛堂及诸多科仪文书，具有更多道教的色彩。两地明教的发展方向虽有不同，却殊途同归，即由外来宗教演变成民间信仰中的一个别具色彩的支派，融汇于中国的民间宗教之中。

注释：

[1]霞浦县第三次全国文物普查领导小组：《霞浦县明教（摩尼教）史迹调查报告》，2009年5月25日。

[2]（明）何乔远：《闽书》卷七，《方域志·泉州府·晋江县一》，福建人民出版社，1994年。

[3]（宋）陆游：《老学庵笔记》卷十，中华书局，1979年。

[4]《济南郡林氏宗谱·八世祖瞪公赞》。

[5]粘良图：《晋江碑刻选》，厦门大学出版社，2002年。

[6][7]吴幼雄：《泉州宗教文化》，鹭江出版社，1993年。

[8][10]粘良图：《晋江草庵研究》，厦门大学出版社，2008年。

[9]乐山堂、姑婆宫遗址与林瞪墓、三佛塔、飞路塔几处文物在《霞浦县明教（摩尼教）史迹调查报告》及陈进国、吴春明《论摩尼教的脱夷化和地方化——以福建霞浦的明教史迹及现存科仪文本为例》有较详细介绍。

[11]《乐山堂神记》全文见陈进国、吴春明《论摩尼教的脱夷化和地方化——以福建霞浦的明教史迹及现存科仪文本为例》。

[12]《奏三清》、《缴凭请职表》两篇，笔者据霞浦县第三次全国文物普查收集的柏洋乡某法师超度表文（清抄本）拍摄整理。

第四节

关于泉州明教几个问题的考释

吴幼雄

（泉州师范学院闽南文化生态研究中心）

唐会昌汰佛,摩尼教在汰中,泉州始传入摩尼教。摩尼教为求得生存,改名明教,经历五代、宋、元、明、清各朝。因长期处在被禁止的地位,又因长期受儒、道、释的影响,逐渐改变原来的面貌,但至今还有踪迹可寻。元代泉州驻有"管领江南诸路明教"的宗教高级官员,它显示元代泉州明教之盛行。晋江华表山草庵是明教寺,它创建于元后至元五年(1339年),有准确的创寺时间、创建人和摩尼光佛的雕刻时间,是全国唯一保存至今的明教寺。草庵又有"明教会"黑釉瓷碗的出土,可作为明教在这一带活动的佐证。华表山草庵一带是研究泉州明教的历史,乃至摩尼教历史的重要文化遗存。

福建省泉州市保存着摩尼教的遗址和遗物,这是全国少有的。我国的摩尼教在唐朝以后称明教。20世纪20年代以降,就已引起国内学者的注意和研究。1991年2月,联合国教科文组织"海上丝绸之路"学术考察团到泉州考察,协调员迪安博士发表观感,认为这次考察活动最大的收获是发现泉州的摩尼教遗址。目前,国内的摩尼教遗址大多已湮灭,泉州则以其保存着摩尼教的遗址和遗物而称誉国内外。本文拟简单介绍摩尼教的教义、教规和经典,摩尼教传入泉州的过程,泉州摩尼教的遗址和遗存,以及个人读书、考察所得。

一

摩尼教的创始人为摩尼(216—276)。摩尼生于南巴比伦安息王族家庭。其父帕蒂克为基督教徒。据传说,摩尼二十五岁时,宣布信仰自己所创立的新教,即在信仰拜火教的基础上,吸收基督教和佛教的思想所创的摩尼教。他在波斯建立教团进行传教,向西传至罗马帝国与非洲北部,向东越过阿姆河进入中国。后因摩尼教威胁波斯萨珊王朝的统治而被取缔,摩尼被处死。

摩尼教的教义(亦即摩尼思想的出发点)是"二宗门"和"三际论"。二宗即光明与黑暗,二者是永远分立的。所谓三际,即初、中、后际,意即过去、现在和未来。过去黑暗侵犯了光明,光明与黑暗相混,现在光明号召许多明使,要将黑暗驱逐出去;未来黑暗敌不过光明,"明既归于大明,暗亦归于积暗。二宗各复,两者交归"[1],亦即各保其固有的性质。

基督教最高的神是三位一体(圣父、圣子、圣神),而摩尼教最高的神是四位一体(察宛、光明、威力、智慧)。"察宛",即众生的大父"大明尊",它是光明天国的王;"光明",大明尊的光明便是日月;"威力",大明尊的威力便是五明使(净气、妙风、妙明、妙水、妙火);"智慧",大明尊的智慧便是摩尼圣教。

摩尼教的"四位一体",又称"四寂法身",是教徒必须坚守的信条。摩尼教《残经》引《应轮经》云:"若电那勿(僧侣)等,身具善法,光明父子及净法风,皆于身中,每常游止。其明父者,即是明界无上明尊;其明子者,即是日月光明;净法风者,即是惠明。"而《万宁经》则云:"若电那勿(僧侣)具善法者,清净光明,大力,智慧,皆备在身,即是新人,功德具足。"[2]所谓"电那勿",即僧侣,是宣教师。所谓"善法",即圣教,教徒具足功德,便有"清净光明,大力、智慧"在他身中,再加上明界无上明尊,便是"四寂法身"(四位一体)的圣教信条了。

摩尼教的信徒分电那勿(僧侣)和听者(一般教徒)两类。所有的摩尼教徒皆素食,而电那勿"年一易衣,日一受食"[3],不婚娶,不拥有财产。他们不生产新的生命,也不敢毁坏生命(对植物也如此)。他们吃粮食时,生怕食物里的光明分子受分裂之痛苦,吃前必祈祷说:"我没有种你……我没有把你放进炉里……我用清白的心把你吃掉。"每日如此,可见其生活是厌世的。另一类教徒是听者,他们除信仰、素食外,与常人无异。

基督教的修士是因悔恨自己的罪孽而避世,每以自己的肉身为无足轻重。佛教认为生命有同等价值,故有求则舍,以至于施舍自己的身体。摩尼教的电那勿(僧侣)则不是忏悔者,而是"清净者"、"正义者",他的身体比别人多含光明分子。

新疆发现的摩尼教《忏悔文》是用突厥语写的,每条忏悔文都有"如我等不如是奉行,或不信是法,即是有罪"。忏悔是教徒(听者)每日必行的法规,则知对光明的敬礼与行为检点是摩尼教徒无上的义务。基督教和佛教的教义中的不杀与施舍,是出于对生命的一种神圣同情心,而摩尼教有"误舍的忏悔",即施舍给恶人则"是将神圣的光明送到黑暗罪恶的地方,应当忏悔"。所以误舍是杀害光明,这些是摩尼教以后在中国能够组织发动农民起义的原因之一。

二

摩尼教于6—7世纪传入新疆地区。《佛祖统纪》卷三十九载:"延载元年(694年),波斯国人拂多诞持《二宗经》伪教来朝。"唐玄宗时的禁断,后回纥助唐平定史朝义叛乱,要求建摩尼教寺,于是长安、洛阳、荆、扬、洪、越等州先后建寺。唐武宗时,回纥衰亡,会昌三年(843年),下令"天下摩尼寺并废入官",摩尼教转入地下活动。

《闽书》卷七《方域志》载:"会昌中(841—846年)汰僧,明教(唐以后称明教)在汰中,有呼禄法师者,来入福唐,授侣三山,游方泉郡,卒葬郡北山下。"则知唐会昌后,泉州有摩尼教活动。《稽神录》卷三"清源都将杨某故事"云,清源郡(泉州别称)防遏营副将杨某,见鬼入其第宅作怪,后遇有善作魔法的人,"名曰明教",把鬼驱去[4]。此神鬼故事当不可信,却证实五代时泉州有明教(即摩尼教)的存在。这是泉州最早出现的"明教"名称。北宋时,张居房作《云笈七签·序》,附入《道藏》,提到朝廷派人到福建等州搜集"明使摩尼经等",则知北宋福建地方明教之盛行,并为政府误认为道教。南宋初,陆游的《应诏条对状》对福建的明教斥之为妖幻邪人,说"其神号曰明使","有秀才、吏人、军兵亦相传习",并限令"一月赍经像衣帽赴官自首",对其"经文印板,会州县根寻,日下焚毁"。[5]嘉定十四年(1221年),真德秀《再守泉州劝农文》,力劝"乡间后生子弟,各为善人,各修本业","莫习魔教,莫信邪师"。[6]知州真德秀所指的魔教邪师,即为泉州的明教,因为南宋的福建地方官员把明教徒称为"吃菜事魔"的人,并视为社会动乱的根源。南宋时,明教被作为组织发动农民起义的工具,因此封建地方官员屡加明令禁止活动。

20世纪50年代,吴文良先生在泉州涂门城外津头埔发现一方墓碑,碑面右边竖刻两行叙利亚字母拼写的突厥语,碑面左边竖刻两行汉字。汉字内容是:

管领江南诸路明教、秦教等,也里可温、马里、失里门、阿必思古八、马里、哈昔牙。

皇庆二年岁在癸丑八月十五日,帖迷答扫马等泣血谨志。

据日本国顺天堂大学村山七郎教授,对该墓碑两行叙利亚字母拼写的突厥语进行翻译,发现与对应的两行汉字的内容大致相同,内容是:"在公元1313年,聂斯脱里教主教失里门(西雷蒙 Silemun)师,死于泉州。"立墓碑的人帖迷答扫马为景教徒的名字,墓主失里门主教也是景教徒的名字。从"管领江南诸路明教、秦教等"几个字看,这位失里门主教,不仅是管领江南诸路"明教"(摩尼教)的高级宗教官员,同时也是管领江南诸路"秦教等"(基督教等)的宗教高级官员。据《元史·百官志》记,至元二十六年(1289年),置崇福司,"秩(从)二品,掌领……也里可温十字寺祭享等事",则知这位管领江南诸路明教、秦教等的高级宗教官员失里门主教,是崇福司掌领下的高级属官。该墓碑除证实元初泉州景教势力兴盛之外,同时也证实元初泉州明教势力之雄厚。

20世纪70年代末,泉州市晋江县华表山草庵,出土一只元代黑釉瓷碗,碗内阴刻"明教会"三个字,可见晋江草庵为元代明教会的活动场所,且具一定规模,以致自己定制"明教会"黑釉瓷碗。元朝对各种宗教采取兼收并蓄的态度,因此元朝泉州明教盛极一时,"管领江南诸路明教"的高级宗教官员失里门主教驻扎泉州。元朝后至元五年(1339年),有明教信徒前往晋江华表山麓施舍,建造一座明教寺,雕刻一尊摩尼圣像及修缮一间石室。

明太祖朱元璋依靠明教夺取政权,做皇帝后仍采用明教教义,定国号叫明。正如《闽书》所云,朱元璋当皇帝后,地位改变了,明教威胁他的统治,即所谓"以其教门上逼国号",于是"摈其徒而毁其宫"。故明初明教势力大衰,又转入秘密活动,而与其他秘密宗教逐渐融合。延至明正统十年(1445年)还有明教信徒在晋江华表山草庵的山岩上凿刻摩尼教"四位一体"的信条,则知明代中期,明教仍在泉州地区顽强地活动着。

三

泉州市晋江县华表山草庵,是全国唯一保存的明教遗址,是全国文物重点保护单位。据《闽书·方域志》记载,华表山"两峰角立如华表,山背之麓有草庵,元时物也,祀摩尼佛"。乾隆《泉州府志》则记,华表山"双峰角立如华表然,麓有草庵,元时建,祀摩尼佛。庵后有万石峰,有玉泉,有云梯百级诸题刻"。[7]两书均记华表山草庵为元代创建。

摩尼教是不拜偶像的。南宋绍兴末年,陆游在福州任职,曾看到明教的"伪经妖像",则知南宋的明教是画像崇拜。然而到了元代,泉州的明教却出现雕刻摩尼坐像崇拜,这是泉州明教在元代的一个大变化。晋江华表山草庵的摩尼佛石像,高1.54米,佛像跌坐,发披肩上,下巴有两道长须,背后有佛光,佛光直径1.68米。摩尼坐像两边的山岩上,各刻有一段明教徒施舍的碑记,记载了重要的史实。

摩尼雕像左上角碑记,高24厘米、宽18厘米,字径2.5厘米×2.5厘米,五行,楷书,34个字。文云:

> 谢店市信士陈真泽立寺,喜舍本师圣像,祈荐考妣早生佛地者。至元五年戊月四日记。

摩尼雕像右上角碑记高26厘米、宽19.2厘米、字径2.5厘米×2.5厘米,五行,楷书,52个字,刻工粗糙。文云:

> 兴化路罗山境,姚兴祖奉舍石室一完。祈荐先君正卿姚汝坚三十三宴,妣郭氏五九太孺,继母黄十三娘,先兄姚月涧,四学世生界者。

以上两方碑记,反映了元代泉州明教的演变,是研究元代泉州明教的第一手资料。第一方碑记,记载晋江县明教信徒"陈真泽立寺,喜舍本师圣像",借以祈求父母早入永生明界;第二方碑记,则记载兴化路罗山境的明教信徒"姚兴祖奉舍石室一完",借以祈求四位亲属永生明界。华表山草庵这两方碑记,因面积小,字径小,又加上浅刻,所以历来已发表的录文,多有脱漏,尤其脱漏"信士陈真泽立寺"一句,这是涉及草庵创建年代的关键字句。本文以拓片为依据,说明这两方碑记反映的如下几个问题。

其一,按新疆发现的突厥文书字的摩尼教《忏悔文》一条载,施舍"为听者应有的法行",即施舍为一般教徒对电那勿(僧侣)应遵守的行为。但施舍摩尼寺一座,修缮一间寺院石室,以换取神明保佑其亲属灵魂早入明界。这是佛教的有求则舍的行为,已不属摩尼教对听者(一般教徒)的要求。摩尼教教规要求听者不断锻炼光明分子,使自己更纯净,直到听者与电那勿(僧侣)一样,生活在永远光明的世界里。这施舍祈求亲戚灵魂早日升入明界一事,反映了元代泉州明教已受佛教和道教"有求则舍"的思想影响甚深。

其二,按摩尼教《忏悔文》第九条规定(即"忏悔违犯十戒"),摩尼教有十条戒命,即:(1)不拜偶像;(2)不谎语;(3)不贪;(4)不杀;(5)不淫;(6)不盗;(7)不行邪道巫术;(8)不二见(怀疑);(9)不惰;(10)每日四时祈祷。草庵碑记所载"喜舍本师圣像"以求"考妣早生佛地"一事,表明草庵山岩上的摩尼光佛雕像,是教徒陈真泽"喜舍"所为。雕刻摩尼光佛,是偶像崇拜。这是违犯摩尼教十条戒命的第一条"不拜偶像"和第七条"不行邪道"规定的。由此,则知元代泉州的明教已受佛教、道教的严重影响,而改变它原来的面貌,演变为偶像崇拜的宗教了。

其三,碑记载,后至元五年(1339年)"谢店市信士陈真泽立寺,喜舍本师圣像"二句。可见晋江华表山草庵始创于后至元五年(1339年),初建时称"寺",不称"庵",则知今日草庵名称是明朝以来随着明教势力的式微而转换的名称,这与摩尼寺不取杂名正合。

其四,元朝后至元五年(1339年),"信士陈真泽立寺",并喜舍"本师圣像",表明晋江华表山明教寺和摩尼光佛雕像,是后至元五年同时完成于信士陈真泽一人之手。这印证了《闽书》所记,称草庵"元时物,祀摩尼佛";亦证实了《泉州府志》所载,草庵"元时建,祀摩尼佛";更否定了《西山杂志》所谓晋江华表山草庵创建于宋的无据之说。

其五,摩尼教传入中国后,几经兴废,为生存计,只好入乡随俗,更受佛教长期的影响,元代泉州的明教徒对摩尼雕刻石像称"佛"崇拜,后至元五年教徒陈真泽碑记的"早生佛地"一句就是明证。泉州发现的元代景教(基督教)、伊斯兰教、婆罗门教(印度教)和明教的资料,皆称它们信仰的主宰为"佛",这反映了元代泉州的儒、道、释文化对这些外来宗教文化的影响。这是古代泉州地区特有的一种文化现象,即"泉南佛国"文化。

其六,历年来泉州发现的古代伊斯兰教、景教、天主教等外来宗教留名碑刻,多数关于外地或外国人,而华表山草庵这两方碑记所载的兴化路罗山境、晋江谢店市的六个人,全是土著。这显示明教在后至元五年以前,已在本地区流行很久,而且早已成为一种地方性的宗教了。

1979年,晋江华表山草庵前20米处,发掘出一只黑釉瓷碗和60多件残碗片。碗口径18.5厘米、高6.5厘米,碗内铭刻"明教会"三个字,字径6.5厘米左右。其他残片中,有13件分别铭刻有"明"、"教"、"会"等三字。[8]这些有铭文"明教会"的黑釉瓷碗和残片的发现,以实物证实元代明教在泉州晋江华表山地区的公开活动,同时又是草庵创建于元代的佐证。这里顺便提一下,有的学人以为华表山"明教会"黑釉瓷碗是宋代的遗物,这是不可能的。宋代明教是被禁断的,只能秘密流播,更不可能于食具黑釉碗上公然铭刻"明教会"三个字,这样做只能自招毁灭。况且,元代的晋江磁灶和泉州东门碗窑等处,皆烧制黑釉瓷碗,黑釉瓷碗非宋代特有产品。黄世春先生曾到磁灶窑址调查,发现几处窑址有铭刻"明"字的黑釉瓷碗残片,这恰好说明元代晋江华表山"明教会"的黑釉瓷碗是晋江磁灶窑烧制的。

华表山草庵前右山岩上,竖刻四行摩尼教"四位一体"(或称"四寂法身")的宗教信条,文云:

　　劝念　清净光明,大力智慧,无上至真,摩尼光佛。

　　正统乙丑九月十三日,住山弟子明书立。

有关摩尼教"四寂法身"的宗教信条,本文第一部分已述。而山岩上的四组字,是按汉字规整排列的。因此,仍应按"四寂法身"句读理解。这段草庵山岩石刻,表明延至正统十年(1445年),明教仍然在华表山草庵延续活动着。可惜此段石刻于"文化大革命"中被凿毁了。明正统以后晋江华表山草庵明教遗址如何,缺乏直接的史料记载和实物佐证。

1927年,张星烺教授到泉州考古,拟到草庵考察,但因地方不靖,不果行。20世纪40年代,吴文良先生多次来草庵调查。1957年,吴文良先生编著《泉州宗教石刻》一书,有关华表山草庵记云,"庵下有古柏两株,相传为唐时所植,但照我们观察,它们仍是明时遗物"。吴先生又指出,泉州的佛门居士、寺僧和地方人士,皆认为华表山"草庵摩尼光佛是释迦牟尼雕像的讹称"。但摩尼光佛雕像的造型与释迦牟尼造型有明显不同,泉州"风俗纪念释迦牟尼佛诞辰(其实是观音菩萨的诞辰)是农历二月十九日;而今日草庵纪念摩尼光佛诞辰,却是农历四月十六日"。[9]这段记载,除证明草庵摩尼光佛非释迦牟尼之外,更从民俗学角度表明了明教在今日晋江华表山草庵附近地区的一丝痕迹。

综上所述,唐会昌汰佛,摩尼教在汰中,泉州始传入摩尼教。摩尼教为求得生存,改名明教,经历五代、宋、元、明、清各朝。因长期处在被禁止的地位,又因长期受儒、道、释的影响,逐渐改变原来的面貌,但至今还有踪迹可寻。元代泉州驻有"管领江南诸路明教"的宗教高级官员,显示元代泉州明教之盛行。晋江华表山草庵是明教寺,它创建于后至元五年,有准确的创寺时间、创建人和摩尼光佛的雕刻时间,是全国唯一保存至今的明教寺。草庵又有"明教会"黑釉瓷碗的出土,可作为明教在这一带活动的佐证。华表山草庵是研究泉州明教乃至摩尼教历史的重要实物,也是泉州学研究的重要内容。

注释：

[1]许地山:《摩尼二宗三际论》,《燕京学报》1928年第3期。

[2]北京大学《国学季刊》第1卷第3号。

[3](宋)司马光:《资治通鉴》卷二三七。

[4]连立昌:《福建秘密社会》第一章。

[5](宋)陆游:《渭南文集》卷五。

[6](宋)真德秀:《西山先生真文忠公文集》卷四十。

[7](清)怀荫布等:《泉州府志》卷六,《山川》,乾隆版。

[8]黄世春:《福建晋江草庵发现明教会黑釉碗》,《海交史研究》1985年第1期。

[9]吴文良:《泉州宗教石刻》,三、泉州古摩尼教石刻。

第九章
从泉州民间信仰看多元宗教和谐共处(上)

第一节

"闽南"小考

林国平

（福建师范大学社会历史学院）

"闽南"一词最早出现在唐代，宋元明清时期的文献中"闽南"一词出现频繁，但所指的区域范围因时、因人而异，大到福建省，中到福建南部，小到泉州、漳州府。本文对古代文献中的"闽南"指向进行梳理，并对相关问题作简要的考释。论文着重指出，古文献中的"闽南"有多种含义，既有与今天的"闽南"定义相同之处，也有与今天的"闽南"定义不同之处，我们在引用古代文献中与"闽南"一词相关的资料时，要格外慎重，不要想当然地用今天的"闽南"概念来理解古代的"闽南"。对"闽南"一词进行简要的考释，有助于闽南文化研究的深入发展。

近年来，闽南文化的研究备受学界的关注，硕果累累，大有成为显学趋向。有关闽南文化的定义也百家争鸣，仁智互见，其根本原因在于对"文化"的理解不同。至于"闽南"一词，似乎没有太大的争议，检索百度"闽南"条，有如下文字说明："福建简称为闽，闽南即指福建的南部，从地理上可以说，厦门、泉州、漳州、莆田四个地区均可称为闽南。但我们通常所说的闽南这个说法，具有特定的含义，并不包含莆田、新罗、漳平，其主要是依据语言、文化、风俗上等来划分的。莆田通行语言是莆田话,略区别于闽南话,龙岩市新罗区和漳平市通行闽南语龙岩方言。两地均不属闽南语系。因此狭义上所指的闽南仅指厦门—泉州—漳州三个地区。"又说:"闽南这个词是在20世纪后半期才提出的,之前闽南地区人迁徙到外地都自称福建人,东南亚人也称闽南人为福建人。闽南包括的县市有:泉州市、晋江市、石狮市、安溪县、永春县、南安市、惠安县、德化县、金门县。厦门市、漳州市、龙海市、云霄县、漳浦县、诏安县、长泰县、东山县、南靖县、平和县、华安县、龙岩市、漳平市、大田县。"上述释文有值得商榷的地方。检索文献,"闽南"一词早已有之,且有多种含义,既有与今天的"闽南"定义相同之处,也有与今天的"闽南"定义不同之处,因此,对"闽南"一词进行简要的考释,也许有助于闽南文化研究的深入发展。

福建古称"闽"或"七闽",由于远离当时中国的政治经济文化中心,先秦的中原人对福建的地理环境知之甚少,故《山海经》才有"闽在海中"的说法。汉代之后,随着北方汉人陆续南迁入闽,到隋唐时期福建得到全面的开发,逐渐从一个蛮荒之地发展为比较富庶的地区。然而,中央对福建的政治控制比较滞后,直到唐睿宗景云二年(711年)立闽州都督府,才有了正式省级建制机构。开元十三年(725年),改名为福州都督府。开元二十一年(733年),设福建经略使,领福、建、泉、漳和潮州。显然,当时福建的辖区尚未定型,还包括岭南的潮州。直到大历六年(771年),朝廷将潮州划归岭南道,福建辖有福、建、泉、漳、汀州,辖区才基本确定下来。因此,在唐代中期之前,多称福建为"闽中",并没有对福建进行更加细致的区域划分,也就是说当时还没有出现诸如"闽南"、"闽北"、"闽东"、"闽西"的说法。

文献记载的"闽南"一词最早见于韩愈的《唐故中散大夫少府监胡良公墓神道碑》:"少府监胡公者,讳珦,字润博,年七十九,以官卒。明年八月十四日,葬京兆奉先。夫人天水赵氏祔焉。其子逞、乃、巡、遇、述、迁、造,与公壻广文博士吴郡张籍,以公之族出行治、历官、寿年为书,使人自京师南走八千里,至闽南两越之界上,请为公铭,刻之墓碑……"[1]我们知道,韩愈担任潮州刺史是在元和十四年(819年),此时潮州早已划入岭南道,文中把"闽南"与"两越"(闽越和南越)并列,并作为潮州的地界,显然是指福建的南部,其地域范围应该包括泉州、漳州和汀州。实际上,在宋代之前文献中提到"闽南"的也只有韩愈的《唐故中散大夫少府监胡良公墓神道碑》这一处,从一个侧面反映了时人没有对福建投以关注的目光,福建内部的区域划分尚未真正形成。

宋代,特别是南宋时期,随着中国经济文化中心的南移,泉州港成为世界大港,福建的经济文化得到长足的发展,一跃成为"东南全盛之邦"。[2]福建这个"东南山国"备受世人关注,福建内部的区域划分也开始形成,出现的"闽北"、"闽东"、"闽西"、"闽南"的说法。如咸淳五年(1269年)正月二十九日著名文学家刘克庄去世,"莆之士大夫皆挥泪以相吊,有方敛而往枕尸以哭者,有既殡而往拊棺以哭者,莫不尽哀。又数日,则泉南之南,闽北之北,吊唁往来,交驰于道"。[3]这段话的作者林希逸,是宋代福建理学家,福清人,应该说他对福建的地理区划比较了解,作者把"闽北"与"泉南"相对应,值得玩味。"闽东"的提法,最早见于陈烈《鼓山铭》中有:"鼓为崱峰顶特,穷岛夷,俯封域,屏闽东,拱辰北。"[4]至于"闽西"一词,最早见于《东坡志林》:"人间无酒仙,兀兀三杯醉。世上无眼禅,昏昏一觉睡。虽然无交涉,其奈略相似。相似尚如此,何况真个是。予奉使闽西,见邸店壁上书此数句,爱而诵之。"[5]

值得指出的是,无论是"闽北"、"闽东"还是"闽西"的提法,在宋代文献中都屈指可数,即使在明清文献中,出现的次数也不多。与之相反,"闽南"一词在宋代文献中出现的频次却相当高,相当于宋元明清时期文献提到的"闽北"、"闽东"、"闽西"的总和,仅王十朋(1168—1169年任泉州太守)《梅溪集》中提到的"闽南"就有七处,如"身在闽南梦在瓯"、[6]"语离江北秋正杪,回首闽南岁又穷"、[7]"两载闽南白尽颁"、[8]"涪陵妃子谩名园,岂似闽南绿一盘"、[9]"和鸣三十载,一梦断闽南"、[10]"兄尝分浙右之符尤着闽南之绩奉真祠之已久"、[11]"闽南有州,北埔有楼"。[12]宋代以后,文献中提到的"闽南"一词更加频繁,检索《四库全书》,宋元明清时期文献中出现"闽南"一词有400处,剔除重复的,也有300多处。然而,对于"闽南"的理解,因人而异,与今天的"闽南"有很大的不同。综观古代文献中"闽南"一词的区域范围,最常见的有以下两种:

一、"闽南"等同于"福建"

相关资料不是太多,略举几例:

1.宋濂《送许从善还闽序》:"颇闻闽南有武夷山,其高万丈,薄太清而凌飞霞,多有隐君子栖遁岩穴间。"[13]宋濂为"明初诗文三大家"之一,号称"一代名儒"和"当今文章第一",籍贯浙江金华。显然,他把武夷山说成在闽南,绝非地理知识的匮乏,而是当时人把闽南等同于福建的观念。

2.杨士奇《送杨参政致仕归永嘉兼简宗豫》说其"施政不亟亦不徐,春风披拂,枯槁苏时,雨沾洒惠,化敷闽南八郡五十邑,咏歌鼓舞,连道途列圣相承三十载。"[14]林登州《送实庵师使归序》也有"以闽南八郡新入职方,寺刹众而金穀之数猥,多择其可使使行八郡,遴其有才行可主教席者,以其名闻而金谷之入亦藉之焉"。[15]杨士奇和林登州都是明代人,他们所说的"闽南八郡",显然是指福建的福州、兴化、泉州、漳州、建宁、延平、汀州、邵武八府。

3.王世懋《艺圃撷余》曰:"闽人家能占毕而不甚工诗,国初林鸿、高廷礼、唐泰辈,皆称能诗,号闽南十才子。"[16]这里所说的"闽南十才子",是指林鸿、郑定、王褒、唐泰、高棅、王恭、陈亮、王偁、周玄、黄玄等十人,多为福州府人(其中只有黄玄为将乐人,后移居侯官),他们在诗歌方面取得骄人的成就,对后世影响较大,通常称之为"闽中十才子"。我们知道,秦代在福建设闽中郡,故福建又称"闽中"。东晋陶夔撰写《闽中记》,记述晋安郡所辖八县,即原丰(闽县)、新罗(长汀)、宛平(福清)、同安、侯官、罗江(罗源)、晋安(南安)、温麻(连江)的舆地沿革、人文旧事等,是福建历史上第一部全省性地方志。直到清代李清馥还撰写《闽中理学渊源考》,记载宋明时期福建理学的师承关系。所以,王世懋所说的"闽南十才子"等同于"闽中十才子",即福建十才子。

4.《闽南唐雅》十二卷,由费道用辑、徐𤎗校,"所录皆闽中有唐一代之诗,自薛令之以下得四十人"。[17]其中,孟贯为建安人;陈陶为剑浦人;薛令之为福安人;缪神童为福宁人;陈通方、陈诩、邵楚苌、欧阳衮、欧阳玭、林滋为闽县人;陈去疾为侯官人,林杰、王昶、王继勋、王延彬为福州人;林藻、许稷、黄滔、徐寅、江采苹为莆田人;郑良士为仙游人;欧阳詹、欧阳澥为晋江人;周匡物为龙溪人;潘存实为漳浦人;秦系为会稽人,天宝末避乱客于泉州南安;林宽,或以为莆田人,或以为侯官人;翁承赞,福清人,徙居莆田;江为,其先宋州人,避乱入闽,遂为建阳人;韩偓,京兆万年人,天祐初挈其族依王审知家于三山;周朴,其先吴兴人,唐季避地居福州乌石山僧寺。其余为僧人,分别是福州灵云寺的僧志勤,侯官雪峰寺的僧义存,建州归宗岩的僧芝,福州鼓山寺的僧神晏、僧目珍,福州百丈山的僧道恒等。[18]从收录的诗人籍贯来看,编纂者眼中的"闽南"无疑是指福建省。

5.《福建通志》:"闽自唐李椅始劝民学,常观察继之,大兴学校,每岁贡士与中州齿。至宋而海滨四先生出,杨、罗、李、朱接踵挺生,闽南道学匹濂洛而上接洙泗,由是观之,学校之关于人才非细鲜也。"[19]这里所说的"海滨四先生"是指宋代侯官的陈襄(1017—1080)、周希孟(约 1013—1054)、陈烈(1012—1087)和郑穆(1018—1092),"杨、罗、李、朱"是指杨时、罗从彦、李侗、朱熹,号称"延平四贤",均为宋代著名的理学家。显然,《福建通志》所说的"闽南道学"是指宋代福建理学,即"闽学"。

二、"闽南"等于福建南部

这一块的文献资料较多,但所指具体区域有所不同,常见的有:

1.泛指福建南部

常见于谈及气候、水果、植物之类的文献,如宋代郭祥正《复寒》诗写道:"三月闽南国,阴寒变惨凄。市楼添酒价,山雨勒莺啼。田父忧春种,商人怯路泥。何当好风日,稚子浴清溪。"[20]《追和故友袁世弼酬孜老四韵》:"坐讽汤休句,闽南朱夏时。碧云生海峤,清吹散松枝。救物宁论报,安禅不履危。江东饱芹蕨,肯赴野人期。"[21]华岳《小春》:"闽南十月已春回,无限风光暗里催。桃李海棠俱斗艳,谁云梅是百花魁?"朱熹:"目今虽然方是十月中旬,然闽南地暖,管下田土才及冬春之交,民间已是耕犁。"[22]诗歌中咏及荔枝的更多,《闽中荔支通谱》卷七就有:"两载闽南白尽颁,惊看异品上杯盘"、"涪陵妃子谩名园,岂似闽南绿一盘"、"炎去六月光陆离,人在闽南餐荔支"、"五月闽南荔子丹,摘来宜荐水晶盘"、"尝新处处忆高堂,况是闽南荔子香"等诗句。卷十二有"美人如玉如君子,君隔闽南几千里"、"苏北闽南千万里,美芹安得汉宫尝"等诗句。卷十三有:"人间万果生方物,四序分成尽堪吃。那及闽南此荔支,蜀都粤岭名皆屈"等诗句。《清河书画舫》卷七上:"闽南产佳实,名为丹荔枝。品题冠诸果,风味甘如饴"。《闽小记》"佛手柿"条:"闽南郊外道者岩,有柿一株,结实如佛手柑指,屈伸层叠,有长五六寸者,皮穰色味则皆柿也。"

2.福建下四府为"闽南"

《明文衡》卷三十九:"闽南有义烈之君子曰谢翱,尝参文丞相文山公之军事。文山公死于燕,而宋社屋自放于山泽间,作为歌诗,终不肯出仕,人到于今,称之先生之志节可谓同矣。而夷然乐道,以全其天。不有翱彷徨悲歌之陷,则又有过之者,先生之名与之并传,可无憾于世矣!"这里所赞扬的"闽南义烈君子"谢翱(1249—1295),是南宋爱国诗人,原籍长溪(今福建霞浦)人,号称"福安三贤"之一。清末杨浚编辑《闽南唐赋》,收录唐代闽南唐赋十二家,分别是闽县人陈诩、闽县人林滋、侯官人陈去疾、福清人王棨、莆田人林藻、莆田人徐寅、莆田人黄滔、莆田人江采苹、晋江人欧阳詹、晋江人陈嘏、漳浦人潘存实、侨居南安县韩偓等,上述十二人的籍贯均为福建下四府,杨浚的"闽南"的观念与《闽南唐雅》的编校者费道用辑、徐燉显然不同。另外,光绪《香山县志》卷二十二明确指出,"闽南"包含福州、兴化、泉州、漳州四府,"若闽中海禁日严,而滨海势豪全以通蕃致素封。频年闽南士大夫亦有两种议论:福兴二府主绝,漳泉二府主通,各不相下"。

3.兴化府归入"闽南"

宋代永泰人张渊(1135—1212)《兴化军到任谢表》中就有"划莆水之衣,冠实闽南之邹鲁"。[23]著名的历史学家郑樵是莆田人,但古人把他归入闽南,《五百家注昌黎文集》在介绍《毛诗协韵》作者时,写道:"闽南郑氏,名樵,字渔仲,著《毛诗协韵》。"[24]《井观琐言》作者为明代莆田人郑瑗,但"旧本题宋闽南郑瑗撰"。[25]明代何侨新明确指出:"兴化,闽南名郡,其民秀而文,名卿伟人继迹于朝,以存敬之贤往为之。"[26]同时代的郑真也说道:"闽南儒先过化之地,自宋以来道学正传,融液渐渍三百余年于兹矣!莆阳在南闽封域之内,比屋诗书衣冠之盛比诸邹鲁。"[27]又说:"然以莆田水南一族观之,由宋以来号为全盛,五太守状元坊之号,功名爵禄冠于闽南。"[28]这里的"南闽"即"闽南"。光绪《广州府志》卷一百三十四《列传·黎攀镠》:"十七年,稽查北新仓事务,擢福建兴泉兵备道,闽南民俗强悍,号称难治,攀镠轻车赴任,严革陋规。"显然,也把兴化归入闽南。

4.泉州府以南为"闽南"

从中国古代版图的区域划分看,福建属古扬州之域,而"福州府曰禹贡扬州之南境,泉州府曰禹贡扬州之南境下,迄漳州府并同方,不即不离,盖虽未显见为疆域,未尝不为扬州师牧之所接,声教讫于四海,闽东南海也,岂唐虞所得而遗之哉"。[29]因此,自古以来,泉州和漳州在地域上关系密切,"不即不离",所以,古代文献也经常把泉州和漳州视为"闽南"。如宋代晋江人吕言《寄九日山僧》:"目极闽南道,云山隔几层?深秋城外寺,白日定中僧。野蔓穿松甲,幽泉漱石棱。遥思茶话夕,敲破玉池冰。"[30]元朝"赵必曗,宋宗室,家泉州,与傅公定保为友。其文章议论,渊懿浩博,为闽南硕儒"。[31]到清朝,泉州被视为"闽南门户",有奏书写道:"伏思泉州一城,关系闽南门户,似应早为修葺,庶工程易办,而费用无多,沟渠一开,则民患可除,而城工亦固。"[32]林元凯,初名唐臣,后改弼,龙溪县人。元末任漳州路知事,归明任礼部主事。洪武三年(1370年),曾经奉命出使安南,不辱使命。一生著述颇丰,有《登州集》二十三卷传世,被视为明初闽南文苑之冠。"盖明初闽南以明经学古擅名文苑者,弼实为之冠也。"[33]涂仲吉(?—1649),字德公,明末清初漳州镇海卫人。黄道周被冤下狱,他上书力争,皇帝大怒被杖,进锦衣狱受酷刑,他大义凛然地说:"吾闽南男子,见义而动,死即死耳,宁足怖耶!"[34]清代,涉及海盗骚扰闽南的文献记载,基本上是指泉州以南地区,包括漳州府,如"时海寇郑彩纵掠闽南,遂督右翼兵往征之,大破之同安,进克建宁,分定诸郡邑"。[35]"(董应魁)十五年任福建总督时,闽南初定,余孽尚炽,廷相剿抚互用,出奇制胜,旬月之间,沿海诸郡寇盗,次第悉平。"[36]"海氛起于明季,自郑成功巢穴兹岛,传子经及其孙,历三世出没为闽南患。"[37]泉州府和漳州府同属闽南的观念,在陈真晟身上得到集中的体现。陈真晟(1411—1474),字晦德,后改字剩夫,本泉州人,后迁徙漳州,自号曰"漳南布衣",[38]又号"泉南布衣",[39]还自号"闽南布衣",《明儒言行录》卷六:"陈真晟,字晦德,改字剩夫,福建镇海卫(龙海)。携兄子一人行,戒之曰:'我死即瘗于道,题曰闽南布衣陈某墓。'"

综上所述,有以下几点初步认识:一是"闽南"一词由来已久,不同地方、不同人有不同的认识,其区域大到福建省,中到福建南部,小到泉州、漳州府,我们在引用古代文献中与"闽南"一词相关的资料时,要格外慎重,不要想当然地用今天的"闽南"概念来理解古代的"闽南"。二是兴化府在宋代以后相当长时间被相当多的人归入"闽南"区域,这并非偶然。兴化文化虽然具有浓厚的地域特色,但受闽南文化的影响大于其他区域文化(如闽东文化)的影响却是不争的事实。三是在历史上,无论"闽南"一词的区域范围发生多大变化,泉州府和漳州府都包含其中,也就是说,泉州府和漳州府是"闽南"的基本构成要素不可或缺。四是"闽南"的定义发展到今天通常指厦门、泉州、漳州三个市所属地区,得到多数人的认可,其中根本原因在于厦、漳、泉使用共同的闽南方言,因此,我们在研究闽南文化时,要充分考虑作为文化载体的闽南方言在闽南文化的形成和发展中产生的不可替代的重要作用;五是在古代文献中,"泉南"一词出现的频次要远远高于"闽南",从地域上看,"泉南"主要是指泉州府,但有时也包含泉州以南地区,说明古代泉州因其经济文化方面的突出成就而在"闽南"占据着特殊重要的地位。

注释：

[1] (唐)韩愈:《唐故中散大夫少府监胡良公墓神道碑》,《四库全书》集部,《别本韩文考异》卷三十。

[2] (宋)张全真:《闽帅到任谢上表》,《四库全书》集部,《五百家播芳大全文粹》卷五上。

[3] (宋)林希逸:《竹溪鬳斋十一稿续集》卷二三,《四库全书》集部。

[4] 转引(清)郑方坤:《全闽诗话》卷二,《四库全书》集部。

[5] (宋)苏东坡:《东坡志林》卷九,《绝倒》,《四库全书》子部。

[6] (宋)王十朋:《梅溪集》后集卷一七,《次韵知宗游北山》,《四库全书》集部。

[7] (宋)王十朋:《梅溪集》后集卷一九,《沈敦谟和诗见寄复用元韵》,《四库全书》集部。

[8] (宋)王十朋:《梅溪集》后集卷二十,《再次韵》,《四库全书》集部。

[9] (宋)王十朋:《梅溪集》后集卷二十,《五次韵》,《四库全书》集部。

[10] (宋)王十朋:《梅溪集》后集卷二十,《挽令人》,《四库全书》集部。

[11] (宋)王十朋《梅溪集》后集卷二三,《答沈待制》,《四库全书》集部。

[12] (宋)王十朋:《梅溪集》后集卷二六,《泉州新修北楼记》,《四库全书》集部。

[13] (明)宋濂:《文宪集》卷八,《四库全书》集部。

[14] (明)杨士奇:《东里集》诗集卷一,《送杨参政致仕归永嘉兼简宗豫》,《四库全书》集部。

[15] (明)林登州:《林登州集》卷九,《送实庵师使归序》,《四库全书》集部。

[16] (明)王世懋:《艺圃撷余》,转引郑善夫《少谷集》卷二三,《四库全书》集部。

[17]《钦定四库全书总目》卷一九三。

[18] 徐𤊹:《闽南唐雅》卷一二,《四库全书存目丛书》集部,齐鲁书社,1997年。

[19]《福建通志》卷一八,《四库全书》史部;弘治《八闽通志》卷六三,《人物》:"国朝……唐泰,侯官人,洪武中登进士,授行人,擢浙江按察司佥事,永乐中升陕西按察司副使,卒,善声诗,与黄济辈号闽南十才子,所著有《善鸣集》。"

[20] (宋)郭祥正:《青山集》卷一八,《复寒》,《四库全书》集部。

[21] (宋)郭祥正:《青山集》卷一九,《追和故友袁世弼酬孜老四韵》,《四库全书》集部。

[22] (宋)朱熹:《晦庵集》卷二一,《回申转运司乞候冬季打量状》,《四库全书》集部。

[23] (宋)张渊:《兴化军到任谢表》,转引《五百家播芳大全文粹》卷六上,《四库全书》集部。

[24] (清)纪昀:《五百家注昌黎文集》别集类一,《四库全书》集部。

[25]《四库全书总目》卷一二二。

[26] (明)何侨新:《椒邱文集》卷一一,《送兴化王太守赴任序》,《四库全书》集部。

[27] (明)郑真:《荥阳外史集》卷二二,《送延安府宜川县黄君孟仁归莆阳序》,《四库全书》集部。

[28] (明)郑真:《荥阳外史集》卷二三,《吴氏谱系序》,《四库全书》集部。

[29] (清)阎若璩:《尚书古文疏证》卷六下,《四库全书》经部。

[30] 转引(清)厉鹗:《宋诗纪事》卷五,《四库全书》集部。

[31] (清)李清馥:《闽中理学渊源考》卷三六,《赵先生必睴》,《四库全书》史部。

[32]《世宗宪皇帝朱批谕旨》卷七六,《四库全书》史部。

[33]《四库全书总目》卷一六九。

[34](清)李清馥:《闽中理学渊源考》卷八三,《涂德公先生仲吉》,《四库全书》史部。

[35]《钦定盛京通志》卷七二,《四库全书》史部。

[36]《钦定盛京通志》卷七七,《四库全书》史部。

[37]《皇朝文献通考》卷一五〇,《四库全书》史部。

[38]《明史》卷二八二,《四库全书》史部。

[39](清)沈佳:《明儒言行录》卷六,《陈真晟》,《四库全书》史部。

第二节

关于民间信仰概念的思考

陈桂炳

(泉州师范学院闽南文化生态研究中心)

通过对与民间信仰有关的两个问题进行思考,认为价值中立的"民间信仰"与贬义色彩浓厚的"封建迷信"不能画等号,民间信仰中虽也存在着"一般的迷信",但属于次要部分;民间信仰是一种信仰形态,从严格意义上看,民间信仰不属于宗教,但就广义而言,民间信仰也是一种宗教现象,出于研究工作的现实需要,不妨把民间信仰解释为"准宗教"。

对于民间信仰,不论是研究者,还是实践者,都会遇到同样的一个问题,即民间信仰与"封建迷信"、宗教这两者究竟是一种什么样的关系,换言之,民间信仰是否等同于"封建迷信",民间信仰算不算宗教?当然,对这个问题感到困惑的主要还是研究者。该问题至今似尚未有个权威的答案,是民间信仰研究中一个亟待解决的问题。

"民间信仰"四字看似明白,其实要说清楚并不容易。何谓民间信仰?在1979年版的大型工具书《辞海》中找不到这一词条。2009年最新版《辞海》(第六版彩图本)中的"民间信仰"词条是这样说的:"民间信仰:民间流行的对某种精神观念、某种有形物体信奉敬仰的心理和行为。包括民间普遍的俗信以及一般的迷信。它不像宗教信仰有明确的传人、严格的教义、严密的组织等,也不像宗教信仰更多地强调自我修行。它的思想基础主要是万物有灵论,故信奉的对象较为庞杂,所体现的主要是唯心主义,但也含有唯物主义和科学的成分,特别是民间流行的天地日月等自然信仰。"[1]

当我们从学术史的角度回顾近三十年来民间信仰的学术研究历程时,即可发现,研究者由于学术背景的不同,对于民间信仰这一概念的表述各有不同,学术界对中国民间信仰的定义处于一个不断调整、界定的过程。因此有必要对与民间信仰概念有关的一些问题略加辨析。

一、民间信仰与封建迷信的关系

无论是旧版的《辞海》，还是最新版的《辞海》，均无"封建迷信"这一词条。在2009年最新版《辞海》中有"封建"与"迷信"二词，分别解释为："封建。(1)封国土，建诸侯。指帝王把爵位、土地分赐给亲戚或功臣，使他们在封定的区域内建立邦国。《左传·僖公二十四年》：'昔周公吊二叔之不咸，故封建亲戚，以蕃屏周。'秦废封建，置郡县。(2)即封建制度。如：反封建。(3)指与封建制度相联系的。如：封建剥削；封建思想。"[2]"迷信。一般指相信星占、卜筮、风水、命相、鬼神等的愚昧思想。泛指盲目的信仰或崇拜。"[3]

据此，我们或许可以把封建迷信解释为：与封建制度相联系的相信星占、卜筮、风水、命相、鬼神等的愚昧思想，即泛指受封建思想支配的盲目信仰或崇拜。

最早把民间信仰作为学术研究对象并纳入本学科研究领域的是建立于20世纪20年代的中国民俗学，虽然当时已开始使用"民间的信仰"、"民众信仰"、"民间宗教"等术语，但较为普遍使用的是具有贬义色彩的"迷信"一词。由于我国新文化运动的倡导者提出的科学是指运用近代自然科学和唯物主义，破除封建迷信和愚昧盲从，反对落后的鬼神迷信，在此时代背景下所讲的"迷信"，显然就是"封建迷信"，许多研究的出发点多是针对信仰活动中被视为反科学的成分——迷信而加以描述与批判，同时又力争把其研究对象与社会上所指称的"迷信"有所区别。例如顾颉刚先生在《妙峰山》中即说"朝山进香的事是民众生活上的一件大事"，"绝不是可用迷信二字抹杀的"[4]；容肇祖先生在《迷信与传说》中强调研究民俗学离不开中国的迷信，"拼命高呼打倒某种迷信的时候，往往自己却背上了一种其他的迷信"[5]；江绍原先生在《中国礼俗迷信》中指出，应该详加考察"迷信"这个概名的"来源和历史、意义与内容"[6]。虽然在20世纪30年代已有些学者采用来自日本的"民间信仰"一词来取代"迷信"二字，但由于这个从海外引进的学术概念，使人觉得过于价值中立，有悖于是时国人破除一切迷信风俗的热忱，不合时宜，故未能成为我国民俗学界的常用术语而得到推广。可见，作为现代学术语言，民间信仰在其初创之始就是从"迷信"概念被界定的。一直到今天，社会上仍然有不少人还出于传统的思维惯性，把"民间信仰"等同于"封建迷信"而加以批判。

其实在中国古代,民间信仰被视为"淫祀"。《礼记·曲礼下》规定:合乎礼而纳入祀典的就是"正祀","非其所祭而祭之,名曰淫祀,淫祀无福"[7]。淫祀是相对于正祀而言的,指的是中国传统社会非制度的民间信仰。"迷信"一词为舶来品,在魏晋以来的汉译佛经和中国佛典中已偶尔出现,但那都属于佛经格义而作宗派哲理的阐释。它未见于中国古代传统文献之中,如东汉的无神论代表作——王充《论衡》就未曾出现过此词。从正祀与淫祀之对立(即官方宗教同民间信仰、民间宗教之二分)关系看,至少在明代万历以前还未出现有用汉语"迷信"一词以界定"淫祀"的性质。现有不少论著指出中国民间信仰被定为"迷信",始于20世纪初某些报刊对中国多鬼神信仰或巫术行为仪式的批判。但有学者指出,在出现于明末清初"中国礼仪之争"的第一阶段(1852—1630年),天主教会内部曾对中国祖先崇拜及其祭祖仪式的问题展开激烈的争论。于是利玛窦在1603年对中国礼仪问题发出文件,认为祭祖仪式"大概不是迷信"或"不能认为有明显的迷信色彩",祀孔仪式则可以让中国教徒遵行。此一决定为大多数入华耶稣会士所接受。但到了第二阶段(1630—1721年),天主教的汉语文献中就已较为广泛地使用"迷信"一词以批判中国佛、道二教和民间信仰了[8]。"迷信"(即Superstition)这个概念原是西方宗教的产物,最早是基督教用来反对它境内的异教徒的,后来被早期的人类学家用来形容在西方现代之前的那些信仰方式。"迷信"这个词传入中国以后,渐渐被接受成为一个政治的、意识形态的东西[9]。

1980年以后,民间信仰得到复兴,民间信仰再次成为民众日常生活中的一个重要部分,民间信仰的研究者日益增多。由于"迷信"一词容易引起意识形态的政治敏感,名不正则言不顺,因此,研究者不约而同地以"民间信仰"一词取代"迷信"或"封建迷信"。对于这一学术现象,后来学者在进行学术史回顾时,称之为意识形态上的"维权"与政治上的"去敏"。[10]

根据民间信仰研究专家林国平先生的统计,有关"民间信仰"的定义众说纷纭,不下二十种,[11]上面引述的2009年版《辞海》的说法只是其中之一。该版本的《辞海》称民间信仰"包括民间普遍的俗信以及一般的迷信",由于"一般的迷信"之前加了个连词"以及",这说明"一般的迷信"是次要部分,主要部分是"普遍的俗信"。这里的"俗信"一词是我国著名民俗学家乌丙安先生于1985年提出的:"我们对民间信仰的研究,用一般政治的观点来看,民间信仰的东西几乎都是反面的东西,但是从民俗学的角度看很值得研究。

比如并不采取迷信的手段存在而长期存在于人们生活当中的某些信仰,叫做'俗信',是要长期存在的,也是可以存在和允许存在的,这就是民俗学的观点。"[12]后来有学者在评论这段话时指出:这"明显是在试图以'俗信'的民间文化色彩去掩盖或排除'迷信'的成分"。[13]之所以要如此费心,应与长期以来"迷信"的贬词色彩及论者当年所处的话语环境有很大关系。

基于意识形态上的"维权"与政治上的"去敏"考虑,笔者认为价值中立的"民间信仰"与贬义色彩浓厚的"封建迷信"这两个词不能画等号,名正才能言顺;同时我们也要清醒地看到,民间信仰中确实也存在着"一般的迷信"①[14]尽管是属于次要部分。只有这样,我们在研究的过程中才能较好地把握好"度",从而得出较为客观的结论。

这里还要说明的是,"封建迷信"的说法本身也存在一些问题。笔者早在20世纪80年代中期曾与有关学者讨论过这个问题。例如,迷信作为一种文化现象,早在原始社会时已经出现了,由于我们没有诸如"原始(社会)迷信"、"奴隶(社会)迷信"之类的说法,只用"封建迷信"一词,覆盖人类历史不同发展阶段的"迷信"现象,把自古至今的一切迷信通通赋予"封建"的性质,太过于简单化与绝对化,这显然是不妥的。因此《辞海》的新旧版本均不立"封建迷信"这一词目,当有其理由之所在。

二、民间信仰与宗教信仰的关系

历史学、宗教学、人类学、人社会学、民俗学等不同学科的学者,对"民间信仰"的定义不下二十种。这些众说纷纭的定义,归纳起来大致有四种观点:第一种观点认为民间信仰不是宗教,而是一种信仰形态;第二种观点认为民间信仰本质上是宗教;第三种观点认为对民间信仰的界定不必要太精确,相反,模糊一点还更有利于研究的进行;第四种观点认为民间信仰界于

---

① 中国民俗学会副会长高丙中先生在《作为非物质文化遗产研究课题的民间信仰》一文中指出:"近代以来,民间信仰被学者用'迷信'污名化,成为精英阶层、政治权力通过建立贬低民众的话语而驯化民众、领导民众的功利性知识。自然发展状态下的信仰是以神圣之心、敬畏之心为基础的仪式体系,善意和正面的社会功能是其常态;迷信是变异到有害状态的民间信仰,是信仰中一个极端的状态。我们今天已经过了需要这项污名化技术所生产的知识的时代了。我们要通过充分的反思、充分的经验研究来提供一种公共知识,在社会中形成通识:迷信是迷信,民间信仰是民间信仰;迷信和民间信仰之间是一种可能的联系,不是一种必然的联系;知识界和政府可以有所作为的是努力减少民间信仰转化为迷信的可能性,而非以一个'迷信'标签贬损一切民间信仰。"

一般宗教和一般信仰形态之间,权且称民间信仰为"准宗教"也许比较准确些。就目前看来,要找到一个让大家均能接受的定义,显然是做不到的,但对于个体研究者而言,则必须要有明确的学术取向[15]。

中国"民间信仰"与"宗教信仰"中共有的"信仰"一词,最早出现于汉译佛经和中国佛典中。大概在公元3—4世纪间,西晋竺法护所译之《佛说月光经》中就有"信仰"一词,该词后来并不仅现于民间佛教信仰领域,从宋代开始亦为儒、道所争诵。而"宗教"一词的出现则较晚,虽然作为独立表述的"宗"与"教"二字早在先秦典籍中就有记载,但将这两个字连缀成词语,是到六朝时才在有关文献中出现。日本"宗教"一词,其最初亦从汉译佛经传入。由"宗"与"教"连缀成"宗教"一词,比较集中在唐代华严宗和天台宗典籍的"判教"中。在中国佛教走向近代之前的一千数百年传播历程中,其某些思想、仪式、典籍与词语均已成为中国传统文化和民间信仰之重要组成部分,其积淀的深厚"宗教"观念,也为其后扩大内涵奠定了基础[16]。

从19世纪80年代起至20世纪初,东西方(包括中、日、英、印等)在围绕"宗教"问题的沟通上,均已明显地表现出各自的打算,并且为了争取掌握宗教信仰话语主动权而进行角逐。基督新教从1807年马礼逊入华开始,直至19世纪末的近一个世纪之内,在中西宗教沟通上如何将英语"Religion"译成最适当的汉语而颇费踌躇,但都没能很好地解决,他们依然遵循明末耶稣会所采用的汉语词"教"以对应之。在这一点上,日本要比中国更早以汉字"宗教"对译,在1869年日本同西欧国家签订的《修好通商航海条约》中,出现了有新内涵的汉字"宗教"一词。19世纪八九十年代至20世纪初,杨文会、谭嗣同、梁启超、宋恕、章太炎、康有为、文廷式等都有接受宗教新内涵的认知趋向。他们虽都接受来自日本的影响,但却不必然都用扩大化了的"宗教"概念以对应"Religion"之新义,他们基本上仍离不开中国原有的佛教或儒教内涵,都是以佛学来格西学的"Religion"之义的[17]。

那么,中国近代到什么时候才开始较广泛使用"宗教"一词以对译"Religion"呢?有人认为是1902年梁启超发表的《保教非所以尊孔论》,或是1903年严复译弥勒所著的《群己权界论》。但由于1902年梁启超撰《论佛教与群治之关系》一文时,还认为孔教是教育之教而佛教才是宗教之教。因此,当代学者路遥认为当以1904年《万国公报》上刊出《论儒教与基督教之分》一文为标志。因为该文首述儒教与基督教之分,在于"儒教宗孔子、基督教宗耶稣,耶稣与孔子为东西之两大教主";不仅如此,它还把中国上古之多鬼神信仰作为附庸,以与儒、佛并峙合成三教,进而又把"教"与"宗"连缀成"宗教"一词。可以说,在吸取"宗教"内涵的新知方面,西方传教士要比黄遵宪、康有为、谭嗣同、梁启超等中国人晚,直到1904年才在由社会福音派的基督教士创办的《万国公报》中出现"宗教"一词。值得注意的是,该"宗教"的内涵除包括孔子儒教和中国佛教外,还纳入了源自巫教之道教,以及融于民间日常生活中的种种鬼神信仰之"多神教"。至此,曾被西方教会诬为"迷信"而加以批判近四百年之久的中国民间信仰,才被纳入了"宗教"之新知内[18]。从历史学的角度认识"宗教"一词的词语涵义之转型,无疑有助于今天我们对"宗教"一词的准确定义。

2009年版《辞海》中的"宗教"词条是这样写的:"宗教。社会意识形态之一。相信并崇拜超自然的神灵,是支配着人们日常生活的自然力量和社会力量在人们头脑中的歪曲、虚幻的反映。宗教产生于史前社会的后期,最初的宗教形式,称为自然宗教,如原始拜物教、图腾崇拜、祖先崇拜等。阶级社会出现后,阶级压迫给人们带来较自然灾害更加深重的痛苦、恐惧和绝望,便产生祸福命运由神操纵的观念和追求'来世'的想法。同时也产生了宗教机构、专职宗教首领和各种教规仪式等。宗教随着历史的发展而演进:由拜物教而多神教,而一神教;由氏族图腾崇拜到民族神和民族宗教,最后又出现了世界性的宗教。至20世纪90年代,主要的世界性宗教有佛教、基督教、伊斯兰教;有些国家还保有民族宗教,如日本的神道教、印度的印度教等;某些地区仍存在原始宗教,如萨满教等。19世纪以来在一些国家又产生了新兴宗教,如巴哈伊教等。宗教是一种历史现象,有其产生、发展和消亡的过程,随着人类社会高度发展将渐趋消亡。"[19]

如果我们把该"宗教"的定义与前面引自同一版本《辞海》的"民间信仰"做一比较,即可看出这两个词条之间既存在一些共同点,但又有很大的不同,如"民间信仰"词条所强调的"它不像宗教信仰有明确的传人、严格的教义、严密的组织等,也不像宗教信仰更多地强调自我修行。"显然,该词条的定义属于前述的民间信仰定义的第一种观点,即民间信仰不是宗教,而是一种信仰形态。这种观点在学术界的影响较大,尤其是其代表性学者乌丙安先生的观点至今仍被许多研究者所接受与引用。乌丙安先生在1985年出版的《中国民俗学》中,提出了民间信仰和宗教的十大区别,揭示民间信仰那种几千年一贯的自然状态、自发状态和世代因袭、缓慢前移的"冷文化"状态。当时,他突出强调了中国民间信仰的十大"没有":"1. 民间信仰没有像宗教教会、教团那样固定的组织机构;2.民间信仰没有像宗教那样特定的至高无上的崇拜对象;3.民间信仰没有像宗教那样的创教祖师等最高权威;4.民间信仰没有形成任何宗派;5.民间信仰没有形成完整的伦理的哲学的体系;6.民间信仰没有像宗教那样有专司神职教职的执事人员队伍;7.民间信仰没有可遵守的像宗教那样的规约或戒律;8.民间信仰没有像宗教那样特定的法衣法器、仪仗仪礼;9.民间信仰没有像宗教那样进行活动的固定场所,如寺庙宫观和教堂;10.民间信仰者在日常生活中没有像宗教信徒那样的自觉的宗教意识。"[20]

十年后,乌丙安先生在其"我国第一本全面论述中国民间信仰的专著"[21]——《中国民间信仰》的"绪言"中,再次强调了中国民间信仰的十大"没有",说:"这种对自发的民间信仰和人为宗教所做的宗教信仰要素方面的简单比较,力求揭示中国民间信仰并不具备所有成型宗教的组成要素,和它将继续沿着自发的多神信仰发展的本质。"[22]

但是,认为民间信仰不是宗教的观点,也不可避免地给我们的研究工作带来不便。《中华人民共和国宪法》第二章第三十六条规定:"中华人民共和国公民有宗教信仰自由"[23],说的是"宗教信仰"。尽管现在上自国家宗教事务局,下至地方的民族与宗教事务厅、局,均已把民间信仰纳入其管理范围,但在《中华人民共和国宪法》的有关规定中,并没有明确说明"宗教信仰"内涵是否包含民间信仰。如果我们把民间信仰解释为"准宗教",与宗教搭上边,无疑可以姑且在一定程度上解决民间信仰的法律地位问题,名正则言顺,否则我们在进行民间信仰的具体研究中,必然会遇到不少的迷惑和困难。因此"准宗教"说亦为认同"民间信仰不是宗教"说的一些研究者所接受[24]。

注释:

[1]辞海编辑委员会编纂,夏征农、陈至立主编:《辞海》(第6版彩图本),上海辞书出版社,2009年,第1581页。

[2]辞海编辑委员会编纂,夏征农、陈至立主编:《辞海》(第6版彩图本),上海辞书出版社,2009年,第620页。

[3]辞海编辑委员会编纂,夏征农、陈至立主编:《辞海》(第6版彩图本),上海辞书出版社,2009年,第1564页。

[4]顾颉刚:《妙峰山》,叶春主编:《典藏中山大学民俗学丛书》,黑龙江人民出版社,2004年,第1017~1018页。

[5]容肇祖:《迷信与传说》,叶春主编:《典藏中山大学民俗学丛书》,黑龙江人民出版社,2004年,第1841页。

[6]江绍原著,王文宝整理:《中国礼俗迷信》,渤海湾出版公司,1989年,第1页。

[7]钱玄等注释《礼记》下册《曲礼下》,岳麓书社,2001年,第49页。

[8][16][17][18]路遥:《中国传统社会民间信仰之考察》,《文史哲》2010年第4期。

[9]2002年3月2日,王铭铭先生在《民间俗信与科学文化》首发式座谈研讨会上的发言,张勃:《〈民间俗信与科学文化〉首发式在济南召开》,《民俗研究》2002年第2期。

[10][13]吴真:《民间信仰研究三十年》,《民俗研究》2008年第4期。

[11][15]林国平:《关于中国民间信仰研究的几个问题》,《民俗研究》2007年第1期。

[12]路远:《民俗研究要面向现代化——访乌丙安教授》,《民俗研究》1985年第1期。

[14]高丙中:《作为非物质文化遗产研究课题的民间信仰》,《江西社会科学》2007年第3期。

[19]辞海编辑委员会编纂,夏征农、陈至立主编:《辞海》(第6版彩图本),上海辞书出版社,2009年,第3072页。

[20]乌丙安:《中国民俗学》,辽宁大学出版社,1985年,第242～245页。

[21]陶阳:《〈中国民间信仰〉序》,乌丙安:《中国民间信仰》,上海人民出版社,1995年。

[22]乌丙安:《中国民间信仰》,上海人民出版社,1995年,第2页。

[23]《中华人民共和国宪法》,新华网,2004年3月15日。

[24]包括笔者,参见陈桂炳:《民间信仰与社会和谐——以闽南及台湾地区为研究视野》,方志出版社,2010年。

第三节

闽南民间信仰与社会和谐

陈桂炳

（泉州师范学院闽南文化生态研究中心）

民间信仰并不等同于"封建迷信"，可以认为是"准宗教"，将长期存在于社会主义时期，建设和谐社会必须正确对待民间信仰。闽南民间信仰对促进社会和谐的积极作用，主要体现在护国利民、崇和向善、重义守信、民族和睦、两岸关系等方面。我们对于民间信仰应有个理性的认识，并加以积极的引导，使之成为服务于国家最高利益和民族整体利益工作的重要组成部分。

闽南民间信仰在其形成发展的历史过程中，发扬了忠义守信与和睦共生等优秀传统文化，至今仍保持着旺盛的生命力。因此，在新时期现代化建设总体布局"五位一体"（经济建设、政治建设、文化建设、社会建设、生态文明建设）的视野下，我们要正确认识社会主义初级阶段的民间信仰，使闽南民间信仰在构建和谐社会中发挥其独特的积极作用。

一、正确认识社会主义初级阶段的民间信仰

（一）民间信仰并不等同于"封建迷信"

无论是旧版的《辞海》，还是最新版的《辞海》，均未立"封建迷信"这一词条。根据2009年最新版《辞海》中对"封建"与"迷信"二词的解释，我们或许可以把封建迷信理解为泛指受封建思想支配的盲目信仰或崇拜。

作为现代学术语言，民间信仰在其初创之始就是从"迷信"概念被界定的。直到今天，社会上仍然有人还出于传统的思维惯性，把"民间信仰"等同于"封建迷信"而加以批判。1980年以后，民间信仰再次复兴，成为民众日常生活中的一个重要部分，涉足民间信仰领域的研究者日益增多。由于"迷

信"一词容易引起意识形态的政治敏感,名不正则言不顺,因此,研究者不约而同地以"民间信仰"一词取代"迷信"或"封建迷信"。对于这一学术现象,后来学者在进行学术史的回顾时,称之为意识形态上的"维权"与政治上的"去敏"。[1]

基于意识形态上的"维权"与政治上的"去敏"考虑,笔者认为价值中立的"民间信仰"与贬义色彩浓厚的"封建迷信"这两个词不能画等号,名正才能言顺;同时我们也要清醒地看到,民间信仰中确实也存在着"一般的迷信"[2],尽管是属于次要部分。只有这样,我们在研究的过程中才能较好地把握好"度",从而得出较为客观的结论。

(二)民间信仰与宗教信仰的关系

历史学、宗教学、人类学、人社会学、民俗学等不同学科的学者,有关"民间信仰"的定义不下二十种。这些众说纷纭的定义,归纳起来大致有四种观点:第一种观点认为民间信仰不是宗教,而是一种信仰形态;第二种观点认为民间信仰本质上是宗教;第三种观点认为对民间信仰的界定不必要太精确,相反,模糊一点还更有利于研究的进行;第四种观点认为民间信仰界于一般宗教和一般信仰形态之间,权且称民间信仰为"准宗教"也许比较准确些。就目前看来,要找到一个让大家均能接受的定义,显然是做不到的,但作为个体的研究者而言,则必须要有明确的学术取向[3]。

2009年版《辞海》称"宗教"是"社会意识形态之一。相信并崇拜超自然的神灵,是支配着人们日常生活的自然力量和社会力量在人们头脑中的歪曲、虚幻的反映。"[4]如果我们把此"宗教"的定义与前面引自同一版本《辞海》"民间信仰"的定义做一比较,即可看出这两词条之间既存在一些共同点,但又有很大的不同,如"民间信仰"强调的是"它不像宗教信仰有明确的传人、严格的教义、严密的组织等,也不像宗教信仰更多地强调自我修行"。显然,该定义认为民间信仰不是宗教,而是一种信仰形态。这种观点在学术界的影响较大,尤其是其代表性学者乌丙安先生关于"民间信仰和宗教十大区别"[5]的观点,至今仍被许多研究者所接受与引用。

认为民间信仰不是宗教的观点,不可避免地给我们的研究工作带来诸多不便。在《中华人民共和国宪法》的有关规定中,并没有明确说明"宗教信仰"内涵是否包含民间信仰。如果我们把民间信仰解释为"准宗教",与宗教搭上边,无疑可以姑且在一定程度上解决民间信仰的法律地位问题,名正则言顺,否则我们在进行民间信仰的具体研究中,必然会遇到不少的迷惑和困难。因此"准宗教"说亦为认同于"民间信仰不是宗教"说的一些研究者所接受。笔者认为,从严格意义上看,民间信仰不属于宗教,但就广义而言,民间信仰也是一种宗教现象。

(三)民间信仰在社会主义时期将长期存在

1949年以后,民间信仰曾长期被等同于封建迷信而遭否定与批判,研究者亦视民间信仰的研究领域为禁区而不敢涉足。今天,民间信仰不仅以其不可忽视的学术价值为学术界不同学科的研究者所重视,而且以其重要的现实意义吸引了越来越多的研究者,民间信仰的研究方兴未艾,呈现出一片繁荣的景象。尤其是社会主义初级阶段论的确立,为我们研究民间信仰提供了坚实的理论支撑。

社会主义初级阶段论是以邓小平同志为核心的我党第二代领导集体,从总结历史经验,重新认识我国的基本国情中逐渐形成的。这一理论对于建设有中国特色社会主义的经济、政治、文化,对于夺取全面建设小康社会新胜利,开创中国特色社会主义事业新局面,都具有重大意义。根据社会主义初级阶段论,民间信仰在社会主义时期将长期存在。

社会主义初级阶段论对中国社会主义所处的发展阶段和历史地位作了准确的界定,保证了新时期党的路线、方针、政策和发展战略的稳定性和连续性。只有准确地把握社会主义初级阶段的基本国情,我们才有可能对社会主义初级阶段民间信仰的属性,做出较为科学的判断,从而使我们对民间信仰的研究,尽可能避免干扰与影响。社会主义初级阶段论是我们正视与研究民间信仰必不可少的重要理论前提。

(四)建设和谐社会必须正确对待民间信仰

中共十六届六中全会在《关于构建社会主义和谐社会若干重大问题的决定》中提出"社会和谐是中国特色社会主义的本质属性"这一非常重要理论观点的同时,又创造性地提出了"发挥宗教在促进社会和谐方面的积极作用"的重要思想。那么,这一重要思想中所说的"宗教",除了众所周知的佛教、道教、天主教、基督教、伊斯兰教之外,是否还包括活跃于当代中国社会的民间信仰呢?由于我们在民间信仰的定义上采用了"准宗教"的观点,因此答案显然是肯定的。

20世纪80年代以来,伴随着中国当代社会的转型,民间信仰在中国广大乡村乃至部分城镇的复活,成为当代中国社会的一种普遍现象。当我们对这种社会现象进行探讨时,即可发现,社会主义市场经济在中国的强力提倡与全面推行,为其根本动因。社会主义中国开始的这场经济改革,是一场深刻的社会革命,广大民众为物质生活水平的不断提高感到欢欣鼓舞,但同时由于社会转型期带来了新的社会矛盾,又使他们在精神上产生了信仰危机,感到迷惑彷徨。在这种社会大环境下,不少在现实生活中感到迷惑彷徨的民众,当他们在遇到暂时不能理解或者不能解决的社会、心理等问题时,很容易与具有深厚传统、最有吸引力的民间信仰产生共鸣。因此民间信仰在当代社会的复活与流传,也就成为自然而然的事情了。

许多民间信仰研究者在其长期的跟踪调查及研究中,也都认为民间信仰者的思想及实践,虽与主流意识形态不尽和谐,但并不相对抗,且力图与之相适应,在其实践活动中还能与时俱进,增添了许多当代社会生活的新内容。民众在从事民间信仰活动时,还能有意识地将他们的信仰与传统民间习俗、现代社会生活巧妙地结合起来,注重发挥道德约束、幸福追求和终极关切的社会功能。广大民众的信仰目的很单纯,就是为了祈求神灵保佑风调雨顺、五谷丰登、趋吉避凶、无灾无病、诸事顺意、一家平安。

当然,对于民间信仰的评价,要采取历史唯物主义的立场和实事求是的态度,要以一分为二的观点加以分析。任何拔高赞美,或是肆意贬低,都是不足取的,也是不符合历史实际的。就当代而言,民间信仰的思想及实践,是作为社会主义社会初级阶段多元文化、多元信仰的一种表现形式而存在的,有其存在的合理性。特别是现实中的民间信仰者大都表现出拥护中国共产党和社会主义制度的政治倾向,注重发挥有利于社会和谐的正面功能,从而使其与社会主义社会相适应、相和谐。[6]

二、闽南民间信仰对促进社会和谐的积极作用

全国政协副主席、原统战部长杜青林曾在《大力加强统战文化建设》一文中,阐述了统战文化的丰富内涵,其中提到了"以护国利民、崇和向善为鲜明特点的宗教文化"和"以明礼守信、义利兼顾为鲜明特点的新的社会阶层信义文化",[7]这正是民间信仰鲜明的文化特点。下面我们即以闽南民间信仰为例,探讨其对促进社会和谐的积极作用。

(一)护国利民

国强民安是社会和谐的重要前提,而人际关系的和谐又是国强民安的重要社会基础。闽南民间信仰中一些比较有名的地方历史人物神祇,在其形成和发展过程中产生许多有关的民间传说,护国利民是一个重要因素。如妈祖、保生大帝、青山王等神祇,据说在宋代均曾数次显灵帮助宋军打败金兵。但作为海神,妈祖的神迹更多是海上护航(以民间渔船为多),广泛传播于沿海沿江等地区;作为医神,保生大帝的神迹主要是为民众治病保生,因此也形成了宫庙里置有药签的独特信俗;作为惠安县境主,青山王的神迹也侧重于保境安民。就是到了现代,类似的传说在新的历史条件下继续出现。如在泉州市惠安县崇武关帝庙前的古城南门外照墙上,至今还保留着一个历史遗迹"炮击处"。相传是1938年农历四月十八日,来犯的日舰自海上炮轰崇武城,有一发炮弹先击中照墙,后被关帝青龙偃月刀一拨,才将炮弹引到偏东城墙处,使关帝庙幸免于难。这个传说至今还为当地人所津津乐道。在信仰者的眼中,民间信仰神祇在日常生活中的主要功能,就是为他们排忧解难,使他们能安居乐业。

在当代,传统的民间信仰继续被传承,但随着我国综合国力的空前强大,民间信仰的功能基本体现在利民护民上。新形成的一些民间信仰现象,也同样凸显出这种特色。例如近些年来被新闻媒体所报道的惠安县崇武"解放军庙"(其原称为"廿七君庙"),就是当地群众为纪念1949年9月因解救崇武百姓而壮烈牺牲的27位解放军战士兴建的,庙中一方石碑刻着一首民谣:"丁丑冬书崇武民谣以敬献我们最可爱的人:官兵奋战壮成仁,同志于今称大人。塑像奉香非迷信,翻身群众敬功臣。"不过,在有的特殊时期,一些著名的民间信仰神祇,还是会被虔诚的信仰者提议请上捍卫国家主权的第一线。据台湾媒体报道,台湾保钓人士在2012年8月22日表示希望在钓鱼岛上修建妈祖庙,"送妈祖上钓鱼岛"。从我国的国家利益考虑,这种出于爱国热忱的想法,是应该加以肯定的。这是在用一种特殊的民间信仰语言(或许可称之为文化软实力),让这尊具有世界影响(包括日本等国)的女神向全世界宣示钓鱼岛是中国的固有领土。

(二)崇和向善

民间信仰与宗教一样,具有崇和向善、济世助人等准则。泉州通淮关岳庙以前曾向信仰者发放过《愿体集》等劝善书,劝善书在民间大受欢迎。《愿体集》等劝善书所宣传的就是这种崇和向善的和谐观:"家庭之内,兄弟之间,和气可以致祥";"一心可以交万友,二心不可交一人";"君子能扶人之危,周人之急,因是美事,能不自夸,则益善矣";"一念之善,吉神随之;一念之恶,厉鬼随之。人起恶念,岂不危乎",[8]等等。劝善书强调以醒世劝善实现身心的和谐、以贵重和合实现人际的和谐、以群体本位实现社会的和谐,这种和谐观在社会实践上,只能理解为一般意义上的社会和谐状态,有其一定局限性,与我们今天所追求的且正在努力构建的和谐社会,还是有所不同,但其合理与精华成分,对我们仍颇有借鉴作用。

闽南民间信仰在其长期的发展过程中,还形成了社会慈善事业,最有代表性的是闻名海内外的泉州花桥慈济宫。泉州花桥慈济宫祀奉保生大帝,据老人相传,花桥慈济宫建立后,就有善信者前来献药,交给庙祝赠予需药的患者,或捐钱托庙祝购药送人,而很多患者或家属也闻风前来取讨。这样,赠药捐资与讨药治病,便成为花桥宫吴真人信仰活动的一大特色。此后,花桥宫先后创立泉郡施药局、花桥善举公所。花桥善举公所主要从事施药、施诊、施棺、度岁、平粜、养生嗣、敬节等善举。中华人民共和国成立后,花桥善举公所在人民政府的指导下,继续从事慈善事业,但其善举主要集中于施药,泉州花桥善举公所也于1972年改称为泉州市爱国赠药处。1978年,泉郡施药局创建100周年,爱国赠药处改名花桥赠药处。1985年3月,花桥义诊所正式挂牌,使已中断多年的义诊得到恢复,并于1992年与花桥赠药处合称为泉州花桥赠药义诊所,义诊对象主要为没有享受公费医疗的群众。泉州花桥赠药义诊所持续近一个半世纪的慈善事业,得到了中央民政部有关官员的高度肯定。

(三)重义守信

在闽南民间信仰中强调重义守信,最著名的是关帝崇拜。

明代泉州士大夫李光缙在为泉州通淮关岳庙(时称汉寿亭侯庙)撰写《塑三义像记》,其中对寿亭侯(关羽)的重义守信精神有专门的阐述:"夫古今言义者,皆属之君臣,而于朋友则言信。然信近于义而言始可复,则信亦义之符也。虽谓朋友为义交可矣,乃若兄弟未有言义者,其亲本乎父子夫妇之生,其伦秩乎胞乳先后之序,乃天之所洽,非人之所设,安得言义?兄弟而以义言,则自刘先主于关张始也。"[9]如今泉州通淮关岳庙的楹联亦有"一脉传忠义,万聚拜圣贤"(崇先殿神龛前柱联);"桃园结誓同祸福,蜀汉兴邦共死生"(三义庙神神龛前柱联)等联语。因此可以认为重义守信是关帝信仰文化的主要内涵。

讲求信誉,是社会主义市场经济伦理的基本原则。随着市场经济的快速发展,市场竞争愈激烈,当前经济领域的造假欺诈、违约投机和权钱交易等腐败现象屡出不绝。因此,弘扬关帝信仰文化,要求人们恪守信誉,不失为一种伦理道德的约束,可以提升到对社会主义市场经济信誉原则的遵循。由于忠诚、信义有助于商业社会人际关系的调剂,所以许多商家把关帝作为"武财神"来敬奉,并且随着商品经济的日益发展,这一观念的范围正日益扩大。对于商家把关帝作为"武财神"来敬奉这一民间信仰现象,有的学者认为:"在商业上都用得到契约与信用,因为贸易往来,互通有无,普遍存在着签订契约履行合同的行为。泉州南门的'行郊',都奉关帝为财神,就因为他们强烈地意识到信义为立业之本。认为以忠义终其生的关羽是守护商业繁荣的神明。"[10]

民间崇拜关帝,更是借重他的"义"气,作为团结互助的纽带。国内许多大中城市的同乡会馆以及华侨在海外各埠组织的同乡会多奉祀关公,作为团结乡亲、共谋发展的象征。关帝千百年来一直受到海内外炎黄子孙的尊崇和敬仰,其"义薄云天"的操守,在民间是家喻户晓的。

(四)民族和睦

《大力加强统战文化建设》一文中所阐述的统战文化的另一个主要内涵,就是要"彰显传承以爱国进步、团结和睦为鲜明特点的民族文化"。[11]自古以来,居住在闽南地区的回、畲等少数民族,也祀奉汉族民间信仰神祇,这无疑可以促进闽南不同民族之间的和谐。

基于历史的原因与文化的差别,我国历史上不同民族之间的关系,和谐与不和谐的情况均有,只是不同的历史时期,其表现有所侧重而已。当然,总体而言,是以和谐为主。那么,民间信仰与闽南不同民族之间的和谐,究竟有着什么样的关系呢?这是值得我们探讨的一个重要问题。在这个问题上,厦门大学的郭志超教授于20世纪90年代在漳州地区进行民俗学田野调查时的发现,为我们提供了一个颇有说服力的个案。

一般认为,位于漳州市漳浦县东北部山区赤岭畲族乡的畲民,因为唐代陈元光曾镇压过他们的祖先(即历史文献中所说的"蛮僚"),所以在这里不存在漳州地区普遍流行的祭拜陈元光的民间信仰。但根据郭志超教授的实地调查,却发现该乡畲民普遍奉祀开漳圣王陈元光的部将"辅顺将军"马仁,继而又发现在该乡中心地带村落奉祀开漳圣王及其配祀神,以及开漳圣王庙在畲乡四隅地带的历史存在。赤岭畲族奉祀开漳圣王及其配神的民间信仰习俗,反映了汉族人民与畲族人民历史上的友好关系。封建统治阶级推行的民族压迫政策是封建专制社会的必然产物,但有时封建统治阶级或其中某些人也会兼施有益于少数民族和民族关系的政策。赤岭畲族奉祀开漳圣王及其配祀神的事实曲折地反映了对陈元光某些民族政策及开发漳州所做贡献的肯定。开漳圣王及其配祀神的崇拜习俗存于赤岭畲族,这对探讨历史上畲汉民族关系和具体、辩证地评析封建统治者的民族政策,以及重视群体历史记忆的变化,提供了一个耐人寻味的个案。该个案告诉我们,民间信仰对于促进不同民族之间的和谐,可以发挥独特的作用。[12]

类似的例子,还有泉州市安溪县湖上乡盛富畲族村境内的八社铜锣庙汉畲两族人民同崇拜关帝的信俗等。[13]

(五)两岸关系

闽南是台湾同胞的主要祖籍地,同根文化资源极为丰富。

台湾民间信仰庙宇众多,所奉祀的神祇繁杂,其民间信仰的早期形态主要是大陆移民移植过去的,带有明显的闽南文化色彩。早期前往台湾拓荒的大陆移民主要来自福建(其中又以闽南地区为主)及广东,在台湾民间信仰的体系中,大部分神祇都是从福建及广东传播过去的,其中又以从闽南地区分灵去的地方性神祇最多,这些地方性的、乡土性的神明比全国共同性的还要多几倍。而且愈是地方性的神明,其对民间的影响也愈大,这也是台湾民间信仰最显著的特质之一。在台湾民间影响最大的是来自移民原籍地闽南的乡土性神明,主要有妈祖、保生大帝、清水祖师、开漳圣王、广泽尊王、王爷等,以及自移民原籍地传去的关帝圣君、福德正神、玄天上帝、城隍爷等。

海峡两岸的民间信仰是源与流的关系。改革开放以来,民间信仰在两岸民间文化交流中起着特殊作用,台湾信众纷纷组团前来大陆祖庙进香谒祖,同时大陆祖庙的主神也屡屡应邀赴台湾巡游,接受信徒的顶礼膜拜。日趋频繁的两岸民间文化交流,增加了台湾同胞对中华文化的认同感,增强了台湾同胞寻根认祖的意识。因此举办两岸共同的民间信仰如妈祖、保生大帝、关帝、开漳圣王、广泽尊王等祭祀活动,被列为闽南文化生态保护实验区建设对台文化交流活动的重点项目之一。

近年来,民间信仰在海峡两岸民间文化交流过程中发挥了越来越大的作用。例如,被称为"泉州第一武庙"的泉州通淮关岳庙,是众多台湾关帝庙的祖庙。作为闽南民间信仰的重要窗口之一,泉州通淮关岳庙在台湾的影响日益扩大。为进一步促进泉台两地的民间信仰文化交流,2008年5月,泉州通淮关岳庙组成赴台参访团,在台湾进行为期十天的交流访问活动。参访团甫抵台湾,即在台南祀典大天后宫受到台湾地区领导人马英九先生的热情接见。2009年10月,应台湾高雄东照山关帝庙的邀请,泉州通淮关岳庙再次组成团赴台访问交流。台湾立法机关负责人王金平先生在台南祀典大天后宫接见了泉州通淮关岳庙参访团的全体成员。2010年6月21日,以"晋谒关帝祖庙,联结两岸情缘"为主题的第二届海峡论坛"台湾百家关帝庙信众福建谒祖会香"暨"泉州首届海峡两岸关帝文化节"大型活动在泉州隆重举行。王金平先生私人代表曾吉连先生,台湾关圣帝君弘道协会总会长郭有智先生、荣誉会长吴朝煌先生及来自宝岛台湾二千余名关帝信众参加了开幕典礼。据悉,这是四百多年来,台湾全岛关帝庙神尊首次"携手"西渡海峡,也是台湾历史上关帝信众到大陆最大规模的谒祖进香活动。[14]

民间信仰在两岸关系中具有精神纽带的特殊功能,这不仅是祖国大陆民间信仰研究者的共识,亦为台湾许多研究民间信仰的专家学者所认同。

注释:
[1]吴真:《民间信仰研究三十年》,《民俗研究》2008年第4期。
[2]高丙中:《作为非物质文化遗产研究课题的民间信仰》,《江西社会科学》2007年第3期。
[3]林国平:《关于中国民间信仰研究的几个问题》,《民俗研究》2007年第1期。
[4]夏征农、陈至立主编:《辞海》(第6版彩图本),上海辞书出版社,2009年,第3072页。
[5]乌丙安:《中国民俗学》,辽宁大学出版社,1985年,第242~245页。
[6]吴巍巍:《造神缘起:论经济建设热潮与福建民间信仰兴盛之关系》,《福建论坛》2005年第1期。
[7][11]杜青林:《大力加强统战文化建设》,《求是》2012年第7期。
[8]李建章:《愿体集·兄弟》,上海宏大善书总发行所,1870年。
[9]李光缙:《塑三义庙记》(明万历甲辰),见吴幼雄、李少园主编《通淮关岳庙志》卷三,"碑记",中国社会科学出版社,2008年,第39页。
[10]沈继生:《关羽崇拜的文化内涵》,泉州市区道教文化研究会编印《道教文化研究通讯》第25、26期合刊,第3~4页。

[12]郭志超:《闽西南民俗学田野调查的发现》,陈支平主编《林惠祥教授诞辰100周年纪念论文集》,厦门大学出版社,2001年,第105~120页。

[13]陈桂炳:《民间信仰与社会和谐——以闽南及台湾地区为研究视野》,方志出版社,2012年,第166~168页。

[14]可参看新闻媒体的有关报道,如《传播关帝信仰文化 推动两岸民间交流——写在泉州首届海峡两岸关帝文化节祀典活动之际》,《大公报》2010年6月21日。

第四节

韩元吉《东岳庙碑》与泉州民间信仰

连心豪

(厦门大学人文学院历史系)

"本文献世家"的韩元吉(1118—1187),南渡后流寓江西上饶,尝宦闽中,知建宁。兹据丛书集成初编武英殿聚珍本,参以文渊四库全书本,对其著《南涧甲乙稿东岳庙碑》勘误校订,加以疏证。通过对泉州东岳庙建造年代、创建人及其规制,以及该庙遂为"一郡之精神命脉系焉"之成因的阐释,窥视宋代泉州海外交通贸易发达与民间信仰的密切关系。

笔者读书,偶得宋儒韩元吉《东岳庙碑》,记述泉州东岳庙建造始末甚详,可补志乘记载缺轶之不足,对澄清泉州东岳庙建造年代、创建人及其规模,乃至于泉州民间信仰一些模糊不清、悬而未决的问题,实乃不可多得的第一手资料,弥足珍贵。兹略作疏证,以飨泉州父老方家同好。

韩元吉,字无咎,开封雍丘人。生于宋徽宗重和元年(1118年),南渡后流寓信州上饶。元吉为门下侍郎韩维之孙,尝宦闽中,知建宁县,三次提举太平兴国宫,除龙图阁学士,官至吏部尚书,晋封颖川郡公,归老于南涧,因自号南涧翁,并以名集。纪昀《四库全书提要》称元吉"本文献世家",为程子再传弟子,"又与朱子最善,尝举以自代","其学问渊源颇为醇正。……诗体文格,均有欧苏之遗,不在南宋诸人之下"。《南涧甲乙稿》有中华书局1985年标点本,惜其工欠精,或有脱字舛讹,句读亦尚欠斟酌。兹据丛书集成初编武英殿聚珍本,参以文渊四库全书本,勘误校订,酌加标点。《东岳庙碑》全文如下:

岳之莅中国五,惟岱宗位东。其德在仁,其职生养,以应夫出乎震者。三代命祀,齐鲁大邦,得以望而致祭,非其地也。他侯虽礼备莫敢越焉。自秦汉一四海,无有远迩,毕为郡县。凡山川不在其境,祷祠之盛,犹或举之。而阴骘降监庙而遍天下者,亦惟是东岳为然。宋兴三叶,升中告成,册以帝号,由是冠服宫室,率用王者之制。盖古者以神事山川,以鬼事宗庙。其曰岳渎视公侯者,特其牲牢豆笾用等而已。坛墠有地,非必庙为也。去古既远,事神之仪,悉务鬼享。故虽山川,而筑宫肖像,动与人埒。土木崇丽,至拟于明堂太室,无甚愧者,将礼与时变,其致力于神当如是耶!

泉州故有东岳庙,附于开元观之侧,规制狭陋。绍兴二十一年,郡人相与谋曰,吾州在闽越东南,负山濒海,自五季而后,未尝见兵火。虽列圣临御,泽潋而德洽,岂繄明神,实阴相之。其曷以报?宜庙之,宇一新焉。乃卜地于城东之山。是土也,潪而甚黄,俗号黄山。或曰,皇者,黄也。而麓有大石,高且百尺。相地者言:"去此,则可以庙矣。"民趋之,刷锄刈夷,老稚奋力,不日而坦焉。平壤遂以为前殿基,刓高培薄,顺其形势。以楹计之,屋且百区。山灵渎鬼,俨列异状。社公土母,拱抱后先。祈年有方,司命有属。巍坛中峙,六庙外辟。璇题丹碧,跂翼焕烂。使望而进者肃然悚惧,如有执死生祸福之籍在左右,遂为一邦神祠之冠。经始于是年四月,而休工于二十七年八月之望。糜缗钱十有四万,阅岁而后成。噫亦勤矣。先是右朝请大夫张君汝锡,首施钱五千缗,以唱郡人。施者既集而张君即世,其子婿右朝奉大夫韩君习实始终之。凡庙之位置高下,与夫费用之出纳,工役之巨细,皆韩君力也。

逮兹二十年,海无飘风,里无鸣柝,稉稌露委,疫疠不作。而泉之俗,利贾而业儒,蛮艘獠舶,岁以时蓺。既富而安,野有弦歌。士皆诗书,文雅是厉(励),踵属通显。民之幸神赐者,不懈益虔。于是请书其事于石,因为作祀神之章,俾声于庙而碑焉。其辞曰:

神之徕兮自东,驱列缺兮驭靁霆。玉策照耀兮石石感穹崇,岩岩在望兮粤与鲁同。若木出日兮丹崖火融,嗟泉之阳兮既新我宫。钧天兮帝所,百祇卫兮万灵从。坎鼓兮镗钟,蔚馨白兮荔红。蠔羞于錡兮菓荐于壅,山无毒螫兮海无飓风。蛮宾委路兮卉衣蒙茸,盅消厉息兮岁仍屡丰。发德大兮靡有不通,民趋于宫兮惟成在中,倚千万岁兮神施亡穷![1]

关于泉州东岳庙的始建年代及其创建人,旧志等文献资料记载不全,说法不一。明万历年间,邑绅李光缙为重修东岳庙所作《碑记》(或作《第一山青帝宫记》)云:"志不载其构于何代何年,但云建置修葺不一。至宋绍兴,规制益宏,则其由来久矣。"可知隆庆《泉州府志》未载东岳庙始建年代。明弘治《八闽通志·寺观》记有:"东岳行宫,在府城东北三十九都皇迹山。旧附开元观侧,宋绍兴间始建于此。"清乾隆《泉州府志·坛庙寺观》则称,宋绍兴二十二年(1152年),尚书张汝锡建。韩元吉《东岳庙碑》对此有详细记载:"泉州故有东岳庙,附于开元观之侧,规制狭陋",绍兴二十一年(1151年),郡人相与谋建,"乃卜地于城东之山……经始于是年四月,而休工于二十七年八月之望"。韩元吉所记与《八闽通志》、乾隆《泉州府志》相互印证吻合,足以征信。绍兴二十一年应为倡议谋建之始,筹措资金、擘画设计等准备工作均需时日,翌年方才正式动工兴建。而于绍兴二十七年(1157年)八月之望竣工落成,则确定无疑矣。

"王者受命易姓,改制天下。天下太平,功成封禅,以告平也。"[2]国家出现后,封禅祭天成为君权神授、王权礼制的象征,是帝王的特权专利,人臣不得非礼僭越,民间百姓更无缘参与。"古者以神视山川,以鬼事宗庙。其曰岳渎视公侯者,特其牲牢豆笾用等而已。坛墠有地,非必庙为也。"山岳崇拜原属原始宗教的自然崇拜,天地山川形象与人截然不同,泰山崇拜开始只不过设坛祭祀而已,祭祀所用的礼器、祭品相当于祭祀公侯的等级,并无庙宇和神像之设。"岳者,地祇,祭坛而弗庙。五岳总立庙,自拓跋氏始。唐乃各立庙于五岳之麓。东岳(庙)之遍天下,则肇于宋之中叶。"[3]唐宋王朝以神道设教,频频于泰山封禅祭天告成,泰山神因此封赠有加。宋辽"澶渊之盟"后,宋真宗为了粉饰天下太平,稳定人心,证明和巩固赵宋王朝的法统,屡屡假借托梦制造天降天书的祥瑞神话,宣示赵宋受命于天、国祚延永,并因此改元大中祥符。大中祥符四年(979年),加封东岳曰天齐仁圣帝。"盖是时东封事竣,朝野上下方以成礼岱宗,比隆往代,诌媚之士,争相迎合。"[4]据王鼎所作忻州定襄县蒙山乡东霍社《东岳庙碑》,真宗因此"敕下,从民所欲,任建祠祀。"[5]于是,"土木祷祠之事兴,天下靡然风向。而东岳之庙,遍环宇矣"。[6]泉州城东北的凤山东岳庙与此前附于开元观侧的旧东岳庙,都是在宋代全国兴建东岳庙的浪潮中先后产生的。

泉州东岳庙亦称东岳行宫,在府治仁风门外凤山之阳。凤山北接大旗山,其山势由北面之清源山逶迤而来,势如飞凤,故山名凤山。因有东岳行宫,故郡人俗称东岳山。东岳行宫"下有皇绩七里亭",汪煌辉《凤山踏青词》有"天皇勋绩太铺张"句[7],可知皇迹山或作皇绩山。韩元吉《东岳庙碑》云:"是土也,潒而甚黄,俗号黄山。或曰,皇者,黄也。"可知凤山亦称黄山,皇迹山、皇绩山之名源于黄山。

明崇祯《第一山重修地祇忠义庙记》[8]记云:"宋绍兴,有金紫光禄大夫张公讳汝锡者,弹击秦桧不中,避地入泉,修玄于此山。……以贻书以(与)其一子婿,载宝南来,大兴三清五帝、岱岳诸宝殿。"该记亦云张汝锡创建东岳庙。韩元吉《东岳庙碑》曰:"先是右朝请大夫张君汝锡,首施钱五千缗,以唱郡人。施者既集,而张君即世。其子婿右朝奉大夫韩君习实始终之。凡庙之位置高下,与夫费用之出纳,工役之巨细,皆韩君力也。"与《第一山重修地祇忠义庙记》"贻书以(与)其一子婿,载宝南来"前后呼应。可知张汝锡乃创建东岳庙的首倡者,而其婿韩习"实始终之",毕竟其功,才是东岳庙的实际创建者,功不可没。与其说"张汝锡父女相继开山"[9],毋宁说是张汝锡、韩习翁婿相继开山。乾隆《泉州府志》卷二十九《名宦》记:"韩习,字胜非,颍昌人。……绍兴间通判泉州,摄郡事。……秩满,寓居于泉。"至于张汝锡的官衔,《第一山重修地祇忠义庙记》称其为金紫光禄大夫,而非乾隆《泉州府志》所谓尚书。散阶又称散官,是一种附加性的官阶,表示一定的级别,与实际职掌和俸禄无关。宋代实行文臣换右职之制。太宗初年,为避光义讳,将文散官中的通议大夫改为朝奉大夫。哲宗年间,金紫光禄大夫、朝请大夫、朝奉大夫等官阶各分左右,进士出身者加左,其他出身者加右,用以区别流品。高宗绍兴朝同此,"绍兴复修试换之令"。[10]《第一山重修地祇忠义庙记》称张汝锡的官衔为金紫光禄大夫,不合绍兴朝散官区分左右之制。《第一山重修地祇忠义庙记》与乾隆《泉州府志》二者所记皆误,既非金紫光禄大夫,亦非尚书,当以韩元吉《东岳庙碑》所称右朝请大夫为是。

关于绍兴间始建东岳庙的规模,李光缙《第一山青帝宫记》云:"向一殿,今列而三之。"似乎经明万历年间重修,东岳庙才由一殿扩建为三殿,其实不然。韩元吉《东岳庙碑》载,绍兴年间创建东岳庙,"縻缗钱十有四万",历时五六年而后成,"以楹计之,屋且百区",又有"巍坛中峙,六庙外辟"。前引《第一山重修地祇忠义庙记》亦有"大兴三清五帝、岱岳诸宝殿"。窃以为,绍兴创始,已非一进一殿矣。《第一山重修地祇忠义庙记》云,东岳行宫"前为天坛,坛之下东为地祇"。地祇忠义庙正所谓"六庙外辟"之一也。

东岳庙于绍兴创始,已经达到相当的规模。"山灵淡鬼,俨列异状;社公土母,拱挹后先。祈年有方,司命有属。巍坛中峙,六庙外辟。璇题丹碧,跂翼焕烂。使望而进者肃然悚惧,如有执死生祸福之籍在左右,遂为一邦神祠之冠。"《第一山重修地祇忠义庙记》亦记东岳行宫"一郡之精神命脉系焉"。

凤山"形胜天成,有'万山第一'之誉称"。[11]更重要的原因恐怕是,鼎建东岳行宫于斯,"遂为一邦神祠之冠","一郡之精神命脉系焉",才有"万山第一"、"第一山"的誉称。东岳庙之所以"遂为一邦神祠之冠","一郡之精神命脉系焉",不仅因为其规制宏达,更由于东岳大帝在泉州民间信仰体系中具有极其崇高的地位,东岳庙无异于泉州民间信仰的大本营。"《藏经》曰,五岳之神,分掌世间人物,各有攸属。如泰山乃天帝之孙,群灵之府,为五岳祖,主掌人间生死贵贱修短。"[12]"《道经》曰,五岳之神,分掌世界人物,各有攸属。岱泰山乃天帝之孙,群灵之府,主世界人民官职生死贵贱等事。"[13]东岳行宫"第二进存石天坛、石亭、石香炉,供泉郡各神庙往此击石取火(俗称'乞火'),称'名山取火'"。[14]有人考证陈德商《温陵岁时记》所记奇仕妈"神于仲秋之日,必至东岳行宫进香"的缘故,是因为陈靖姑于宋理宗时加封"碧霞元君",而东岳大帝之女亦为碧霞元君。[15]期期以为不然。"百祇卫兮万灵从",奇仕妈(临济夫人陈靖姑)亦系东岳大帝统辖的"群灵之府"芸芸众神其中一员,泉郡各神庙往东岳行宫击石取火,奇仕里临济夫人宫当然概莫能外。以绍兴鼎建东岳行宫之盛况推论,泉郡各神庙往东岳行宫"乞火"之俗,应肇始于绍兴创建凤山东岳庙之后。

鄙意韩元吉《东岳庙碑》尤为可贵之处,还记述了宋时泉人"利贾而业儒"之俗,"蛮艘獠舶,岁以时葼"之盛,从中透露了宋代泉州海外交通贸易发达及其与民间信仰关系密切等珍贵消息。"民之幸神赐者,不懈益虔","倚千万岁兮神施亡穷"。泉州百姓虔诚祈求东岳大帝及其麾下众神保佑,期望"海无飓风",海外交通贸易兴旺发达,"蛮宾委路","卉衣蒙茸",大食等东西洋各国商人前来兴贩贸易。可以想象,为鼎建兴修东岳庙捐资出力,到东岳庙祷告还愿的信众中,肯定少不了直接从事海外交通贸易者及其亲属,或是经营相关行业的人们。韩元吉《东岳庙碑》为海外交通贸易促进泉州民间信仰提供了一个鲜明的例证。其实二者的关系是相互作用的,民间宗教信仰也曾促进海外交通贸易的发展。如宋徽宗宣和七年(1125年)三月、高宗建炎元年(1127年)六月、绍兴二年(1132年)四月,先后诏给度牒、师号,供广南、福建、两浙市舶司充博买本钱。[16]又如连南夫于绍兴三年(1133年)至六年(1136年)知泉州期间,"朝廷下福建,造舟以备海道,遣使督促。公曰:'舟用新木,难遽办,且湿恶易坏。若以度牒钱买商船二百艘,则省缗钱二十万矣。'从之。"[17]

泉州东岳庙昔日风光早已不再,现在仅存第三进正殿,也已濒临颓圮。

东岳庙乃泉州民间信仰群灵之府,是泉州历史文化名城"世界宗教博物馆"和当年海外交通贸易盛况的历史见证。

注释:

[1](宋)韩元吉:《南涧甲乙稿》卷一九。以下引用该文不加注。

[2](汉)应劭:《风俗通义》正失第二。

[3](清)黄伯禄辑:《集说诠真》。

[4][6](清)胡聘之:《山右石刻丛编》卷一二,《东岳庙碑》按语。

[5](清)胡聘之:《山右石刻丛编》卷一二,《东岳庙碑》。

[7][9][11]刘浩然:《温陵山川诗文略》,第153~154页。

[8]吴幼雄:《泉州关羽信仰的儒道释文化渗透》附录,《泉州道教文化》总第4、5期合刊,1994年10月。

[10]《宋史》职官九。参见刘浩然:《温陵山川诗文略》,第153~154页。

[12]《月令广义·图说·五岳真形图》。

[13]《古今图书集成·神异典》卷二二,引《岱史》。

[14]泉州市区道教文化研究会:《道教文化》,鹭江出版社,1993年,第15页。

[15]沈继生:《泉州的陈靖姑信仰》,《泉州道教文化》总第2期,1994年3月。

[16]《宋会要辑稿》职官四四之一〇、一一、一三。

[17](宋)韩元吉:《南涧甲乙稿》卷一九,《连公墓碑》。

第五节

从泉州天后宫看民间宗教的和谐发展

陈名实

（泉州师范学院泉州学研究所）

泉州天后宫是泉州妈祖信仰的重要宫庙，自创建以来，就与其他水神信仰和谐共处，共同发展。明清以后，妈祖的神通扩展，泉州天后宫又融合许多民间俗神配祀，并分灵到台湾及东南亚等地。从泉州天后宫的发展历史，可以看出泉州的民间信仰是在相互依存的情况下和谐发展的。

福建是民间宗教兴盛的地区，其中又以泉州为最。古代泉州城区为晋江县，中原移民自晋代以来就迁居于此。中原移民带来的佛教、道教信仰与当地土著的巫教相结合，产生众多神灵崇拜的民间信仰，以求平安吉祥。这些神灵互不统属，主次完全由社区民众的信仰决定。古代泉州城区分为三十六铺，九十余境，信仰的神灵有几百种，每铺每境都有主祀神灵和配祀神灵。为什么这么多民间宗教的神灵能够和谐共处呢？本文就以泉州天后宫为例，探讨民间宗教和谐发展的原因。

一、泉州妈祖庙建立前的水神信仰

从东晋至唐末，中原移民不断南下，他们在泉州定居以后，思乡之情难以忘怀。在泉州市区西郊南安境内丰州镇西面，有座山称九日山，山前晋江流水蜿蜒荡漾，从这里流向出海口。传说晋代南迁者，每年农历九月初九在此登山高瞻远望北方故乡，因而得名。自唐以来，文人墨客曾先后登临或隐居于此。

唐末五代以来，泉州的海外交通迅速发展，为了祈求海上平安顺利，九日山成为人们祈求神灵保佑的主要地点。山下原有建于西晋太康九年（228年）的泉州最早佛教寺院。当时来泉州经营海外贸易的番舶，要靠风驾船。

来泉的番舶要春夏乘东南风而来,秋间则顺西北风而去。因此海神信仰应运而生,这位海神就是通远王。

通远王原为乐山王、广福王,俗谓白须公。他原是山神,其原型是唐时位于永春与南安交界处乐山的一个老隐士,死后被奉为山神。唐咸通年间(860—873年),显灵发大水运巨木往九日山下重建延福寺大殿,因此人们在延福寺旁建昭惠庙奉祀,其神灵主要是能够主宰风雨。

北宋皇祐五年(1053年),泉州开始建造洛阳桥,桥址位于海水和江水相交之处,工程浩大。嘉祐元年(1056年),新任泉州知府蔡襄接手续建后,认为必须迎奉一尊神祇来作镇海利远的精神支柱,因此在洛阳建了一座昭惠庙,乐山神也从雨神发展为海神。由于名宦蔡襄的推崇,乐山神得到朝廷崇应公的封号。明代陈道远《重建昭惠庙叙》记载:"逮宋嘉祐五年(1060年)春,郡守蔡襄以旱甚,祷于祠应。熙宁八年(1075年)闻于朝,敕封崇应公。"[1]

安海港在北宋就成为泉州海外交通的重要港口,政和四年(1114年)八月也开始建造昭惠庙。同年,敕封通远王并赐庙额"昭惠"。此后,通远王信仰随着泉州海上丝绸之路的兴盛,广泛流行于泉州城乡。南宋时期,每年夏、冬,泉州官府由泉州郡守、南外宗正、提举市舶主持,府郡及市舶司的高级官员出席,到九日山下的延福寺、通远王祠举行"冬遣舶、夏回舶"两次"祈风祭祀"典礼,成为制度。祭海神通远王以祈求顺风,望海舶能平安到达目的地。仪典隆重肃穆,规模很大,礼毕勒石记事。

宋代泉州除了本地水神通远王外,还有全国性的水神玄天上帝,即真武帝,或真武、北极真君。真武即北方之神玄武,宋时避讳改玄为真,称真武帝。根据阴阳五行来说,北方属水,故北方之神即为水神。由于其主北斗,而北斗七星为航海主要天象,故被航海者视为海神。泉州真武庙俗称上帝宫,位于泉州港法石村石头街,祀真武大帝(北极玄天上帝),始建于南宋,占地面积3000多平方米。玄武庙在郡城东南石头山,宋时为郡守望祭海神之所。宋代,泉州地方官在九日山通远王祠祈风,在法石玄武庙祭海,祈求海上平安。

到了南宋时期,泉州民间船只出海远航的越来越多,保佑海上平安成为人们最主要的祈求。许多人都想在出海前祈求神灵的保佑,而远在九日山主司海风的通远王与在法石的玄天上帝把祈风和祭海分为两个部分,而且都由官方主持,难以满足民间神灵全面、方便的属性。另一方面,通远王由山神转化而来,其海上救助的功能在普通百姓心中仍有存疑;而玄天上帝的海上功能则是文人的推论,缺乏文化的人也难以接受。因此,百姓需要一个有海上救助经历的传奇神灵,妈祖信仰就此兴盛。

二、泉州顺济宫建立后的水神信仰的整合

到了南宋时期,早期从中原来的移民已经基本上本地化了。他们与当地土著融合以后,受到土著居民巫教的影响,也推崇从巫到神的神灵。而从唐末五代以来兴盛的佛教也与巫教相互融合渗透。泉州妈祖庙就是在这种情况下建立的。

妈祖生前是莆田湄洲海边的一个林姓女巫,职业是给人算命,死后被当地百姓奉为通天神女。据南宋进士廖鹏飞在绍兴二十年(1150年)撰写的《圣墩祖庙重建顺济庙记》载:"女神人壮者而尤灵,世传通天神女也。姓林氏,湄洲屿人。初以巫祝为事,能预知人祸福。既殁,众立庙于本屿。"[2]

海边的女神很容易使人联想到有海上救助的功能,于是故事就产生了。据《圣墩祖庙重建顺济庙记》记载,宋宣和五年(1123年),"给事中路允迪出使高丽,道东海,值风浪震荡,舳舻相冲者八,而覆溺者七,独公所乘舟,有女神登樯竿为旋舞状,俄获安济。"由于湄洲神女在海上"显灵"相助,路允迪一行才得以获救。出使归来,路允迪回朝复旨奏禀此事。徽宗皇帝御赐"顺济"匾额,挂于圣墩庙。"顺济"者,即顺风以济之意,妈祖自此成为朝廷认可的海上女神。

借助海边女神的优势,从莆田传来的妈祖信仰得到泉州人的认可,弥补了泉州民间海神信仰的不足,使泉州的海神信仰重新整合。泉州城南晋江畔为蕃舶客航聚集之地。庆元二年(1196年),在此地建妈祖庙,祀海神莆田湄洲林氏女默娘,供那些往来于海上的商贾、船员来此进香祈祷。

传说当年妈祖托梦给当地一个名叫觉全的和尚,命他建置庙宇:"泉州浯浦海潮庵僧觉全,梦神命作宫,乃推里人徐世昌倡建。实当笋江、巽水二流之汇,番舶客航聚集之地。时,罗城尚在镇南桥内,而是宫适临浯浦之上。自是,水旱盗贼,有祷辄应。"[3]当时建的这座顺济宫规模已经很大,有三殿、山门、两廊、两亭,称为顺济宫。庙址处于具有地理区位优势的风水宝地。在这块地北边不远处,就是南宋市舶司旧址,是商人们进出办事的必经之路。那时候商人们进庙上香礼拜,奉献供品,卜算吉凶运程,然后出南门启碇扬帆,因此信仰者迅速发展。泉州顺济宫建后十五年,郡守邹应龙于笋江

下流造石桥,以近顺济宫,因名"顺济桥"。石桥位于顺济宫前,横跨晋江。中外商船泊于岸边江中,首先看见的就是顺济宫和顺济桥,这就加强妈祖信仰的传播。起先到顺济宫祭拜的主要是百姓,到了南宋末年,官方把祭海地点从法石真武庙移到泉州顺济宫,使妈祖在海神中的地位大大提升。

到了元代,通远王海上主神的地位逐渐被妈祖所取代,其变化的原因主要有如下几个方面:

第一,政治需要。南宋官方大力渲染的海神通远王,因元朝入主中国而衰落。元朝歧视"南人",而通远王就是属于南人。相传通远王叫李元溥,四川人,是唐朝末年进士,避祸隐居福建南安。后来,人闻空中有乐声,李元溥白日升天,所居山命名为乐山。如果元朝仍然信奉通远王,就与民族歧视政策相矛盾。因此元朝便大力抑制海神通远王,抬出海神妈祖取代其位。至元十五年(1278年)八月,元世祖制封泉州神女,号护国明著灵惠协正善庆显济天妃。元朝政府规定不许破费政府银两祈风雨祭祀海神通远王,将妈祖封号从宋代的"圣妃"升格为"天妃",赐给天妃庙专有封号"灵慈",取代宋朝时的"顺济"。元世祖称妈祖为泉州神女,把妈祖的地位上升到与王同等的位置,而且功能从以风顺济发展到显灵救助,可见他对泉州妈祖信仰的重视,泉州顺济宫也因此改称泉州天妃宫。

第二,群众基础。元朝时,大陆沿海船民渔民对妈祖的信仰已很广泛,在各省沿海建造了许多妈祖庙宇。而通远王的庙宇只局限于泉州一隅,未见他州有奉祀者。元朝既要通过内河航运把南方粮食运往北方,又要利用泉州港与外国通商,因此在泉州乃至全国有群众信仰基础的妈祖就比通远王有明显的优势,通远王的功能自然就被妈祖取代。

第三,女性因素。元朝统治者最担心的就是汉人的反抗,对男性汉人尤其压制。因此抬出女神保护元朝,于情于理更为有利。而且根据中国古代阴阳五行学说,水属阴,女也属阴,很容易取得信奉者的信仰。元世祖派信伊斯兰教的背宋降元的蒲寿庚之子蒲师文任封天妃的钦差大臣,其含义不言而喻。

虽然妈祖信仰在元代海神信仰中占主导地位,但通远王在泉州部分群众中还是照常信奉的。惠安洛阳桥北之昭惠庙,至今尚存,香火不衰,近又重新修复。而玄天上帝信仰到明代时,地位还远在妈祖之上。总体看来,由于统治者的偏好,泉州的水神信仰有过此起彼伏的现象,但在民间是和谐发展的。

三、从泉州天妃宫到泉州天后宫

明朝建立以后,实行海禁政策,明太祖朱元璋严格控制民间淫祀,妈祖庙基本没有新建,甚至有一些被毁或改造。朱元璋对元朝捧起来的天妃妈祖反感,不承认天妃的称号。后来由于百姓的信仰及水师和漕运的需要,朱元璋不得不在洪武五年(1372年)承认妈祖信仰,但只封妈祖为"圣妃",重回宋代的封号。永乐年间,郑

泉州天后宫

和下西洋,妈祖的地位越来越重要,因此朝廷又恢复妈祖"天妃"的称号。嘉靖年间,给事中陈侃使琉球还,为请春秋祀典。明代,官方修建泉州天妃宫仅有二次:永乐五年(1407年),三保太监郑和第二次出使西洋时途经泉州,特奏请令福建守镇宫重新其庙。永乐十三年(1415年),郑和部属少监张谦使渤泥(今北加里曼丹岛)得乎州,发自浯江(泉州),实仗神庥,归奏于朝,鼎新之。到嘉靖时,泉州天后宫已十分破败,但官方不再修建。嘉靖十九年(1540年),郡人徐毓集资大修,先修正殿五间,重建寝殿七间,凉亭四座,两厢三十间,东西轩及斋馆二十八楹。到嘉靖二十三年(1544年)才落成。

在总体上看,妈祖信仰在明代受到官方冷落,其根本原因在于明代把玄天上帝作为最重要水神。传说明太祖朱元璋与陈友谅交兵落败遁入武当山,藏身真武庙内躲避追兵。被朱元璋扯破的蜘蛛网,在他进入藏身后,竟又自行愈合如旧,得以骗过追兵耳目,平安脱险。朱元璋登基后,立即下旨改建庙宇,重塑神像,献上"北极殿"匾额,加封真武大帝为玄天上帝。明成祖朱棣宣称靖难起兵得胜乃真武相佑,更自诩为真武化身,御用的监、司、局、厂、库等衙门中,都建有真武庙,供奉真武大帝像。此后,玄天上帝成为明朝皇室的保护神。

明末清初,泉州南安人郑森深受南明隆武帝器重,赐姓朱,改名成功。后郑成功反清复明,率水师驰骋海上,收复台湾,就是把玄天上帝尊为保护

神。郑成功所部船上都插着玄天上帝的黑色七星旗,以北斗七星作为海上航行的保护神,祈求得到玄天上帝的保佑。这种水神信仰因有一定的科学依据,对振奋士气起了一定的作用。只是由于玄天上帝神通广大,水陆天地无所不能,而且天妃妈祖在民间已深入人心,因此在明代,妈祖水神的地位虽然不如元代高,但在民间仍是影响最大的水神。

清朝取代明朝江山以后,作为少数民族的统治者,心态与元朝取代宋朝时一样,抬出妈祖压制玄天上帝。康熙四年(1665年),清水师提督施琅率水师进攻台湾,因在清水洋遇风,无功而返。这次失败以后,为了增强清兵在海上的自信心,施琅在福建沿海大力推崇妈祖信仰,祈求妈祖的保佑。施琅把妈祖作为清军的水上保护神,编造在平海候风时妈祖赐泉的神话,为统一台湾做舆论准备。康熙十九年(1680年)正月,清福建水师提督万正色率舟师进攻明郑政权在大陆的据点金门、厦门。清军攻占金门、厦门后,万正色上报大捷是因为妈祖转风助战。闽浙总督姚启圣奏请加封,并与巡抚吴兴祚在福州闽安镇建天妃宫奉祀。康熙封妈祖为天上圣母,遣官致祭。

康熙二十二年(1683年),清朝统一台湾。施琅称在澎湖攻打明郑水师时艰难取胜,是受妈祖神明显灵保佑,将经过奏报朝廷,得到朝廷认可。此后,妈祖的地位不断上升,封号也升为天后。雍正十一年(1733年),总督郝玉麟、巡抚赵国麟倡导省、州、县官府祭祀天后,并在福建各地整修与重建天后宫。清康熙二十三年(1684年),官方对泉州天后宫进行重修和扩建;清乾隆年间和清嘉庆年间,泉州天后宫进行了两次重修与扩建;清道光年间再修。在清代,官方对泉州天后宫先后进行五次修建。

为了配合尊崇天后妈祖,清朝对玄天上帝进行诋毁。如在台湾的传说中,玄天上帝原是一个屠夫,以杀猪为业,直到晚年始悔悟自己的行业杀生太多,难积阴德,遂毅然放下屠刀,遁入深山修行。潜心修行多年后,忽得神意暗示,欲除杀生之罪,须刀割己腹,取出脏腑洗清罪过。于是屠夫即赴河边剖腹,任令肠胃流入河中,他改过修行的至诚终于感动上苍,准其升天成仙,是为玄天上帝。但得道之后,其弃置河中的胃变作龟妖、肠变作蛇妖,龟蛇两妖四处作祟为祸人间。这种清朝为了抵制明朝国神玄天上帝所编的谣言,泉州人根本不信,也没有人去传,对玄天上帝的信仰基本没有影响。

清朝对妈祖的尊崇使福建与台湾的妈祖信仰迅速发展,成为影响最大的民间宗教信仰之一,在水神信仰中名列首位。在客观上,妈祖信仰也使汉族信众加强了对清朝的认同,有利于缓和清朝初期满汉之间深刻的民族矛盾,树立大中华的民族意识。从这个意义上看,妈祖信仰与其他水神信仰的和谐发展,是民族团结和谐发展的一个缩影。

明清时期,大量闽南人民移居台湾,把泉州的妈祖信仰也带到了台湾,并在那里建庙奉祀,使妈祖成为台湾地区最主要的民间神祇。建于明朝后期的澎湖妈祖庙是台湾地区历史上最早的一座妈祖庙,从庙宇的建设沿革看,其渊源与泉州移民关系密切,因此泉州天后宫是众多台湾妈祖庙的香源总庙。从正式名称上,自称为"温陵妈祖庙"的有台南温陵妈祖庙、台南鹿耳门圣母庙、鹿港天后宫、靖海侯施琅倡建的台南天后宫、云林县刺桐乡的福天宫、泉州人吴洛开发台中所建的朝天宫、泉州人许友仪开发新港所建的奉天宫,以及淡水的福佑宫、台西的安海宫等。

泉州商人和移民还把妈祖信仰传播到国内外各地。在清末民初,泉州商人每到一处,必当建造会馆,并从家乡请来妈祖祀奉,许多会馆与天后宫融为一体,妈祖信仰也由此传播。泉州天后宫内也设有苏、宁、福等许多商郊,天后宫每次修建,各大商郊会馆都倾力资助,以表虔诚。如今,每年到天后宫谒祖朝圣的妈祖信徒多达11万人。

四、泉州天后宫与配祀神祇

泉州天后宫位于中山南路南段东侧天后路,面对已废的镇南门,1988年1月被列为全国重点文物保护单位。1984年以后进行七次修建,包括重修山门、东西凉亭、寝殿、梳妆楼及重建西厢房等,其中大部分是由台湾信徒捐资修建的。

山门面阔五开间,牌楼式造型,宽23.23米,深3.93米,高9.42米,雕花漆绘木构斗拱,青石龙柱,两侧石雕麒麟,螭虎窗,屋顶重檐四坡面,屋脊反翘瓷雕八龙二鳄,角脊作成凤尾伸展而卷曲,线条柔和优美。戏台连接于山门后檐,坐南朝北,木构藻井顶盖,雕脊画枋。紧接山门两侧建筑为二层楼阁,面临通衢,两楼高耸,楼上分置钟鼓,楼下塑造千里眼、顺风耳二神像。

进门为新建戏台,宽6.40米,深5.15米,高8.00米,面向正殿,木藻井结构。天后正殿为明清木构建筑,面宽24.6米,深25.6米,占地面积635.5平方米。内有清嘉庆二十年(1815年)知府徐汝澜撰联:"德配坤维鲸波永息;恩涵海甸鳌殿常新"。正殿后墙一幅湄洲妈祖庙园风光的大型壁画,乃清道光年间作品。四周台基座高出地面1米,采用花岗岩石砌筑的须弥座,束腰处浮雕"鲤鱼化龙"、雄狮、文房四宝"八骏云火"、仙家法器、鹤舞云中、宝盖莲花等图为二度空间动态艺术造型。殿内木梁骨架,立于圆形花岗岩石柱,柱头浮雕仰莲连珠斗,挑出斗拱承托梁架作九架梁。门窗弯枋雀替,雕花精致细密,纹饰丰富多彩,既有几何图案,又有花卉水族、鸟兽人物。托木部位有凤凰戏牡丹,寿梁中作如意访心,表现女性神庙。殿顶筑九脊重檐四面落水的歇山式,正脊是天后殿制高点,两端五彩瓷型双龙戏珠,四岔脊头组合凤凰图案,对应大脊成龙凤呈祥,背面作人物故事,配以龙凤、麒麟、玄武、双虎、体现了吉祥如意。东西两廊及两轩和寝殿。寝殿后为梳妆楼,七开间35.10米,五进深19.80米,高8米许。寝殿又称后殿,地势比正殿高出1米多,两侧突出部位设为翼享,左右斋馆。整座殿宇系明代大木构建筑,屋盖为两坡面的悬山楔,面阔七间35.1米,进深19.8米,高8米许,木质梁架粗大古朴,大木柱置于浮雕仰莲瓣花岗岩的圆形石础之上,殿前檐柱保存一对十六面青石雕的元代印度教寺石柱,是明代翻修时所置。柱上接木柱,刻有楹联"神功护海国,水德配乾坤"。正面原悬挂明代大书法家张瑞图书"后德配天"的横匾。

泉州天后宫主祀天后妈祖,清朝咸丰帝给予最长封号:"护国庇民妙灵昭应弘仁普济福佑群生诚感咸孚显神赞顺垂慈笃佑安澜利运泽覃海宇恬波宣惠导流衍庆靖洋锡祉恩周德溥卫漕保泰振武绥疆天后之神"。可以说,清代的妈祖已是无所不能的神灵,广受民众祭拜。而其他众多神灵作为配祀,供奉在东西两廊。

东西两廊置配神二十四司,包括北斗星君、雷声普化天尊、水德星君、四海龙王、五显灵官大帝、文昌帝君、哪吒太子、七娘夫人、临水夫人、文武尊王、福德正神、纪王府、朱王府、池王府、温王府、吴王府、田元帅、邢元帅、李元帅、范元帅、康王府、陈武王。从这些配祀的神祇中,可以看出泉州天后宫已经兼容了许多民间宗教信仰,形成民间宗教信仰和谐发展的局面。

北斗星君、雷声普化天尊、水德星君、四海龙王为水神系统。北斗星君的信仰来源于古人对北斗七星的崇拜,其依次为天枢、天璇、天玑、天权、玉衡、开阳、摇光。大海航行中以北斗辨别方向,成为人们信仰的水神。古代又有南斗注生,北斗注死的说法,因此北斗星君又是人死期的主宰者,这对航行海上充满死亡威胁的人来说,无疑是救命的稻草。雷声普化天尊是雷部的最高天神,掌管复杂的雷神组织,主宰天上打雷,惩治恶人。水德星君即指水神,江河海湖甚至水井水潭中都有职司不同的水神。四海龙王是奉玉帝之命管理海洋的四个神仙,弟兄四个中东海龙王敖广为大,其次是南海龙王敖钦、北海龙王敖顺、西海龙王敖闰。四海龙王的职责是管理海洋中的生灵,在人间司风管雨,成为海上航行者信仰的神祇。

五显灵官大帝即华光大帝,俗称灵官马元帅,又叫"三眼灵光"、"三眼灵耀"、"华光天王"、"华光大帝"、"花酒马灵官"、"马天君"等,系道教护法四圣之一。玉帝封其为"五显灵官大帝",以千里眼、顺风耳、文昌帝君、五谷爷爷辅之,造福三界。文昌帝君为民间和道教尊奉的掌管士人功名禄位之神。文昌本星名,亦称文曲星,或文星,古时认为是主持文运功名的星宿。哪吒太子也称哪吒三太子,因为其法力高强,成为玉皇大帝手下的主要将领。以上三位都是道教中的神祇,由于能造福百姓,受人崇拜。福德正神民间俗称土地公,也有称为福德爷、伯公、大伯爷、后土或简称土地。由于人们都要在土地上生活,因此福德正神是民间信仰最广泛的神祇。

七娘夫人又称七娘妈、七星夫人,信仰盛行于福建和台湾,被奉为保护孩子平安和健康的神。临水夫人又称大奶夫人、顺懿夫人,福建和台湾闽东南籍民崇奉的女神,是道教中救助妇女难产之神,尤其受到妇女的信仰。

文武尊王、纪王府、朱王府、池王府、温王府、吴王府、田元帅、邢元帅、李元帅、范元帅、康王府、陈武王等都属于闽南的王爷崇拜。"王爷"又称"千岁",人数较多,其职务主要在于"代天巡狩、燮理阴阳",即代表天帝巡察人间善恶的神祇,并能为人民驱除一切瘟疫与邪恶,还带有尚方宝剑先斩后奏,故会加以敬奉,供奉王爷的庙多称为"代天府",王爷出巡则亦称为"代天巡狩"。

妈祖和王爷,是泉州民间信仰的两大系统,都是土生土长的民间宗教。这两大系统的神祇以及道教神仙共处一个庙宇中,表现出民众对民间宗教和谐共处的愿望。从社会历史发展的角度观察,泉州民间宗教和谐发展的主要原因在于:第一,泉州自晋代以来,中原移民与当地闽越族土著逐渐融合,形成佛教、道教、巫教融合的多神信仰,一般民众对神灵都有敬畏之心,无论何种神灵都尊而敬之,很少因尊崇某神灵而排斥其他神灵。第二,古代时泉州民众并不富裕,少建一座庙,就少了一些花销。而且民众求神的心理是多多益善,如果进一座庙,能拜多种神,得到众神的保佑,既省时又省力。于是民间宗教信仰就逐渐消除了门户之见,多种神祇比肩而坐,共同接受民众敬奉。第三,众多的神灵虽然都神通广大,但主宰的领域相对有所侧重,因此这些神灵都得到民众的尊崇。譬如读书人希望考取功名,他要拜文昌帝君;为了祈求赴考途中平安,他要拜妈祖;为了避免路上染上瘟疫,他要拜王爷。这样，一个庙宇中众神和谐共处就成了普遍现象。如今东西两廊改为闽台关系史博物馆陈列室，馆内收藏有大量珍贵的历史文物和民俗文物。然而，这种改变不利于保存历史的本来面目，使反映历史上众多民间信仰和谐发展的实体消失，不利于民间信仰的发展，希望这个问题引起有关单位的重视。

另外，泉州自宋代以来成为开放的港口城市以后，各种宗教信仰相继传入。人们出于经济交往的需要，既欢迎来者，也出外经商。因此，泉州人对外来人带来的宗教基本上采取包容的态度。对外国人传来的宗教都能兼容，本地的宗教信仰和谐发展也就不足为奇了。

注释：

[1]安海志编修小组：《安海志》卷二〇，《庙堂》，1983年。
[2]《莆田白塘李氏族谱》。
[3](清)怀荫布等：《泉州府志》卷一六，《坛庙·天妃宫》，乾隆版。

第十章
从泉州民间信仰看多元宗教和谐共处(下)

第一节

祷雨：协调人与自然和官民关系的祭祀活动

李玉昆　何隽彦

（泉州海外交通史博物馆）

民间信仰有协调人与自然、人与人之间关系的功能，在维系社会安定中发挥积极的作用。祷雨是协调官民关系和人与自然关系的祭祀活动。地方官员把祷雨作为解救干旱的重要活动，是拯救民众的爱民之举。祷雨的神祇有山神、龙王、海神、通远王、妈祖、岳帝爷、城隍、佛、仙等。民众认为，祷雨灵验乃山川神祇响应效灵，也是地方官员诚心祈祷感动天地而赐雨，于是"吏庆于朝，民歌于野"，送匾额答谢神祇，建甘雨亭、喜雨亭、灵雨亭或立碑颂德，以答谢官员。

民间信仰，具有一般宗教的内在特征，即信仰某种或某些超自然的力量，但又不同于一般宗教，它不是以彼岸世界的幸福而是以现实利益为基本诉求；民间信仰也有祭祀仪式、活动场所、禁忌等宗教元素，但没有完备的教义、教规、戒律、教阶制度、教团组织等一般宗教的外在特征。民间信仰是指信仰并崇拜某种或某些超自然的力量（以万物有灵为基础，以鬼神信仰为主体），以祈福禳灾等现实利益为基本祈求，自发在民间流传的、非制度化、非组织化的准宗教。[1]

民间信仰的神祇大多是历史上忠臣义士,为人民做过好事,有的生前廉洁奉公,整肃吏治,推动地方经济和文教事业的发展,保卫地方安宁;有的施惠政于民,扶危济困,助人为乐。发扬这种精神,对今天构建和谐社会有积极意义。

民间信仰有协调人与人之间关系的功能,在维系社会安定中发挥积极作用。在民族危机时,显灵护国,平"山寇",御"海盗",施惠政于民,平粜济饥,施仁政为民除害,稳定社会。民间信仰对社会有保障功能。人们在驱邪除妖、抗击水旱、祛病、护航、驱虎等斗争中,以民间信仰为精神力量,协调人与自然的关系。

泉州民间信仰源远流长,它的发展与泉州社会历史的发展相辅相成。泉州人富于冒险,勇于拼搏的人文精神,泉州多元文化的特质受到民间信仰的影响。民间信仰具有融合性的特征,民间信仰者注重神灵的灵验,这些是形成泉州多元文化的原因之一。

古代遇到干旱时,庄稼枯槁,群情嗷嗷。当时科学不发达,认为"日阳日雨皆神力",遇到天灾是苍天在"罪斯民"。地方官员为了显示悯农爱民之心,举行解救干旱的重要仪式——祷雨。泉州地方官员祷雨的神祇有山神、龙王、海神通远王、妈祖、岳帝爷、城隍、佛、仙等。

山川代表伟大的自然力,令古人顶礼膜拜,并产生出神化的观念。山神有调节自然的功能,旱时降雨,雨灾转晴。

泉州的山神庙很多,如清源山北山庙、紫帽山威灵显应王庙、朋山感宁王庙、晋江青阳石鼓庙、灵源山七星墩、南安飞阳庙、松崎山庙、永春乐山福王庙、石鼓山庙等。天旱时,泉州官员到山神庙祷雨。宋嘉祐中,岁大旱,郡守蔡襄祷永春乐山福王祠下,"甘雨如注,襄以状闻,封善利王"。[2]真德秀到北山、紫帽山、朋山祷雨,撰写《北山祈雨祝文》、《朋山庙祝文》、《紫帽山》。其《北山祈雨祝文》云:

> 维　年　月　日具位,谨以清酌之奠,昭告于北山之神。相传名山大川,能兴云出雨者,纪在祀典。温陵为郡,以泉得名,有崇北山,实州之镇,神仙所宅,雾雨所藏,一方仰庇,惟日久长,今历旬不雨,多稼将枯,群情嗷嗷,若捐川谷。愿以灵源一勺之水,散为阖郡三日之霖。使槁苗复兴,民命获济,此神之职也,亦邦人之望也。谨告。[3]

熙宁三年(1070年),泉州太守刘袭礼率僚属祷雨于显应庙(飞阳庙)、灵乐庙(昭惠庙),九日山西峰有刘袭礼祈雨石刻云:

光禄卿知军州事圊田刘袭礼公叙,因祈雨显应、灵乐二庙,率同僚比曹外郎通判军州事壁田程苟宗儒、虞曹外郎知南安县刘元卿叔献,签判殿中丞张知古伯通、著作佐郎知晋江县危雍景和、节度推官王舜臣仲元、观察推官李绰子容,同游隐君亭。熙宁庚戌七月十六日苟题。

飞阳庙,为山神庙,原在南安丰州晋江南岸,西晋太康年间(280—289年)飞过江北。古人以江北为阳,故称飞阳庙。祝穆《方舆胜览》云:"飞阳庙,晋太康中,夜有雷电起于庙庭,及明日已移于江北,故名。"[4]王象之《舆地纪胜》、黄仲昭《八闽通志》记载同。[5]

飞阳庙奉祀神祇,《闽书》云:

> 王审知刺泉,表其灵应,累封飞阳王,最后封昭德王。宋天禧三年,封显应王,从祀之神三:一姓游名辅;一姓李名弼;一姓林名恭。淳祐中皆为侯。[6]

乾隆《泉州府志》载:"唐光启初,王审邦刺泉,表封飞阳王,后加封昭德,宋天禧三年累封显应。今废。"[7]五代光启初表封飞阳王的为王潮,而非王审知、王审邦。飞阳庙主祀之主神为显应王,名讳颇难考。其陪神为游辅、李弼、林恭。

飞阳庙之主神显应王的主要神职是祷雨。嘉祐三年(1058年),泉州郡守蔡襄,诣庙祷雨,岁以大稔。其《诣飞阳庙祷雨》题诗云:

> 年年乞雨问山神,羞见陇上耕耘人。
> 太守自知才德薄,彼苍何故罪斯民。

乾道四年(1168年),王十朋知泉州,有《题郡守蔡君谟祷雨飞阳庙诗后》:

> 贤侯去久迹犹遗,乞雨诗奇字更奇。
> 世俗妄论公政猛,爱民心有彼苍知。

真德秀于嘉定十年(1217年)、绍定五年(1232年)两知泉州,因天旱,命邑官诣飞阳庙祷雨,撰《飞阳庙祷雨祝文》:

> 飞阳庙显应王:乃者季春以来,雨弗时若,几于靡神不举矣。虽蒙响答,才数刻而止,田畴之槁,犹自若也。谨按图志,飞阳之庙,灵响夙闻,属兹旱叹,宜控忱情。某以城钥之守,弗克躬造,而命邑官往焉。谨拜于庭,遥致悃幅,伏愿油然而云兴,霈然而雨注。以彰尔神之威灵,俾岁有秋而人挽告病哉,某之所以图报者,其敢曷忘。谨告。

宝祐六年(1258年),泉州太守兼提举市舶方澄孙到延福寺昭惠庙祈风

并祷雨,留下题记云:

> 宝祐戊午四月辛卯,莆田方澄孙,被旨摄郡兼舶,越十有八日戊申,祈风延福。寿阳纪智和、开封赵梦龙、三山彭樵、王广翁、赵时繙、豫章李宏模同会,遵故事也。时农望方切,并以雨祷,瓣芗才兴,霡霂随至。乃书于石以纪之云。

元至正十一年(1351年),正议大夫泉州监郡偰玉立"偕浩然架阁吴君属曹祷雨",复登九日山,并留下题诗石刻。

至元十八年(1281年)答剌真任南安县达鲁花赤时,"夏季不雨,燥气风挟日播,直焦黄"。他"忧民之忧","乃令为坛,遍叩神祇,告天祈祷,而天不雨"。"乃引咎责躬,合衙斋素,不复茹荤,躬诣罗山龙潭以致灵湫,往来徒步,不啻三百余里。每视事之暇,诣坛焚香礼拜,涉旬逾月不懈,益恭"。"一旦片云自西北而作……明日,雷电交轰,遂大倾注,沟浍皆盈,人民欢欣,谓侯诚恳,以感动天地,旱而赐之以雨。"[8] 至元十八年,南安县大旱,达鲁花赤答剌真在南安县城筑坛,遍叩神祇祈祷,天乃不雨。答剌真率合衙素食,来回徒步300余里,到晋江罗山龙潭,以致灵湫。灵湫在甘肃省隆化县,其水四时常溢,旱时祷雨灵验。一个多月每天视事之暇,诣坛焚香礼拜,有一天片云从西北而作,第二天雷电交轰,大雨倾注。人民欢欣,认为这是剌侯诚意,感动天地而赐之以雨。

宋嘉泰二年(1202年),判府直院侍郎倪思"以旱祷于清源洞,拜未毕,雨辄至"。第二天,倪思与泉州通判陈永叔、节度推官钱箪到清源洞谢雨,并留下题记云:

> 嘉泰壬戌六月戊戌,雪川倪思正甫、三山陈永叔修甫、钱塘钱箪仲渊,自清源洞谢雨回,同登。

> 判府直院侍郎先生,以旱祷于清源洞,拜未毕,雨辄至。诘旦,诣谢,同登瑞像岩,赋诗志喜,箪辱陪后。乘籍谓羊祜登岘山,言咏慨叹,为游观也。邹谌犹曰:令闻令望,当以此山俱传。今先生志在乎民,则其闻望所传,岂止如岘首而已邪!

> 门生文林郎、平海军节度推官钱箪再拜谨书。

雍正三年(1725年)春"农时苦旱,禾黍黄陨,米价沸腾,民乏且惶",郡守张无咎率僚属"芒鞋缟衣,步祷于清源山之原,未及山之半,墨云即蓬蓬起,状焚而雨降。未出山,甘澍滂沱,三日不止",陈万策撰碑颂之,郡人构"喜雨亭"于清源山。

明正德元年(1506年)春,南安三月不雨,赵省庵、黄竹崖、黄玩槐,祷于莲花峰之巅,应验,一雨三日。省庵谂于众曰:"景胜地灵,众所望也。盍宇以休之。"[9]乃各捐资,鸠工伐石,筑不老亭于莲花峰之麓。

惠安科山也是泉州、惠安地方官祷雨的地方。据李光缙《惠安县重修甘雨亭记》载,万历六年(1578年)春,惠安不雨,邑令刘弘道"率民步祷,天乃雨,旱魃不灾,禾麦以起,是岁大穰"。万历二十八年(1600年),惠安又大旱,邑令罗继宗"亦步祷,不数日大雨霶足,是以亡饥"。[10]林之潓《张郡侯喜雨亭记》载,雍正二年(1724年),惠安"二麦不登,菽又大歉。……秋继以旱。于是,每岁所恃以为食者禾麦、甘薯、麻、菽之类,举无一熟,米价腾踊,而民始流离转徙,大不堪命矣。"郡侯张无咎请于上宪,"运台郡之米,平粜于惠。米陆续至者余两月,而米价平矣"。然自十一月不雨,至于岁三月,张无咎"每到郡,步祷于清源山,而时雨降;公来惠邑,祷于邑之城隍,时雨又降"。乾隆三十九年(1774年),《科山祈雨石刻》云:查奕惠任邑宰"自仲春不雨,至于初夏。余偕绅士于此步祷,其霖旋沛,殆山生之胜者,无不灵欤"。[11]

上述几次祷雨的灵验,协调了官民之间的关系,万历六年(1578年),邑人为刘弘道"树甘雨亭于科山"。万历二十八年(1600年),"邑人循刘使君时故事,伐石建灵雨亭"。雍正二年(1724年),张无咎为惠安人民祷雨,惠人认为"公以实心行实政,不沽名,不矫激,而天人感通,至于如是。惠民之得更生者,皆公之赐也。因共建喜雨亭"。乾隆三十九年(1774年),绅士建志灵亭,"用志山灵于不朽耳"。

龙王是象征祥瑞的四灵(麟、凤、龟、龙)之一。古代传说中,龙具有降雨的神性,是祈雨祈晴的神灵。

泉州奉祀龙王的庙宇有东湖福远庙、龙宫庙、晋江龙湖龙王庙、南安琼山龙潭、囷山龙窟泉、惠安大帽山、三髻山龙湫、安溪三公山龙潭、龙塘山龙王庙等。

宋绍兴中,郡守赵思诚、傅公到东湖福远庙祷雨有应。真德秀到福远庙祷雨,撰《福远庙祝文》云:

> 福远庙诸位龙王:乃春以来,雨不时若,几于靡神弗举。而旱气弥烈,窃意庙貌之灵,有当躬祷而未及者矣。考图志,唯神之居,于方为东,所主者生,于位为辰,其象为龙。绍兴中,守臣因旱以请,又有变化飞腾之异。某者在嘉定,亦尝致祷,而有获焉。昨者,仅命官僚,而未果亲谒,此某之罪也。是用涓日之良,顿首庭下。顾庙虽有号,而封爵未

崇。愿神昭示威灵,随祷立应,霈然大雨,尽起欲槁之苗,转凶为丰,活我黎庶,则当显白于朝,衮服命主,以为神之报。兹言弗爽,天日实临。谨告。[12]

真德秀还到晋江龙湖龙王庙祷雨,撰《龙湖祝文》,到安溪三公山龙潭、德化佐溪龙王庙祷雨。真德秀还把五方龙神请到州治祷雨。清源山灵源,"郡志谓中有鳌龙。宋时,旱祷辄雨"。南安困山,"有龙窟泉,或谓龙居之。留从效刺州时,岁旱往祷……设坛望祀,雨随车至"。龙塘山"有龙潭塘,旧时祷雨,有龙见"。惠安大帽山,"祷雨多应,传有龙腾焉"。[13]

康熙四十五年(1706年)春旱,福建提督梁鼐、兴泉道佟沛年、泉州知府时腾蛟、晋江知县王士等"露顶步烈日中,诣龙湖庙,拜取湖水数斗以归。遂与梁公设坛于社,文武宾僚俯首在位,相与竭诚祷告。……是夕斋宿梵宫,越数夕,祷益虔。吏以回署白,不听。用是精诚上格,山川神祇响应效灵。丁卯雨,戊辰又雨;民以为未足,是夜复大雨连朝,遍四郊"。农人认为祷雨成功是"山川神祇响应效灵",也是梁鼐等公"德洋恩深,直与郇黍、召棠并留惠爱于勿替哉",[14]于是刻石庙左,以垂将来。

海神通远王及其陪神顺正王、妈祖等是多功能神祇,遇到天灾人祸,祈求他们庇祐。宋嘉祐二年(1057年),泉州郡守蔡襄到通远王祠祷雨,应验,奏请朝廷加封"善利王"。宋人王国珍《昭惠庙记》云:"时丁天旱,大泽如焚,守令忧之,为民勤祷,每用享于公之祠下,未终祀礼,而雨泽滂沛"。[15]真德秀也到青阳石鼓庙向顺正王祷雨,并撰《石鼓庙祠》祝文。真德秀到惠安龙宫山圣妃祠向海神妈祖祷雨,撰《惠安县管下圣妃宫祈雨祝文》、《惠安县龙宫山圣妃祠再祈雨祝文》云:"其间者以悯雨修词,遣邑尉代祷祠下,而某拜送于庭。乡士有驰报者谓'词甫至,甘霖随霈'。维此神功,不疾而速有如此者,某不胜敬戴。"[16]

泉州天后宫《晋邑父母黄公斋宿祷雨碑记》载,康熙元年(1662年)夏秋之交,"晋邑两月不雨,晚苗将槁。雩呼之声,数十里相闻。邑父母黄公、郡主王公祖,步祷通衢十余日。……复斋宿城隍庙三日夜,将徙山绝口祠仙祈求。数日之间,甘霖大雨,田畴口沃"。[17]

地方官员向城隍祷雨、祈晴,由地方最高长官主持,亲自撰写疏文。宋泉州郡守真德秀《东顺正西明烈明德王祝文》就是向城隍祷雨的祝文。文曰:

  城隍之有神,州郡之有守,幽显虽不同,其食于民则一也。夫既食民之食,则当忧民之忧,此某于今兹之旱,所以惶惧怵迫,而有求于神也。守之忧民如此,神之忧民其可已乎。然守能忧之,而不能救之,能忧而又能救者,神也。

今旱势极矣,神于是焉而不救,则苗将枯槁以死,民既乏食,必将饥饿游离以死,神其忍之乎?夫人与天,未能无间者也,某愚,犹欲呼天以救之;神与天本无间,神为有请于天而赐之雨,顾不甚易乎?以神之灵之仁,必能哀恫斯民,而思所以救之者。用敢顿首以请。谨告。[18]

康熙三十年(1691年)夏四月,泉州不雨,民肩水以溉。来年,溪井皆涸,稻田既如石,且不可秧。泉之监司、守牧与令,皆忧之,各为祈湫。福建提督张云翼撰《东岳行宫祷雨碑记》记载到东岳行宫祷雨:"乃建坛于祠,蔬食致斋,为文以告之。云殊有渰,雨犹细,未至优渥。余自署门复屏舆焉,徒步以致诚。是夕,雷大作,云既同,祁祁如注,倏倒石吞江不止。若倾盆,继以霢霂者数日。平海一路,诸邑皆足。于是泉之民,争来颂予。"[19]

清道光十三年(1833年)晋江知县祷雨于元妙观。苏廷玉《重修泉州元妙观记》云:"道光癸巳秋,正殿中梁遽折,山门左旋亦倾颓,神光暴露,观者恻焉。维时适逢旸亢,邑侯朱公祷雨于斯,甘霖旋沛,岁乃大稔。"[20]

向吴真人祷雨。漳泉一带"民谨趋之,水旱疾疫,一有欷谒,如谷受响"。开禧三年(1207年)春夏之交,"亢阳为沴,邻境赤地数百里,独此邦随祷辄雨,岁仍大熟"。[21]淳熙十六年(1189年),颜师鲁知泉州时,"或遇水旱",率同僚到泉州花桥真人庙"斋精思祷"。[22]清乾隆五十六年(1791年)春夏之交,泉州大旱,府州县祷雨于甲第真人庙,"雨则大霈,官民忻悦",同安县令张学溥赠"甘雨随车"匾,马巷分府樊晋赠额"霖雨均霑"。[23]

广泽尊王"上则为国保障,佐时太平;下则为民休庇,相世荣达,御灾孚祐,福善祸淫,祸消水旱之虞,屏盗贼之患,利国安民"。[24]清同治三年(1864年),泉州、永春大旱,田禾尽槁。太守章倬标偕邑侯祷于广泽尊王庙,"未回车而甘霖立沛"。[25]

向仙人祷雨。蔡如金晚年弃官隐居清源山紫泽洞,修炼辟谷炼气之术,以方技济人,后仙去。泉州地方官向蔡真人祷雨,据真德秀《蔡真人诰碑》载,嘉定十年(1217年)夏五月不雨,"臣始至官,问仙祠灵宫之著验章灼者,咸以真人对。臣亟祷焉,未几遂雨。是年冬旱,臣往祷焉,又雨。越明年春徂秋,膏泽至田,高下硗胺皆告稔,米斗百钱"。[26]明代晋江人董伯华隐居清源山紫泽洞,后人奉祀董伯华于紫泽洞,"今泉中旱,迎伯华祷之,以能雷也"。有的到南安福泉山八尺岭徐道人庵求雨；或到德化雪山向吴济川祷雨，德化双桂山双桂祠，相传仙人跨白马来，民以水旱祷之辄应。[27]

向佛教祖师祷雨。元丰六年（1083年），安溪大旱，村民前往永春麻章请陈普足祈雨，"比请而至，雨即霈足"。淳熙元年（1174年），尤溪、永春、德化、仙游等处大旱，众到清水岩请雨。淳熙六年，清溪大旱，安溪邑令赵彦勋迎清水祖师祷雨。开禧三年（1207年）不雨，安溪邑令赵遵夫迎清水祖师祷雨。安溪人余克济《祖师祈雨跋》载，嘉定元年（1208年）"吾州自秋不雨，至于春正月，摄郡通守赵侯，忧勤请祷，靡神不举，历日滋久，雨意犹靳。时吾安邑亦苦旱魃，令尹赵君洁益蠲登岩，奉慈济之像，聿来祈雨，不崇朝而已周浃，于是疏灵迹以达州，乃夏四月，州遣南安县僚，亲诣岩迎奉入城，阴云四起，一之日既雨，二之日沾足，槁苗勃然，顿有生意，侯与一郡之民，惊异感叹。……今岁秋又大旱，判府侍制给事邹公，复申前请，克日得雨"。嘉定十年（1217年），"是年旱甚，有田等石，抱□无从，上下奠瘞，靡神不举，爰闻清水大师，往而祷焉"。泉州太守真德秀撰《祈雨疏》，前往叩拜，"叩毕，油然作云，沛然下雨，非惟雨之，又润泽之，非惟濡之，又专濩之，万物熙熙，怀而慕思"。[28]咸淳五年（1269年），"首夏不雨，祷之佛而雨，越月仍旱……迎佛安奉于观音堂，官民作礼，日率同僚三焉"，安溪县令林泳手疏密祷于清水祖师，夜梦得示"二九"两字，岩僧告曰"十有八日必雨"，"至是而云疾沛然，甲霖甲夜，大雷震，大雨绵"，林泳撰《致祭大师文》。天历年间（1328—1330年），福建大旱，泉城属邑，皆设坛祈雨，迎请清水祖师到郡城，"安座已毕，阴云四起，大雨沛然"。制"大霖"匾额送至清水岩，安溪县尹常居仁撰《祈雨纪略》立石于清水岩。祷雨应验，或送匾清水岩，设斋供以答谢，"吏庆于朝，民歌于野"，协调了官民的关系。

向戴云山戴云庵戴云师祷雨，南安明心寺祷雨等。智亮，唐朝来泉州弘法的印度僧人，能降雨祈晴。行端，唐天祐年间（905—907年）住德化程田寺，水旱祷焉。显应祖师、武功祖师、圆光祖师，凡雨旸病，祷之多应等。

综上所述，地方官员把祷雨作为解救干旱的重要活动，认为是拯救民众的爱民之举。在山神庙、龙王庙、海神通远祠、妈祖庙、城隍庙、东岳行宫、元妙观、吴真人庙、广泽尊王庙、清水祖师庙等，向山神、龙王、海神、妈祖、城隍、岳帝爷、玉皇、广泽尊王、吴真人、清水祖师、仙人等祷雨。认为祷雨灵验乃"山川神祇响应效灵"，也是地方官员诚心祈祷感动天地而赐雨。于是"吏庆于朝，民歌于野"，送匾额答谢神祇，建甘雨亭、喜雨亭、灵雨亭或立碑颂德,以答谢官员,协调了官民关系。

注释:

[1]林国平:《试释关帝崇拜的民间信仰属性》,《关岳文化与民间信仰研究》,厦门大学出版社,2008年,第53页。

[2](明)黄仲昭:《八闽通志》卷五九,《祠庙·永春县》。

[3](宋)真德秀:《西山先生真文忠公文集》卷四八。

[4](宋)祝穆:《方舆胜览》卷一二,《泉州》。

[5](宋)王象之:《舆地纪胜》卷一三四,《福建路·泉州》。

[6](明)何乔远:《闽书》卷八,《方域志·南安县》。

[7]《泉州府志》卷一六,《坛庙寺观》,乾隆版。

[8](元)留玉书:《喜雨序》,陈国仕辑《丰州集稿》卷七,序。

[9](明)黄河清:《不老亭记》,陈国仕辑《丰州集稿》卷九。

[10](明)李光缙:《景壁集》卷九。

[11]郑振满、丁荷生编纂:《福建宗教碑铭汇编·泉州府分册》,福建人民出版社,2003年,第761～765页。

[12](宋)真德秀:《西山先生真文忠公文集》卷五〇。

[13](明)何乔远:《闽书》卷八,《方域志》。

[14]施世骠:《龙湖祷雨颂德碑记》,粘良图:《晋江碑刻选》,厦门大学出版社,2002年,第118～120页。

[15](宋)王国珍:《昭惠庙记》,《安平志校注》卷八,《寺庙志》。

[16](宋)真德秀:《西山先生真文忠公文集》卷五〇。

[17]郑振满、丁荷生编纂:《福建宗教碑铭汇编·泉州府分册》,福建人民出版社,2003年,第23页。

[18](宋)真德秀:《西山先生真文忠公文集》卷五〇。

[19]《晋江县志》卷一六,《坛庙志》,道光版。

[20]林舟主编:《泉州元妙观志》卷三,《艺文》。

[21]《海澄县志》卷二二,《艺文·慈济宫碑》。

[22]《龙溪县志》卷八,《颜师鲁传》,嘉靖版。

[23]《晋江县志》卷六九,《寺观志》,道光版。

[24](清)杨浚:《凤山寺志略》卷三,《艺文·郭山庙记》。

[25](清)杨浚:《凤山寺志略》卷四,《感应》。

[26](宋)真德秀:《西山先生真文忠公文集》卷三四。

[27](明)何乔远:《闽书》卷八,《方域志》。

[28]安溪清水岩志编纂委员会编著:《清水岩志》,第97～103页。

第二节

民间关帝信仰与社会需求的随机调节

吴幼雄　吴　玫
（泉州师范学院）

本文通过关帝信仰主要经书，重现古代、近代和现代民间关帝信仰的历史发展脉络，阐述关帝信仰与社会需求之密切关系。民间关帝信仰随机调节自己去迎合社会需求，涵化社会矛盾、消弭社会矛盾，为社会稳定、和谐，发挥不可替代作用。这是任何制度化宗教所做不到的。这便是状如散沙般的民间信仰能长期在中国社会存在、发展的原因。

多年来，在进行关帝信仰研究过程中，我们发现关帝信仰与制度化宗教之根本区别，除了在是否有创始人、教义、戒律、经典、教团等方面之根本区别外，还有一个重大之区别，那就是关帝信仰与社会需求之间存在着一种"随机调节"的机制。这种"机制"是不成文的，即它随社会需求而变化，关帝信仰主动调节自己去迎合社会需求，去消弭社会矛盾、涵化社会矛盾，为社会和谐稳定发挥特有的、不可替代的作用。这种民间关帝信仰与社会需求的"自动调节"功能，是任何制度化宗教无论如何都做不到的。

我想，这便是状如散沙般的民间关帝信仰能长期在中国社会存在和发展的原因。同时，这也是民间信仰的优势所在。下面以民间信仰里的关帝信仰为例进行阐析。

一、关帝信仰以儒家思想为主导，以儒、道、释三结合为形式之特点

民间关帝信仰的实质是什么？有一副二十字对联："汉封侯宋封王明封大帝；儒称圣释称佛道称天尊。"

对联高度概括关帝信仰的三个本质特点：其一，以一个"封"字，突出表明它是以儒家思想为主导，即封建政权的代表——皇帝，通过封名号，牢牢

控制民间关帝信仰的方向。其二,用一个"称"字,同时反映了儒、道、释三家争祀关帝的历史事实。其三,对联点明了关帝信仰不属佛教、不属道教,是以儒家思想为主导的儒、道、释三家的结合体。用一个恰当的名词表达,即民间信仰。下文以民间关帝信仰的最主要经书《明圣经》和《觉世经》为例加以说明。

(一)《明圣经》

《明圣经》云:

> 帝曾言:日在天上,心在人中。心者万事之根本,儒家五常、道释三宝,皆从心上生来。仁莫大于忠孝,义莫大于廉节,二者五常之首。圣人参赞化育者,此而已;仙佛超神入化者,此而已。

以上这段"关圣大帝敕令",是用儒家的观点来诠释道、佛三宝,认为皆在儒家五常之内,并且进一步阐述"圣人"育化,"仙佛"入化亦是此理。又对《明圣经》三个字解释如下:经者,"心永存孝悌之礼仪";圣者,"心永存忠肝义胆";明者,"心如日月,清净普照,无一染尘",即儒家提倡的道德标准——明心鉴性。

综上《明圣经》的内容主旨,皆源于以儒家思想为主导,儒、道、释三家合一的理学思想。它的理论基础在《关圣帝君正心宝诰》是这样表述的:"孔氏重操存(平日之立身行为),佛法曰明(清明),道家曰贞(精诚)。虽有殊途,原归一致。"中国的封建政权就是这样通过非行政手段,将儒家的伦理道德,通过道、释和民间信仰,无形地、潜移默化地、持久地、无微不至地、有效地渗入老百姓的心田,直至今日还在起作用。

(二)《觉世经》

《觉世经》直接以"君权受命于天,以作神主"切入民间关帝信仰。开篇便是:"人生在世贵尽忠、孝、节、义,方于人道无愧,可立于天地之间。"接着从正、反两方面论说"若不尽忠、孝、节、义等事,身虽在世,其心已死,是谓偷生",引出一个"心"字。进一步论述"凡人心即神,神即心;无愧心,无愧神",紧扣一个"心"字。于是便得出结论:"若是欺心,便是欺神。"如何做到不欺心,不欺神呢?那便是"君子三畏四知,以慎其独"。说具体,便是"敬天地,礼神明,奉祖先,孝双亲,守王法,重师尊,爱兄弟,信友朋,睦宗族,和乡邻,别夫妇,教子孙。"可见《觉世经》的主旨是儒家忠、孝、节、义伦理道德和关帝神明信仰的高度结合体。

二、《又新启蒙》反映闽南清末社会危机和关帝信仰随机调节

道光年间,英国东印度公司的鸦片烟敲开闭锁的中国门户,随着清政府在鸦片战争中的失败,1842年中英不平等《南京条约》的签订,中国主权门户洞开,鸦片烟、天主教、基督教相继而入。传统保守的中国文化与西方文化思想进行激烈碰撞,引起中国底层社会剧烈震荡。中国战败的屈辱,一方面,西方教会只向神膜拜、不向权威膜拜的新思想,以及西方自由、平等、男女平等、自由恋爱等新观念,冲击着中国古老大地。另一方面则是鸦片大量输入,让底层民众身体衰弱,生产废弃,家破人亡。中国大地出现大动荡和大混乱。儒家文人面对如此巨大的社会变化,惊呼"世风日下,人心不古",纷纷借民间关帝信仰的仪式,即所谓关帝降示、降诗、降歌、降责、降戒、降谕、降乩、降宝训和降果报,企图力挽狂澜于既倒。列举《又新启蒙》里几个事例说明。

(一)降《戒鸦片歌》

《戒鸦片歌》云:

外国制成毒物,流入中土市廛。或称上桂阿芙蓉,或称鸦片与洋烟。尊称名亦美,充口味亦鲜。痴痴愚顽辈,不论走路与耕田,动云今日神疲倦,整得一口与我咽。吃几口,腹如鱼跃步如飞鸢。诚实爽快,诚实悠然。随相勾引,不论流丐,不论智贤。握手接踵连袂比肩,纷纷杂坐而作痴癫……始焉者囊橐渐罄桑田变迁,继而后家破产荡烟绝鼎悬……此时节无门求借抛子断弦,下无立锥上无瓦椽。白手搔壁谁孰可怜,衣衫褴褛,亲朋厌弃者焉……精消髓铄,寿算难延。士子代我口传。劝戒转邪就正,天公赐福目前。倘若告而不听,降尔灾殃记尔愆。若能听而不告,阴司按律入烹煎。有则改之,无则勉旃,无则勉旃。[1]

《戒鸦片歌》写吸食鸦片者不分昼夜,财产荡尽,家破人亡,寿算难延,从反面描写吸食鸦片之害处。这是清光绪年间关帝信仰与社会和谐的正面事例。

(二)降规劝"士农工商"诗

在《又新启蒙·真山观音佛祖序》,借观音佛祖见世人"士尚骄奢,不勤

励乎诗书;农尚淫佚,任荒芜于田地;工不遵规,商不存实",[2]于是邀同关帝巡视世间,指出"读书不明大义,士之蒙也;耕田好勇斗狠,农之蒙也;梓匠用术害人,工之蒙也;贸贩欲占便宜,商之蒙也"。[3]进而又借关帝降示"士农工商诗"加以规劝、引导。

如《降示士诗》云:"聚会仙神对酒觥,含烟吐雾启文明。镕经铸史勤书案,泮水萤声和鹿鸣。"又《降示农诗》云:"泮水萤声和鹿鸣,农夫士子一般情。一年四季无荒怠,耕九余三享太平。"又《降示工诗》云:"耕九余三享太平,良工制度勿横行。方圆曲直顺机变,西作未完东又迎。"又《降示商诗》云:"西作未完东又迎,行商贩货唱涯生。能存出入公平志,积玉堆金箱满盈。"[4]

以上四首降示诗,劝戒士子"勤书案",必得"泮水萤声";劝戒农夫"无荒怠",必得"享太平";劝戒工匠"制度勿横行",必得"西作未完东又迎";劝戒商人"出入公平",必得"积玉堆金箱满盈"。即只要士农工商各勤其业,必得果报,从正面劝导,谆谆善诱。

据以上所引用的清末闽南关帝信仰"降示诗歌"内容看,关帝信仰在清末急剧转型的混乱社会里,的确起了启智和维持社会安定的作用。

(三)《又新启蒙》对闽南社会需求的其他随机调节

清末,闽南民间关帝信仰流传的关帝"降示书",有惠安县的《觉世新新》和安溪县的《觉世又新》二书。光绪年间,安溪县龙兴里(今尚卿乡陈厝前村)聚星楼关帝庙又增编《又新启蒙》一书行世。据《又新启蒙》借"聚星楼关圣大帝序"云,该书"或词话,或诗歌,言简意赅,昭然指示。其为言既易知,其感人又易入,触目警心。较《(觉世)新新》与《(觉世)又新》尚为更易识,诚能化蒙启瞶,故名之曰《又新启蒙》"。[5]可见,《又新启蒙》是应清末光绪年间社会急剧转型之需求而诞生的,它的内容既反映了清末闽南民间关帝信仰的情况,同时也反映了关帝信仰与社会和谐之间的关系,它所起的作用是行政手段所不能替代的。

《又新启蒙》计八卷,内容涉及社会生活各个方面。如"降晴雨诗"、"降不孝诗"、"降戒鸦片歌"、"降强凌弱诗"、"降戒杀牛诗"、"降观景诗"、"降惜五谷诗"、"降同持斋诗"、"降诵《密心经》诗"、"降孝勉诗"、"降勉士农工商诗"、"降戒游花街诗"、"降勿犯寡妇诗"、"降犯处女诗"、"降戒博赌郎歌"、"降敬惜字纸歌"、"戒公人勿受贿文"、"戒公人诗"、"降小善报大福报"、"降戒不贪财、不害命果报"、"降贪财忘义果报"、"降奢华歌"、"降恤孤儿歌"及"恤孤儿果报"、"降勉修坟墓歌"、"降孝敬翁姑果报"、"降戒杀生歌"、"戒著淫书歌诗"、"降巧画淫景果报"、"降焚淫书板得果报"、"降戒离妻歌及不离妻果报歌"、"降戒伪医歌"、"降戒酒歌、戒色歌、戒气歌、戒财歌"、"降劝赈饥歌"、"降戒谋淫友妻不就惨报恶死因果"、"降戒移徙古骸果报"、"降戒贪买良田歌"、"降戒演邪戏调歌"、"降戒不念叔恩惨报因果"、"降戒唆人争讼歌"、"降和乡睦族歌"、"降戒多言和多言害命果报"、"降戒斗歌"等,可谓涉及底层草根民众社会生活的方方面面。据此,可见民间关帝信仰可以弥补行政权力所不能到达的地方,它是老百姓心理自警,行为自我约束的精神力量和自我约束的形式。于个人、于家庭、于家族、于乡里、于城市、于国家,其正面作用应予肯定。

(四)西方文化的进入与闽南传统人伦道德观念的碰撞

鸦片战争以后,西方文化以基督教、天主教为主要形式和媒介,从五口通商口岸登陆,进而扩及沿海广大城乡,且向内陆穷乡僻壤发展,与中国传统儒、道、释文化发生强烈碰撞。此时,民间关帝信仰则被儒家文人借以抵制、排斥西方文化。闽南地区的一群著名文人和富商,在关帝神像面前结拜为兄弟,诉说"自邪说流行,名为平等,无上下之分矣;曰小家庭,无父子兄弟之亲矣;恋爱自由,夫妇之伦更不堪问矣"。[6]他们在关帝神像前发誓,要共同扶持,抵制西方新思想的传入。又如《又新启蒙·序》云:

> 慨自耶稣、天主等教流入内地,奇技淫巧之习,渐中于人心。而各州县所设教官,不过借以饱囊橐,畜妻儿……教官不能教诸生,而诸生亦不能教于乡、教于家,所谓《四书》、《六经》,周张程朱文集、语类,与夫《孝经》、《小学》诸书,且束之高阁,任鼠迹蠹鱼出没其中,而不甚爱惜……而祇父、恭兄、尊师、信友之理,贸然不知为何物。无怪乎世道衰,人心坏一至于此也。夫司教者不能有整齐严肃之规,而至以神道设教,主持风化者之耻也。[7]

以上《又新启蒙·序》的作者系光绪年间南安副贡生吴拱汉,时任南安县教谕。他目睹西方基督教、天主教进入内地,人心大变,各州县教官皆借职务以"饱囊橐,畜妻儿",而不知"《四书》、《六经》,周张程朱文集、语类"。他惊呼:"世道衰,人心坏一至于此也!"但他也明白,此《又新启蒙》善书之作,对社会风气的改变只是杯水车薪。这就预示清末光绪年间,民间关帝信仰在经过与西方文化的被动碰撞后,开始寻找出路,即由与西方文化被动碰撞的对抗方式,随机转变为统摄西方宗教,亦即以关帝神明为主导,统摄儒、道、释、耶、回等五教,这便是下文要论述的。

三、民国初年,关帝信仰之随机调节

随着辛亥革命的发生和民国的建立,民族、民权和民生思想逐渐传播,科学技术逐渐普及,传统文化与西方文化的冲突渐趋和缓。一些儒家文人开始发现,西方文化也不是一无是处,如政治制度是"立国宪法"、哲学思想是"精研格致"、科学技术是"声光化电,巧夺天工",且"利用于民,日新月异,有足嘉焉"。[8]要彻底扫清西方文化对中国的影响是不可能的,于是他们从"世界大同,宗教统一,共享太平"的天真理念出发,借民间关帝信仰把外国主要宗教纳入以儒家思想为主导,儒、道、释、耶、回等五教合一的世界宗教统一模式。这种现象出现于民国九年(1920年)至十四年(1925年)成书的云南洱源县吕唯一编的《洞冥记》。

(一)《洞冥记》开创世界五大宗教推选关帝为第十八代玉皇之先河

该书哀叹,"清朝末年,人心已坏,种下祸根,孔教不遵,崇尚新学,纲纪渐废,习染欧风,以至五伦不讲,八德全亏,将文明礼教之中华,胥沦为禽兽黑暗之世界"。[9]且在"凡例"中强调"盖以治国平天下,非儒不为功。且知将来儒门当令,万国统一,同宗孔教故也"。[10]

《洞冥记·跋》云:

(本书)公诸全球,以劝五族同人,并劝欧美各国,讲求道德,注重彝伦,宗教统一,世界大同,共享太平之福。[11]

又《洞冥记》借玉皇"训教主联合五大洲"曰:

(玉皇)毣期倦勤,向老母上表辞位,老母准旨,下议万仙,宜择贤良,登庸受禅,三教圣人推举关帝,众仙额首称庆,共同赞成……目前暂依尧老舜摄议。[12]

又《洞冥记》借关帝登极宴会上,老母对外国皇后夫人说:

尔国既知崇信上帝,殊不知上帝乃吾母之皇儿。赏罚祸福之权,吾母操之……今与尔妇女约,要尔回国,赞助各教主,速速传化国人……讲求人道,并要统一宗教,读是书,将来中外一家,同享太平……[13]

以上《洞冥记》所述,正是以后所谓关帝被世界五大宗教推举为第十八代玉皇大帝的雏形。这也是民国初年,关帝信仰随社会需求而变化,从儒、道、释合一,应时转变为以儒家为主导,儒、道、释、耶、回五教合一的转变,也是之后《关圣帝君受禅玉帝经略》出现的时代背景。

(二)《关圣帝君受禅玉帝经略》完成五教共推关帝为第十八代玉皇

该经借牟尼文佛降述《五教尊共议荐举关圣帝君受禅玉帝经略》云:

五教尊奉诰命,荐举玉皇,以期日月重开新运……于是,儒、释、道、耶、回五教教尊,同声而言曰:惟此季世,受禅天皇,非通明首相关圣帝君不足膺此重任……五教教尊乃奉诰命,选举关圣帝君为第十八代玉帝大天尊玄灵高上帝。[14]

以上《关圣帝君受禅玉帝经略》引"昔时尧、舜、禹禅位之故事",然后以"天上人间同一理",为关帝"受禅登九五之尊"寻找历史的依据。这便是民国初期关帝信仰在西南地区出现的一股潮流,但我国江南地区民间关帝信仰的核心价值依旧循着忠、义、仁、信、孝、廉、礼、节、勇等文化思想方向发展。一言以蔽之,仍循着以儒家思想为主导,儒、道、释三教结合的方向发展。

20世纪70年代初,《关圣帝君受禅玉帝经略》在台湾省高雄市颇为流通,台湾不少关帝庙也有此经流通。20世纪末,台湾部分关帝信众发起成立关帝教派,台中、彰化、云林、台北等地的一些关帝信众,以《关圣帝君受禅玉帝经略》为蓝本,改名《玉皇尊经》,仅将"儒、道、释、耶、回五教"等字改为"各教",婉转恢复儒、道、释内涵。于2004年12月,正式登记成立以关帝为唯一神明(称恩主公)的"玄门真宗"教派,提出以"仁、义、礼、智、信等五常道德"为思想基础,建立"一切圆融自在,冥阳同用的圆融国度"。这是当前台湾社会党派斗争,社会生态环境变化在民间关帝信仰方面的反映。

四、结束语

本文借民间关帝信仰经书重新呈现古代、近代民间关帝信仰历史发展的脉络,阐述民间信仰与社会需求之密切关系。在本文的探讨过程中,有几个问题需要引起注意。

其一,自西汉武帝实行"罢黜百家,独尊儒术"的文化专制政策以后,儒家思想占有独尊地位。至隋文帝,提出"门下法无内外,万善同归;教有浅深,殊途共致"。[15]又说"朕……慕释氏不二之门,贵老庄得一之义"。[16]可以说是开中国三教合一之先河。此后,唐太宗说:"今李家据国,李老(即老子,这里指道教)在前;若释家治化,则释门居上。"[17]武则天又宣布:"释教开革命之阶,升于道教之上。"[18]儒、道、释三教合一成型。宋代的程、周、朱理学正式融合儒、道、释思想,三教合一定型。

中国的封建统治者在长期与道、佛宗教相处磨合过程中,逐渐认识到相互容忍、吸纳和融通的好处。于是,只要在政治上不反对至高无上的儒家皇权,且道、释要配合"内竭朽力,仰酬外护",即所谓"率先名教(儒教),永泛法(佛、道)流,兼用治国"。[19]即儒、道、释三家在服从皇权的前提下,可以"和而不同","兼用治国",各沿着自己不同的系统存在与发展。这便是儒、道、释三家共存共荣的基础,也是民间信仰能长期在中国土地上生存和发展的政治基础。

其二,中国古代神权与政权的关系,是皇权高于神权,皇帝"受天眷命,以作神主",神必须受皇帝赐封方能扬名与存在。神明被赐封号的条件是"唯能有功于人者,乃始赐号名,秩祀典"。并表示之所以这样做,皆"志在斯民而不为也",[20]地方官员也会按祀典"谨率官僚,虔神奉安"。如此以往,"则民之归仰自不能忘,朝廷褒封之典自不能已"。这样,就把老百姓的愿望和精神寄托,与统治者"受天眷命,以作神主"的君权道统,通过对神明赐封号、加徽名和秩祀典的形式统一起来。所以,朝廷给神明加封号、徽名越多,政权和神权的结合就愈紧,再加上老百姓对神明的心理寄托,政权、神权和老百姓愿望等三者结合越紧密。这是一千多年来中国封建统治者从实践中不断总结完善出来的有效统治经验。统治者的意志可以通过神明崇拜与老百姓的愿望沟通,把统治者仁、义、礼、智、信的道统,通过关帝信仰仪式在无形之中借关帝"降示"灌输给底层民众。而这些灌输者,便是地方受儒家思想熏陶的进士、举人、贡生、秀才等一类人。这些人往往通过撰碑记、写经书和主持祭祀仪式,义务地把儒家思想与神意、民意结合一起,以维持社会秩序的安定,稳定封建统治,这便是民间信仰长期存在的社会基础。

其三,鸦片战争前后,中国社会环境发生根本变化。唐朝时,基督教传入中国,为取得生存发展机会,以"佛"称呼主神,融入中国传统文化。元代,伊斯兰教、摩尼教和印度教亦仿此照行。原因是那时儒、道、释三家合一占据社会文化思想的统治地位,是绝对的强者,而外来宗教则是弱者。

清末民国初年,中国的国内形势完全颠倒过来,那时的基督教、天主教和西方文化思想借不平等条约而来,是绝对的强者,而中国是战败者,是绝对的弱者。所以在《洞冥记》里,洱源县吕唯一虽用心良苦,但借"无极老母"颁旨"尔国(欧美各国)既知崇信上帝,殊不知上帝,乃吾母之皇儿。赏罚祸福之权,吾母操之"。如此造作,以世界总教主自居。殊不知,民国初年,中国早处于世界弱者地位。这可能就是《洞冥记》不能广泛流传的原因之一,同时也表现出民间信仰的局限性。

其四,民间关帝信仰经书和降示皆应时事而出现。几乎所有的经书开篇都哀叹:"世风日下,人心不古!"因此不断增修关帝信仰经书,使其内容更通俗、更贴近群众生活,以达惩恶和劝善之目的。

关帝民间信仰可以根据社会生态变化,即社会上出现不良现象时,由那些地方儒家文人,随时借关帝降示规劝与警戒。大者如前文所述台湾的《关圣帝君受禅玉帝经略》和《玉帝尊经》;小者犹如上文所述闽南的《又新启蒙》里的"降戒鸦片歌"、"降规劝士农工商诗"、"降强凌弱诗"、"降免孝诗"、"降勿犯寡妇诗"、"降戒游花街诗"、"降和乡睦族歌",如此等等。不论是《明圣经》、《觉世经》、《觉世新新》、《觉世又新》、《又新启蒙》、《洞冥记》,还是《关圣帝君受禅玉帝经略》和《玉皇尊经》等,均是应社会需求而出现的。反过来这些经书的惩恶、劝善内容,又对人们思想净化、行为自律,对维护社会的安定,起正面积极的作用。这便是民间关帝信仰长期在中国土地上存在的合理性,也是我们现在讨论这个课题的现实意义。

注释:

[1]《又新启蒙》卷一,《戒鸦片歌》,光绪廿六年(1900年),民国十八年(1929年)重印本。

[2][3]《又新启蒙》,《观音佛祖序》和南安副贡生即用教谕吴拱汉撰《又新启蒙序》。

[4]《又新启蒙》卷一,《降示士农工商诗》。

[5]《又新启蒙》,《聚星楼关圣大帝序》,安邑生员李廷圭敬誊。

[6]《端谢兰谱·序》,转引自吴幼雄、李少园主编:《通淮关岳庙志》卷一〇,《习俗》、卷一二,《结拜》,中国社会科学出版社,2008年。

[7]《又新启蒙·序》,南安副贡生即用教谕吴拱汉拜序。

[8]洱源唯一子著:《洞冥记》第38回,《上表章天皇登帝极 面圣母众女宴凌霄》。

[9]洱源唯一子著:《洞冥记》第1回,《延康末至尊排劫运 庚子年五圣捧纶音》。

[10]洱源唯一子著:《洞冥记·凡例》。

[11]洱源唯一子著:《洞冥记·跋》。

[12]洱源唯一子著:《洞冥记》第37回,《贺呈书垂开万仙会 训教主联合五大洲》。

[13]洱源唯一子著:《洞冥记》第38回,《上表章天皇登极　面圣母众女宴凌霄》。

[14]《关圣帝君受禅玉帝经略》,高雄市至善书局印行。

[15][16](隋)灌顶:《国清百录》卷二。

[17](唐)道宣:《集古今佛道论衡》卷丙。

[18](宋)司马光:《资治通鉴》卷二〇四。

[19](唐)道宣:《续高僧传》卷二一,《智𫖮传》。

[20](清)怀荫布等:《泉州府志》卷六,《山川·清源山》,乾隆版。

第三节

从通远王崇拜看泉州神缘与商缘的和谐互动

吴鸿丽

（泉州师范学院闽南文化生态研究中心）

宋元时期泉州海外贸易的发展，带来了泉州社会经济的全面发展，也带来了文化的繁荣兴盛。泉州的宗教文化在这一时期呈现着丰富多彩的局面，不仅外来宗教异常活跃，泉州本地的民间信仰也非常兴盛。文拟以泉州民间信仰通远王崇拜为例，说明宋元时期泉州神缘与商缘的和谐互动，对泉州社会经济的和谐繁荣所起的作用。

泉州是中世纪中国东南沿海的著名商港，两宋时期泉州因结束战乱而面临国内外的巨大商机，加上宋朝政府对海外贸易的规范化管理，进入了迅速发展的黄金时期。经过两宋的发展，元代泉州进入海外贸易发展最为繁盛的时期，泉州刺桐港成为与埃及亚历山大港齐名的世界性大海港。海外贸易的发展，带来了泉州社会经济的全面发展，也带来了文化的繁荣兴盛。泉州的宗教文化在这一时期呈现着丰富多彩的局面，不仅外来宗教异常活跃，泉州本地的民间信仰在这一时期也非常兴盛。本文拟以泉州民间信仰通远王崇拜为例，说明宋元时期泉州神缘与商缘的谐互动，与泉州社会经济和谐繁荣密不可分的关系。

一

通远王崇拜缘起于宋代泉州经济繁荣，文化发达，海外贸易兴盛。

通远王，据民间载："乐山王，古之隐士也。尝居台峰、俗谓白须公。升仙之后，人为立祠祀之。"[1]由此可知，通远王神原为永春县乐山隐士，死后被奉为山神，显圣地域在永春山区。"九日山在县西三里……山麓有寺曰延福……曰神运殿，唐咸通（860—874年）中，僧初建取材于永春之乐山，遇一叟为之导，是夕又梦许护送。既一日江水暴涨，其筏自至，若神运状，故以名曰灵乐祠。"[2]因此,唐末此神已被移至南安九日山的延福寺。宋封神通远王,赐额"昭惠",此后称通远王。嘉祐年间(1056—1063年),泉大旱,郡守蔡襄昭惠祷雨辄应,奏加封善利王,寻加广福显济。由此,北宋通远王已由山神兼雨神,由祷雨变为顺水护送木材,开始成为水上运输之神,并在九日山建祠奉祀。

北宋时期泉州对外经贸活动日趋活跃,为适应海上航运的需要,泉州造桥梁兴港口,与之相适应,通远王崇拜更加兴盛。北宋皇祐五年(1053年)泉州开始建造洛阳桥,郡守蔡襄则请神至洛阳,作为镇海的精神支柱,"昭惠庙在万安桥北宋郡守蔡襄建"。[3]安海港是时为泉州海外交通的重要港口,政和四年(1114年)八月,安海也开始建造昭惠庙,奉祀通远王。"安平之东有庙曰昭惠,世祈崇应善利广福显济真君","庙之建以政和四年(1114年)八月暌酉经始,而政和五年(1115年)十二月己丑迄功",[4]由此可见通远王崇拜已经与海外贸易经济发展关系十分密切。

从7世纪的唐代到15世纪下半期的明朝,泉州始终与东南亚、西亚、地中海沿岸和非洲东部沿岸保持海外交通和国际贸易。为了祈求海上航行的安全,泉州地方官吏需按照季节与每年太平洋刮西南季风的四、五、六月间和刮东北季风的十、十一、十二月间,举行祈风典礼。泉州地方政府每年在九日山延福寺通远王祠举行祈风典礼,且定为政府之制度。泉州港地处太平洋两岸,其地属太平洋季风区,即每年农历四、五月刮西南季风,番舶或贩外海舶可从三佛齐(今苏门答腊)顺风扬帆驶入泉州港。又每年农历十月,刮东北季风,在泉州港的番舶或贩外商船,则乘东北季风扬帆出海,南下南洋诸国,政府祈风的目的主要是"遣舶(冬十月)祈风"、"祷回舶南风(夏四月)",祈求海神顺风、保佑中外客商航海平安。南宋政权南渡、财政拮据,泉州、广州都被视为天子之南库,"竭东南之财而支天下之全费"。[5]所以上自朝廷,下至泉州地方政府都更加重视泉州的海外贸易,泉州的通远王崇拜达到全盛,祈风典礼一般由知州和提举市舶司主要官员主持,其余仍属从礼,保卫海防的左翼军统领也参加其中,可见官府对祈风典礼的重视。"祈风石刻最典型的是东峰南麓的淳熙(1174年)祈风石刻文云:'舶司岁两祈风于通远王庙。祀事既毕,登山泛溪,因为一日之款'",[6]"吾泉以是德公为多,凡家无贫富贵贱,争像而祀之,惟恐其后。以至海舟番舶,益用严格。"[7]"每岁之春冬,商贾市于南海既番夷者,必祈谢于此。"[8]由此可见,两宋时期,奉祀通远王已由山区到海边,通远王身兼山神、雨神还有海神,通远王祈风典礼在有宋一代已被定为国家的重要祀典之一。南宋比北宋经济更为发达,通远王祈风典礼的次数也更多,对其崇拜盛况空前。宋代泉州经济发达,文化也繁荣兴盛,中进士者一千多人,有一家多人中进士的佳话。这些科举仕宦文人,"在宋真宗的凡'有功于民,则祀之'"的诏令下,地方官对民间祀奉的'里社丛祠之属,所叙灵异','进行附会粉饰,竞相上奏,朝廷则"竞颁庙额、锡侯号'"。[9] 在官府的倡导利用下,南宋时通远王崇拜达到全盛,而现存的摩崖祈风石刻和祈风神文是这一历史的见证,也是泉州作为海上丝绸之路起点的珍贵史料和有力证据。

在这样的大环境下,两宋时期泉州的通远王崇拜(信仰)广泛存在于官府与民间。

二

泉州通远王崇拜网络的形成,一开始就和商业行为及泉州宋元时期海外贸易的兴盛有着密切的关系。

唐宋以来泉州海上、海外贸易日渐兴盛,自北宋元丰年间始,泉州知州、市舶司多次率僚属到九日山延福寺通远王祠祈求航海平安、一帆风顺。绍兴至庆元年间,泉州经济繁荣,海外贸易兴盛,通远王崇拜在官府的倡导利用下,达到全盛,民间也相信福佑帝君威灵显赫,因而宋时延续到元初,泉郡所属各县之沿海港口与内河驿站,均有昭惠庙。据不完全统计,宋元时期,泉州地区(包括金门)有约50座通远王崇拜庙宇。[10] 它们在泉州地区形成一个通远王崇拜网络,并与泉州经济繁荣,海外贸易的发展关系十分密切。

王十朋(1112—1171),浙江乐清人,南宋绍兴二十七年(1157年)应试,擢进士第一(状元),乾道四年(1168年)起知泉州,在其《提举延福祈风道中有作次韵》诗写道:"雨初欲乞下俄沛,风不待祈来已薰。瑞气遥看腾紫帽,丰年行见割黄云。大商航海蹈万死,远物输官被八珍。赖有舶台贤使者,端能薄敛体吾君。"嘉定年间,泉州郡守真德秀主持昭惠庙祈风典礼,祈风祝文说:"惟泉为州,所恃以足公私之用者,蕃舶也。舶之至时也不时者,风也。而能使风之从律而不愆者,神也。是以国有典祀,俾守土之臣一岁而再祷焉。呜呼!郡计之殚,至此极矣。……引领南望,日需其至,以宽倒悬之急者,惟此而矣。神其大彰厥灵,俾波涛晏清,舳舻安行,顺风扬飘,一日千里,毕至而无梗焉,是则吏与民之大愿也。谨顿首以请。"[11] 可见泉州的通远王崇拜,在南宋已被定为国家重要祀典之一了,并一开始就和商业行为及泉州宋元时期海外贸易的兴盛有着密切的关系。

洛阳昭惠庙：北宋仁宗皇祐五年(1053年)，泉州太守蔡襄倡修洛阳桥。洛阳桥位于泉州东北郊外，晋江与惠安的交界处，横跨洛阳江上，是泉州与福州间陆路交通大动脉的必经之地。处于从泉州北上福州，转往江西、湖北抵达京都汴梁的"官道"上，运往北方的进口物资或由北方来的出口物资，都要经过这里。随着经济的繁荣，贸易的日趋发达，需要建造一座桥梁，为人们在通商旅、畅货运方面提供方便。这里原是洛阳江的万安古渡口桥址，处于江水入海处，建桥工程浩大难度很高，人们认为必须迎奉一尊神祇来作为镇海之精神支柱，保佑工程顺利。于是，即由蔡太守蔡襄亲诣九日山麓昭惠海神祖庙，迎通远王至洛阳，在万安桥北建庙祀奉。洛阳昭惠庙确是从九日山昭惠分炉之第一座神庙。

安平港昭惠庙：据《安平志》记载："安海于宋盛时，东有新市，西有旧市，无非贸易之处，店肆千余座，盖四方射利者必趋。"安海自古以来就是晋南商贸重镇。宋时，随着海上丝绸之路的兴起，安海港作为刺桐港的重要支港，为促进泉州海交贸易的繁荣发挥了重大的作用。其时，出入泉州的番船，经停安海港后，其货物由陆路转运泉州，安海至泉州一路，商旅往返，络绎不绝。随着海交商贸的发展，南安九日山海神福佑帝君崇拜之风非常盛行，安平也于政和四年(1114年)八月兴建昭惠庙，奉祀海神。五里桥西之水头，有海潮庵，并祀通远王。"安平之东有庙曰昭惠，世祀崇应善利广福显济真君（福佑帝君），其偏祠宇，祀忠济仁福之神。"[12]

英都董山昭惠庙：英都自古为南安富庶之乡，英溪是海上丝绸之路的内河驿渡，地产的丝绸、粮食、花生、薪炭、茶叶等都通过英溪运输销售及出口海外。在泉郡各沿海港口、内河驿渡码头纷纷立庙奉祀通远王时，英都从九日山昭惠庙分灵以仁福王为主神的昭惠庙。宋淳祐年间，英都有二处昭惠庙，一是俗称"石口宫"的昭惠庙（已圮，遗址在今英东村航美溪边）；一是俗称"董山宫"的昭惠庙，原址在董林溪边码头。董山昭惠庙祀仁福王为主神，大王公（辅国忠惠王）、本宫公为从神，合称"三位尊王"。近千年以来，董山宫三易庙址，规模不断扩大。元代以后，妈祖天后取代通远王为海神，各地昭惠庙相继式微，董山昭惠香火反而更加鼎盛，信众遍及五大洲。

丰州镇后田昭惠庙：后田村地属南安市丰州镇，是海上丝绸之路起点之一。因后田洋可以通航，故常有船只进进出出。船员们听说后田有一尊红帝公——即九日山海神福佑帝君，不但能保一方平安，又能为来往船只保驾出行。因此祀奉九日山海神福佑帝君,又称"红帝公"。每年农历十月六日是红帝公生日,后田村村民家家户户备办果品、三牲、五牲供奉,祈求红帝公保佑村民生意兴隆、安居乐业、平安幸福;六日晚上在红帝公庙前演戏助兴,热闹非凡,年年如此。

洋美涧溪庙:扬美村地处省道307线,面临晋江东溪,有古吴晏寨渡口通往上游各地及丰州、泉州港口,水陆交通便捷。扬美村物产丰富,南宋时,不但是鱼米之乡,也是瓷器之乡(有晏寨瓦窑、上窑、下窑、陈店窑所烧制的大缸、硿、钵、碗等)。常年外销的农副产品有棉布、蔗糖、黄麻、稻谷、花生,所产的瓷器也是远近闻名,自古是洪濑的富庶之乡。南宋末年,人们利用东溪航运,上至永春贩运杉、木、竹;下经县城(丰州)、泉州销售农产品及各种瓷器,是海上丝绸之路的内河驿站之一。古代水运交通不发达,东溪又经常发大水,为求神灵庇护,村民们于宋咸淳年间建涧溪庙,迎奉红帝公福佑帝君为保护神。

下洋昭惠庙:下洋的梅溪是古代官桥主要水上交通要道。西庄村与下洋村交界的下洋溪,早期叫梅溪,梅溪的出口是泉州刺桐港,因此几百年来,泉州的船只能够直接驶至深坑下洋,运来丰州石砻的建筑材料与泉州的商品,然后把深坑下洋及内地盛产的龙眼、桃子、李子、橄榄等水果通过这条梅溪运往外地。宋元时期,泉州刺桐港是中国著名对外通商港口之一,当时的下洋后林墟成为泉州南门外重要集贸市场,其货物的交换大都依靠水上运输,而跨越梅溪的大桥自然成为官桥与水头,晋江与下洋交通重要通道。居住于下洋片区的村民中相当一部分人从事贸易买卖、行船通商、海上运输,为了水上交通运输的安全,必须要有精神依托,祈求"水上保护神"保护,在"妈祖神"尚未出现以前,福佑帝君——"九日山海神"便成了这些人心目中最崇拜、最虔诚、最相信的保护神了。每年的农历十月廿六日为福佑帝君的诞辰之日,是日热闹非凡,万人空巷,演戏三天,筵桌十分丰盛,排列敬奉,善男信女纷纷祈求平安发财。

三

宋元时期的通远王崇拜还具有多神崇拜和谐相处,佛教、道教与民间信仰交织相融,共同庇佑商业繁荣和一方平安的特点。

通远王崇拜发端于泉州最早的佛教寺庙延福寺,在寺庙中占有重要的一席之地的"神运殿"通远王,"因九日山延福寺而居,九日山延福寺因白须公——通远王神而显。在这里,佛教与民间信仰相交织彰显。在九日山延福寺灵乐祠,白须公——通远王神,完成了由山神—雨神—海神的演变过程"。[13]

南安市东田镇全国重点文物保护单位南坑古窑址,是宋元时期主要外销瓷生产基地,意大利旅行家马可·波罗在《马可·波罗游记》中提到的"距城十里"产瓷地,便是南安东田镇南坑宋元古窑址。当时出产的青瓷、白瓷装进木船经金鸡港——刺桐港入海放洋,从海上丝绸之路源源不断运往日本、朝鲜、东南亚和非洲。在它的周围有南川宫、进龙宫、六甲宫,通远王与宫里多神和谐相处,共同庇佑瓷地商业的繁荣和一方平安。

位于南抗加棠井村的南川宫,祀奉南岳帝君,始建于唐末五代时期,为泉州五岳圣地之一。宋时,河南烧瓷名匠南迁福建,带来一尊"武安尊王"进宫供奉,并在此烧瓷开发,从此,武安尊王进宫供奉,并作为当地烧瓷匠人的保护神。南川宫就成为南抗窑群瓷工和船工朝拜的圣地。而南川宫配祀的仁福王、顺正王,就是九日山下昭惠庙海神福佑帝君的佐神,从九日山昭惠庙分炉,来保佑瓷器安全航运的神祇。

在运送瓷器的码头渡口上有一座进龙宫,建于隋末。宋代,这里窑主和船工,从九日山昭惠庙分炉福佑帝君佐神顺正大王,作为船运商贸保护神。当年蓝溪是海上丝绸之路的内河驿渡,人们在东田南坑将瓷器运往码头,在进龙宫上香,拜祀顺正王公,然后沿着蓝溪进入西溪,船到泉州城,同番商进行贸易。许多外国人进了货,与泉州市舶司官员一道,到九日山下昭惠庙行香,隆重举行祈风仪式,礼毕游山泛溪,勒石记事。之后,满载泉州城丝织品、陶瓷返回番邦。也有番商直接到窑址买货,从蓝溪码头下水,运到泉州城,只需半天时间,再驶货船启程。

在东田镜内还有东田村的"六甲宫",美洋村的"南泉室"二座宫庙,供奉九日山昭惠庙海神佐神仁福王。周围蓝溪古渡边的悬崖石壁上,宋代刻有三尊"南无阿弥陀佛"石像,供过往番商、船工焚香朝拜,祈求船运商贸平安。寺庙里的海神,成为村民世代供奉的境主神,香火鼎盛,至今不衰。

泉南名庵——泉南晋邑十一都伍堡海潮庵,地处晋江围头湾畔,面临大海,与金门太武山遥遥相对,历史上曾是泉州对外贸易的港口之一。港口有码头停泊船只,南北海陆交通顺畅,是贸易繁荣的街市之村。伍堡海潮庵,主祀三世尊佛、观音菩萨、地藏王菩萨、十八罗汉,同祀南安九日山海神福佑帝君、仁福尊王等圣神。每年正月初九是福佑帝君从神仁福尊王诞辰之日,当天村民抬出仁福尊王为东道神主,迎请村东三义庙的关圣夫子作陪,举办一年一度的迎神赛会。

惠安县百崎乡克圃村昭惠庙,现名龙山宫。龙山宫主祀九日山海神通远王,左祀观音菩萨、福德正神;右祀妈祖圣母、玄天娘娘。龙山宫大门有一副对联:"福佑圣座龙山地,帝君恩泽四方。"克圃是个回汉聚居世代和睦相处的村庄,回族始祖郭仲远是阿拉伯人,来泉经商时碰到战事,滞留泉州,后移居百崎,成为百崎回族的开基祖。其时,郭仲远他们的商船都要经刺桐港出海,为了出海平安,他们也和闽南人一样,祈求九日山海神福佑帝君及诸神,庇佑他们一帆风顺。克圃回、汉民族共同祀奉九日山海神通远王及诸神,也是海上丝绸之路上中外文化交流的见证。

虽然通远王崇拜在元朝为妈祖崇拜所取代,但在泉州部分地区,通远王崇拜依旧千年传承香火不衰。如今,泉州较有影响的崇拜通远王海神的昭惠庙,有洛阳桥北的昭惠庙,安平桥头安海五里街上的昭惠庙、晋江英林镇岑张村的海潮庵和南安英都镇的昭惠庙等。它们从一个侧面反映出宋元时期泉州神缘与商缘的和谐互动,对泉州社会经济的和谐繁荣所起的作用,也为泉州作为海上丝绸之路起点与国际东方大港的历史地位留下了实物佐证。

注释:

[1]乾隆《永春州志》卷三十二,《仙释》,厦门大学出版社,1994年。

[2]康熙《南安县志》卷二,《疆域志》,南安县志编委会,1986年。

[3]乾隆《泉州府志》卷十六,《坛庙寺观》,乾隆二十八年版。

[4][5][12]安海志修编小组:《安海志》卷二〇,《庙堂》,1983年。

[6](宋)李邴:《水陆堂记》,乾隆《泉州府志》卷七,《山川》。

[7](宋)杨万里:《诚斋》卷二,《答刁子》,乾隆五十九年带经轩藏版。

[8]庄为玑:《古刺桐港》,厦门大学出版社,1989年。

[9][13]吴幼雄:《九日山与海上丝绸之路》,《泉州学林》2010年增刊。

[10]孙秀锦主编:《海丝寻踪》,中国文联出版社,2008年。

[11](宋)真德秀:《西山先生真文忠公文集》卷五〇,《祈风文》,商务印书馆,1936年。

第四节

泉州三座临水夫人宫庙的现状调查

范正义　何振良
(华侨大学宗教文化研究所；泉州府文庙文物保护管理处)

闽东、闽北是临水夫人信仰的起源地,已有不少学者做过调查与研究。闽东、闽北以外的地区,由于临水夫人宫庙少,学界的关注也较少。泉州是临水夫人信仰的外围地区,本文通过对泉州三个临水夫人宫庙的现状调查,总结出外围地区临水夫人信仰的某些特点。

众所周知,闽东、闽北是临水夫人信仰的起源地,也是临水夫人宫庙分布的密集区。关于闽东、闽北临水夫人信仰的情况,已有不少学者做过调查与研究。闽东、闽北以外的地区,由于临水夫人宫庙少,学界的关注也较少。我们对泉州地区的三座临水夫人宫庙进行了调查,希望有助于揭示出外围地区临水夫人信仰的某些特点。

一、泉州三座临水夫人宫庙调查

(一)奇仕宫

奇仕宫,位于泉州开元寺东边的台魁巷,也称奇仕巷,为奇仕境主庙。奇仕宫主祀陈、金、李三夫人。传统社会中,陈、金、李三夫人是泉州妇女儿童最重要的守护神,泉州人对她们的奉祀极为虔诚。陈德商《温陵岁时记》载:

> 奇仕里临济夫人宫,香火极盛。城内外之妇人祈子者,祈产难者,得夫人案前花一朵,或迎神像归,则梦兰有兆。而语忘敬,遗胥远去矣。神于仲秋之月,必至东岳行宫进香,为郡人消灾迎福。是日远近男妇,乘舆徒步者踵相接。小儿衣冠骑马,或执旌旗,或持鼓吹随之。叩拜者肩相摩,壳相击。奇仕宫中,金纸齐山,花香委地。江南班、七子班,丝

竹管弦,极其热闹焉。[1]

由上可见,明代奇仕宫香火盛极一时,城里城外祈子以及祈产难的人家,都要到这里来烧香膜拜。每年农历八月,奇仕宫到东岳庙的进香活动,吸引了众多信徒前来共襄盛举,达到了万人空巷的效果。

数百年过去了,奇仕宫的香火依然如旧吗?带着这个疑问,我们来到了奇仕宫。沿着台魁巷往里走,大约200米,就看到奇仕宫的拜亭凌空横亘在巷子上空。奇仕宫大殿就在巷子的左侧。但是,大殿里的情况让我们大吃一惊:里面堆满了金属器具,还有不少工人正在工作。陈、金、李三夫人

奇仕宫拜亭

的神像呢?大殿怎么变成了工厂呢?这时,宫殿前方的一个路牌提醒了我们,路牌上写着"奇仕宫",并画了一个往里走的箭头。按着路牌的指示,我们绕过民房,走到了大殿背后的一栋房子前。

敲门后,奇仕宫的看宫人张培珍给我们开了门。张培珍指着天井里一座仅有五六平方米的小宫殿说,这就是现在的奇仕宫。张培珍大概也看出了我们的讶异,耐心地给我们解释了奇仕宫现状的由来。

张培珍的养母叫陈刺姑,出生于1921年。陈刺姑自小出家,当地称为清姑。大概13岁时,陈刺姑来到奇仕宫,成为奇仕宫的看宫人。张培珍今年53岁,她说她3岁时,就被送到奇仕宫里,是陈刺姑将她带大的。也就是说,大概在1933年以后,奇仕宫就先后由陈刺姑和张培珍母女看顾。

新中国成立后,在破除四旧,横扫一切牛鬼蛇神的年代里,陈刺姑和张培珍母女被赶出了奇仕宫,在外流浪。当时,她们用一个小茶壶盛着临水夫人的香火,随身携带。20世纪70年代初,她们回到奇仕宫的后殿,偷偷奉祀临水夫人的香火。

也有个别胆大的香客,会到她们这里来烧香。"文革"结束后,临水夫人

的信仰活动逐渐走向公开化。由于"文革"期间奇仕宫的大殿被其他单位占用,"文革"后,开元办事处又将大殿转租给私人办小工厂。张培珍向上级有关部门反映过情况,但一直不见下文。奇仕宫的大殿到现在仍被私人工厂占用。

20世纪90年代,台湾崇福堂有一个临水夫人信徒,自称是临水夫

奇仕宫神龛

人给他托梦,让他回大陆寻找奇仕宫。他找了三次,终于找到了泉州奇仕宫。1998年,他捐助20万台币,委托张培珍重建奇仕宫。张培珍利用这笔钱,在原奇仕宫后殿的地址上,建起了这座五六平方米的小宫殿。2001年,陈刺姑去世,张培珍就成为奇仕宫的看宫人。

在张培珍的带领下,我们参观了这座"微型"的奇仕宫。宫里只有一张供桌,供桌上摆放着一个大神龛,神龛中的神像共三排:第一排奉祀陈、金、李三尊女神像,神像较小,是20世纪70年代塑的,原来没有上金粉,2016年4月才涂上金粉;第二排也是三尊女神像,比第一排的小一些,张培珍说是送花夫人、根基夫人和顾花夫人;第三排一共五尊神像,中间三尊是陈、金、李三夫人,神像较大,左右两边是侍女的神像。《泉州旧城铺境稽略》说奇仕宫"主祀临水三夫人、妈祖"[2],但改建以后,已经不再奉祀妈祖了。

尽管改建后的奇仕宫很小,且位于民房内,但是,每到陈、金、李三夫人生日时,奇仕宫还是相当热闹的。张培珍介绍说,临水夫人的契子有数百个,分布在泉州、南安、晋江、惠安一带。陈夫人正月十五生日,金夫人八月十五生日,李夫人十月十五生日,每到这三个佛生日时,这些契子的家庭就要到奇仕宫里拜临水夫人,顺便交做契的钱。做契的钱一般是5元、10元,随信徒心意。奇仕宫则回赠给方便面,闽南话叫做"衣食",取"有吃有穿、平安长寿"的意思。

每年十月十五日李夫人生日时,奇仕宫还有举办卜龟的活动。张培珍

事先准备好面龟一百个左右,叫财气龟,供信徒求取。信徒今年求一只回去,明年要还两只。由于信徒还的面龟种类不一,来求取的信徒往往挑选自己喜欢的样式的面龟。样子不佳的面龟,就没人求取了。这样就造成了浪费。所以,近几年来,张培珍将还龟改为还钱,一只龟5元,今年卜到龟的信徒,第二年还10元钱给奇仕宫。也有的信徒怕忘了,就在求得面龟的同年,将10元钱付给张培珍。

改革开放以后,奇仕宫一直没有回古田临水宫谒祖进香。张培珍介绍说,早几年,古田祖宫有来人,请她回古田进香。但是,由于该宫只有她一人看顾,脱不开身,再加上她会晕车,所以一直到现在,仍没有回过古田临水宫。她希望今后能有机会到古田看看。

(二)礼让宫

礼让宫,位于泉州礼让巷,奉祀平天圣母陈靖姑,是玉霄境境主庙,也是泉州市区仅有的两座以临水夫人为主神的宫庙之一。

礼让巷,巷名源于明代,林、唐两姓世家为地界争讼,后来幡然醒悟,各自礼让三尺的故事。礼让巷的老人中流传说,不知哪个朝代,有一个宰相,在致仕返乡时,经过古田临水,看到有一尊神的香火很旺,就偷偷地将神像抱回泉州,奉祀于礼让巷。这尊神就是临水夫人陈靖姑,到了礼让巷后,因巷名称为"礼让娘"。又不知什么朝代,王朝敕封陈靖姑为"平天圣母",所以,当地人就把陈靖姑称为"平天圣母"。陈靖姑因巷名而被称为"礼让娘",而礼让巷得名于明代,可见礼让宫的创建是在明代以后。

目前的礼让宫是2000年改建的,整体建筑分为正殿和右殿。正殿奉祀平天圣母大妈、二妈和三妈,左边壁上凿空,奉祀六尊土地公神像。右殿为观音宫,奉祀三王府和观音妈。据礼让宫管委会负责人郑燕辉介绍,三王府为本地境主,当地的境界是由三王府负责管理的。奉祀观音妈,则是因为在历史上,该宫一直都由尼姑看宫。尼姑需要念经,所以要奉祀观音妈。郑燕辉说,昔时,该宫有七个尼姑。新中国成立后只剩下三个,到"文革"时只剩下一个。最后,这个硕果仅存的尼姑也被送入了养老院,礼让宫就改由当地民众自己管理了。

礼让宫的对联有"举动邪念任汝烧香无益,心存正直见吾不拜何妨";"庙貌壮千秋鼎新有象,母仪昭百代坤厚无疆"。

礼让宫平天圣母大妈、二妈和三妈　　　　　　礼让宫

礼让宫大妈的生日是正月十五日，二妈的生日是八月十五日，三妈的生日是十月十五日。其中，又以八月十五日最为热闹。郑燕辉说，八月十五日可能是致仕宰相请回陈靖姑后，入宫安座的日子，所以就被当成最重要的佛生日了。每年八月十五日佛生日时，宫里都要摆筵桌，并演戏酬神。由于该宫位于巷子中，演戏时，只能在巷子中凌空搭台，演员在戏台上演戏，车辆则从戏台下通行。泉州、晋江、南安等地共有四十几人在宫里做契，每逢八月十五日，做契的家庭一定要赶到宫里来烧香敬拜。至于正月十五日和十月十五日，宫里摆筵桌，放电影。如果有演戏，演的也是地下戏，即不用搭台，直接在地面上演的戏。这种戏比较省钱。郑燕辉说，该宫的佛生日活动时，从来不收人口钱，都由信徒自愿捐献。即使是筵桌，也不是按角头来轮流的，而是事先张榜公布筵桌所需的菜肴种类、数量，由信徒自愿认捐。

2000年礼让宫改建后，成立了管理委员会。管委会的老主任陈超云，今年96岁了。他住在滨海新城，离礼让巷很远，所以，该宫的具体事务都是由郑燕辉负责。郑燕辉是泉州百源街老人分会会长，该分会的老人活动中心即设于礼让宫后殿。

改革开放后，礼让宫曾于1998年、2001年和2004年三次到古田临水宫进香。1998年进香的具体日期，郑燕辉记不清楚了。但2001年和2004年两次谒祖进香活动，宫里都贴有相关照片资料。从照片资料来看，2001年信徒迎大妈到临水宫谒祖进香，时间是农历八月十一至十六日，其中还包括进香回来在当地的巡境活动。2004年信徒迎二妈到临水宫进香，回来时同样也举行了巡境活动,时间是农历正月十二至十六日。郑燕辉说,每次进香,都是包两辆大巴车去,给祖庙添油三五千元,回来时巡境,巡完境后,神轿才回宫。

(三)福全临水夫人庙

福全临水夫人庙位于晋江市金井镇福全村。福全是古城,明洪武二十年(1387年),为抵御倭寇入侵,朱元璋下令在福全设立守御所,这是福全建城的开始。福全共有十三个境,临水夫人庙位于东山境。

据立于光绪二十一年(1895年)的《重修临水夫人庙碑记》记载,临水夫人庙"不知始于何时,由于世久年湮,庙宇倾圮,康熙年间,吏部候选清军厅陈君瑞熊倡而修之"。光绪八年(1882年),"里人募义者集鸠捐重为修葺"。1982年,当地民众再次发起重修,1984年竣工。[3]

重修后的临水夫人庙,为一进三间结构。正殿奉祀临水夫人,左右两间各奉祀一位黑面长须、一手拿剑、一手执蛇、脚踏风火轮的威风凛凛的神将,据说是临水夫人的助手,称翁、杨二太保。神像背后的墙壁上,也画有翁、杨二太保的巨幅壁画。左右两边墙壁上,还画有六幅壁画。居中的两幅是注生娘娘坐在案前,两判官分立两边,案下有花瓶,瓶中花朵作孩儿状,十八个宫娥抱着孩子奔走于案下。旁边的四幅壁画分别为"拯救宫女"、"吕山学法"、"助产驱妖"、"收张坑鬼"的故事,题材均取自《临水平妖传》。宫前两边壁上的壁画为艾使者和松大夫的形象,内容为:"艾使者扫去千灾,松大夫招来百吉"。

福全临水夫人庙

庙前大埕右边,建有一间土地宫,奉祀土地神。

庙里的对联有"紫燕灵龟长须颂,明灯朗月助称觞";"祈雨救群黎可怜旱魃为灾罪及父兄斗法甘终廿四岁,斩妖除大患深悯娠身遇难命关妇孺成神愿护亿万人";"庙貌镇东山每追古邑遗微年年寿庆元宵节,神光周南土仍是颍川嫡派岳岳灵钟大历时"。土地宫对联为"一缕香烟飘福里,万枝烛彩照全城",横联为"东山胜境"。

正月十五日临水夫人生日,宫里演戏,并抬出临水夫人神像,巡游福全村的十三个境。按照福全古城研究会蒋福岱先生的说法,临水夫人庙尽管位于东山境,但它是属于福全村整个村子的庙,所以,巡境时,要巡遍福全整个村。不过,佛生日时,仅有东山境的村民请客。

佛生日时,临水夫人庙里举行卜龟活动。庙里准备许多面龟,供信徒求取。信徒卜回面龟,带回家给小孩吃,以保安康。第二年,卜到面龟的人家,要制作或购买面龟,加倍奉还,以供其他信徒求取。这使得庙里的面龟逐年增加,卜龟活动也越来越热闹。

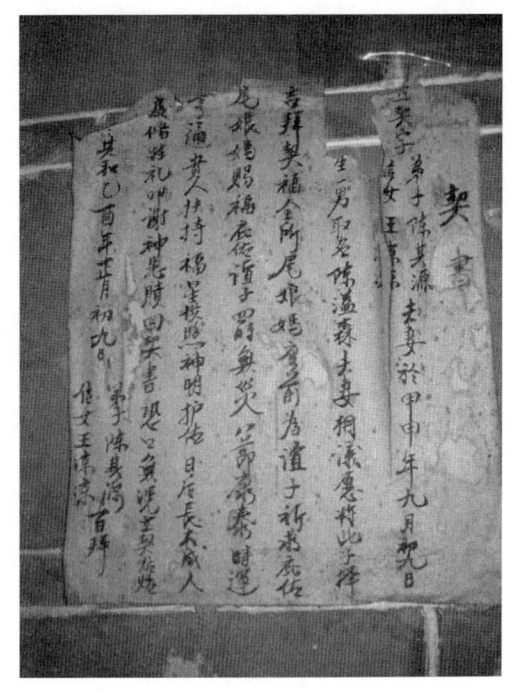

契书

此外,福全村以及金井、英林、深沪、龙湖、石狮等地有不少家庭,将孩子过契给临水夫人做契子。每年正月十五日佛生日时,这些家庭,就要准备果烛牲礼到庙里烧香膜拜,并向庙祝交纳"契儿钱",几十元到上百元,也有交纳数百元的。等孩子长到十六岁,这些家庭就要准备丰盛的牲礼,到庙里上香,赎回契书。我们在庙里考察时,看到神龛的面壁上,贴满了契书。每份契书的格式各不相同,现抄录一份:

契 书

岁次共和乙酉年端月廿六日吉旦,立契人晋江市深沪东山村弟子ZJ,信女LLY,夫妻结发,甲申年闰二月初六,生下一子,乳名YX,夫妻相义,愿将此子拜契本里临水夫人座前为谊子,祈求四时八节康宁,根基坚固,童运顺序。日后长成人,备为香花灯果赎契。恐口说无凭,特立一纸,贴壁长存。

立契人:ZJH

岁次共和乙酉年端月廿六日

据《福全古城》一书的介绍,临水夫人庙中神案上还备有一些特制的一寸左右长的布鞋和塑料鞋,供信徒求取回去佩戴在小孩身上,以消灾去疾。还愿时,必须加倍奉还,以供其他人求取。[4]在这次调查中,我们并没有看到这些布鞋和塑料鞋。

福全村老人协会的一个老人介绍说,改革开放后,大概是1991年、1992年、1993年连着三年去古田临水祖庙谒祖进香。进香活动能够顺利成行,晋江博物馆的粘良图先生起到了穿针引线的作用。老人说,当时是粘良图先生介绍说临水夫人的祖庙在古田大桥镇,要不,他们怎么会知道要去哪里进香呢?目前,临水夫人庙正在修葺,等修好后,庙里会再次组织去古田进香。这个老人还说,去古田进香要花很多钱,包括包车、演戏等等。福全村有13个境,临水夫人庙地处东山境,大概有60户人家。进香时,村民自愿捐献款项常常就能达到六七万元,再另外凑一点就够了。所以,临水夫人庙从来不收人口钱。

福全临水夫人庙是当地华侨华人和故乡保持紧密关系的纽带。正殿上悬挂着"保赤功高"的巨匾,是当地旅居菲律宾的华侨ZDZ等人捐献的。庙里的对联,以及所有的供桌,也都是当地旅居菲律宾、香港等地的华人捐献的。所有的这一切,都显示出华侨华人与临水夫人庙的特殊关系。

二、外围地区临水夫人信仰的特点

通过对泉州地区临水夫人宫庙的考察,我们认为,泉州作为临水夫人信仰的外围地区,其临水夫人信仰大概有如下两个特点:

(一)从主祀降为配祀

泉州主祀临水夫人的宫庙很少,除了调查过的这三个宫庙外,我们知道的还有惠安县北城郊凤山寺、泉港区峰尾村永全社等。此外,捐助奇仕宫复建的台湾人,是台湾崇福堂的信徒,而崇福堂是从晋江大崙崇福堂分灵香火的,可见晋江大崙崇福堂也是奉祀临水夫人的宫庙。其他还有不少奉祀注生娘娘的宫庙,但未注明注生娘娘是不是临水夫人。

尽管主祀临水夫人的宫庙很少,但是配祀临水夫人的宫庙却遍布泉州城乡。据王平山、王少凡《惠安的陈靖姑信仰民俗》一文的介绍,惠安有一户擅长雕塑神像的薛氏父子,自"文革"以后,他们父子俩单给惠东、惠东南一带雕塑的陈靖姑神像就有二三十尊之多。不过,"圣迹虽云多,她却很少拥有独立的宫宅庙舍,几乎都是同其他佛、道民俗诸神并祀,而且叨陪末座,不成主祀之神"。[5]我们在调查中也发现不少宫庙是陪祀临水夫人的,如惠安崇武镇解放军庙、泉州城东镇黄林宫等。

(二)与当地女神的融合与置换

闽东、闽北一带,民众奉祀的临水三夫人,指的是陈、林、李三夫人。临水三夫人信仰传入泉州后,逐渐跟地方上的女神信仰结合起来,出现了神祇的混融和置换现象。例如,奇仕宫奉祀的临水三夫人,不是陈、林、李,而是陈、金、李。金夫人是泉州地方女神,南安市丰州镇九日山登云庙即奉祀苏夫人和金夫人为主神。

为什么会出现这种神祇间的混融和置换的现象呢?我们认为,外围地区原有的信仰传统较为深厚,临水夫人信仰进入后,要想得到当地民众的承认,就必须在适应当地信仰传统的基础上做出调整。将泉州当地的金夫人信仰纳入临水三夫人的信仰体系,有利于临水夫人信仰更好地在泉州传播。

注释:

[1]泉州市民政局、泉州市地方志编纂委员会办公室编:《泉州旧风俗资料汇编》,1985年印行,第88页。

[2]《泉州旧城铺境稽略(旧铺境宫庙附)》,1990年印行,第38页。

[3]据福全古城研究会蒋福岱先生介绍,临水夫人庙大概是明代时建的。当时,蒋姓来此做将军,带了近2000人的军队来,军队中有不同的姓氏,可能有原居于临水夫人信仰区的人随军队到这里,把临水夫人信仰带来这里。

[4]许瑞安:《福全古城》,中央文献出版社,2006年。

[5]王平山、王少凡:《惠安的陈靖姑信仰民俗》,《惠安文史资料》第16辑,2002年12月,第124页。

第十一章
泉州宗教文化生态及其文化走向

第一节 泉州宗教生态的多样性

吴力群

(泉州师范学院图书馆)

本文阐述泉州宗教信仰的生存、发展状况以及内外各种关系的复杂性、整体性,从宗教生态的角度探索泉州宗教信仰的结构、泉州宗教信仰与政治、经济、文化的关系,以及各种宗教信仰之间的关系,力求为进一步研究泉州宗教信仰的特点,探索泉州成为世界宗教之都的原因提供新的思路。

作为闻名中外的"世界宗教博物馆",泉州不仅存在包括四大宗教在内的众多宗教,而且还有难以计数的地方性民间信仰。长期以来,除了"东西佛"在历史上曾经有过一段时间的争斗外,从总体上看,众多的宗教及民间信仰保持和平共处并与社会协调发展。这种现象引起国内外许多专家学者的关注,他们分别从宗教学、文化学、社会学、历史学等学科的角度,对泉州宗教和睦的原因进行深入探讨,提出一些发人深省的观点。鉴于泉州宗教信仰生存、发展以及各种关系的复杂性、整体性,笔者从宗教生态的角度进行探索。

一、泉州宗教生态结构

古今中外的历史证明,不同的宗教信仰之间有两种相处方式,一是相互之间存在着此消彼长甚至你死我活的零和关系,一方发展将必然引起另一方受损;二是求同存异、同生共长、相互促进的生态关系。显然,泉州宗教格局属于后一种。

泉州的宗教信仰没有出现单极化或两极化现象,而是呈现出层叠结构,既有各地的地区性神灵,又有整个区域共同的宗教信仰。这种共性与个性的叠加,增强了宗教信仰的多元化与有序性,反过来提高了宗教包容度、交融度,从而避免了一神教精神统治现象。泉州宗教信仰表面上五花八门,其实它们各得其所并相互交融,协同维系泉州的宗教生态平衡。全区域性的宗教信仰有佛教、道教等制度性宗教,还有关圣帝君、妈祖、保生大帝等民间宗教信仰;地区性神灵有永春人奉祀的乐山王、安溪人奉祀的清水祖师、南安人奉祀的广泽尊王、惠安人奉祀的青山王与灵安尊王、德化人奉祀的玄女神、晋江人奉祀的对山夫人等。在每个乡村、街道甚至还有各自信仰的保护神——"境主"。例如,泉州城分为 36 铺 94 境,每境都有宫庙供奉当地的境主。从地理空间分布来看,泉州宗教信仰习俗具有很强的连续性,未出现明显的空白地带。这种空间的连续性促使泉州地区在一定程度上宗教化。宗教信仰全境化使人们对宗教信仰现象习以为常,同时也强化了宗教信仰的平等意识,这对于"输人不输阵"的泉州人具有特殊的意义。因为不同地区的人们都能获得精神安慰,加强了宗教和谐,促进宗教生态良性发展。各地共性的宗教信仰提供了沟通、认同、合作的可能性,个性的宗教信仰则提供了原生态的多样性与丰富性。

泉州宗教信仰不但在空间上全覆盖,而且在功能上全覆盖,能够很好地满足人们生产、生活中的各种心理需求。例如,在出海护航方面有海神妈祖、玄天上帝、通远王;在驱寇保平安方面,有广泽尊王;在生产方面,有农业神灵五谷帝仙、陶瓷制作保护神窑坊公林炳、木匠巧圣先师鲁班;在商业方面有财神爷、关帝;在医疗保健方面,有医神保生大帝、华佗仙师、鄞仙姑;在生育方面有注生娘娘、送子观音、临水夫人;在文艺表演方面,有戏神雷海青;等等。生产生活各方面的神灵在精神上为百姓提供了无所不包的"保护网",增强了古代泉州人经营百业、闯荡天下的信心与勇气;反过来,百业的兴旺为寺庙建设、宗教生活提供了雄厚的物质基础。各行各业的俗信覆盖了农耕文化与海洋文化,促使泉州宗教信仰种类多样化,提高了宗教信仰与生产生活的关联度、亲近度。这种多样化不仅使泉州宗教生态系统更加稳定,而且由于诸神奉祀的日期不同,在时间上分布更加均衡,使人们的宗教生活具有连续性、丰富性。

泉州的宗教信仰还兼顾"性别平衡",属于男性的神灵有关公、吴真人、清水祖师、萧太傅等,属于女性的神灵有妈祖、观音妈、七娘妈、夫人妈等。相对于男性神灵的义薄云天、忠勇刚强,女性神灵给人慈爱仁善、救苦救难的精神安抚,使得泉州的宗教信仰空间既充满大气又不乏柔情,滋养和丰富了泉州人的精神世界。当泉州人从泉州湾启航走向世界,心中充满着与众不同的想象,因而走得更广更远。众多的"女神"给泉州人带来更大的可选择空间,满足了不同性别、性格、偏好的人群的精神需求,大大扩充了俗信人群,使宗教生态系统源源不断获得"能量"补充,这无疑是泉州宗教信仰的一大特色。

二、泉州宗教信仰与政治的生态关系

一些学者认为,古代泉州政府对宗教采取宽容的态度,使其获得较大的发展空间,因此泉州才能成为宗教之都。事实上,古代泉州政府对宗教的宽容是有限度的,宗教的发展必须以社会整体的"安"为底线,特别是不能对主流思想文化——儒学造成伤害。例如,南宋时期,伊斯兰教徒将清净寺建于文庙府学之前,遭到士大夫与读书人的强烈反对,后来他们告到官府,通判傅自得下令将清净寺迁出,并建于城濠外。如此一来,既保持"庠校科第人文",又让清净寺"峙文庙青龙之左角",各得其所,实现空间上与心理上的和谐。傅自得不可能知道什么生态,但却在实际上遵循宗教生态规律,消除社会争端,实现了宗教生态平衡。古代朝廷还通过有选择性地对地方神灵进行封号,控制其影响范围与深度,使其与稳定社会、安抚民心、对外交往紧密结合起来。例如,元朝政府担心汉人反抗,对男性汉人尤其压制,于是抬出女海神妈祖取代原来的海神通远王,将妈祖封号从"圣妃"升格为"天妃"。为此,元代朝廷每年都派遣钦差大臣到闽南来举办隆重仪式祀奉妈祖,使民众愈发相信其灵应。明太祖朱元璋对元朝异族捧起来的天妃妈祖反感,不承认天妃的称号,后来由于民众的信仰及漕运的需要,朱元璋在洪武五年(1372年)承认妈祖信仰,但只封妈祖为"圣妃"。永乐年间,郑和下西洋,妈祖的地位越来越重要,朝迋又恢复妈祖天妃的称号。[1] 由此可见,政府、民众与宗教信仰之间、不同宗教信仰之间甚至同一宗教内部并不总是处于和谐状态,只能寻求某种动态平衡,才能使社会安宁,才能使宗教信仰有序发展。在这种动态平衡中,必须有一个主导力量进行权衡、控制、协调,否则,当社会、宗教自我调节失灵时,就会产生危机,就可能出现不同宗教信仰或不同教派激烈冲突的"中东现象",或一教独大并挟持社会的欧洲中世纪现象。

政治通常反映社会成员的利益,是社会经济、文化的集中体现,往往需要兼顾局部与整体、暂时与长远的关系。它建立了某种权力结构,关系到经济利益、文化利益的分配。认为宗教和谐仅与泉州文化、对外经济交往有关,与政治力量的调控无关,显然是有重大缺陷的,是不符合泉州宗教生态发展实际情况的。历史证明,虽然政府与其他政治力量随意对宗教信仰及其具体事务进行干涉是错误的,但放任宗教无序发展,必然造成宗教与社会转型、社会发展不相适应,必然造成宗教的畸形发展,必然造成宗教对社会生活的过度干预与冲击,以至在宗教生态敏感区出现突发事件,破坏宗教生态平衡。事实说明,政府对直接、间接影响宗教生态的行为不闻不问,听任发展,往往会造成累积效应,导致社会动荡不安。例如,古代官府明知东西佛的新春"妆人"游行娱乐常引起械斗,在元宵节前后会按惯例出示禁止,但为了维护新年的欢乐气氛,并不严加控制,结果往往导致械斗发展到难以控制的规模。

三、泉州宗教信仰与文化的生态关系

作为闽南地区历史最悠久的地区,泉州有长期的陆地开发与海外贸易历史,是闽南文化的发祥地。泉州文化的重要特点,一是具有正统、强势的大传统文化,又具有自发性、民间性、草根性非常强烈的小传统文化,两种文化相互影响,相得益彰。大传统对小传统起了升华、引导、示范、鼓动的作用,小传统对大传统则起了奠基、支撑、丰富、扩散的作用;二是既有农耕民族的务实、稳重、坚毅,又有工商民族、渔猎民族的开放、进取、灵活,使宗教信仰既持久稳定又不断注入新鲜血液;三是既重视物质生活,又重视精神生活,从而为宗教文化的生成、传播与融合,提供了有利的文化环境。

吴幼雄教授从宗教文化的视角,对泉州宗教发展历史进行研究,认为泉州宗教信仰共存共荣的原因在于,中国优秀传统文化——儒家思想的博大、精深、兼容与并蓄在泉州长期的渗透与发扬光大。[2]在泉州当过两任知府的真德秀,是南宋著名的政治家与理学家,他十分重视民间风气及其教化,大力提倡朱子理学,弘扬儒家敬天、事天、畏天、法天的精神,并付诸行动。他在部使者馆址创建贡院,常以廉谦勤俭教诲弟子、劝谕百姓,并多次前往九日山祈风。他还屡次挥笔写就《真武殿祝文》,亲自前往法石真武庙以官方名义奉祀道教玄天上帝,以祈消弭水灾祸害。无独有偶,出任泉州刺史十七年的王延彬倾心佛教,平时常讲佛理,对僧人优礼有加,以至捐田舍宅、大造寺院。"大人物"的观念与行为所塑造的大传统文化无疑会对民间信仰产生广泛而深刻的影响。从小传统方面来看,泉州的民间文化包含较多的闽越文化元素,尤其是"敬鬼神崇巫觋"。此外,泉州民间素有"输人不输阵"的传统意识,这种热衷于对比、竞争的文化,对各地创立越来越多的宗教信仰与神灵、兴建越来越大的宫庙起了很大作用。由于远离动荡的中原,无论是大传统文化还是小传统文化,都在泉州获得了稳定的环境,取得持续发展,没有发生断裂现象,这是泉州宗教生态能够在漫长的历史时期存在、进化的重要原因。

从地理环境来看,泉州依山面海,既有依靠渔猎、工商经济获取生活资源的晋江、南安、惠安沿海地区,又有以农耕经济为主的安溪、永春、德化等幅员较为广阔的内陆地区(包括晋江、南安、惠安的内陆部分)。由于远离中原,加上高山险阻隔离,北方每隔一段时间就发生的大规模战乱并未波及泉州。相反地,中原这些战乱为泉州送来了厌战求安、渴求发展的具有高度智慧的中原南渡"衣冠"与高度发达的中原文化。因此,泉州文化中既有海洋文化、闽越文化元素,又有中原文化、农耕文化元素。这种复合型文化,为泉州吸纳、创立各种类型的宗教信仰提供了肥沃的土壤。

在对外交往中,频繁的交流带来多元文化,使泉州人视野开阔,避免了"少见多怪"的文化过敏现象。通过贸易富起来的泉州拥有更多的自信,物资的充沛与社会的繁荣,造就出泉州人独特的慷慨之气、好客之情,形成一种唐朝以后在古代中国非常罕见的乐观豁达、开放活跃的生命状态,极大地提高了泉州人对外国宗教文化的接受性、兼容性,从而为泉州宗教生态的多样性提供了适宜的气候。在与外国人的经济交往过程中,必然与其在文化上互相作用。特别是大量外国人居留泉州,必然与泉州本地人在生活上相互影响、在观念上相互渗透。在互动过程中,双方的宗教、艺术、生活习俗逐渐交汇与融合。例如,在宗教建筑特别是寺庙、陵墓的石刻样式上,不断突破原来的教规而互相融合。在泉州发现的"刺桐十字架"石刻中,天使的趺坐姿势、夸张的垂耳,显然是中国佛像雕刻的常见造型,而围绕四周的瑞云、海水、火焰、莲花座等无疑充斥着中国佛教与道教的文化象征。[3]宗教建筑是宗教内涵的重要载体与表现形式，是宗教情感的寄托，是凝固的宗教文化符号，它每时每刻都散发着浓厚的宗教气息，对民众产生潜移默化的作用。多教融合的宗教雕刻，首先使信教者对其他宗教有所感知，在不知不觉中悄悄接近各种宗教，从而有效减少"排异"现象；其次，和美自然的图景，无意中向信教者暗示：其他宗教也有美妙之处，多种宗教完全可以和平共处，而且充满美感，充满优雅。这种宗教文化符号的"合成"创新，促进了平和、开放的精神生态的生成，避免将其他宗教视为势不两立的异教而诉诸圣战。

泉州的民俗文化具有较强的亲和力、融合力，在文化接触中，甚至在某种程度上同化了所接触的对象。这在泉州宗教生态进化过程中，具有特殊的意义，其结果是，在宗教生态进化中不但出现渐变现象，而且出现了标志性的突变现象。例如，泉州晋江丁氏回民与当地汉人和睦相处并接受汉文化影响，确立了祖先崇拜的观念建造宗祠，还采用回汉融合的布局和装饰。[4]崇拜祖先是汉文化的核心部分，丁氏回民建造宗祠之举，说明他们不仅在生活方式上靠近当地汉人，而且借鉴、认同当地汉人的信仰与价值观念。

泉州的文化特色之一是民间艺术高度发达，而泉州的宗教信仰恰恰与艺术结下了不解之缘。南戏、南音、南建筑（包括雕塑）等艺术是泉州的文化奇葩，泉州宗教巧妙地将其融入自己的系统中。在寺庙中，往往采用精美绝伦、动人心弦的造型吸引、感化人们，引起民众对宗教的好感与向往。在宗教活动中，经常会开展民众喜闻乐见的文娱演艺活动，如舞蹈、梨园戏、傀儡戏、打城戏等。在迎神赛会上，民间舞蹈踩街队伍踏舞行进，在寺庙前各展技艺，常常将敬鬼乐神活动引向狂欢。风趣活泼的"火鼎公火鼎婆"舞蹈原是由王爷出巡抬"火鼎"净路驱邪演化而成。[5]民间艺术活动拥有广泛而深厚的民众基础，娱乐性、独立性与稳定性较强，当它们与宗教活动相结合，便以浓烈的情绪打动了所有在场的人们，迅速拉近民众与宗教的距离。宗教艺术在宗教与百姓、信仰与娱乐、虔诚与狂欢之间架起桥梁，在泉州宗教生态系统中起着独特的作用。

此外，泉州神话传说的宗教化，以及宗教信仰的生活化、习俗化，有力地推动宗教生态化的进程。神话与传说具有深厚的民间文化基础，蕴含着民众的价值观念、审美情趣与美好愿望，一旦升华为宗教信仰，将释放出巨大的文化能量，为宗教信仰的发展提供强劲的动力。例如，泉州有"七月初七七娘生"的谚语,民间将该日定为七娘妈的生日。这天要举办祈祥活动,称为"做七娘妈生",民间"拜天孙"的习俗由此形成。在泉州民间传说里,织女是天帝的第七个女儿。在民众的心目中,"七娘妈"那么美丽、善良,是慈爱与吉祥的化身。她不仅给天下小孩子带来抚爱、温暖与幸福,而且能庇护小孩健康成长。在此,泉州的宗教信仰充分显示出其亲切、温馨的一面,散发出人性的光辉,为其大众化打下良好的基础。

一些文学作品(包括小说、故事、传说等)对神灵们神通广大的描绘与渲染,也有力地促进了宗教信仰的传播与深入人心。南宋末年海盗猖獗,在一些笔记小说里流传着妈祖击退海盗的故事,进一步深化了民众的妈祖信仰。因常念诵佛经免遭危难的故事在《夷坚志》中屡见不鲜。[6]在洪迈《夷坚志·支丙》卷九《林夫人庙》中讲了一个故事:有一次,民众自发捐资扩建林夫人庙,一个富裕而悭吝的老头只捐了三万,众人觉得太少,劝他增加一些,他不肯,结果他的仆人负钱出门的时候,"如重物压肩背,不能移足"。后来,这个吝啬的老头"立增为百万"。这些文学作品迎合民众的心理,传扬轻财重神、注重精神生活的信念,在促进宗教信仰发展上起到推波助澜的作用。泉州民间文学以民众喜闻乐见的形式,反映老百姓的生活、思想与感情,蕴含着对人生对社会的审美评价,有效调节人们的精神生活,无形地、间接地然而却是有力地推动泉州宗教信仰的扩散,促进宗教生态的持续发展。

泉州宗教以自己的精神性、统摄性、渗透性对泉州文化进行深度整合,充分利用泉州文化的草根性、丰富性与亲和性,拓展、充实自己的精神空间,奠定其在泉州文化中的中心地位,并以此形成良好的宗教文化生态。回顾历史,我们可以看到,泉州宗教文化使来自中原、闽越、海外的泉州人拥有共同的文化记忆与文化精神,形成相对稳定的社会群体,有效协调不同地区、家族、社会阶层之间的关系,强化城市社会认同与乡村社会认同,扩大社会交流空间,增强社会凝聚力,弥补了传统社会普遍存在的开放性、精神性、公共性不足的缺陷,有力促进了特色鲜明的泉州文化共同体的形成。

四、泉州宗教信仰与经济的生态关系

对外贸易及海外交通的发展,吸引了众多国家与地区的商人、传教士、僧侣、王子、贵族、游历家、使节等等前来"淘金"、施行与交流,他们带来了各种各样的宗教信仰,这就为泉州宗教的多元化与宗教生态的形成提供了良好的环境。

不同宗教的接触与磨合，需要足够的时间。信仰不同的宗教徒走到一起，并不意味着泉州宗教信仰就会自然而然地多元化与生态化，必须有现实利益这样一个强大的力量将异教徒牢牢地"拴"在一起。自古以来，老百姓口口相传着"和气生财"这个俗语，这是因为"生财"不是短期交易能够实现的，它需要交易双方建立平等、友好的商业伙伴关系，长期进行合作。如果各国商人因为信仰不同而冲突，将无法进行正常的交易。因此，为了生存，互相尊重与融洽相处是唯一的选择，这可以称为"生存约束"。市场交易是建立在平等基础上的，而不是建立在相互歧视的基础上，因此，商业理性会"驯服"狂热的宗教情感。此外，在贸易过程中，不同信仰的商人必定会发现对方虽然与自己的宗教信仰不一样，但同样创造了灿烂的文明，生产出具有很高价值的产品，达到很高的文化水准，进而悟出那些信仰不同的异国人同样有优秀的品质，这就增加了对不同宗教的关注、了解甚至欣赏，而不是孤芳自赏、唯我独尊，把其他宗教信仰一棍子打死。

当然，我们不能排除可能有一些信教的商人，宁肯生意做不成也不与异教商人打交道，可是这样一来他将不适应泉州这样的市场环境与宗教生态环境，从而难以在泉州的经济活动中生存与发展。这样，留在泉州的商人必定都是具有开放包容心态、务实随和的信教者。他们的居留，反过来又强化了泉州宗教生态。从这个意义上来说，古代泉州发达的国际市场相当于一个文化"过滤器"，将狂热的过于执着的宗教徒"过滤"掉，从而增加泉州宗教生态的稳定性。

泉州宗教的发展与经济特别是商贸活动的"安全需求"息息相关。由于泉州沿海地区"靠海吃海"，而大海喜怒无常、异常危险，人们在心理上急需神通广大的神保佑海上航行安全。玄武大帝、通远王、妈祖等保护神的出现，大大减轻甚至消除了人们对远洋航行的焦虑心理与精神负担，有力地促进贸易经济的进一步发展，终使泉州发展成为东方第一大港。宗教信仰既有精神活动，也有物质上的表现形式，需要寺庙、神像、经书、祭品等等，在宗教活动过程中还需要花费大量的资金。经济越发达，社会越有雄厚的资金用于修庙建寺，而寺庙在宗教扎根地方社会与传播宗教信仰方面发挥了至关重要的作用。反过来，经济越发达，民众在心灵上也越需要神来庇佑其财富安全；此外，宗教信仰还为泉州制造的商品提供了产品设计的灵感（如观音菩萨造型）与商品销售市场。从泉州宗教的发展历程来看，宋朝晚期与元朝达到了前所未有的高峰，而这个时期正好是泉州对外贸易以及整体经济达到巅峰的时期。例如,绍兴三十二年(1162年)泉州、广州两市舶司的税收约占当时南宋朝廷年度财政总收入的二十分之一;而在整个元代,泉州成为元朝对外的海上交通贸易中心,居全国首位。[7]

由此可见,贸易经济为泉州的宗教发展提供了丰富的资源与巨大的"能量",反过来,宗教信仰也对贸易经济的生存与发展提供强有力的支撑,使古代泉州无论在物质上还是在精神上都达到罕见的高峰。

五、泉州各宗教信仰之间的生态关系

泉州政治、经济的长期发展孕育出多元一体的文化生态,而宗教生态则是文化生态的核心部分。宗教生态所蕴含的宗教共生有效地削弱宗教隔阂、宗教误解、宗教歧视,促进各宗教信仰之间的互相了解与谅解,消除各个宗教以自我为中心的倾向,并且避免某些势力利用宗教开展有害活动,甚至"绑架"宗教及其教民对社会或某一群体进行施压、讹诈、冲击,使宗教成为世俗社会利益争端的工具。在政治、经济、文化的共同作用下,泉州宗教信仰在发展中形成开放性、实用性、变通性、创新性等特性,这些特性造成泉州宗教信仰产生以下现象:(1)求同存异;(2)互相渗透与融合;(3)依附现象;(4)及时进行适应性调节。求同存异是思想基础,是开放性与实用性结合的产物;互相渗透与融合、依附现象及适应性调节则是在求同存异思想指导下进行灵活变通与创新的集中体现。通过宗教信仰之间理相通、语相借、形相似、居相连,泉州宗教生态最终形成并不断发展。

理相通:各宗教之间、宗教与俗信之间,出现相似或相通的信念。万历年间,泉州名儒李光缙以儒家敬天思想来诠释伊斯兰教教旨,褒扬泉州回教徒的"敬天之美",认为其"似儒家之慎修"、"使人悚然知所畏"、"于世风大有裨益矣"。明代的儒家找到儒、道、释、回"敬天、奉天、法天"的共同点,即"万殊一本"[8],从而将"求同存异"的"同"最大化,极大地促进了宗教和谐与宗教生态进化。从小传统来看,泉州民间信仰异常旺盛,并借用一些佛教教理而不断发展。不少泉州人将祖先牌位供奉于寺庙,使寺庙与家祠结合起来,将祖先崇拜和神灵崇拜相结合。祖先崇拜是一种血缘亲属支配下的宗教活动,是泉州根深蒂固的家族文化的核心。古人认为灵魂是不灭的,与自己有血缘关系的人死后仍然会保护自己。佛教传入中国后,灵魂不灭说与因果报应、轮回转生观念得到巨大的发展空间。为了使死者能转生为菩萨,亲属请人念经超度,或举行水陆法会,为一切水陆生物供养斋食。借助佛教教理,俗信得到升华,达到崭新的境界。

语相借:一些宗教为了适应泉州的社会环境,求得生存与发展,不同程度地调整自己的概念、术语系统,借用其他宗教的语言,从而在各宗教之间产生某种程度的"共同语境"。在"共同语境"中,人们便于理解其他宗教,新来宗教则更容易落地生根。"语相借"是宗教信仰的生存策略,它无意中削弱了各宗教的独立性、排他性,减少将其他宗教视为邪教并加以蔑视的现象。例如,元代泉州清净寺为招呼教徒做礼拜的"宣礼塔"就称为"叫佛楼";元代泉州基督教教士称大德,而大德是佛教僧侣、和尚的尊称[9];景教徒称泉州的景教堂为"兴明寺",称尊奉的神为佛。[10]这些宗教语言有的表示具体的宗教事务,有的表达宗教的抽象概念,必然以其强烈的宗教规定性进入善男信女的思维领域,改变宗教精神空间,造就其开放、包容的思维品质。

形相似:泉州的多种宗教不仅借用其他宗教的教理与语言,还出现一些借形现象,即借用其他宗教的图形、装饰甚至具体事物来表达自己理念,这在前面论述泉州文化对宗教生态的影响时已有所涉及。泉州的基督教徒和伊斯兰教徒皆青睐于佛教的"壸门",并广泛运用在墓碑、墓石的装饰中;景教在唐代初期传入中国时,借用佛教的莲花图像,用它来承托十字架;此外,道教用来象征仙界的云纹,也被佛教用来作为象征天界的符号,基督教也用云纹表示"降临"。[11]这些借用的形象一旦成为宗教符号,便拥有所代表的事物的内涵和力量,变成教徒心中神圣的创造物。教徒借此寄托信仰,其意识受到它们的深刻影响。作为最早传入泉州并影响最大的宗教之一的佛教,为其他宗教的宗教艺术活动提供许多创作的灵感,例如景教石刻上的华盖、天使等装饰题材都能从开元寺找到相应的图像。[12]这些宗教图形的借鉴与创造,大大增强了泉州宗教的可接受性与审美价值,从而为其传播与传承提供了有利条件。宗教创造物的图形结构引导其接受主体——泉州人对世界对人生的感悟和认识,加强其多元宗教和谐共处的意识沉淀,反过来为长期的宗教生态稳定奠定了广泛的社会基础。

居相连:泉州不同宗教的寺庙常常相连,甚至同处一室。唐代泉州永春乐山神因九日山佛教延福寺的名气而居留,宋代九日山佛教延福寺因九日山通远王神海外交通祈风的灵异而显耀,出现"神因佛而居"、"佛以佛戒信于神"、"神以佛戒惠于物"、"佛与神交至其道、人与物两蒙其利"的现象。元代泉州清源纯阳洞仙、佛共处,"佛或因仙而居,仙或因佛而显",出现佛、道合流现象。不同宗教的共处与相容,相对于原来各自独立发展,更有效地避免了原教旨主义意识,消除唯我独尊与激进、极端倾向。

六、泉州宗教生态效应

泉州良好的宗教生态结出了丰硕成果,产生了众多著名道士、名僧与名作,吸引了各地高僧前来交流,同时,泉州的宗教信仰也广泛向外传播。例如,唐代禅宗六祖慧能下传的南禅脉系中,青原法系曹洞派的雪峰义存是南安人。义存世家信佛,以僧为友,从小就对佛教产生崇敬而亲切的感情,后来在十二岁出家,终成一代大师。泉州其他著名高僧还有唐代与五代的慧口、元晤、昙静、怀晖、文超、弘则、道昭,宋代的行通、道岑、如岳、本观、普足、了性、守净、子琦、道询,元代的法助、伯福、如照,明代的超宏、法果、道余、佛化、转初,清代的德林、性滔、机锐、太积、德萃、元龙、海印,近现代的云果、转道、妙月、转逢、转解、转尘、性愿、元镇、广钦、常凯、宏船、广洽等。南山律宗一代宗师弘一法师1928年来到闽南,常住泉州开元寺、承天寺等寺庙,最后在泉州圆寂。泉州著名道士有唐代的蔡如金、郑文叔、蔡明濬、吴崇岳、杨樵,五代的谭峭,宋代的苏绍成、陈以文、林道,明代的吴云靖、董伯华,研究道教的著名学者有陈用宾、李光缙等。

泉州的高僧、著名道士著述丰富,为宗教信仰的传承与弘扬做出了重大贡献。如释戒环著《妙法莲花经解》,对佛学产生深远影响;僧宗达考订佛经错字,为后世正确读解佛教内典做出重要贡献;庆老禅师著《临济宗旨》,弥补了《僧宝传》内容的不足;如幻超宏著《周易说明》、《罗经集解》等书,成为明代禅宗中兴后闽南一大宗师;僧太睿著《续广弘明集》,补写了南朝齐梁僧祐《弘明集》和唐初僧道宣《广弘明集》之后一千年间中国佛教宗门派系的情况,是一部重要的佛教史典;近现代常凯著《正骨心要》,创办《南洋佛教》月刊。[13]冰冻三尺,非一日之寒,上述多种宗教著述使教理缜密精微、清晰明了,使泉州宗教建立在坚固的基础上,具有很高的水准。

众多的高僧、著名道士,浩如烟海的著述,既是泉州宗教生态系统的一大"产物",反过来又对其进化发挥重要作用。丰硕的成果,使泉州成为宗教重镇,名声远播,吸引四方宗教人士云集刺桐,为泉州宗教输入了强大的"正能量"。宋代泉州高僧辈出,四方僧人依归,如星拱月。一些高僧开堂说法,四众弟子,慕道云集,导致泉州法缘日盛、道业日隆。

由于泉州高僧辈出,倍受朝廷及各地关注,出泉讲学弘教频繁。泉州人怀晖,唐元和三年(808年)奉诏到京师,居章敬寺,每年奉诏进入麟德殿讲经,深受赞赏。泉州人昙静,随鉴真大师东渡日本传经,成为福建省首位赴日高僧。晋江人文超,精通内外学,奉诏入京讲《百法》,赐号弘教大师。南安人德萃,17岁出家开元寺,曾往鼓山与赣州崆峒山,各地丛林纷纷请他登堂说法,1740年回开元寺主戒坛,说法时听众达数千人。

由于高僧云集、著述精深,泉州寺庙闻名遐迩。南安雪峰寺名禅辈出,成为东南佛教重地、弘法中心,民国初年该寺甚至成为福建省佛教会办公所在地。近代三大法师弘一、大虚、芝峰会聚此寺谈禅释义,声名远播。该寺培养出众多高僧方丈,为国内乃至海外输送大量住持。

综上所述,泉州宗教信仰在政治、经济、文化等外部因素以及内部各种因素的共同作用下,形成稳定的宗教生态系统,实现宗教生态多样化与生态平衡,这种状态保证泉州多种宗教信仰长期和平共处并共同发展,形成具有区域性特色的生存、发展模式,从而在中外宗教历史上产生重要影响。进一步研究表明,泉州宗教生态进化的动力来源于宗教政策的有效性、区位因素的高效利用、资源的集聚(包括人员、物资、文化的交流与汲取)、社会网络的高度发达、宗教创新与信仰传播路径的改进。

注释:

[1]陈名实:《从泉州天后宫看民间宗教的和谐发展》,泉州师院历史学重点学科编《论文集》,2013年,第68~75页。

[2]吴幼雄:《闽南多元宗教文化和谐共处探源——以泉州为例兼谈闽南文化生态保护》,《泉州师范学院学报》2011年第1期,第1~6页。

[3][4]王大卫:《和谐互融多元并存——从文化生态学视角探析泉州宗教、俗信石刻艺术的文化价值取向》,《西北农林科技大学学报(社会科学版)》2011年第6期,第172~176页。

[5]杨丽芳:《泉州戏曲、民间舞蹈与传统宗教之关系》,《泉州师范学院学报》2000年第1期,第39~41页。

[6]蔡瑞婷:《元代泉州的民间信仰与社会经济之关系》,厦门大学硕士学位论文,2009年。

[7]陈苍松:《市舶管理在海外贸易中的作用和影响——从宋元时期广州泉州的海外贸易谈起》,http://www.gzzxws.gov.cn.

[8][9]吴玫、吴幼雄:《闽南泉州多元宗教文化和谐共处探源》,泉州师院历史学重点学科编《论文集》,2013年,第11~18页。

[10][11][12]李静蓉、林振礼:《泉州景教石刻与佛教关系发微》,泉州师院历史学重点学科编《论文集》,2013年,第81~90页。

[13]《泉州宗教汇总》,泉州网,http://www.fjdh.com.

第二节

从闽南民间雕刻看多元宗教文化的影响

黄 坚

(泉州师范学院美术与设计学院)

闽南地区在历史发展过程中,多元宗教文化在此交汇融合,影响着该地区文化生态的变化,反过来该地区的文化生态也影响着该地区各种民间艺术的走向和风格。从闽南民间雕刻中我们看到了这种影响。因此,对该地区民间雕刻有特色的研究很有必要,从中可以看出一个地区在一种文化生态中艺术形式的变化与多样。

一、闽南民间雕刻与闽南民间文化生态的关系

每一种宗教的生存跟该区域文化生态都有极大的关联。我们在这里提出泛闽南文化民间文化生态问题,在于我们在研究闽南民间雕刻之中,发现如果不以泛闽南文化和闽南民间文化生态来作为研究的出发点,那么闽南民间雕刻的地域独特性就无从谈起,每一个形成地域文化的地区都有着它自身内在发展规律以及自身文化生态系统的各种相互影响。在北宋中期,泉州港已成为仅次于广州的全国第二大港。元代以后,泉州进入繁盛时期,被誉为东方第一大港。在这样一个大的历史背景下,泉州地区人口基数逐步增大,对外文化经济交流频繁,使该地区的民俗活动逐渐开展起来。社会的发展促使社会分工精细化,也造就大量手艺工匠,而这里我们的逻辑是,手工艺产业的发展推进了农耕文明的进一步发展。从另外一个角度说,农耕文明的发展促使一种先进的文明形态在闽南原有自然生态基础上做了人文拓展。当然,这种人文拓展不能忽视中原文化进入的根本性影响——在魏晋时代许多中原士官家族进入闽南,带来深层次的文化作用不容忽视,他们所带来的文化思想意识及观念在以后的岁月里,左右着闽南文化生态未来的发展成型,也促使闽南文化逐渐分层——民间文化对应着民间艺术,民

间艺术、宫廷艺术、文人士大夫艺术相互影响,相互借鉴,共同发展。从这点上说,闽南多元文化特色体现得最为全面,同时,闽南民间的生活方式和习俗的初步成型也为区域性文化的产生奠定了一个基础。

对闽南文化生态的研究,要从闽南人对审美之间相互关系的认识程度、把握程度来分析,我们认为闽南人对审美关系的把握可以从人与人、人与社会、人与自然、人与宗教等四个方面来阐述,这四个方面的关系把握好坏,都对闽南民间雕刻的审美和文化追求产生潜在的影响。

不容否认的是文化的多样性与闽南雕刻地域独特性会产生一定的矛盾,福建地域的偏远程度限制了福建的文化影响力,而闽南更是边缘。但随着交通、资讯的改善,地理区隔所带给文化的负面影响逐渐减弱,文化区域要有中心,而这种中心常是行政中心、经济中心,在经济中心尚未形成时,文化中心的形成和体系的形成可能性不大,所以就文化层面而言,福建不如苏杭一带。中唐以前福建无地域文化,明清以后才是福建区域文化的萌芽时期。唐末五代闽南地区佛教繁荣,至北宋时期,王闽政权在福建兴建寺庙,推动了福建民间文化,某种程度上可以说,是佛教的兴起才大规模影响了闽南的宗教文化生态,虽然之前道教、摩尼教、伊斯兰教也有一些影响,但不如佛教那么深刻。但这里值得我们思索的是佛教进入该区域却与其他宗教能共生共存,这也是闽南文化生态的特殊性。宗教的和谐需要一个文化生态的场地,在闽南,特别在泉州,这个场地是存在的,假如我们以这个思考作为我们学术思维的出发点,我们还可以发现不同宗教在文化艺术方面的各自发挥,而他们之间的相互融合,在整个闽南历史文化长河中发挥了不容忽视的特殊作用。

我们理解和研究闽南民间艺术,必须从一个区域内各种文化共存互生的生态体系中系统地、整体地做研究。传统的闽南文化生态系统在构成上有这样两个特点:一是特殊的地缘区域,地理环境相对封闭,因而使许多古老的文化特质得以传承;二是特殊的区域文化结构,闽南文化带处在闽越文化、海洋文化和中原文化交汇的区域,较早在该区域呈现出多元文化的特征,闽南多元文化传统自古以来就潜在影响人们对宗教的理解。相对封闭的自然环境中衍生的民间文化具有一定的原生态性,具有无可替代的艺术价值和民俗文化价值,闽南的文化生态系统保证了闽南文化的传承。对于闽南雕刻艺术来讲,闽南所处的自然人文环境、生产生活方式、文化价值观、宗教观念等是其创作源泉。民俗学家唐家路曾经写道:"要留住传统的民间艺术,就要守住民间文化的生态,培养健全的文化土壤,正确对待民间文化的传统,才能使民间艺术得以健康的传承,并获得文化艺术的新生。"[1]今天,我们如何保持这种文化生态和创新生态变得十分重要也十分艰难。

  闽南居民在其居住、生活的历史环境和自然环境中,主要是借助异地的文化经验和文化优势来实现自己的文化目标,闽南文化中很大一部分是祭祀文化和崇拜习俗,祭祀文化是民俗文化中的重要内容。闽南人作为汉族的一系,早期入闽后以村落聚居,形成以家族发祥地为文化符号的血缘和亲情纽带,祭祖是闽南人表达对祖先和祖籍地双重敬意的重要活动,逐渐形成了具有地方特色的闽南祭祖习俗,它同时使宗庙及相关联的文化十分兴旺。闽南血缘性的家族和地域性庙宇中的宗教仪式活动把艺术建置的一些活动附加进来,使闽南的艺术生态一开始就显得比较特别。一个区域文化生态的形成,传统的信仰、仪式影响着区域中大多数民众的思维方式和文化理念,况且中国民间信仰具有多教合一、多神崇拜的特点,这一点上闽南也不例外,这也是闽南多元宗教文化生存的基础之一。

  我们强调文化生态及相关联文化对闽南雕刻的影响,但我们认为这不是绝对的,不能忽视雕刻这一民间艺术形式有它自身的传承方式,个体的因素,艺术的因素都是影响因子,但从大的环境来讲,一方水土养一方人,文化生态环境的影响更为巨大,所有这些,都使其呈现多样与多变。

二、闽南民间雕刻中的多元宗教文化影响

  宗教是人类社会发展进程中的特殊文化现象,是人类传统文化的重要组成部分。广义上讲,宗教本身是一种以信仰为核心的文化,同时又是整个社会文化的有机组成部分。宗教的历史就是一部人类文化史,宗教文化在各个方面对生活习俗、文学艺术、音乐、建筑、绘画、雕塑等都进行渗透。

  原始社会宗教是从巫术演变过来,巫术有着祝祷护佑功能,而艺术一开始也和巫术分不开。比如早期的动物纹样是用来沟通"天地神人"之间的联系,而装饰的意义其次。古代中国青铜器的纹饰一开始也并没有作为审美的附加,艺术作为纯粹审美是后来的事,宗教与艺术的关系也是这样的。"青铜器以动物作为纹饰在殷商已发展到了高峰……"[2]我国从战国起,阴阳五行盛行,用人物或动物比拟星象比比皆是,这时的纹饰、图形都具有象征意义。到了汉武帝时,推崇方术,天地神灵图像成为主要描绘对象,两汉的死生观念对艺术的影响从画像石形式中可以看出来。我们在研究宗教艺

术时,从一些纹饰图像的研究也看出宗教与艺术之间是如何发生关联的。

　　宗教的传播带给人们的不仅是宗教信仰和道德标准,更重要的是它影响艺术。宗教作为文化的聚结点和辐射点,对整个区域文化乃至整个文明的影响都是全方位的,而且对社会、经济和文化生活产生重大而深刻的影响。在我国绘画、雕塑、建筑等诸方面都可以看到宗教与文化的紧密联系,宗教和文化艺术之间具有一定的交叉点,宗教形象大量影响艺术的创作,"宗教的形象"其实最后都转化为"艺术形象"。宗教与艺术结合产生了"宗教艺术",许多宗教艺术中的形象是类型化的,如中国的罗汉、西方的圣母等。不同宗教有不同的形象类型,虽然大部分宗教信仰有排他性,可相互包容、多元共生,在闽南却有其特殊的生存条件,其原因在于中原文化带给闽南的儒家以和为贵的思想,把宗教的狂热和排他性予以消解,淡化了一神教的排他性,增强了文化的包容性。另外一个原因是闽南开放的海洋文化,使闽南人对外交流的眼界和思想有特殊的基础,加上闽南民间信仰中的"人"道、"神"道在一定程度的互补,都促使闽南宗教形成多元的局面。闽南宗教类型多且庞杂,佛教、道教、基督教、天主教、伊斯兰教、婆罗门教、摩尼教、印度教等都曾在这里流传,多元宗教构成闽南区域文化发展的特殊性,也为闽南文化的多元化提供丰富且坚实的土壤。剖析宗教对闽南文化艺术的影响,对我们研究闽南民间雕刻是有帮助的。当然,我们透视闽南各种宗教遗址,首先以佛教遗址为首选,因为佛教毕竟在中国影响艺术最多,如我国古代建筑最多的要数佛教寺塔。研究雕刻离不开寺庙,因为建造这些佛教寺塔同时需要建造佛像和附属的木雕、石刻装饰,宗教雕刻也不单单是民间艺人所作。从历史上看,中国宗教艺术也产生了如顾恺之、曹不兴、卫协等著名的佛画家。以佛教为中心来展开论述,或者以东方宗教为中心来展开,更符合闽南宗教艺术实际,虽然多元化在某种程度是大杂烩的另一种说法。当然中国宗教文化多神崇拜、神人一体的背后隐藏着我们的文化密码,破解这种密码,除了内涵思想的理解,也需要在外在视觉形式中得到佐证。

　　从文化语码的角度看,影响闽南雕刻的有以下几个方面:土著文化、阿拉伯文化、南洋文化、西方文化,加上从西晋末年开始的中原文化、百越文化的影响,各种文化碰撞以及闽南人海纳百川的开放心态使得这里生成了适合多种宗教传播的良好环境。

　　泉州伊斯兰教鼎盛时代是宋元交替之际,当时泉州海外交通贸易空前发展,各国客商云集,大批阿拉伯商贾、工匠接踵而来。此时,由于来经商留居的穆斯林日益增多,也带来了伊斯兰教文化的影响,但客观上讲,其影响还是有限的。这由于伊斯兰文化在艺术上对偶像崇拜的排斥影响了艺术类型化的形成。伊斯兰教对雕刻的影响在于图案方面,比如精确的几何图形、完美的对称形式和各种构型元素的巧妙配合使雕刻的装饰显得丰富且有异国情调,常用的图案有缠枝花纹、散点花伞纹、菊花纹,再如莲花、鱼、锁链和乳香,象征着生殖、丰收、安全、财富等,这些图案都表现出典型的伊斯兰风格。

图1 古伊斯兰教墓碑

伊斯兰教雕刻在闽南有许多遗存,伊斯兰教墓碑雕刻中的图案讲究对称又有变化的韵律。(泉州海外交通史博物馆藏)

元代闽南地区是天主教在福建的主要教区。天主教在厦门的传播最早可追溯到明末。明末,基督教在泉州建立了13座教堂。基督教在历史上不但造就了欧洲文化基础,还对绘画、雕塑和音乐产生了深远的影响。每个时代,西方的宗教文化艺术都会显现一种辉煌,如中世纪拜占庭的华丽装饰。在闽南,基督教对雕刻艺术影响不大,原因是基督教在中国的传播方式都是以一种教堂直

图2 古基督教墓碑(泉州海外交通史博物馆藏)

接传教的形式进行,同时基督教文化与中国文化毕竟属于不同的文化体系和传承体系,基督教《圣经》中对天堂和地狱的描绘,灵魂和肉体的分离有点不适应中国文化中的天地人一体的思想,因而中国人更倾向于欣赏和接受比基督教更精深的佛教教义系统。虽然通过西方建筑、西洋美术画法及人物雕塑,基督教文化对中国现代文化是有催化作用,但其在民间的影响甚

微,基督教在闽南的传播只是单纯的宗教传播,都较为单纯地集中在"宗教目的"上,而和中国的哲学、科学、政治、文化之间几乎未发生直接的联系。基督教艺术常采用隐喻性和象征性的手法,例如鱼和善良的牧羊人表示基督,鸽子表示圣灵,孔雀代表永恒,心象征博爱等等,显得十分单一,而且与民俗的结合较少。1993年,泉州发现一方景教碑,碑的上段边刻缠枝花纹,中为尖拱龛形图,龛内浮雕一十字架,下承托一朵如意状祥云。泉州基督教石刻中,十字底下多采用莲花衬托,结合佛教的图案及图形。

摩尼教曾在闽南地区活动过,并建寺传教。摩尼教是波斯人摩尼于3世纪创立的,又称明教,公元694年由波斯传入中国。现晋江县境内有草庵摩尼教遗址,为全国现存的最完整的摩尼教遗迹。寺内保存元代摩崖浮雕摩尼光佛一尊,高1.52米,宽0.83米,其石为白色花岗岩,佛像长发披肩,脸方眉弯,耳大垂肩,身着广袖无扣僧衣,襟结下垂作蝶形,双手叠放在盘腿上,掌心向上,背景雕刻波线状以显佛光。从这尊摩尼教佛像看,线条的雕刻手法已经中国化了。

图3 晋江草庵摩尼教摩尼光佛浮雕

印度教是多神教,源于古代婆罗门教,在延续中有变革。印度教在闽南,特别在泉州也有许多遗存,例如开元寺大殿前须弥座的74方毗湿奴,及大殿后两根雕着印度教神话故事和图案的石柱。闽南现存的犍陀罗艺术,兼有古印度和古希腊两种风格,犍陀罗艺术流传到中国,为中国的绘画、雕刻、建筑、工艺美术带来了古希腊风韵,主要贡献在于佛像的创造。

图4　泉州开元寺大雄宝殿后回廊上,立有两根十六角形婆罗门教石柱。图为石柱上的浮雕

佛教在中国变化发展而后成为中国传统文化中的一大重要构成,受中国文化熏陶后有了根本性的改观。佛教对艺术的影响在于东西方文化交汇所产生的经验与思维,为此也造就了佛教艺术的模式。如大乘佛教在公元100年至200年之间,通过在中国的通俗化与人性化,产生了菩萨的形象。其实,无论从哪个角度说,佛教对中国艺术文化的影响是巨大且广泛的,佛教留给中国诸如云冈石窟、龙门石窟和诸多庙宇及绘画方面的成就不胜其数,闽南也不例外。泉州历代建造的佛寺现尚存339座,"江南佛寺,在刘宋以后各朝,竞相营建巨构大刹。帝王建寺造像,开启南朝造像的靡费之风,到萧梁时,都下寺院多达七百,而全国寺院有二千八百四十六所"。这些寺院所供佛像,多是铜像和木像,规模壮崇,穷极宏丽。参与当时雕铸佛像活动的大致有三类人,一类是像戴氏父子这样的名师高手;一类是能工巧匠,这部分人因其社会地位低下,大都不留名姓。像正史中见有名姓的齐永明年间(483—493年)的石匠雷卑石,仅因他偶然雕刻了齐武帝禅灵寺塔释迦瑞石大像,才被一笔带出的;第三类则是僧人,他们中一些饱学之士和高僧大德住持宝刹,规划寺院,凝构像事,出现了一些专精像法的僧人,如造剡溪石城山石佛大像的释法护、主持雕铸无量寿大佛的释法度,以及为律学所宗的一时名匠释法颖等。[3]在闽南明清佛教雕刻中,尚可以看到不少生动而有

特色的创造,但这一时期的大多数作品已公式化和定型化,尽管雕塑形象外表金光灿烂,雕饰华丽,却缺少内在的生命活力,制作中谨守造像量度的刻板规定。值得特别指出的是,佛教造像的中国化进程,体现着本土文化审美的影响,在手段上采用中国传统的制作工艺,典型的例子是晋江安海"妆佛"工艺至今还存在。到清后期,佛教雕刻就题材内容来看,大量是观音菩萨、罗汉、达摩之类,但主要不是作为顶礼膜拜的偶像,而是作为群众所喜爱的带有传奇色彩或具有某种高贵品性和神异力量的艺术典型而加以再创造的工艺品了。

图5 宋代泉州清源山瑞像岩释迦牟尼佛石造像

图6 开元寺西塔上的猴行者雕像,有学者认为这就是《西游记》中孙悟空的原型,它是随着佛教的传播来到泉州落户的。

佛教的飞天造像与景教、道教飞天形象在设计上彼此相互借用,在闽南的表现更为明显。

图7 闽南有忍冬纹的装饰石雕

图8 左图为元代基督教飞天石碑,中图为开元寺中的木雕飞天,右图为泉州元妙观凌霄殿上的飞天雕刻,三个形象异曲同工

莲花在佛教中是一种圣洁物,因而常作为佛教艺术中的重要组成元素。

图9 闽南早期就有莲花纹饰。左图为宋代磁灶窑出土的青瓷莲花盖(泉州市博物馆藏),中图为泉州承天寺石雕,右图为元代跌坐于莲花上的女神(泉州南岳街义泉宫1943年发现)

在佛家"八吉祥"纹样中有"宝瓶"图形表现。《雍和宫法物说明册》云:"宝瓶,佛说智慧圆满具足无漏之谓。"闽南民间非常喜欢宝瓶的概念,当然,民俗是以"瓶"谐"平",取"平安"之意。

福建道教盛于唐、宋、明三代。西晋太康三年(282年),在泉州建置称白云庙(元妙观的前身),这是泉州道教历史发展上最重要的里程碑。泉州清源山山麓的老君岩像是我国最早、最大的道教石雕。闽南道观庙宇众多,对闽南文化及建筑、绘画、雕刻艺术产生一定的影响。明清时期道教雕塑的数量不少于佛教，但保存下来的不多。道教艺术不求华丽，只求古朴，而且体现其清静无为的风格，其特点是造像简朴而有神仙风范，有一些还借鉴了佛教建筑和造像艺术风格进行再创造。

民间信仰在闽南也是十分流行的，对民间雕刻的影响巨大的。始建于宋代通淮关岳庙，因为主祀关帝，附祀岳王而得名，其香火至今十分旺盛，闽南民间，特别商界人士盛行在店家摆设关公神像。泉州天后宫主祀妈祖，妈祖信仰是闽南的独特民间信仰，其影响闽台两地和东南亚。

图10 图为清晚期德化青花五彩瓷雕粉彩善财龙女送子观音（私人藏）

图11 泉州清源山下老君造像

图12 开元寺中原泉州府城隍庙照壁雕饰

图13 明代德化何朝宗文昌帝君像（福建博物院藏）

图14 古代闽南有雕刻石狮镇风、镇邪的道教风俗。图为厦门翔安石雕风狮爷

图15 泉州元妙观中的属相雕刻

图16 木雕关公、妈祖、土地公（泉州博物馆藏）

结　　语

　　在各地方的传统文化中，都有一种无法掩藏的独特内涵出现在不同的艺术形式之中。许多寺庙就像一座艺术宫殿，而那些信仰的神话传奇故事、活动仪式等，在一定程度上都是民间文化艺术的传承，它们包含着丰富的文化艺术价值。宋元以降，闽南形成多种宗教文化的荟萃局面，原因是多方面的，文化传播和文化交流是一方面，海外交通发达是一方面。多元文化造就了泉州人兼容并包的性格，而海纳百川的泉州人又创造出多元化艺术，加上闽南地区又有"俗信鬼尚祀，重浮屠之教"的习俗，于是多种宗教文化在闽南汇聚并发展起来,对闽南多元文化发展起到促进的作用,佛教、道教、基督教、印度教、儒教的思想被推崇、被传播,也使与他们有关的素材经常被作为创作元素,包括宗教人物、宗教故事。艺术家及工匠们借宗教元素,通过塑造栩栩如生的艺术形象,表现自己的审美情趣、审美观念与审美追求。

当然,泉州各种宗教的交汇过程很有研究价值。例如现在的草庵摩尼教遗址,元朝创建时为摩尼教寺,明万历间为道士住持炼丹,后又被佛教僧人住持。泉州紫帽山的金粟洞,原为道教寺庙,后被佛教徒改造为佛教寺庙。泉州城内县后街、模范巷交界的白耇庙是明代定居泉州的锡兰王子世利巴交剌惹的后裔世氏的

图17　图为泉州县后街白耇庙已遗失的印度教石雕刻,表现象、蜘蛛和磨盘的故事

祖庙,为印度教寺庙,主祀白狗(印度洋山神),其后殿则附祀真武帝、文昌帝君和田都元帅。只有闽南才能让多种宗教共生共存,这也造成闽南雕刻有一种多元宗教影响的后现代混搭的风格。神灵、教义作为视觉语言传达必须有一定的形式,必须有主题、场面、人物、象征等意味,在某种意义上可以说,要理解多元的闽南雕刻艺术,必须同时理解闽南的多元宗教文化积淀的来龙去脉——西方宗教文化带有鲜明的超世俗主义特征,而中国的宗教文化世俗主义倾向明显。在思想文化方面,多元宗教并立互动,使儒家、道家哲学保留某种宗教性,又使佛教、道教神学充满了人文的关怀和人学的智慧,诸如此类使人们不易产生激烈反宗教的思潮,也不易产生反理性的极端主义,因此闽南是各宗教进入的理想空间。同时,闽南民众所保持开放的文化心态,把民间信仰纳入其中,使草根性的文化民间也有一定的生存空间,所以我们将闽南雕刻艺术置于其诞生的特定文化背景中,以期把握它的价值和精髓。这方面研究给我们的启示是,宗教与当地文化的有机互渗、共构共存,既保留了各自原有的特质,也会引发一些新的结合与发展。

图18 中外各种文化交流在闽南雕刻中的例证。图中为各种宗教在闽南雕刻中纹样有相近似的地方

注释：

[1]唐家路:《民间艺术的文化生态论》,清华大学出版社,2006年,第45～46页。
[2]金维诺、罗世平:《中国宗教美术史》,江西美术出版社,1995年,第9页。
[3]金维诺、罗世平:《中国宗教美术史》,江西美术出版社,1995年,第66页。

第三节

关帝信仰与闽南文化的融合

吴鸿丽

(泉州师范学院闽南文化生态研究中心)

关羽是一位全国性的神祇,也是一位来自北方的神祇,但千年以来,闽南民众对他的敬仰,超越了中国历史上任何一个历史人物。关羽崇拜的精神内涵与闽南文化的融合,是闽南关羽崇拜历千年而不衰的重要原因。千年来的海峡两岸闽南关羽崇拜,带有明显的闽南地域特征和闽南文化的烙印。时至今日,这一密切的神缘关系已成为海峡两岸闽南文化重要的组成部分,成为海峡两岸文化交流、和谐互动的重要因素之一。

梁启超曾说:"做中国宗教史,依我看来,应该这样做:某些地方供祀某种神最多,可以研究各地方心理,其时代供祀某种神最多,可以研究各时代的心理,这部分的叙述才是宗教史最主要的。"[1]傅衣凌先生指出:"一统而多元的传统社会结构,使祠神信仰一方面受到王朝典章、政令的制约,另一方面展现出多元的差异性。社会结构的多元化,在思想文化领域表现为既有理性主义倾向比较明显的上层士大夫的精英文化,也有比较非理性的下层大众文化。"[2]梁启超、傅衣凌两位先生的思想,可以为本文问题的提出与阐述,提供理论上的指导。

一、闽南关帝信仰的历史概况

中国历史人物受到普遍崇拜的,莫过孔丘和关羽。孔丘是儒家鼻祖,自汉武帝"罢黜百家,独尊儒术"以来,儒家思想长期处在统治地位。孔丘被尊为"至圣先师"、"文宣王"等等本是情理中事。关羽是三国名将,但三国英雄辈出,名将如云,中国古代军事名将更是难以计数,何以唯独关羽能超拔于历代名将之上而受到人们的普遍崇拜?"直并文宣归圣城",被尊为"武帝"

而与"文圣"孔丘并驾齐驱,特别是明清时期供奉关帝的"武庙"甚至大有超过供奉孔夫子的"文庙"之势。关羽受到海峡两岸闽南人的崇拜,也是中国历史上任何一个历史人物所不能比拟的,闽南人崇拜、传诵直至顶礼膜拜,超千年而不衰。泉州崇拜关羽,据文献记载最早为明朝嘉靖年间。通淮关帝庙,"明嘉靖间,长史李一德重修"。[3]嘉靖以前,庙始建于何时历来茫然无考。但有一点可以肯定,明嘉靖前泉州即存在关羽崇拜现象,否则庙何以重修,并被称为"泉州第一庙"。闽南和全国一样,明清时期关羽崇拜达到巅峰。据万历年间儒林李光缙《关帝庙》记,万历泉州祀汉寿亭侯者,"其在吾泉建宫,毋虑百数,独吾儒林里中庙貌为胜。……上自监司守令居是邦者,洎郡荐绅学士,红女婴孺,亡不人人奔走,祷靡不应,应靡不神"。[4]另有明万历间关羽画像题刻:"自今后,凡遇朔望、三元、五腊、甲子、庚申、诞日,若人斋戒虔心,念诵此咒,即得星辰顺度,社稷安宁,风调雨顺,五谷丰登,人民通泰,舆道合真,种种花香,时时存新。虔心供奉,消灾消难,延福延生。上至帝王、仕宦,下及黎庶、万民,皆大欣喜,信受奉行。"[5]这记载了明万历年间泉州人民信仰关羽的情况,上至地方行政长官及社会上层人士,下至妇女小孩无不崇拜关羽。这种崇拜持续到清代,长盛不衰。道光《晋江县志》载:"吾泉郡城东南隅有街曰通淮,庙祀关帝由来已久。乾隆癸巳年,前殿正脊之栋将挠,后殿临八封沟者亦倾欹弗整,一切瓴瓦榱桷惧破漏腐朽不鲜。郡之绅士同心劝谕,遵前规而葺之,材媺工良,既固且新,庙前故有华表巍然,今圮矣,树而揭之,以肃观瞻。费洋金计千,经始于其年九月,迄丙申二月竣工。"[6]这则史料说明清代泉州人对关羽的崇拜,不惜费洋金数以千计修建关帝庙。

二、关帝信仰的闽南文化元素

(一)闽南关帝信仰的同质化

关羽生前并没有造福闽南,为闽南建立功勋,那么闽南民众崇拜关羽的思想是如何产生,并延续千年的呢?关羽从人到神并受到人们的崇拜,历经朝代更叠,人们对其崇拜不断升级,直至顶礼膜拜。原因是宋以来直至明清关羽不断受到国家级的加封。宋崇宁元年(1102年),宋徽宗封关羽为"忠惠公"。大观二年(1108年),加封为"崇宁真君"、"义勇武安王"。万历十八年(1590年),明神宗封关羽为"协天护国忠义大帝",22年后又加封为"三界伏魔大帝、神威远镇天尊、关圣帝君"。顺治元年(1644年)，清廷封关羽为"忠义神武关圣大帝"。到光绪五年(1879年)，关羽的封号追加成为"忠义神武灵佑仁勇威显护国保民精诚绥靖翊赞宣德关圣帝君"，先后有16位皇帝，23次为关羽颁旨加封。至清代中期，全国关帝庙已居各种庙宇之首。在国家舆论的倡导下，关帝成为中国民众的道德精神寄托，关羽的品行代表了中华民族的理想人格，理应尊为"万世人极"，成为中国大部分精英阶层及草根民众的共识。

  应该说宋以后直至明清封建王朝不断对关羽封王封地，特别是康熙以后，关羽崇拜进入国家的祀典，明清时期闽南关羽崇拜达到高峰，这和当时全国政治大环境是密切相关的。因此闽南的关帝信仰与当时全国各地一样，其信仰的内容具有同质化倾向，其信仰对象、演变进程、崇拜方式、神话传说几乎是共同的。关帝是人变的神，他之所以能成为神，是因为社会上需要这尊神。关羽的忠诚、勇武、刚硬是稀有品质；关羽的"春秋大义"、"义薄云天"，超越一般人，因此自然上升为万能的神而全民崇拜。又因为关帝曾是实实在在的人，这样使人们容易拉近神与人的距离，多了一份亲近感，相信他能理解人间疾苦。人们普遍认为关帝具有招财保平安、驱除瘟疫等功能，甚至求学、求医、求子都希望得到关帝的庇护，关帝庙是关帝信众的精神家园。然而关帝信仰在某个地方传承的生命力，并不仅仅在于其信仰的同质化倾向，全国各地关帝崇拜充满地域特色文化因素，释放着地方历史文化传统的信息。例如在关帝的故里山西解州，关帝崇拜以关帝庙会形式体现的特征特别明显，解州关帝庙会历经一千多年而不衰，至今仍在经济、文化交流方面起十分重要的作用。又如，四川西北部松潘自古是军事和边贸重镇，历史上是一个关帝崇拜极为盛行的区域，民国时期松潘的"关帝玉皇"观念达到顶峰。今天松潘关帝崇拜的风气，主要表现为作为财神的关帝崇拜，和作为"关帝玉皇"的民间崇拜。在一年一度的黄龙庙会上，松潘信众所诵念的主要经文之一就是《醒迷太平新经》，显示出"关帝玉皇"崇拜在松潘当地的传承与记忆。总之全国各地的关帝崇拜各具地方特点，因而延续着千年不断的关帝信仰传奇。同理，关羽崇拜精神的内涵与闽南文化的融合，也是闽南关羽崇拜历千年而不衰的重要原因。

(二)关帝信仰的闽南地方化

1.闽南移民文化与关帝信仰

时下不少学者认为闽南文化是一种移民文化,由于闽南社会主体是一个移民社会,是从中原社会整宗整族迁移而来的,因此,以儒家文化为核心的中原文化在闽南社会的建构,使闽南文化融入汉民族文化的体系之中,始终跟着主流社会的节拍,按中华文化的模式而构建。中国社会是以传统的浓厚的血缘与氏族宗法维系的,儒家文化占着主导地位,追求和睦相处、统一、亲和、仁义、礼让、伦理道德。而关羽的"义论"是以儒家文化作为模式的,与主流文化非常贴近,这是他受社会各阶级、各阶层、各方人士崇拜的根本原因。"义"在中国古代伦理道德观念中是一个涵盖面最广,因而也最不确定的概念,然而关羽之"义"满足了社会上不同人们的不同要求,关羽成了"义"的化身,也成为人们处事行事的楷模。关羽既有"救困扶危"的侠义,又有同生共死的情义。对兄弟朋友"财贿不动真心,爵禄不移其志",善始善终、表里如一、患难与共、生死相依。这种精神正符合移民社会同舟共济的需要。另外移民社会的一项特色,就是当人们进入一个新的居住地,面对陌生的环境和无法预测的未来,多半会求救于神灵,闽南人离开原有的故土,离开了原来的根,很需要同舟共济、患难与共的精神,以适应新生存环境。

当年郑芝龙和郑成功前后开发台湾时,前去的民众以泉州一带为多,泉州的风俗习惯、民间信仰也随之传到了台湾。他们千里迢迢,一路风险,跨越大海时随时有葬身鱼腹的危险,因而他们寄希望于神明庇佑。由于明代关帝信仰已经在民间广泛传播,于是其时出国之人便有人随身携带其神像和香火符纸,希望神明保护航程安全。据台湾云林县保长湖保安宫记载:"本宫奉祀之山西夫子关圣帝君系清初(1661年),国姓延平郡王占据台湾后,福建省泉州府(晋江县)之居民纷纷向外移民,至康熙十六年(1677年)第三批移民来台,其时,莫不以木舟为渡海工具。有一次组成七艘木舟渡台航行中乌云四起,狂风大作,沉没六艘,唯一未沉没,有吴授满之三岁儿子吴佩,身上带有关圣君香火,即逢凶化吉。未几,舟师携带香火返泉州涂门关帝庙迎来之冲尊也。"[7]关帝信仰也逐渐在台湾传播开了。关夫子灵验的传说也插上翅膀越飞越远,于是泉州通淮关夫子为广大台胞和台属所崇奉。要去台的人来此祈求顺风,在家亲属祈求海外亲人平安、发财致富,久别的家眷来此抽签卜归期。台胞平安发财归来,本人和家属都认为是关帝灵验,因此更加崇拜有加。

台胞把关帝的神像、香火或符纸带到台湾,设座供奉。他们按在家乡习俗一样,祈求问卜。这种超人力量形式的关帝信仰,是早期台胞开发奋斗过程中一种心理慰藉的需要,早期到台湾的台胞,大多数单枪匹马,赤手空拳。他们初到一地,人生地不熟,往往会碰到许多困难,除了殖民者的欺凌压迫外,还有险恶的自然环境及毒蛇猛兽的威胁。他们为了生存下来,并逐渐求得发展,就必须团结起来共同奋斗。最初维系台胞团结的纽带,是以血缘地缘关系为基础而建立起来的宗亲会和同乡会组织,宗亲会和同乡会中也必须有一尊共同信奉的神明来作为大家崇拜的对象,以巩固团结,维护纪律。关帝就是再恰当不过的共同崇拜的对象了。另外,由于早期初到台湾的台胞必须同心协力,同舟共济,有难同当,有福同享,"忠义"是必不可少的,因而他们供奉关帝作为崇拜对象也是顺理成章的。祈求驱魔、镇邪、消灾、保平安,也以此作为精神上的支柱,借以增加凝聚力,维系台胞内部团结,这是早期台胞求得自下而上发展的一种需要。

2.闽南家族文化与关帝信仰

移民社会的另一个显著特征是宗族关系的重要。这就不难理解已有四百多年历史的安溪县八社联盟的关帝祭祀习俗。该盟社根据特殊的血缘、地缘关系,结成八个社里之间的民间村落联盟。八个社里在铜锣庙供奉关帝,并仿效"桃园三结义"的模式,创建领导组织,以《关帝觉世真经》为范本,制定相应的盟约,组成了方圆几十里的中型村落联盟组织。为了稳固、传承联盟意识,早在明代该联盟创建初始,八个社里的领导组织还特地规定:八个社里在开春之时共同祭祀关帝,举行盛大的"示威游行式"的祭祀仪式;并设有一系列相关的祭祀节日,如佛头节、接头迎届仪式、巡境点灯。在该盟社存在过程中,规格盛大、组织严密、结构复杂、分工鲜明的祭祀仪式,对联盟的稳固、传承发挥很大的作用,八社民众在日常生活中对关帝有序地祭祀,使得关帝信仰及联盟的意识渗透到他们的日常生活中,形成了深厚的关帝信仰心理积淀和强烈的社区认同。

关帝的信仰通过组织严密、结构复杂、分工鲜明的祭祀仪式得到强化,关帝俨然成为八社的地方神,得到了八社民众的一致认可。于是,八社民众对关帝信仰的信赖,促使他们有意识地把关帝祭祀纳入正常的村落和宗族的祭祀范围内,正是这种祭祀仪式年复一年的举行,在发挥其巨大功用(抗匪、抵抗自然灾害等)的同时,还促使关帝信仰被作为八社民众最基本的存在单位——家户所接受,即关帝成为他们房屋大堂中常供奉的神位之一,这表明,关帝信仰在八社民众中的彻底地方化乃至家庭化。

3.闽南商工文化与关帝信仰

闽南具有浓厚的商工文化的氛围。闽南处于中国与海外"岛夷"之间,沿海地区分布许多天然良港,其地理条件发展对外贸易比农业更为优越。早在唐五代,泉州经济开始发达,进入古代全国四大港口之列,宋元时期一跃成为中国古代最大的贸易港口,成为"东方第一大港"。同时,闽南位于中央统治的边陲地带,商人和商业活动没有像在政治中心地带那样受到鄙视,南宋刘克庄在《泉州南郭吟》中写道:"闽人务本亦知书,若不耕樵必业儒。惟有桐城(刺桐城,指泉州)南郭外,朝为原宪暮陶朱。"闽南社会鼓励从商,亦儒亦商。从商之人,在社会上有较高的地位和较好的声誉。明朝中后期始,商品经济十分的活跃,市场竞争日趋激烈,传统等级观念的伦理道德受到冲击,而要求加强社会交流,扩大社会联系的思想得到发展,朋友义气受到下层群众的普遍欢迎。人们欣赏关羽的朋友义气,正反映出明中后期封建人身依附关系接替,资本主义生产关系萌芽,商品经济迅速发展过程中,人们寻求加强交流与合作,希望互帮互助,患难与共,以应付激烈的社会竞争及各种突然事变的普遍社会心理。泉州人民对关羽的崇拜也正是这种心态的反映。泉州地处东南沿海,明中后期通淮关帝庙有河渠通海,故航海经商者设祠于此,只不过当时立的是原平浪侯。关庙未建以前,其他曾祠平浪侯刘晏,"刘晏,字士安,曹州南华(今山东东明)人。肃宗、代宗两朝,历官户部侍郎、吏部尚书,领度支盐铁转运租庸使……处理财政达二十年之久。德宗即位,被杨炎构陷而已。故经商航运者住经常奉祀。"[8]关帝庙建立后,由于关羽在人民群众心目中的崇高形象,很快代替了平浪侯,平浪侯祠也改为关帝庙。泉州的关帝庙曾多达100多座,而最著名的是通淮门内关帝庙。通淮门是宋元以来外国商人聚居地,可见泉州的关帝崇拜一开始就和商业行为有着密切的关系。闽南商人足迹遍及国内外,经商路途遥远,不确定因素很多,经商过程风险与机遇并存,因此大小商贾都祈求关帝的庇保,以保平安发财。另外,早期台胞为了求得生存发展崇奉关帝,尊其为保护神,可是,当他们在当地站稳了脚跟,经济事业普遍有了相当发展之时,为什么仍然信仰关帝?因为在台湾,关帝被认为是富贵之神,又"兼任财神"、商业之神,商业需要契约与信用,贸易往来互通有无,普遍存在签订契约履行合同的行为。所以泉台两地的郊商,都奉关帝为财神,就是因为他们强烈意识到信义为立业之本,以忠义终其生的关羽是守护商业繁荣的神明,因此仍然受到热烈的崇拜。可见在经济发展的时期,台胞和大陆人民一样是把关帝作为富贵之神、财神来奉祀的。随着泉州人大量移居台湾,关帝信仰在台湾的传播为广大台胞认可和接受。因此,信仰关帝是台胞商业发展的需要,也是商工文化的体现。早期台胞所面临的主要问题是如何在侨居地求得生存,并逐渐发展,因而在其关帝信仰中,关帝主要是作为保护神的。而当他们在当地站稳脚跟,面临如何谋求经济发展的问题时,关帝作为保护神的神性依然存在,而作为商业神的作用却日益明显。因此闽台人民信仰关帝的共同心愿都是祈求合家平安,生意兴旺。

综上所述,关羽崇拜精神的内涵与闽南文化的融合,是闽南关羽崇拜历千年而不衰的重要原因。千年来的海峡两岸闽南关羽崇拜,带有明显的闽南地域特征和闽南文化的烙印。时至今日,这一密切的神缘关系已成为海峡两岸闽南文化重要的组成部分,成为两岸文化交流、和谐互动的重要因素之一。

注释:

[1]梁启超:《中国历史研究法补编》,中华书局,2010年,第173页。
[2]傅衣凌:《休休室治史文稿补编》,中华书局,2008年,第214页。
[3][4][6]道光《晋江县志》卷一六,《祠庙志·关帝庙》,福建人民出版社,1990年。
[5]郑振满、丁荷生编纂:《福建宗教碑铭·泉州府分册》,福建人民出版社,2003年,第172页。
[7]台湾云林县保长湖《保安宫简介》。
[8]傅金星、曾焕智:《泉州通淮关岳庙志》,第74页。

第四节

泉郡富美宫与泉台王爷信仰交流

丁玲玲

(泉州师范学院)

福建泉州与台湾两地民间信仰一脉相承。自20世纪80代海峡两岸恢复交往以来,泉台两地王爷信仰交流日趋频繁,交流的形式日渐多样,交流的对象日趋多元,交流的领域不断拓宽,成为两岸交流的重要组成部分。

福建泉州的王爷信仰习俗由来已久,众多王爷多为我国历史上曾为国家、民族、人民作过贡献而深受人们所敬仰的忠臣、英雄、节义之士,以及神话传说中的人物,他们被民众奉为神明加以崇拜。民间认为王爷有赏善罚恶、司瘟驱疫、降灾赐福、保境安民的职能,所以水旱有祷,灾疫必祈,对王爷甚为虔信。王爷宫庙几乎遍布泉州各村各里,特别是泉州临江、沿海地带的村落。明清时期,泉州不同规模的王爷庙不下数百座,[1](P292)其中以泉州南门的泉郡富美宫最为著名,有"闽台王爷庙总部"之称。[2](P134)改革开放以来,随着两岸关系的渐趋缓和,台湾的王爷信众纷纷返回泉州祖庙寻根谒祖,到泉郡富美宫进香的团队络绎不绝。笔者对富美宫进行几次实地的调查,发现富美宫收藏了许多有关两岸交流的资料。这些资料有楹联、匾额、锦旗、学术论文集、照片,以及台湾一些王爷宫庙管委会编印的宫志或简介等。通过对这些资料的梳理研究,我们归纳出泉台两地王爷信仰交流的一些特点。

一、泉郡富美宫的历史沿革

泉郡富美宫位于今泉州鲤城区万寿路水巷末端。始建于明正德年间(1506—1521年),旧址因在晋江下游富美古渡头而得名。清光绪辛巳年(1881年)当地人鉴于富美宫濒临江畔,屡遭洪水淹没,于是择地于现址重建。主祀萧太傅,俗称萧阿爷、白鬃公,配祀文武尊王及廿四司王爷。主神萧太傅为西汉名臣,名望之,字长倩。汉宣帝时,历任冯翊、大鸿胪、御史大夫、太子太傅等官,以清正刚直、不畏权势、忠心辅国为民著称。汉元帝时,萧望之遭宦官陷害,被迫饮鸩自杀。殁后百姓为他立庙祭祀,成为神祇。泉郡富美宫因萧望之是忠臣,位居太子太傅,遗诏辅政,神灵显赫,是故,主祀萧阿爷,"因萧太傅的高风亮节精神,深受人民所敬重,故择为本宫主神。"[3](P5)配祀文武尊王为唐代忠臣张巡与许远,在安史之乱中张巡与许远坚守睢阳,后来睢阳失守,因拒降而遭害。配祀的二十四王爷,也都是历史上曾为国家、民族和人民做过贡献的历史名人,正如《礼记·祭法》所云:"夫圣王之制祭祀也,法施于民则祀之,以死勤事则祀之,以劳定国则祀之,能御大灾则祀之,能捍大患则祀。"富美宫所崇祀的王爷都是一些生前有功于国或有恩于民,深受百姓敬仰爱戴的忠臣清官、英烈义士、一代名医。泉郡富美宫的王爷阵容庞大,是泉州地区奉祀王爷神最多的王爷府,多姓王爷也具有适应性强的优点,可以满足不同地区、不同群体的不同需要,因此雄冠各地;而且富美宫庙址地处晋江下游的富美渡头之畔,这里是江海交汇之处,也是泉州海内外水陆交通的重要枢纽,因此,经贸活动繁荣,人员往来频繁。富美宫的香火也日渐旺盛,逐步发展成为泉州唯一的"王爷行宫",被称为"泉郡王爷庙总摄司",其香火经久不衰。清道光二十一年(1841年),信士曾君在一篇敬文中写道:"萧太傅,衢歌户祝,阖郡感仰,兆民虔诚,惟富美宫最盛焉。"[4](P5)民国二十三年(1934年)富美宫重新扩建,"文化大革命"期间,泉郡富美宫停止活动。1988年5月重新组成富美宫董事会,恢复活动,并对庙宇进行修葺。1991年富美宫再次扩建重修,并且于宫的东侧新建四层楼房一栋,作为董事会办公及接待活动的场所,1997年扩建后殿。现泉郡富美宫为三进三开间硬山顶建筑,由山门、两廊、拜亭、大殿和后殿组成,西侧有夫人妈宫,整体建筑精美,雕饰精细。1998年3月被泉州市政府批准为第四批市级文物保护单位。2009年11月被列为福建省第七批省级文物保护单位。

二、泉郡富美宫分灵台湾

按照文化地理学的观点,文化现象的传播方式有两种:扩展扩散与迁移扩散。扩展扩散是指某文化现象通过其居民,从该地向四周不断地传递,其所占据的空间也就越来越大。迁移扩散是指拥有某种文化的人、群体"迁移到新的地方,遂使该文化传播到该地"的传播方式。[5](P37)明清时期,泉州人掀起多次移民台湾的高潮,王爷信仰也伴随着迁徙移民的足迹播迁到台湾,在台湾传播开来。

泉州王爷崇拜主要是通过两种方式传播到台湾的。一是由泉州籍移民为了战胜台湾海峡的巨大风浪及入台后面临的险恶环境,就祈求神明保佑,直接从泉郡富美宫恭请王爷神像或香火前往台湾。据《台湾聚安宫简介》记载,聚安宫系"明朝末年延陵吴姓祖先由富美宫祖庙分灵随郑成功渡台。"[6](P57)有的是由泉郡富美宫分灵到晋江、南安、惠安、同安一带,然后再由当地移民从分灵庙再分炉到台湾,如高雄市旗津区天凤宫的吴王爷就是从晋江潘径乡分灵的;台南县将军乡保济宫的池王爷、福安宫的吴王爷分别来自晋江大仑村及泉州锡坑村;嘉义县东石乡连天宫的何王爷来自晋江长市乡白石堡;云林县麦寮乡镇西宫的肖王爷来自晋江磁灶乡富美村。[7](P184—185)王爷信仰传入台湾的另一种方式是因富美宫等王爷宫庙所放的"王爷船"。古代泉州民间为祭祀王爷,经常要放"王爷船",即将神像或者牌位写上王爷的姓氏,连同一些粮食、日用家具等物一起放置在船上,然后将"王爷船"放到海上,任其漂流。有部分"王爷船"随风逐浪漂流到台湾,台湾沿海村民,争先恐后,敬向王船焚香顶礼,皆曰:'得祀者,永受神恩,垂阴无疆……'"[8](P50)于是,在王船靠泊处择地建庙,或将王船上的神像或王爷牌位迎入原有的宫庙中奉祀。台湾台中大安乡和安宫,就是清嘉庆十年(1805年)四月,因"王爷船"靠岸而兴建的。《台中县大安港和安宫简介》载:"本宫祀神为金、吉、姚三府王爷,神像系由泉州府后辅尾王船而来。"[9](P55)台湾云林县麦寮聚宝宫的《光大寮开台萧府太傅沿革志》也载:"本宫供奉萧府始于清乾隆四十年(1775年),泉州飘来一个矩形香木,香木上刻有'富美宫萧太傅'六个大字。诸信徒喜出望外,随侍迎回,将香木雕塑神像奉祀。"[10](P43)苗栗县后龙镇合兴宫也是因王爷船而建庙的,"清光绪二十九年(1903年)农历六月十九日,接泉州富美宫送出的王船,奉有章、雷、邢、狄、金、韩、池七尊王爷神像。"[11](P294)在嘉义县东石港先天宫,至今还保存一艘1925年由泉郡富美宫送出的"王爷船"。

王爷信仰通过分香、分灵、"放王船"等方式播迁到台湾,在台湾的一些供奉王爷的宫庙有的后来又再次在台湾分炉,开枝散叶。如嘉义东石港先天宫、彰化白沙坑富美宫、新竹堑港富美宫等,各有数十处的分宫、分坛。[12](P5)王爷信仰在台湾广为盛行,"唯台湾所把之王爷,自都邑以至郊鄙,山陬海隅,神宇巍峨,水旱必告,岁时必祷,尊为一方之神,田夫牧竖,靡敢渎漫。而其庙或曰王公,或曰大人,或曰千岁,神像俱雄而毅。其出游也,则曰代天巡狩,而诘其姓名,莫有知者"。[13](P404)据民国七年(1918年)统计,台湾省共有王爷庙453座,以后王爷庙的数量又不断增加,民国十九年(1930年),台湾有王爷庙543座,1960年增至677座,1981年又增至753座。[14](P141)如今,台湾各地2000多座奉祀萧太傅的庙宇中,就有430座是直接从泉郡富美宫分灵过去的。[15](P166)有不少供奉王爷的庙宇取用与祖庙相同的名称,以示渊源,如新竹县富美宫、堑港富美宫、梧栖富美宫、彰化鹿港白沙坑富美宫及北斗富美馆等。泉郡富美宫成为台湾王爷信仰的主要传播地,也成为台湾王爷的祖庙之一。

三、泉台王爷信仰交流的特点

泉台民间信仰信众认为,分灵宫庙神祇的灵力来自于祖庙。"与人相似,离开久了,灵力会衰退",所以每隔一段时间就必须到祖庙进香,"从祖庙的香炉中勺取香灰",带回分灵宫庙,以达到给神祇"充电"的目的。[16](P294)为保持和增强这种特殊的联系,各分庙每隔一定时期都得上祖庙进香谒祖,参加祖庙的祭典。台湾王爷分灵宫庙也常到泉郡富美宫进香谒祖,两地王爷宫庙交往密切,如《台湾嘉义县东石港先天宫志》载:"民国十三年(1924年)四月初二日,本宫举办迎请五年千岁金身,特派代表黄传心、吴双、杨镇等19人,往泉州富美宫进香。"[17](P49)《台湾云林县麦寮光大寮聚宝宫宫志》也载:"民国十七年(1928年),本宫董事会曾组团渡海前往泉州富美宫谒祖进香,并赐匾一面,刻有'威震麦津',悬挂于正殿前面以做永久纪念。"[18](P44)

改革开放后,特别是1987年台湾当局开放民众赴大陆观光旅游、探亲以来,台湾各寺庙团体、神明会纷纷组织信徒,前来福建或进香朝圣,或寻根谒祖或捐资捐款,掀起了一波又一波的民间信仰宗教朝圣旅游热。富美宫在台湾的分灵宫庙也纷纷行动起来,组织进香团到泉州祖庙参拜。泉台王爷信仰交流呈现出交流的形式日渐多样,交流的对象日趋多元,交流的领域不断拓宽等特点。

(一)交流的形式从单向到双向互动

泉州移民将家乡的民间信仰神祇的香火带入台湾后,泉台民间信仰一脉相承,民间信仰的乡土情结促进台湾同胞掀起了一波又一波到祖庙进香谒祖的热潮。改革开放后,最早到富美宫寻根谒祖的是台湾镇安宫,1988年

6月17日,台湾嘉义县朴子镇镇安宫信众21人到泉州富美宫进香谒祖,首创了泉台王爷信仰民间交流的第一团。该进香团在泉州花了8天时间,弄清了该宫所奉祀的五年千岁的祖庙就是泉郡富美宫。对此,台湾《中国时报》在1988年6月25日发表题为"庙宇掀起寻祖热,五年千岁也到泉州进香"的专题报道。1988年11月台湾嘉义县东石港先天宫组团30人来祖庙进香,进香团顾问黄秀峰先生还赋了《归乡有感》七律一首,题送富美宫留念,诗云:"华筵醉罢作清游,不尽乡怀片刻休;天上卿云朝富美,座中父老话神州;灵昭太傅恩光远,专访开元胜迹留;莫怪人文多秀毓,青山柱石冠全球。"[19](P166) 1988年10月,台湾云林县麦寮乡光大聚宝宫管委会主任吴守德暨委员一行21人专程到泉郡富美宫寻根考察,第二年5月组织了有203人的谒祖进香团到富美宫进香,在台湾首次通过合法途径经澳门转往大陆,实现了到泉州祖庙进香的愿望,并且恭请萧太傅神像回台湾。1991年10月,高雄市数十名萧太傅信徒特意乘小船跨越台湾海峡直达富美宫进香,在海峡两岸引起轰动。泉台两地中断了半个世纪的王爷信仰庙宇间的联系恢复了,从此,台湾萧太傅信众掀起了赴泉州进香谒祖的热潮。1988年6月至1995年6月间,到富美宫进香谒祖的宫庙共有85座,进香团150批,4753人次。[20](P7) 进入21世纪,海峡两岸宗教文化交流更加频繁,,台胞到富美宫谒祖进香的人数、次数也日趋增多。据富美宫的不完全统计,2005年6月至2012年12月,到富美宫进香谒祖的台湾进香团就有175批,7067人次。

不少台湾庙宇在赴富美宫进香谒祖的同时,还为富美宫敬立匾额或楹联,现在富美宫内悬挂着台湾同胞敬立的匾额有十几方。如1989年就有台北新庄市镇安坛敬立的"威灵显赫"匾、台湾麦寮光大寮聚宝宫敬立的"德泽广敷"及"灵佑昭显"匾;1990年有新竹市镇安宫敬立的"正气千秋"匾;1991年彰化白沙坑富美宫敬立的"源远漂馨"匾,等等。在富美宫大殿内有台湾云林麦寮弟子黄文进、陈秋贵敬献的对联"神明构造海峡道,春风唤起故乡情"、台湾云林光大寮聚宝宫主委魏荣辉敬献的对联"五百年前史迹存,今朝重光万民欢"。这些匾额、楹联见证了两岸王爷信仰的友好交流。

台胞不辞辛苦回祖庙进香充分说明海峡两岸有着割不断的骨肉亲情。"往而不来,非礼也;来而不往,亦非礼也"[21](P1),礼尚往来是中国的传统美德。随着两岸民间往来的活跃,两岸王爷信仰交流突破了台胞单向往来的局限,实现了双向互动,形成了有来有往的带有强烈感情色彩的友好关系。1993年12月富美宫董事长朱坤辉率宗教文化交流访问团赴台湾,回访台湾云林县麦寮聚宝宫、镇安宫、镇西宫、褒安聚宝宫、保长湖保安宫、彰化白沙坑富美宫、鹿港富美宫、嘉义县东石港先天宫、岭兜武圣殿、朴子镇镇安宫、北门口先天宫、西门先天宫、苗栗县后龙镇合兴宫、中兴宫、通宵镇五云宫、台中市聚善宫、梧栖富美宫、龙井代天宫、高雄小港先天宫、台南永康禹帝庙、学甲慈宫、台北三重市灵圣宫、先天宫等单位,[22](P109)几乎踏遍整个台湾,所到之处,受到台湾信众的热烈欢迎,这次回访被台湾媒体评为"对提升两岸宗教文化交流甚有助益"。[23](P7)这是台湾当局首次同意大陆以民间宗教文化交流团体入台的,首开了两岸宗教界双向交流的先例。[24](P166) 2001年12月、2006年11月、2010年1月泉郡富美宫又多次组织宗教文化交流团访问台湾。海峡两岸王爷信仰的频繁互动交流,促进了两地王爷庙宇间的友谊,增进了两地同胞的感情,台湾的一些王爷庙宇每年都会给富美宫寄来贺年卡及日历,这些见证两地宗教文化友好交流的材料都被富美宫视为珍贵的材料,收藏起来。

(二)交流的对象日趋多元

随着海峡两岸关系的逐渐缓和,泉台两地的王爷信仰交流也日趋频繁。台胞到泉郡富美宫进香谒祖、观光旅游的次数、人数逐年增加。据泉郡富美宫的不完全统计,台胞到富美宫进香的,2010年有18批次,730人;2011年有24批次,943人;2012年有27批次,1152人。到富美宫谒祖进香、旅游朝拜的庙宇、组织也日显多元性。有由富美宫直接或间接分灵到台湾的王爷庙宇,如云林县光大寮聚宝宫、云林县褒忠乡聚保宫、嘉义县朴子镇镇安宫、嘉义县东石乡的先天宫、彰化县白沙坑富美宫、台中县梧栖镇的富美宫、台中县永各和镇安坛、新竹南密里的富美宫、新竹堑港的富美宫、台北树林镇五年王爷千岁宫、南投县中寮永盛宫、苗栗县后龙镇江西正天府、苗栗县后龙镇外埔合兴宫、屏东东城代天宫、高雄市仁爱里圣安坛,等等。还有主神不是王爷的台湾民间信仰庙宇也有组织进香团到富美宫拜访,如2006年9月28日台南县祀典大天后宫、大甲镇澜宫、土城正统鹿耳门圣母庙,2010年6月22日台南大天后宫等庙宇都曾组团到富美宫进行参拜。

台胞不仅以庙宇为单位组织进香团到富美宫来进香,一些宗教组织机构、宗亲会、旅行社也组团前来参拜,如台湾区萧府王爷信徒联谊会曾于2006年6月16日组织进香团到富美宫进香谒祖;1990年1月5日台湾道教亲善会、1990年3月23日台湾道教嗣宗师府都曾组团到富美宫进香。泉郡富美宫供奉的主神萧太傅,是由祖先崇拜演化为民间信仰的神祇[25](P1)。台湾萧氏宗亲也将萧太傅奉为祖先神进行崇拜,曾组团前来泉郡富美宫进行谒祖朝拜。1993年4月1日台湾萧氏宗亲有18人到富美宫谒祖朝拜,2005年9月28日台湾萧氏宗亲会又组织萧氏宗亲40人前来。台湾一些企业及旅行社也组团到泉郡富美宫进行旅游朝拜,如台湾富邦公司在2006年1月30日、台湾昭明公司在2006年6月12日也曾组团前来。台湾嘉义市东芝旅行社在1991年5月、台湾新竹旅行社在2009年3月16日都曾组团前来进香、观光旅游。东芝旅行社股份有限公司董事长许锦辉等人还敬献"圣迹长存"匾一面。

泉郡富美宫组织宗教文化交流团访问台湾时,除了到一些王爷庙宇进行参访、巡游外,还到主神不是王爷的民间信仰庙宇进行参访,如1993年12月富美宫首次组织宗教文化交流团参访台湾30座庙宇,其中供奉王爷的25座,供奉关帝的4座,供奉保生大帝的1座。[26](P166)此外,还到台湾其他组织机构进行参访,如到台湾省花莲市慈济功德会会所进行交流、访问,并赠送锦旗留念。泉台两地宗教文化交流已经由原来的两岸王爷宫庙间一对一的联谊,发展到与不同主神的庙宇、不同组织机构的友好交流往来,交流的对象呈现多元性。

(三)交流的领域不断拓宽

泉台两地王爷信仰交流活动频繁开展的同时,交流的领域也不断拓展。不仅仅是单纯的宗教进香朝拜,而且将宗教崇拜与庙宇建筑、学术交流紧密结合起来。台胞以个人、宗亲、庙宇、公司等名义到泉郡富美宫进香朝拜。他们在进香的同时还慷慨解囊捐资修建庙宇。1990年8月修建富美宫接待楼,台湾云林县麦寮光大寮聚宝宫、台北三重市灵圣宫和彰化白沙坑富美宫等都出资捐助。1993年12月泉郡富美宫董事会宗教文化交流团赴台湾交流时,也向台胞介绍了当时泉州的投资环境。不少台胞"还查询了一些投资项目,并谈了一些投资意向"。[27](P168)交流的领域已经由宗教方面拓展到经济方面。

为了更好地开展两岸王爷信仰文化交流,扩宽宗教交流的领域,海峡两岸同胞共同举行了两次泉台萧太傅学术研讨会。1995年12月在泉州举办首次泉台萧太傅学术研讨会,来自于海峡两岸的专家、学者和宫庙代表共有146名,其中来自台湾的代表有36名。会议共收到论文36篇,来自海峡两岸的专家学者就萧太傅生平事迹、萧太傅由祖先崇拜演变为民间神祇的过程、萧太傅信仰的形成及传播方式、富美宫分灵台湾、泉台两地祭典习俗异同等问题进行了交流与研究，会后出版论文专辑《泉州道教文化——萧太傅研究专辑》。1997年12月在泉州举办泉台第二次萧太傅学术研讨会，这次规模较第一次更为盛大，参加学术研讨会的有专家、学者和宫庙代表共203名，其中来自台湾方面的人士就有83名，比首次研讨会多了47名。海峡两岸的专家学者共赴盛会，就富美宫的历史价值、萧太傅的人品与神格、萧王爷信仰与中国传统文化、台湾王爷信仰、萧太傅信仰文化对两岸的影响、泉台王爷信仰习俗等问题展开探讨，还就如何利用王爷信仰文化交流平台，进一步加强合作、优势互补，献计献策，会后出版论文专辑《泉州民间信仰——泉台第二次萧太傅研究专辑》。通过学术研讨会，把民间信仰活动从顶礼膜拜提高到学术研讨和双向交流的层次上来，有力地推进了泉台王爷信仰文化交流的新发展。

  文化是人类生存和活动的生动写照，人走到哪里，文化必定跟到哪里，并在哪里生根、开花、结果。明清时期，伴随着泉州人移居台湾，移民将家乡的民间信仰播迁到台湾，并在台湾开花结果。但不管是人还是神祇，他们的根都在故土，台胞亲切地称从祖籍地传来的神祇为"桑梓神"。桑梓之情，故园之思。台湾同胞对王爷的信仰，回泉郡富美宫祖庙进香谒祖，寄托着对故土的深深眷念之情，是对祖庙的崇敬爱戴和对故乡文化的依恋与认同。泉台民间信仰作为中国传统文化的重要组成部分，超越时空，为两岸同胞所认同。改革开放以来，泉台两地共同的王爷信仰将两岸人民的情感牵系在一起，共同的信仰加深了两岸同胞的民族认同感。两岸同胞以王爷信仰为平台，进行多方面、多领域的交流与合作，两岸的王爷信仰的交流早已超越了宗教交流的层面，在更深的层面和更广泛的领域展开交流与合作，两岸同祖同根的情怀通过交流与合作得到进一步的升华。

注释：

[1]林仁川、黄福才：《闽台文化交融史》，福建教育出版社，1997年。

[2][14]林国平：《闽台民间信仰源流》，福建人民出版社，2003年。

[3][22]泉郡富美宫董事会、泉州市区民间信仰研究会：《泉郡富美宫志》，1997年。

[4][6]泉州富美宫董事会、泉州市区道教文化研究会：《泉郡富美宫志》，1991年。

[5]王恩涌：《人文地理学》，高等教育出版社，2000年。

[7]林其泉:《闽台六亲》,厦门大学出版社,1992年。

[8][17]台湾嘉义县东石港先天宫管理委员会:《台湾嘉义县东石港先天宫志》,泉州富美宫董事会、泉州市区道教文化研究会:《泉郡富美宫志》,1991年。

[9]台中县大安和安宫管理委员会:《台中县大安和安宫简介》,泉州富美宫董事会、泉州市区道教文化研究会:《泉郡富美宫志》,1991年。

[10][18]麦寮聚宝宫管理委员会:《光大寮开台萧府太傅沿革志》,泉州富美宫董事会、泉州市区道教文化研究会:《泉郡富美宫志》,1991年。

[11]林仁川、黄福才:《闽台文化交融史》,福建教育出版社,1997年。

[12][20][23][25]郑国栋:《萧太傅崇拜与富美宫的历史作用——浅谈泉州同台湾两地神缘关系状况》,泉州市区道教文化研究会:《泉州道教文化——萧太傅研究专辑》,1995年12月。

[13]连横:《台湾通志·宗教志》,商务印书馆,1983年。

[15][19][24][26][27]黄邦杰:《弘扬民族文化扩大宗教交流——泉郡富美宫的对台宗教文化交流活动》,福建省政协文史和学习委员会:《闽台交流纪实》,福建人民出版社,2011年。

[16]郑志明:《文化台湾》,大道文化事业有限公司,1996年。

[21]崔高维:《礼记》,辽宁教育出版社,1997年。

第五节

闽台关帝文化交流的发展趋势

范正义　郭阿娥

（华侨大学宗教文化研究所、泉州市文物保护研究中心）

当前两岸关帝文化交流呈现三大趋势：从台湾信众到大陆祖庙进香谒祖的单向交流，发展到大陆祖庙赴台交流的双向互动；从宫庙间一对一的往来，发展到关圣帝君弘道协会以及关帝文化节的大型组织与交流形式；从纯宗教范畴的交流，拓展到宗教、政治、经济、文化诸领域的全方位交流。

20世纪80年代以来，两岸关帝文化交流渐趋热烈，呈现出三大趋势：一，从台湾信众到大陆祖庙进香谒祖的单向交流，发展到大陆祖庙赴台交流的双向互动；二，从宫庙间一对一的往来，发展到关圣帝君弘道协会以及关帝文化节的大型组织与交流形式；三，从纯宗教范畴的交流，拓展到宗教、政治、经济、文化诸领域的全方位交流。本文中，笔者试就这三大趋势作一论述。

一、从台湾信众到大陆祖庙进香谒祖的单向交流，发展到大陆祖庙赴台交流的双向互动

关帝信仰在宋代时传入福建，元、明、清以后播及全省，发展为福建民众信仰世界中的重要神祇。明清以后，随着闽人移民的步伐，关帝信仰从福建来到了台湾。由于台湾的关帝庙绝大多数从东山关帝庙、泉州通淮关岳庙和漳州古武庙分灵香火，这三大宫庙遂成为台湾关帝庙的香缘祖庙。

改革开放后，随着两岸关系的渐趋缓和，特别是1987年台湾当局开放民众赴大陆旅游探亲之后，台湾的关帝信众纷纷返回福建祖庙寻根谒祖。最早到福建祖庙进香的是高雄文衡殿，1988年8月，文衡殿信众10人到东山关帝庙朝拜进香，并赠送"追源谒祖"匾额。高雄文衡殿信众的开创之举，

掀起了台湾关帝信众赴福建进香谒祖的热潮,一波又一波的信众涌至东山。据统计,从1988年至2000年,台北、台中、台南、高雄、宜兰、桃园、屏东、花莲、台东、基隆、澎湖等20多个县市的200多座关帝庙先后组团到东山关帝庙进香谒祖。[1](p96—97)1990年,泉州通淮关岳庙修建工程落成后,台湾关帝庙也开始陆陆续续到这里进香谒祖。1990年4月,台湾云林县四湖乡保长湖保安宫一行18人,前来认祖参拜。11月,台中圣寿宫进香团28人前来进香。12月,高雄市前镇区忠圣堂、苗栗县竹南镇玄德宫一行13人前来进香。此后,到通淮关岳庙进香的台湾关帝信众逐年增加,渐成百川归海之势。漳州古武庙自2007年10月至2008年6月依原貌重建后,也迎来了台湾信众进香谒祖的热潮。据古武庙管委会统计,2010年前11个月,古武庙就接待了台湾进香团队22批1043人次。[2]

为了加深与祖庙的香火渊源关系,不少台湾宫庙在赴福建祖庙进香谒祖的同时,还进一步迎请祖庙的分身神像入台奉祀。例如,1991年4月,宜兰礁溪协天庙信众476人,组团到东山关帝庙进香谒祖,并迎奉关夫人神像入台。[3](p56)这是关夫人神像首次分灵台湾。1991年3月,台北县中和市碧云堂赴通淮关岳庙进香时,迎请木雕关帝神像一尊回台供奉。7月,桃园市武燕宫结束在通淮关岳庙的进香之旅时,也请去关帝神像一尊。针对台湾信众加强与祖庙联系的愿望,福建祖庙做出积极的回应,采取赠送印信、证物等办法,巩固双方之间的香火渊源关系。例如,对于前来进香的台湾宫庙,通淮关岳庙颁给"泉州通淮关岳庙分灵印"。一些关系更为密切的宫庙,通淮关岳庙还赠给铜香炉、纪念章、庙志、关刀等证物。[4]

福建的关帝信仰是中原传来的,关帝信仰的源头在中原。台湾信众在加强与福建祖庙联系的基础上,以福建为跳板,北上中原,进一步恢复与中原祖庙的联系。宜兰礁溪协天宫管委会主任委员吴朝煌回忆说,早在1991年,他听说大陆福建东山有武圣宫,就带了宜兰50多位乡亲,组成进香团,专程坐船到东山朝拜。此后,他得知关帝祖庙在山西运城解州,1995年"他又带团到运城谒拜关公祖庙,之后追寻到了洛阳,拜祭埋葬关公头颅的关林,最后来关公卧身处的当阳关陵参拜"。[5]这样,台湾信众从福建祖庙一直追寻到了中原关帝信仰发源地,即山西解州、湖北当阳和河南洛阳。此后,礁溪协天庙在继续保持与福建祖庙紧密联系的同时,年年都组团到山西解州关帝庙、湖北当阳关帝庙以及洛阳关林关帝庙进香谒祖。

台湾关帝庙到福建祖庙、中原祖庙的进香谒祖活动尽管频繁,但它是一种单向往来,缺乏双向互动,这极大地限制了两岸关帝文化交流的广度和深度。20世纪90年代以后,随着两岸民间往来的活跃,两岸关帝文化交流终于突破了单向往来的局限,实现了双向互动。

1995年1月,台湾基隆信众组团到东山关帝庙进香,并邀请东山关帝金身神像到台湾巡游。东山关帝金身于东山码头乘坐台湾"源丰"号渔船,直航基隆港。关帝金身先参加基隆普化警善堂主办的"七朝清醮道教大典",随后巡游基隆、宜兰、台中、高雄、台南、桃园和澎湖等地。东山关帝金身巡游台湾,是改革开放后大陆祖庙金身巡游台湾的首次,引起全台轰动,数十万台湾信众争相膜拜,原定一个月的巡游期限一再推延,直到7月20日,才在台湾信众的护送下,从基隆返回东山。[1](p98—99)

自1995年东山关帝金身巡游台湾之后,大陆祖庙赴台参访、展览、演出以及巡游活动逐渐增多,两岸的双向互动愈发频密。

1996年初,山西解州关帝庙组织关公出巡像、青龙偃月刀等关公文化品赴台展出,同时选派运城锣鼓队赴台演出。1997年1月,东山关帝庙组团赴台参加宜兰礁溪协天庙的庆典活动,并拜访了台中圣寿宫、台中清水帝君会、高雄关帝庙、高雄文衡殿、台南关帝庙和台湾东山同乡会等宫庙和组织。[3](p74)1997年2月,解州关公文化品和锣鼓队再次赴台,逗留三个月,足迹遍及台湾全省。[1](p104)2005年11月,在"漳州武庙宗教交流团"一行6人的护送下,漳州古武庙关帝神像及关帝大刀应邀赴台湾巡游。古武庙神像和关刀在台湾巡游半年之久,"从台北首站沿100多座庙宇到金门为终点,所到之处,万人空巷"。[6]2006年,山西解州关帝庙请四位国宝级雕刻大师,依照殿内关帝神像的比例,将一株千年老杨木雕刻为分身神像。2006年11月,这尊分身神像抵达高雄,在高雄绕境后,转至台湾各县市绕境祈福。至2009年7月,分身神像绕台湾一周,途经30余县市,受到台湾信众的追捧与膜拜。[7]2008年5月,为促进泉台两地宗教文化交流,泉州通淮关岳庙组团到台湾进行为期10天的交流活动。10天里,通淮关岳庙考察团一行参访了台南延平郡王祠、台南大天后宫、台湾祀典武庙、开基武庙、礁溪协天庙等十几所宫庙,并与宫庙管理人员进行了座谈。2009年,应台湾关圣帝君弘道协会及东照山关帝庙邀请,通淮关岳庙、漳州古武庙、东山关帝庙、解州关帝庙、当阳关帝庙、洛阳关林关帝庙组团并携带神像赴台湾进行为期10天的交流访问。上述六大祖庙代表团参加了东照山关帝庙举办的"联合祭祀大典"和"初相逢在台湾,再相逢帝君缘"座谈会。会后,六大祖庙代表团还参访了高雄文衡殿、台南关帝庙、虎尾顺天宫、日月潭文武庙等 20 多座宫庙。[8] 2010 年,为弘扬关帝精神,洛阳关林与关圣帝君弘道协会、高雄县关帝庙、泉州通淮关岳庙等达成共识,由洛阳关林出资特制了一尊坐高 127 厘米、重 100 多公斤的关圣帝君神像,于当年 6 月赴福建、台湾巡游,并依次进驻台湾 102 座关帝庙,进行为期一年的文化交流活动。

中国人讲究礼尚往来,《礼记·曲礼上》:"往而不来,非礼也;来而不往,亦非礼也。"[9] 有来有往,才能形成和谐顺畅的人际关系。20 世纪 80 年代末 90 年代初,台湾信众赴大陆祖庙进香谒祖的活动尽管频繁,但它局限于单向交往,只有台湾信众的"来",没有大陆祖庙的"往",由此而形成的关系显然不顺畅、不稳固,是一种"弱关系"。20 世纪 90 年代后,大陆祖庙频繁开展赴台交流活动,这种礼尚往来的交流方式,使得两岸关帝文化交流最终实现了双向互动。在从"有来无往"发展到"来来往往"的过程中,两岸信众之间的那种单向的、不稳固的关系,逐渐被双向互动的"强关系"所取代。社会学研究认为,"强联系"是一种"情感网络"。[10] 两岸关帝文化交流因"强关系"的建立而带上情感网络的强烈色彩,由此两岸交流活动也变得更为热烈、持久。

二、从宫庙间一对一的往来,发展到关圣帝君弘道协会和关帝文化节的大型组织和交流形式

无论是台湾关帝庙到大陆祖庙的进香谒祖活动,还是大陆祖庙赴台湾的参访、展演、巡游活动,在很大程度上都只是两岸宫庙间一对一的往来。每一次进香,都只是一个台湾宫庙与一座大陆祖庙一对一的关系,而大陆祖庙赴台参访、巡游,也是一个个县市、一座座宫庙轮流过去的,祖庙在台湾的某个县市、某座宫庙,其交往关系也是一对一的。也就是说,在同一时间和同一地点,进行交流的宫庙一般只有两座。宫庙间一对一的交往方式,规模小,影响也小。两岸关帝文化交流的影响要提升,就必须突破一对一的交流模式,扩大活动规模,形成集群效应。中华道教关圣帝君弘道协会的成立,以及各地关帝文化节的涌现,反映了两岸关帝文化交流的这一发展趋势。

1998 年起,宜兰礁溪协天庙主任委员吴朝煌、日月潭文武庙董事长张德林等人,发起成立中华道教关圣帝君弘道协会的倡议。此后,经过两年多的奔走呼号,弘道协会于 2000 年 12 月假台北圆山大饭店召开成立大会,共有 123 座寺庙参加,吴朝煌当选为首任会长。至 2011 年,台湾共有 104 座关帝庙参加弘道协会。

弘道协会成立后,在其推动下,两岸关帝文化交流开始突破宫庙间一对一的交往形式,活动规模扩大,影响也随之提升。弘道协会第三、四届会长郭有智即认为,弘道协会成立之前,"两岸关公信仰文化活动虽然经常往来,但是都以单一宫庙或个体为主,很少有团体组织来往互动"。[11]弘道协会成立后,在其组织下,两岸关帝文化交流得以以团体组织的形式进行,集群效应开始显现。

例如,2006年至2009年山西运城解州关帝庙关帝分身神像全台绕境祈福活动,就体现了弘道协会这一联谊组织成立之后全台关帝庙团结协作的精神风貌。2006年11月解州关帝分身神像抵达高雄后,弘道协会组织众多宫庙前往迎驾,并绕境高雄市区,引发盛况空前的轰动效应。2007年初,弘道协会召开联谊大会,确定高雄文武圣殿、东照山关帝庙、车城镇安宫、台南关帝庙、日月潭文武庙、嘉邑镇天宫、虎尾顺天宫、太极恩主寺、南天明圣宫、台中灵圣殿、台中南天宫、台中醒修宫、丰原乐天宫、明伦三圣宫、苗栗玉清宫、基隆天德宫、礁溪协天庙、新竹普天宫、新竹关帝庙、芦竹诚圣宫、花莲圣天宫、玉里协天庙、凤林寿天宫、富里义圣宫、台东东凌宫圣帝庙、台东太平文衡殿、关庙山西宫为解州关帝分身神像的驻驾宫庙。在解州关帝分身神像到来、驻驾与离去时,上述宫庙必须举办迎驾、绕境与送驾仪式。此外,一些驻驾宫庙还配合解州关帝分身神像的到来,举办关帝文物展、全台武术比赛、宗教文化节、乡土民俗艺术表演等。[12]这样,在弘道协会的统一组织下,解州关帝分身神像全台绕境祈福,不仅成为规模宏大的两岸宗教交流活动,而且还带来了巨大的经济效应。据弘道协会执行长蔡树彦介绍说:"这项祖庙神像跨海来台绕境,由于是该协会'首度'举办的一项'创举',因此,在神像所到之处,都掀起热情恭迎圣驾的人潮……为全台宗教文化观光产业,一举缔造约新台币二至三亿元的商机。"[13]弘道协会带来的集群联动效应开始显现。

2010年6月,弘道协会组织台湾东、西、南、北、中五大片区百座关帝庙1800多信众,携手西渡海峡,到泉州通淮关帝庙进香谒祖。这是关帝信仰传入台湾400多年来,台湾关帝庙神尊首次"携手"到大陆祖庙进香,也是台湾历史上关帝信众到祖国大陆进香谒祖活动中规模最大的一次,体现了台湾关帝庙在形成合力之后所具有的巨大能量。

为了更好地开展两岸关帝文化交流,自1990年起,山西解州关帝庙、福建东山关帝庙先后举办关帝文化节活动。此后,台湾东照山关帝庙、泉州通淮关岳庙、漳州古武庙等,也踊跃跟进。一时间,关帝文化节在两岸呈遍地开花之势。

1990年10月,山西运城依托解州关帝庙,在运城黄河大厦前举办首届关公庙会。关公庙会以弘扬关公文化和开展农副产品交易为主,同时不失时机地进行招商引资,开展经济技术交流。1996年,运城市将关公庙会更名为"关公文化节"。此后,关公文化节年年举行,至2011年9月已成功举办21届。

自1991年起,随着两岸关帝文化交流规模的日益扩大,福建东山县依托东山关帝庙,于每年农历五月十三日关帝圣诞,举办关帝文化节。迄至2011年6月,已连续举办20届。每届关帝文化节,东山县都邀请两岸众多关帝庙代表参加。山西解州关帝庙、湖北当阳关帝庙、河南洛阳关帝庙、泉州通淮关帝庙等大陆各大祖庙,都派代表前来共襄盛举。而台湾各主要关帝庙的信众,也在邀请之列。例如,参加2000年第9届关帝文化节的台湾信众就有"台湾罗东协天宫、基隆八堵协天宫、员山粗坑协天宫、花莲新城兴田协天庙、花莲市圣天宫、花莲市海岸正义宫、花莲市圣天宫、壮围顺和协天庙、基隆市承福宫、台北艋甲协天宫、台东鹿野协天宫、板桥市顺兴宫、新店青潭明圣宫、高雄玉圣殿等320人"。[3](p74-75)这样,关帝文化节为两岸主要关帝庙的信众汇聚一堂、互通有无创造了一个良好机会,通过一起参加踩街绕境,一起参加祭祀大典,一起观看民俗表演等活动,两岸信众在关帝文化这一纽带的联结作用下,增进了了解,交流了感情,收获了友谊。

2009年10—11月,在弘道协会的协助下,高雄东照山关帝庙邀请大陆六大祖庙代表及宝物(解州关帝庙关刀、洛阳关帝庙玉玺、当阳关帝庙赤兔马、宝剑、东山关帝庙千年关皇大帝、漳州古武庙千年三关帝、泉州通淮庙玉关圣帝君),以及台湾各大关帝庙信众,参加该庙主办的海峡两岸关公文化节活动。10月30日,当大陆祖庙代表团抵达高雄小港国际机场时,东照山关帝庙组织当地42座宫庙的信众与阵头前往迎接,并绕境高雄市区。11月1日上午,举行六大祖庙祭典仪式。下午,举行"初相逢在台湾,再相逢帝君缘"座谈会,百余家关帝庙代表分别阐述两岸民众对关帝精神的理解,并就如何进一步推广关帝精神交换了看法。[14]

2010年6月,配合关圣帝君弘道协会组织的台湾百家关帝庙信众到泉州进香谒祖的活动,泉州通淮关岳庙举办"泉州首届海峡两岸关帝文化节"。据祭典仪式上弘道协会总会长郭有智诵读的《关圣帝君弘道协会参加泉州首届海峡两岸关帝文化节众宫庙联合会香暨恭向通淮关圣帝君晋谒暖寿团拜疏文》,参加此次文化节活动的台湾关帝庙包括台湾东区的台东太平文衡殿、花莲富里义圣宫、花莲圣天宫、花莲兴田协天庙;西区的虎尾顺天宫、龙山文衡殿、嘉邑镇天宫、台湾祀典武庙、溪口慈觉堂、大埤文英宫、埤头关帝庙、关庙山西宫、凌霄宝殿武龙宫、台南关帝庙、台南显明殿,南区的高雄文武圣殿、凤山文衡殿、统埔镇安宫、屏东圣帝坛、高雄意诚堂、凤邑镇安宫、东照山关帝庙、流沟圣帝殿;北区的礁溪协天庙、新竹普天宫、三星镇安宫、新竹慈明堂、三重玄圣殿、新竹关帝庙、三教紫云宫、明伦三圣宫、基隆天德宫;中区的日月潭文武庙、台中圣武庙、神冈大明宫、台中醒修宫、丰原乐天宫、彰化太极恩主寺、太平南天明圣宫等39座,号称百家关帝庙,随行信众1800多人。这是继2009年东照山关帝庙文化节之后,参加宫庙最多,信众最多的一次文化节活动。

2010年6月,为纪念关帝诞辰1850周年,漳州古武庙也联合弘道协会,举办海峡两岸"关公文化节"。弘道协会总会长郭有智组织台湾40多座宫庙信众700多人,分5批到古武庙进香朝圣。

综上,弘道协会这一宫庙联谊组织的诞生,以及各地关帝文化节的涌现,打破了原来两岸关帝庙一对一的交流形式,使得两岸关帝文化交流走上了集群联动的模式。在同一时间同一地点,不再是两个宫庙间的简单往来,而是经常出现十余座、数十座乃至上百座关帝庙集体交流的盛大场面。这样的一个集群联动的模式,将两岸各大关帝庙的力量凝聚起来,形成合力。而且,这股合力要远远大于单个宫庙力量的简单相加,它使得两岸关帝文化交流的规模更大,影响也更大。总之,弘道协会的诞生以及各地关帝文化节的涌现,大大提升了关帝文化在两岸民间交往中的地位。

三、从纯宗教范畴的交流,拓展到政治、经济、文化诸领域的全方位交流

两岸刚刚恢复交流时,台湾关帝庙到大陆祖庙进香谒祖,纯粹出于一种宗教上的需要。台湾的关帝信仰传自大陆,历史上,台湾关帝庙一直维持着赴大陆祖庙进香谒祖的传统。1949年后,两岸隔绝,台湾信众赴大陆祖庙进香谒祖的行为被迫中断。但是,台湾信众内心里的寻根情结极为强烈。20世纪80年代后,随着两岸关系的渐趋缓和,台湾信众被压抑了40多年的寻根情结终于可以在赴大陆祖庙进香谒祖的活动中得到满足。因此,当1988

年高雄文衡殿第一次组团到东山关帝庙进香,其开创性的行为立刻刺激了台湾各地的关帝信众,引发了一波又一波赴东山关帝庙进香谒祖的热潮。

1995年1月,台湾信众迎请东山关帝庙金身赴台巡游,也是一种纯粹的宗教目的使然。20世纪90年代,尽管有许多台湾信众可以通过组团赴大陆祖庙进香谒祖的方式满足其寻根情结,但是,由于当时两岸尚未实现"三通",再加上台湾海峡的阻隔,仍有大量信众无法满足其谒祖朝圣的宗教渴望。在这种情况下,迎请大陆祖庙金身赴台巡游,就成为台湾信众满足其寻根情结的一种替代方式。1995年东山关帝金身赴台巡游,关帝金身到了台湾之后,立刻受到了台湾信众的追捧与膜拜。有鉴于台湾信众的宗教热情,原定一个月的巡游期限一再推延,最终于7月20日才由台湾信众护送回东山。而且,巡游期间,据说还发生了由阴转晴和转移地震的灵迹。[1](P99)台湾信众对关帝金身显灵之事言之凿凿,显示了这次巡游活动的宗教目的是极为明确的。

随着两岸交往的深入,纯宗教范畴的交流,开始逐渐向政治、经济、文化等领域拓展。例如,1996年初及1997年2月,山西解州关帝庙组织关公出巡像、青龙偃月刀等关公文化品两度赴台巡展,并选派运城锣鼓队赴台演出的活动,其民俗文化展示的色彩就要大大超过宗教目的。关公文化品展览使台湾信众了解到了祖国大陆地区关帝民俗文化的精粹所在。而运城锣鼓队独具地方特色的表演,也使台湾信众对大陆地区丰富多彩的民俗民艺有更深刻的认识。各地举办的关帝文化节活动,在关帝祭典、祈福诵经等宗教活动之外,也往往安排有许多文化节目。例如,2007年第16届东山关帝文化节期间,举办了第二届海峡两岸关帝文化论坛、"史前闽台文化关系"展览、"海峡:关帝与船"展览、风光摄影展、帆船帆板表演、拉山网表演、社戏汇演、漳州市旅游风光摄影展、海峡两岸书画展、民俗文化踩街、沙滩大型焰火晚会及歌舞表演、"闽南走透透——走进东山"大型综艺广场演出等。[15]两岸信众在共同参加论坛、展览、演出等文化节目时,通过交流意见、交换看法,使两岸文化得以互通有无、共促发展。而2011年第20届东山关帝文化节,还特意安排了东山籍台胞"第二、三代子女"150多人的寻根谒祖活动,包括恳亲座谈会、沙滩嘉年华联欢晚会、学习贝雕制作、金钱肉加工、唱歌册、铁枝木偶表演等。[16]这样,文化节成为两岸青年交流的平台,对于增进两岸青年的理解、合作、友谊、共识,加深两岸青年对祖国文化的认同感和归属感,其意义不言自明。

两岸关帝文化交流也逐渐延伸到政治领域。2008年5月和2009年10月,泉州通淮关岳庙两次组团赴台参访,在实现宗教交流目的之外,还推动了两岸之间的政治交流。2008年3月,马英九当选为台湾地区领导人,通淮关帝庙组团赴台交流访问。参访团一行6人,除了关岳庙执事人员外,还包括泉州民族宗教事务局、鲤城区民族宗教事务局、区委统战部、区台湾事务办公室的领导。参访团抵达台湾后,首站赴台南大天后宫,参加该宫为马英九举办的还愿法会。马英九亲切接见了泉州参访团并合影留念,吴金炎董事长则代表泉州通淮关岳庙向马英九赠送关帝神像。在关帝的神缘纽带的作用下,双方的交流显得亲切自然。此行中,参访团还拜访了国民党台南市主委郑庆珍和屏东市市长叶寿山。

2009年10—11月,应东照山关帝庙邀请,通淮关岳庙再次赴台参访。10月31日,通淮关岳庙代表团在台南大天后宫进行访问交流时,得到了台湾王金平先生的接见。王金平和关岳庙吴金炎董事长互赠纪念品,并合影留念。关岳庙赠送的礼物是"太平金鼓",寓意两岸"太平共荣",且含有"金"、"平"两字,王金平极为高兴。随后的座谈中,当关岳庙代表团得知台湾遭遇"莫拉克"台风袭击,损失惨重时,立即捐赠50万元人民币用于救灾。王金平对关岳庙代表团的行为给予了高度评价,称这是泉台同胞骨肉亲情的体现。座谈后,王金平还和关岳庙代表团一起祭拜妈祖,祈求两岸和平、繁荣。此行中,关岳庙参访团还先后会见了台湾立法机关最高顾问高信忠、高雄县县长杨秋兴、基隆市市长张通荣、国民党台南市党部书记长王志庸等十余位台湾政要和知名人士,双方之间交流也极为愉快。[17]

以上通淮关岳庙的两次赴台参访活动,体现了两岸宗教信仰的交流,确实可以在"随风潜入夜,润物细无声"的过程中达到推动两岸政治交流的目的。也就是说,在宗教的纽带作用下,两岸的政治交流得以在心照不宣中达成。

此外,各地举办的关帝文化节活动,也为两岸政要及知名人士创造了一个政治交流的平台。例如,参加2011年第二十届东山关帝文化节的领导干部就有全国政协原副主席张克辉、福建省政协副主席李祖可、福建省政府原副省长曹德淦、东海舰队原副司令员黄江、厦门大学党委书记朱之文、省文化厅厅长宋闽旺、福建省旅游局局长郭恒明、省民族与宗教事务厅厅长王聚仁、省委党校常务副校长吴玉辉、漳州市委书记陈冬及当地政府官员等。应邀参加文化节的台湾政要则有台湾向阳公益基金会主席廖正豪、台湾工党主席郑昭明、金门县县长李沃士、澎湖县县长王乾发等人。[16]两岸政要在关帝文化的旗帜下共聚一堂,得以利用文化节这一平台增进了解,化解分歧,形成共识。

两岸的关帝文化交流也开始向经济领域拓展。1990年,山西运城举办的关公文化节的前身关公庙会,其目的就是为了借助关帝文化的平台,开展农副产品交易,寻机进行招商引资。显而易见,运城市政府举办关公文化节,其"文化搭台,经济唱戏"的目的是极为明确的。地方政府秉持的这一态度,使得两岸的关帝文化交流,不可避免地从纯宗教领域向经济领域拓展。

福建东山县举办东山关帝文化节也带有明显的招商引资的目的。例如,2007年第16届关帝文化节上,东山县与来自新加坡,以及台湾、香港、澳门、厦门、浙江、江苏、深圳等地客商现场签约合同项目16个,总投资3233万美元和2.405亿元人民币,项目涉及旅游开发、水产品加工、服装生产、体育用品生产、生物科技等。此外,漳州市及其他县(市)也利用文化节这一平台,与客商签约了11个旅游项目,外资总投资4574万美元,内资总投资25600万人民币。[15]2007年后,东山关帝文化节招商引资的目的更为突出。从2007年开始,关帝文化节开始和漳州旅游节及闽台水产品博览会联合举办,其名称也改为"漳州X届旅游节、第XX届海峡两岸(福建东山)关帝文化旅游节暨闽台水产品博览会"。由此,东山关帝文化节的经济目的更为明确,取得的经济成效也更为显著。例如,在2011年第20届关帝文化节上,来自新加坡、台湾、香港、澳门和北京、上海、浙江、福建等地客商给东山县带来了总投资351.3亿元人民币的13个项目。更为重要的是,东山县县长吴达金、澎湖县县长王乾发、金门县县长李沃士三人围绕三岛如何加强经济、文化、旅游等方面合作以及优势互补建言献策,并形成共同构筑东、金、澎经济文化旅游圈的"东山共识",签订了"三岛旅游发展合作协议"。[16]文化节带来的商机,使得闽台两地的经贸文化合作更为紧密。

综上,如果两岸关帝文化交流局限于纯宗教范畴的话,它只能起到满足信众谒祖朝圣的宗教情感需要,以及信徒间交流宗教体验的需要,其影响将极为有限。但是,当两岸关帝文化交流溢出纯宗教的范畴,拓展成包括宗教、政治、经济、文化在内的全方位交流时,其影响也将获得极大的提升。众所周知,两岸自1949后出现人为阻隔,两岸的政治、经济、文化的发展出现较大差异。差异多,就缺乏信任,按照福山的看法,一个缺乏信任的社会要正常运作,"只能靠正式的规章和制度,而规章制度的由来则需经过谈判、认可、法制化、执行的程序,有时候还需配合强制的手段……必然造成经济学家所谓的'交易成本'上升"。[18]因此,在两岸政治、经济、文化歧异甚大、缺乏信任的前提下,如果让它们进行直接对话,很可能花费了大量的成本,却达不到既定的目的。而宗教信仰的情况则大为不同,尽管两岸在政治、经济、文化上差异甚大,但在宗教方面却保持着很大程度上的一致,这种一致性表明两岸民众在宗教信仰领域有着较高的信任。在这种情况下,两岸民众共有的宗教信仰,就成为两岸交流成本最低、效果最好的平台。因为,长期人为阻隔造成的两岸政治、经济、文化上的差异,有可能在宗教信仰交流带来的两岸民众从陌生到熟悉、信任的过程中,逐步消融。正是在这个意义上,笔者认为,不管是意外出现的,还是有意为之的(宗教信仰交流带来的对两岸政治、经济、文化交流的促进作用,开始时很可能只是一种意外效果。两岸民众意识到这一点后,才开始有意为之),两岸关帝文化交流从纯宗教范畴向宗教、政治、经济、文化诸领域的全方位交流的拓展,都将大大推动海峡两岸关系的良性发展。

注释:

[1]李新元:《跨越海峡的忠义之神——关公信仰在台湾》,福建教育出版社,2008年。

[2]漳州市道教协会、漳州武庙管委会:《加快漳州武庙规模建设,促进漳台宗教文化交流》,古武庙内部文献,2010年。

[3]东山关帝庙理事会:《东山关帝庙志》,东山县风动石管理处,2007年。

[4]吴幼雄、李少园:《通淮关岳庙志》,中国社会科学出版社,2008年,第612~613页。

[5]《关公是我们的祖神——与台湾弘道协会一行访关庙》,2001年9月10日,http://pdf.sznews.com.

[6]林晓文:《浅谈闽南民间关帝文化现状及其现实意义》,《内蒙古农业大学学报》2010年第4期,第212~213页。

[7]《山西运城关圣帝君分身宝像移驾台湾绕境祈福三年,隆重、热烈、祥和、圆满》,http://www.guangong.

[8]漳州市道教协会、漳州武庙管委会:《加快漳州武庙规模建设,促进漳台宗教文化交流》,古武庙内部文件,2010年;泉州通淮关岳庙:《弘扬关帝精神,促进两岸交流》,通淮关岳庙内部文献,2010年。

[9]崔高维:《礼记》,辽宁教育出版社,1997年。

[10]罗家德:《社会网分析讲义》,社会科学文献出版社,2010年,第20页。

[11]刘采妮:《中华道教关圣帝君弘道协会举办2011两岸三地文化交流》,2011年9月13日,http://emmm.tw/news.

［12］弘道协会秘书处：《中华道教关圣帝君弘道协会工作简报》，2009年，第4～14页。

［13］蔡庆朝：《郭有智连任关圣帝君弘道协会总会长》，http://www.twtimes.com.

［14］潘瑞妍：《福建厦门行宫——感恩拾遗》，《东照山杂志》总第209期，2010年，第14～15页。

［15］《第十六届海峡两岸（福建东山）关帝文化旅游节盛况》，http://www.fjsen.com/newscenter/2007—06/29.

［16］《缘系关帝和谐两岸——"第三届海峡论坛、第五届漳州旅游节、第二十届海峡两岸（福建东山）关帝文化旅游节"隆重开幕》，http://www.dongshanisland.gov.cn.

［17］泉州通淮关岳庙：《弘扬关帝精神，促进两岸交流》，通淮关岳庙内部文件，2010年。

［18］弗兰西斯：《福山·信任——社会道德与繁荣的创造》，远方出版社，1998年，第37页。

后 记

泉州宗教学之肇始可以追溯到 20 世纪 20 年代。1921 年,新加坡华侨林文庆应陈嘉庚之请,放弃在新加坡拥有的一切,来到厦门,开始了长达 16 年的厦门大学校长生涯,把厦大从荒凉的演武场,演变成为学科体系齐全的综合性大学。林文庆校长本人就是国学专家,他著有《孔教大纲》。就在林文庆主持校政的 1926 年 10 月,厦门大学成立了国学研究院,林文庆亲任院长。国学院聘任了沈兼士、林语堂、鲁迅、顾颉刚、张星烺和陈万里等一批著名学者。他们主张用科学方法研究国学,认为不能局限于古籍研究,提出在古籍研究之外进行考古实物和实地考察活动。在这样的背景下,邻近厦门而文物古迹盛多的历史文化名城泉州,便成为厦门大学国学院学人访古考察的首选地点。以顾颉刚、陈万里、张星烺为代表的厦门大学国学院学人有三次到泉州的重要访古考察,时间在 1926 年末 1927 年初,即 20 世纪 20 年代厦门大学国学院的泉州访古活动。顾颉刚、张星烺和陈万里等著名学者经泉州访古之后,不仅撰写出一批影响深远的文章,而且在厦门大学做讲座。吴文良先生当时尚在厦门大学读书,正是深受老师们的感染和影响,吴文良先生后来致力于泉州古代宗教石刻的搜集和宗教遗迹的研究并取得重大成果。从 20 世纪 20 年代开始,到 1957 年被学术界称为"横空出世"的《泉州宗教石刻》出版,吴文良先生经历了 30 年披肝沥胆的艰辛努力。遗憾的是吴文良先生于"文化大革命"期间不幸去世。泉州师院吴幼雄教授以继承其父遗业为己任,历经 40 多年的刻苦努力,对《泉州宗教石刻》进行大规模的增订,2005 年由科学出版社出版发行的《泉州宗教石刻》增订本以大量无可辩驳的原始物证,展示宋元时期泉州多元文化交融的历史画卷。此次承担并完成国家社科规划"宗教学"之课题项目,是我们薪传吴文良、吴幼雄父子之学脉的重要学术使命。

早在本项目启动之初,就得到泉州通淮关岳庙董事会及其办公室主任吴毓仁先生的积极支持与诸多指导;在本书撰写的过程中,又得到四川大学老子研究院院长詹石窗教授、厦门大学国学研究院常务副院长陈支平教授、福建师范大学闽台区域研究中心主任谢必震教授的悉心指导；福建省内外诸多专家学者，为本课题提供了重要帮助；泉州师范学院丁玲玲副教授在书稿文字、图片与数字的处理方面，做了大量工作。谨此一并致以衷心的感谢。书中同某些专家学者的不同看法，也是在他们的启发下提出的，首先应该向他们表示感谢。限于学识水平，错误与疏漏之处，希望读者多予批评指正。

林振礼　吴鸿丽

2017 年 3 月 7 日